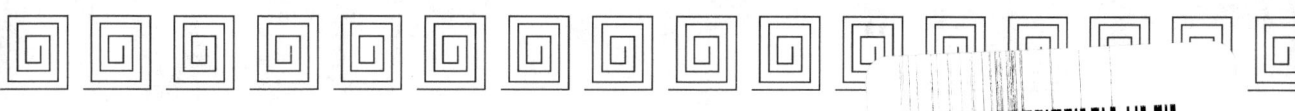

面向 21 世纪
普通高等教育规划教材

汽车电子控制技术

第 2 版

冯 渊 编
葛如海 审

机 械 工 业 出 版 社

本书主要介绍轿车电子控制系统的控制原理、控制系统组成与结构、控制系统工作原理，以及故障的诊断与维修等方面的内容。主要内容涉及车用传感器、电控发动机、自动变速器、制动与驱动防滑装置、安全气囊、电控悬架、巡航控制、转向控制、电控车辆的诊断维护与故障分析等。书中还附有汽车电子控制技术常用缩略语英汉对照表。

本书取材新颖、图文并茂、实用性强，可供高等工科学校、高等职业院校汽车专业的师生作教材使用，也可供汽车维修、检测技术人员使用和参考。

图书在版编目(CIP)数据

汽车电子控制技术/冯渊编. —2版. —北京：机械工业出版社，2005.7（2022.6重印）
面向21世纪普通高等教育规划教材
ISBN 978-7-111-07028-3

Ⅰ. 汽… Ⅱ. 冯… Ⅲ. 汽车－电子控制－高等学校－教材 Ⅳ. U463.6

中国版本图书馆 CIP 数据核字(2005)第048699号

机械工业出版社(北京市百万庄大街22号　邮政编码100037)
策划编辑：赵爱宁　责任编辑：倪少秋　版式设计：霍永明
责任校对：陈延翔　封面设计：王伟光　责任印制：郜　敏
北京富资园科技发展有限公司印刷
2022年6月第2版第18次印刷
184mm×260mm・22印张・538千字
标准书号：ISBN 978-7-111-07028-3
定价：45.00元

凡购本书，如有缺页、倒页、脱页，由本社发行部调换

电话服务　　　　　　　　　网络服务
社服务中心：(010)88361066　门户网：http：//www.cmpbook.com
销售一部：(010)68326294
销售二部：(010)88379649　教材网：http：//www.cmpedu.com
读者服务部：(010)88379203　**封面无防伪标均为盗版**

第2版前言

自20世纪末至今，中国的汽车市场发生了巨大的变化。世界各大汽车公司纷纷在中国投资，兴办以轿车生产为主的跨国公司，中国汽车工业融入了国际汽车大市场，而且日益显露出巨大的潜在的汽车消费市场。随着经济全球化和国际合作与分工进程的推进，合作、合资生产汽车的步伐日益加快，从而加速了汽车技术特别是汽车电子控制技术在我国的移植与推广。中国汽车市场由于国际资本、技术等的涌入，生产、技术和管理模式都随之改变，轿车的车型与新技术应用水平逐步与国际接轨，汽车高新技术特别是电子控制技术不胜枚举；汽车营销与维修服务也紧跟国际潮流，各大品牌的"4S"企业应运而生。新的汽车产业政策、汽车贷款、汽车召回制度、道路交通安全法等制度法规更是我国汽车业发展的助燃剂，2003年全国内地汽车总产量首次突破了400万辆大关，汽车成为我国的支柱产业已是一个不争的事实。

众所周知，汽车已经成为集机械、电子、信息与控制技术于一体的机电一体化产品，同时又是具有智能信息管理系统的机器人。随着IT业的进一步发展，汽车的智能化与网络化程度将越来越高。为了适应现代汽车技术的迅猛发展，满足汽车技术服务、汽车应用维修类专业人才的教学需要，在近几年教学实践的基础上，特此修订本教材。

第2版基本保留了原书的结构与框架，主要在以下几方面进行了修改：

1）由于传感器在电控技术中的重要性和维修服务工作的关键地位，将其单列一章。

2）适当增加了控制系统的基础理论等教学内容，便于学生理清思路，为分析、诊断电控车辆故障和拓展专业知识面或深入研究打下基础，并保证教材内容的相对系统与独立。

3）充实了典型控制系统和新型控制系统等内容。

4）删去了已不多见的K、KE型发动机燃油喷射系统的介绍。

全书分为十一章。在保持原教材内容简洁、精选的特点基础上，力求体现控制理论基础、控制原理、控制系统和典型控制系统分析的教材编写主线，做到理论与实践应用相结合，符合应用型本科人才培养的教学要求。

本次修订工作由冯渊一人完成。江苏大学葛如海教授担任主审，并提出了许多修改意见。原教材自1999年出版以来，得到了许多院校的欢迎，老师们也提出了一些宝贵意见，在此表示感谢。本教材也得到了机械职业教育汽车专业教学指导委员会全体委员的指导和帮助，一并表示谢意。

编　者

第1版前言

汽车电子技术的发展突飞猛进,各种高新技术的汽车电子产品给使用和维修带来了很大的困难。为了帮助汽车专业师生和专业技术人员熟悉现代汽车电子控制技术,我们组织编写了本教材。在编写过程中,力求做到以下几点:

(1) 先进性　尽可能多地反映目前汽车的各种电子控制技术。

(2) 通俗易懂　全书按汽车控制系统的控制原理、构造、工作原理和诊断维修组织编写,深入浅出并配有大量图表,以便于阅读和自学。

(3) 应用性　图例以典型系统分析为主,理论联系实际,有较强的实用性。

(4) 专业术语中文化　为了便于阅读,将专业术语中文化,并在附录中列出了常用术语缩略语中英文对照表。

本书内容新颖、图文并茂、通俗易懂,可作为高等工科学校、高等职业学校、中等职业学校等汽车专业的教材,也可供汽车行业工程技术人员和维修人员阅读。

本书由冯渊主编,参加编写的有:黄正萍(第一章),柳琴(第二章第一节),汪世文(第二章第二节、第三章第一节),冯渊(第二章第三节、第四节、第三章第二节和第三节、第四章、附录),阎淑莲(第五章),宋传增(第六章),朱迅(第七章、第八章)。

本书主审杨海光对本书提出了许多宝贵意见,在此表示衷心的感谢。

由于编者水平有限,疏漏谬误之处在所难免,欢迎广大读者批评指正。

编　者

目　录

第 2 版前言
第 1 版前言
第一章　概述 …………………………………… 1
　第一节　汽车电子技术的发展背景 ………… 1
　第二节　汽车电子控制系统的一般
　　　　　组成 ……………………………………… 5
　第三节　汽车电子控制技术基础知识 …… 13
第二章　传感器 ………………………………… 25
　第一节　传感器概述 ………………………… 25
　第二节　空气流量计 ………………………… 32
　第三节　压力传感器 ………………………… 37
　第四节　节气门位置传感器 ………………… 40
　第五节　氧传感器 …………………………… 42
　第六节　温度传感器 ………………………… 44
　第七节　爆燃传感器 ………………………… 46
　第八节　曲轴位置传感器 …………………… 47
　第九节　转速传感器 ………………………… 50
第三章　电控汽油喷射系统 ………………… 52
　第一节　汽油喷射系统概述 ………………… 52
　第二节　空气供给系统 ……………………… 63
　第三节　汽油供给系统 ……………………… 68
　第四节　电控汽油喷射系统 ………………… 82
第四章　汽油机点火控制 …………………… 91
　第一节　电控点火系统的组成和分类 …… 91
　第二节　点火提前角与闭合角的控制 …… 94
　第三节　发动机爆燃的控制 ………………… 101
　第四节　典型电控点火系 …………………… 103
第五章　发动机辅助电控系统 …………… 110
　第一节　怠速控制 …………………………… 110
　第二节　排放控制 …………………………… 121
　第三节　进气控制 …………………………… 126
　第四节　其他辅助控制装置 ………………… 130
第六章　典型发动机集中控制
　　　　系统 ………………………………………… 134

　第一节　丰田 TCCS 系统 ………………… 134
　第二节　福特 EEC—Ⅳ系统 ……………… 139
　第三节　上海—通用别克轿车电控系统 … 144
　第四节　一汽—大众捷达 Motronio M3.8.2
　　　　　电控系统 ………………………………… 149
　第五节　柴油机电控喷射系统简介 ……… 153
第七章　自动变速器 ………………………… 161
　第一节　自动变速器概述 …………………… 161
　第二节　液力变矩器 ………………………… 166
　第三节　变速齿轮机构 ……………………… 172
　第四节　自动变速器供油系统 …………… 178
　第五节　自动变速器操纵机构 …………… 182
　第六节　典型自动变速器 …………………… 191
　第七节　无级变速电子控制系统简介 …… 207
第八章　汽车防滑控制系统 ………………… 213
　第一节　汽车防滑控制系统概述 ………… 213
　第二节　汽车防抱死制动系统的结构与
　　　　　工作原理 ………………………………… 219
　第三节　驱动防滑系统的组成与工作
　　　　　原理 ……………………………………… 229
　第四节　典型汽车防滑控制系统 ………… 231
第九章　汽车行驶与安全控制系统 ……… 237
　第一节　悬架系统控制 ……………………… 237
　第二节　巡航控制 …………………………… 247
　第三节　汽车动力转向与电控四轮转向 … 254
　第四节　横向稳定控制系统 ………………… 266
　第五节　安全气囊 …………………………… 269
第十章　汽车电子控制系统的检测 ……… 277
　第一节　发动机电子控制系统的检测 …… 277
　第二节　底盘电子控制系统的检测 ……… 299
第十一章　汽车电控系统的维护
　　　　　与检修 …………………………………… 318
　第一节　汽车电控系统维护概述 ………… 318
　第二节　汽车电控系统诊断设备 ………… 319

第三节	汽车电控系统的故障诊断原理与操作 …………………… 320	
第四节	汽车电控系统故障诊断与检修实例 …………………… 324	

附录　汽车电子控制技术常用缩略语英汉对照表 …………………… 336

思考题 …………………………………… 338

参考文献 ………………………………… 341

第一章
概 述

第一节 汽车电子技术的发展背景

汽车既可作为生产运输的生产用品,又可作为代步、休闲、旅游等消费用品,汽车技术的发展是人类文明史的见证。随着社会、经济的发展,汽车成为人类密不可分的伙伴。当然,汽车的发展也带来了一些负面的影响,如随着汽车保有量的增加,交通条件、安全、环境污染也成了日益严重的问题。汽车的安全、环保和节能是当今汽车技术发展的主要方向。

一、安全、环保和节能推动了汽车技术的发展

汽车的安全性是人类社会的一大祸害,车辆的制动安全性、驱动安全性与行驶安全性是道路交通安全事故的三大主要根源。全世界每年由于交通事故死亡约 50 万人,排在人类死亡原因的第 10 位;我国目前每年因交通事故死亡占全国总死亡人数的 1.5%,约每年 10 万人。为此,科技人员从汽车的主动安全性和被动安全性两个方面着手,设计了防滑控制系统、车辆姿态控制系统、智能防撞预警与应急保护系统、碰撞后的保护系统等一系列电子控制装置。

HC 和 NO_x 混合在一起,在强烈的阳光照射下,会发生一系列光化学反应,产生臭氧和各种化合物。臭氧(O_3)具有很强的氧化性和毒性。1963 年美国洛杉矶地区发生了光化学烟雾事件,促使各国对大气污染的重视研究。据统计,城市大气污染物一氧化碳(CO)、碳氢化合物(HC)和氮氧化物(NO_x)的主要污染源是汽车排气。于是,现代轿车普遍装有喷油与点火控制、废气再循环及三元催化等发动机尾气控制装置。同时,世界各国都相继制订了日益严格的汽车排放物限制法规。此外,随着汽车保有量的增加,汽车噪声也是环境保护的重点治理对象。人们还在降低机械噪声、隔振、隔音等方面进行了大量的实验与改进工作。

进入 20 世纪 70 年代,全球的石油危机,使汽车节能问题受到世界各国高度重视,汽车耗油量被相应的法规限制,并成为汽车报废的一个主要标志。到 20 世纪末,美国政府提出了耗油为 3L/100km 的"3 升车"计划。传统的化油器等发动机部件虽然有了很大的改进,

仍然满足不了排放和油耗两大法规的要求。可见，传统技术已无能为力，只有采用汽油喷射及电子点火等易于应用的电子控制新技术，才能有所突破。

二、电子信息技术的发展，推进了汽车技术向集成与智能迈进

汽车技术特别是汽车电子控制技术在世界较发达国家发展迅猛，其先决条件是电子技术和计算机技术的迅猛发展。20世纪物理学的革命，促使半导体技术的迅速发展，尤其是集成电路(IC)和大规模集成电路(LSI)及超大规模集成电路(VLSI)的发展，使电子元件过渡到了功能块和微型计算机，不仅功能极强，而且价格便宜，可靠性好，结构紧凑，响应敏捷，迅速推动了汽车电控技术的发展。

由于电子信息技术的发展，以及近年来嵌入式系统、局域网(Controller Area Network，CAN)和数据总线(Data Bus,DB)技术的成熟，汽车电子控制系统的集成成为汽车技术发展的必然趋势。原先单一项目控制的燃油喷射控制、点火控制、排放控制、自动变速控制等，发展成为多功能的集成控制系统。如：发动机的电子控制技术是从控制点火时刻开始的，20世纪90年代初发展到汽油喷射、点火控制、排放控制等多项内容复合的发动机集中控制系统；20世纪末又将发动机控制、驱动防滑控制系统等复合，成为动力控制系统或牵引控制系统(Traction Control System,TCS)。又如：戴姆勒—克莱斯勒公司(Daimler-Chrysler)的测控一体化制动系统(Sensotronic Brake Control,SBC)，把制动踏板行程、转向角度、轮速、车速等信号集合，通过防抱死制动(Anti-Lock Brake System或Antilock Braking System，ABS)或电子稳定控制程序(Electronic Stability Program,ESP)系统控制制动过程。

传感技术和计算机技术的发展，加快了汽车的智能化进程。日本丰田公司(Toyota)和德国德科电子公司(Delco)联合开发的智能车速控制系统，驾驶员可以选择滞后前车一定的时间(1.8s、2.0s、2.4s)，通过前保险杠的雷达传感器测距来控制，并与前车保持一定的距离。德国德尔福电子系统公司(Delphi)的热管理系统，把信号送入系统中央控制器后，可以根据乘员的衣着和心理反应进行自动调节气流温度、流量、流动方向等，满足各个乘员的舒适性。智能汽车导航系统集合了嵌入式计算机、彩色显示器和卫星定位系统(GPS)等技术，由于"蓝牙技术"(Bluetooth)的应用，预计卫星定位这项技术将在我国得到迅速推广。

网络化是未来车辆的必然选择，集发动机控制、底盘控制、车身控制，以及安全、通信、娱乐等于一体的网络汽车的出现也是指日可待。图1-1、图1-2为近期构建的车辆网络系统。

三、汽车电子技术应用的优越性

由于电子技术、计算机技术和信息技术等新技术的发展和应用，汽车电子控制在控制的精度、范围、适应性和智能化等多方面有了较大发展，实现了汽车的全面优化运行。因此，在降低排放污染、减少燃油消耗、提高安全性和舒适性等方面，电子控制汽车有着明显的优势。

1. 减少汽车修复时间

汽车电气设备的故障约占汽车总故障的1/3。由于汽车构造比较复杂，零部件比较多，工作环境不可控(如道路条件,环境的温度、湿度)，加上人为的因素，所以汽车的可靠性差，无故障间隔时间短；随着电气设备在汽车零部件中比例的增加，电气设备的故障率还会提高。由于电子控制汽车均装有自诊断系统，提高了故障诊断的速度和准确性，从而缩短了汽车的修复时间，带来很好的社会效益和经济效益。

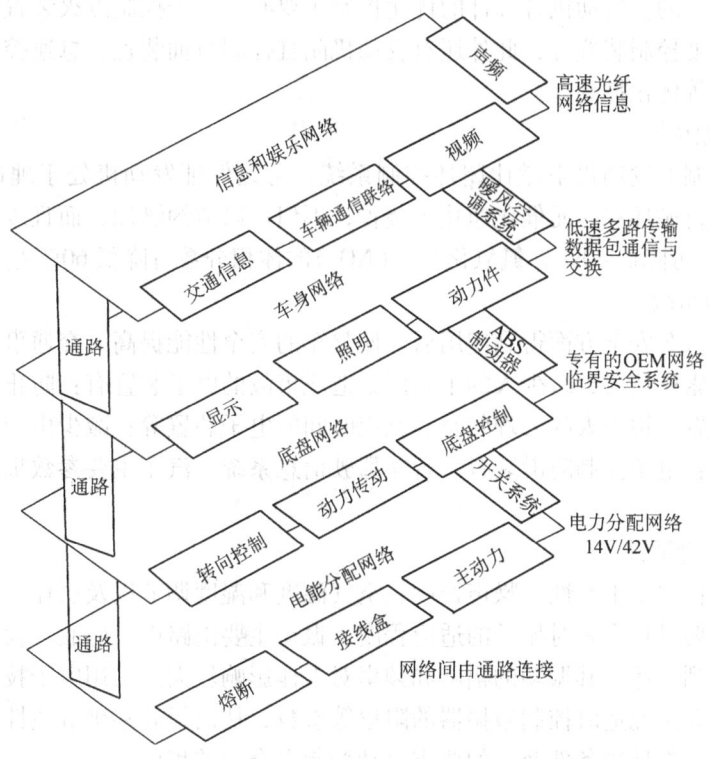

图 1-1 四层网络结构

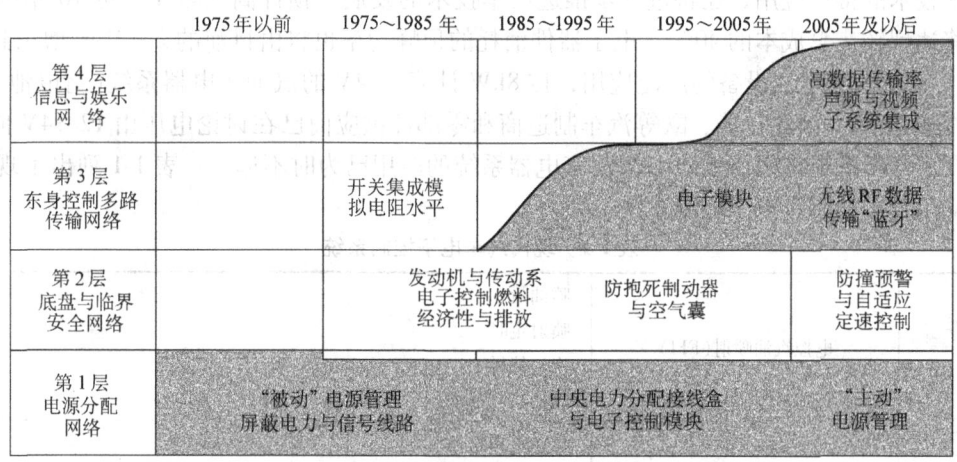

图 1-2 网络层次的发展

2. 节油

汽车发动机采用电子综合优化控制，与传统的化油器式发动机相比，可以节约燃油消耗 10%～15% 左右。汽车是一个较复杂的多参数控制的机械，而且行驶条件随机变化。对其采用优化控制后，计算机可以对控制对象的有关参数（如温度、气体压力、转速、排气成分）进行适当采样，然后进行数据处理，最终控制汽车的执行机构，这样便可使汽车在最佳工况下工作,以达到节油目的。发动机各部件的优化控制主要有:电子控制点火装置、电子控制汽油喷射和混合气浓度控制装置等,此外还有发动机闭缸控制节油装置、怠速控制、废气再循环控制和爆燃控制等优化控制。

3. 减少空气污染

用传感器控制的发动机空燃比闭环控制系统,可以保证发动机处于理论空燃比附近工作。若加装废气再循环和三元催化净化等装置,不但可以节约燃油,而且废气中碳氢化合物(HC)的体积分数可降低40%,氮氧化合物(NO_x)的体积分数可降低60%左右。

4. 减少交通事故

电子技术在汽车安全方面得到应用后,使整车的安全性能提高。交通事故主要由人的主观因素和客观因素所造成,减少人的主观因素造成事故的电子装置有:防止酒后驾车和驾驶员瞌睡的电子装置、检查人的心理状态和反应时间的电子装置等;减少由于客观原因造成事故的电子装置有:电子控制防滑装置、智能驾驶信息系统、汽车主要参数报警装置和安全气囊等。

5. 提高乘坐舒适性

汽车的舒适性包括平顺性、噪声控制、空气温度和湿度调节以及居住性等。通常所说的乘坐舒适性,主要是指乘客对振动的适应程度。振动主要由路面、轮胎、发动机和传动系通过不同途径传递到人体,其振动的幅度和频率对人体影响较大。采用电子技术后,可以根据汽车的运行情况和路况适时控制减振器的阻尼等参数,从而提高乘坐舒适性。车内温度、湿度、灯光等,可根据环境条件及人的要求自动控制在合适的程度。

目前,发达国家的轿车电子产品应用已占车价的25%以上,随着量子力学的重大发现和纳米技术的推广应用,还将进一步推进汽车技术的发展。预计高级轿车在近10年内电子器件将达到轿车总成本的40%,电子器件消耗的顶峰功率也将由目前的2~3kW增长到8~10kW。由于汽车电器设备的广泛应用,按8kW计算,14V的汽油车电器系统(蓄电池12V)电流将达570A。因此,美、欧等汽车制造商和零部件供应商已在讨论电压由12/14V向36/42V汽车电器系统转化,预计42V汽车电器系统的应用已为时不远了。表1-1列出了现代汽车上应用较多的汽车电子控制系统。

表1-1 现代汽车电子控制系统

发动机控制	电控汽油喷射(EFI)	喷油量 喷射定时 汽油停供 汽油泵
	电控点火装置(ESA)	点火时刻 通电时间 爆燃防止
	怠速控制(ISC)	
	排放控制	废气再循环(EGR) 氧传感器及三元催化 二次空气喷射 活性炭罐电磁阀控制

（续）

发动机控制	进气控制	空气引导通路切断 旋涡控制阀
	增压控制	
	警告提示	涡轮指示灯 催化剂过热报警
	自我诊断	
	备用功能与失效保护	
底盘部分	传动系控制	自动变速器 防滑差速器(ASD)与加速防滑系统(ASR)、牵引力控制系统(TCS)
	行驶、制动转向系控制	电控防抱死制动装置(ABS) 电控悬架装置(TEMS) 电控定速/加速/急速控制 动力转向车速感应稳定系统
其他装置	安全保证及仪表报警	电子仪表 雷达防撞装置 安全气囊 防盗装置
	电源系统	发电机电压调节 过电压保护
	舒适性	空调系统 门窗自动开闭 座椅调节 门锁控制
	娱乐通信	汽车音响系统 汽车通信系统

第二节　汽车电子控制系统的一般组成

一、电子控制系统的一般组成

电子控制系统就是应用控制装置自动地、有目的地控制、操作机器设备或过程，使之有一定的状态和性能。典型的工程控制系统如图1-3所示。自动控制系统一般由检测反馈单元、指令及信号处理单元、转换放大单元、执行器和动力源等几部分组成。

1. 检测反馈单元

该单元的功用在于通过各种传感器检测受控参数或其他中间变量，经放大、转换后用以显示或作为反馈信号。

2. 指令及信号处理单元

该单元接受人机对话随机指令或定值、程序指令，并接受反馈信号，一般具有信号比较、变换、运算、逻辑等处理功能。传统的指令及信号处理单元多采用模拟电路，随着微电

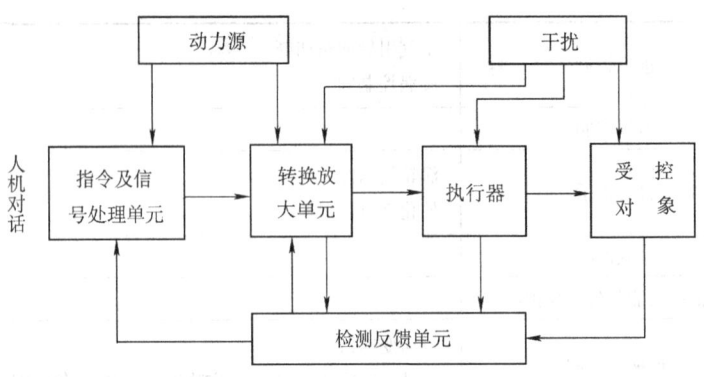

图 1-3 电子控制系统的一般组成

子技术和计算机技术的发展,为工程控制系统提供了采用数字计算机指令和信号处理单元的可能性。汽车上所用的指令及信号处理单元多为微处理机。

3. 转换放大单元

该单元的作用是将指令信号按不同方式进行相互转换和线性放大,使放大后的功率足以控制执行器并驱动受控对象。

4. 执行器

执行器直接驱动受控对象的部件,可以是电磁元件,如电磁铁、电动机等;也可以是液压或气动元件,如液压或气压工作缸及马达。为了使驱动特性与受控对象的负荷特性相互匹配,还可附加变速机构,如液压马达和行星齿轮传动的组合。

5. 动力源

动力源为各单元提供能源,通常包括电气动力源和流体动力源两类。

二、自动控制系统的分类

工程自动控制系统的分类方式很多,一般有以下几种。

1. 按控制系统有无反馈环节分类

(1) 开环控制系统　若系统的输出量对系统的控制作用不产生影响(即无检测反馈单元),则称为开环控制系统。开环控制系统的控制精度完全取决于各单元的精度,因此,它主要使用在精度要求不高并且不存在内外干扰的场合。但开环控制系统结构简单,且一般不存在稳定性的问题。

(2) 闭环控制系统　系统的输出通过检测反馈单元返回来作用于控制部分,形成闭合回路,这种控制系统就称为闭环控制系统,又称为反馈控制系统。其优点是能够自动纠正外部干扰和系统内参数变化引起的偏差,这样就可以采用精度不太高而成本较低的元件,组成一个较为精确的控制系统。但是闭环控制系统也有它的缺点。由于闭环控制系统是以偏差消除偏差的,即系统要工作就必须有偏差存在,因此这类系统不会有很高的精度。同时,由于组成系统的元件有惯性、传动链的间隙等因素存在,如配合不当,将会引起反馈控制系统的振荡,从而系统不能稳定工作,精度和稳定性之间的矛盾始终是闭环控制系统存在的主要矛盾。

2. 按输入量变化的规律来分类

(1) 恒值控制系统　恒值控制系统的特点是,系统的输入量是恒值,并要求系统的输出量相应地保持恒定值。它是一种最常见的自动控制系统，如自动调速系统、恒温控制系统、恒张力控制系统等，都属于恒值控制系统。

（2）随动控制系统　随动控制系统的特点是，输入量是变化的（有时是随机的），并且要求系统的输出量能跟随输入量的变化而作出相应的变化，故随动系统又称为伺服系统或跟踪系统。它广泛地应用于飞机、舰船、武器（火炮、导弹）和雷达等的运动控制。

（3）过程控制系统　该系统的输出量是按给定的时间函数实现控制的。这类系统广泛地应用于化工、冶金、造纸、食品等工业的工艺过程参数控制，如温度、压力、流量、液位、pH 值等。过程控制系统也可称为程序控制系统，往往内含伺服控制系统。

以上三种控制系统都是闭环控制系统。

3. 按系统传输信号对时间的关系分类

（1）连续控制系统　连续控制系统的特点是，控制作用的信号是连续量或模拟量。如随动系统就是连续控制系统，因为作用于系统的信号是模拟量。

（2）离散控制系统　又称采样控制系统。它的特点是，作用于系统的控制信号是连续量、数字量或采样数据量。通常采样数值计算机控制的系统都是离散系统。

4. 按系统输出量和输入量的关系分类

（1）线性系统　线性系统的特点是，系统的输出量和输入量的关系是线性的，它的各个环节或系统都可以用线性微分方程来描述，可以应用叠加原理和拉氏变换解决线性系统中的问题。

（2）非线性系统　非线性系统的特点是，其中的一些环节具有非线性性质（例如出现饱和死区、滞环等）。它们往往要采用非线性的微分方程来描述。此外，叠加原理对非线性系统是不适用的。

另外，按系统主要组成元件的物理性质，可将控制系统分为电气控制系统、液压控制系统和电—液控制系统。

5. 简化的汽车电子控制系统模型

从控制原理来看，汽车电控系统可以简化为传感器、ECU 和执行器三大组成部分。传感器是感知信息的部件，功用是向 ECU 提供汽车运行状况和发动机工况等。ECU 接收来自传感器的信息，经信息处理后发出相应的控制指令给执行器。执行器即执行元件，其功用是执行 ECU 的专项指令，从而完成控制目的。传感器、ECU 和执行器三部分相互间的工作关系如图 1-4 所示。

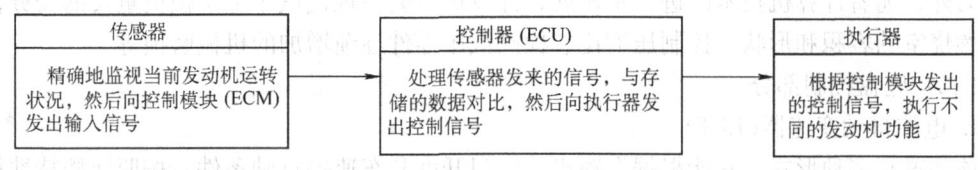

图 1-4　传感器、ECU 和执行器之间的工作关系

三、汽车电子控制系统简介

汽车电子控制系统可以分为以下四个部分：

1）发动机和动力传动集中控制系统。包括发动机集中控制系统、自动变速控制系统、

防抱死制动和牵引力控制系统等。

2) 底盘综合控制和安全系统。包括车辆稳定控制系统、主动式车身姿态控制系统、巡航控制系统、防撞预警系统、驾驶员智能支持系统等。

3) 智能车身电子系统。自动调节座椅系统、智能前灯系统、汽车夜视系统、电子门锁与防盗系统等。

4) 通信与信息/娱乐系统。包括智能汽车导航系统、语音识别系统、"ON STAR"系统（具有自动呼救与查询等功能）、汽车维修数据传输系统、汽车音响系统、实时交通信息咨询系统、动态车辆跟踪与管理系统、信息化服务系统（含网络等）等。

下面简单介绍一下目前较多见且较成熟的部分地区汽车电子控制装置。

（一）发动机控制部分

1. 电控点火装置（ESA）

该系统可使发动机在不同转速、进气量等因素下，在最佳点火提前角工况下工作，使发动机输出最大的功率和转矩，而将油耗和排放降低到最低限度。该系统分为开环和闭环两种控制。电控点火装置闭环控制系统通过爆燃传感器进行反馈控制，其点火时刻的控制精度比开环高，但排气净化差些。

2. 电控汽油喷射（EFI）

该系统根据各传感器输送来的信号，能有效控制混合气空燃比，使发动机在各种工况下空燃比达到较佳值，从而实现提高功率、降低油耗、减少排气污染等功效。该系统可分为开环和闭环两种控制。闭环控制是在开环控制的基础上，在一定条件下，由计算机根据氧传感器输出的含氧浓度信号修正燃油供给量，使混合气空燃比保持在理想状态下。

3. 废气再循环控制（EGR）

该系统是将一部分排气中的废气引入进气侧的新鲜混合气中再次燃烧，以抑制发动机有害气体氮氧化合物的生成。该系统能根据发动机的工况适时地调节参与废气再循环的废气循环率，以减少排气中的有害气体氮氧化合物。它是一种排气净化的有效手段。

4. 怠速控制（ISC）

该系统能根据发动机冷却液温度及其他有关参数，如空调开关信号、动力转向开关信号等，使发动机的怠速处于最佳状态。

除以上控制装置外，发动机部分的控制内容还有：发动机输出、冷却风扇、发动机排量、气门正时、二次空气喷射、发动机增压、油气蒸发控制及系统自诊断等。

另外，随着计算机技术的进一步发展，计算机将会在现代汽车上承担更重要的任务，如控制燃烧室的容积和形状、控制压缩比、检测汽车零件逐渐增加的机械磨损等。

（二）底盘控制部分

1. 电控自动变速器（ECT）

该装置有多种形式。它能根据发动机节气门开度和车速等行驶条件，按照换档特性精确地控制变速比，使汽车处于最佳档位。该装置具有提高传动效率、降低油耗、改善换档舒适性、提高汽车行驶平稳性以及延长变速器使用寿命等优点。

2. 防滑控制系统

防滑控制包括防抱死制动（ABS）、牵引控制（TCS）、驱动防滑（ASR）和车辆横向稳定性控制系统（VSC）。该系统可以提高制动效能，防止汽车在制动、起步、驱动和转弯时产生侧滑，是保证行车安全和防止事故发生的重要措施。

3. 电子控制动力转向

电子控制动力转向的形式较多，目前汽车动力转向的发展趋势为四轮转向系统。它们分别显示出不同的优越性，如有的可获得最优化的转向作用力特性、最优化的转向回正特性，起到改善行驶的稳定性以及节能和降低成本的作用；有的主要是为了提高转向能力和转向响应性；有的主要用来改善高速行驶时的稳定性。目前电控前轮动力转向较普及，通过控制转向力，保证汽车原地或低速行驶时转向轻便，而高速行驶时又确保安全。

4. 电控悬架(TEMS)

该系统能根据不同的路面状况，控制车辆高度，调整悬架的阻尼特性及弹性刚度，改善车辆行驶的稳定性、操纵性和乘坐舒适性。

5. 巡航控制系统(CCS)

该系统又称恒速行驶系统。汽车在高速公路上长时间行驶时，打开该系统的自动操纵开关后，恒速行驶装置将根据行驶阻力自动增减节气门开度，使汽车行驶速度保持一定。该系统可以减轻驾驶员长途驾驶之疲劳。

（三）行驶安全系统

1. 安全气囊(SRS)

该系统是国外汽车上一种常见的被动安全装置。在车辆相撞时，由电控元件用电流引爆安置在转向盘中央（有的在仪表盘板杂务箱后边也安装）等处气囊中的渗氮物，迅速燃烧产生氮气，瞬间充满气囊。气囊的作用是在驾驶员与转向盘之间、前座乘员与仪表板间形成一个缓冲软垫，避免硬性撞击而受伤。此装置一定要与安全带配合使用，否则效果大为降低。

2. 雷达防撞系统

该系统有多种形式。有的在汽车行驶中，当两车的距离小到安全距离时，即自动报警，若继续行驶，则会在即将相撞的瞬间，自动控制汽车制动器将汽车停住；有的是在汽车倒车时，显示车后障碍物的距离，有效地防止倒车事故发生。

3. 驱动防滑控制系统(ASR)

该系统是在防抱死制动系统的基础上开发的，两系统有许多共同组件。该系统装置利用驱动轮上的转速传感器，当感受到驱动轮打滑时，控制元件便通过制动或通过油门降低转速，使之不再打滑。它实质上是一种速度调节器，可以在起步和弯道中速度发生急剧变化时，改善车轮与地面间的附着力，提高其安全性。该系统装置在雪地或湿滑路面上，较能发挥其特性。

4. 安全带控制系统

该系统在汽车发生任何撞击的情况下，可瞬间束紧安全带。有的汽车上只当计算机确认驾驶员和乘客安全带使用正确无误时，发动机才能被起动。

5. 前照灯控制系统

该系统可在前照灯照明范围内，随着转向盘的转动而转动，并能在会车时自动启闭和防眩。

除上述装置外，已经开发出各种各样的安全装置，如自动门窗装置、车门自动闭锁装置、防盗装置、车钥匙忘拔报警装置和语言开门（无钥匙）装置等。

（四）信息系统

随着电子化的发展，汽车信息系统越来越庞大，远远超出如车速、里程、冷却液温度、油压等相关范围，逐渐向全面反映车辆工况和行驶动态等功能发展。科目繁多的信息装置正在源源不断地进入汽车领域。

1. 信息显示与报警系统

该系统可将发动机的工况和其他信息参数，通过微处理机处理后，输出对驾驶员更有用的信息，并用数字显示、线条显示或声光报警。

显示的信息除冷却液温度、油压、车速、发动机转速等常见的内容外，还有瞬时耗油量、平均耗油量、平均车速、行驶里程、车外温度等。根据驾驶员的需要，可随时调出显示这些信息。

监视和报警的信息主要有：燃油温度、冷却液温度、油压、充电、尾灯、前照灯、排气温度、制动液量、手制动、车门未关严等。当出现不正常现象或自诊断系统测出有故障时，立即由声光报警。

2. 语言信息系统

过去一般信息显示都是靠驾驶员查看仪表，用视觉感知，这样容易造成遗漏。现在出现了语言信息，包括语音报警和语音控制两类。

语音报警是在汽车出现不正常情况，如冷却液温度、水位、油位不正常，制动液不足和蓄电池充电值偏低等情况时，计算机经过逻辑判断，输出信息至扬声器，发出模拟人的声音向驾驶员报警，如"水位不正常"、"请加油"等，多数还同时用灯光报警。

语音控制是用驾驶员的声音来指挥和控制汽车的某个部件、设备进行动作。

3. 车用导航系统与定位系统

该系统是近几年研究的新课题。它可在城市或公路网范围内，定向选择最佳行驶路线，并能在屏幕上显示地图，表示汽车行驶中的位置，以及到达目的地的方向和距离。这实质是汽车行驶向智能化发展的方向，再进一步就可成为无人驾驶汽车。

4. 通信系统

这方面真正使用且采用最多的是汽车电话，在美国、日本、欧洲等发达国家较普及。目前的水平在不断地提高，除车与路之间、车与车之间、车与飞机等交通工具之间的通话外，还可通过卫星与国际电话网相联，实现行驶过程中的国际间电话通信，实现网络信息交换、图像传输等。

（五）附属装置

1. 全自动空调(EA/C)

该装置突破单一的空气温度调节功能，根据设计在车内的各种温度传感器（车内温度、大气温度、日照强度、蒸发器温度、发动机冷却液温度等）输入的信号，由计算机进行平衡温度演算，对进气转换风门、混合风门、水阀、加热断电器、压缩机、鼓风机等进行控制；根据乘客要求，保持车内的温度等小气候处于最佳值（人体感觉最舒适的状态）。

2. 自动座椅

该装置是人体工程技术与电子控制技术相结合的产物，它能使座椅适应乘客的不同体型，满足乘客的舒适性的要求。

3. 音响/音像

车内装有立体音响、CD等。放音系统可实现立体声补偿、立体声音响自动选台，显示器实现数码选台。

四、电子控制单元(ECU)的功能与组成

1. ECU 的功能

ECU 是一种电子综合控制装置,它所具备的基本功能如下:

1) 接受传感器或其他装置输入的信息,给传感器提供参考(基准)电压:2V、5V、9V、12V,将输入的信息转变为微机所能接受的信号。

2) 存储、计算、分析处理信息,计算出输出值所用的程序,存储该车型的特点参数,存储运算中的数据(随存随取),存储故障信息。

3) 运算分析。根据信息参数求出执行命令数值,将输出的信息与标准值对比,查出故障。

4) 输出执行命令。把弱信号变为强的执行命令,输出故障信息。

5) 自我修正功能(自适应功能)。

在发动机控制系统中,ECU 不仅用来控制汽油喷射系统,同时还具有点火提前角控制、怠速控制、排放控制、进气控制、增压控制、自诊断、失效保护和备用控制系统等多项控制功用。

在发动机控制系统中,由于使用微机,与以往的模拟电路控制相比,信号处理的速度和容量大大提高,因此,就可以实现多功能的高精度集中控制。

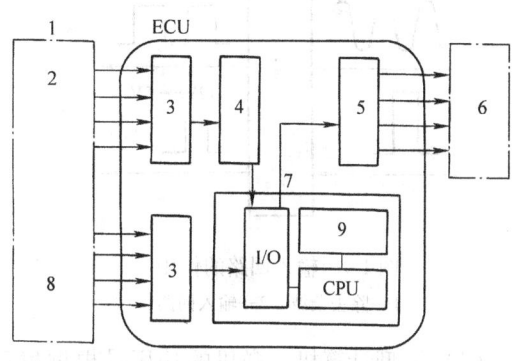

2. ECU 的组成

发动机集中控制系统 ECU 的组成如图 1-5 所示。ECU 主要由输入回路、A/D 转换器(模/数转换器)、微型计算机和输出回路四部分组成。

图 1-5 ECU 的组成
1—传感器 2—模拟信号 3—输入回路 4—A/D 转换器 5—输出回路 6—执行元件 7—微机 8—数字信号 9—ROM/RAM 记忆装置

(1) 输入回路 输入 ECU 的传感器信号有两种:一种是模拟信号(图 1-6a),如:热线式空气流量计的输出信号和冷却液温度传感器的输出信号等;另一种是数字信号(图 1-6b),如卡门旋涡式空气流量计的输出信号和转速传感器的输出信号等。信号的类型不同,输入 ECU 后的处理方法也不一样。

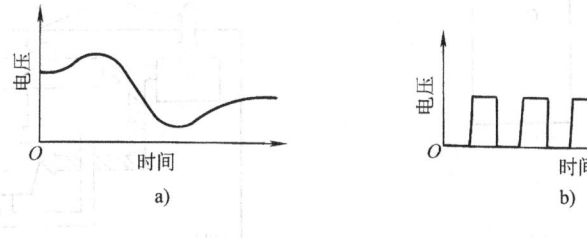

图 1-6 传感器输入信号的种类
a) 模拟信号 b) 数字信号

从传感器输出的信号输入 ECU 后,首先通过输入回路,其中数字信号直接输入微机,模拟信号则由 A/D 转换器(模/数转换器)转换成数字信号之后再输入微机。

输入回路的作用是将传感器输入的信号,在除去杂波和把正弦波转变为矩形波后,再转换成输入电平(图1-7)。

(2) A/D转换器 由传感器输入的模拟信号,微机不能直接处理,故要用A/D转换器将模拟信号转换成数字信号,再输入微机。图1-8所示为空气流量计输出模拟信号由A/D转换器处理示意图。

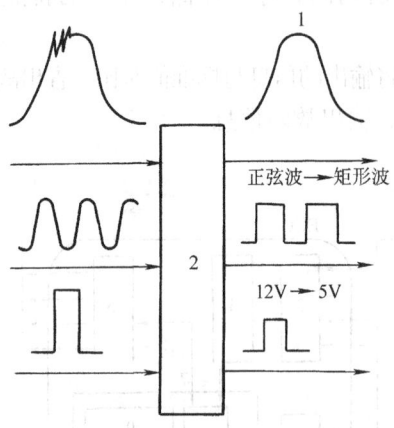 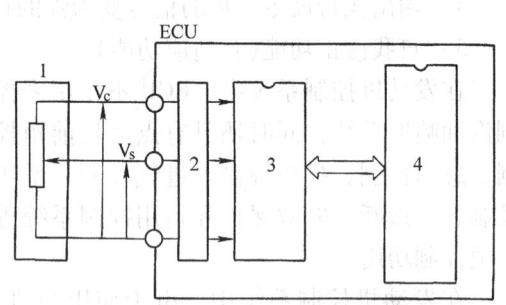

图1-7 输入回路的作用　　　　　　　　　　图1-8 模拟信号转换处理
1—除去杂波　2—输入回路　　　　　　　1—空气流量计　2—输入回路　3—转换器　4—微机

(3) 微型计算机 微机的功用是根据发动机工作的需要,把各种传感器送来的信号用内存的程序(微机处理的顺序)和数据进行运算处理,并把处理结果如汽油喷射控制信号、点火控制信号等送往输出回路。

微机的内部结构如图1-9所示,是由中央处理器(CPU)、存储器、输入/输出装置等组成。

1) 中央处理器(CPU)。中央处理器的功用是读出命令并执行数据处理任务。CPU是由进行数据算术运算和逻辑运算的运算器、暂时存储数据的寄存器、按照程序进行各装置之间信号传送及控制任务的控制器等组成(图1-10)。

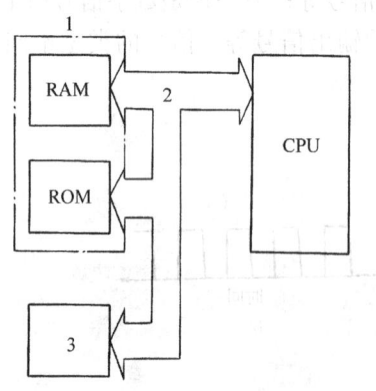 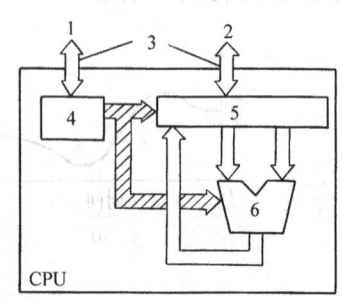

图1-9 微型电子计算机的构成　　　　　　图1-10 CPU的组成
1—存储器　2—信息转送通路　　　　　1—控制信号　2—数据　3—信息传达通道
3—输入/输出　　　　　　　　　　　　4—控制器　5—寄存器　6—运算器

2) 存储器。存储器的功用是记忆存储程序和数据，一般由几个只读存储器 ROM 和随机存取存储器 RAM 组成。

ROM 是读出专用存储器，存储内容一次写入后就不能改变，但可以调出使用。ROM 存储器存储的内容，即使切断电源，其记忆的内容也不丢失，故适用于对各种程序和数据的长期保留。近年可编程只读存储器（EPROM）已在汽车微机中得到应用，该存储器可由紫外线将其记忆内容消去，并可改写存储内容。

随机存储器 RAM 既能读出也能写入数据记忆在任意地址上。但是如果切断电源，存储的数据就丢失。所以 RAM 只适用于暂时保留过程中的处理数据。

3) 输入/输出装置。输入/输出装置的功用是根据 CPU 的命令，在外部传感器和执行器之间执行数据传送任务，一般称之为 I/O 接口。

4) 输出回路。由微机输出的是电压很低的数字信号，用这种信号一般是不能直接驱动执行元件的。输出回路的功用就是将微机输出的数字信号转换成可以驱动执行元件的输出信号。输出回路多采用大功率三极管，由微机输出的信号控制其导通和截止，从而控制执行元件的搭铁回路（图1-11）。

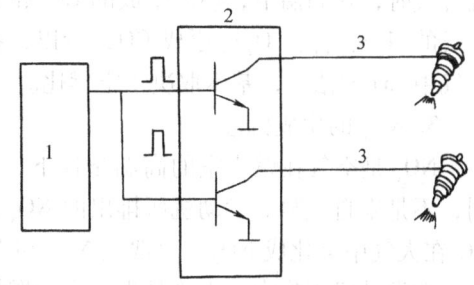

图 1-11　输出回路
1—微型计算机　2—输出回路　3—喷油器

第三节　汽车电子控制技术基础知识

一、汽油机的排放与净化

1. HC（碳氢化合物）的生成机理

HC 产生的原因除燃料的不完全燃烧外，缸壁淬冷也是排气中 HC 的主要来源。由于汽油机中混合气的燃烧是依靠火焰传播进行的，当火焰传播到接近气缸壁面附近时，由于壁面的冷却作用，火焰不能完全传播到缸壁表面，使大约 0.5mm 厚度上的混合气未能燃烧，通常把这层未能燃烧的混合气叫作淬冷层。淬冷层的厚度随空燃比、气缸内的压力、气体的流动状况而变化。当混合气的空燃比位于浓混合区的某个值的附近，淬冷层的厚度最小，比它更浓或更稀的混合气，都会使淬冷层的厚度增加。气缸内的压力越高、气体流动越活跃，都会使淬冷层变得越薄。另外，活塞顶部与第一道气环之间的空隙、火花塞磁心周围的空隙等，火焰也不能传播过去。上述淬冷层和气隙中的混合气没有燃烧就随废气排出。在排气初期，靠近排气门附近的那一部分淬冷层中的未燃气体首先"剥离"随尾气排出。在排气后期，活塞把气缸壁面的淬冷层也卷进排气中，使 HC 的排放浓度大大增加。

发动机工作时，如果混合气过浓，由于空气不足，燃烧不完全，未燃烧或燃烧过程中生成的 HC 增多，HC 的排放浓度当然增加。而当混合气过稀或缸内废气过多时，则可能引起火焰不充分甚至完全断火，致使排气中的 HC 浓度显著增加。在正常情况下发动机提供的是可点燃的混合气，火焰传播不完全是在进气管真空度很高的情况下发生的，例如怠速或减速时所引起的高度废气稀释所造成，或者是在过渡工况，特别是在暖车及减速时，进入气缸内的混合气很可能是过浓或过稀，以致不能燃烧完全，使 HC 排放量增加。

2. CO 的生成机理

CO 是燃料燃烧的中间产物。排气中 CO 主要是在局部缺氧或低温下由于烃的不完全燃烧产生的。

理论上讲，当空燃比值 $A/F = 14.7$ 时，将实现完全反应，生成 CO_2 和 H_2O。而当空气不足时（$A/F < 14.7$），则有部分燃料不能完全燃烧而生成 CO。

然而，在实际汽油机中，不仅空气不足时燃烧生成物中有 CO，就是在空气充足时，燃烧产物中也含有 CO 及 H_2。其原因是由于混合气的形成与分配不均造成的。另外在使用稀混合气时，在高温下，燃烧生成的 CO_2 和 H_2O 也可能有一小部分发生分解反应而离解反应生成的 H_2 又会使 CO_2 还原成 CO，所以，在发动机排气中，总会有 CO 的存在。尽管如此，排气中 CO 的浓度，基本取决于空燃比。

3. NO_x 的生成机理

NO_x 是空气在燃烧室的高温条件下，由氧和氮的反应所形成的，它和其他废气成分不同，不是来自燃料。发动机所排出的 NO_x，虽含有少量的 NO_2，但大部分是 NO。排气中的 NO 在大气中氧化成 NO_2，通常把 NO_2 和 NO 统称为 NO_x（氮的氧化物）。

在发动机工作中，无论是进行完全燃烧反应，还是不完全燃烧反应，其最初燃烧反应所产生的热必将使空气中的氧分子裂解为氧原子，并与空气中的氮分子发生反应而生成 NO 和氮原子，而氮原子又与空气中氧分子发生反应生成 NO 和氧原子，这部分氧原子又可与空气中氮分子重新反应，产生 NO。

在这些反应中，燃烧废气温度越高，燃烧后残留的氧气浓度越大，高温持续的时间越长，NO_x 的生成量就越多。

4. 影响排放中有害气体的生成因素

排气中有害气体的生成与空燃比、点火时刻、发动机的结构等有关，通常，空燃比和点火时刻的影响最大。

（1）空燃比　当低于理论空燃比 14.7 时，排出的 CO 浓度便急剧上升；反之，空燃比从 16 附近起，则趋于稳定，并且数值很低。这说明混合气越浓时，由于燃烧所需要的氧气不足，所以引起不完全燃烧，而引起 CO 的急剧增长。同时还说明，要减小 CO 的排放，就必须采用稀混合气。试验证明，发动机 CO 的排放量基本决定于空燃比，其他的影响因素都小。

HC 与 CO 不同，空燃比在 17 以内时，随着空燃比的增大，HC 便下降。但继续增大时，由于混合气过于稀薄，易于发生火焰不完全传播，甚至断火，使 HC 排放浓度迅速增加。

空燃比对 NO_x 的影响：当混合气很浓时，由于燃烧高温和可利用的氧的浓度都很低，使 NO_x 的生成量也较低。用空燃比为 15.5～16 的稍稀混合气时，排出的 NO_x 浓度最高。对于空燃比稀于 16 的混合气，虽然氧的浓度增加可以促进 NO_x 的生成，但这种增加却被由于稀混合气中燃烧温度和形成速度的较低所抵消。因此对于很浓或很稀的混合气，NO_x 的排放浓度均不高。

（2）点火时刻　推迟点火时间，在燃烧室内的燃烧时间将缩短，由于后燃，将使排气温度上升，促进了 HC 和 CO 的氧化，排出的 HC 减少。另外由于燃烧时降低了气缸的面容比（气缸圆柱体截面积与气缸容积之比），使燃烧室内的淬冷面积减小，使排出的 HC 减少。但需要指出的是，采用推迟点火的结果虽然使排气污染物有所下降，但这种下降是靠牺牲燃料经济性换来的。

点火时刻对 CO 排放浓度影响不大，但过分推迟点火，亦会使 CO 在燃烧室内没有时间完全氧化，而引起 CO 排放量的增加。

无论在任何转速和负荷下，加大点火提前角，均使 NO_x 的排放浓度增加。这是因为点火时刻提前时，燃烧温度提高所致。

5. 排气净化的后处理

发动机本身的改进，尚不能符合排放规定时，就要附加净化处理装置。现在的净化处理装置很多。如：三元催化反应器、废气再循环、二次空气供给装置等都普遍有所应用。有的可以单独使用，有的是两项净化装置同时结合起来使用，都可以得到满意的净化效果。

（1）二次空气供给装置 这种装置是为了解决从燃烧室排到排气管中未完全燃烧的 HC 和 CO 的。为了区别于发动机正常进气，把这种排气系统中供给空气的装置叫二次空气供给装置。工作原理是：空气送到各缸的排气门附近，利用燃烧后的高温，使废气中残留的 HC 和 CO 与空气相混合后再燃烧，达到排气净化的目的。

（2）三元催化转换器 现代汽车普遍采用三元催化排气净化器，把发动机排出的废气中有害气体转换成无害气体。具体内容见本书第五章第二节。

（3）废气再循环控制（EGR） EGR 废气再循环是发动机工作过程中，将一部分废气引到吸入的新鲜空气（或混合气）中返回气缸进行再循环的方法，该方法被广泛用于减少 NO_x 的排放量。具体内容见本书第五章第二节。

二、汽油机对点火系统的要求

1. 发动机对点火系的要求

在汽油发动机中，气缸内的混合气是由高压电火花点燃的，而产生电火花的功能是由点火系统来实现的。汽油发动机对点火系有以下三个基本要求：

（1）能产生足以击穿火花塞电极间隙的电压 火花塞电极间产生火花时的电压，称为击穿电压。实验证明，发动机在满负荷低速时，需要 8～10kV 的击穿电压，起动时需要击穿电压最高可达 17kV。为了保证可靠的点火。点火系必须具有一定的二次侧电压储备，现代大多数点火系已能提供 28kV 以上的击穿电压。

影响击穿电压的因素很多，其中包括：火花塞电极间隙和形状；气缸内混合气的压力和温度；电极的形状、温度和极性；以及发动机的工况等。

（2）火花应具有足够的能量 要使混合气可靠点燃，火花塞产生的电压应具有一定的能量（火花能量 = 火花电压 × 火花电流 × 火花持续时间）。实验证明，在一定范围内，随着火花能量的增大，其着火性能越好。

点燃混合气所必须的最低能量，与混合气的成分、浓度、火花塞电极的间隙及电极形状等有关。发动机正常工作时，由于混合气压缩终了的温度已接近自燃温度，所需的火花能量很小（1～5mJ）。在发动机起动、急速及节气门急剧打开时，需较高的火花能量。为保证可靠点火，一般应保证有 50～80mJ 的点火能量。目前采用的高能点火装置，一般点火能量都要求超过 80～100mJ。

（3）最佳点火提前角/点火时刻 （点火提前角）不同发动机的最佳点火提前角各不相同，并且同一发动机在不同工况和使用条件下的最佳点火提前角也不相同。影响最佳点火提前角的主要因素有：

1) 发动机转速。发动机转速越高，最佳点火提前角越大。这是因为发动机转速升高时，在同一时间内，活塞移动距离增大，曲轴相应转过的角度增大，如果混合气燃烧速率不变，则最佳点火提前角应按线性规律增长。但当转速继续升高时，由于混合气压力和温度的提高及扰流增强，会使燃烧速度也随着加快，因此当转速升高到一定程度时，最佳点火提前角虽随发动机转速的升高而增大，但增加速度减慢，因此不是线性关系。

2) 负荷。在同一转速下，随着发动机负荷的增大，最佳点火提前角将逐渐减小，这是由于发动机负荷增大时(即节气门开度增大)，吸入气缸内的混合气增多，压缩行程终了时的压力和温度增高，残存废气量相对减少，使燃烧速度加快，因此最佳点火提前角随负荷增大而减小。

3) 空燃比。当空燃比 $A/F=11.7$ 左右时，所需点火提前角最小。这是因为当空燃比 $A/F=11.7$ 左右时，燃烧速度最快，因此，当混合气过稀和过浓时，由于燃烧速度变慢，必须增大点火提前角。

4) 进气压力。进气压力减小，由于混合气雾化和扰流变坏，使燃烧速度变慢，因此点火提前角应增大。如在高原地区，由于大气压力低，空气稀薄，应适当增大点火提前角。

5) 冷却液温度。冷却液温度低时，为尽快暖机，应适当增大点火提前角；而当冷却液温度高时，为了减少 NO_x、HC 的排放量应适当减小点火提前角。

除上述因素外，影响点火提前角的因素还有压缩比、燃烧室的形状、积炭及同一缸火花塞的数量等。

2. 闭合角控制

闭合角的概念来源于传统的点火系，是指断电器触点闭合期间(图1-12)，也即一次电流接通期间分电器转过的角度。在电子点火系中，闭合角则指末级大功率晶体管导通期间分电器转过的角度。在传统点火系中，触点间隙及凸轮外形尺寸一定，因此其闭合角是一定的，不随转速变化而变化。发动机在低转速时，触点闭合时间较长，点火线圈易过热；而在高转速时，触点闭合时间较短，由于一次电流从零上升到饱和电流时，需要一段时间，使一次线圈电流减小，二次电压降低。最理想的闭合角，应随着发动机转速增加而增加。电子点火系，采用电子电路，能轻而易举地控制闭合角。如图1-13所示为闭合角控制简图。

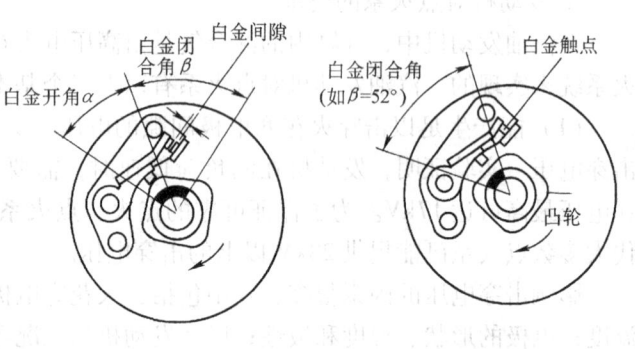

图1-12 闭合角

3. 恒流控制

对于传统点火系，在发动机高转速运转时一次电流减小，二次电压下降，影响了发动机动力性和经济性。而采用恒流控制、则可消除上述缺点，彻底改善点火性能。这种方法需要采用特殊的高能点火线圈。通过降低一次线圈电阻，以提高一次电流，饱和电流可高达30A，如此大的电流势必会烧坏大功率晶体管和电路，因此必须加以控制，使其电流在一定值(如6.5A)，如图1-14所示。

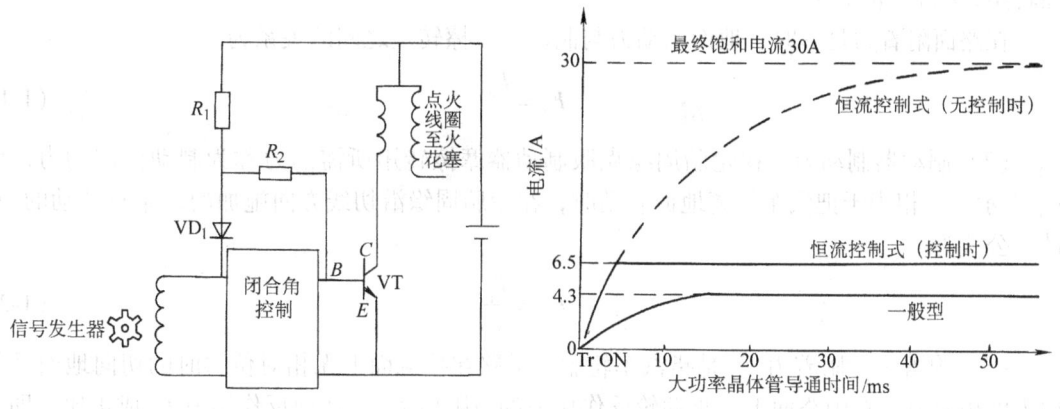

图 1-13　基本闭合角控制电路　　　　图 1-14　恒流控制点火线圈一次电流

将一次线圈中电流控制在一定值,则二次电压成为一个定值,不论发动机高速和低速都能获得相同的二次电压,从而提高了发动机性能。如图 1-15 所示为恒流控制简图,其中 R_s 为采样电阻。

三、汽车制动与侧滑

汽车防抱死制动系统主要由车轮转速传感器、ECU 和制动液压力调节装置三部分组成。其工作过程与汽车制动时的滑动率有密切的关系。

1. 汽车制动性能的评价指标

汽车制动性能的评价指标主要有三个,即制动效能、制动效能的恒定性和制动时汽车的方向稳定性。

制动效能是指汽车在干燥的硬路面上,以一定初速度制动到停车的制动距离或制动时的减速度,它是制动性能最基本的评价指标。制动效能的恒定性中,最主要的是抗热衰退性能。所谓抗热衰退性能指的是在高速时或下长坡

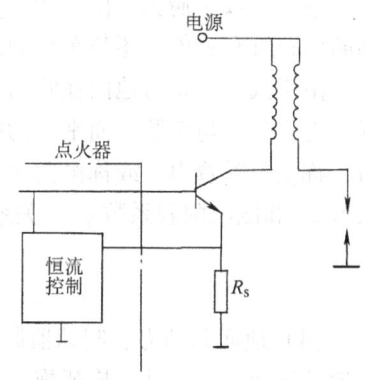

图 1-15　恒流控制电路原理图

时,因制动器连续制动而温度升高后能否保持冷态时的制动效能的评价指标。制动时汽车的方向稳定性,通常用制动时汽车按给定轨迹行驶的能力来评价。如果制动时汽车发生跑偏、侧滑或失去转向能力,则汽车将偏离原来的轨迹。

2. 车轮制动时的受力分析

(1) 地面制动力　地面制动力是一个与汽车的行驶方向相反的力,由地面提供,通过轮胎作用于汽车上,让汽车减速或停止。地面制动力越大,制动减速度越大,制动距离也越短。所以,地面制动力对汽车的制动性能具有决定性的影响。

图 1-16 是车轮在良好路面上制动时的受力情况。F_a 为车轴对车轮的推力,F_x 为地面制动力,F_z 为地面对车轮的法向反作用力,W 为车轮垂直载荷,T_μ 为制动器的摩

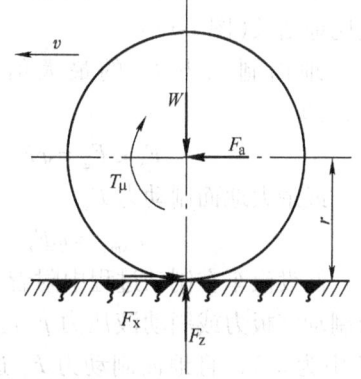

图 1-16　车轮在制动时的受力情况

擦转矩，r 为车轮半径。

在路面附着力足够时，地面制动力与制动器摩擦转矩之间的关系为

$$F_x = \frac{T_\mu}{r} \tag{1-1}$$

（2）制动器制动力　在轮胎周缘克服制动器摩擦转矩所需的力称为制动器制动力，用 F_μ 表示。它相当于把汽车架离地面制动时，在轮胎周缘沿切线方向施加的使车轮转动的力。计算公式为

$$F_\mu = \frac{T_\mu}{r} \tag{1-2}$$

（3）附着力　附着力 F_φ 是指汽车轮胎和道路在接触面上无相对位移时的切向地面反作用力的极限值。在硬路面上，驱动轮反作用力的极限值 F_φ 与法向反作用力 F_z 成正比，即

$$F_\varphi = \varphi F_z \tag{1-3}$$

式中　F_φ——轮胎道路附着力（N）；

F_z——法向反作用力（N）；

φ——附着系数。

附着系数 φ 越大，附着力 F_φ 也越大。附着系数的大小除了与路面的情况、轮胎的结构和胎面花纹有关外，还与车轮的运动状况即运动中的滑移程度有关。

由于汽车车轮与地面在侧向和纵向的附着能力是不同的，故附着力有侧向附着力和纵向附着力之分。与轮胎平面平行的附着力为纵向附着力，用 $F_{\varphi x}$ 表示；垂直于轮胎平面的附着力，称横向附着力，或称侧向附着力，用 $F_{\varphi y}$ 表示。与之相对应的附着系数分别是纵向附着系数 φ_x 和侧向附着系数 φ_y。关系式如下

$$F_{\varphi x} = \varphi_x F_z \tag{1-4}$$

$$F_{\varphi y} = \varphi_y F_z \tag{1-5}$$

（4）地面制动力、制动器制动力与轮胎—道路附着力之间的关系　汽车在制动过程中，车轮的运动有纯滚动、抱死拖滑以及介于上述两者之间的边滚边滑三种状况。当制动踏板力较小且未达到附着极限值时，制动器摩擦转矩不大，车轮处于边滚边滑状态，地面制动力等于制动器制动力，且随踏板力（或制动液压力）的增长成正比地增长（图1-17）。

地面制动力 F_x 的最大值不能超过附着力 F_φ，即

$$F_x \leq F_\varphi = \varphi F_z \tag{1-6}$$

或最大地面制动力 $F_{x\max}$

$$F_{x\max} = \varphi F_z \tag{1-7}$$

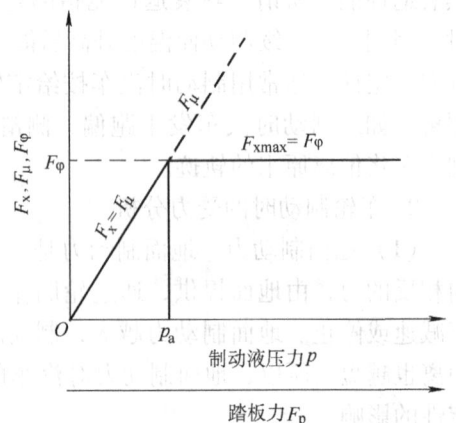

图1-17　地面制动力、制动器制动力及轮胎—道路附着力的关系

假设汽车在制动过程中附着系数为一常数，则当制动踏板力或制动液压力 p 上升到某一值（图1-17中为 p_a），且地面制动力 F_x 达到附着力 F_φ 时，车轮即抱死不转而出现拖滑现象。当制动液压力 $p > p_a$ 时，制动器制动力 F_μ，由于制动器摩擦转矩

的增长而仍按直线关系继续上升。但是若作用在车轮上的法向载荷为常值，地面制动力 F_x 达到附着力 F_φ 的值后就不再增加。所以，要想提高地面制动力以使汽车具有更大的制动效能，只有提高附着系数 φ。

综上所述，汽车的地面制动力首先取决于制动器制动力，但同时又受地面附着条件的限制。只有汽车具有足够的制动器制动力，同时地面又能提供高的附着力时，才能获得足够的地面制动力，而提高附着力就必须提高附着系数 φ。

3. 附着系数与滑动率的关系

汽车车轮在路面上的纵向运动可以区分为纯滚动、纯滑动和边滚边滑的滑移三种形式。

车轮滑移成分在车轮纵向运动中所占的比例可以用滑动率 s 来表示，其滑动率 s 的定义式如下

$$s = \frac{v - r\omega}{v} \times 100\% \tag{1-8}$$

式中　s——车轮的滑动率；
　　　v——车轮中心的纵向速度 (m/s)；
　　　r——车轮的自由滚动半径 (m)；
　　　ω——车轮的转动角速度 (rad/s)。

当车轮纯滚动时，$v = r\omega$；$s = 0$；当车轮抱死纯滑动时，$\omega = 0$，$s = 100\%$；当车轮滑移时，$0 < s < 100\%$。由此可见，滑动率越大，滑移成分越多。

当滑动率不同时，附着系数也不一样。图 1-18 是试验所得的轮胎—道路附着系数曲线，即 $\varphi - s$ 曲线。

如图 1-18 所示，纵向附着系数 φ_x 随滑动率的增大而迅速增大，过 B 点后上升率变小，在 A 点达到最大值之后，随着 s 的增大，φ_x 反而减小。对于侧向附着系数，s 越小，φ_y 越大，即保持转向和防止侧滑的能力越强。当车轮抱死拖滑时，亦即 $s = 100\%$ 时，纵向附着系数 φ_x 较小，地面制动力也较小，制动距离较长；此时侧向附着系数 φ_y 几乎为零，能承受的侧向力很小，车轮很容易侧滑，制动的方向稳定性很差。理想状态是使滑动率保持在 10% ~ 20% 之间，这样便可获得较大的纵向、侧向附着系数，地面所能提供的纵向附着力和侧向附着力也就较大，制动效能最高。汽车防抱死制动系统 (ABS) 的主要作用就是把滑动率控制在 10% ~ 20% 之间，使汽车获得较高的制动效能，且可保持对汽车方向的控制能力。

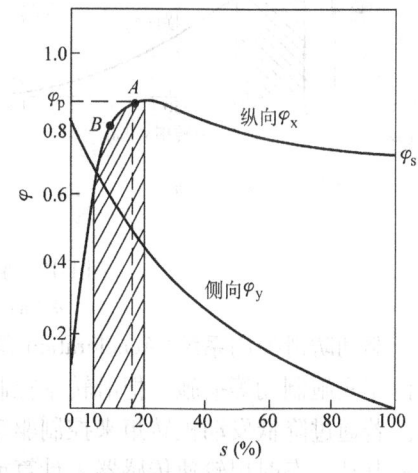

图 1-18　$\varphi - s$ 曲线

在汽车制动过程中，如果前轮先抱死，汽车将失去转向能力，也有可能跑偏，但一般不会出现侧滑；如果后轮先抱死，将会出现非常危险的侧滑现象。为了防止后轮先抱死，有些汽车在制动系统中加了比例阀，以调节前、后车轮的制动液压力。如果把汽车制动时的滑动率控制在 10% ~ 20% 之间，前后车轮都不抱死拖滑，则汽车制动时跑偏、侧滑和失去转向能力等现象都不会出现。

四、驱动与侧滑

按照汽车驱动附着条件,当汽车在起步或急加速时,如果发动机的输出转矩过大,则传输到轮胎上的转矩会大于轮胎与路面间的附着力,此时轮胎与路面之间也会产生打滑。

汽车驱动滑转成分的大小用滑转率表示,其定义式为

$$s' = \frac{r\omega - v}{r\omega} \times 100\% \tag{1-9}$$

式中　ω——车轮的角速度;
　　　r——为车轮的半径;
　　　v——汽车的速度。

当车速 $v=0$ 时,$s'=100\%$,即车轮在原地打滑;当 $v=r\omega$ 时,$s'=0$,表明车轮作纯滚动;当 $0<s'<100\%$ 时,车轮边滚边滑。不同的滑转率,附着系数不同,图 1-19 是(φ_x、φ_y)—s' 曲线。由图可以看出,当 $s'=100\%$ 时,纵向附着系数 φ_x 和横向附着系数 φ_y 都较小,亦即纵向附着力较小和抵抗侧滑的能力较差,而峰值附着系数出现在 $s=20\%$ 左右范围内。

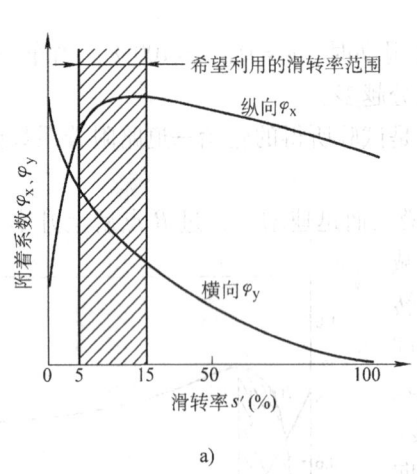
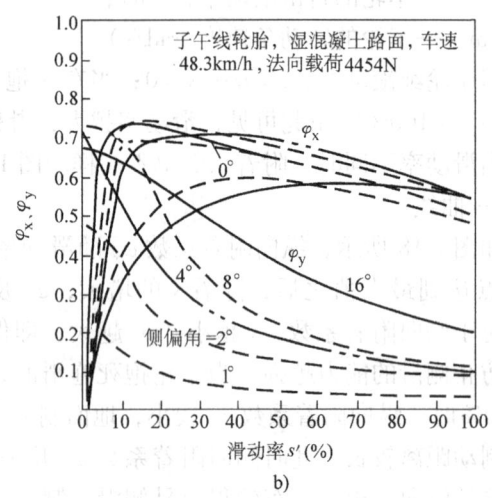

图 1-19　驱动时的附着系数(φ—s' 曲线)
a) 利用区域　b) 有侧偏角

驱动防滑控制系统(Acceleration Slip Regulation,ASR)的作用就是通过减小发动机转矩、对汽车实施制动等措施,把滑转率控制在 5%~15% 之间,从而获得较大的纵向和横向附着力。若通过降低发动机转矩来控制驱动时的车轮滑转,又称为牵引力控制(TCS)。

制动状态时用轮速传感器来计算或估计参考车速,误差很大。但在驱动状态却不存在此问题,由于非驱动车轮近于自由滚动,根据非驱动车轮转速所确定的参考车速就可以认为是实际车速,由此通过计算获得的驱动车轮参考滑动率与实际滑动率就较为接近。因此,在驱动过程中确定驱动车轮的滑动率则较为方便和精确。

五、转向系、传动系与操纵稳定性

汽车运动时的车辆坐标系与运动描述如图 1-20 所示,车辆坐标系是固连在运动着的汽车上的动坐标系。

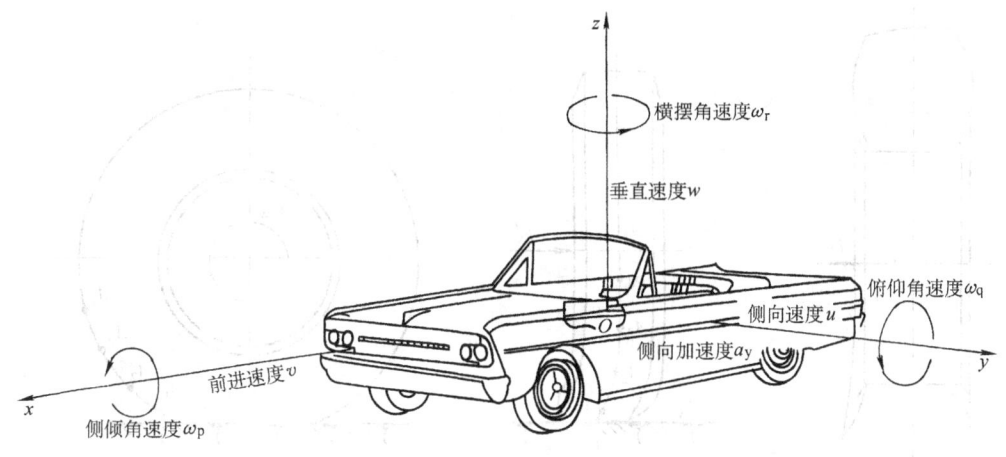

图 1-20 车辆坐标系与汽车的主要运动形式

1. 轮胎的侧偏

汽车在行驶过程中,受到因路面侧向倾斜、侧向风或转弯行驶时的离心力等沿 y 轴方向侧向力 F'_y 的作用,侧向力的路面反作用力为 F_y,称为侧偏力。如果车轮具有侧向弹性,且侧偏力没有超过附着极限,侧向力和侧偏力使轮胎中心线相对于车轮平面不重合,出现偏位 Δh(图 1-21a),称为轮胎的侧偏现象。发生侧偏的车轮转动时,轮胎与地面的接触印迹沿与轮胎平面成夹角 α 的方向滚动(图 1-21b),角度 α 称为侧偏角。侧偏角与侧偏力两者的关系如图 1-22 所示,曲线显示,在 $\alpha < 5°$ 时,两者基本成线性关系。在 $\alpha = 0°$ 处的斜率为侧偏刚度,用 k 表示,则 $F_y = k\alpha$。需要指出的是:最大侧偏力受附着条件限制。

影响侧偏特性的因素有:垂直载荷、轮胎气压、切向力等。如图 1-23 所示,在一定范围内增加垂直载荷、提高轮胎气压可以提高轮胎的侧偏刚度;在有切向力(如驱动力、制动力)存在时,同样的侧偏角,侧偏力下降。

车轮外倾角的倾斜方向与侧偏力一致时,侧偏角绝对值减小;反之则增大。外倾角增加,极限侧向加速度减小,侧向附着性能下降。

2. 转向系与操纵稳定性

1) 汽车的 3 种稳态转向特性为:不足转向、中性转向和过多转向(图 1-24)。而操纵稳定性良好的车辆应具有适度的不足转向,不应具有中性转向,更不能为过多转向。

2) 转向系的功能:一是操纵车轮转动来操纵汽车运动的方向;二是借转向盘的反作用力反馈轮胎运动、受力及整车状况(通常称为路感,Road Feeling)。

3) 汽车行驶时,受驾驶员的转向盘输入与外界侧向干扰输入的影响。转向盘输入有角输入(给转向盘一个角位移)和力输入(给转向盘一个转矩)两种形式,实际驾驶时是角输入与力输入同时加入的,但在低速时以角位移为主,而在高速时则以力输入为主。外界侧向干扰输入主要指侧向风与路面不平产生的侧向力。

4) 不同工况对转向系有不同要求:在低车速、低侧向加速度下行驶,汽车应有适度的转向盘力与总回转角,并有良好的回正性能;在高转速、转向角小、低侧向加速度时,应具有一定的转向操纵力,如图为 1-25 转向器与操纵力的变化关系。

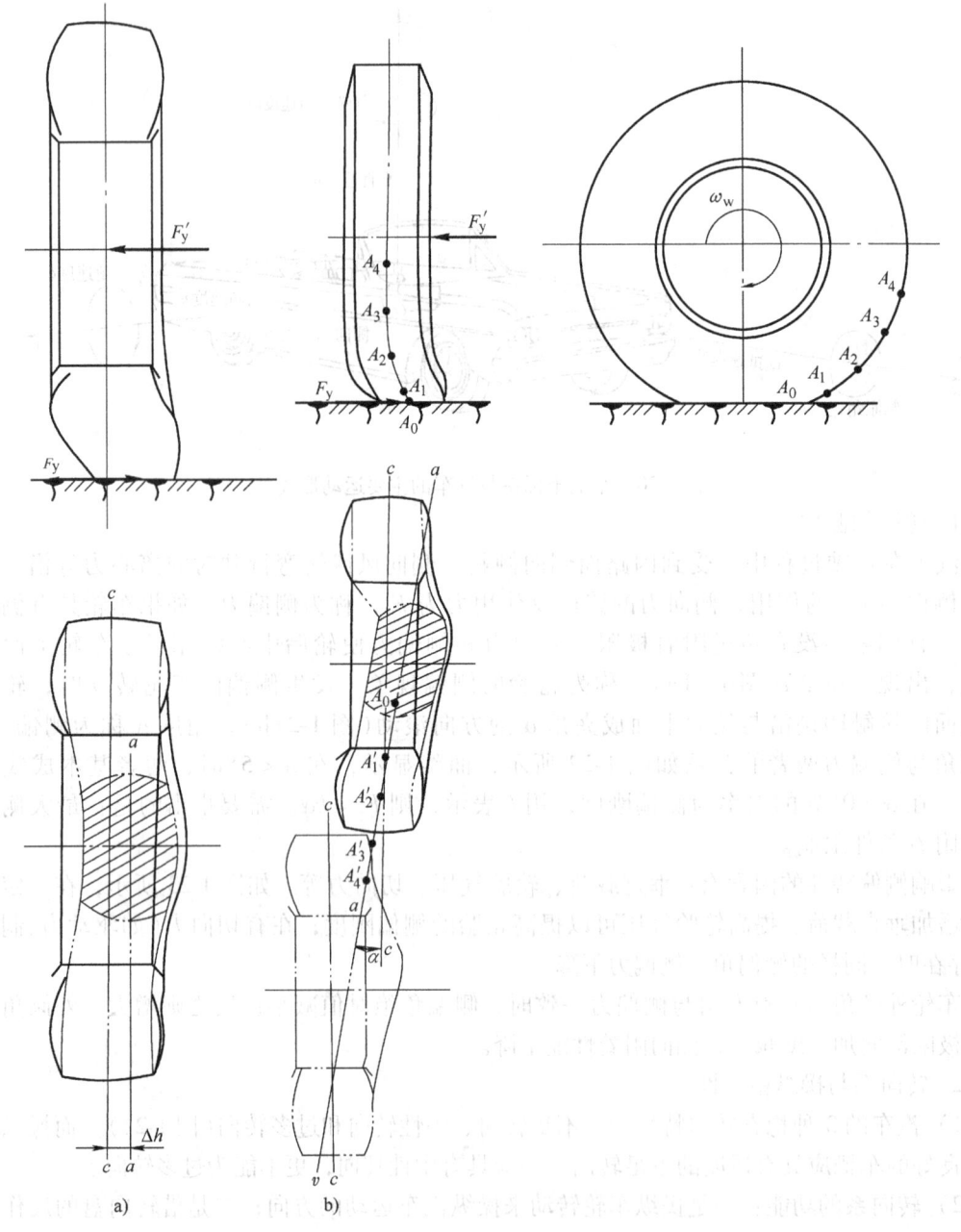

图 1-21 轮胎的侧偏现象

5）变形转向角。由于地面作用于车轮的回正转矩，使轮胎发生变形，转向轮出现变形转向角。车轮的实际转向角等于理论转向角与变形转向角之差。在一定的转向盘转角范围内，前轮的变形转向角大，增加汽车的不足转向量。

3. 侧倾转向

汽车在曲线行驶时，由于离心力的作用，位于悬架上方的车厢出现侧倾（侧向倾斜），造成左右车轮上的垂直载荷重新分配。前轴左、右轮垂直载荷变动量较大，汽车趋于增加不足转向量；而后轴左、右轮垂直载荷变动量较大，汽车趋于减少不足转向量。

另外，由于离心力产生了车厢的侧倾，并引起了悬架和转向杆系的变形，产生侧倾运动干涉与变形转向。

4. 传动系与操纵稳定性

以前驱动加速转弯为例说明：

1）汽车在弯道上加速，前轴垂直载荷向后轴转移，引起前轴侧偏刚度下降，后轴侧偏刚度增大。致使前轴侧偏角增大，后轴侧偏角减小。因此，汽车的不足转向量有增加趋势。

2）前轮由于前驱动力的影响，同一侧偏角下的侧偏力下降。为了提供需要的侧偏力，前轮的侧偏角必须增大。在雨雪等低附着系数路面上，反应更为明显。

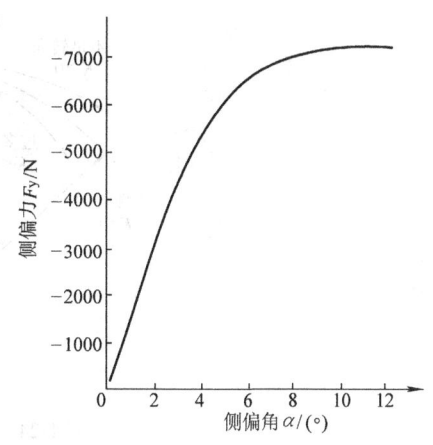

图 1-22 侧偏角与侧偏力两者的关系

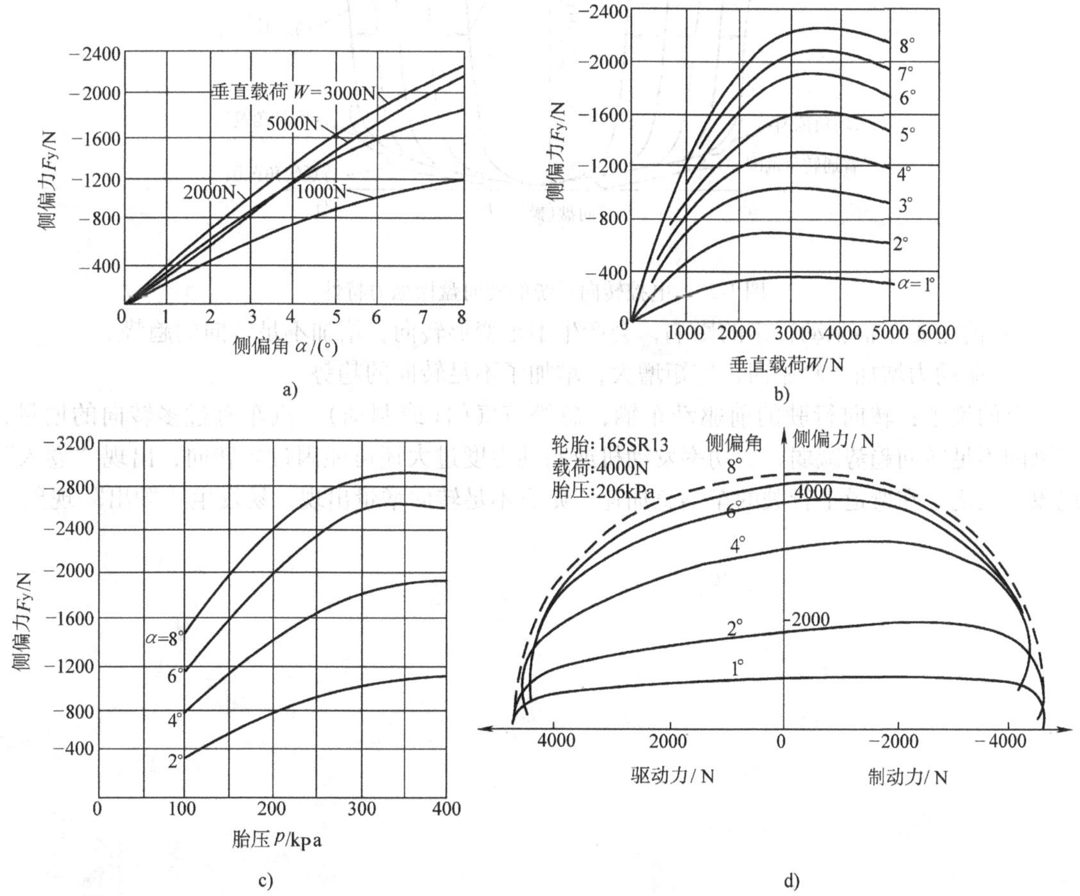

图 1-23 影响侧偏特性的因素

a)、b) 垂直载荷　c) 轮胎气压　d) 切向力

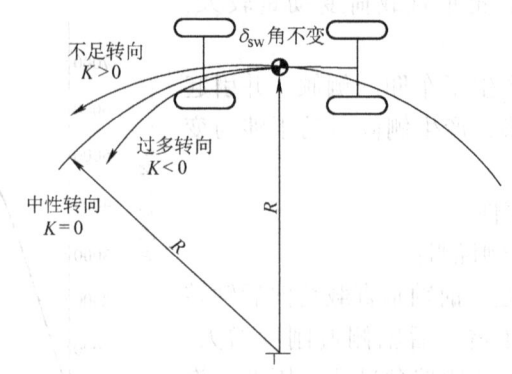

图 1-24 汽车的 3 种稳态转向特性
（转向盘转角 δ_{sw} 固定不变）

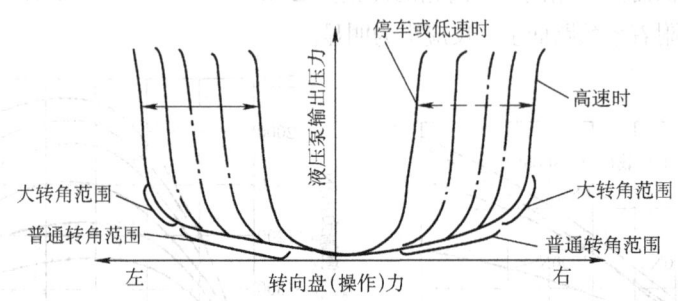

图 1-25 电控转向系统的转向盘操纵力特性

3）前轮受车轴驱动转矩的影响，会产生不足变形转向，增加不足转向的趋势。

4）驱动力增加，轮胎回正转矩增大，增加了不足转向的趋势。

总的说来：转向行驶的前驱动车辆，急松节气门（或制动），汽车有过多转向的增量，车辆的不足转向趋势减弱，大功率发动机或制动力度过大还可能因过多转向，出现"卷入"现象。反之，在弯道上行驶的车辆急加速，则有不足转向增量出现，易发生"驶出"现象。

第二章

传 感 器

第一节 传感器概述

一、传感器特性

传感器是指能感受规定的物理量,并按一定规律转换成可用输入信号的器件或装置。简单地说,传感器是把非电量转换成电量的装置。

传感器通常由敏感元件、转换元件和测量电路三部分组成(图2-1)。敏感元件是指能直接感受(或响应)被测量的部分,即将被测量通过传感器的敏感元件转换成与被测量有确定关系的非电量或其他量。转换元件则将上述非电量转换成电参量。测量电路的作用是将转换元件输入的电参量经过处理转换成电压、电流或频率等可测电量,以便进行显示、记录、控制和处

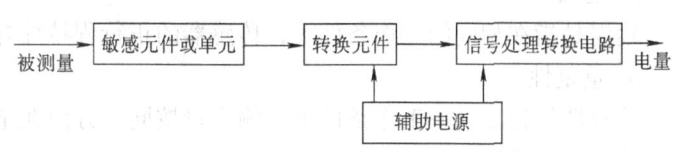

图2-1 传感器的组成

理的部分。测量电路中较多使用电桥电路。应该注意的是有些敏感元件可以直接输出电参量,也就是说,没有敏感元件与传感元件之分。

传感器的种类很多,如果按被测对象分类,有物理量传感器、化学量传感器及生物量传感器;如果按测量原理分类,有结构型、物性型及复合型三类。结构型传感器是利用机械构件的变形、位移将被测量转换成相应的电阻、电感、电容等物理量的传感器,在汽车上使用的空气流量计、曲轴位置传感器等就属于这一类。物性型传感器是利用材料的固态物理特性及其各种物理、化学效应工作的传感器,如在汽车上使用的氧传感器、温度传感器等属于这一类。另外,还可以有按输出方式分成模拟式、数字式传感器;按输入输出特性分的线性、非线性传感器;按能量转换方式分的能量转换型(有源型或发电型)、能量控制型(无源型或

参数型)等。

　　传感器的特性主要是指输出与输入之间的关系。当输入量为常量或变化极慢时,其关系为静态特性;当输入量随时间较快变化时,其关系为动态特性。传感器的静态特性参数包括灵敏度、线性度、重复性、迟滞、温漂、稳定性(零漂)、分辨率等。传感器的动态特性是对时间变化的输入量的响应特性,为了便于研究,通常用正弦周期输入和阶跃输入作为"标准输入",考察传感器的响应特性等。下面介绍一些主要的、通用的静态特性参数指标的定义。

1. 灵敏度

灵敏度是指稳态时传感器输出量 y 和输入量 x 之比,或输出量 y 的增量和输入量 x 的增量之比,用 K 表示为

$$K = dy/dx \tag{2-1}$$

线性传感器的灵敏度为一常数,而非线性传感器的灵敏度是随输入变化的量。

2. 分辨率

传感器在规定的测量范围内能够检测出的被测量的最小变化量称为分辨率。由于它往往受噪声的限制,所以一般用相当于噪声电平 N 若干倍 C 的被测量表示,即

$$M = CN/K \quad (C \text{ 取 } 1 \sim 5) \tag{2-2}$$

式中　M——最小检测量。

3. 测量范围和量程

在允许误差限内,被测量值的下限到上限之间的范围称为测量范围。上限值与下限值的差称为量程。

4. 线性度(非线性误差)

在规定条件下,传感器校准曲线与拟合直线间的最大偏差与满量程输出值的百分比称为线性度或非线性误差。

5. 迟滞

迟滞是指在相同的工作条件下,传感器的正行程特性与反行程特性的不一致程度。

6. 重复性

重复性是指在同一工作条件下,输入量按同一方向在全测量范围内连续变化多次所得特性曲线的不一致性。

7. 零漂和温漂

传感器在无输入或输入为另一值时,每隔一定时间,其输入值偏离原示值的最大偏差与满量程的百分比为零漂。而温度每升高 1℃,传感器输出值的最大偏差与满量程的百分比,称为温漂。

　　汽车传感器是指在汽车使用的或者汽车上专用的传感器。由于电子技术特别是微型计算机的发展,促进了传感器在汽车上的应用,从而也使汽车的整机性能有了极大的提高。汽车电子控制用传感器主要有空气流量传感器、曲轴位置/凸轮轴位置传感器、汽车转速传感器、爆燃传感器、进气温度传感器、冷却液温度传感器、氧传感器等。

　　汽车电子控制技术的发展与传感器技术的发展是密不可分的。目前汽车传感器的种类越来越多,可靠性和精度不断提高,并且向集成化、数字化、智能化方向发展。

二、常用传感器工作机理

(一) 磁电式传感器

1. 磁电效应

根据法拉第电磁感应定律,N 匝线圈在磁场中运动,切割磁力线(或线圈所在磁场的磁通变化)时,线圈中所产生的感应电动势的大小取决于穿过线圈的磁通的变化率,即:

$$e = -N\frac{d\phi}{dt} \qquad (2-3)$$

式中 e——感应电动势;

N——线圈的工作匝数;

$d\phi/dt$——磁通量的变化率。

由上述电磁感应原理可构成直线移动式和转动式两类传感器。

2. 直线移动式磁电传感器

直线移动式磁电传感器由永久磁铁、线圈和传感器壳体等组成(图2-2)。

运动件为线圈(或磁铁)与传感器壳体相连接,组成动圈式(或动铁式)结构,动铁式与动圈式的工作原理相同。图2-2所示为动铁式恒定磁感应强度式传感器结构,当壳体随被测振动体一起振动且在振动频率远大于传感器的固有频率时,由于弹簧较软,运动件质量相对较大,运动件来不及随振动体一起振动(静止不动)。此时,磁铁与线圈之间的相对运动速度接近振动体的振动速度。即:

$$e = -NBLv \qquad (2-4)$$

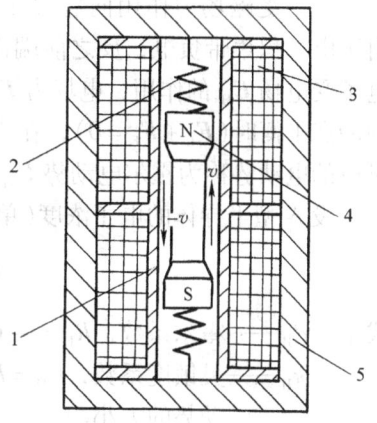

图2-2 直线移动式磁电传感器结构
1—金属骨架 2—弹簧 3—线圈
4—永久磁铁 5—壳体

式中 B——磁感应强度;

L——每匝线圈的平均长度。

由式(2-4)可知,当传感器的结构参数确定后,感应电动势与相对运动速度成正比。由理论推导可得,振动频率低于传感器的固有频率时,传感器的灵敏度(e/V)随振动频率变化;当振动频率远大于传感器的固有频率时,传感器的灵敏度基本不随振动频率变化(近似为常数);当振动频率更高时,传感器的灵敏度随振动频率增加而下降。利用此原理可做成发动机爆燃传感器。

3. 转动式磁电传感器

转动式磁电传感器由变磁阻式和变气隙式两种,这里仅介绍变磁阻式磁电感应传感器,结构如图2-3所示。

软铁、线圈和永久磁铁固定不动。由导磁材料制成的测量齿轮安装在被测旋转体上,每转过一个齿,测量齿轮与软铁之间构成的磁路磁阻变化一次,磁通也变化一次。线圈中感应电动势的变化频率(脉冲数)等于测量齿轮上的齿数和转速的乘积。变磁阻式电磁感应传感器可测试转动

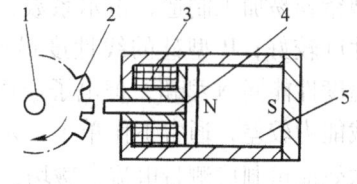

图2-3 变磁阻式磁电感应
传感器结构
1—被测旋转体 2—测量齿轮 3—线圈 4—软铁 5—永久磁铁

体的转角和转速。

(二) 霍尔式传感器

1. 霍尔效应

如图2-4所示,半导体或金属薄片置于磁场中,当有电流(与磁场垂直的薄片平面方向)流过时,在垂直于磁场和电流的方向上产生电动势,这种现象称为霍尔效应。

设薄片为N型半导体,若电子在电流I的作用下以速度v运动,则在磁感应强度为B磁场中受到的磁场力(洛仑兹力)为

$$F_L = evB$$

式中 $e = 1.6 \times 10^{-19} C$。

电子受磁场力作用向后端面移动,于是,后端面由于电子积累带负电,反之前端面带正电,形成电场。电子受电场E_H的作用,电场力$F_E = -eE_H$。当电子达

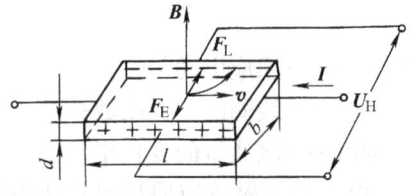

图2-4 霍尔效应原理

到动态平衡时($F_L + F_E = 0$),在半导体前后端面间建立电场,此电场称为霍尔电场E_H,所对应的电动势称为霍尔电动势U_H,$E_H = U_H/b$。

设N型半导体的电子浓度(单位体积中的电子数)为n,$I = -nebdv$,

$$U_H = -\frac{IB}{ned} = R_H \frac{IB}{d} = k_H IB \tag{2-5}$$

式中 R_H——霍尔系数,$R_H = -1/ne$,由载流材料物理性质决定;

k_H——灵敏度系数,$K_H = R_H/d$,表示在单位磁感应强度和单位控制电流时的霍尔电动势的大小。

若磁场和薄片法线成α角,则有

$$U_H = k_H IB\cos\alpha \tag{2-6}$$

2. 霍尔元件

霍尔元件的形状如图2-5所示,霍尔片一般为矩形半导体薄片(通常为4mm×2mm×0.1mm),a、b端为控制电流引线,通常为红色线;c、d端为霍尔电动势输出引线,通常为绿色导线。

目前常用的霍尔材料有N型锗(Ge)、P型硅(Si)、锑化铟(InSb)、砷化铟(InAs)等。N型锗容易加工制造,霍尔系数、温度性能、线性度较好;P型硅的线性度最好,霍尔系数、温度性能同N型锗,但电子迁移率较低,带负载能力较差,通常不作单个霍尔元件。利用霍

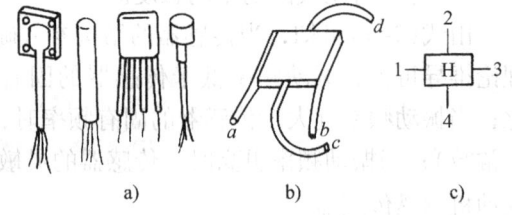

图2-5 霍尔元件
a) 外形 b) 结构 c) 符号

尔效应可制成测量电流、磁场、位移、压力、压差、转速、转角等物理量的传感器。

(三) 压电式传感器

1. 压电效应

对某些电介质沿着一定方向加力而使其变形时,在一定表面上产生电荷,当外力撤除后,又恢复到不带电状态,这种现象称为正压电效应。在电介质的极化方向施加电场,电介

质会在一定方向上产生机械变形或机械压力,当外电场去除后,变形或应力随之消失,此现象称为逆压电效应。如图2-6所示,对于一定尺寸的压电元件,当受到外力 F 作用时,与在相应的表面产生电荷 Q 有以下关系:

$$Q = dF \tag{2-7}$$

式中　d——压电系数(描述压电效应的物理量),对一定的作用力和一定的产生电荷表面是一个常数。

2. 压电元件

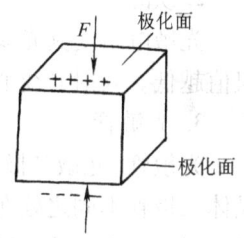

图2-6　正压电效应示意图

压电式传感器是物性型的发电式传感器。常用的压电材料有石英晶体(SiO_2)和人工合成的压电陶瓷。石英晶体的压电常数和介电常数的温度稳定性好,机械强度很高,弹性系数较大,适合于测量大量程的力和加速度。压电陶瓷材料在未极化前为非压电体。极化后在力垂直于极化面作用时(力沿极化方向作用),在极化面上产生电荷。压电陶瓷的压电常数是石英晶体的几倍,灵敏度较高。

压电材料具有极性,存在串联和并联两种连接方式(图2-7)。

如图2-7a所示,两压电片并联和的总电容量 C'、总电压 U'、总电荷 Q' 与单片的电容量 C、电压 U、电荷 Q 之间关系为:$C' = 2C$；$U' = U$；$Q' = Q$。

如图2-7b所示,两压电片串联和的总电容量 C'、总电压 U'、总电荷 Q' 与单片的电容量 C、电压 U、电荷 Q 之间关系为:$C' = C/2$；$U' = 2U$；$Q' = Q$。

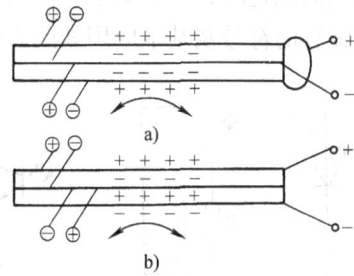

图2-7　压电元件的连接
a) 并联　b) 串联

压电材料的高频响应好,常用于测量动态参数。将惯性质量块与压电晶体以一定力预紧,由于振动或加速等引起的惯性载荷作用与压电体上,根据压电效应,压电晶体产生正比于加速度的表面电荷。因而利用压电效应可测试振动(爆燃)和加速度等。

(四) 光电式传感器

1. 光电效应

物理学认为光能由光子能组成,而光子具有的能量 E 和光的频率 f 之间存在如下关系:

$$E = hf \tag{2-8}$$

式中　h——普朗克常数,$h = 6.626 \times 10^{-34} \text{J} \cdot \text{s}$。

当光线照射物体时,可看作一束具有能量 E 的光子轰击物体,如果光子的能量足够大,物质内部电子吸收光子能量后,摆脱内部力的约束,发生相应电效应的物理现象,称为光电效应。光电效应可分为三类:

1) 在光线作用下,电子逸出物体表面的现象,称为外光电效应,如光电管、光电倍增管等。

2) 在光线作用下,物体的电阻率改变的现象,称为内光电效应,如光敏电阻、光敏二极管、光敏晶体管、光敏晶闸管等。

3) 在光线作用下,物体产生一定方向电动势的现象,称为光生伏特现象,如光电池(属于对感光面入射光点位置敏感的器件)等。

2. 光敏电阻

光敏电阻受到光线照射时，电子迁移，产生电子—空穴对，使电阻率变小。光照越强，阻值越低。入射光线消失，电子—空穴对恢复，电阻值逐渐恢复原值。

3. 光敏管

光敏管（光敏二极管、光敏晶体管、光敏晶闸管等）属于半导体器件。光敏二极管与普通晶体二极管不同之处在于 PN 结面积较大且距表面较浅，可以直接接受光的照射。在没有光线照射时，在电路中反向偏置，反向电流很小（称为暗电流）；当光线照射 PN 结时，在 PN 附近产生电子—空穴对，并越过 PN 结产生光电流，光电流随入射光线强度改变。光敏三极管有两个 PN 结，二者均开有接收光照的窗口，从而可以获得电流的增益（电流放大作用类似于普通晶体管）。当受到光照时，它们都会产生内光电效应的光生伏特现象，从而产生电流。光敏二极管、光敏晶体管的符号及基本应用如图 2-8 所示。

4. 电致发光

固体发光材料在电场激发下产生的发光现象称为电致发光。电致发光是将电能直接转换成光能的过程。发光二极管（LED）是以特殊材料掺杂制成的半导体电致发光器件。当其 PN 结正向偏置时，由于电子—空穴复合时产生过剩能量，该能量以光子形式放出而发光。发光二极管的符号及基本应用如图 2-9 所示。

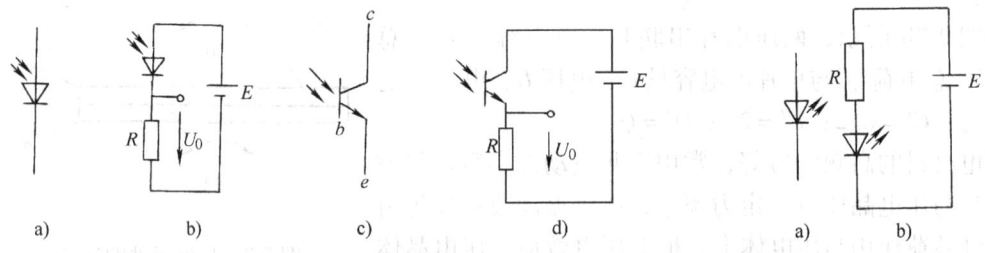

图 2-8　光敏二极管和光敏晶体管　　　　　　　　　　　图 2-9　发光二极管
a）光敏二极管符号　b）光敏二极管基本应用　　　　　　a）发光二极管符号
c）光敏晶体管符号　d）光敏晶体管基本应用　　　　　　b）发光二极管基本应用

利用光电效应可做成转速、转角、位置等传感器，还可以用之于光电控制等。

（五）热电式传感器

1. 热电效应

将两种不同性质的金属导体 A、B 接成一个闭合回路（图 2-10），如果两接合点温度不相等（$T_0 \neq T$），则在两导体间产生电动势，并且回路中有一定大小的电流存在，此现象称为热电效应。导体称为热电极。一般将置于需要测试温度（温度高）的一端称为工作端或热端；另一端置于空气中或与大气相通，称为参照端或冷端。热电动势的大小与两种导体材料的性质及结点温度有关，即取决于两种导体的接触电动势和单一导体的温差电动势的大小。由于导体成对出现，通常也称为热电偶。

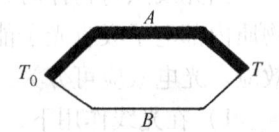

图 2-10　热电效应

接触电动势是由于不同材料具有的自由电子浓度不同，在两导体接触面上发生电子扩散，电子扩散速率与两导体的自由电子浓度以及接触区的温度成正比。

$$e_{AB}(T) = \frac{KT}{e}\ln\frac{N_A}{N_B} \tag{2-9}$$

式中 $e_{AB}(T)$——导体 A、B 在温度 T 时形成的接触电动势；

T——绝对温度；

e——电子电荷量，$e = 1.6 \times 10^{-19}$ C；

K——玻尔兹曼常数，

$$K = 1.38 \times 10^{-23} \text{J/K};$$

N_A、N_B——导体 A、B 的自由电子浓度。

单一导体的温差电动势是由于两端的温度不同，导体内高温端的自由电子具有较大的动能，向低温端扩散，在高温端带正电，低温端带负电，形成电位差。温差电动势的大小与导体的性质和两端的温差有关。

$$e_A = \int_{T_0}^{T} \sigma_A dT \tag{2-10}$$

式中 e_A——导体 A 两端的温差电动势；

T、T_0——两端的绝对温度；

σ_A——汤姆逊系数，表示导体 A 两端的温差为 1℃ 时的温差电动势。

对于图 2-10 所示回路的总热电动势 E_{AB} 为（设 $T > T_0$）

$$E_{AB} = e_{AB}(T) - e_{AB}(T_0) - e_A + e_B \tag{2-11}$$

热电偶可用于发动机排气温度等测试。

2. 热电阻传感器

导体的电阻随温度变化的特性称为热阻效应。实验可知，大多数电阻在温度升高 1℃ 时电阻值将增加 $0.4\% \sim 0.6\%$。热电阻的测量精度较高，温度特性稳定，且无热电偶的参照端误差。

热电阻材料通常为纯金属，广泛使用的是铂、铜、镍、铁等，这些材料的电阻率与温度的关系一般可近似为下面的二次方程

$$\rho = a + bt + ct^2 \tag{2-12}$$

式中 ρ——电阻率；

t——温度；

a、b、c——实验确定的常量。

3. 热敏电阻传感器

热敏电阻用半导体制成，与金属热电阻相比有以下特点：

1) 电阻温度系数大，灵敏度高。

2) 结构简单，体积小，易于点测量。

3) 电阻率高，且适合动态测量。

4) 阻值与温度变化的关系是非线性的。

5) 稳定性较差。

热敏电阻按温度系数可分为负温度系数热敏电阻(NTC)、正温度系数热敏电阻(PTC)和临界温度系数热敏电阻(CTR)，其电阻率随温度的变化如图 2-11 所示。负温度系数热敏电阻广泛应用于发动机冷却液温度、空气温度、排气温度的检测，还适用于温度报警控制等场

合。正温度系数热敏电阻可应用于电加热系统的电流控制等（电流值温度传感器）。

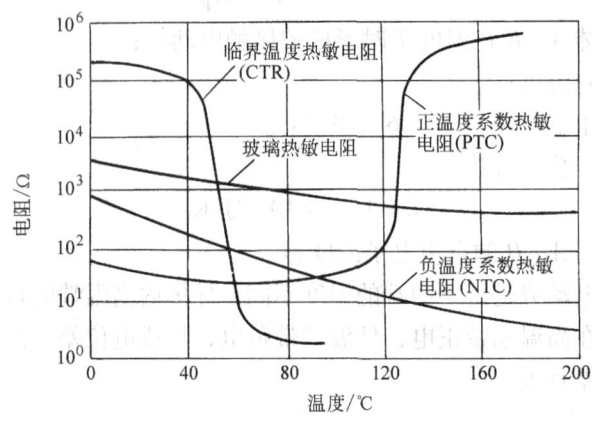

图2-11 热敏电阻的特性曲线

第二节 空气流量计

发动机电子控制系统中很重要的一项控制内容就是最佳空燃比控制。为达到这样的目的，必须对发动机进气空气流量进行精确测量。下面介绍几种常用的空气流量传感器。

一、叶片式空气流量计

叶片式空气流量计安装在空气过滤器和节气门之间。它的作用是检测吸入空气量的多少，并把检测结果转换成电信号。

叶片式空气流量计由两大部分组成，一是担任检测任务的叶片部分，二是担任转换任务的电位计。它的结构如图2-12所示，工作原理如图2-13所示。

由图2-12a可知，空气流量计的叶片部分由测量叶片、缓冲叶片及壳体组成。测量叶片随空气流量的变化在空气主通道内偏转。在图2-12b中，电位计部分主要由电位计、回位弹簧、调整齿圈等组成。由于电位计与风门叶片是同轴的，所以当叶片偏转时，电位计滑臂必然转动。由于转轴一端装有螺旋回位弹簧，当其弹力与吸入空气气流对测量叶片产生的推力平衡时，叶片就会处于某一稳定偏转位置，而电位计滑臂也处于镀膜电阻的某一对应位置。由图2-13可以看出，电位计滑臂的电位 V_S 即表征此时的空气流量。把此电压经A/D转换器转换后送微机，微机依据空气量的多少，经过运算、处理，确定应该喷射的汽油量，并经执行机构控制喷油，从而得到最佳空燃比。

检测进气量的电路有两种，一种是电压比检测，即把 U_S/U_B 的电压比作为空气流量计输出（$U_S = V_C - V_S$，U_B 为电源电压），此电压比值随节气门打开而下降，其特点是电源电压变化时，信号 U_S 和 U_B 按比例变化，输出信号 U_S/U_B 保持不变，确保空气流量计测量正确。另一种是电压值检测，即在 V_C 端加固定电压 +5V，$U_S = V_S - V_{E2} = V_S$，特点是直接反映进气量的数值，电压 U_S 与进气量成正比，且呈线性关系。

这种空气流量计的结构简单，可靠性高；但进气阻力大，响应较慢且体积较大。

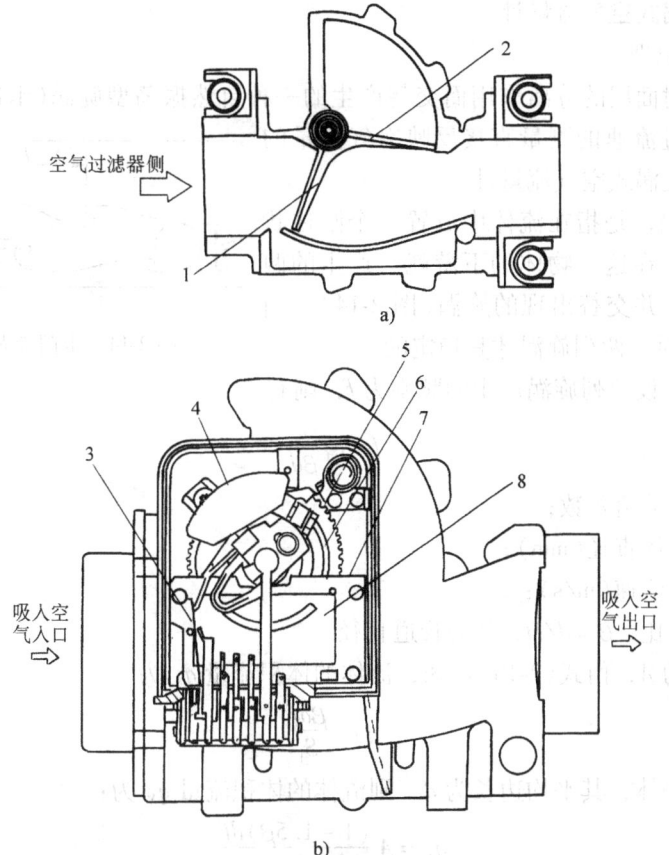

图 2-12 叶片式空气流量计结构
a) 叶片部分结构 b) 电位计部分结构
1—测量叶片 2—缓冲叶片 3—汽油泵节点 4—平衡配重 5—调整齿圈
6—回位弹簧 7—电位计部分 8—印制电路板

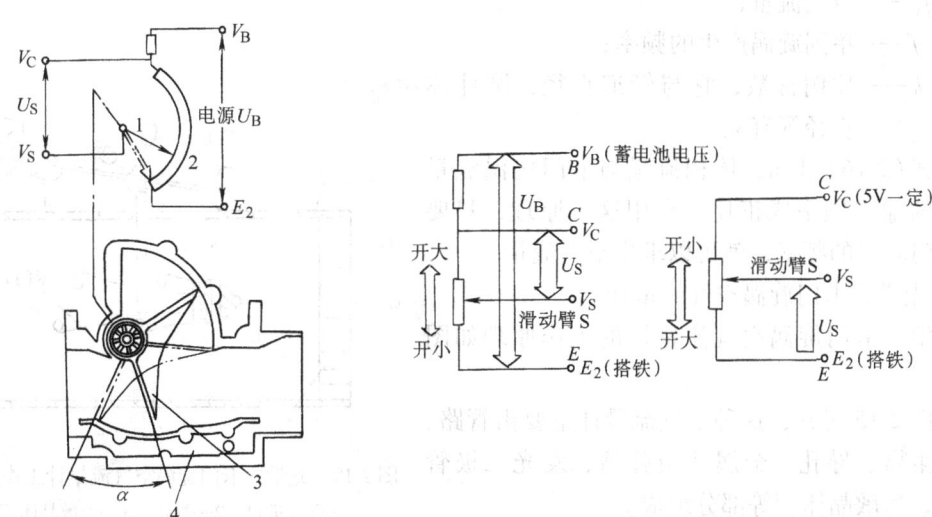

图 2-13 叶片式空气流量计工作原理
1—电位计滑臂 2—电位计镀膜电阻 3—叶片 4—旁通道

二、卡门旋涡式空气流量计

1. 卡门旋涡原理

利用流体因附面层的分离作用而交替产生的一种自然振荡型旋涡(卡门旋涡)原理测量气体流速,并通过流速的测量直接反映空气流量的流量计称为卡门旋涡式空气流量计。

所谓卡门旋涡,是指在流体中放置一个圆柱状或三角状物体时,在这一物体的下游就会产生的两列旋转方向相反,并交替出现的旋涡(图2-14)。当满足 $h/l = 0.281$ 时,两列旋涡才是稳定的。

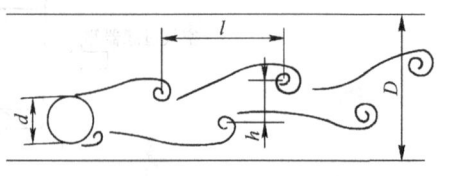

图2-14 卡门旋涡产生的原理

对于圆柱体,设单列旋涡产生的频率为 f,则有

$$f = S_\mathrm{t} \frac{v}{\beta d} \tag{2-13}$$

式中 S_t——斯特劳哈尔数;
   d——圆柱体直径(mm);
   v——流体流速(m/s);
   β——直径比,$\beta = d/D$,D 为管道直径。

若管道面积为 A,由式(2-13)可知,流体的体积流量 q_V 为

$$q_\mathrm{V} = \frac{\beta d f}{S_\mathrm{t}} \tag{2-14}$$

对于三角状物体,其平均边长为 d,则流体的体积流量 q_V 为:

$$q_\mathrm{V} = A \frac{(1 - 1.5\beta) d f}{S_\mathrm{t}} \tag{2-15}$$

对于一台具体的卡门旋涡式空气流量计,有如下关系式:

$$q_\mathrm{V} = kf \tag{2-16}$$

式中 q_V——空气流量;
   f——单列旋涡产生的频率;
   k——比例常数,它与管道直径,圆柱体直径等有关。

由式(2-16)可知,体积流量与卡门旋涡流量传感器的输出频率成正比。利用这一原理,只要检测卡门旋涡的频率,就可以求出空气流量。

2. 光学式卡门旋涡空气流量计

光学式卡门旋涡空气流量计的工作原理如图2-15所示。

由图2-15可知,这种空气流量计主要由管路、旋涡发生器、导孔、金属箔板弹簧、发光二极管(LED)、光敏晶体管等部分组成。

在图2-15中,发光二极管作为光源使用,而光敏晶体管为光电转换元件。光学式卡门旋涡空

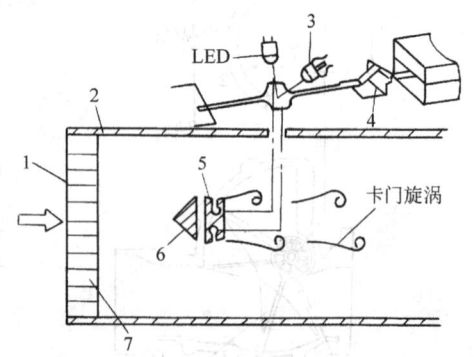

图2-15 光学式卡门旋涡空气流量计工作原理
1—空气进口 2—管路 3—光敏晶体管
4—板弹簧 5—导孔 6—旋涡发生器
7—卡门旋涡

气流量计的工作原理是:在产生卡门旋涡的过程中,旋涡发生器两侧的空气压力会发生变化,通过导孔作用在金属箔上,从而使其振动,发光二极管的光照在振动的金属箔上时,光敏晶体管接收到的金属箔上的反射光是被旋涡调制的光,其输出经解调得到代表空气流量的频率信号。

3. 超声波式卡门旋涡空气流量计

超声波式卡门旋涡空气流量计的原理如图 2-16 所示。

由图 2-16 可知,该空气流量计中使用了超声波传感器。所谓超声波,是指频率高于 20kHz,人耳听不到的机械波。它的方向性好,穿透力强,遇到杂志或物体分界面会产生显著的反射。利用这些物理性质,可把一些非电量转换成声学参数,通过压电元件转换成电量。超声波探头即超声波换能器,亦即超声波传感器可分为发射探头和接收探头。利用压电材料的逆压电效应,即当对其通以超声电信号时,它会产生机械波而制成的探头为发射头;而利用压电材料的压电效应,即当外力作用在该材料上时,它会产生电荷输出而制成的探头为接收头。

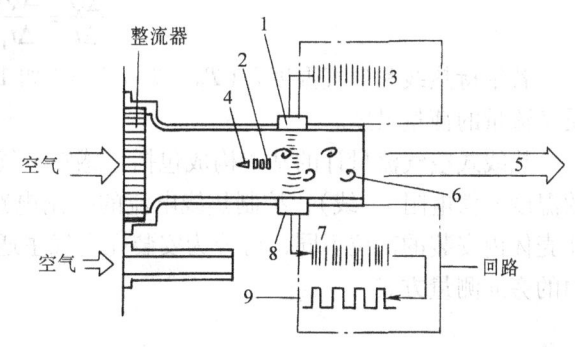

图 2-16 超声波式卡门旋涡空气流量计
1—超声波发射探头 2—涡流稳定板 3—超声波信号发射器
4—涡流发生器 5—通往发动机 6—卡门旋涡 7—与涡流数对应的脉冲信号 8—超声波接收探头 9—接 ECU

超声波式卡门涡流空气流量计的工作原理如下:在卡门涡流发生器下游管路两侧相对安装超声波发射探头和接收探头。因卡门涡流对空气密度的影响,就会使超声波从发射探头到接收探头的时间较无旋涡变晚而产生相位差。对此相位信号进行处理,就可得到旋涡脉冲信号,即代表体积流量的电信号输出。

三、热线式空气流量计

图 2-17 为采用主流测量方式的热线式空气流量计结构和工作原理图。直径 $70\mu m$ 铂金热线电阻 R_H 置于进气通道中,空气流经热线时,带走部分热量,使热线温度下降。热线周围通过的空气质量流量越大,则单位时间内的热量损失越大。单位时间内的热量损失为

$$\frac{\Delta Q}{\Delta t} = [(A+B)(\rho v)^n](T_H - T_C) \qquad (2-17)$$

式中 A、B——常数;

ρ——空气密度(kg/m^3);

v——空气流速(m/s);

T_H——热线电阻的绝对温度(K);

T_C——冷线电阻的绝对温度(K)。

指数 n 随热线的形状和雷诺数 Re 而变化,一般可取近似值 0.5。A、B 与空气的物理性质和热线的形状有关。

热线电阻 R_H 通电后,单位时间内产生的热量为

$$\frac{\Delta Q_1}{\Delta t_1} = I_H^2 R_H \qquad (2\text{-}18)$$

式中　I_H——通过热线电阻的电流(A)；

　　　R_H——热线电阻的阻值(Ω)。

对某个特定的发动机，进气通道的截面积是定值，(ρv) 代表着质量流量。在热平衡时，即单位时间内热量损失与加热量必须相等即

$$\frac{\Delta Q}{\Delta t} = \frac{\Delta Q_1}{\Delta t_1} \qquad (2\text{-}19)$$

若维持热线和进气温度差($T_H - T_C$)不变(如100℃)，则供给热线的电流大小就是空气质量流量的衡量尺度。

热线式空气流量计的基本构成包括：感知空气流量的白金热线，根据进气温度进行修正的温度补偿电阻(冷线)，控制热线电流的控制电路，以及壳体等(图2-17)。根据白金热线在壳体内安装的部位不同，可分为安装在空气主通道内的主流测量方式和安装在空气旁通道内的旁通测量方式。

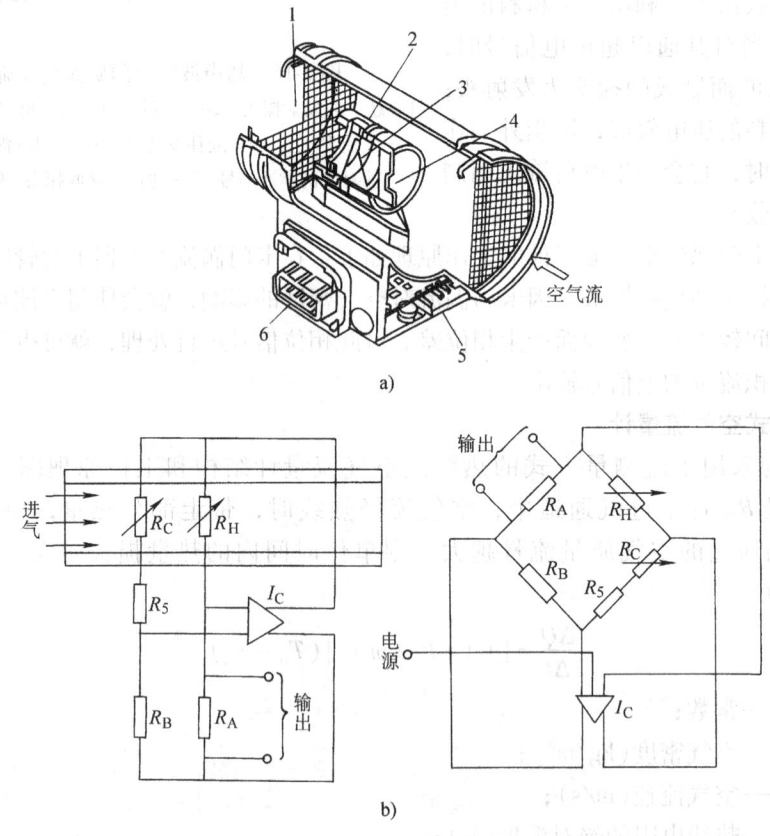

图2-17　热线式空气流量计结构和工作原理

a) 热线式空气流量计结构　b) 热线式空气流量计工作原理

1—防护网　2—取样管　3—白金热线　4—温度补偿电阻
5—控制电路板　6—电连接器

由图可知，取样管置于主空气通道中央，两端有防护网，白金热线电阻 R_H 布置在一个支承环内，其阻值随温度变化，热线支承环前后端分别安装作为温度补偿的冷线电阻 R_C 和作为单臂电桥臂的精密电阻 R_A，电桥另外一个臂是安装在控制电路板上的精密电阻 R_B。R_H、R_C、R_A、R_B 共同组成单臂电桥；电桥的两个对角线分别接控制电路的输入和输出。当无空气流动时，电桥处于平衡状态，控制电路输出某一加热电流至热线电阻 R_H；当有空气流动时，由于 R_H 的热量被空气吸收而变冷，其电阻值发生变化，电桥失去平衡，如果保持热线电阻与吸入空气的温差不变并为一定值，就必须增加流过热线电阻的电流 I_H。因此，热线电流 I_H 就是空气质量流量的函数。由式(2-17)~式(2-19)可知

$$I_H^2 \propto \sqrt{\rho v} \propto \sqrt{q_m} \tag{2-20}$$

式中 q_m——质量流量，单位为 kg/s。

实际工作中，代表空气流量的加热电流是通过电桥中的 R_A 转换成电压输出的。该空气流量计的工作过程如下：当空气流量发生变化时，引起 R_H 值的变化，电桥失去平衡，其输出电位差发生变化；控制电路根据电桥输出电位差的变化调整加热电流 I_A，使电桥处于新的稳定状态，并且在 R_A 上得到代表空气流量的新的电压输出。

各汽车厂生产的热线式空气流量计输出信号略有差异。德国博世热线式空气流量计输出信号：急速时约为 2V，3500r/min 时约为 3V。福特车用热线式空气流量计输出信号：未起动时为 0~0.5V，热急速时为 0.5~1V，热车经济车速时为 1.5~2.5V，节气门全开时为 3~4.7V。

这种空气流量计由于无运动部件，因此工作可靠，而且响应特性较好。缺点是在流速分布不均匀时误差较大。

四、热膜式空气流量计

热膜式空气流量计的工作原理与热线式空气流量计类似，都是用单臂电桥工作的。所不同的是：热膜式不使用白金丝作为热线，而是将热线电阻、补偿电阻及桥路电阻用厚膜工艺制作在同一陶瓷基片上构成的。这种结构可使发热体不直接承受空气流动所产生的作用力，增加了发热体的强度，提高了空气流量计的可靠性，误差也较小。热膜式空气流量计输出信号在 0~5V 间变化，其结构如图 2-18 所示。

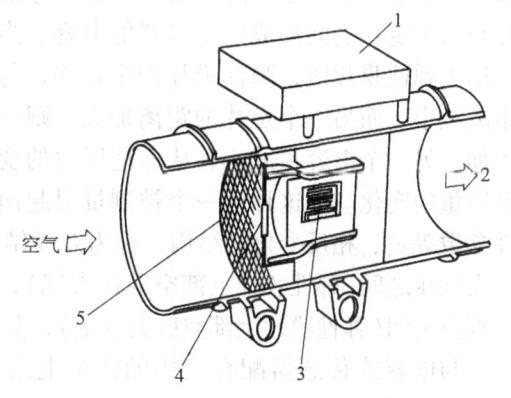

图 2-18 热膜式空气流量计
1—控制电路 2—通往发动机 3—热膜
4—进气温度传感器 5—金属网

第三节 压力传感器

压力传感器在发动机上主要有两个方面的应用，一是用于气压的检测，包括进气真空度、大气压力、气缸内的气压等；二是用于油压的检测等。

能够用于压力检测的传感器很多，如电容式传感器、电感式传感器、半导体应变片式传感器等，下面将分别予以介绍。

一、电容式压力传感器

电容式传感器是由一个或几个具有可变参数的电容器组成。由电工学知识可知，电容器的容量与组成电容的两极板间的电介质及其相对有效面积成正比，而与两极板间的距离成反比，即

$$C = \varepsilon A / d \tag{2-21}$$

式中　C——电容量；
　　　ε——电介质的介电常数；
　　　A——两金属电极板间相对有效面积；
　　　d——两金属电极板间距离。

根据式（2-21），当其中两个参数不变，而另一个参数作为变量时，电容量就会随此参数的变化而变化。电容式传感器就是利用这一原理，将被测量转换成上述变量，进而转换成电容量而达到检测目的的。图 2-19 为电容式进气压力传感器的结构示意图。

由图可知，这种电容式压力传感器由置于空腔内的动片（弹性金属膜片）、两个定片（弹性膜片上下凹玻璃上的金属涂层）、输出端子、壳体等组成，其动片与两个定片之间形成两个串联的电容。当进气压力作用于弹性膜片时，弹性膜片产生位移，与一个定片距离减小，而另一个定片的距离加大；则一个电容量增加，另一个电容量减小，从而把压力的变化转换成电容量的变化。而这种由一个被测量引起两个传感元

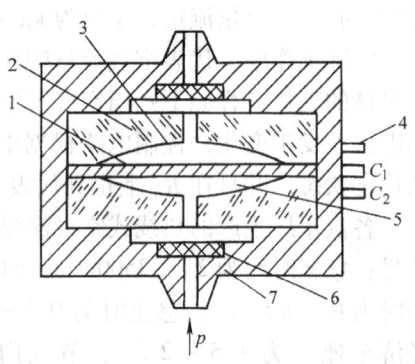

图 2-19　电容差动式进气压力传感器
1—弹性膜片　2—凹玻璃圆片　3—金属涂层
4—输出端子　5—空腔　6—过滤器　7—壳体

件参数等量、相反变化的结构，称为差动结构。在图 2-19 中，如果弹性膜片置于被测压力与大气压之间（弹性膜片上部空腔通大气），测得的是表压力；如果弹性膜片置于被测压力与真空之间（弹性膜片上部空腔为真空），测得的是绝对压力。

与电容式传感器配合使用的测量电路有很多种，如电容电桥、谐振电路等，现以电桥电路为例，说明电容差动式传感器测量电路的工作原理（图 2-20）。

由于电容是交流参数，所以电桥通过变压器用交流激励。变压器二次侧两线圈与差动结构的两电容组成电桥，当无进气压力时，电桥处于平衡状态，两电容值相等并且为 C_0；当有压力作用时，其中一个电容值为 $C_0 + \Delta C$，另一个电容值为 $C_0 - \Delta C$（ΔC 为外部压力作用时引起的电容值的变化量），则电桥失去平衡，电桥产生代表进气压力的电压输出 U_{SC}。

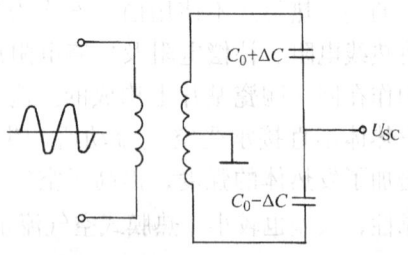

图 2-20　电容差动式传感器的测量电路

二、差动变压器式进气压力传感器

差动变压器是一种开磁路互感式电感传感器。由于其具有两个接成差动结构的二次线圈，所以又称为差动变压器，其结构如图 2-21 所示。

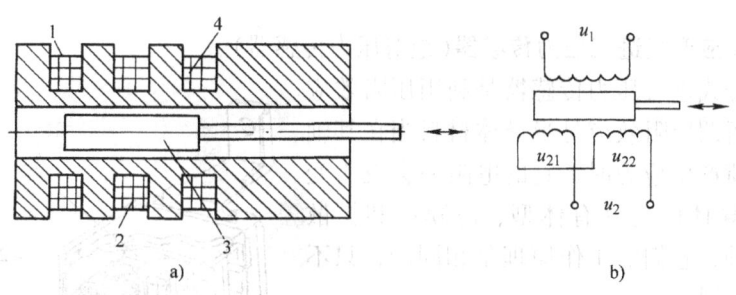

图 2-21 差动变压器
a) 结构图 b) 原理图
1、4—二次线圈 2——次线圈 3—铁心

当差动变压器的一次线圈由交变电源激励时,其二次线圈就会产生感应电动势,由于两个二次线圈作差动连接,所以总的输出是两线圈感应电动势之差,当铁心不动时,其总输出为零,当被测量带动铁心移动时,输出电动势与铁心位移呈线性变化。差动变压器式进气压力传感器的检测与转换过程是:先将压力的变化转换成差动变压器铁心的位移,然后通过差动变压器再将铁心位移转换成电信号输出。差动变压器式进气压力传感器的结构与原理如图 2-22 所示。

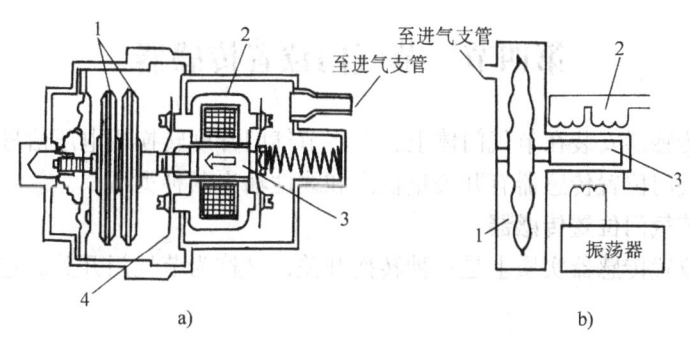

图 2-22 差动变压器式进气压力传感器
a) 结构图 b) 原理图
1—膜盒 2—差动变压器 3—铁心 4—回位弹簧

这种进气压力传感器由内部真空的膜盒(波纹管)、与膜盒连接的差动变压器铁心、差动变压器、壳体等组成。其工作过程如下:当进气支管压力变化时,膜盒带动铁心位移,从而差动变压器便有进气压力变化成正比的电压输出。这里,膜盒的膜片接受压力而变形,从而将压力转换成小位移。膜盒的这种转换功能在传感器和控制系统中被广泛应用。

图 2-23 为差动变压器的测量电路常用相敏整流器(亦称相敏检波器)。

相敏整流输出的信号经滤波,放大后,即可送微机进

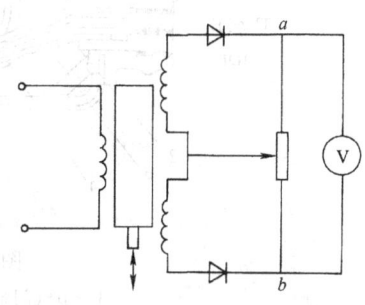

图 2-23 差动变压器相敏整流电路

行处理。

三、半导体应变式进气压力传感器（绝对压力传感器）

半导体应变式进气压力传感器是利用压阻效应原理工作的。所谓压阻效应是半导体材料当在其轴向施加一定载荷产生应力时，它的电阻率会发生变化的现象。半导体应变片有体型、薄膜型和扩散型，无论哪一种，它们的工作原理是相同的，只不过生产工艺不同罢了。

由半导体应变片构成的进气压力传感器的结构如图 2-24 所示。

半导体应变式进气压力传感器主要由半导体应变片、真空室、混合集成电路板、外壳等组成。半导体应变片是在一个膜片上用半导体工艺制作 4 个等值电阻，并且接成电阻电桥。该半导体电阻电桥应变片置于一个真空室内，在进气压力作用下，应变片产生变形，电阻值发生变化，电桥失去平衡，从而将进气压力的变化转换成电阻电桥输出电压的变化。

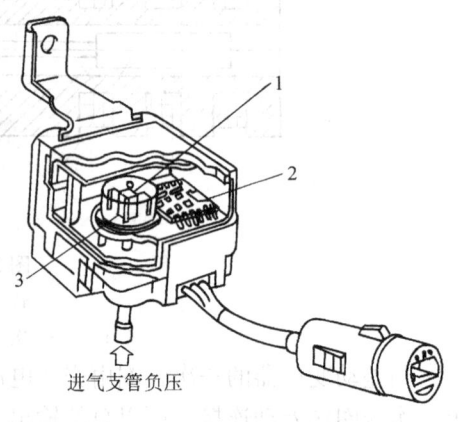

图 2-24 半导体应变片进气压力传感器
1—半导体应变片　2—混合集成电路　3—真空室

第四节　节气门位置传感器

节气门位置传感器安装在节气门体上，它将节气门开度转换成电压信号输出，以便微机控制喷油量。节气门位置传感器有开关量输出和线性输出两种类型。

一、开关式节气门位置传感器

这种节气门位置传感器实质上是一种转换开关，又称为节气门开关。它的结构如图 2-25 所示。

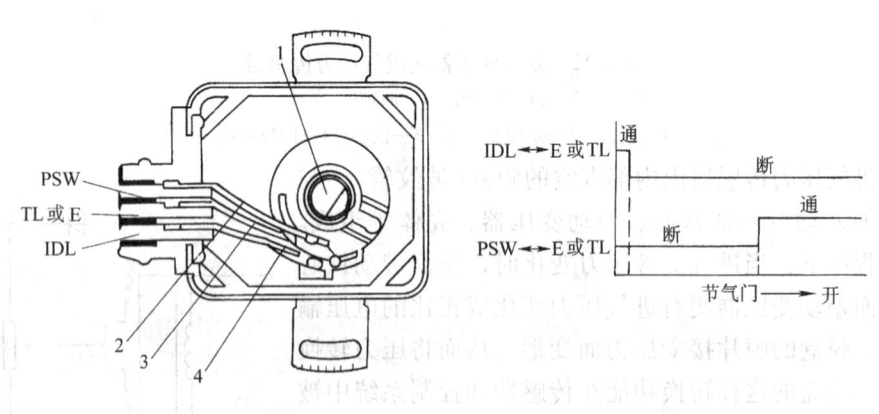

图 2-25 开关式节气门位置传感器
1—节气门轴　2—满负荷触点　3—动触点　4—怠速触点

传感器由与节气门轴联动的凸轮、动触点、怠速触点、满负荷触点等组成。动触点接微机电源，当节气门全关闭时，怠速触点与动触点接通；当节气门开度达 50% 以上时，满负荷触点与动触点接通；而当节气门开度在全闭至50%之间时，动触点悬空。这样，微机就可以根据怠速触点和满负荷触点提供的信号的判断节气门位置，以便对发动机进行喷油控制，或对自动变速进行控制。

这种节气门位置传感器结构比较简单，但其输出是非连续的。

二、线性节气门位置传感器

线性节气门位置传感器采用线性电位计，由节气门轴带动电位计的滑动触点，在不同的节气门开度下，接入回路的电阻不同（图2-26）。通常给传感器提供+5V电压，从而将节气门开度转换成电压信号输送给ECU。ECU根据节气门开度和开启速率判定发动机地运行工况。输出信号在自动变速车辆上还可作为换档条件的主要依据。

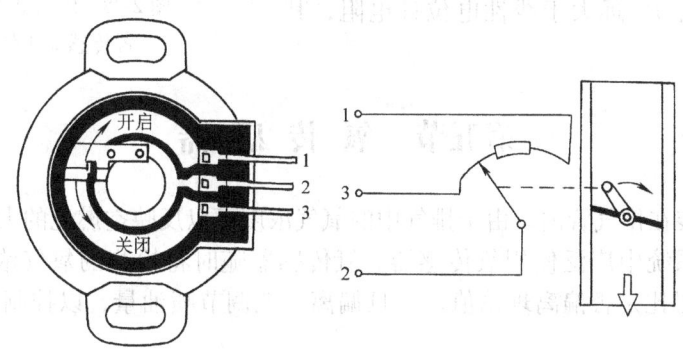

图 2-26　线性节气门位置传感器电路

三、综合式节气门位置传感器

综合式节气门位置传感器装在节气门上，它在线性节气门位置传感器的基础上附加怠速触点而成。它可以连续检测节气门的开度。它的结构、等效电路及输出特性如图2-27所示。这是目前应用最多的一种节气门位置传感器。

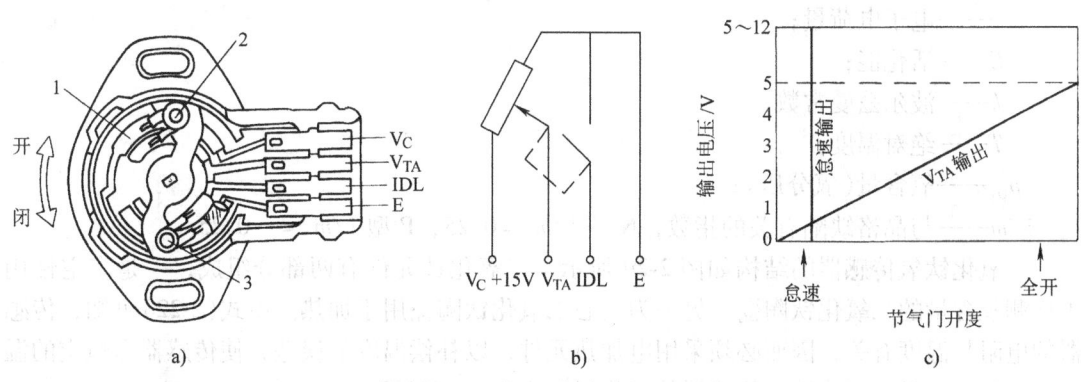

图 2-27　综合式节气门位置传感器
a) 结构　b) 等效电路　c) 输出特性
1—电阻膜　2—节气门开度输出动触点　3—怠速动触点

由图可知，它由与节气门轴联动的电位计、急速触点及外壳等组成。电位计的动触点（即节气门开度输出触点）随节气门开度在电阻膜上滑动，从而在该触点上（图 2-27b 中的 VTA 端子）得到与节气门开度成比例的线性电压输出（图 2-27c）。当节气门全闭时，另外一个与节气门联动的动触点与急速输出触点 IDL 接通，传感器输出急速信号。节气门位置输出的线性电压信号经 A/D 转换器转换后送微机。综合式节气门位置传感器工作电路如图 2-28 所示，内部电阻 R_1、R_2 远大于线性电位计电阻，其影响可忽略不计。

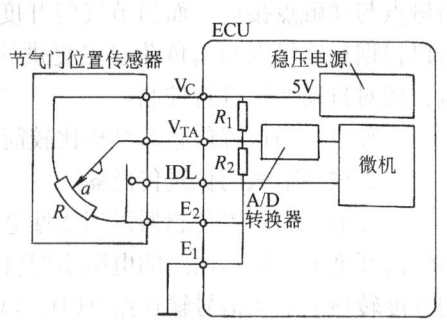

图 2-28　综合式节气门位置传感器工作电路

第五节　氧传感器

氧传感器安装在排气管内。由于排气中的氧气浓度可以反映空燃比的大小，所以，在电子控制燃油喷射系统中广泛使用氧传感器。氧传感器随时将检测的氧气浓度反馈给 ECU，ECU 据此判断空燃比是否偏离理论值，一旦偏离，就调节喷油量，以控制空燃比收敛于理论值。

一、二氧化钛（TiO_2）氧传感器

二氧化钛氧传感器是利用半导体材料二氧化钛的电阻值，随排气中氧含量的变化而改变的特性制成的，是一种电阻型氧传感器。二氧化钛在表面缺氧时，氧分子将脱离表面，使晶格结构发生变化而出现空缺，移动电子为了填补空缺形成电流，导致材料的电阻值降低。二氧化钛氧传感器的电阻值 R 可按下式计算

$$R = Ae^{\left(-\frac{E}{kT}\right)}(p_{O_2})^{\frac{1}{m}} \tag{2-22}$$

式中　A——常数；

　　　e——电子电荷量；

　　　E——活化能；

　　　k——波尔兹曼常数；

　　　T——绝对温度；

　　　p_{O_2}——氧含量（氧分压）；

　　　$1/m$——与晶格缺陷有关的指数，N 型 $1/m = 0.25$，P 型 $1/m = -0.25$。

二氧化钛氧传感器的结构如图 2-29 所示，二氧化钛元件有两部分组成，一是多空性用于检测氧含量的二氧化钛陶瓷，另一为实心二氧化钛陶瓷用于加热。由式（2-22）可知，传感器的电阻与温度有关，因而必须采用电加热元件，以补偿温度的误差，使传感器在恒定的温度下工作。通常二氧化钛氧传感器的工作温度为 300～400℃。

ECU 提供给二氧化钛氧传感器 1V 电压，即输入电压 $U_{in} = 1V$（图 2-30）。由图 2-30 可知，传感器的输出电压 U_{out} 为

$$U_{out} = \frac{R_C}{R + R_C} U_{in} \tag{2-23}$$

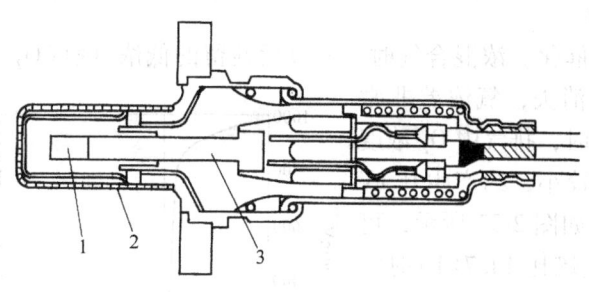

图 2-29 二氧化钛（TiO_2）氧传感器
1—二氧化钛元件 2—金属外壳 3—陶瓷绝缘材料

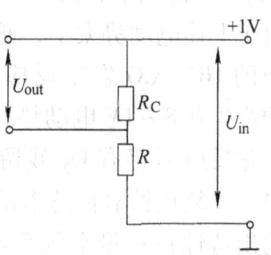

图 2-30 二氧化钛氧传感器的电压转换电路

式中 R_C——温度补偿电阻。若混合气浓和混合气稀时二氧化钛元件的电阻为 R_1、R_2，则：

$$R_C = \sqrt{R_1 R_2}$$

通常，二氧化钛氧传感器的输出电压在 0.1~0.9V 间变化，电压高，表示混合气浓，反之，电压低则表示混合气稀。ECU 据此电压信号控制喷油器的喷油量。

二氧化钛氧传感器的优点是结构简单、造价便宜、可靠性高。

二、二氧化锆（ZrO_2）氧传感器

二氧化锆氧传感器的结构如图 2-31 所示。

二氧化锆氧气传感器的基本元件是二氧化锆（ZrO_2）陶瓷，因其为固定电解质管，亦称锆管。锆管固定在带有安装螺纹的固定套内，锆管内表面与大气相通，外表面与排气相通，其内外表面都覆盖着一层多孔性的铂膜作为电极。氧传感器安装在排气管上，为了防止排气管内废气中的杂质腐蚀铂膜，在锆管外表的铂膜上覆盖一层多孔的陶瓷层，并加有带槽口的防护套管。在其接线端有一个金属护套，其上开有一孔，使锆管内表面与大气相通。

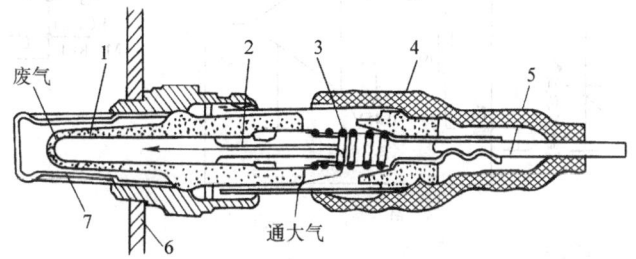

图 2-31 二氧化锆（ZrO_2）氧传感器
1—锆管 2—电极 3—弹簧 4—电极座（绝缘）
5—导线 6—排气管 7—气孔

当锆管接触氧气时，氧气透过多孔铂膜电极，吸附于二氧化锆，并经电子交换成为负离子。由于锆管内表面通大气，外表面通排气，其内外表面的氧气分压不同，则负氧离子浓度也不同，从而形成负氧离子由高浓度侧向低浓度侧的扩散。当扩散处于平衡状态时，两电极间便形成电动势 E，所以二氧化锆氧传感器的本质是化学电池，亦称氧浓差电池。浓差电动势 E 可按下式计算：

$$E = \frac{RT}{4F}\ln\frac{p'_{O_2}}{p_{O_2}} \tag{2-24}$$

式中 R——气体常数；
T——绝对温度；
F——法拉第常数；

p'_{O_2}、p_{O_2}——排气中和大气中的氧气分压。

由于上述电动势太小，通常采用铂催化。浓混合气时，燃烧后残留的低浓度氧(O_2)和排气中的 HC、CO 发生反应，O_2 基本消失，氧浓差非常大，约产生 0.8～1V 电动势。稀混合气时，排气中 O_2 浓度高，催化反应后仍有 O_2 残留，氧浓差较小，约产生 0.1V 电动势。二氧化锆氧传感器的电压特性如图2-32所示，可见其输出特性在过量空气系数 $\alpha=1$（空燃比14.7:1）时突变，$\alpha>1$ 时输出几乎为零，$\alpha<1$ 时输出电压接近1V。

ECU 将氧传感器的输出信号以 0.5V 为界，大于 0.5V 为混合气过浓，小于 0.5V 为混合气过稀。ECU 通过控制喷油量的大小使混合气浓度在理论空燃比附近波动。通常 ECU 按 10s 变化 8 次的频率使氧传感器的输出电压在 0.1～0.8V 间变动。

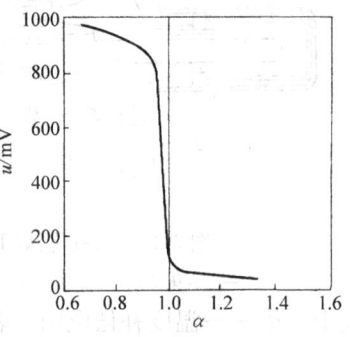

图 2-32 二氧化锆氧传感器电压特性

二氧化锆氧传感器的工作温度在 300℃ 以上，需要设置电加热元件（图2-33）。一般在发动机起动后 20～30s 内将二氧化锆氧传感器加热到工作温度。

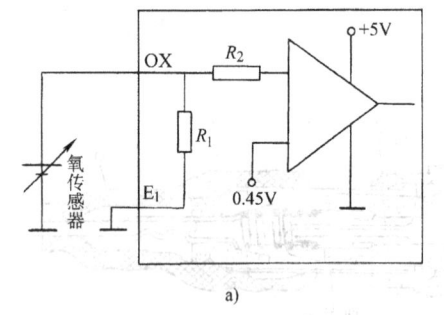 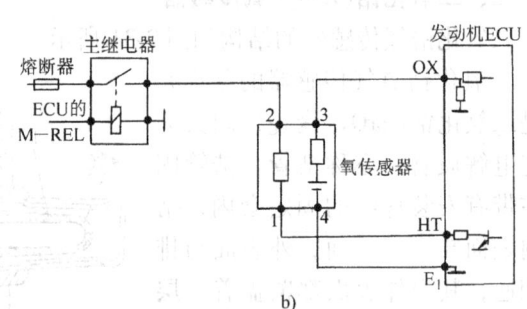

图 2-33 二氧化锆氧传感器与 ECU 的连接

第六节 温度传感器

为了解发动机的热状态，计算进气的质量流量及进行排气净化处理，需要有能够连续、精确地测量冷却液温度、进气温度与排气温度的传感器。温度传感器的种类很多，如热敏电阻式、半导体二极管式、热电偶式等等。下面就汽车上常用的热敏电阻温度传感器予以介绍。

热敏电阻式冷却液温度传感器一般安装在发动机缸体、缸盖的水套或节温器壳内并伸入水套中（图2-34）。热敏电阻式冷却液温度传感器与冷却水直接接触，用来检测冷却液温度，其结构如图2-35a所示。冷却液温度传感器的热敏电阻通常具有负温度系数，即电阻随温度升高而降低（图2-35b）。冷却液温度传感器与 ECU 的连接如图2-35c所示，ECU 通过内部电路提供 5V 电压，测试热敏电阻与 ECU 内部电阻串、并联后的分压输出即可测得冷却液温度。丰田车用冷却液温度传感器的电阻值变化见表2-1，可以发现热敏电阻随温度的变化相差悬殊，为了提高测试精度，有些车辆采用图2-35d的电路。当温度低于某值

(51.6℃)时，5V 电压加在 10kΩ 和热敏电阻的串联电路上；当温度高于某值(51.6℃)时，三极管导通，电路变为 10kΩ 电阻与 1kΩ 电阻并联(并联电阻约为 909Ω)，再和热敏电阻串联。

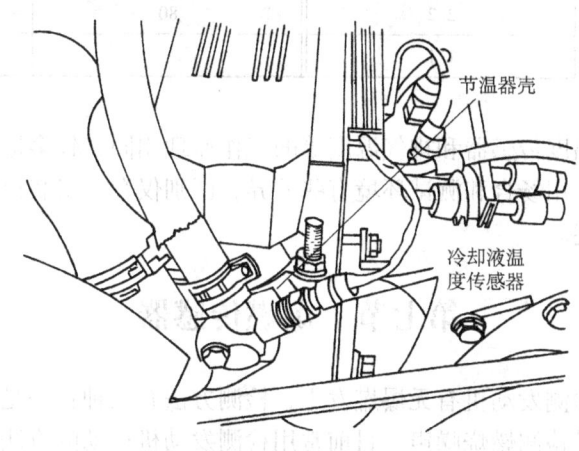

图 2-34 热敏电阻式冷却液温度传感器安装位置图

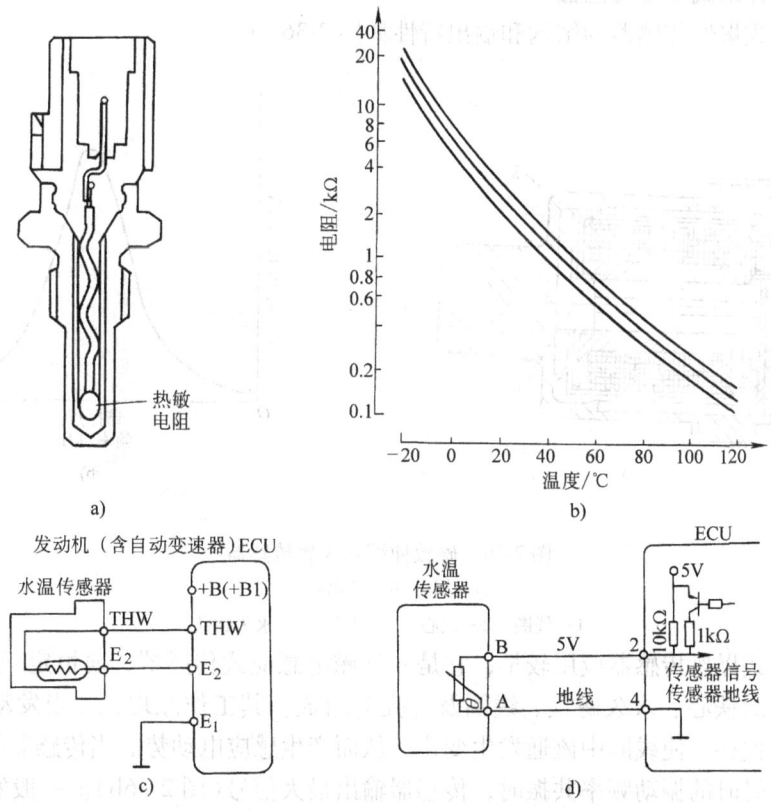

图 2-35 热敏电阻式冷却液温度传感器结构、特性与电路
a) 结构　b) 特性曲线　c) 与 ECU 连接(Ⅰ)　d) 与 ECU 连接(Ⅱ)

表 2-1　丰田车用冷却液温度和进气体温度传感器的电阻

温度/℃	电阻/kΩ	温度/℃	电阻/kΩ
0	6	60	0.6
20	2.2	80	0.25
40	1.1		

热敏电阻式进气温度传感器和排气温度等的工作原理相同，较多地采用负温度系数的热敏电阻，由于它们的使用场合和测试环境有些差异，区别仅在于安装位置、外形或工作温度的不同，这里不再复述。

第七节　爆燃传感器

爆燃传感器用来检测发动机有无爆燃发生，检测方法有三种：一是检测气缸压力；二是检测发动机振动；三是检测燃烧噪声。目前常用检测发动机振动的方法来判断有无爆燃。爆燃传感器有磁致伸缩式和压电式两种，它们都属于能量转换型（发电型）传感器。

一、磁致伸缩式爆燃传感器

磁致伸缩式爆燃传感器的结构和输出特性如图 2-36 所示。

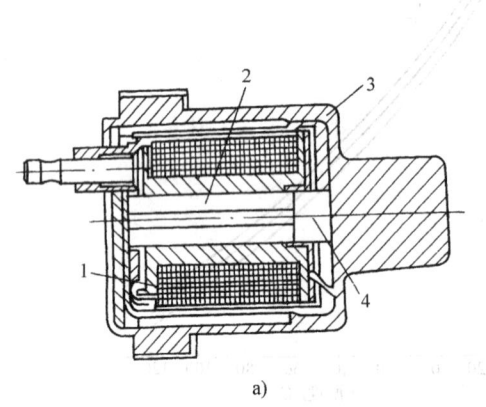
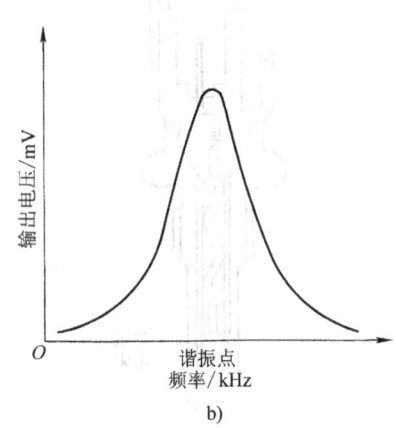

图 2-36　磁致伸缩式爆燃传感器
a）结构　b）输出特性
1—线圈　2—铁心　3—外壳　4—永久磁铁

磁致伸缩式爆燃传感器应用较早，它是一种磁电感应式传感器，属恒定磁感应强度式。它由高镍合金的铁心、永久磁铁、线圈及外壳等组成。其工作原理是：当发动机发生爆燃时，铁心受振偏移，使线圈中磁通发生变化，从而产生感应电动势。当传感器的固有振荡频率与发动机爆燃时的振动频率共振时，传感器输出最大信号（图 2-36b）。一般发动机的共振频率在 7kHz 左右。

二、压电式爆燃传感器

压电式爆燃传感器可分为共振型和非共振型两种。

1. 共振型压电式爆燃传感器

这种爆燃传感器结构如图 2-37 所示。

由图可知，这种爆燃传感器由压电元件、振荡片、基座、外壳等组成。压电元件紧贴在振荡片上，振荡片固定在基座上。振荡片随发动机振荡，振荡力作用于压电元件并产生电信号输出。选择振荡片的固有频率与被测发动机爆燃时的振荡频率一致，则当爆燃发生时二者共振，压电元件有最大谐振电压输出。它的输出特性与磁致伸缩式类似。

2. 非共振型压电式爆燃传感器

非共振型压电式爆燃传感器实际是一种加速度传感器。它是以接收加速度信号的形式，来检测爆燃的。图 2-38 为这种传感器的结构。

这种传感器与上述共振型传感器的不同之处在于：它内部无振荡片，但设置了一个配重块。配重块以一定预应力压紧在压电片上。当发动机工作而发生振动时，配重块就有一正比于振动加速度的交变力施加于压电片上，从而产生输出信号，此信号在发生爆燃时较大。非共振型传感器在爆燃时输出电压较无爆燃时无明显增加，爆燃是否发生是靠滤波器检出传感器输出信号中有无爆燃频率来判别的。

比较共振和非共振型压电式传感器，共振型在爆燃时输出电压明显增大，易于测量，但传感器必须与发动机配套使用；非共振型用于不同发动机时，只须调整滤波器的频率范围就可以工作，通用性强，但爆燃信号的检测复杂一些。

压电式爆燃传感器与其他压电传感器一样，必须配合一定的压电放大器或电荷放大器，将信号放大并将高阻抗输入变换为低阻抗输出。

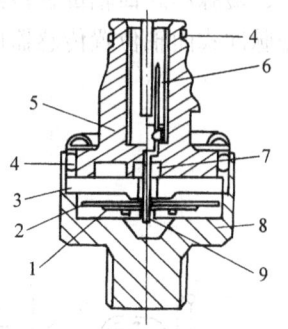

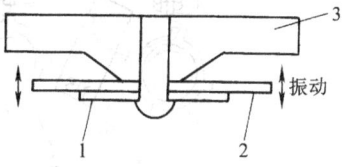

图 2-37 共振型压电式爆燃传感器结构

1—压电元件 2—振荡片 3—基座
4—O 环 5—连接器 6—接头
7—密封剂 8—外壳 9—引线

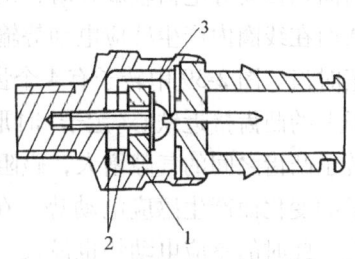

图 2-38 非共振型压电式爆燃传感器结构

1—配重块 2—压电元件 3—引线

第八节 曲轴位置传感器

曲轴位置传感器亦称点火信号发生器，用于点火正时控制。传统点火系统中的曲轴位置传感器是分电器凸轮轴和断电器。这里所说曲轴位置传感器是指用于电子点火系统的。无论传统的、还是电子曲轴位置传感器，除用于点火正时控制外，还是检测发动机转速的信号源。

曲轴位置传感器可分为磁脉冲式、光电式、霍尔式等等，其中磁脉冲式和霍尔式应用得比较多。就其安装部位，有在曲轴前端、凸轮轴前端及分电器内的，车型不同，所采用的结构形式也不完全相同。

一、磁脉冲式曲轴位置传感器

磁脉冲式曲轴位置传感器由定时转子、永久磁铁、耦合线圈等组成，工作原理如图2-39所示。

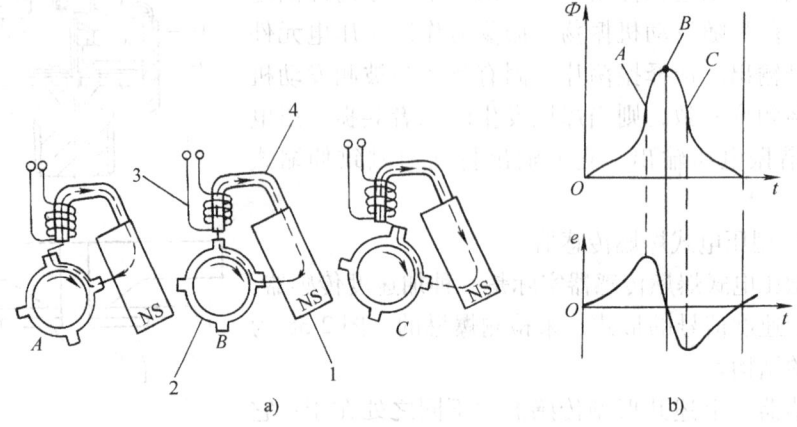

图 2-39　磁脉冲式曲轴位置传感器
a）工作原理　b）波形图
1—永久磁铁　2—转子　3—耦合线圈　4—衔铁

永久磁铁和耦合线圈固定在分电器底板上，信号转子装在分电器轴上，由分电器驱动。当曲轴传动分电器轴旋转时，由于转子正时齿相对线圈位置的变化，使线圈内的磁通变化，从而在线圈内产生感应电动势输出。转子外缘设有与气缸数相等且等距离分布齿，该齿即为正时齿。图2-39中转子有4个齿，分别对应四缸发动机的4个缸。由图2-39a可见，信号转子上的凸齿接近铁心（定子）时形成磁路并产生磁通，当信号转子离开铁心时，铁心和信号转子凸齿之间的气隙增大，磁阻也随之增大，使磁通量减少。绕在铁心上的耦合线圈因磁通量的变化而产生感应电动势，在凸齿接近或离开凸齿与铁心最近点的瞬间，磁通量变化最大，此时的感应电动势也最大。由图2-39b可以看出，电压增长过程有一个正峰值，而衰减过程有一负峰值。由正脉冲转变为负脉冲的中点，感应电动势为零，这就可用作触发点火的信号。磁通量变化率取决于信号转子的转速，所以脉冲发生器输出电压可在0.5~100V范围内变化。把上述输出信号经整形、放大并送功率开关电路，就可控制点火线圈原边电流的通断，从而在其付边产生高压并经火花塞放电点火。这个电压和脉冲频率的变化除用作点火信号外，还可用作转速等其它传感信号。气隙的大小影响磁路的磁阻，由此影响输出电压的高低。

以上介绍的是磁脉冲式曲轴位置传感器的基本原理。在实际的发动机电子控制系统中，由于ECU的大容量信息处理能力，所以实际的磁脉冲式曲轴位置传感器较图2-39的复杂。如定时转子外缘的定时齿数较多，或增设轴向定时齿，耦合线圈也不止一个，其目的是为了提高检测的精度。如日产汽车公司（NISSAN）的磁脉冲传感器可以输出曲轴的1°转角信号，因此控制系统可以根据发动机的各种运转条件，精确地调节点火提前角及喷油时刻，不但实现点火正时控制，还同时实现喷油正时控制使及发动机转速的检测。

二、霍尔式曲轴位置传感器

霍尔式曲轴位置传感器结构如图2-40所示。

霍尔式曲轴位置传感器由两个部件组成。一个部件是与分火头制成一体的定时转子即所谓的触发叶轮；另一个部件是霍尔信号发生器。

触发叶轮由导磁材料制成，其上的叶片数与发动机气缸数相同触发叶轮由分电器轴带动。

霍尔信号发生器由霍尔集成电路、永久磁铁等组成，两者之间留有一个空隙，以便叶轮的叶片能在隙内转动。

霍尔式曲轴位置传感器的工作原理如图2-41所示。

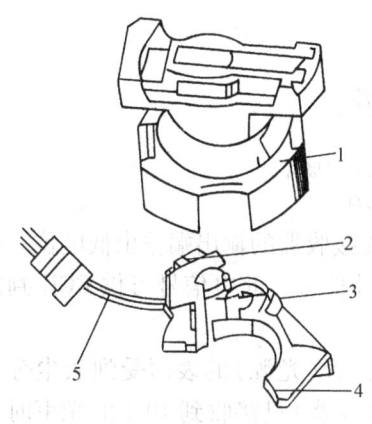

图2-40 霍尔式曲轴位置传感器结构
1—定时齿轮 2—霍尔开关电路 3—永久磁铁 4—底板 5—导线及接插件

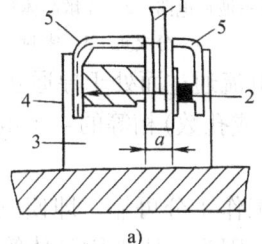 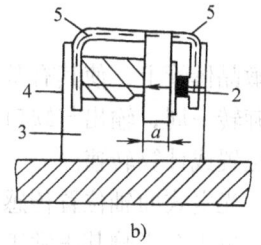

图2-41 霍尔式曲轴位置传感器工作原理
a）触发叶片进入空气隙内 b）触发叶片离开空气隙
1—触发叶片 2—霍尔开关集成电路 3—永久磁铁 4—底板 5—导磁板

其工作原理如下：

触发叶轮由分电器轴带动旋转，每当叶片进入永久磁铁与霍尔集成电路之间的空气隙时，永久磁铁的磁场被叶片旁路，霍尔集成电路表面无磁场作用，它内部的霍尔元件不产生霍尔电动势。当叶片离开空气隙时，永久磁铁的磁场经导磁板、空气隙形成磁路并作用在霍尔集成电路上，其内部的霍尔元件产生霍尔电动势输出。这样，随着叶轮的旋转，每个叶片都会使霍尔集成电路产生脉冲输出。该脉冲或经电子点火组件控制点火或经ECU点火。

霍尔式曲轴位置传感器具有工作可靠、正时精度高、工作频带宽、耐高温、耐潮湿、耐油污等优点，因而被汽车生产厂商广泛采用。

三、光电式位置传感器

光电式位置传感器的结构如图2-42所示。光源为发光二极管，它以接近红外线的频率发出不可见光束，经过其半球形透镜的聚焦，使其在遮光点的宽度约为1.25mm；光接收器是光敏晶体管；遮光盘（信号转子叶片）上开有4个缺口（与4缸汽油机相匹配）。

当遮光盘（叶片）随分电器轴（转子轴）旋转时，遮光片和缺口不断地经过光源与光接收器之间。当遮光片转至光源与接收器之间时，便把光源所发出的光束阻断，使其不能射入光敏晶体管，该晶体管无电流通过而处于截止状态，于是光敏晶体管（接收器）的输出端输出高电位；而当遮光盘上的缺口通过光源与光接收器中，发光二极管所发出的光束直接照射到

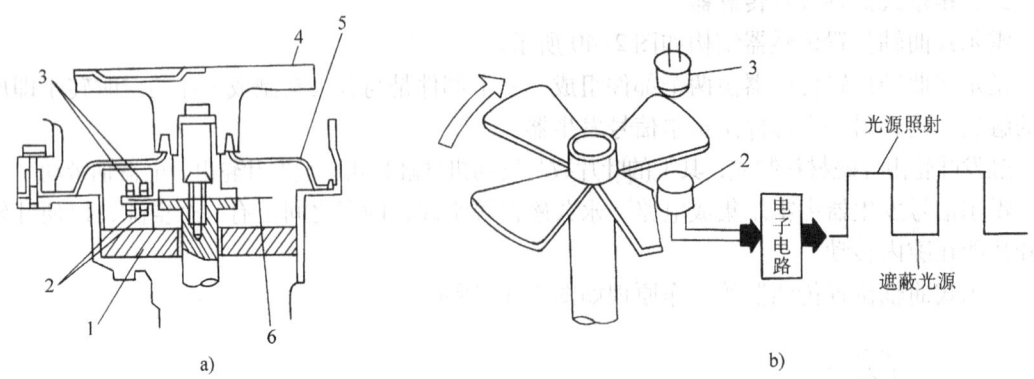

图 2-42 光电式位置传感器
a) 结构 b) 工作原理
1—波形电路 2—光敏晶体管 3—发光二极管
4—分火头 5—密封盖 6—转盘

光敏晶体管上,使其有基极电流通过而处于导通状态,光接收器的输出端输出低电位。分电器旋转一周,输出与缺口数(或孔数)相等的 4 个电压脉冲信号,此电信号可供 ECU 判定曲轴位置或计算转速。

光电式曲轴位置传感器工作十分可靠,即使发光二极管(光源)的表面受到灰尘等污染时,也不会影响其正常工作。因为即使光敏晶体管(光接收器)只接收到 10% 的光束时,也能处于饱和导通状态而输出低电位。光电式曲轴位置传感器输出信号呈方波,具有清晰、明快的特点。与磁电式相比,有明显的优点,即没有时间上的滞后现象;不会引起点火提前离心调节特性曲线的畸变;其输出信号不受汽油机转速的影响;能使点火正时长久不变等。

第九节 转速传感器

舌簧开关式转车速传感器的构造如图 2-43 所示。

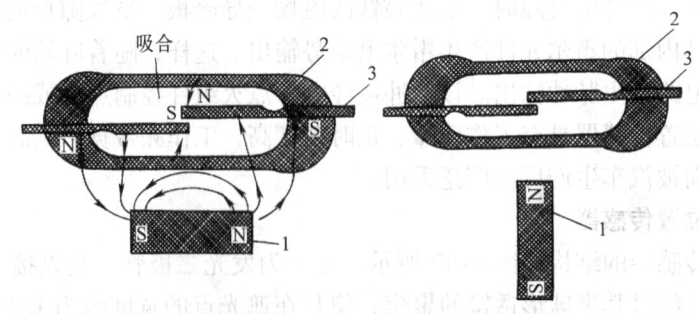

图 2-43 舌簧开关式转速传感器
1—磁铁 2—舌簧开关 3—转子

舌簧开关是在一个玻璃管内装有两个细长的触头构成的开关元件。其触头由磁性材料制成。当其附近有磁场作用时,其触头就会互相吸引而闭合或者互相排斥而断开。

舌簧式转速传感器一般安装在分电器内,永久磁铁与分电器轴连接,两个舌簧开关装在分电器壳体上。当分电器轴转动时,舌簧开关就会在转子永久磁铁作用下周期性地开关动作,分电器轴每转一周,两个舌簧开关各开闭 1 次,并以 180°的相位差输出 4 个脉冲给 ECU 进行计数及运算,就可以得到发动机转速。

除舌簧式转速传感器外,转速传感器还有磁脉冲式、光电式、霍尔式等。磁脉冲式(或光电式、霍尔式等)转速传感器的结构、工作原理与磁脉冲式(或光电式、霍尔式等)曲轴位置传感器类似,即将输出脉冲信号经 ECU 处理后,就可得到转速输出。这几种传感器的结构与工作电路等在相关章节中详细介绍。

第三章

电控汽油喷射系统

第一节 汽油喷射系统概述

目前所说的车用电控发动机实际上是电控内燃机,指电控汽油发动机和电控柴油发动机。电控汽油发动机的方案相对成熟,应用也比较广泛。近年来,电控柴油机的研究成果斐然。最早是在直列式柱塞泵上附加控制齿条或拉杆的位置电控装置;后来在分配泵上加上电控系统进行控制。高压喷射技术的发展,又开发出泵—喷嘴、共轨式等电控柴油喷射系统,特别是电控共轨式柴油喷射系统,能达到欧洲 EEC—Ⅳ 的排放标准,其应用前景乐观。本章介绍电控汽油发动机的有关知识,电控柴油发动机部分见本书第五章。

一、发动机汽油喷射的发展过程

二次大战后,汽油喷射技术才逐渐应用汽车发动机。1952 年,德国 Daimler-Benz 300L 型赛车装用了博世公司(Bosch)生产的第一台机械式汽油喷射装置,它采用气动式混合气调节器控制空燃比,向气缸内直接喷射。1958 年,德国 Mercedes-Benz′ 220S 型轿车装备了博世公司和库格菲舍尔(Kugerfischer)公司共同研制和生产的带油量分配器的进气管汽油喷射装置。20 世纪 60 年代以前,车用汽油喷射装置大多数采用机械式柱塞喷射泵,其结构和工作原理与柴油机喷油泵十分相似,控制功能也是借助于机械装置实现的,结构复杂,价格昂贵,因此发展缓慢,技术上无重大突破,应用范围也仅仅局限于赛车和为数不多的追求高速和大功率的豪华型轿车上。在车用汽油发动机领域内化油器仍占有绝对优势。1967 年,博世公司研制成功 K-Jetronic 机械式汽油喷射系统,由电动汽油泵提供 0.36MPa 低压汽油,经汽油分配器输往各缸进气管上的机械式喷油器,向进气口连续喷射,用挡流板式空气流量计操纵油量分配中的计量槽来控制空燃比。后来,经改进发展成为机电结合式的 KE-Jetronic 汽油喷射系统(在 K-Jetronic 系统的油量分配器上增设一只电液式压差调节器)。1973 年,博世公司开始批量生产用进气管绝对压力控制空燃比的 D-Jetronic 模拟式电子控制汽油喷射系统。后经改进发展成为 L-Jetronic 电控汽油喷射系统,用叶片式空气流量计直接测量进气空气体积流量来控制空燃比,比用进气管绝对压力间接控制的方式精度高,稳定性好。1981年,L-Jetronic 系统又进一步改进发展成为 LH-Jetronic 系统,用新颖的热线式空气流量计代替机械式空气流量计,可直接测出进气空气的质量流量,无需附加专门装置来补偿大气压力和温度变化的影响,并且进气阻力小,加速响应快。1979 年,博世公司开始生产集电子点火和电控汽油喷射于一体的 Motronic 数字式发动机集中控制系统。与此同时,美国和日本各大汽车公司也竞相研制成功与各自车型配套的数字式发动机集中控制系统,例如:美国通用汽车公司(GM)DEFI 系统、福特汽车公司(Ford)EEC—Ⅲ系统,以及日本日产汽车公司 ECCS 系统、丰田汽车公司 TCCS 系统等。这些系统能够对空燃比、点火时刻、急速转速和废气再循环等多方面进行综合控制,控制精度愈来愈高,控制功能也日趋完善。

价格低廉的单点电控汽油喷射系统一度在普通车上广泛被采用。1980 年美国通用公司首先研制成功一种结构简单的节流阀体喷射系统(TBI)。1986 年博世公司推出了汽油压力只有 0.1MPa 的 Mono-Jetronic 低压中央喷射系统。中央喷射(单点喷射)系统在进气管原先安装化油器的部位仅用一电磁喷油器集中喷射,能迅速地输送汽油通过节流阀,在节流阀上方没有或极少发生汽油附着管壁的现象,因而消除了由此引起的混合气燃烧的延迟,缩短了供油和空燃比信息反馈之间的时间间隔,提高了控制精度,排放效果得以改善。同时,采用节气门转角和发动机转速来控制空燃比的所谓 A/R 控制方式,省去了空气流量计,结构和控制方式均较简单,兼顾了发动机性能和成本,对发动机结构的影响又较小。因此,随着废气排放法规日益严格,这种单点喷射系统在排量小于 2L 的普通轿车上得到了迅速的推广应用。

二、汽油发动机电控系统的基本组成及功用

汽油发动机电控系统主要由空气供给系统、汽油供给系统和 ECU 组成。

1. 空气供给系统

空气供给系统为发动机可燃混合气的形成提供必需的空气。空气经空气过滤器、空气流量计(D 系统无此装置)、节气门、进气总管、进气支管进入各缸(图 3-1)。

一般行驶时,空气的流量由通道中的节气门来控制(节气门由节气门踏板操作)。踩下节气门踏板时,节气门打开,进入的空气量多。急速时,节气门关闭,空气由旁通道通过。急速转速的控制是由急速调整螺钉和急速空气调整器调整流经旁通道的空气量来实现的。

急速空气调整器一般由 ECU 控制。在气温低发动机暖机时,急速空气调整器的通路打开,以供给暖机时必须的空气量给进气支管,此时,发动机转速较正常急速高,称为快急速。随着发动机冷却液温度升高,急速空气调整器使旁通道开度逐渐减小,旁通空气量亦逐渐减小,发动机转速逐渐降低至正常急速。

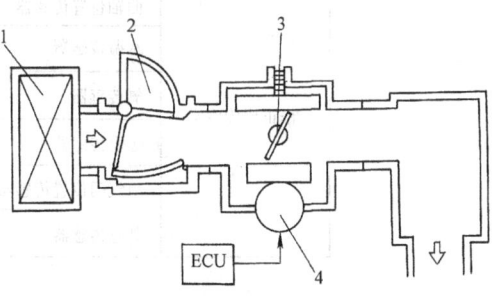

图 3-1 空气供给系统
1—空气滤清器 2—空气流量计
3—节气门 4—急速控制阀

2. 汽油供给系统

汽油供给系统由汽油泵、汽油滤清器、汽油压力脉动减振器、喷油器、汽油压力调节器及汽油分配管等组成(图3-2)。汽油由汽油泵从油箱中泵出,经过汽油滤清器,除去杂质及水分后,再送至汽油脉动减振器,以减少其脉动。这样具有一定压力的汽油流至汽油分配管,再经各供油支管送至各缸喷油器。喷油器根据ECU的喷油指令,开启喷油阀,将适量的汽油喷于进气门前,待进气行程时,再将可燃混合气吸入气缸中。装在供油总管上的汽油压力调节器是用以调节系统油压的,目的在于保持喷油器内与进气支管内的压力差为250kPa。

此外,有些车辆在进气支管上安装了一个冷起动喷油器,用于改善发动机低温起动性能,冷起动喷油器的喷油时间由热限时开关或者ECU控制。

3. 电控系统

电子控制系统如图3-3所示。

电子控制系统的功用是根据各种传感器的信号,由计算机进行综合分析和外理,通过执行装置控制喷油量等,使发动机具有最佳性能。

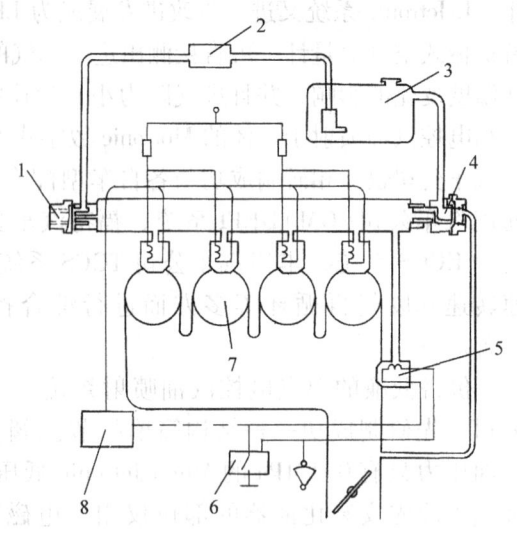

图 3-2 汽油供给系统
1—汽油压力脉动减振器 2—汽油滤清器 3—汽油泵
4—汽油压力调节器 5—冷起动喷油器 6—点火开关 7—喷油器 8—ECU

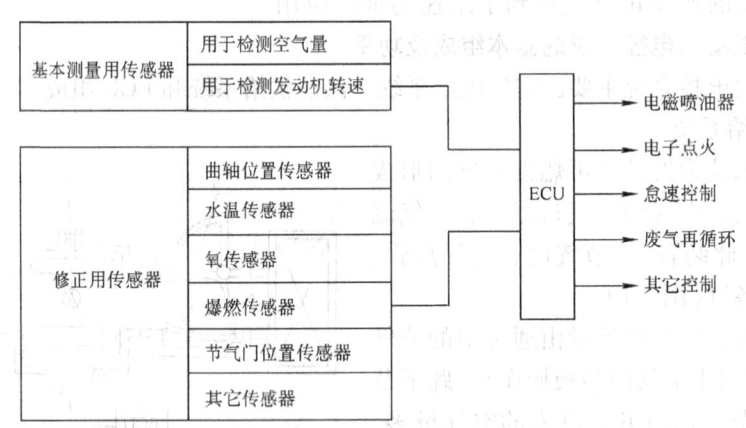

图 3-3 电子控制系统

ECU根据空气流量计或进气支管压力传感器和转速传感器的信号确定空气流量,再根据空燃比要求及进气量信号就可以确定每一个循环的基本供油量。然后根据各种传感器的信号进行点火提前角、冷却液温度、节气门开度、空燃比等各种工作参数的修正,最后确定某一工况下的最佳喷油量。

通过控制车辆每一时刻的行驶情况,ECU将汽油喷射、发动机怠速、汽油泵控制在最佳状态,降低汽油消耗,减少尾气排放污染,同时又保障足够的动力性,这样就能大大提高发动机性能。控制发动机的基本方法是事先将各种工况下的最佳控制数值输入到控制模块 ECU 中。它通过传感器检测发动机状态,并根据传感器发回的信号从事先存储在控制模块中的数据里选择最优化值。它也会向执行器发出信号来控制其工作。

三、电控汽油喷射系统分类

汽油喷射技术从 20 世纪六七十年代以来,得到长足的发展和广泛的应用。欧、美、日的一些著名汽车公司都相继开发研制并实际应用了许多类型不同、档次各异的汽油喷射系统,即使是同一类型的汽油喷射系统,应用于不同汽车公司生产的汽车上又有不同的名称。因此,对于使用和维修人员来说,总觉得其品种繁多,有应接不暇的感觉。为此,我们不妨将现代汽油喷射系统按一定的方式分类归纳,以便有一个较全面的了解和认识。

汽油喷射系统的分类方法有多种,下面介绍几种常用的分类方法。

1. 按有无反馈分类

(1) 开环控制 该控制是指在发动机运行中,ECU 检测发动机的各输入信号,并查出发动机 ECU 中固有的相应的控制参数,输出控制信号。它不检测控制结果,对控制结果的好坏不作分析和处理。

(2) 闭环控制 该控制是指 ECU 控制的结果反馈给 ECU,ECU 再根据发动机实际运行状况决定控制量的增减。反馈控制的采用是为了有效地控制排放、降低污染、提高效率。例如:用氧传感器来检测排放废气中的氧浓度,ECU 根据它的反馈信号就可以判断出混合气燃烧的完全程度,并及时调整供油量,达到最佳空燃比。

2. 按喷油器安装部位分类

电子控制汽油喷射系统可分为单点汽油喷射系统和多点汽油喷射系统。

单点汽油喷射系统是指在节气阀体上安装一只或两只喷油器(图 3-4a),向进气总管中喷油形成汽油混合气,进气行程时,汽油混合气被吸入气缸内。这种喷射系统因喷油器位于节流阀上集中喷射,故又称节流阀喷射系统或集中喷射系统。如 GM 公司 EFI 系统、FORD 公司 CFI 系统和 Bosch 公司 MoNo-Jetronic 系统等。

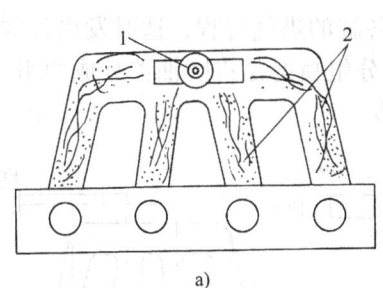
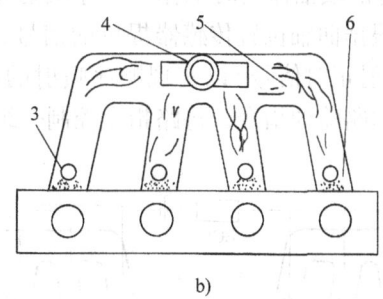

图 3-4 喷油器安装位置示意图

a) 单点汽油喷射系统 b) 多点汽油喷射系统

1—节气门上带有喷油器 2—混合气 3—喷油器 4—节气门 5—空气 6—对进气门喷油

多点汽油喷射系统是指在每一个气缸的进气门前均安装一只喷油器(图 3-4b),喷油器适时喷油。空气和汽油在进气门附近形成混合气,这种喷射系统能较好地保证各缸混合气的均匀。如 Bosch 公司 L-Jetronic 系统、GM 公司 EFI 系统和日产公司 EGI 系统、ECCS 系统等。

3. 按汽油的喷射方式分类

（1）缸内喷射　该喷射方式是将汽油直接喷射到气缸内。因喷油器直接安装在发动机缸盖上，其本身必须能够承受燃气产生的高温、高压且受到发动机结构制约，目前这种型式的应用尚较少。

（2）进气管喷射　该喷射方式是目前普遍采用的喷射方式。根据喷油器和安装位置的不同又可分为两种：一种是在进气管的集合部有 1~2 个喷油器的单点节气门体喷射方式；另一种是在各气缸的进气支管上各安装有一个喷油器的多点喷射方式。对于节气门体喷射，由于采用的喷油器少，易于实现计算机控制，成本比多点喷射方式低，但存在各缸燃料分配不均和供油滞后等缺点。与缸内喷射比较，喷油器不受缸内高温、高压的直接影响，喷油器的设计和发动机结构的改动都简单些。

4. 按进气量的检测方式分类

（1）直接式检测方式　该方式是由空气流量计直接测量进入进气总管的空气量，这种方式也称为质量流量控制型，K 型和 L 型汽油喷射系统均属于这种类型。

（2）间接式检测方式　该方式不是直接检测空气量，而是根据发动机转速及其他参数，推算出吸入的空气量，现在采用的有两种方式：一种是根据进气管压力和发动机转速，推算出吸入的空气量，并计算适量的燃料量的速度密度，这种方式也称为速度密度控制型，例如 D 型汽油喷射系统。这种控制方式因受进气管内空气压力波动的影响，进气量的测量精度不高，但是其进气阻力小，充气效率高。另一种是根据测量节气门开度和发动机转速，推算吸入的空气量，并计算燃料量的节流速度，这种方式也称为节流速度控制型。这种方式由于空气量与节气门开度和发动机转速之间的换算关系很复杂，不易测量吸入的空气量，所以现在已不采用，只有某些赛车中才能见到。

5. 按喷射时序分类

汽油喷射系统按喷射时序可分为同时喷射、顺序喷射和分组喷射。如图 3-5 所示，同时喷射是指发动机在运转期间，各缸喷油器同时开启且同时关闭，由于 ECU 的同一个喷油指令控制所有的喷油器同时工作。顺序喷射是指喷油器按发动机各缸进气行程的顺序轮流喷射，ECU 根据曲轴位置传感器提供的信号，辨识各缸的进气行程，适时发出各缸的喷油脉冲信号（喷射正时信号）以实现顺序喷射的功能。分组喷射是将喷油器分成两组交替喷射，ECU 发出两路喷油指令，每路指令控制一组喷油器。

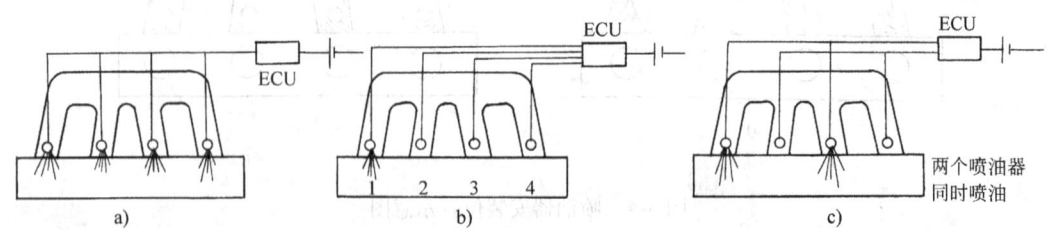

图 3-5　喷油器喷射时序
a）同时喷射　b）顺序喷射　c）分组喷射

6. 按结构分类

按喷射系统的结构可分为机械控制式和电子控制式两种。这种分类方法运用较广，具体分类见表3-1。

表3-1 汽油喷射系统按结构分类

分类		特点
机械控制喷射系统	K型	每个缸对应一个喷油器,安装在进气支管中,并对进气门持续供油。将空气量转化成机械式位移检测,误差大,影响燃油经济性,制约动力性
	KE型	在K型中增加一个电-液式混合气调节器,可以修正控制压力,以达到调节供油量的目的
电子控制喷射系统	D型	以进气管内的压力和发动机转速来控制喷油量,适用于电子控制,可以提高控制精度
	L型	用空气流量传感器直接测量进气管内的空气流量,并与计算机中预定方案比较确定喷油量,L型空气流量传感器是可动机械式,故测量精度和可靠性低
	L型进型(也称LH型)	主要改进L型空气流量传感器,采用热丝式和卡门涡旋式,采用集中控制喷射系统,把点火和汽油喷射系统结合起来,实行优化匹配
	电控单点节气门体式	只有1~2个喷油器,可在原采用化油器的发动机上直接改进,成本比电控多点喷射的低,但其动力性、燃油经济性比多点喷射差

机械式汽油喷射系统早在20世纪五六十年代就运用于汽车上,其空气计量器与汽油分配器组合在一起(图3-6),空气计量器检测空气流量的大小后,靠连接杆传动操纵汽油分配器的柱塞动作,以汽油计量槽开度的大小控制喷油量,以达到控制混合气空燃比的目的。如Bosch公司的K-Jetronic系统即属此类。

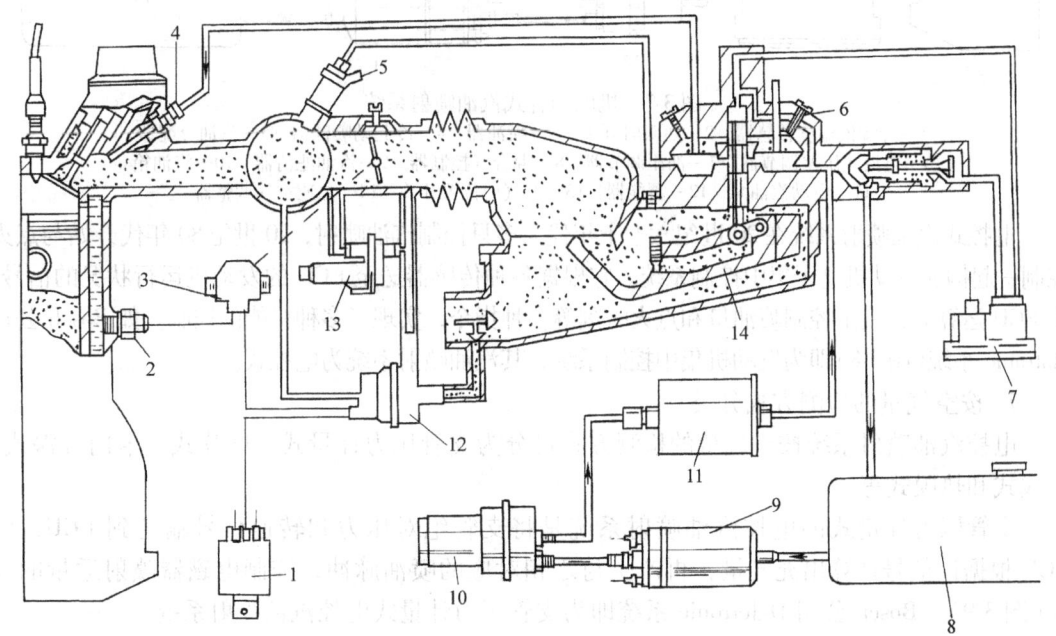

图3-6 机械式汽油喷射系统
1—速度继电器 2—热限时开关 3—节气门位置开关 4—喷油器 5—冷起动喷油器
6—汽油分配器 7—暖机调节器 8—汽油箱 9—电动汽油泵 10—蓄能器
11—汽油滤清器 12—最高转速切断阀 13—辅助空气阀 14—混合气控制器

机电结合式汽油喷射系统是在机械式汽油喷射系统的基础上加以改进的产品，它与机械式汽油喷射系统的主要区别在于：在汽油分配器上安装了一个由ECU控制的电液式压差调节器（图3-7），ECU根据冷却液温度、节气门位置等传感器的输入信号控制电液式压差调节器动作，通过改变汽油分配器汽油计量槽进出口油压差，以调节汽油供给量，达到对不同工况混合气空燃比修正的目的。如Bosch公司的KE-Jetronic系统即属此类。

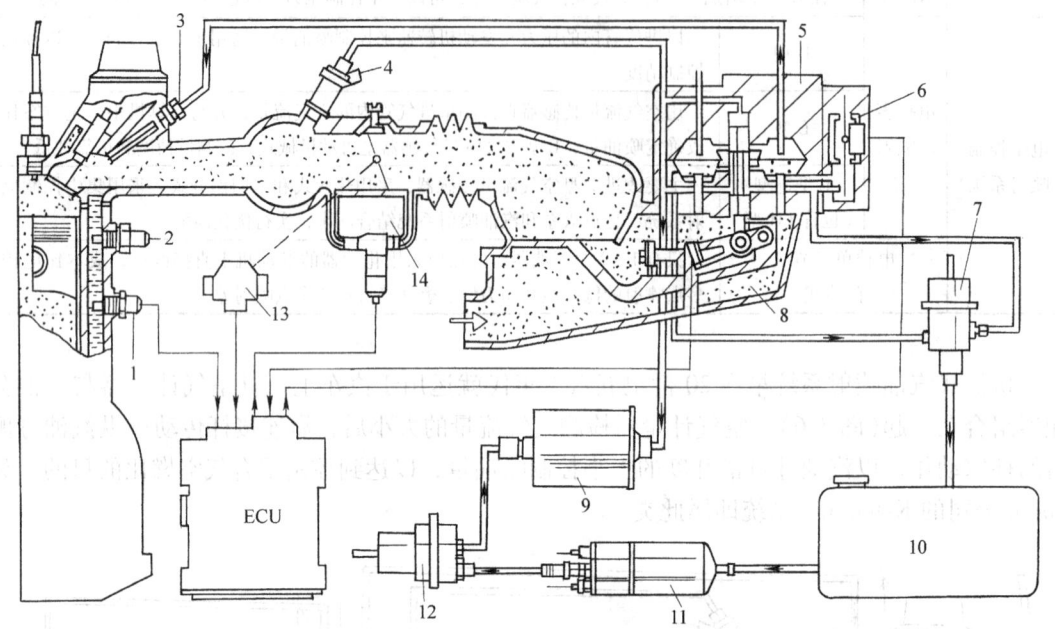

图3-7　机电结合式汽油喷射系统
1—冷却液温度传感器　2—热限时开关　3—喷油器　4—冷起动喷油器　5—汽油分配器
6—电液式压差调节器　7—油压调节器　8—混合气控制器　9—汽油滤清器　10—汽油箱
11—电动汽油泵　12—蓄能器　13—节气门位置开关　14—怠速空气调整器

电控式汽油喷射系统在20世纪六七十年代大多只控制汽油喷射，20世纪80年代开始与点火控制一起构成发动机电子集中控制系统。它根据各种传感器送至ECU的发动机运行状况的信号，由ECU运算后，发出控制喷油量和点火时刻等多种指令，实现了多种机能的控制。如Bosch公司Motronic系统（图3-8）即为发动机集中控制系统，其汽油喷射系统为电控式。

7. 按空气量的检测方式分类

电控汽油喷射系统按空气量的检测方式可分为支管压力计量式、叶片式、卡门旋涡式、热线式和热膜式等。

支管压力计量式的电控汽油喷射系统是将支管绝对压力和转速信号输送到ECU，由ECU根据该信号计算出充气量，再产生与之相对应的喷油脉冲，控制电磁器喷射适量的汽油（图3-9）。Bosch公司D-Jetronic系统即为支管压力计量式电控汽油喷射系统。

采用叶片式空气流量计和卡门旋涡式空气流量计的电控汽油喷射系统，其空气流量的计量方式均属体积流量型，即通过计量气缸充气的体积量，以控制混合气空燃比在最佳值。Bosch公司将这种类型的电控汽油喷射系统称为L-Jetronic系统（图3-10），而Bosch公司与日本几家主要汽车公司协作生产的电控汽油喷射系统，又有各自不同的名称。如日产的EGI系统，丰田的EFI系统和五十铃的ECGI系统均为Bosch公司L-Jetronic系统的派生。

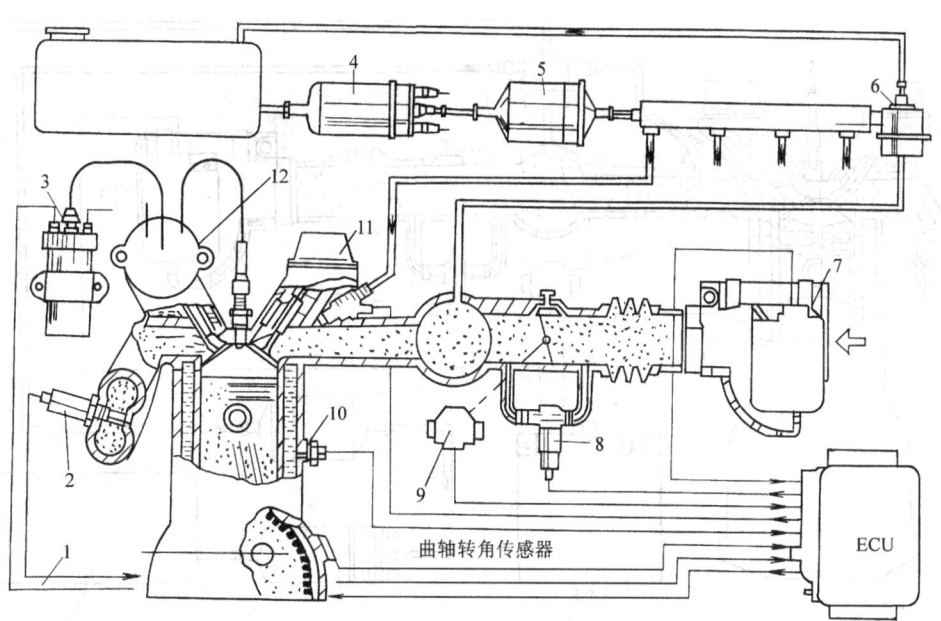

图 3-8 电控式汽油喷射系统
1—传感器引线 2—氧传感器 3—点火线圈 4—汽油泵 5—汽油滤清器 6—油压调节器 7—空气流量计
8—急速控制阀 9—节气门位置开关 10—冷却液温度传感器 11—喷油器 12—分电器

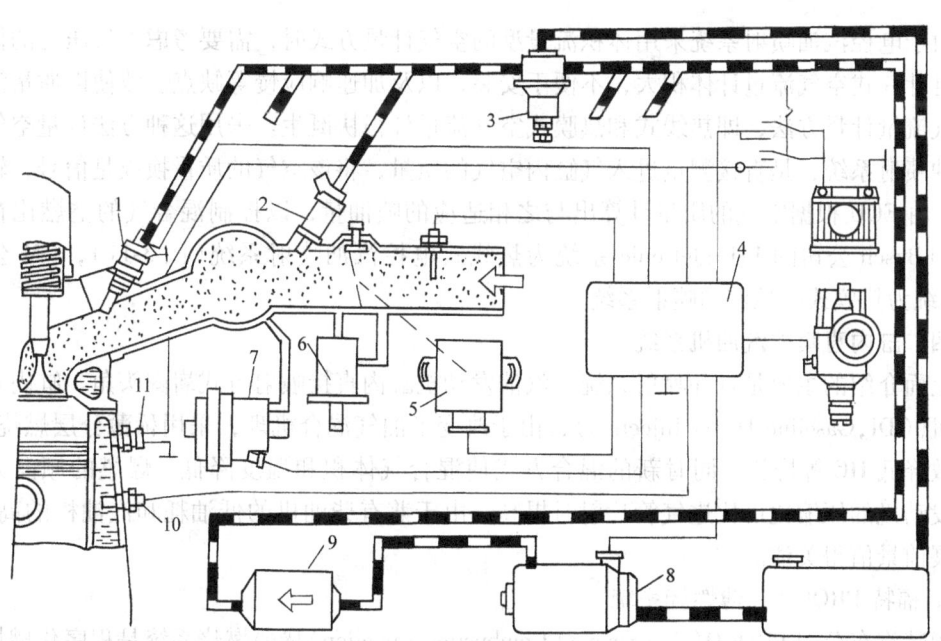

图 3-9 支管压力计量式电控汽油喷射系统
1—喷油器 2—冷起动喷油器 3—汽油压力调节器 4—ECU 5—节气门位置传感器 6—急速空气调整器
7—支管压力传感器 8—汽油泵 9—汽油滤清器 10—冷却液温度传感器 11—热限时开关

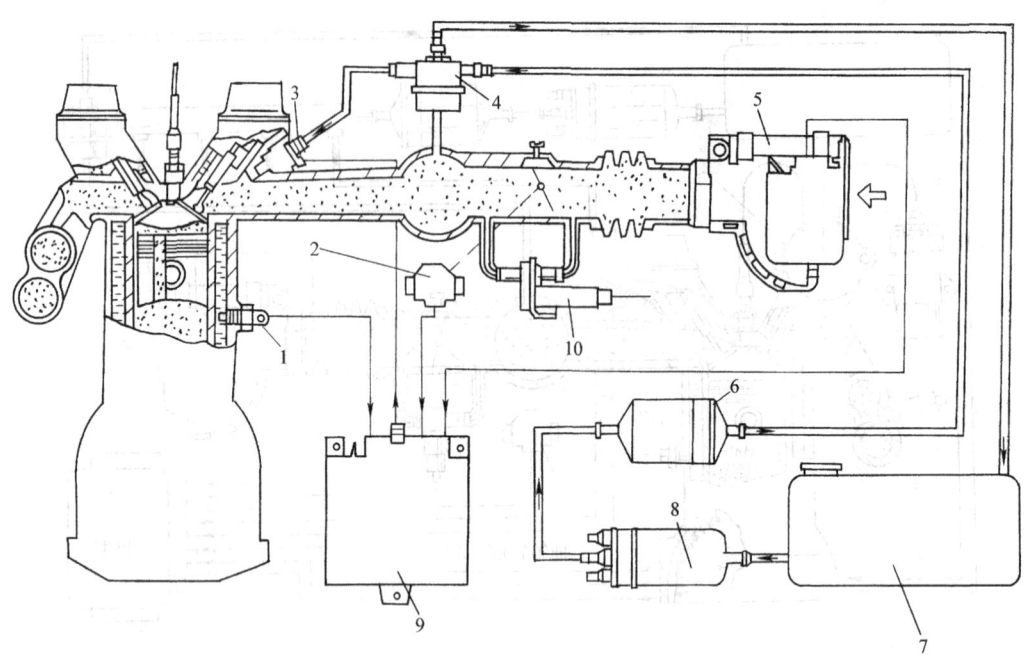

图 3-10 叶片式电控汽油喷射系统
1—冷却液温度传感器 2—节气门位置开关 3—喷油器 4—油压调节器 5—空气流量计
6—汽油滤清器 7—汽油箱 8—电动汽油泵 9—ECU 10—辅助空气阀(空气调整器)

由于电控汽油喷射系统采用体积流量型的空气计量方式时,需要考虑大气压力的修正问题,且叶片式空气流量计体积大,不便于安装,以及加速响应慢等缺点。致使以质量流量型的空气流量计量方法,即热线式和热膜式空气流量计很快诞生。采用这种方法计量空气的电控汽油喷射系统,是直接测量进入气缸内空气的质量,将该空气的质量换成是信号,输送给ECU,由 ECU 根据空气的质量计算出与之相适应的喷油量,以控制混合气的空燃比在最佳值。如 Bosch 公司的 LH—Jetronic 系统为热线式电控汽油喷射系统(图3-11),GM 公司的 SFI 系统为热膜式电控汽油喷射系统。

四、缸内直喷式汽油机系统

上面介绍的主要是缸外喷射系统,汽油发动机缸内直接喷射方式崭露头角。缸内直喷式汽油机(GDI,Gasoline Direct Injection),由于改变了油气混合机理,采用稀薄分层燃烧技术,可有效降低 HC 等排放,同时新的混合方式使混合气体积和温度降低,爆燃的倾向大为改观,发动机的压缩比可比进气管喷射时提高,由于兼有柴油机的低油耗和汽油机的高输出,其发展前景值得关注。

1. 福特 PROCO 稀薄燃烧系统

福特汽车公司 PROCO(Programmed Combustion Injection)稀薄燃烧系统是程序化燃烧过程的缩写。如图 3-12 所示,进气道为螺旋式气道,汽油直接喷射到燃烧室内。喷油器位于中央,两侧各有一个火花塞。由于汽油在缸内雾化需要吸收能量,混合气温度下降。因而可采用高压缩比的发动机($\varepsilon = 15$),并可在空气与燃料质量之比(简称空燃比,A/F)为 25:1 的条件下工作。

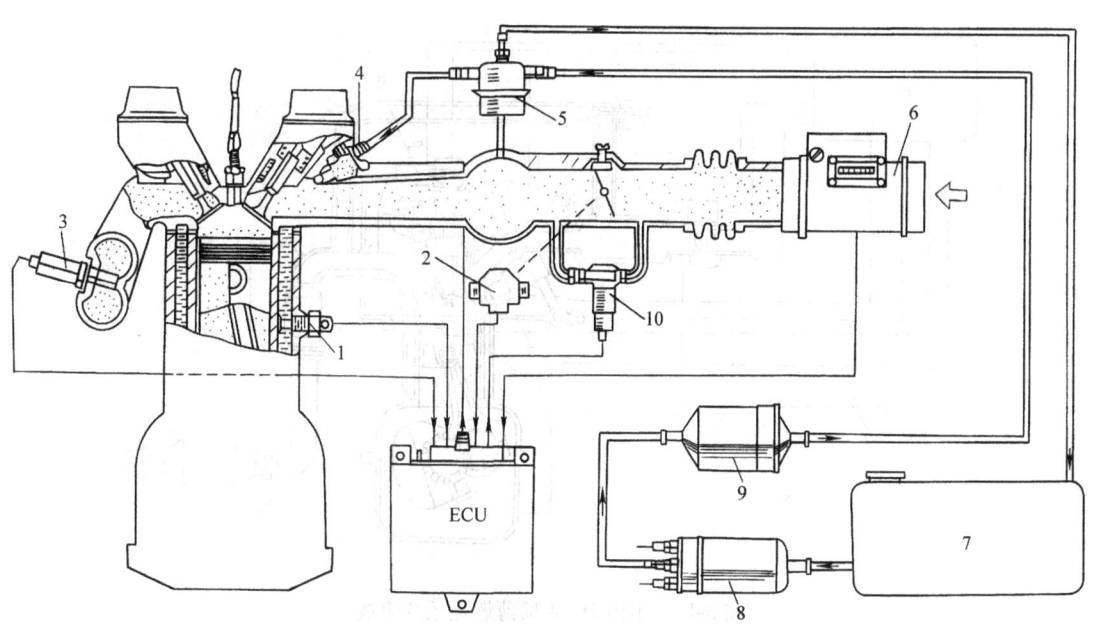

图 3-11 热线式电控汽油喷射系统

1—冷却液温度传感器 2—节气门位置开关 3—氧传感器 4—喷油器 5—油压调节器
6—热线式空气流量计 7—汽油箱 8—电动汽油泵 9—汽油滤清器 10—怠速控制阀

2. 丰田 D—4 稀薄燃烧系统

图 3-13 为丰田 D—4 稀薄燃烧系统组成。该系统采用电控涡流阀（E—SCV），形成斜向进气涡流。喷油器为高压旋流式（8～13MPa），雾化性能好，雾滴直径小于 5μm。喷射方式控制灵活，对不同转速与负荷采用不同的喷油控制方式，并带有电控废气再循环系统和氧传感器、三元催化器闭环控制系统等，其轿车工况试验油耗小于 6L/100km。

3. 三菱 4G 稀薄燃烧系统

三菱 4G 稀燃系统与丰田 D—4 系统相近（图 3-14）。进气采用立式进气道，以保证高度的纵向涡流及充气系统。与 D—4 稀薄燃烧系统相同，在火花塞附近形成较浓易点燃的混合气；也采用旋涡式喷油器，但喷油压力小于 D—4 系统，喷油压力为 5.0MPa。

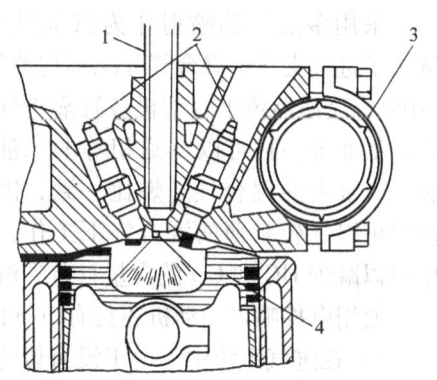

图 3-12 福特 PROCO 稀薄燃烧系统
1—喷油器 2—火花塞 3—低热惯性排气支管 4—活塞

五、电控汽油喷射发动机的优点

在发动机上使用化油器，带给汽油供给装置的最困难的问题是，如何把相同空燃比的混合气均匀地送到每一气缸里，因混合气必须经过不同长度及宽度的进气支管。空气很容易通过不同形状的通道及转角时，而汽油颗粒由于其惯性的作用，要经过弯的进气支管是困难的，结果使汽油粒子连续地移动到进气支管的末端，造成末端的混合气过浓（图 3-15）。为了使其他缸也有足够的混合气浓度，必须供给较浓的混合气，但是如此一来，末端气缸的排

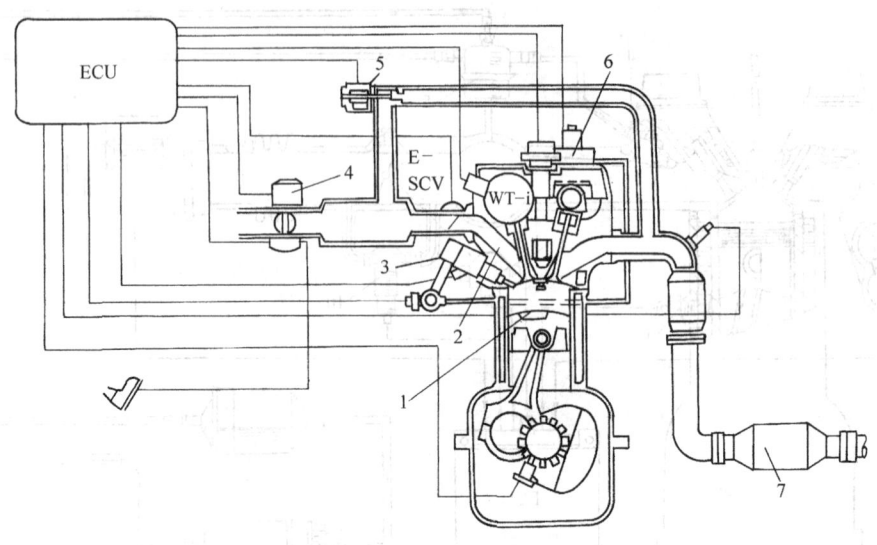

图 3-13 丰田 D—4 稀薄燃烧系统组成
1—唇状燃烧室 2—螺旋进气道 3—高压旋流喷油器 4—电控节流阀
5—电控 EGR 阀 6—高压油泵 7—三元催化器

气中将含有过多的未完全燃烧的有害成分 HC 和 CO。

采用多点汽油喷射作为汽油供给装置,解决了进气支管中混合气分配不均的问题(图 3-16),喷油器位于发动机各缸靠进气门的位置,如此每一缸可以得到相等的汽油量,使吸入气缸内的混合气空燃比一致,因此,发动机可以在较稀薄的混合气下工作,则排气中可以减少 HC 和 CO 的含量且节省汽油。

使用电控喷射发动机还具有以下特点:

1) 在进气系统中,由于没有像化油器供油那样的喉管部位,进气压力损失较小。只要合理设计进气管道,就能充分利用吸入空气的惯性增压作用,增大充气量,提高输出功率,增加发动机的动力。

2) 在汽车加减速行驶的过渡运转阶段,空燃比控制系统能够迅速响应,使汽车加减速反应灵敏。

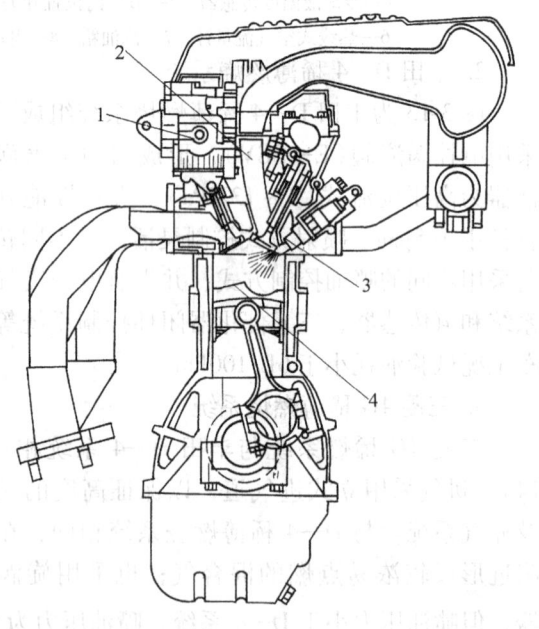

图 3-14 三菱 4G 稀薄燃烧系统组成
1—高压燃料泵 2—立式进气管 3—高压旋流喷油器 4—弯曲顶面活塞

3) 当汽车在不同地区行驶时,对大气压力或外界环境温度变化引起的空气密度变化,可以进行适量的空燃比修正。

4) 在发动机起动时,可以用 ECU 计算出起动供油量,并且能使发动机顺利经过暖机运转。使发动机起动更容易,且暖机性能提高。

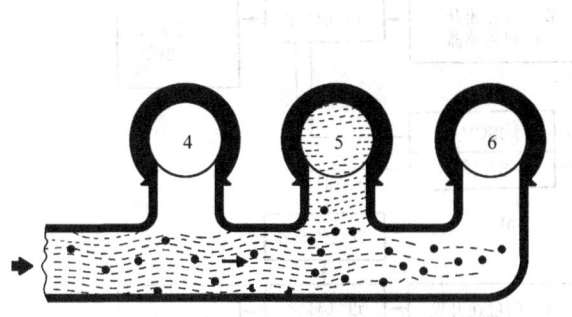
图 3-15 进气支管的汽油分布

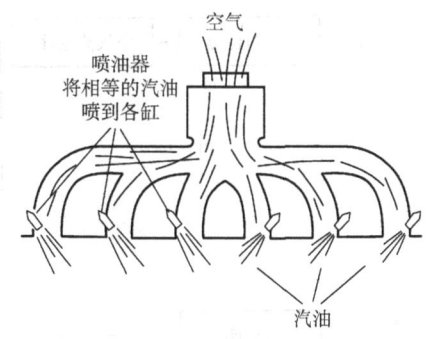
图 3-16 喷油器使各缸喷油量相同

5）能提供各种工况下最适当的混合气空燃比，且汽油雾化好，各缸分配均匀，使燃烧效率提高。因此，能有效地降低排放，节省汽油。

6）减速断油功能，亦能降低排放，节省汽油。减速时，节气门关闭，发动机仍以高速运转，进入气缸的空气量减少，进气支管内的真空度增大。在化油器中，此时会使粘附于进气支管壁面的汽油由于支管内的真空度急骤升高而蒸发后进入气缸，使混合气变浓，燃烧不完全，排气中 HC 的含量增加。而在电控汽油喷射发动机中，当节气门关闭而发动机转速超过预定转速时，喷油就会停止，使排气中的 HC 减少，并可降低汽油消耗。

从中可以看出，电控汽油喷射发动机能很好地适应减少排放、降低油耗、提高输出功率及改善驾驶性能等使用要求，因此，电控喷射发动机已成为现代汽油发动机的主流。

第二节 空气供给系统

一、空气供给系统的组成

空气供给系统的作用是测量和控制汽油燃烧时所需要的空气量。以 L 型系统为例（图 3-17），空气经空滤器后，用空气流量计测量，通过节气门体进入进气总管，再分配到各进气支管。在进气支管内，从喷油器喷出的汽油和空气混合后被吸入气缸内燃烧。

在冷却液温度较低时，为加快发动机暖机过程，设置了快怠速装置，由空气阀来控制快怠速所需要的空气，这时经空气流量计计量后的空气，绕过节气门体经空气阀直接进入进气总管。

可以通过怠速调整螺钉调节怠速转速，用空气阀控制快怠速转速，也可由 ECU 操纵怠速控制阀（ISC）控制怠速与快怠速（图 3-18）。

二、空气供给系统的主要零件

1. 节气门体与怠速调整螺钉

节气门体由节气门、旁通气道等组成（图 3-19、图 3-20）。节气门用来控制发动机正常运行工况下的进气量。由于 EFI 系统在发动机怠速时通常将节气门全关，故设一旁通气道，在发动机怠速时供给少量空气。节气门位置传感器装在节气门轴上，用以检测节气门开启的角度。有的节气门体上装有节气门缓冲器。为防止寒冷季节流经节气门体的空气中的水分在节气门体上冻结，有些节气门体上设有使发动机冷却液流经的管路。

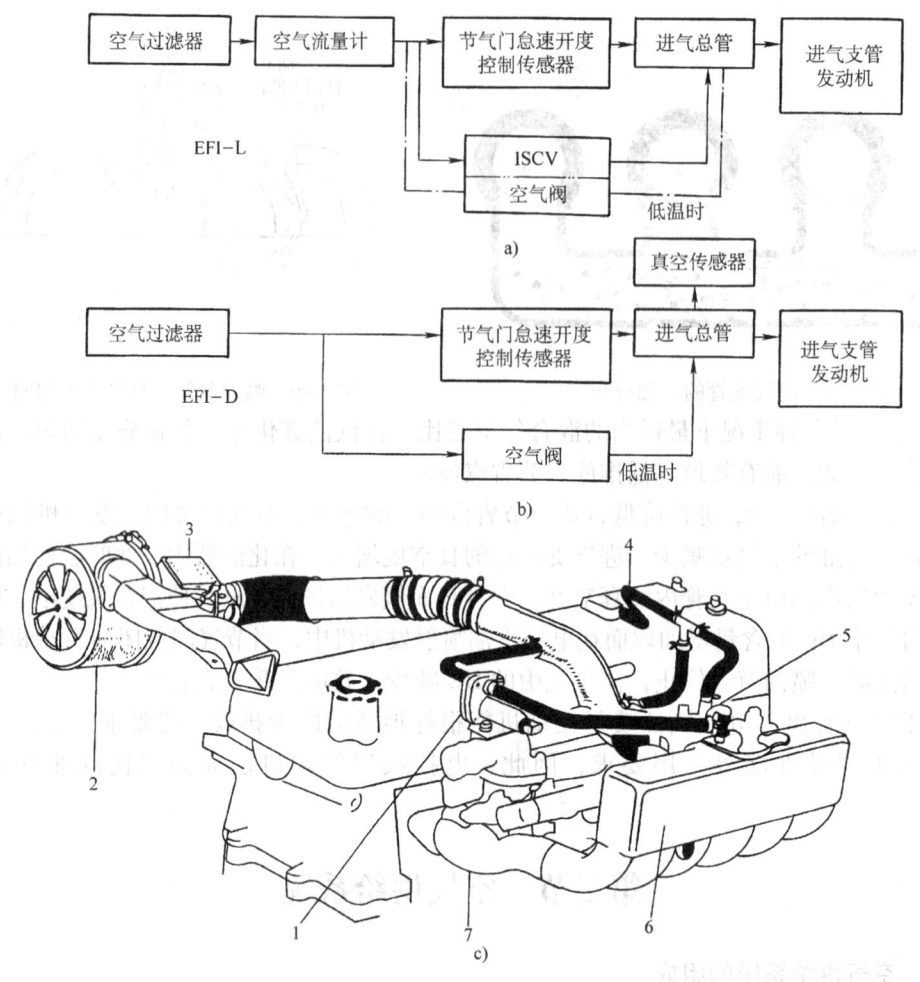

图 3-17 空气供给系统
a) EFI-L 空气供给系统框图 b) EFI-D 空气供给系统框图 c) 结构示意图
1—空气阀 2—空气过滤器 3—空气流量计 4—PCV 管
5—节气门怠速开度控制传感器 6—进气总管 7—进气支管

发动机怠速运转的转速由此时供给的空气量决定，由于怠速时空气走旁通气道，故旁通气道开口的大小决定了空气量，该开口的大小可以通过调节怠速调整螺钉调整。当螺钉顺时针方向旋入时，旁通气道开口减小，发动机怠速转速降低；逆时针旋转调节螺钉，旁通气道开口加大，发动机怠速转速升高(图 3-21)。

2. 怠速空气调整器(空气阀)

怠速空气调整器的功用：一是稳定发动机的怠速转速，从而降低汽车怠速行速时的汽油消耗量；二是发动机在怠速运行时，若负荷增大，如接通空调、动力转向和液力变矩器等，则提高怠速转速(快怠速)，以防止发动机熄火。它是通过控制节气门旁通道的方式来实现怠速调整的。根据其结构特点可分为双金属片式、石蜡式、步进电动机式、旋转电磁阀式、占空比控制式、开关控制式等，本节仅介绍双金属片式和石蜡式，其他形式的怠速空气控制阀参见第五章第一节。

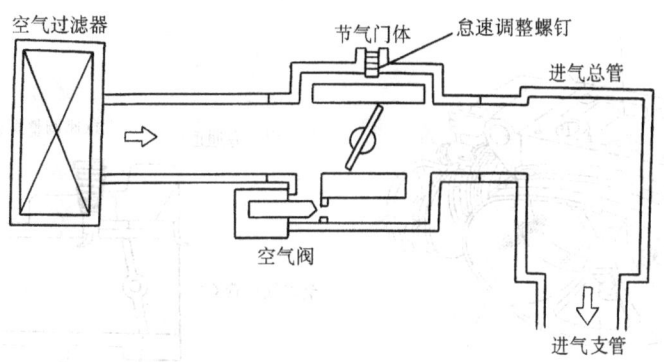

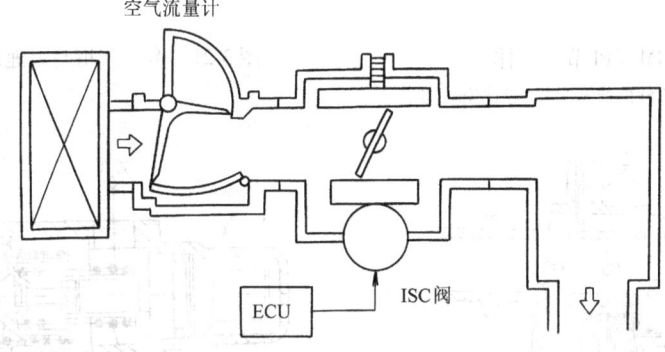

图 3-18 怠速与快怠速的控制

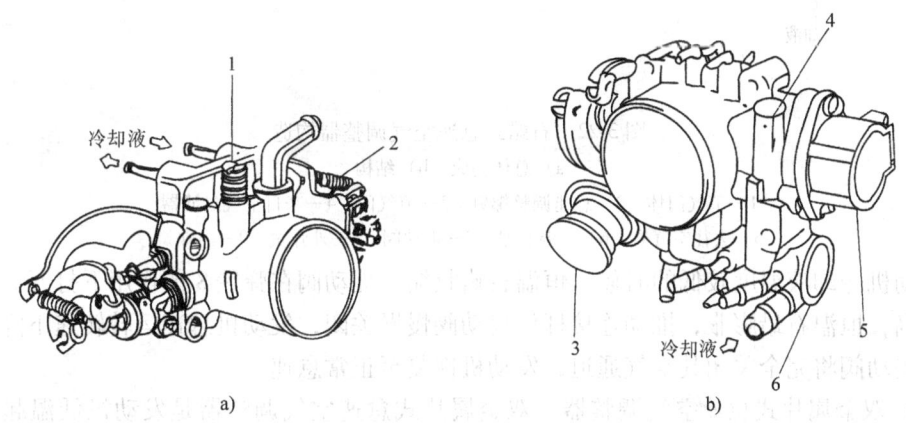

图 3-19 节气门体
1—怠速调整螺钉 2—节气门位置传感器 3—缓冲器
4—怠速调整螺钉 5—节气门位置传感器 6—空气阀

（1）石蜡式怠速空气调整器　石蜡式怠速空气调整器根据发动机的冷却液温度控制空气旁通道截面积。控制力来自恒温石蜡的热胀冷缩，而热胀冷缩随周围温度而变化。采用这种形式的空气调整器，导入发动机冷却液是必要条件，为了结构简化，大多采用与节气门体加热共用的冷却液管路一体化结构。图 3-22a 所示为这种一体化结构的总体构成。图 3-22b 所示为石蜡式怠速空气调整器的结构。

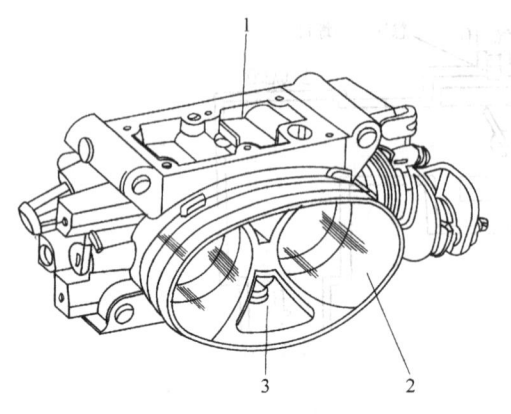
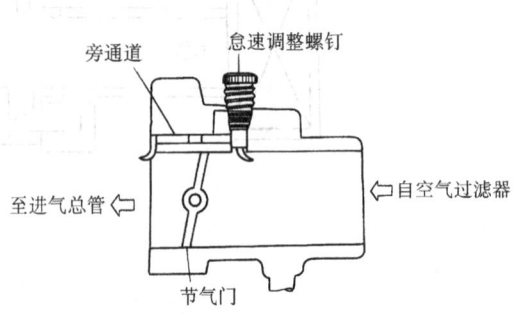

图 3-20　GM MPI 节气门体　　　　　　图 3-21　旁通气道与急速调整螺钉
1—冷却水通道　2—节气门筒孔　3—急速空气通道

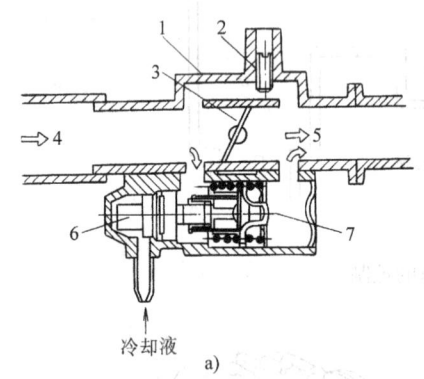
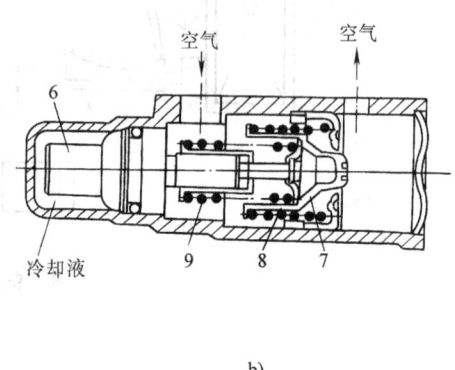

图 3-22　石蜡式急速空气调整器构造
a) 总体构成　b) 结构
1—节气门体　2—急速调整螺钉　3—节气门　4—来自空气过滤器
5—去往空气管　6—恒温石蜡　7—提动阀　8—外弹簧　9—内弹簧

发动机冷却液温度较低的时候，恒温石蜡收缩，提动阀在弹簧8的作用下打开。随着温度的升高，恒温石蜡膨胀，推动连接杆使提动阀慢慢关闭，发动机急速运转转速下降。当暖车后，提动阀将完全关闭其空气通道，发动机恢复至正常急速。

(2) 双金属片式急速空气调整器　双金属片式急速空气调整器是发动机低温起动时及起动后暖车过程中使辅助空气阀打开增加空气量的一种快急速机构。它由绕有电热线的双金属片和空气旁通道遮门等组成，如图3-23所示。辅助空气阀的开口截面受遮门动作的控制，而遮门受双金属片的控制，双金属片则根据温度变化而变形。

发动机温度低时，遮门打开，此时因节气门关闭，从空气调整器流入额外的空气使吸入气缸的空气量增多，急速变高成为快急速的状态。

发动机起动后，电流由点火开关流入急速空气调整器电热丝，使双金属片受热而慢慢将遮门关闭。空气的流入量减少，发动机的转速下降。暖车后，遮门完全关闭空气旁通道，发动机恢复正常急速运转。

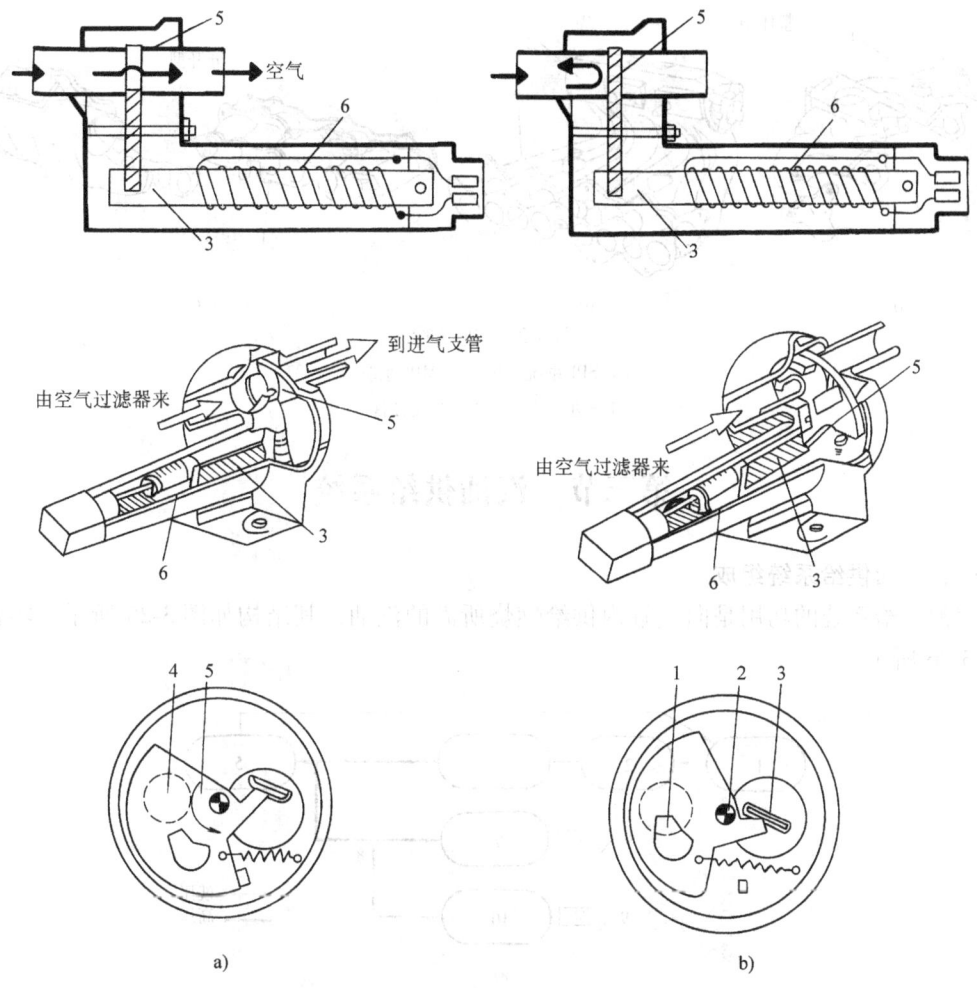

图 3-23 双金属片式怠速空气调整器的结构和工作原理
a) 发动机温度低时 b) 发动机温度高时
1—遮门开口 2—支承销 3—双金属片 4—空气旁通道 5—遮门 6—电热丝

遮门的初期开度是取决于周围温度的,之后随双金属片被电热丝加热弯曲而变小。一般周围温度在 -20℃ 以下时,遮门使旁通空气阀全开,而在 60℃ 以上时,使旁通空气阀完全关闭。

3. 进气管

进气管包括进气总管和进气支管。

SPI 系统发动机采用中央喷射的方法,进气管形状与化油器式发动机基本一致,如图3-24a 所示。

MPI 系统发动机为消除进气脉动和使各缸配气均匀,对进气总管、支管在形状、容积等方面都提出了严格的设计要求。各缸分别设独立的支管,支管与总管可制成整体形如图3-24b所示,亦可分开制造再以螺栓联接,如图 3-24c 所示。

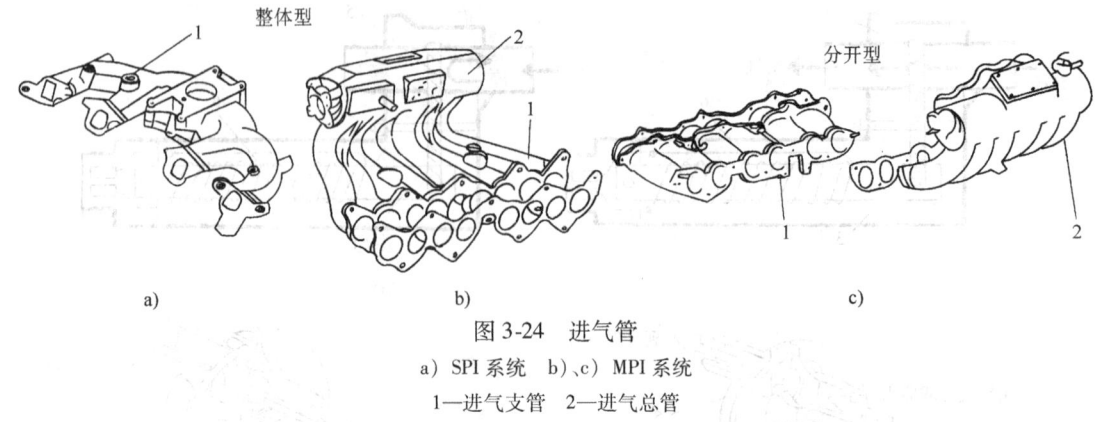

图 3-24 进气管
a) SPI 系统　b)、c) MPI 系统
1—进气支管　2—进气总管

第三节　汽油供给系统

一、汽油供给系统组成

汽油供给系统的功用是向气缸内供给燃烧所需的汽油,其结构如图 3-25 所示。零件图如图 3-26 所示。

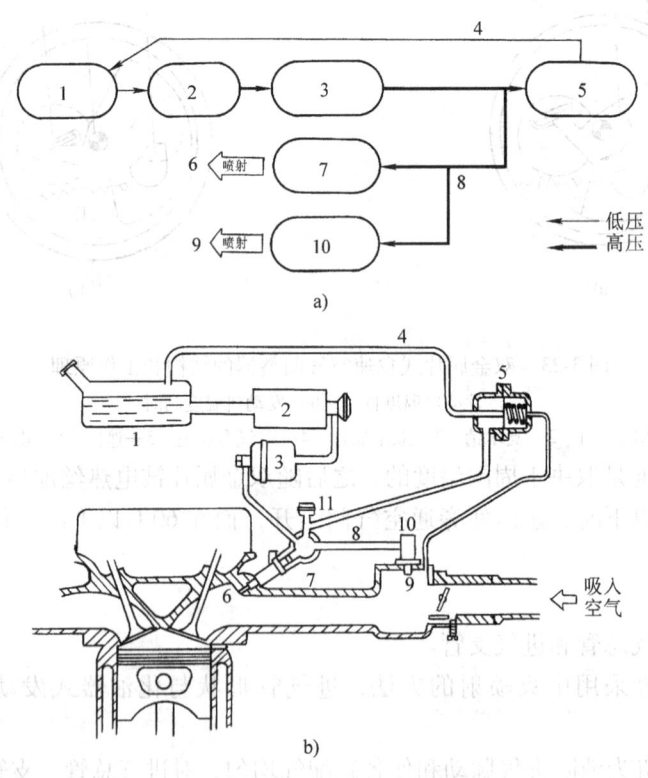

图 3-25 汽油供给系统
a) 系统框图　b) 系统构成图(MPI)
1—汽油箱　2—汽油泵　3—汽油滤清器　4—回油箱　5—压力调节器　6—各缸进气支管
7—喷油器　8—输出管　9—进气总管　10—冷起动喷油器　11—脉动阻尼器

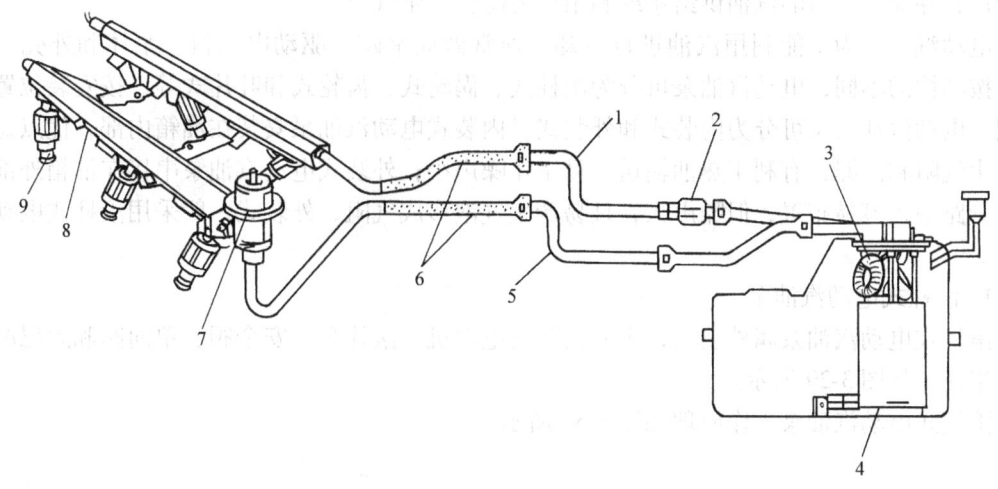

图 3-26 汽油供给系统零件图
1—进油管 2—汽油滤清器 3—汽油泵 4—滤网 5—回油管
6—软管 7—油压调节器 8—油道 9—喷油器

汽油泵抽吸油箱内的汽油，经汽油滤清器过滤后，由压力调节器调压，然后经输油管配送给各个喷油器和冷起动喷油器，喷油器根据 ECU 发出的指令，将适量的汽油喷入各进气支管或进气总管。

汽油泵亦可置于汽油箱内。有些车型还在输油管的一端设有脉动阻尼器，如图 3-27 所示，以消除喷油时油压产生的微小波动。

发动机各正常工况喷油量是由安装在进气门附近的各喷油器（MPI 系统），或位于节气门体位置的喷油器（SPI 系统），其喷油量由喷油器的通电时间长短决定。

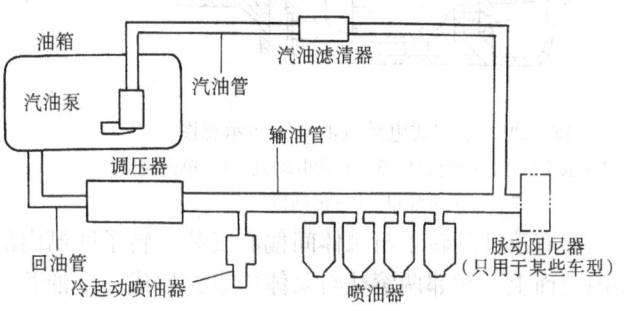

图 3-27 具有脉动阻尼器的汽油供给系统
（汽油泵置于汽油箱内）

冷车起动时由装在进气总管处的冷起动喷油器喷油，其喷油时间受其定时开关控制（或由定时开关和 ECU 同时控制）。这些装置改善了发动机的低温起动性能。

二、电动汽油泵的构造和工作原理

电动汽油泵的功用是从油箱中吸入汽油，将油压提高到规定值，然后通过供给系统送到喷油器。

一般汽油泵装在汽油箱内，外形如图 3-28 所示。汽油穿过汽油泵马达内部。安全阀的开启压力大约在 343~441kPa。电动汽油泵装有止回阀以改善发动机

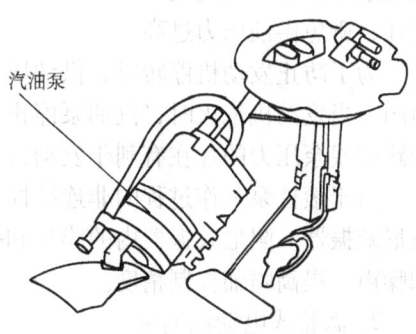

图 3-28 汽油泵的外形

起动性，并保持合适的汽油供给系统剩余压力防止产生气阻。

电动汽油泵为了能利用汽油进行冷却，通常做成永磁式驱动电动机、泵体和外壳三部分。按结构的不同，电动汽油泵可分为滚柱式、涡轮式、齿轮式和叶片式等。按安装位置的不同，电动汽油泵又可分为内装式和外装式。内装式电动汽油泵安装在油箱内部，优点是不易产生气阻和泄漏，有利于热油输送，且工作噪声小；外装式电动汽油泵串接在油箱外部的输油管路中，容易布置，但噪声大，且易产生气泡形成气阻，外装式一般采用滚柱式电动汽油泵。

1. 滚柱式电动汽油泵

滚柱式电动汽油泵属外装泵，主要由驱动电动机、滚柱泵、安全阀、单向阀和阻尼减振器等组成，如图3-29所示。

滚柱式电动汽油泵工作原理如图3-30所示。

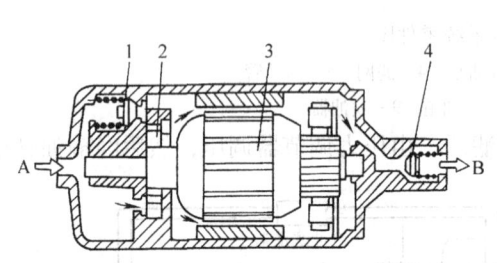

图3-29 滚柱式电动汽油泵结构示意图
1—安全阀 2—滚柱泵 3—驱动电动机 4—单向阀
A—进油口 B—出油口

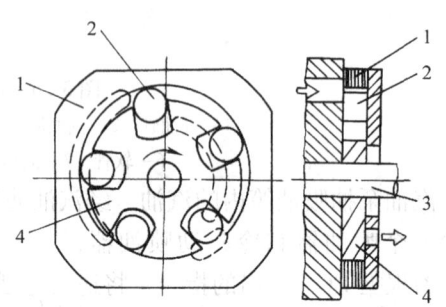

图3-30 滚柱泵工作原理图
1—泵体 2—滚柱 3—轴 4—转子

装有滚柱的转子与泵体间偏心安装。转子凹槽内的滚柱在旋转惯性力的作用下紧压在泵体内表面上。相邻两滚柱与泵体内表面形成一个油腔。在转子转动过程中，油腔的容积不断发生变化，在转向进油腔时容积增大，吸入汽油；在转向出油腔时，容积减小，压力升高并泵出汽油。

汽油喷射系统中，要求汽油泵供给比发动机最大喷油量要多的汽油，因而汽油泵的最大工作压力比实际需求值大得多，但喷射系统中油压不能过高，故在汽油泵中设有一安全阀。汽油泵工作压力升高到400kPa时，安全阀打开，汽油泵出油腔与吸油腔相通，汽油在泵内循环，避免供油压力过高。

为了防止发动机停转时，供油压力突然下降而引起汽油倒流，在汽油泵出油口安装了单向阀。当发动机熄火时，汽油泵停止转动，单向阀关闭，这样在供油系统中仍有残余压力。油路中残余压力的存在有利于发动机再起动，并能避免高温时气阻现象的发生。

由于滚柱泵工作过程的非连续性，在油路中的油压有波动，因此在汽油泵出油端还装有阻尼减振器。阻尼减振器内的膜片和弹簧组成的缓冲系统吸收汽油的压力波，降低压力波动和噪声，提高喷油控制精度。

2. 涡轮式电动汽油泵

涡轮式电动汽油泵属内装泵，主要由驱动电动机、涡轮泵、单向阀和安全阀等组成。结构和工作原理如图3-31所示。

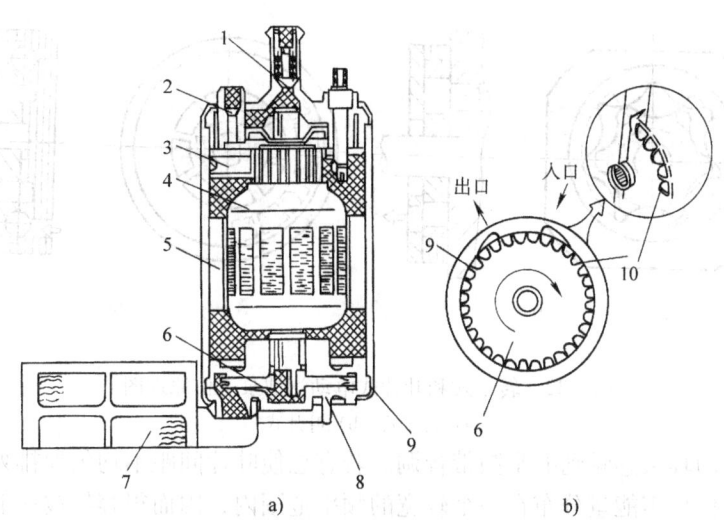

图 3-31 涡轮式电动汽油泵
a) 结构 b) 工作原理
1—单向阀 2—卸压阀 3—电刷 4—电枢 5—磁极 6—叶轮
7—滤网 8—泵盖 9—壳体 10—叶片

涡轮式电动汽油泵的驱动电动机、单向阀和安全阀等的工作过程与滚柱式电动汽油泵相似。汽油泵部分主要由一个或两个叶轮、外壳和泵盖组成。当叶轮旋转时,叶轮边缘的叶片把汽油从进油口压向出油口。

涡轮式电动汽油泵的特点是供油压力的脉动小,供油系统中不需要设置减振器,因而易于实现小型化,适合装在油箱内,简化供油系统管路,降低噪声。由于它输送率低,故主要用于低压且输送量大的场合。

3. 转子式和叶片式电动汽油泵

转子式汽油泵工作原理与滚柱式十分类似,主要是利用内外转子啮合过程中腔室容积大小的变化,将汽油以一定的压力泵出。由于泵腔数目较多,因而出油压力波动较滚柱式小。

叶片式电动汽油泵工作原理则类似于涡轮式,主要利用液体之间的动能转换实现汽油的输送和压力升高。叶片和涡轮式的主要区别在于叶轮的形状、数目和滚道布置。优点是两者都能以蒸气和汽油的混合物运转,并能通过适当的放气口分离蒸气,防止气阻。

如图 3-32 所示分别为齿轮式和叶片式电动汽油泵工作原理图。

4. 电动汽油泵的性能改善

电动汽油泵的性能主要包括运转噪声和热汽油输送性能两方面,为改善这两方面的性能,一般采取以下几种措施:

(1) 改进滚柱滚道的廓线 传统滚柱泵的滚道轮廓线是偏心圆,在排油和吸油换相交替瞬间,泵室容积突然变化,汽油由高度压缩突变到泵室出现真空,这是产生噪声的根源。若将换相区段的滚道轮廓线改成两段与转子同心的圆弧,并用椭圆过渡,这样在该区段内的容积变化非常小,压力变化较平缓,压力波动幅度平均降低到原先的 40%,噪声可相应降低 8dB。

(2) 改进涡轮泵叶片设计 涡轮泵叶轮上均匀分布的叶片和泵壳之间的相互作用力可

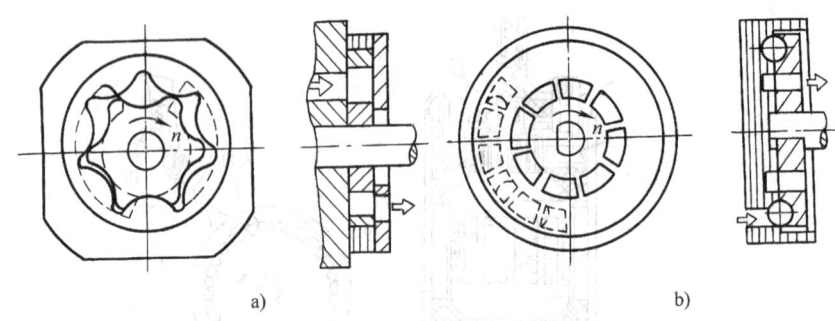

图 3-32 转子式和叶片式电动汽油泵工作原理图
a) 转子式 b) 叶片式

能会产生能被人的耳朵感觉到的窄频带音调。若有意使叶片间距不均匀地排列，反而可避免周期性的激振，使噪声能量分布在一个较宽的频率范围内，因而很容易被一般水平的声响所掩盖。

（3）采用特殊的阻尼装置 在汽油泵吸油口采用充气软塑料空心垫，或者在汽油泵出油口采用一种专用的弹簧膜片式阻尼器，可将压力波动降低到原先的 20%～10%，噪声可相应降低 14～20dB。若两种措施同时应用，效果最佳，压力波动降低到原先的 10%～5%，噪声降低 20～26dB。

（4）采用双级泵的结构形式 由于汽油极易挥发，加上油泵工作时温度升高和吸油时产生局部真空，更助长了汽油的汽化，特别是汽油泵吸油腔内存在的气泡，将使泵油量明显减少，从而导致输油压力的波动。为此，在现代汽车上，电动汽油泵采用双级泵的结构形式并将其安装在油箱内的趋势日益明显。双级泵是由初级泵和主输油泵两者合成一个组件，由一只电动机驱动的结构（图 3-33）。初级泵采用的是侧槽泵，它能分离吸油端产生的蒸气，并以较低的压力将汽油送到主输油泵内。主输油泵一般采用齿轮泵或涡轮泵，用以提高泵油压力。它们相互独立并轴向串联，由同一根电枢轴驱动。这种双极电动汽油泵具有良好的热起动能力，其主输油泵起着主导作用，初级泵起改善热汽油输送性能的作用。

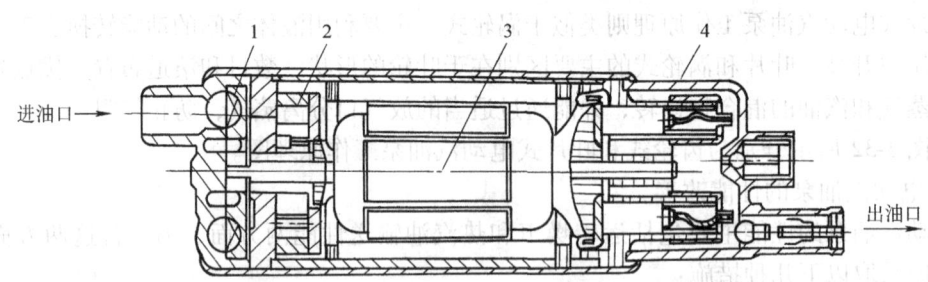

图 3-33 双级电动汽油泵
1—初级泵 2—主输油泵 3—永磁电动机 4—壳体

5. 通用别克车的汽油泵及汽油箱

汽油箱是由镀铅锡合金钢板或高密度型聚乙烯制成。汽油箱滤盖有一延伸螺纹部分以允许残余气压在拆卸滤盖时逐渐从汽油箱中逸出，滤盖带有一翻转阀，防止在意外事故中汽油通过滤盖逸出。

汽油供应来自于变排量叶片泵。汽油泵安装在汽油箱内,位于油量计发送装置上。汽油泵通过汽油滤清器将汽油压送至装有压力调节阀的汽油分配管。

油压是通过电枢的转动而带动滚子叶片泵元件而实现的。泵的转速为 3500r/min。进气端叶轮作为蒸气分离器起动滚子叶片装置。在操作中,叶轮产生汽油输送脉冲。机械噪声和振动由隔间材料和隔离衬套从油箱总成中隔离开来。

在汽油泵的进油端有一塑料纺织滤网以防止脏物进入该系统。该滤网同时作为水分离器。滤网在没有完全没入水中时可以防止水和汽油一起抽出。

汽油泵的减压阀调节汽油泵压力(最大至 411~617kPa)。汽油泵内的单向阀防止汽油在点火开关关闭(OFF)状态时从供油管道回流至汽油箱中。

三、汽油压力调节器的构造和工作原理

1. 基本结构及工作原理

汽油压力调节器的主要功用是:使系统油压(即供油总管内油压)与进气支管压力之差保持常数,一般为 250kPa。这样,从喷油器喷出的汽油量便唯一地取定于喷油器的开启时间。ECU 提供给电磁喷油器通电信号的时间长度,专业术语称为喷油脉冲宽度,简称喷油脉宽(单位 ms)。

因为发动机所要求的汽油喷射量,是根据 ECU 加给喷油器的通电时间长短来控制的,如果不控制汽油压力,即使加给喷油器的通电时间相同,当汽油压力高时,汽油喷射量会增加;当汽油压力低时,汽油喷射量会减少。为了使系统油压与进气支管压力差保持稳定,故汽油压力调节器所控制的系统油压,应随进气支管压力变化作相应的变化。系统油压一般在 0.25~0.3kPa 的范围内。

电控汽油喷射系统中的汽油压力调节器一般安装在供油总管上,其结构如图3-34所示,采用膜片式结构。油压调节器是一个金属壳体,中间通过一个卷边膜片将壳体内腔分成两个小室,一个是弹簧室,内装一个带预紧力的螺旋弹簧作用在膜片上,弹簧室由一真空软管连接到进气支管;另一个室为汽油室,直接通入供油总管。当供油总管的汽油进入汽油室的油压超过预定的数值时,汽油压力就将膜片上顶,克服弹簧压力,使膜片控制的阀门打开,汽油室内的过剩汽油通过回油管流回到汽油箱中,因而使供油总管及压力调节器汽油室的油压保持在预定的油压值上。

弹簧的平衡压力设定为 250kPa,当进气支管真空为零时,汽油压力保持在 250kPa。当进气支管真空度变化时,会影响到膜片的上下动作,以调节汽油压力。

2. 通用别克车汽油压力调节器

带有真空控制的复合式的汽油压力调节器位于汽油分配管回油侧。该装置的目的是使 MFI 系统和施加在各喷油器的汽油压力保持恒定。

调节器有一个由膜片释放阀分隔开来的真空腔。该膜片的一侧为汽油,另一侧为发动机

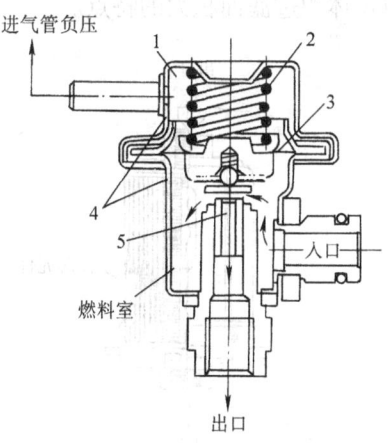

图 3-34 汽油压力调节器结构
1—弹簧室 2—弹簧 3—膜片
4—壳体 5—阀

进气支管的压力(真空)。一个校准弹簧位于真空腔内。当加压汽油作用于膜片的底端，对顶端的弹簧作用力形成抵抗时，汽油的压力得以调节。发生调节时，膜片释放阀移动，打开或关闭汽油腔内的节流孔。这也控制了返回汽油箱汽油的数量。汽油分配管的压力受控于回位弹簧的校准值和作用于膜片顶端的发动机真空。

当点火开关处于"ON"状态，发动机处于怠速状态时，许多 MFI 系统在 274～322kPa 之间工作，当然有些系统要求更高的压力。

因为喷油器末端在支管内，所以支管压力的变化可能影响通过喷油器的汽油。通过发动机真空来改变汽油压力并补偿这种变化。这样使通过喷油器的压降保持不变。例如，节气门全开时的加速作用引起的支管压力增加会导致汽油压力的增加。在喷油器的末端，增加的汽油压力可与增加的支管压力相平衡。ECU(通用汽车公司称为 PCM)也增加喷油器脉冲宽度，这样可以提供节气门全开时所需的额外汽油。

四、汽油滤清器及脉动减振器

1. 汽油滤清器

汽油滤清器的作用是把含在发动机汽油中的氧化铁、粉尘等固体杂物除去，防止汽油供给系统堵塞，减小机械磨损，确保发动机稳定行驶，提高可靠性。由于汽油供给系统发生故障，会严重影响车辆的行驶性能，所以为使汽油供给系统部件保持正常工作状态，汽油滤清器起着重要作用。

汽油滤清器要起到上述作用，应具有以下性能：①过滤效率高；②寿命长；③压力损失小；④耐压性能好；⑤体积小、重量轻。

汽油滤清器安装在汽油泵的出口一侧，滤清器内部经常受到 200～300kPa 的汽油压力，因此耐压强度要求在 500kPa 以上。油管一般使用旋入式金属管(图 3-35)。

汽油滤清器的滤芯元件一般采用滤纸叠成菊花形和盘簧形结构(图 3-36)。盘簧形具有单位体积过滤面积大的特点。

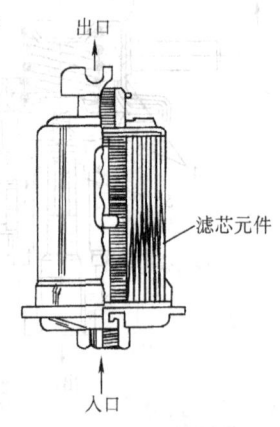

图 3-35　汽油滤清器

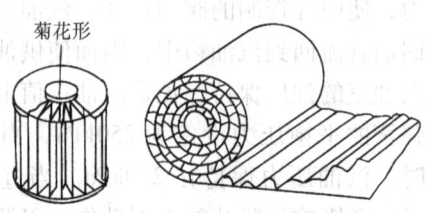

图 3-36　滤芯元件的结构

汽油滤清器是一次性的，应根据车辆行驶里程，一般每行驶 40000km 更换一次。若使用的汽油杂质成分较大，则就缩短更换周期。

2. 汽油压力脉动减振器

当喷油器喷射汽油时，在输送管道内会产生汽油压力脉动，汽油压力脉动减振器是使汽油压力脉动衰减,以减弱汽油输送管道中的压力脉动传递,降低噪声。

在早期的汽油喷射系统中,汽油压力脉动减振器大多安装在回油管道上,位于汽油箱到汽油压力调节器之间。后来又将汽油压力脉动减振器安装在供油总管(油架)上,或者设置在电动汽油泵上。其功用相同,只是安装部位不同而已。目前的供油系统中只安装汽油压力调节器的较多。

图 3-37 所示为安装在回油管道上的汽油压力脉动减振器的结构示意图。其内部分为膜片室和汽油室,中间以膜片隔开,并在膜片室内设计有弹簧,将膜片压向汽油室。由汽油泵输送出来的汽油压力作用于膜片及弹簧,使汽油室的容积变化而吸收油压的脉动。汽油压力高时,弹簧被压缩,汽油压力低时,弹簧膜片将汽油加压使汽油稳定输送。

图 3-38 和图 3-39 分别是安装在供油总管和电动汽油泵上的汽油压力脉动减振器的构成图,其结构和工作原理与安装在回油管道上类似。

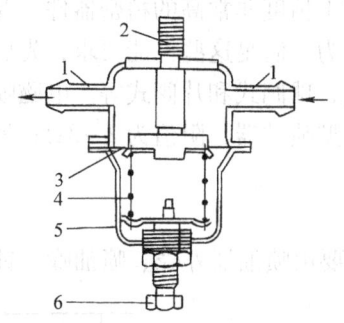

图 3-37 汽油压力脉动减振器
1—汽油接头 2—固定螺纹 3—膜片 4—压力弹簧 5—壳体 6—调节螺钉

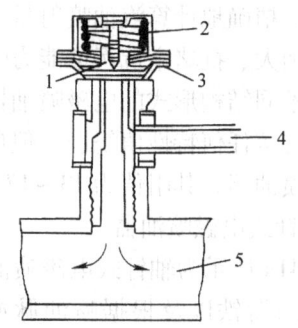

图 3-38 汽油压力脉动减振器安装在供油总管上
1—阀 2—弹簧 3—膜片 4—从汽油泵来 5—供油总管

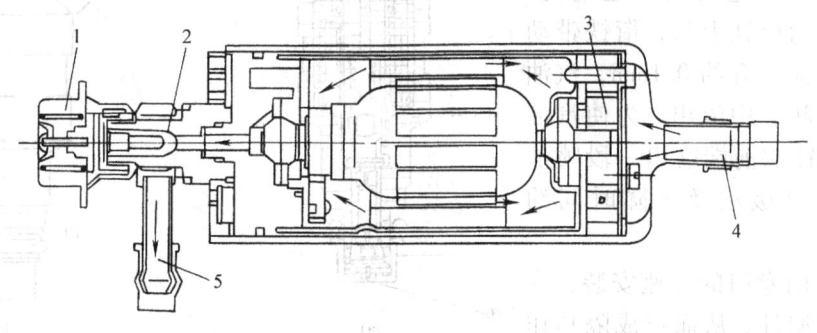

图 3-39 汽油压力脉动减振器安装在电动汽油泵上
1—汽油压力脉动减振器 2—单向阀 3—电动汽油泵 4—吸油口 5—出油口

汽油压力脉动减振器,通常是在 250kPa 的压力下使用,但是由于喷油器工作时会产生压力脉动,所以它的常用工作范围可达 300kPa 左右。图 3-40 所示是汽油压力脉动减振器的工作实例。由图中可以看出,由于安装了汽油压力脉动减振器,喷油器完成喷射动作之后,减振器上游压力迅速衰减。

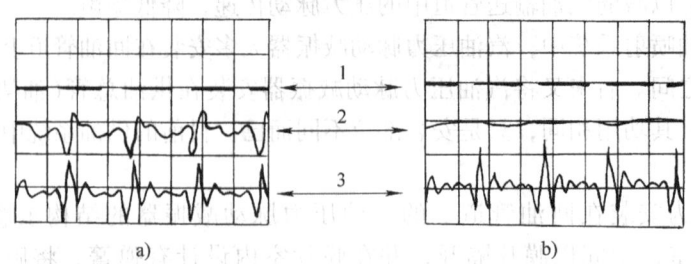

图 3-40 汽油压力脉动减振器的效果
a) 未装减振器 b) 装减振器
1—喷油器脉冲信号 2—减振器上游压力 3—减振器下游压力

五、电磁喷油器

电磁喷油器是发动机电控汽油喷射系统的一个关键的执行器,它接受 ECU 送来的喷油脉冲信号,精确地计算汽油喷射量。因此,它是一种加工精度非常高的精密器件。要求其动态流量范围大、抗堵塞抗污染能力强以及雾化性能好,为了满足这些性能要求,先后开发研制了各种不同结构形式的电磁喷油器,主要有:轴针式、球阀式和片阀式等。电磁喷油器的磁化线圈可按任何特性值绕制,但典型的一种是低电阻型喷油器,阻值为 $2\sim3\Omega$;另一种是高电阻型喷油器,其阻值为 $13\sim17\Omega$。

1. 轴针式电磁喷油器

图 3-41a 所示为轴针式电磁喷油器的结构图。它主要由喷油器外壳、喷油嘴、针阀、套在针阀上的衔铁以及根据喷油脉冲信号产生电磁吸力的磁化线圈。电磁线圈无电流时,喷油器内的针阀被螺旋弹簧压在喷油器出口处的密封锥形阀座上。电磁线圈通电时,产生磁场吸动衔铁上移,衔铁带动针阀从其座面上升约 0.1mm,汽油从精密环形间隙中流出。为使汽油充分雾化,针阀前端磨出一段喷油轴针。喷油器吸动及下降时间约为 $1\sim1.5$ms。

喷油器用专门的支座安装,支座为橡胶成型件。从而形成隔热作用,防止喷油器中的汽油产生气泡,有助于提高发动机的高温起动性能。另外,橡胶成形件可保护喷油器不受过高振动应力的作用。视发动机结构形式的不同,喷油器或是经汽油管或经带保险夹头的连接插座(图

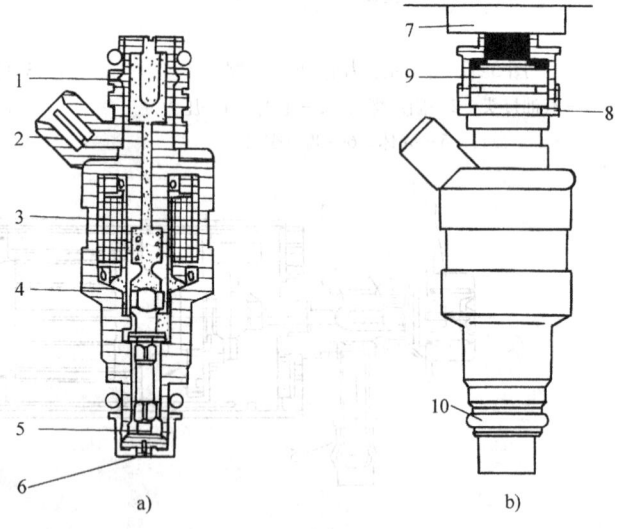

图 3-41 轴针式电磁喷油器
a) 结构图 b) 连接图
1—滤网 2—电接头 3—磁化线圈 4—衔铁 5—针阀
6—喷油轴针 7—汽油分配管 8—保险夹头
9—上密封圈 10—下密封圈

3-41b)与汽油分配管连接。

2. 球阀式电磁喷油器

由于现代轿车发动机具有较低的汽油消耗率和较高的功率,各种型号发动机的进气空气流量范围扩大,因此,喷油器的动态流量范围必须随之增大。

减轻阀针质量并提高弹簧预紧力,对获得宽广的动态流量范围十分有效。同时,用球阀简化计量部位的结构,有助于提高喷油量精度。此外,喷油器体和盖用导磁不锈钢制成,提高了耐蚀性。

球阀式电磁喷油器的结构如图3-42所示。它与轴针式电磁喷油器的主要区别在于阀针的结构。球阀式的阀针是由钢球、导杆和衔铁用激光束焊接成整体制成的,其质量减轻到只有普通轴针式阀针的一半,这是采用短的空心导杆实现的。为了保证密封,轴针式阀针必须有较长的导向杆,而球阀具有自动定心作用,无须较长的导向杆,因此,球阀式的阀针质量轻,且具有较高的密封能力,明显优于轴针式针阀。图3-43所示为同等级的球阀式阀针与轴针式阀针的比较。

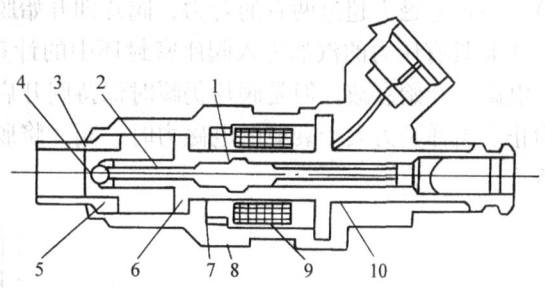

图3-42 球阀式电磁喷油器
1—弹簧 2—阀针 3—阀座 4—喷孔 5—护套 6—挡块
7—衔铁 8—喷油器体 9—磁化线圈 10—盖

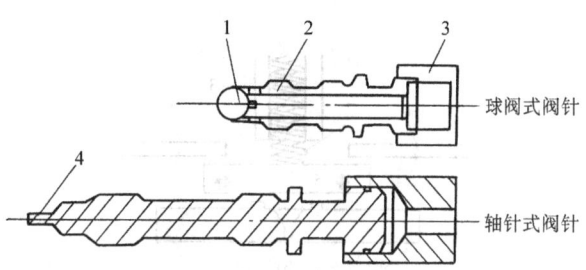

图3-43 同等级的球阀式与轴针式阀针的比较
1—钢球 2—导杆 3—衔铁 4—轴针

当喷油脉冲输入磁化线圈时,产生电磁吸力,固定在阀针上的衔铁被向上吸起,阀针抬离阀座,汽油开始通过计量孔喷出。当喷油脉冲终止时,吸力消失,阀针在弹簧力作用下返回阀座,于是喷油结束。因此,每次脉冲的喷油量取决于输入磁化线圈的工作脉冲的宽度。

3. 片阀式电磁喷油器

片阀式电磁喷油器最早是英国卢卡斯公司(Lucas)研制开发的,其内部结构的主要特点是质量轻的阀片和孔式阀座,它们与磁性优化的喷油器总成结合起来,使喷油器不仅具有较大的动态流量范围,而且抗堵塞能力较强。汽油从喷油顶部注入。图3-44所示是片阀式电磁喷油器的纵向剖面图。

当喷油器处于未激励状态(阀关闭)

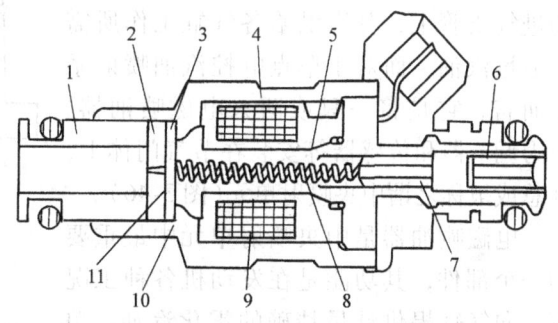

图3-44 片阀式电磁喷油器
1—喷嘴套 2—阀座 3—挡圈 4—喷油器体 5—铁心
6—汽油滤清器 7—调压滑阀 8—弹簧
9—磁化线圈 10—限位阀 11—阀片

时,阀片被螺旋弹簧力和液压力压紧在阀座上。当来自 ECU 的喷油脉冲通过喷油线圈时,即产生磁场,在电磁力足以克服弱簧力和液压力的合力之前,阀片仍将压紧在阀座上(图3-45a)。一旦电磁力超过两者的合力,阀片即开始脱离阀座上的密封环,被铁心吸住(图3-45b),于是具有压力的汽油进入阀座密封环中的计量孔。反之,一旦来自 ECU 的喷油脉冲结束,电磁力开始衰减,但是阀片仍瞬时保持阀开启状态,直到喷油器弹簧力克服衰减的电磁力为止。当弹簧力大于衰减的电磁力时,阀片将脱离挡圈返回到阀座上,切断汽油喷射(图3-45c)。

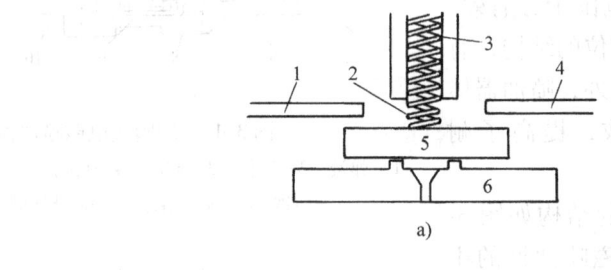

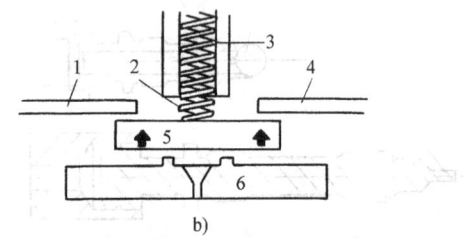
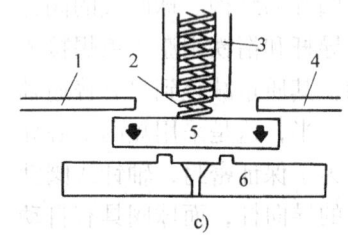

图 3-45 阀片工作情况

a) 阀片静止在阀座上 b) 阀片抬离阀座直至抵住挡圈 c) 阀片离开挡圈落座

1—挡圈 2—弹簧 3—铁心 4—挡圈 5—阀片 6—阀座

4. 单点喷射系统用电磁喷油器

前面所述的电磁喷油器用于多点电控汽油喷射系统中,安装于各气缸进气门前的进气支管上,分别供给各气缸工作所需的适量汽油。而对于单点电控汽油喷射系统而言,它是将一只或两只电磁喷油器、压力调节器和传感器等安装在节气门体上,其总成被称之谓中央喷射单元(图3-46)。

电磁喷油器是中央喷射单元中最重要的一个部件,其功能是在发动机各种工况下,向气缸提供计量精确的雾化汽油。单点式电磁喷油器的结构与多点式电磁喷油器结构略有不同。

图 3-47 所示是德国 Bosch 公司的单点式电磁喷油器的结构。它由一个扁平衔铁

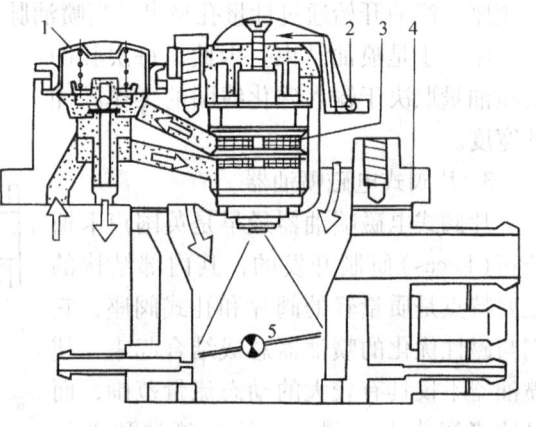

图 3-46 中央喷射单元结构

1—压力调节器 2—进气温度传感器 3—电磁喷油器
4—节气门体 5—节气门

和一个球阀用激光熔焊在一起。球阀下方有阀座，通过六个径向布置的计量喷孔喷出汽油。在球阀的上方设有一个压缩弹簧和一个磁化线圈，当喷油脉冲电流通过磁化线圈时，产生的电磁力克服弹簧压力将球阀吸离阀座，使汽油喷出。当喷油脉冲电流消失时，在弹簧压力的作用下，球阀将落座而停止喷油。这种喷油器与普通高压型的多点喷油器相比，其特点是喷油器头部采用球阀结构，使精加工量减少，易于成批生产，而且球阀形的结构，即使工作条件严酷，它的工作可靠性也较好。由于采用扁平形的衔铁，它的质量惯性很小，使阀门的开闭时间可以降低到1ms左右，而且还有较好的重复性，从而改善了喷油器在小流量区工作的线性度，使发动机怠速性能有所提高。由于采用六个倾斜的径向布置的计量喷孔和一个锥形体的喷腔，在有汽油通过喷孔时，就产生呈45°的锥形旋流，该旋流与喷腔壁面碰撞后，进入进气流中，促使汽油能更好地雾化。另外，它被设计成汽油通流式，亦即当发动机工作时汽油连续不断地流过喷油器，使它得到冷却，并保证使偶然形成的蒸气泡返回汽油箱。这就有效地解决了高温起动时防止气泡形成的问题，提高了汽油供给系统的热传输性能。

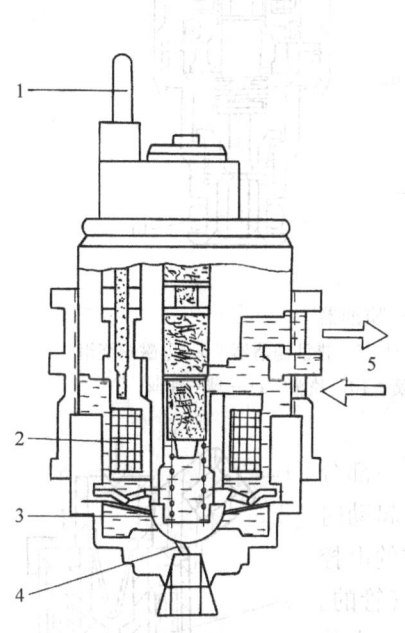

图3-47 Bosch公司的单点式
电磁喷油器
1—电接头 2—磁化线圈 3—球形阀
4—斜置的喷油孔 5—汽油的流向

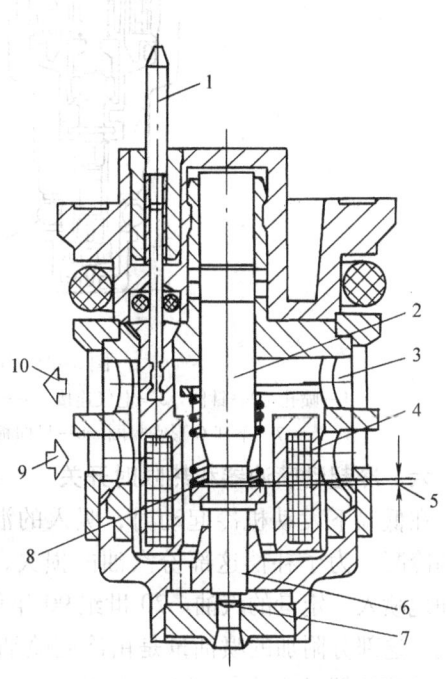

图3-48 Pierburg公司单点式电磁喷油器
1—电接头 2—中央铁心 3—滤网 4—磁化
线圈 5—针阀开启行程 6—针阀 7—阀座
8—阀弹簧 9—进油口 10—出油口

德国Pierburg公司开发的单点式电磁喷油器采用的是针阀式结构（图3-48）。其工作原理与Bosch公司的单点式电磁喷油器相同，其不同点在于用针阀代替球阀及扁平衔铁作为运动部件。

电磁喷油器因是电控汽油喷射系统精确计量汽油的关键部件，在汽油喷射技术的发展过程中，一直倍受关注，从结构和性能上作了多方面的改进和完善。如通过改进磁路设计和减少针阀质量而扩大了动态流量范围。同时还采取各种措施提高其抗堵塞的能力，其中最有效的结构改进是采用多孔计量板。有些采用底部供油冷却喷油器，改善了高温环境条件下的热车起动性能。

5. 通用别克的喷油器

MFI 系统的核心是一套电动控制的喷油器。一个气缸配一个喷油器，在 ECU 控制下进行工作。ECU 利用发动机内和周围众多的传感器和开关的输入来计算供油量。MFI 有各种类型的喷油器，常见的 Bosch 针阀式和 Multec 球阀式（图 3-49）。

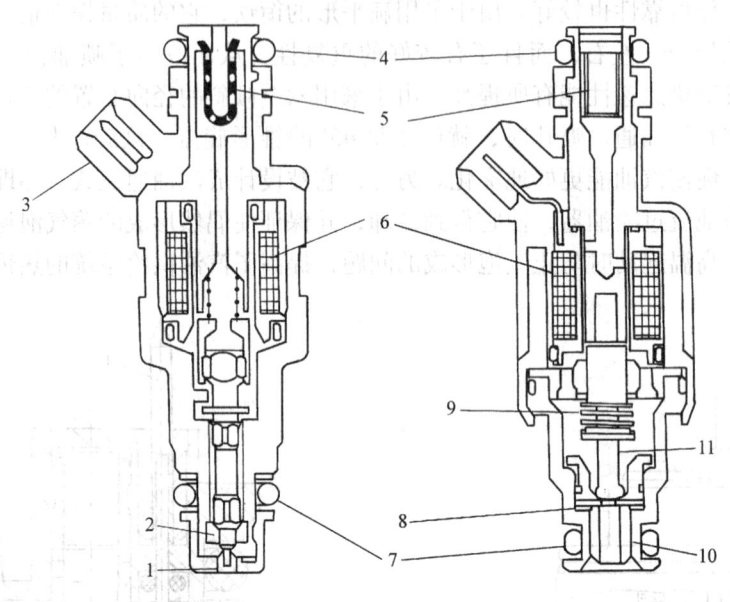

图 3-49 Bosch 和 Multec 喷油器

1—喷孔 2—针阀 3—电气连接 4—上部 O 形密封圈 5—进油滤清器 6—电磁阀绕组
7—下部 O 形密封圈 8—导向板 9—阀芯弹簧 10—喷头 11—球—座阀

六、冷起动喷油器和热限时开关

在低温下发动机冷起动时，吸入的混合气中有一部分汽油冷凝，为了补偿这部份汽油的损失，必须在冷起动时附加地喷入一定量的汽油。20 世纪 90 年代中期以前的电控系统，这部分附加的喷油量是由冷起喷油器喷入进气管的。冷起动喷油器的开启持续时间取决于发动机的温度，由热限时开关控制。随着电子技术的发展，现代发动机通常采用增加喷油脉冲宽度来补偿。

冷起动喷油器的结构如图 3-50 所示。它是一个电磁阀，装在充满压力油的阀体内腔中的阀门是一个衔铁，它被弹簧紧压在阀座上，阀门上还绕有磁化线圈。当点火开关和热限时开关接通后，磁化线圈被励磁产生磁场，将阀门吸离座，汽油就通过旋流式喷嘴，喷散成细油雾，进入节气门后的进气管道内，以加浓混合气。冷起动喷油器安装在进气总管主管道内上，在此把汽油与空气的混合气均匀地分配给各个气缸。

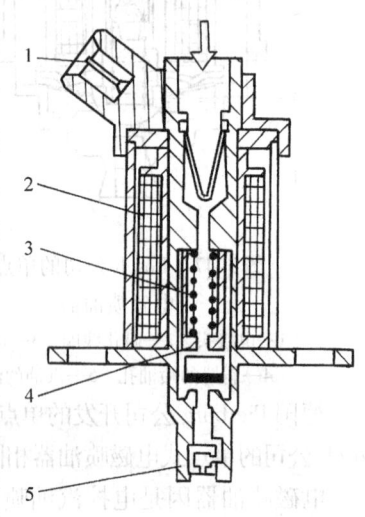

图 3-50 冷起动喷油器结构

1—电接头 2—磁化线圈 3—阀门弹簧
4—阀门 5—旋流式喷嘴

热限时开关的功用是控制冷起动喷油器的喷油时间。如图3-51所示,它是一个中空的螺钉,旋装在能表征发动机热状态的位置上。其中有一个外绕电热线圈的双金属片,它可根据本身的温度控制触点的开闭,来控制冷起动喷油器的开启持续时间。当双金属片受热到一定程度时,触点便张开,使通往冷起动喷油器的电路断开。这时,冷起动喷油器就不再喷射汽油,因此冷起动喷油器的开启持续时间取决于热限时开关的受热。例如,在 -20℃温度下,最大的开启持续时间为7.5s,随着温度上升,开启时间将逐渐减小。当温度达35℃时,冷起动喷油器便停止喷油。在发动机处于正常的热状态时,热限时开关是一直处于断开状态的,冷起动喷油器并不喷射附加汽油。

七、汽油分配管总成

汽油分配管总成(图3-52)安装在上部进气通风系统的下面。发动机分配管由铸铝制成。汽油分配管包括喷油器的内装管接头、供油管和压力调节器。汽油分配管总成用螺栓固定安装在进气支管下部的四个固定座上。汽油分配管与喷油器相连接,并向喷油器分配汽油。

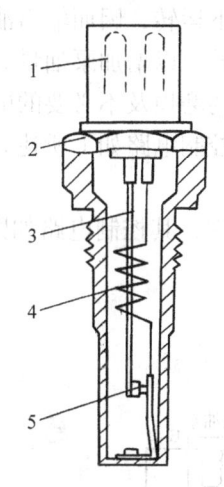
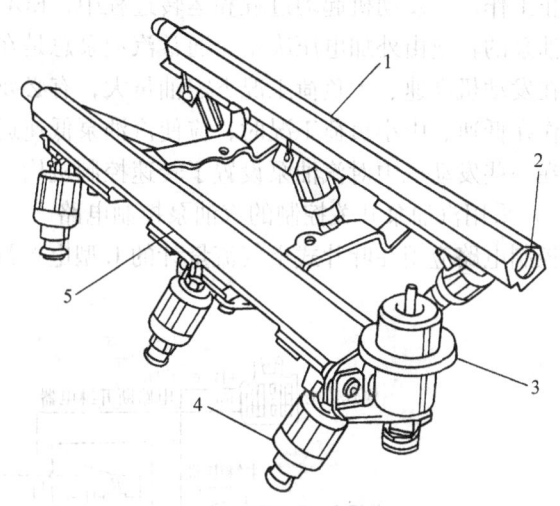

图3-51 热限时开关的结构
1—电接头 2—壳体 3—双金属片
4—加热线圈 5—触点

图3-52 汽油分配管总成
1、5—油道 2—进油口 3—汽油压力调节器 4—喷油器

汽油压力塞在汽油分配管的右侧,用于维修时的检查和释放系统压力。另外,汽油分配管有一小鼓式膨胀室用于消除由旋转的汽油泵叶片和喷油器喷射周期引起的脉动压力。

汽油由汽油泵流出,经脉冲缓冲器,流入左侧组的汽油分配管。压力调节器保持正常的系统压力(233~257kPa),多余汽油从调节器出油口流回油管返回汽油箱。

为阻止脏物或其他杂质进入汽油通道,应在拆卸汽油分配管前先洗去喷油器周围脏物或油渍。管接头应加盖,喷油器口应予以遮盖,勿将汽油通道浸在可溶液体中清洗。

汽油分配管总成中的脏物可以引起一个或几个喷油器的出油不足。如果一个喷油器受到限制,ECU会尽可能予以补偿直到氧传感器显示出故障已被校正为止,同时ECU会储存信息。汽油分配管阻塞会导致发动机性能降低和过热。如果有喷油器被阻塞,发动机将会转速不稳。

第四节 电控汽油喷射系统

电控汽油喷射系统最突出的优点是能实现空燃比的高精度控制。其一：采用多点喷射（MPI）方式独立向各缸喷油、使各缸空燃比偏差减少；其二：在闭环控制系统中，由氧传感器反馈控制可进一步精确控制空燃比；其三：在汽车运行地区气压、气温、空气密度变化，加速减速行驶过渡运转阶段，空燃比均可及时得到适当的修正。另外点火控制、怠速控制等辅助系统的采用，使各种工况都有最佳空燃比。电控汽油喷射主要控制项目包括：汽油泵控制、喷油器控制、喷油量控制和喷油时间控制。

一、汽油泵控制

电控汽油喷射系统汽油泵控制的基本要求是：当点火开关打开后，ECU 将控制汽油泵工作 2~5s，以建立必须的油压。此时若不起动发动机，ECU 将切断汽油泵的控制电路，汽油泵停止工作。在发动机起动过程和运转过程中，ECU 控制汽油泵保持正常运转。

汽油泵的转速由外加电压决定。通常汽油泵总是在一定的转速下运转，因而输出油量不变。但在发动机高速、大负荷工况下需油量大，有必要提高汽油泵转速以增加泵油量。当发动机工作在低速、中小负荷工况时，应使汽油泵低速运转以减少泵的磨损及不必要的电能消耗，故在一些发动机中对汽油泵设置了转速控制机构。常见汽油泵控制电路如下所述。

（一）采用汽油泵开关控制的汽油泵控制电路

此控制电路应用在叶片式空气流量计的 L 型电控汽油喷射系统中，其控制电路如图3-53所示。

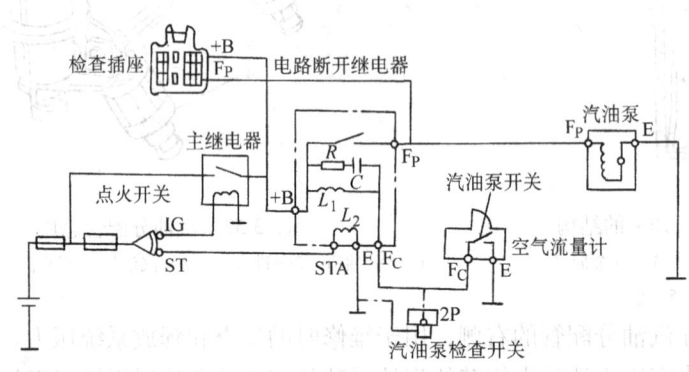

图 3-53 汽油泵控制电路（L 型）

点火开关接通起动端（STA），汽油泵开关继电器内线圈 L_2 通电，继电器触点闭合，电源向汽油泵电机供电，汽油泵开始工作。发动机起动后，吸入的空气流使空气流量计内的叶片转动，空气流量计内的汽油泵开关接通，继电器线圈 L_1 通电。这时，即使起动开关（STA）断开，其继电器触点仍呈接通状态。当发动机由于某种原因停止转动时，空气流量计的汽油泵开关断开，继电器线圈 L_1 断电，继电器触点断开，汽油泵停止工作。

（二）ECU 控制的汽油泵控制电路

此种控制电路应用于 D 型电控汽油喷射系统、热式空气流量计及卡门旋涡式空气流量计。如桑塔纳 2000GLi（D 型）、Gsi（L 型热膜式空气流量计），其控制电路如图3-54所示。

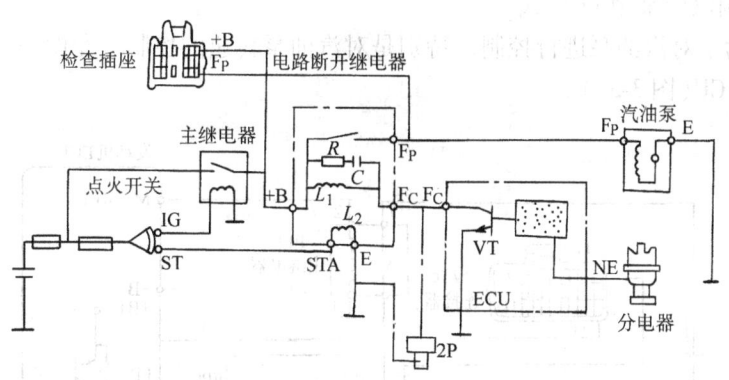

图 3-54　汽油泵控制电路（D型）

发动机起动时，点火开关的起动端（STA）接通，继电器线圈 L_2 通电，其触点闭合，汽油泵通电工作。发动机运转时，发动机转速信号（Ne）输入 ECU，ECU 内晶体管 VT 导通，继电器线圈 L_1 通电。因此，只要发动机运转，继电器触点总是闭合的。ECU 通过发动机转速信号来检测发动机运转状态。如发动机停止转动，晶体管 VT 截止，继电器 L_1 断电，其触点断开，汽油泵停止工作。

（三）具有转速控制的汽油泵控制电路

1. 电阻器式

图 3-55 为电阻式汽油泵转速控制电路。它是在汽油泵控制电路中，增设了一个电阻（降压电阻）和汽油泵控制继电器（或称电阻器旁路继电器）。发动机工作时，ECU 根据发动机转速和负荷，对汽油泵控制继电器进行控制，汽油泵控制继电器则控制电阻是否串入在汽油泵控制电路中，以此控制汽油泵电动机上的不同电压，进而实现汽油泵转速变化。

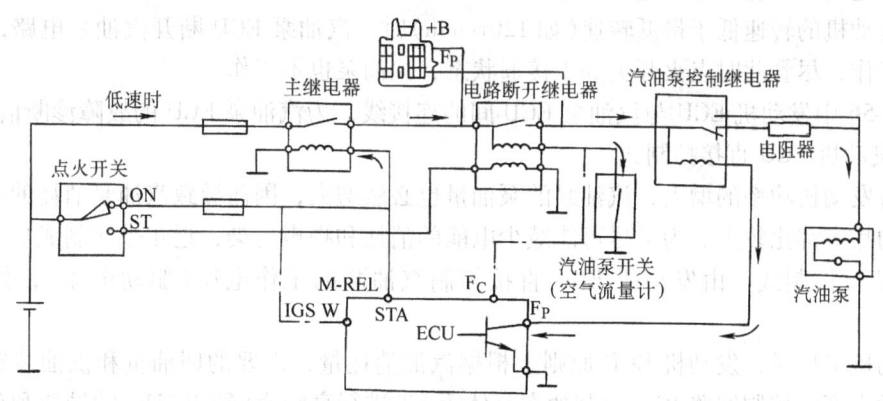

图 3-55　电阻式汽油泵转速控制电路

发动机在低速或中小负荷下工作时，汽油泵控制继电器触点 B 闭合，电阻串入汽油泵电路中，汽油泵低速运转。当发动机处于高速、大负荷下工作时，ECU 输出信号，切断汽油泵控制继电器线圈电路，使继电器触点 A 闭合，此时电阻被旁路，汽油泵电动机直接与电源接通，汽油泵处于高速运转。

2. 专设控制汽油泵用 ECU 式

该种方式为了对汽油泵进行控制，特别是对汽油泵转速的控制，专设一个控制汽油泵工作的电子控制 ECU（图 3-56）。

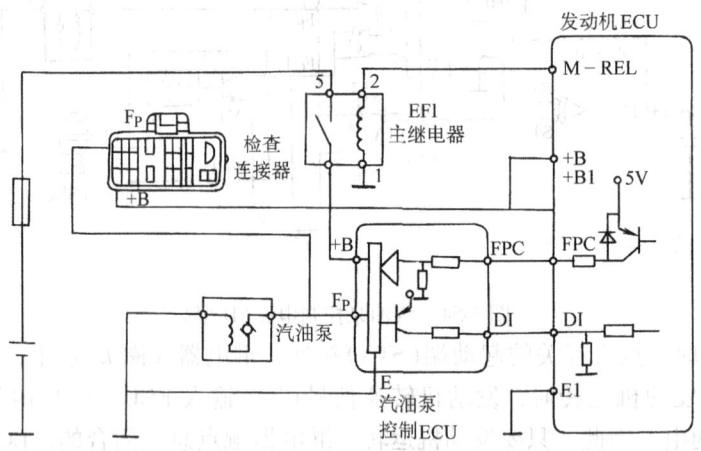

图 3-56　汽油泵控制电路（专设汽油泵 ECU 式）

汽油泵 ECU 对汽油泵转速（泵油量）的控制，也是通过控制加到汽油泵电动机上的不同电压来实现的。

当发动机在起动阶段或高转速、大负荷下工作时，发动机 ECU 向汽油泵 ECU 的"FPC"端输入一个高电平信号，此时汽油泵 ECU 的"F_P"端，向汽油泵电动机供应较高的电压（相当于蓄电池的电压），使汽油泵高速运转。发动机起动后，在怠速或小负荷下工作时，发动机 ECU 向汽油泵 ECU 的"FPC"端输入一较低电平信号，此时 ECU 的"F_P"端，向汽油泵电动机供应低于蓄电池的电压（约 9V），使汽油泵低速运转。

当发动机的转速低于最低转速（如 120r/min）时，汽油泵 ECU 断开汽油泵电路，使汽油泵停止工作，尽管此时点火开关处于接通状态，汽油泵也不工作。

图 3-56 中发动机 ECU 与汽油泵 ECU 间的连接线，为汽油泵 ECU 的故障诊断信号线路。

3. 发动机 ECU 直接控制式

随着发动机功率的增大，汽油泵的泵油量也必然增大，因而导致汽油泵消耗的电功率和汽油泵的噪声都比较大。为了尽可能减少电能的消耗和噪声污染，近年来研制成功一种发动机 ECU 直接控制式，由发动机 ECU 直接控制汽油泵的工作电压（驱动电压），如图 3-57 所示。

发动机工作时，发动机 ECU 原则上根据汽油消耗量，需要的回油量和供油装置的温度等，通过内部的控制回路 IC，控制功率晶体管 VT 进行高频率（约 20kHz）的导通和截止，控制 A 点的平均降压值（分压值），使汽油泵保持在所需的工作电压。汽油泵工作电压与发动机负荷成正比变化。发动机 ECU 在进行实际控制时，汽油泵的工作电压主要随发动机转速和喷油脉宽变化（图 3-58）。

图 3-57 中的二极管 VD 为反馈二极管。在功率晶体管 VT 工作中截止的瞬间，反馈电流经过二极管构成回路，此时不仅可以平缓工作电流，也可节省电功率。采用这种方式，电功率可节省 40%，汽油泵运转噪声也降低很多。

在发动机 ECU 直接控制方式中,还装有汽油泵继电器(图 3-57)。

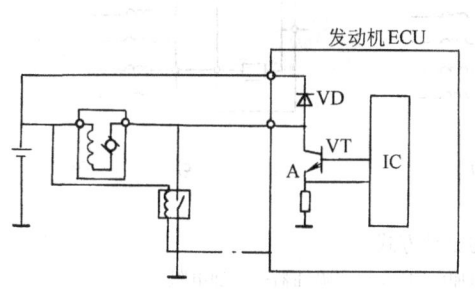

图 3-57 汽油泵控制电路(ECU 直接控制)　　图 3-58 汽油泵工作电压特性

二、喷油器控制

1. 喷油器的控制和驱动方式

喷油器的基本控制电路如图 3-59 所示。

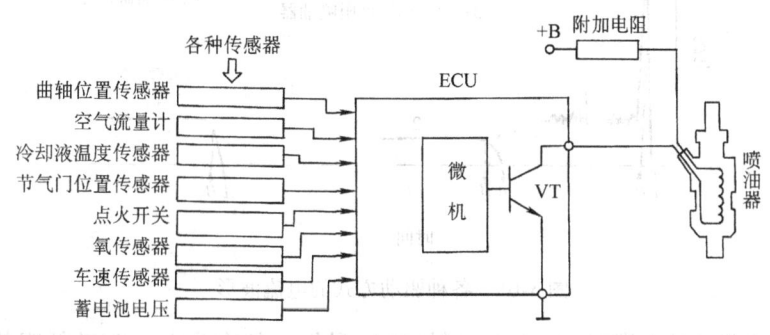

图 3-59 汽油喷射控制系统

发动机工作时,ECU 根据有关信号,经运算判断后输出控制信号,控制大功率晶体管导通与截止。当大功率晶体管导通时,即接通喷油器电磁线圈电路,产生电磁吸力。当电磁力超过针阀弹簧力和油压力的合力时,磁心被吸动,针阀随之离开阀座,即阀门打开,喷油器开始喷油。当大功率晶体管截止时,则喷油器磁化线圈电路被切断,电磁力消失,当针阀弹簧力超过衰减的电磁力时,弹簧力又使针阀返回到阀座上,使阀门关闭,喷油器停止喷油。

喷油器的驱动方式分为电流驱动与电压驱动两种方式。电流驱动只适用于低阻喷油器,电压驱动既可用于低阻喷油器,又可用于高阻喷油器。

在电流驱动回路中无附加电阻,低阻喷油器直接与蓄电池连接,通过 ECU 中的晶体管对流过喷油器磁化线圈的电流进行控制。由于无附加电阻,回路阻抗小,开始导通时,大电流使针阀迅速打开,喷油器有良好的响应性。

在电压驱动回路中使用低阻喷油器时,必须在回路中加入附加电阻。为使喷油器响应性好,在低阻喷油器中减少了磁化线圈匝数以减小电感,在回路中加入附加电阻,可以防止匝数减少后线圈中电流加大,造成线圈发热而损坏。附加电阻与喷油器的连接方式如图 3-60 所示。

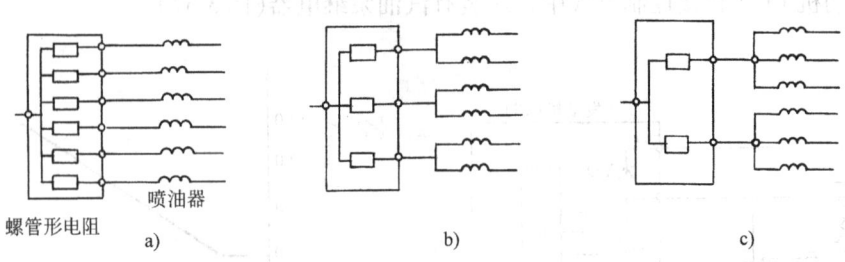

图 3-60 喷油器的驱动方式
a) 一喷油器—附加电阻 b) 两喷油器—附加电阻 c) 三喷油器—附加电阻

电压驱动方式较电流驱动构成回路要简单,但加入附加电阻使回路阻抗加大,导致流过线圈的电流减少,喷油器上产生的电磁力降低,针阀开启迟滞时间长。各种驱动方式迟滞时间如图 3-61 所示。

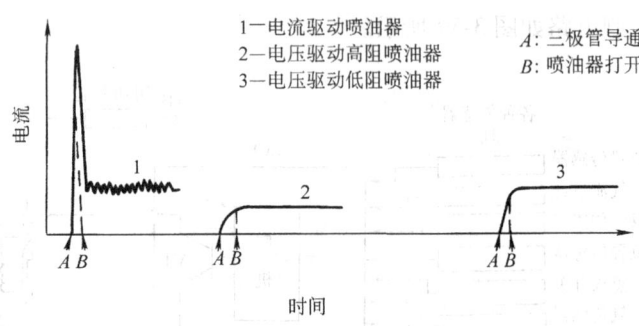

图 3-61 各种驱动方式的电流波形

可见,电流驱动的迟滞时间(无效喷射时间)最短,其次为电压驱动低阻值型,电压驱动高阻值型最长。

2. 冷起动喷油器的控制

冷起动喷油器装于进气总管的中央部位,其作用是改善发动机的低温起动性能。

冷起动喷油器是在发动机低温起动时才投入工作的电磁式喷油器,同样其喷油量取决于喷油时间,而其喷油时间可以由冷起动喷油器限时开关控制,也可以由 ECU 控制。

冷起动喷油器限时开关控制原理是:冷起动喷油器限时开关是个温控开关,用螺纹连接方式安装在发动机冷却液管道中,开关内部有一对常闭触点,其活动触点臂由双金属片制成。在双金属片周围缠有两组加热线圈,双金属片加热后弯曲,从而将触点断开,发动机暖机后,原来常闭的这对触点应为常开状态。发动机冷机时,限时开关触点闭合,冷起动时,点火开关处于 STA 位置,冷起动喷油器电磁线圈通电,电流经蓄电池(+)→点火开关(STA)→冷起动喷油器的电磁线圈及限时开关→双金属片及触点→搭铁→蓄电池(-)构成回路,冷起动喷油器喷油(图 3-62a)。同时,也有电流流经加热线圈 1 和 2,两加热线圈使双金属片受热,当其弯曲到触点断开时,冷起动喷油器停止喷油。

起动后,起动开关断开,点火开关由 STA 位置转至 ON 位置,冷起动喷油器停止喷油。与此同时,加热线圈 1、2 均断电,但此时发动机冷却液温度使双金属片弯曲,触点保持断开,即发动机正常运转中,起动喷油器限时开关的触点保持常开状态(图 3-62b)。

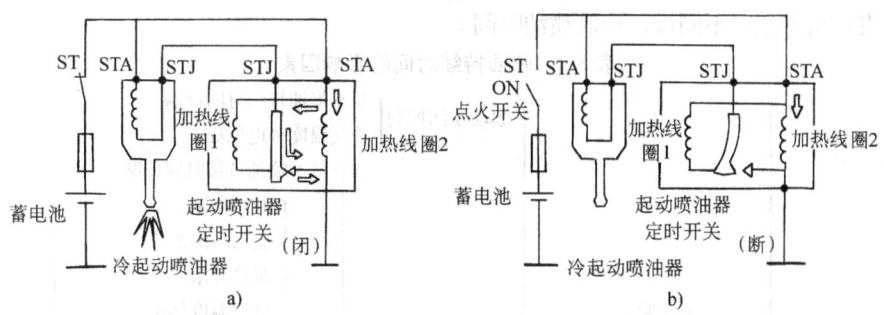

图 3-62 冷起动喷油器限时开关控制电路

如图 3-63 所示为 ECU 与限时开关协同控制电路。单独使用限时开关控制时,冷起动喷油器喷油范围如图 3-64 阴影部分 A 所示,它决定的是基本喷油量。为改善发动机冷机起动性能,起动更迅速,热机混合气浓度过渡更平缓,在一些车上不但设限时开关控制基本喷油量,还由 ECU 根据冷却液温度传感器监测到的冷却液温度对冷起动喷油量进行修正。图 3-64 中阴影 B 即表示用 ECU 控制冷起动喷油器喷油的范围。

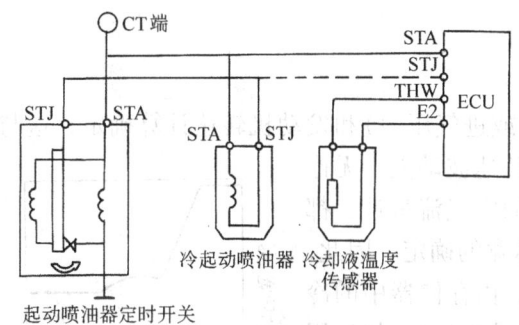

图 3-63 ECU 与限时开关协同控制电路

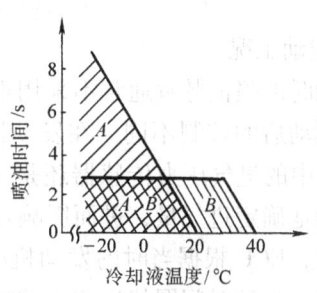

图 3-64 冷起动喷油器喷油的范围

有不少车已取消了限时开关,冷起动喷油器的工作完全由 ECU 控制,控制精度更高。由于冷起动喷油器装在进气总管上,不可避免地对各缸供油的均匀性产生影响,故现代车辆有取消冷起动喷油器的趋势。

三、喷油量的控制

电磁喷油器的喷油量取决于电磁阀打开的时间(喷油器喷射持续时间),也就取决于 ECU 提供的喷油脉冲信号宽度(简称为喷油脉宽)。喷油量的控制亦即喷油脉宽的控制,目的是使发动机可燃混合气的空燃比符合要求。喷油量的控制实际上是由 ECU 根据发动机运转的工况及影响因素、输出控制信号进行控制的,使发动机具有良好的经济性和动力性,排放污染大为降低。ECU 通过进气压力传感器信号(D 型)或空气流量计信号(L 型)计量进气量,并根据计算出的进气量与目标空燃比比较,即可确定每次燃烧必须的燃料质量,喷油信号的产生如图 3-65 所示。由表 3-2 可知,

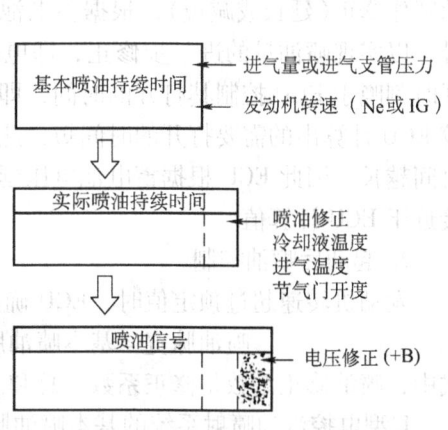

图 3-65 喷油信号的产生示意图

ECU 根据发动机的工况不同进行控制喷油时间。

表 3-2 喷油持续时间的影响因素

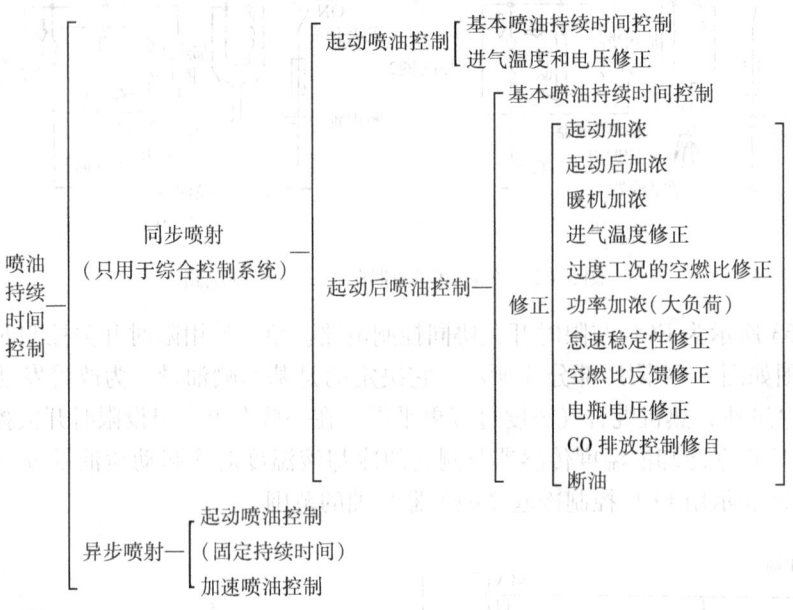

1. 起动工况

起动时的喷油脉宽通常不采用根据进气量(或进气压力)和发动机转速计算确定,这与起动机起动后的控制不同。在发动机起动时,转速波动大,无论 D 型系统中的进气压力传感器还是 L 型系统中的空气流量计,都不能精确地确定进气量,进而影响合适的喷油脉宽的确定。因此,在起动时,ECU 根据当时的发动机冷却液温度,由存储器中的冷却液温度—喷油时间图找出相应的喷油脉宽(图 3-66),然后用进气温度和蓄电池电压等参数进行修正,得到起动时的喷油脉宽。

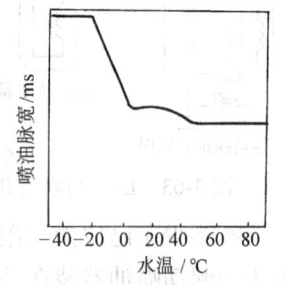

图 3-66 冷却液温度—喷油脉宽图

在发动机转速低于规定值或点火开关接通 STA 时,喷油脉宽的确定如图 3-67 所示。由冷却液温度传感器信号 ECU 查出冷却液温度—喷油脉宽图的基本喷油脉宽;根据进气温度信号对喷油脉宽作修正(延长或减短);根据蓄电池电压相应延长喷油脉宽信号,以实现喷油量的进一步修正,即电压修正。喷油器的实际打开时刻晚于 ECU 控制其打开的时间,即存在一段滞后(图 3-68),故喷油器打开的实际时间较 ECU 计算出的需要打开的时间短,此时间差称为无效喷射时间。蓄电池电压越低,滞后时间越长。因此 ECU 根据蓄电池电压延长喷油脉宽信号,修正喷油量,使实际喷油时间更接近于 ECU 计算值。

2. 起动后喷油控制

发动机转速超过预定值时,ECU 确定的喷油脉宽信号满足下式:

$$喷油脉宽 = 基本喷油脉宽 \times 喷油修正系数 + 电压修正值$$

式中,喷油修正系数是修正系数的总和。

L 型电控汽油喷射系统的基本喷油脉宽根据空气质量和发动机转速确定。

D 型电控汽油喷射系统的基本喷油脉宽由发动机转速信号和进气管绝对压力信号确定。

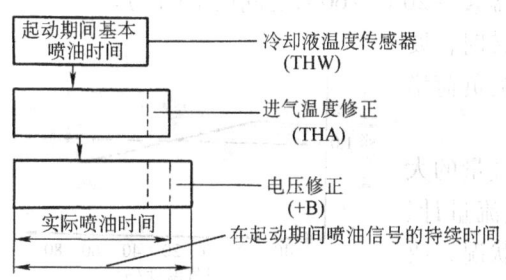

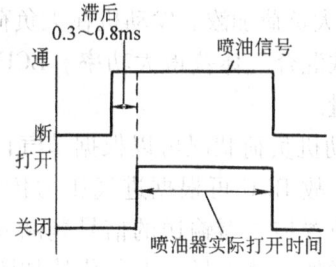

图 3-67 喷油脉宽的确定　　　　　图 3-68 喷油滞后

如图 3-69 所示，用于 D 系统的 ECU 内存了一个三维图（MAP），它表明了与发动机各种转速和进气管绝对压力对应的基本喷油脉宽。

根据进气管绝对压力信号确定喷油量，是以进气量与进气管压力成正比为前提的，这一前提只在理论上成立。实际工作中，进气脉动使充气效率变化，进行再循环的排气量的波动也影响进气量。故由三维图计算的仅为基本喷油量，ECU 还须根据发动机转速信号（Ne）对喷油量作修正。

L 型电控汽油喷射系统的基本喷油脉宽由发动机转速、进气量确定。这个基本喷油脉宽是实现既定空燃比的喷油时间。

1）起动后加浓。发动机完成起动后，点火开关由"STA"位置转到"ON"位置，或发动机转速已达到或超过预定值，ECU 额外增加喷油量，使发动机保持稳定运行。喷油量的初始修正值根据冷却液温度确定，然后随温度升高按某一固定速度下降，逐步达到正常。

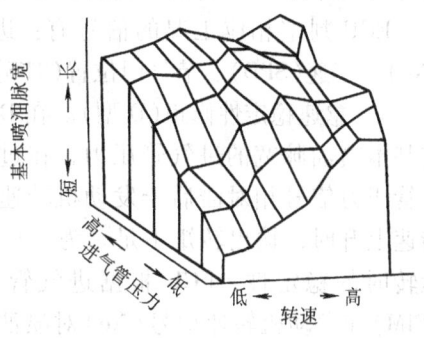

图 3-69 基本喷油脉宽三维图

2）暖机加浓。冷机时汽油蒸发性差，为使发动机迅速进入最佳工作状态，必须供给浓混合气。

在冷却液温度低时，ECU 根据冷却液温度传感器信号相应增加喷油量（图 3-70），冷却液温度在 -40℃ 时加浓量约为基本喷射量的 2 倍。

暖机加浓还出现在急速触点信号接通或断开时。当节气门位置传感器中的急速触点接通或断开时，根据发动机转速，喷油量有少量变化。

3）进气温度修正。进气密度随发动机的进气温度而变化，ECU 根据进气温度传感器提供的信号，修正喷油持续时间，使空燃比满足需求。通常以 20℃ 为进气温度信息的标准温度，进气温度低，空气密度增大。低于 20℃ 时，ECU 增加喷油量，使混合气不致过稀；进气温度高，空气密度减少，高于 20℃ 时，ECU 使喷油量减少，以防混合气偏浓。增加或减少的最大修正量约为

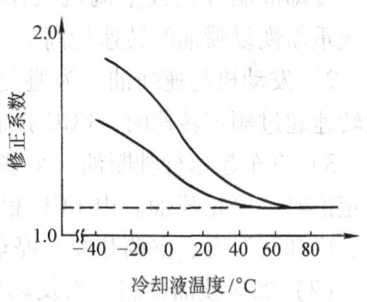

图 3-70 暖机加浓修正曲线

10%。由进气温度修正曲线可见,修正约在进气温度 -20℃ ~60℃ 之间(图3-71)。

4) 大负荷加浓。发动机在大负荷工况下运转时,要求使用浓混合气体获得大功率。ECU根据发动机负荷增加喷油量。

发动机负荷状况可以根据节气门开度或进气量的大小确定,故ECU可根据进气压力传感器、空气流量计、节气门位置传感器输送的信号判断发动机负荷状况,决定相应增加的喷油量。大负荷的加浓量约为正常喷油量的10% ~30%。有些发动机的大负荷加浓量还与冷却液温度信号有关。

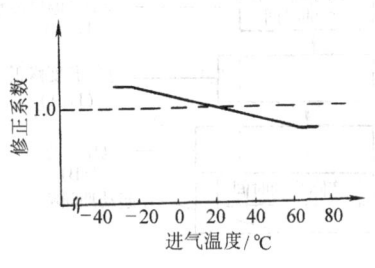

图3-71 进气温度修正曲线

5) 过渡工况空燃比控制。发动机在过渡工况下运行时(汽车加速或减速行驶),为获得良好的动力性、经济性,空燃比应作相应变化,即需要适量调整喷油量。

ECU判定相应工况的信号有:进气管绝对压力(PIM)或进气量(VS)、发动机转速(Ne)、车速(SPD)、节气门位置(TPS)、空档起动开关(NSW)和冷却液温度(THW)等。

6) 怠速稳定性修正(D型)。在D型系统中,决定基本喷油脉宽的进气管压力,在过渡工况时,进气管压力信号相对滞后于发动机转速,造成发动机转速上升时,输出转矩不足。为了提高发动机怠速运转时的稳定性,ECU根据进气管绝对压力信号(PIM)和发动机转速信号(Ne)对喷油量作修正。即随压力增大或转速降低,增加喷油量;反之,则减少喷油量(图3-72)。

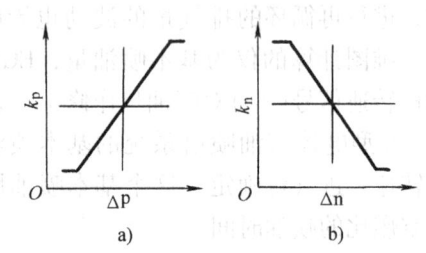

图3-72 怠速稳定修正曲线
a) 压力变化时的修正 b) 转速变化时的修正

3. 其他情况的喷油控制方式

(1) 断油控制

1) 减速断油。发动机在高速下运行急减速时,节气门完全关闭,为避免混合气过浓以及燃料经济性、排放性能变差,ECU发出信号使喷油器停止喷油。当发动机转速降到某预定转速之下或节气门重新打开时,喷油器再投入工作(图3-73)。

冷却液温度低或空调机工作需要增加输出功率时,断油或重新恢复喷油的转速较高。

2) 发动机超速断油。为避免发动机超速运行,当发动机转速超过额定转速时,ECU控制喷油器停止喷油。

3) 汽车超速行驶断油。某些汽车在汽车运行速度超过限定值时,停止喷油。由ECU根据节气门位置、发动机转速、冷却液温度、空调开关、停车灯开关及车速信号实现断油控制。

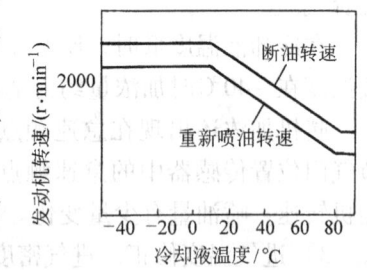

图3-73 减速断油控制

(2) 加速喷油控制 当发动机由怠速向起步过渡时,由于汽油供给惯性的原因,会出现瞬时混合气过稀现象。为改善起步加速性能,在有些电控汽油喷射系统中,ECU根据节气门位置传感器的怠速触点信号从接通到断开,增加一次固定喷油脉宽的喷油。

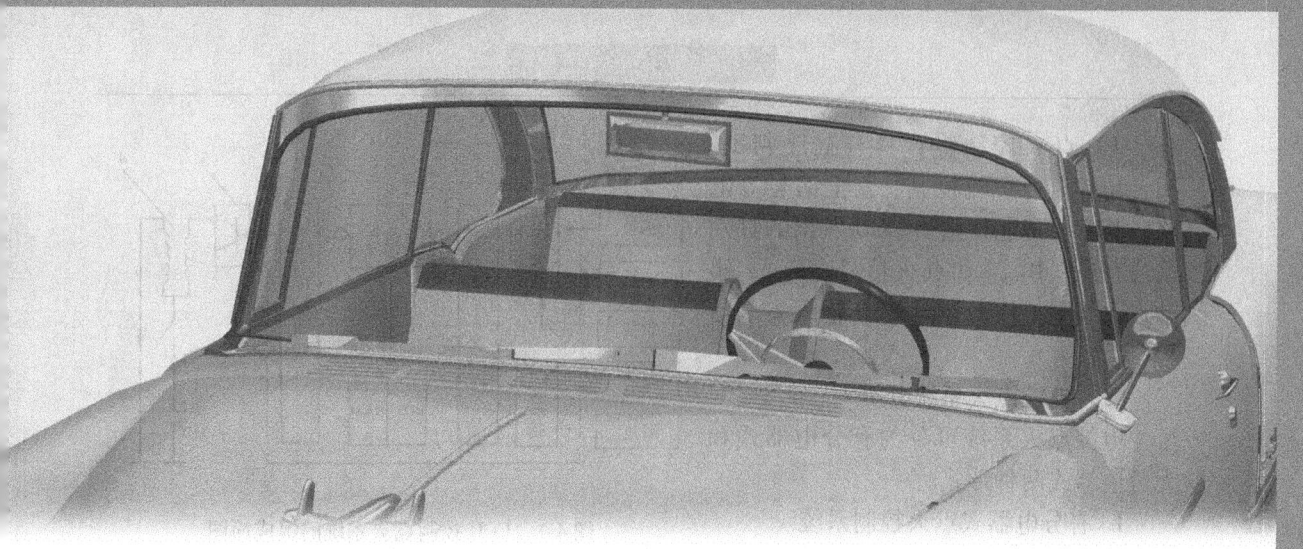

第四章
汽油机点火控制

20世纪70年代，美国GM公司采用了集成电路(IC)点火装置，高能点火(HEI)系统，并在分电器内装上点火线圈和点火控制线路，力图将点火系统做成一体，这种电路具有结构紧凑、可靠性高、成本低、耗电少、不需冷却、响应性好等特点。后期又采用数字式点火时刻控制系统，称为迈塞(MISAR)系统。该系统体积小，由中央处理器(CPU)、存储器(RAM/ROM)和模/数(A/D)转换器等组成。系统可根据输入的冷却液温度、转速和负荷等信号，计算出最佳点火时刻。美国克莱斯勒公司(Chrysler corporation)首先创立了模拟计算机对发动机点火时刻进行控制的控制系统。

传统的点火系统，其点火时刻的调整是依靠机械离心式调节装置和真空式调节装置完成的，由于机械的滞后、磨损及装置本身的局限性，故不能保证点火时刻在最佳值。而用ECU控制的点火系统，则可方便地解决以上问题。因为用微机可考虑更多的对点火提前角影响的因素，使发动机在各种工况下均能达到最佳点火时刻，从而提高发动机的动力性、经济性、改善排放指标。ECU控制的点火系统是随着电子技术的进步而发展起来的一门新技术，也是汽车电子化的必然趋势。

第一节 电控点火系统的组成和分类

一、电控点火系统的组成与功能

ECU控制的点火系统主要有ECU、传感器和点火执行器三大部分组成(图4-1)，其功能如下：

1) ECU接受各种传感器送来的信号经过数据处理后，输出信号(缸序信号和点火信号)并通过电能输出级传到点火执行器。

2) 传感器在点火系统中应用的传感器主要有空气流量计、发动机转速传感器、节气门位置传感器、冷却液温度传感器及爆燃传感器等。

3）点火控制装置具有缸序判别、闭合角控制、恒流控制、安全信号等电路，其主要功能是接受 ECU 发出的缸别信号（IG_{dA}、IG_{dB}）和点火信号（IG_t），驱动点火线圈工作，并向 ECU 输入安全信号（IG_f）。

二、电控点火系统分类

电控点火系统可分为有分电器式和无分电器式两种形式。

1. 有分电器式点火控制系统

有分电器式点火系统电路如图 4-2 所示。

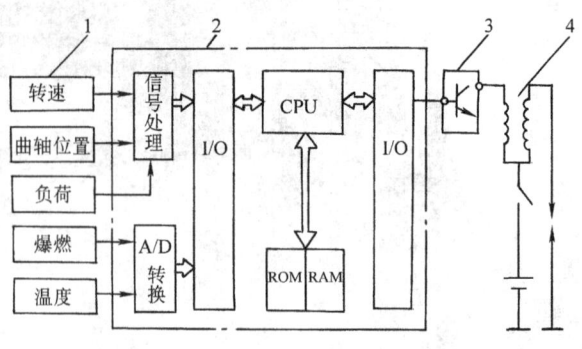

图 4-1 ECU 控制点火系统的组成简图
1—传感器 2—ECU 3—点火控制装置 4—点火线圈

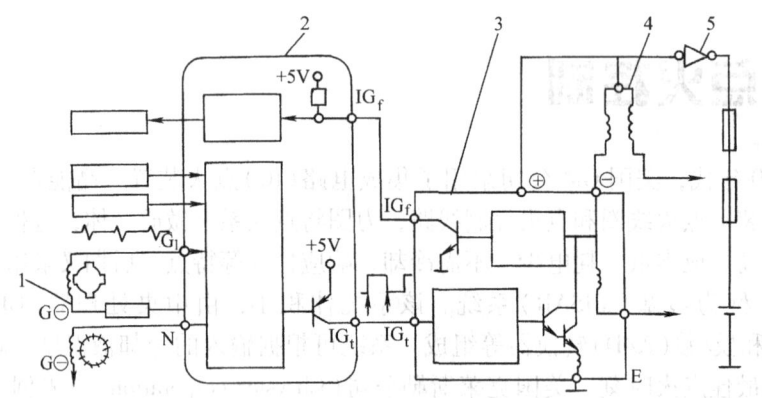

图 4-2 有分电器式点火系统电路
1—信号发生器 2—ECU 3—点火控制器 4—点火线圈 5—点火开关

ECU 根据各输入信号，确定点火时刻，并将点火正时信号 IG_t 送至点火器，当 IG_t 信号变为低电平时，点火线圈一次侧被切断，二次线圈中感应出高压电，再由分电器送至相应缸火花塞点火。

为了产生稳定的二次侧电压和保证系统的可靠工作，在点火器中设有闭合角控制回路和点火确认信号（IG_f）安全保护电路。

2. 无分电器的点火控制系统

无分电器的点火控制系统有二极管分配式和点火线圈分配式两大类。

（1）二极管分配式 二极管分配式无分电器点火系统采用同时点火方式，工作原理如图 4-3 所示。

点火顺序为 1-3-4-2 的四缸发动机，当 ECU 接收到曲轴位置传感器相应信号时，向点火控制器发出点火信号，点火控制器的控制回路使 VT_1 截止，一次线圈 5 中的电流被切断，在二次线圈中感应出下"+"上"-"的高压电，经 4 缸和 1 缸火花塞构成回路，两个火花塞均跳火，此时 1 缸接近压缩终了，混合气被点燃，而 4 缸正在排气，火花塞点空火。曲轴转过 180°后，ECU 接收到传感器信号后再次向点火控制器发出触发信号，VT_2 截止，一

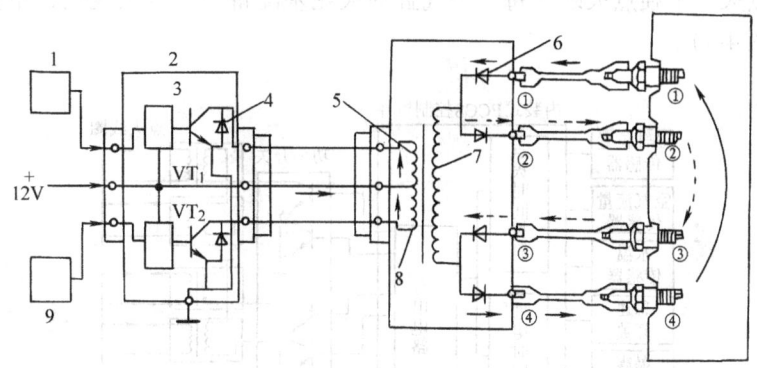

图4-3 二极管分配式同时点火的无分电器点火系统工作原理图
1—1、4缸触发信号 2—电子点火控制器 3—控制部分 4—稳压器
5、8——次线圈 6—高压二极管 7—二次线圈 9—2、3缸触发信号

次线圈8中电流被切断,二次线圈感应出上"+"下"-"的高压电,并经2缸和3缸火花塞构成回路,同时跳火,此时3缸点火作功,2缸火花塞点空火。依次类推,发动机曲轴转2圈,各缸作功一次。

(2) 点火线圈分配式 点火线圈分配式无分电器点火系统是将来自点火线圈的高压电直接分配给火花塞,有同时点火和单独点火两种形式。

1) 同时点火。同时点火即用一个点火线圈对到达压缩和排气上止点的两个气缸同时实施点火,处于压缩的一缸,混合气被点燃而做功,正在排气的另一缸火花塞点空火(图4-4)。

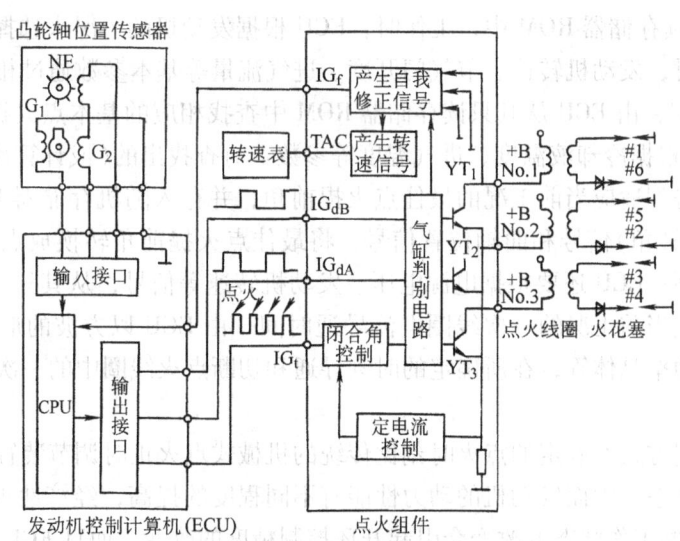

图4-4 点火线圈分配式同时点火的无分电器点火系统

ECU根据凸轮轴位置传感器信号,选择相应点火的气缸,并将点火信号送给点火组件,使相应的晶体管VT截止或导通,点火线圈直接向火花塞输出高压电。

2) 单独点火。单独点火既为每一个气缸的火花塞配备一个点火线圈,单独直接地对每个气缸点火(图4-5)。

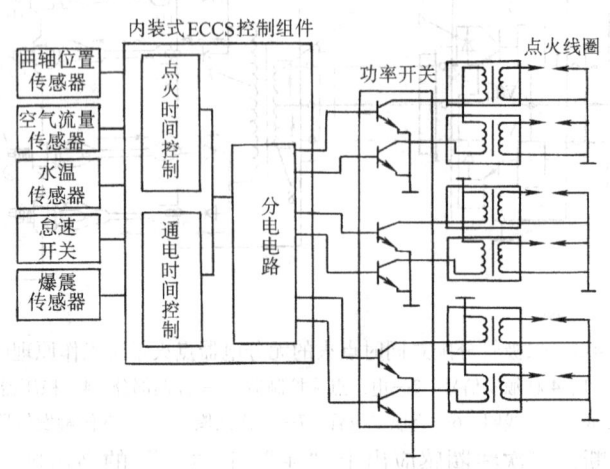

图4-5 单独点火式无分电器点火系统

这种单独点火系统由于取消了高压线,能量损失小,效率高,电磁干扰少。

第二节 点火提前角与闭合角的控制

点火提前角的控制可分为开环控制和闭环控制两种。

开环控制的基本点火提前角是靠预先在台架上用实验方法测得的数据来确定的。这些数据存入ECU的只读存储器ROM中,工作时,ECU根据发动机的工况来选择调取。

发动机工作时,发动机转速、节气门开度、进气流量等基本参数通过相应的传感器检测出来,并输入ECU,由ECU从其只读存储器ROM中查找相应的基本点火提前角(或由经验式计算得出),再根据冷却液温度、进气温度等参数,对查找出的(或计算出的)基本点火提前角进行修正,得到适应当前工况的最佳点火提前角,并存入随机存储器RAM中,然后利用发动机转速(或转角)信号和曲轴位置信号,将最佳点火提前角转换成点火时刻,即一次侧电流的切断时刻;ECU还要根据电源电压、发动机转速等信号,从其只读存储器ROM中选取并换算成适应当前工况的一次线圈电流导通时间。由ECU以方波的形式发出指令,指挥点火控制器或功率晶体管,在所确定的时刻导通和切断点火线圈中的一次侧电流,使点火系统正常工作。

由于开环控制方式所确定的点火时刻比传统的机械式点火正时调节装置所确定的点火时刻更接近于理想状态,因而发动机的动力性能有不同程度的提高,经济性也可以提高3%~5%。但是,传感器工作状态的改变会引起开环控制精度的改变,而且ECU中所存数据无法适应发动机本身制造精度、磨损状况、使用条件等变化而引起的最佳点火提前角的变化。随着使用时间的增加,ECU所存数据也会逐渐不能适应发动机对最佳点火提前角的要求,造成发动机性能逐渐下降,以至ECU控制点火正时的优势逐渐减退。为解决上述问题,一些汽车公司正致力于开发具有自学习(或称自适应)功能的智能型ECU的工作。ECU能够根据发动机本身制造精度、磨损状况、使用条件等,对其存储器中的数据进行自动调整,从而使发动机始终处于最佳点火提前角的状态下工作。

闭环控制方式是根据发动机实际运行结果的反馈信息来控制点火提前角的,所以闭环控制又称为反馈控制。通常,闭环控制方式是利用爆燃传感器反馈爆燃信号来控制点火提前角的,有关内容在本章第三节中介绍。目前广泛应用的电控点火系统,是在开环控制方式的基础上再配以闭环控制方式的混合控制方式。

一、点火提前角的控制

影响点火提前角的因素较为复杂,在电控点火系统中,一般点火提前角有几部分组成,即:实际点火提前角 = 初始点火提前角 + 基本点火提前角 + 修正点火提前角(或延迟角)。

初始点火提前角是ECU根据发动机上止点位置确定的固定点火时刻,其大小随发动机而异。基本点火提前角是ECU根据发动机转速信号和进气支管压力信号(或进气量信号),在存储器中查到这一工况下运转时相应的点火提前角。修正点火提前角(或延迟角)是ECU根据各种传感器传来的信号,对点火提前角进行修正,使控制更加准确。

点火提前角的控制包括两种基本情况:①起动期间的点火时刻控制,即发动机起动时工况,按固定的曲轴转角位置点火。②起动后,发动机正常运行时,点火时刻由进气支管压力信号(或进气量信号)和发动机转速确定的基本点火提前角和修正量决定。修正项目随发动机而异,并根据发动机各自的特性曲线进行修正。表4-1为点火提前角的修正项目。

表4-1 点火提前角的修正项目

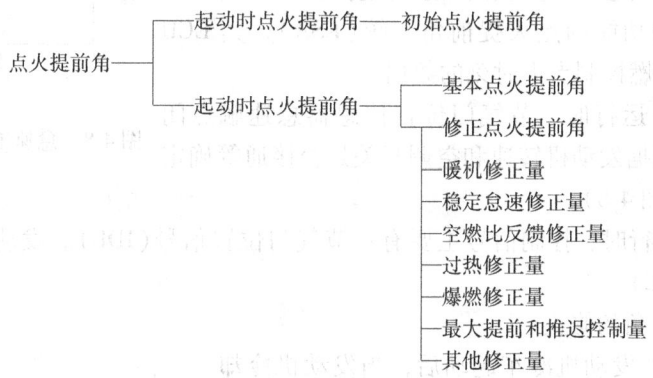

1. 起动工况的点火时刻控制

在起动期间,发动机转速较低(通常在500r/min以下),由于进气支管压力信号或进气量信号不稳定,一般点火时刻固定在初始点火提前角(数值大小随发动机而异)。初始点火角由ECU中的备用模块进行设定。在某些发动机中,ECU还需输入起动信号(STA)。起动期间点火时刻控制如图4-6所示。此时的控制信号主要是发动机转速(Ne)信号和起动开关(STA)信号。

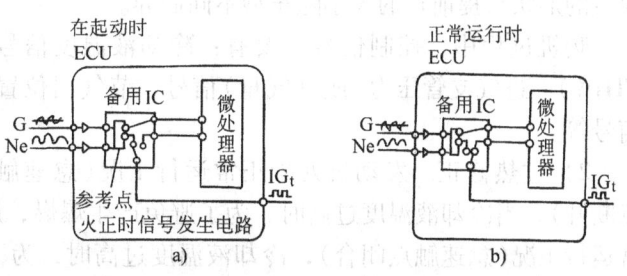

图4-6 点火时刻控制
a) 起动期间的点火控制　b) 正常运行期间的点火控制

2. 起动后点火时刻控制

（1）基本点火提前角　在正常工况下运转时，节气门位置传感器的怠速触点（IDL）断开，ECU 根据存储器的数据确定基本点火提前角，数据表格存储形式如图 4-7 所示。

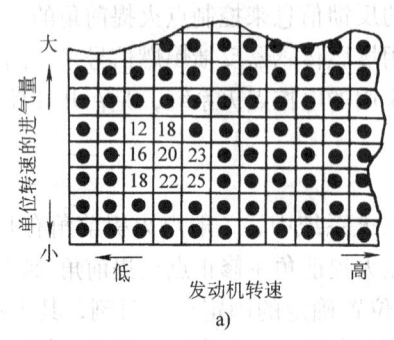
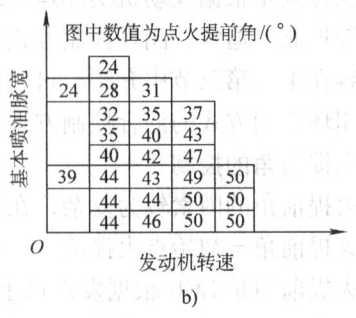

图 4-7　点火提前角数据表格存储形式

在正常运行工况运行时，控制信号主要有：进气支管压力信号（或进气量信号）、发动机转速信号、节气门位置信号、汽油品种选择开关或插头（RP）、爆燃信号（KNK）等。

在某些发动机中，按汽油辛烷值不同，在存储器中存放着两张基本点火提前角的数据表格，驾驶员可根据使用汽油的辛烷值，通过汽油选择开关或插头进行选择。

具有爆燃控制功能的点火提前角系统（ESA），其 ECU 中还存有专用于爆燃控制点火时刻的数据。

在怠速工况下运行时，节气门位置传感器怠速触点闭合，此时，ECU 根据发动机转速和空调开关是否接通等确定基本点火提前角（图 4-8）。

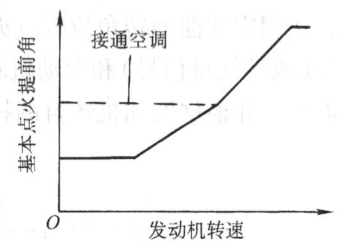

图 4-8　怠速工况基本点火提前角

在怠速工况运行时，控制信号主要有：节气门位置信号（IDL）。发动机转速信号（Ne）空调开关信号（A/C）。

（2）点火提前角的修正

1）暖机修正。发动机冷车起动后，当发动机冷却液温度较低时，应增大点火提前角，暖机过程中，随冷却液温度升高，点火提前角的变化如图 4-9 所示。修正曲线的形状与提前角的大小随车型不同而异。

暖机过程中，控制信号主要有：冷却液温度信号（THW）、进气支管压力（或进气量）信号、节气门位置信号等。

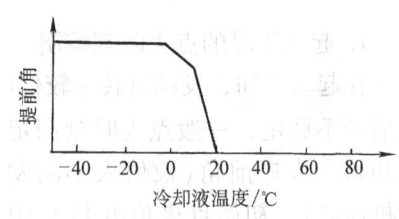

图 4-9　暖机修正曲线

2）过热修正。发动机处于正常运行工况（怠速触点断开），当冷却液温度过高时，为了避免产生爆燃，应将点火提前角推迟。发动机处于正常运行工况（怠速触点闭合），冷却液温度过高时，为了避免长时间过热，应将点火提前角增大。过热修正曲线的变化趋势如图 4-10 所示。

过热修正控制信号主要有：冷却液温度信号（THW）、节气门位置信号（IDL）。

3）怠速稳定性的修正。发动机在怠速运行期间，由于发动机负荷变化使发动机转速改变，ECU 要调整点火提前角，使发动机在规定的怠速转速下稳定运转。

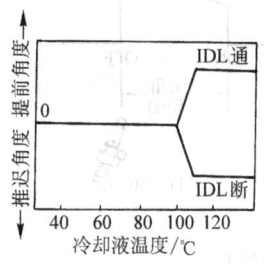

图 4-10　过热修正曲线

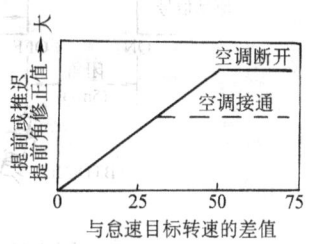

图 4-11　怠速稳定修正

怠速运转时，ECU 不断地计算发动机的平均转速。当发动机的转速低于规定的怠速转速时，ECU 根据与怠速目标转速差值的大小相应地增大点火提前角；反之，则推迟点火提前角（图 4-11）。

怠速稳定修正信号主要有：发动机转速信号（Ne）、节气门位置（IDL）、车速（SPD）、空调信号（A/C）等。

4) 最大和最小提前角控制。如果发动机实际点火提前角（初始点火提前角 + 基本点火提前角 + 修正点火提前或延迟角）不合理，发动机很难正常运转。在初始点火提前角已设定时，受 ECU 控制的实际点火提前角则为基本点火提前角与修正点火提前角之和，该值应保证在某一范围内。最大提前角为 35°~45°，最小提前角为 -10°~0°。

二、闭合角的控制

闭合角控制电路的作用是：根据发动机转速和蓄电池电压调节闭合角，以保证足够的点火能量。在发动机转速上升和蓄电池电压下降时，闭合角控制电路使闭合角加大，即延长一次侧电路的通电时间，防止一次侧储能下降，确保点火能量。在发动机转速下降和蓄电池电压较高时，闭合角控制电路使闭合角减小，即缩减一次侧电路的通电时间，确保一次线圈的安全。

(1) ECU 对闭合角的控制　通常，ECU 根据电源电压查得导通时间，再根据发动机转速换算成曲轴的转角，以确定闭合角的大小。

例如，某六缸发动机，电源电压为 12V，大功率晶体管导通时间为 5ms，若发动机转速为 2000r/min，则导通 5ms 相当于曲轴转角为

$$\frac{360° \times 2000}{60} \times \frac{5}{1000} = 60°$$

在这种状况下，大功率晶体管从导通到截止，必须保持 60° 的曲轴转角，即闭合角为 60°。又因六缸发动机的作功间隔为 120°，亦即大功率晶体管截止到下一次截止为 120°。大功率晶体管截止时，曲轴的转角为 120° - 60° = 60°，那么 ECU 从大功率晶体管截止开始时计数 60 个 1° 信号，第 61 个 1° 信号起大功率晶体管开始导通，即一次侧电流开始导通（图 4-12）。

(2) 电子点火器中闭合角的控制　电子点火器末级大功率晶体管的导通时间与发动机转速、集成块工作电压以及点火线圈的工作特性有关。

例如：桑塔纳 2000 点火电子组件（图 4-13）中闭合角的控制可分成两部分：第一部分由

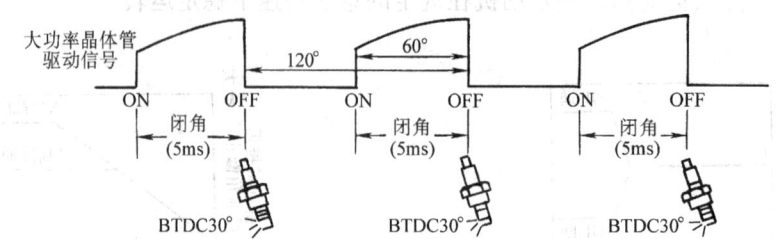

图 4-12 大功率晶体管导通时间的控制

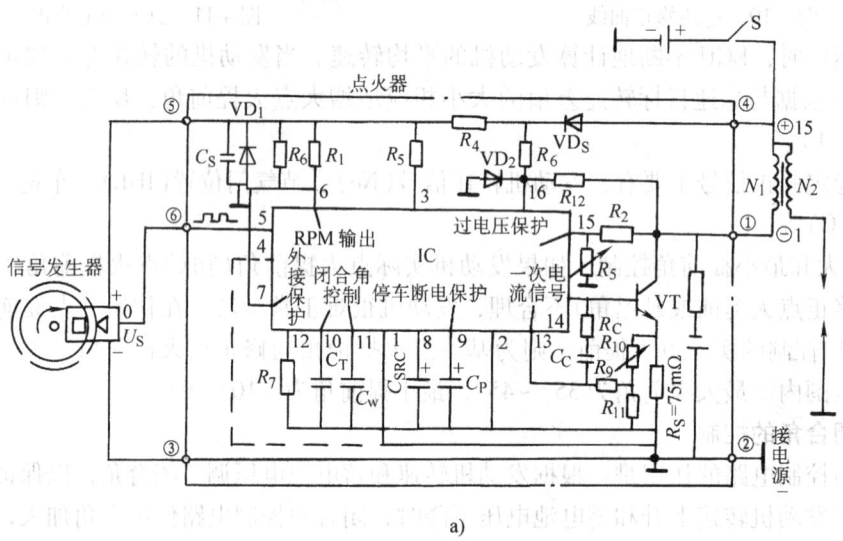

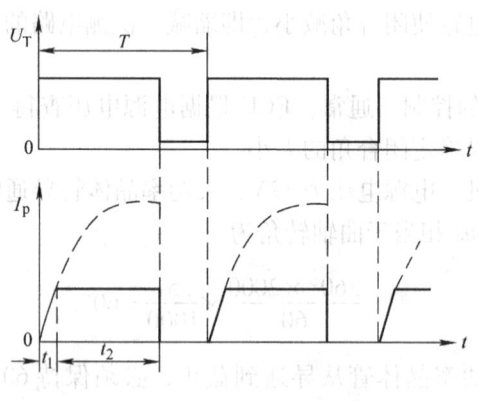

图 4-13 霍尔电子点火系统(点火器内装专用点火集成块)原理电路
a) 原理图 b) 波形图

U_T—输入电压 I_p——次电流波形 t_1——次电流由零上升到限流值的时间 t_2—限流保持时间

L497 集成块(图 4-14)与其脚 10 上的电容器 C_T,脚 12 上的偏流电阻 R_7 组成一闭合时间基准定时器。当霍尔输入信号为"+"(脉冲的上升沿)时,C_T 以一恒定电流 I_{10} 充电,其充电电流值一般为：$-11 \sim 9.8\mu A(U_T = 5.3 \sim 16V, U_{10} = 0.5V, t = 10 \sim 33ms)$，调节偏流电阻 R_7，可调整 I_{10} 的数值。C_T 充电波形见图 4-13b 所示。第二部分由 L497 集成块与其脚 11 上的电容器 C_W、脚 12 上的偏流电阻 R_7 组成闭合时间控制及调整电路。必须指出的是，电容器 C_W 上的电压取决于发动机转速和集成块的工作电压值的大小，若输入信号为"+"，C_W 上的电压亦为"+"；若输入的霍尔信号下跳为"-"，C_W 以恒定的电流 I_{11} 放电，其放电电流值为 $05\mu A \leq I_{11} \leq 1\mu A$（图 4-15）。

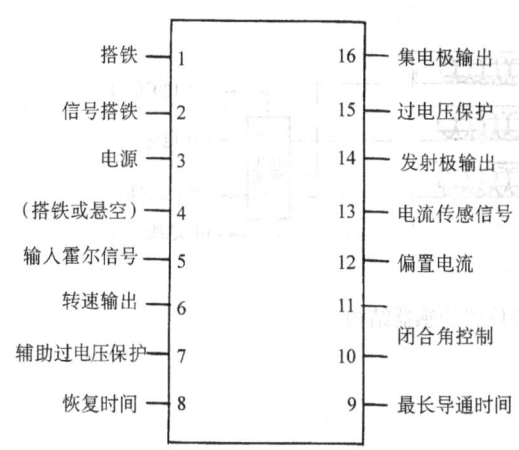

图 4-14 L497 集成块引出脚

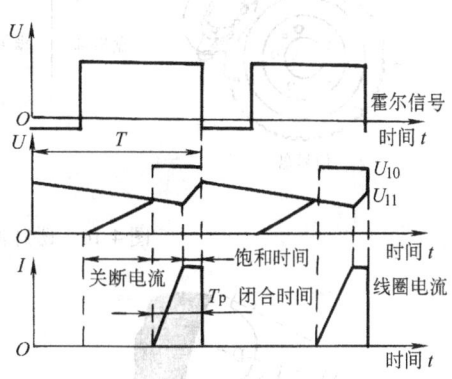

图 4-15 闭合角控制波形

当 $U_{10} = U_{11}$ 时，便是点火线圈导通的起始点。由于在低速时流过线圈电流时间较长，为减少大功率管上产生的功率损耗，必须减少导通时的过饱和时间 t_d。

（3）1°信号的产生 1°信号由曲轴位置传感器产生。下面介绍磁脉冲式和光电式曲轴位置传感器的 1°信号产生原理。

如图 4-16 所示，为安装于曲轴前端（带轮之后）的盘式磁脉冲传感器的结构，主要由信号盘和信号发生器组成。信号盘随发动机曲轴一同转动，其边缘有均匀加工的细齿，齿与齿的间隔为 4°，共有 90 个齿。另外，信号盘上每隔 120°（六缸发动机）设计一个凸缘，共 3 个。信号发生器安装在信号盘的圆周外侧，其外形为长形盒，四孔插座作为信号线的连接插孔。信号发生器内有 3 个永久磁铁做成的磁头，磁头上分别绕有三组相互独立的线圈。磁头①、③安装得与信号盘上的细齿对正，感受信号盘圆周上细齿的变化。磁头②与信号盘上的凸缘安装在同一平面，感受凸缘的变化。

发动机转动时，信号盘上的细齿和凸缘使磁头与信号盘之间的磁通发生变化，在磁头上的线圈中便产生与发动机转速和曲轴位置相关的周期信号。将这些信号进行放大、滤波和整形后，便可得到标准的矩形波。在磁头②上产生的信号每 120° 一个脉冲。每一个凸缘位置正好对应着六缸发动机的两个气缸活塞上止点前 70° 的位置，所以又称此信号为上止点前 70° 信号。如图 4-17 所示，磁头①、③的安装位置相隔 3°，用于测量曲轴转角，两磁头所感应出的信号为同周期的矩形波（相位相差 90°）。将这两路信号进行处理，那么，两信号合成的结果为一列周期为 1° 的脉冲。通过这样的测量与处理，最终可以获得测量精度为 1° 的发动机曲轴转角信号。并且可以得到每一时刻曲轴位置相对气缸上止点的角度。

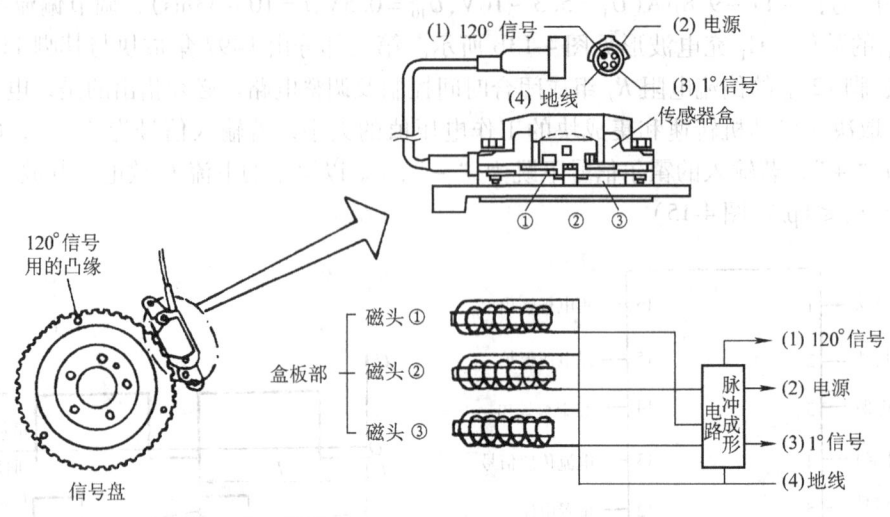

图 4-16 磁脉冲式曲轴位置传感器结构

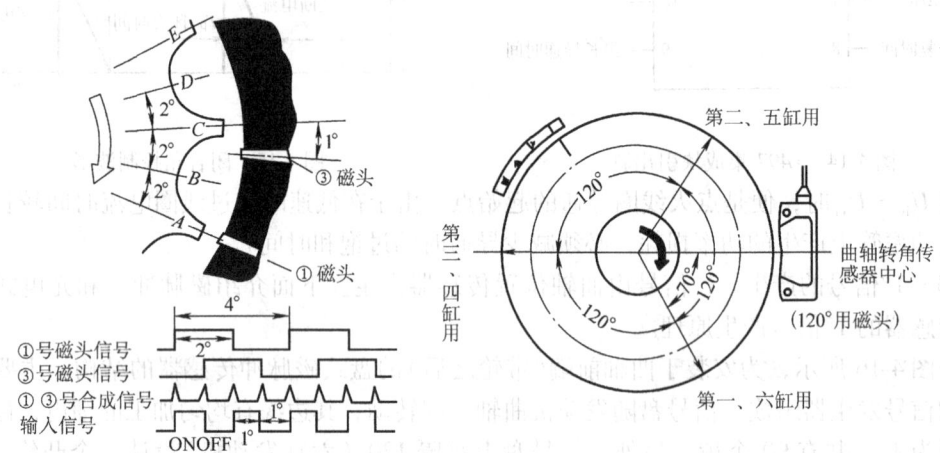

图 4-17 磁脉冲式曲轴位置传感器 1° 信号的产生

光电式曲轴位置传感器一般安装在分电器内（图 4-18a）。它由光电信号发生器和固定在分电器轴上随轴转动的带孔的遮光盘组成。遮光盘（图 4-18b）上刻有光孔，在其圆周外圈，均匀地刻有 360 条缝隙，在内圈的圆周上均匀地刻有 6 个较宽的缝隙。信号发生器固定在分电器壳上，并分作两部分分别位于遮光盘的上下两侧。上部装有两只发光二极管，分别对在遮光盘的两圈缝隙上，下部分装有两只光敏二极管分别与遮光盘上边的两只发光管对正。发动机转动时，遮光盘随之而转，当遮光盘上的缝隙与光电传感器对准时，光线通过缝隙照在其下边的光敏二极管上，使光敏二极管导通。当光线被遮光盘挡住时，光敏二极管截止。这样，在光敏二极管上就会产生一定的电压信号，将此信号进行放大、处理，即可得到控制点火用的脉冲信号。

由外圈一组产生的信号，其周期对应于分电器轴转动角度的 1°，将此信号进行两倍频，即可获得对应于曲轴转角为 1° 的信号。内圈的一组光电传感器的信号周期为 60°（分电器轴转角），对应于曲轴转角为120°。图4-18c所示为光电式曲轴位置传感器的结构示意图。使用中，将内圈信号产生的缝隙固定在发动机作功缸的上止点前70°的位置，则此信号即可作为发动机各对应缸的压缩上止点参考信号。

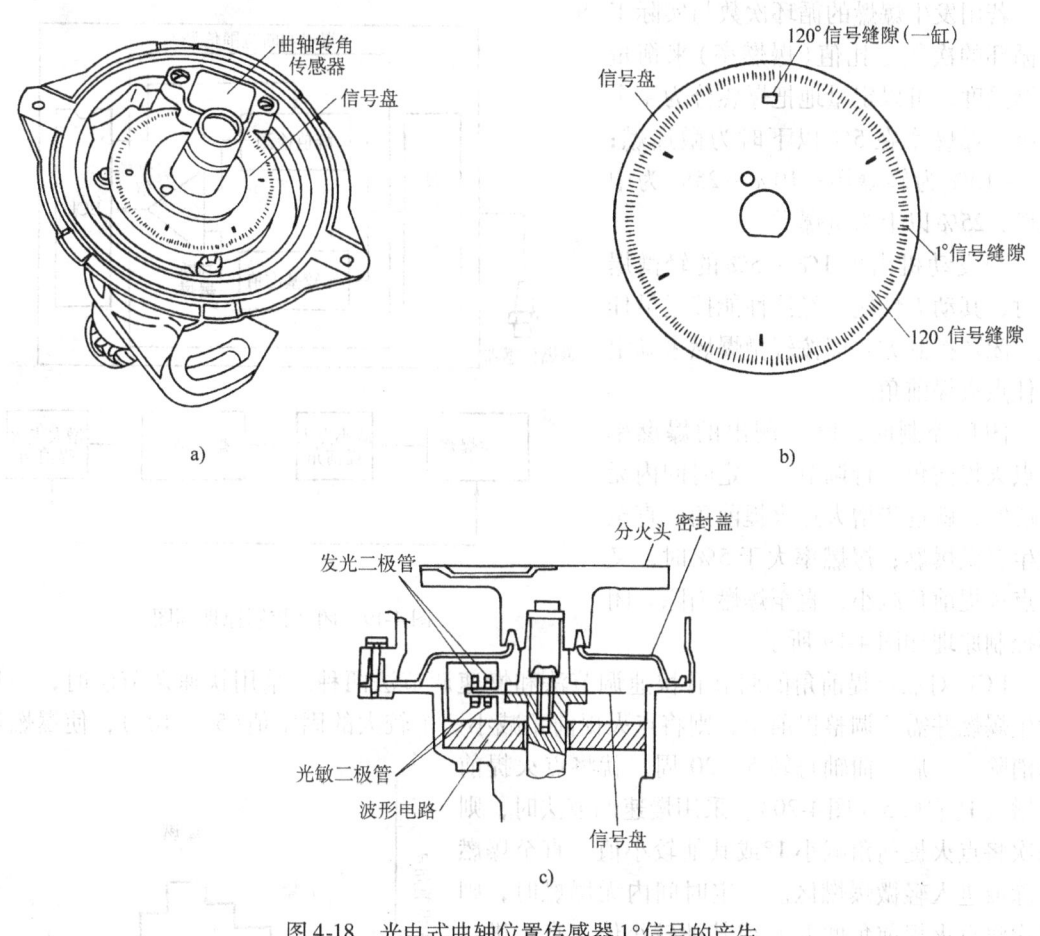

图4-18 光电式曲轴位置传感器1°信号的产生

第三节 发动机爆燃的控制

闭环控制所用的反馈信息可以是发动机的爆燃信号、转速信号或气缸的压力信号等。最常见的是利用发动机的爆燃信号作为反馈信息，用来控制大负荷等工况下的点火提前角；在怠速等工况，则常用发动机的转速信号作为反馈信息，从而尽可能维护怠速时稳定运转；中等负荷等工况，则一般采用开环控制方式，但在此工况下一旦发生爆燃，又会自动转入利用爆燃信号作为反馈信息的闭环控制方式。

利用发动机爆燃信号作为反馈信息的闭环控制方式中，爆燃传感器将发动机的爆燃状况反馈给ECU，一旦爆燃程度超过规定的标准，ECU立即发出点火系统推迟点火；当爆燃程度低于规定的标准时，ECU又会将点火时刻提前，循环调节点火时刻的结果，使发动机始终处于临界爆燃的工作状态，此工作状态与发动机的技术状况无关。在此工作状态下，可使发动机获得最大的动力性能，经济性能也可以得到一定程度的改善。

用于检测爆燃信号的传感器有三类：第一类利用装于每个气缸内的压力传感器检测爆燃引起的压力波动；第二类把一个或两个加速度传感器装在发动机缸体或进气管上，检测爆燃引起的振动；第三类对燃烧噪声进行频谱分析。

若用发生爆燃的循环次数与实际工作循环的次数之比值（爆燃率）来衡量爆燃强度，可以定量地把爆燃分为4个等级：爆燃率在5%以下时为微爆燃；5%~10%为轻爆燃；10%~25%为中爆燃；25%以上为重爆燃。

当发动机出现1%~5%的轻微爆燃时，其动力性能、经济性能接近最佳值。闭环控制方式即按轻微爆燃来确定最佳点火提前角。

闭环控制时，ECU测出的爆燃率对点火提前角进行调节。一定时间内无爆燃时，就逐步增大点火提前角，直至发生轻微爆燃；爆燃率大于5%时，又将点火提前角减小，直至爆燃消除。闭环控制原理如图4-19所示。

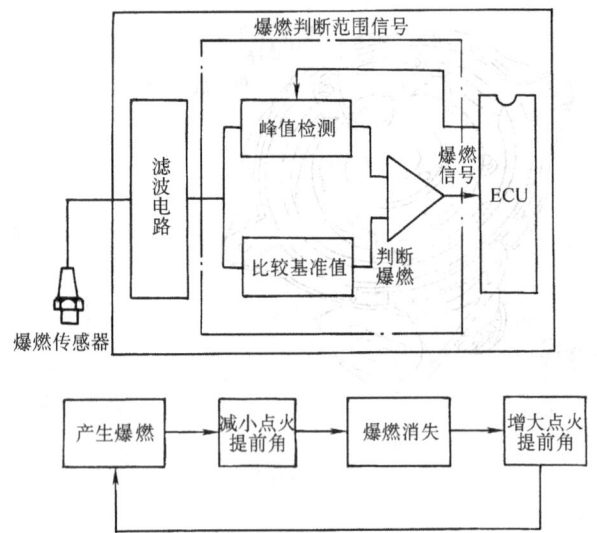

图4-19 闭环控制原理框图

ECU对点火提前角的调节有快速调节法和慢速调节法两种。采用快速调节法时，一旦发生爆燃并需要调整提前角，则将点火提前角减小一个较大的固定值（5°~10°），使爆燃迅速消除。之后，曲轴每转5~20周，就将点火提前角增大1°或0.5°（图4-20）。采用慢速调节法时，则每次将点火提前角减小1°或其他较小值，直至爆燃消除或进入轻微爆燃区。一定时间内无爆燃时，则每次将点火提前角增大1°或其他较小值，直至进入轻微爆燃区（图4-21）。慢速调节法比快速调节法更适合于闭环控制点火系统，因为它能较好地适应发动机技术状况缓慢的变化。有些系统则每次发生爆燃均对点火提前角进行调节，爆燃消除一段时间后，点火提前角又逐步增大。

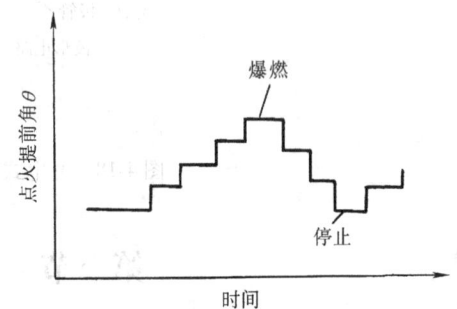

图4-20 点火提前角的快速调节法

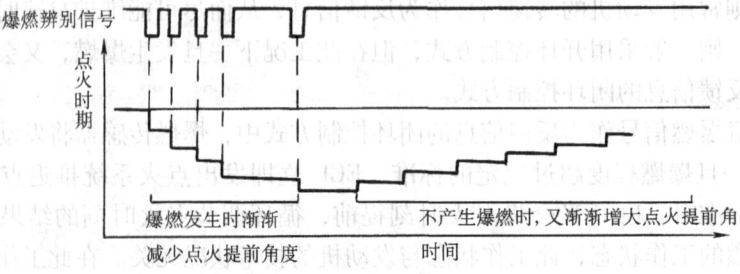

图4-21 点火提前角的慢速调节法

对发动机点火提前角实施闭环反馈控制,无需人工调整点火提前角,同时,可以适当提高发动机的压缩比,进一步改善其动力性和经济性。但排放性能将有一定程度的下降(主要是 NO_x 排放增多)。

第四节 典型电控点火系

一、桑塔纳 2000GLi 型轿车点火系

桑塔纳 2000GLi 型轿车采用的是带分电器电子控制点火系统,它是 Motrinic 1.5.4 发动机电子控制系统的的一个子系统,特点是将点火系统与汽油喷射系统复合在一起,由一个 ECU 来控制,结构简单、工作可靠。

1. 点火系的组成

ECU 控制的点火子系统,主要由点火线圈、分电器、火花塞、带抗干扰元件的连接插座、爆燃传感器、点火导线等组成,结构如图 4-22 所示。桑塔纳采用霍尔式点火信号传感器,装在分电器上。分电器用压板装在发动机缸盖上,分电器转子由凸轮轴驱动。点火线圈在蓄电池正极处点火开关的上方,当一次侧电流通过时,点火线圈的一次线圈经 ECU 中的点火晶体管搭铁,分电器将点火线圈中二次线圈的高压电分配到各个火花塞上。

2. 点火系的工作原理

点火开关接通时,蓄电池向点火线圈一次线圈供电,分电器轴上的触发器转子转过霍尔传感器时,产生一个电动势信号,传输给晶体管点火控制装置。在霍尔传感器内有放大电路,在点火控制器内有按照转速控制导通角的电路和控制一次线圈电压及保护一次线圈的电路,由此实现对一次侧电流的导通与切断工作,使二次线圈感应出几万伏满足点火要求的电压,再由分电器通过高压导线,将高压电传给火花塞,点燃气缸中的可燃混合气。点火子系统根据发动机温度、进气温度、转速、节气门开度、蓄电池电压、爆燃信号并利用

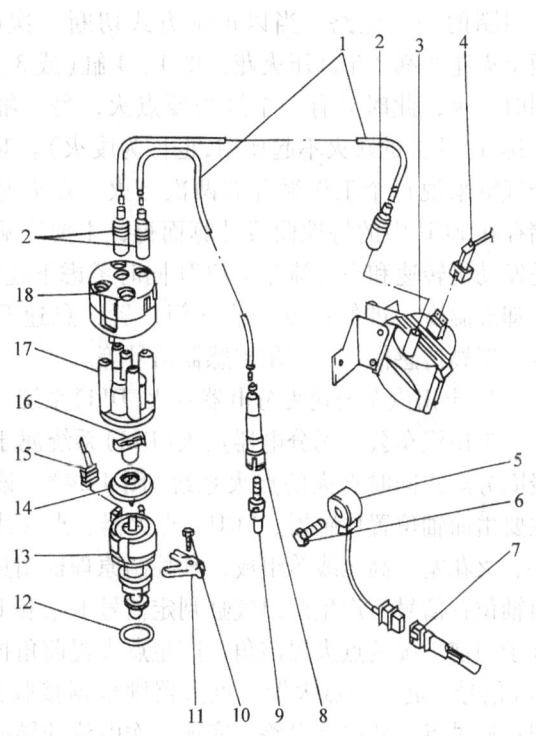

图 4-22 桑塔纳 2000GLi 型轿车点火系组成
1—点火导线 2—连接插座 3—点火线圈 4—点火线圈插头
5—爆燃传感器 6—固定螺钉 7—爆燃传感器插头
8—火花塞插头 9—火花塞 10—分电器压板紧固螺钉
11—分电器压板 12—O 形圈 13—高压分电器
14—防尘盖 15—霍尔传感器 16—分火头
17—分电器盖 18—屏蔽罩

ECU 中的综合特性图,控制点火提前角(点火时刻)、闭合角及爆燃,使之处于最佳状态。

二、捷达王轿车点火系的控制

1. 点火系的组成

点火系由点火线圈、火花塞、霍尔传感器、爆燃传感器(两个)其组成,如图4-23所示。

2. 点火系的工作原理

点火系统为无分电器的电子点火系统,它把点火线圈的二次高压直接送到火花塞,所以也称为电子点火模块或模块点火系统。此系统每两缸配有一个点火线圈,因此四缸发动机需要两个线圈。二次线圈分别连到两个火花塞上,每一端连接一个火花塞。两个点火线圈分别为1、4缸和3、2缸提供点火所需的高压电。点火顺序为1-3-4-2。霍尔传感器和发动机转速传感器提供点火信号,由ECU识别出一缸点火上止点位置,再将这些信号分别供给两个点火线圈的一次电路。当以正常方式切断一次电路,两个火花塞都产生高压火花,即1、4缸(或3、2缸)同时点火,此时只有一个缸需要点火,另一缸正开始排气(此缸的跳火不起作用,也称为废火)。对于每个气缸来说每个工作循环有两次点火。点火时刻由储存在ECU中的特性曲线计算而得,主要影响因素是发动机转速和空气流量。ECU同时考虑下述因素:冷却液温度、进气温度、节气门位置、怠速开关信号、爆燃传感信号、霍尔传感器信号等。

3. 丰田汽车公司无分电器点火(DLI)系统

丰田汽车公司无分电器点火(DLI)系统属于点火线圈分配式同时点火的点火系统(图4-24)。该系统主要由曲轴位置传感器、ECU、点火器、点火线圈组

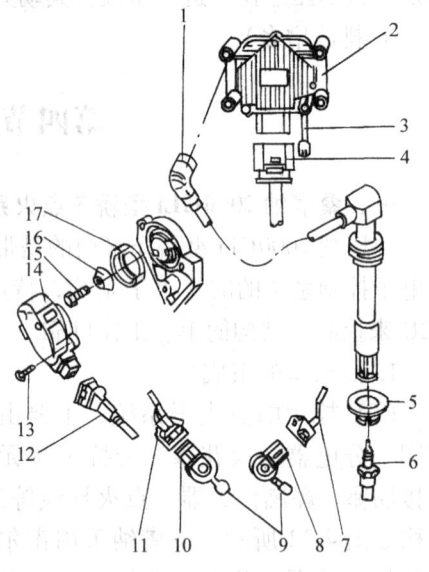

图4-23 捷达王点火系的组成
1—点火高压线及抗干扰插头 2—点火线圈
3—固定螺栓 4—连接插头 5—盖
6—火花塞 7—爆燃连接插头
8、10—爆燃传感器 9、13、15—固
定螺钉 11—爆燃连接插头
12—霍尔传感器连接插头
14—霍尔传感器 16—垫片
17—霍尔传感器隔板

件、火花塞、高压线等组成,其控制原理框图见图4-4。ECU根据曲轴位置传感器所产生的曲轴位置信号,产生两组气缸判定信号IG_{dA}和IG_{dB};还根据其他传感器及开关信号,确定适合于当前工况的点火提前角,产生点火提前角控制信号IG_t;然后再将IG_t信号、IG_{dA}信号及IG_{dB}信号一起输向点火器。点火器则根据接收到的两组气缸判定信号,实现点火气缸的判别;通过点火器内部电路,完成一次电流的导通角控制、恒电流控制、过电压保护、停车断电保护等,发出点火线圈组件中某个点火线圈工作指令;点火器还根据各点火线圈中一次感应电动势,产生点火确认信号IG_f,并以方波的形式反馈给ECU,以便ECU对点火系统的工作状况进行监测,同时,点火确认信号IG_f还向转速表提供转速信号。点火线圈组件中,每个点火线圈分别向两个气缸的火花塞同时提供高压电,使1、6缸(或2、5缸、或3、4缸)同时点火,保证发动机各缸按1-5-3-6-2-4的顺序轮流作功。

(1) 曲轴位置传感器 点火系统采用了磁感应式曲轴位置传感器,用来产生曲轴位置、曲轴转角及曲轴转速信号,使ECU实现对点火系统、汽油喷射系统等的集中控制。曲轴位置传感器的结构如图4-25所示,由G_1、G_2信号线圈、G_1、G_2信号转子、Ne信号线圈、Ne信号转子及永久磁铁等组成,其中G_1、G_2信号转子和Ne信号转子共同由发动机的凸轮轴通过专用的转子轴驱动,其转速为发动机曲轴转速的1/2。G_1、G_2信号转子位于Ne信号转

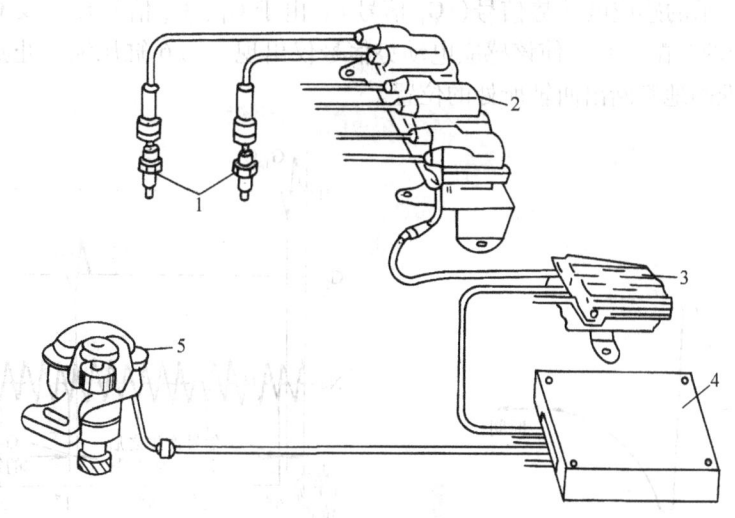

图 4-24 丰田汽车公司无分电器点火系统(DLI)
1—火花塞 2—点火线圈 3—点火器 4—ECU 5—曲轴位置传感器

子上部，G_1、G_2 信号转子上仅有一个凸齿。与该信号转子对应的 G_1、G_2 信号线圈分别设置于信号转子的两边，即两者互相间隔 180°（相当于 360° 曲轴转角）；Ne 信号转子上共有 24 个凸齿。与 Ne 信号转子对应的 Ne 信号线圈只有一个。

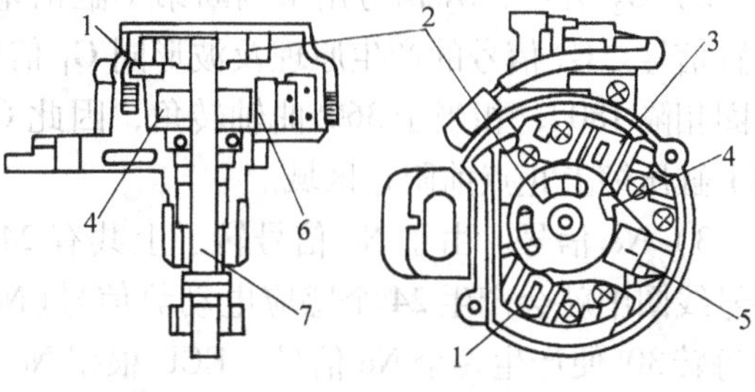

1) G_1 信号。G_1 信号用来判断第 6 缸活塞是否接近压缩行程上止点，即为曲轴位置信号。G_1 信号的产生原理如图 4-25 所示，两块铁心把永久磁铁夹在中间，其中一块铁心上绕有 G_1 信号线圈，永久磁铁产生的磁通大部分都要从 G_1 信号线圈中通过，其磁回路如图 4-26 中虚线所示。G_1、G_2 信号转子随转子轴旋转时，信号转子与铁心间的空气隙会发生周期性变化，引起磁回路总磁阻的周期性变化，G_1 信号线圈中的磁通量也随之周期性变化，在 G_1 信号线圈中产生与磁通量变化速率成正比的感应电动势。由图 4-25 可以看出，G_1、G_2 信号转子上的凸齿接近铁心时，空气隙减小，磁回路的磁阻减小，G_1 信号线圈中磁通量增大，因而产生正向感应电动势；G_1、G_2 信号转子上的凸齿对正铁心时，空气隙最小，磁回路磁阻最小，G_1 信号线圈中磁通量最大，但磁通量的变化速率为零，因而 G_1 信号线圈中的感应电动势为零；当 G_1、G_2 信号转子上的凸齿离开铁心时，G_1 信号线圈中又产生负向感应电动势。因此，在 G_1、G_2 信号转子上的凸齿对正铁心的附近区域，G_1 信号线圈中

图 4-25 曲轴位置传感器结构
1—G_1 信号线圈 2—G_1、G_2 信号转子 3—G_2 信号线圈
4—Ne 信号转子 5—Ne 信号线圈 6—永久磁铁
7—转子轴

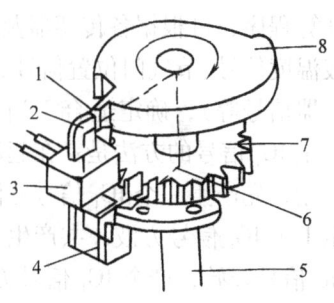

图 4-26 G_1、G_2、Ne 信号的产生原理
1—空气隙 2—铁心 3—G_1 信号线圈 4—永久磁铁 5—转子轴
6—磁场回路 7—Ne 信号线圈
8—G_1、G_2 信号转子

会产生图 4-27 所示的感应电动势信号（G_1 信号）。由于 G_1、G_2 信号转子及 G_1 信号线圈与发动机曲轴之间的装配关系，使该感应电动势信号仅出现于第 6 缸压缩上止点前附近区域，因而可使 ECU 准确地判断出曲轴所处的位置。

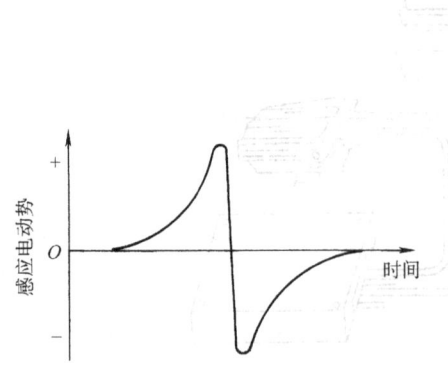
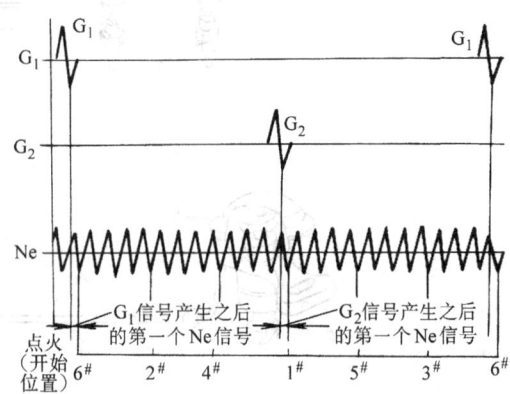

图 4-27　感应电动势信号

2) G_2 信号。G_2 信号用来判断第 1 缸活塞是否接近压缩行程上止点，该信号也为曲轴位置信号。G_2 信号的产生原理及波形同 G_1 信号，只是由于 G_2 信号线圈安装位置与 G_1 信号线圈相隔 180°，相当于 360°曲轴转角，因此 G_2 信号线圈中的感应电动势（G_2 信号）出现于第 1 缸压缩上止点前附近区域。

3) Ne 信号。由于 Ne 信号转子上共有 24 个凸齿，因而 Ne 信号转子每转一圈，在 Ne 信号线圈中就会产生 24 个感应电动势信号（Ne 信号）。这期间曲轴转过了 720°，相当于曲轴每转 30°便产生一个 Ne 信号。ECU 根据 Ne 信号，可以准确掌握曲轴所转过的角度；根据 Ne 信号出现的频率，还可以准确掌握曲轴的转速。因此，Ne 信号又称为曲轴转角与转速信号。

（2）点火系统的控制原理　ECU 接收到的 G_1、G_2、Ne 信号先将其转化为相对应的方波信号，并输入 ECU 进行处理。

1）点火提前角控制信号 IG_t 的产生。ECU 存储有各工况下最佳点火提前角数据及有关计算程序，可根据各传感器及开关输入的信号（包括进气支管绝对压力信号、转速信号、冷却液温度信号、节气门位置信号、空位开关信号、车速信号、起动开关信号、空调开关信号、爆燃传感器信号等），确定适合于当前工况的最佳点火提前角，并产生点火提前角控制信号 IG_t。产生 IG_t 信号的方法是：在起动等工况下，从 G_1 信号（或 G_2 信号）出现后的第一个 Ne 信号开始，先产生一个 IG_t 信号方波，随后，每出现 4 个 Ne 信号（相当于 120°曲轴转角），就产生 1 个 IG_t 信号方波，共产生 3 个 IG_t 信号方波。又从 G_2 信号（或 G_1 信号）出现后的第一个 Ne 信号开始，产个 IG_t 信号方波。之后，每出现 4 个 Ne 信号，就产生 1 个 IG_t 信号方波，共产生 3 个 IG_t 信号方波。直到下一次 G_1 信号（或 G_2 信号）重新出现，曲轴共转过 720°，ECU 共产生 6 个 IG_t 信号方波，可供 6 缸发动机完成一个工作循环点火之用。起动等工况下，IG_t 信号输送给点火器的点火提前角信息为存储器中的 Ne 信号决定的原始点火提前角，原始点火提前角的大小不受 ECU 控制。发动机正常工作时，ECU 可根据所确定的最佳点火提前角的大小，将用上述方法产生的 IG_t 信号方波适当改变相位后，再输向点火器，从而实现对点火提前角的控制。

2) 气缸判定信号 IG_{dA} 和 IG_{dB} 的产生。IG_{dA} 信号的产生：ECU 接收到 G_1 信号（或 G_2 信号）后，便产生一个一定宽度的 IG_{dA} 信号方波，收到 G_2 信号（或 G_1 信号）后，又产生一个同样宽度的 IG_{dA} 信号方波。由于曲轴每转 720° 共有两个 G 信号（G_1 和 G_2 信号），所以发动机每工作循环内，将产生两个 IG_{dA} 信号方波。

IG_{dB} 信号的产生：IG_{dA} 信号产生后，ECU 会随之产生 IG_{dB} 信号。产生 IG_{dB} 信号的方法是：在每个 IG_{dA} 信号方波的下降沿处，产生 IG_{dB} 信号方波的上升沿，经过一定时间之后又转变为下降沿。与 IG_{dA} 信号一样，发动机每工作循环内，也产生两个 IG_{dB} 信号方波。不论是 IG_{dA} 信号还是 IG_{dB} 信号，信号方波的宽度（以曲轴转角计算）不随发动机转速而变。

3) 对点火系统工作的监测。ECU 除向点火器输送点火提前角控制信号 IG_t、气缸判定信号 IG_{dA} 和 IG_{dB} 外，还监测由点火器反馈回来的点火确认信号 IG_f，并将 IG_t 信号与 IG_f 信号进行对比。一旦发现 IG_f 信号与 IG_t 信号不一致，即认为点火系统出了故障，ECU 会将故障编码后存储起来，以便检修时调取，同时点亮报警指示灯，以提醒驾驶员系统出了故障。

4) 1° 信号。Ne 信号转子每转一圈，转子上的 24 个凸齿，产生 24 个感应电动势信号，此时曲轴转过了 720°，即曲轴每转 30° 产生一个信号，将此信号频率提高 30 倍，就得到曲轴转角为 1° 的脉冲信号。

（3）点火器控制原理调整 点火器控制电路框图如图 4-28 所示。点火器从 ECU 接收到的点火提前角控制信号，气缸判定信号 IG_{dA} 和 IG_{dB}（图 4-29）。当 IG_{dA} 信号为低电平、IG_{dB} 信号为高电平时，气缸判定电路将点火提前角控制信号 IG_t 输向前置放大电路 9，到达点火时刻时，点火线圈 A 中的一次电流被切断，二次线圈所产生的高压电输向 1、6 缸火花塞，使

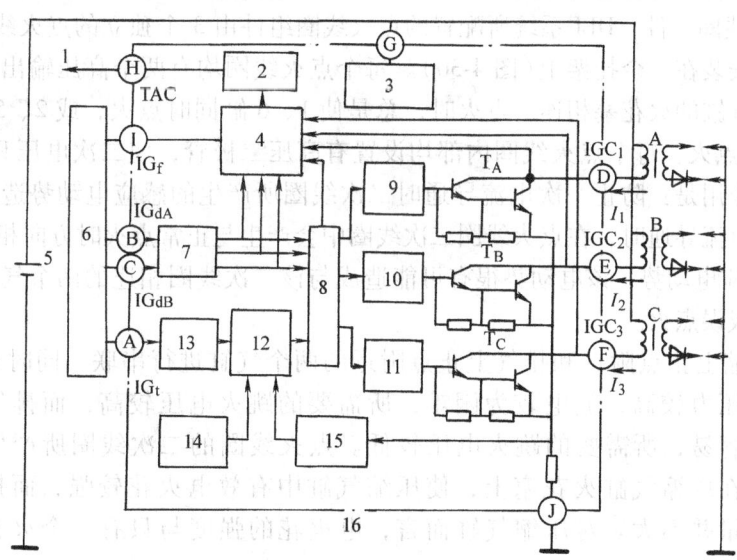

图 4-28 点火器控制电路框图

1—接转速表 2—转速表信号产生电路 3—过电压保护电路 4—点火确认信号产生电路 5—蓄电池 6—ECU 7—输入电路 8—气缸判定电路 9、10、11—前置放大电路 12—导通角控制电路 13—输入电路 14—停车断电保护电路 15—恒电流控制电路 16—点火器 A、B、C—点火线圈

1、6缸同时点火，其中，压缩缸中的电火花有效，排气缸中的电火花为废火；当 IG_{dA} 信号为低电平、IG_{dB} 信号也为低电平时，气缸判定电路将点火提前角控制信号 IG_t 输向前置放大电路 10，到达点火时刻时，点火线圈 B 中的一次电流被切断，使 2、5 缸同时点火；当 IG_{dA} 信号为高电平、IG_{dB} 信号为低电平时，气缸判定电路将点火提前角控制信号 IG_t 输向前置放大电路 11，到达点火时刻时，点火线圈 C 中的一次电流被切断，使 3、4 缸同时点火。

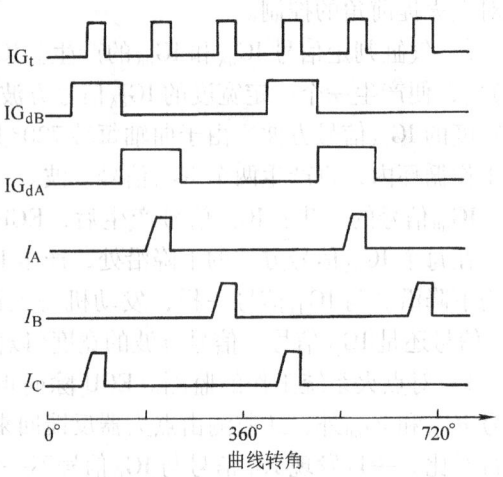

图 4-29 气缸判定信号 IG_{dA} 和 IG_{dB}

由于所有点火线圈中一次电流均在 IG_t 信号方波下降沿处被切断，因此，ECU 通过改变 IG_t 信号的相位，即可改变一次电流被切断的时刻，从而实现对发动机点火提前角的控制。

点火确认信号产生电路根据各点火线圈中一次电流被切断时产生的自感电动势作为点火确认信号 IG_f，并以方波的形式反馈给 ECU，由 ECU 对点火系统的工作状况进行监测。转速表信号产生电路则根据点火确认信号 IG_f，产生转速表信号 TAC 并输给电子转速表，以便指示发动机的转速。点火器中，导通角控制电路、恒电流控制电路、停车断电保护电路、过电压保护电路等的作用与普通电子点火系统中的有关电路相同，此处不再赘述。

（4）点火线圈组件 DLI 系统所配置的点火线圈组件由 3 个独立的点火线圈组成，3 个点火线圈共同安装在一个托架上（图 4-30）。每个点火线圈均有两个高压输出端，分别通过高压线与两个气缸的火花塞相连。点火时，总是使 1、6 缸同时点火，或 2、5 缸同时点火，或 3、4 缸同时点火。每个点火线圈内部均设置有高压二极管，使二次电压只能单向导通。高压二极管的作用是：防止一次电流导通时二次线圈所产生的感应电动势造成发动机误点火。因为一次电流导通时，在点火线圈二次线圈中会产生与正常点火时方向相反的、幅值达 10^4 V 以上的感应电动势，该电动势很有可能造成与该二次线圈相连的两个气缸中的火花塞跳火，从而造成误点火。

对处于压缩上止点附近和排气上止点附近的两个气缸进行串联、同时点火时，由于压缩气缸内的压力较高，放电较为困难，所需要的跳火电压较高，而排气气缸内的压力较低，放电容易，所需要的跳火电压较低。点火线圈的二次线圈所产生的高压电的绝大部分都加在压缩气缸火花塞上，使压缩气缸中有效电火花较强，而排气气缸中废火所消耗的能量并不大。对压缩气缸而言，电火花的强度与只有一个火花塞跳火的情况基本相同。

4. 火花塞

火花塞采用了白金电极，火花塞间隙的标准值为 1.0～1.1mm，最大值为 1.3mm。不允许调整电极间隙。在积碳等情况下，需要清洁火花塞时，为了保护电极，只能用火花塞清洁器短时间（不超过 20s）清洁。

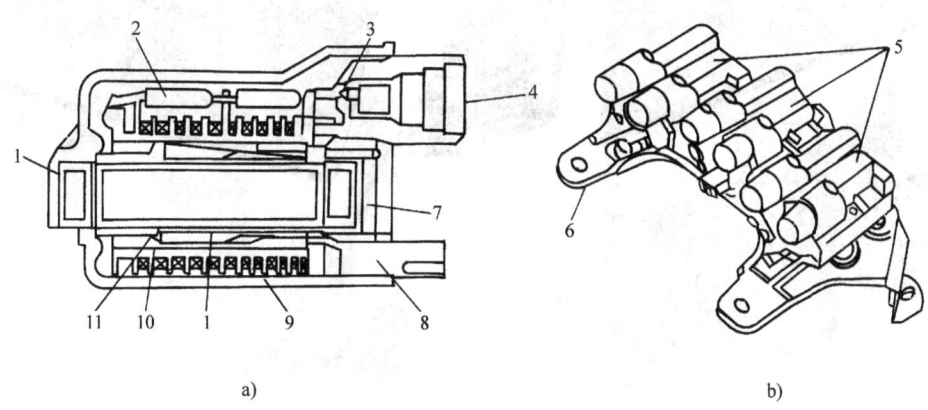

图 4-30 点火线圈组件
a) 点火线圈的内部结构 b) 点火线圈组件外形
1—铁心 2—高压二极管 3—高压接线柱(插孔) 4—盖 5—点火线圈
6—托架 7—填充材料 8—低压接线端子 9—外壳
10—二次线圈 11—一次线圈

第五章 发动机辅助电控系统

第一节 怠速控制

怠速转速过高，会增加燃油消耗量。因此，怠速转速应尽可能低。但考虑到减少有害物的排放，怠速转速又不能过低。另外，考虑所有怠速使用条件下，如冷车运转与电器负荷、空调装置、自动变速器、动力转向伺服机构的接入等情况，它们都会引起怠速转速的变化，使发动机怠速不稳甚至会引起熄火现象。

通常发动机输出动力时，其转速是由驾驶员通过加速踏板控制节气门开度，调节进气量的方法来实现的。但在怠速时，驾驶员的脚已离开加速踏板，驾驶员要对进气量进行适时调节已不可行，为此在大多数电控汽油喷射发动机上都设有不同类型的怠速转速控制装置。

怠速时，节气门处于关闭状态，空气通过节气门缝隙及旁通节气门的怠速调节通道进入发动机，由空气流量计（或进气支管压力传感器）检测该进气量，并根据转速及其他修正信号控制喷油量，使转矩与发动机本身内部阻力矩相平衡，保证发动机在怠速下稳定运转。当发动机的内部阻力矩发生变化时，怠速运转转速将会发生变化。发动机怠速控制装置的功能就是自动维持发动机怠速稳定运转。

怠速控制（ISC）是通过调节空气通道面积以控制进气流量的方法来实现的。

一、怠速控制系统的组成与控制原理

（一）怠速控制系统的组成

怠速控制系统各组成部分及其功用见表5-1。

表5-1 怠速控制系统组件和功能

组件		功能
传感器	转速传感器(Ne信号)	检测发动机转速
	节气门位置传感器	检测发动机处于怠速状态
	冷却液温度传感器	检测发动机冷却液温度
	起动开关信号	检测发动机正在起动中
	空调开关(A/C)信号	检测空调的工作状态(ON、OFF)
	车速传感器	检测车速
	空挡起动开关信号(P/N)	检测换挡手柄位置
	液力变矩器负荷信号	检测液力变矩器负荷变化
	动力转向开关信号	检测动力转向工作状态
	发电机负荷信号	检测发电机负荷的变化
执行器	怠速控制阀(ISC)	控制节气门旁通空气通道
ECU		根据从各传感器输入的信号,把发动机的实际转速与各传感器输入的信号所决定的目标转速进行比较。根据比较得出的差值,确定相当于目标转速的控制量,去驱动控制空气量的执行机构,使怠速转速保持在目标转速上

（二）怠速控制原理

如图5-1所示,ECU根据从各传感器的输入信号所决定的目标转速与发动机的实际转速进行比较,根据比较得出的差值,确定相当于目标转速的控制量,去驱动控制空气量的执行机构,使怠速转速保持在目标转速附近。

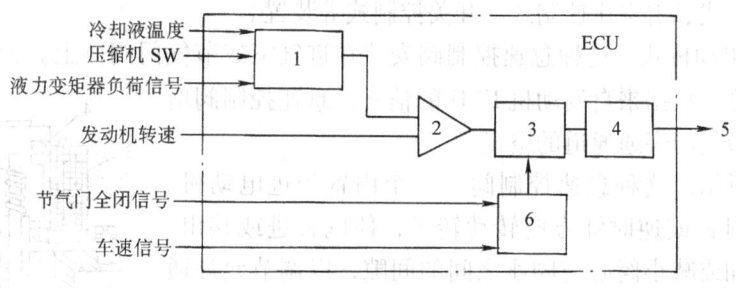

图5-1 怠速控制系统的组成
1—目标转速 2—比较器 3—控制量计算 4—执行元件驱动器
5—执行机构 6—怠速状态判别

（三）怠速控制执行机构

控制空气量的执行机构,大致可分为两种:一种是控制节气门最小开度的节气门直动式;另一种是控制节气门旁通气道中空气流量的旁通空气式。

1. 节气门直动式

节气门直动式怠速控制装置是通过控制节气门开启程度,调节空气流通的面积,达到控制进气量,实现怠速控制的(图5-2),目前常见在单点喷射系统中。由图5-2可见,怠速执行机构由直流电动机、减速齿轮、丝杠等组成。急速执行机构的传动轴与节气门操纵臂的全闭限制器相接触。当发动机 ECU 控制直流电动机通电时，直流电动机产生旋转转矩，通过减速齿轮，旋转转矩被增大。然后又通过丝杠变角位移为传动轴的直线运动，通过传动轴的旋入或旋出，调节节气门全闭限制位置，达到调节节气门处空气通道面积，进而实现急速转速的控制。

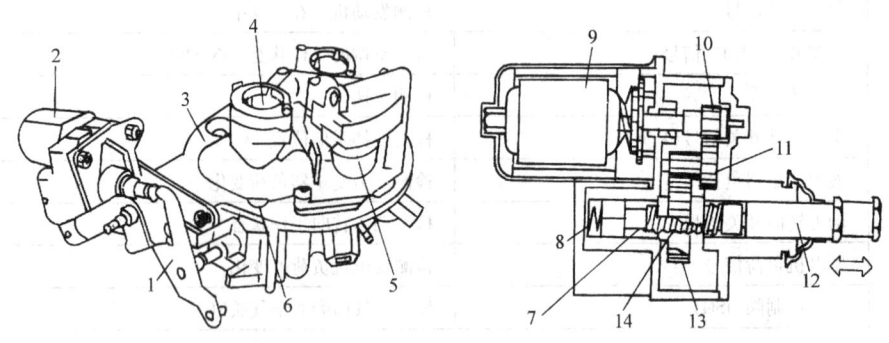

图 5-2 节气门直动式执行机构

1—节气门操纵臂 2—执行机构 3—节气门体 4—喷油器 5—压力调节器
6—节气门 7—防转动六角孔 8—弹簧 9—直流电动机 10—减速齿轮 1
11—减速齿轮 2 12—传动轴 13—减速齿轮 3 14—进给丝杠

这种节气门直动式急速控制机构，具有较强的工作能力，控制位置稳定性好。但由于节气门直动式工作时，为了克服节气门关闭方向回位弹簧的作用力，使用了减速机构，使移位速度下降，造成响应性不太好，同时急速执行机构的外形尺寸较大，目前使用较少。

2. 旁通空气式

在多点汽油喷射系统中多采用控制旁通空气通道的执行机构，本节主要介绍步进电动机式、旋转电磁阀式、占空比控制式、开关控制式等装置。

（1）步进电动机式 这种急速控制阀安装在进气室或节气门阀体上。为了控制发动机急速运转的速度，根据来自发动机 ECU 的信号，急速控制阀增加或减少流过节气门旁通通道的空气量。

如图 5-3 所示，这种急速控制阀有一个内置步进电动机。这个电动机顺时针或逆时针方向转动转子，使阀移进或移出。这一动作又增加或减小阀心与阀座之间的间隙，以调节允许通过的空气量。由于步进电动机式急速控制阀气流容量很大，因此也用于控制快急速。步进电动机式急速空气调整的原理是：将由永久磁铁构成的转子的旋转运动变成直线运动的进给丝杆，然后带动阀心运动，控制通道面积的大小，从而达到调节旁通空气道截面的目的。转子可以利用步进转换控制，使转子正转或反转，以控制进或退。不同汽车公司所采用的步进电动机式急速控制阀结构形式略有差异，但其基本工作原理相同。以日本三菱汽车公司（Mitsubishi Motors Corporation）的产品为例，介绍其结构和工作原理。转子由永久磁铁构成，N 极和 S 极在圆

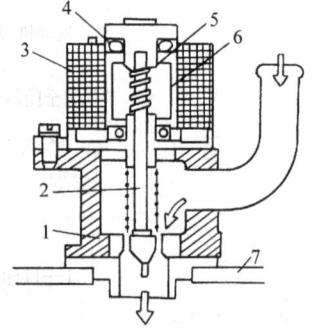

图 5-3 步进电动机式急速控制阀

1—阀座 2—阀轴 3—定子
4—轴承 5—进给丝杠 6—转子
7—阀心

周上相间排列,共有 8 对磁极。定子由 A、B 两个定子组成,其内绕有 A、B 两组线圈,线圈由导磁材料制成的爪极包围(图5-4)。每个定子各有八对爪极,每对爪极(N 极与 S 极)之间的间距为一个爪的宽度,A、B 两定子爪极相差一个爪的差位,构成一体安装地外壳上(图5-5)。爪极的极性是变换的,由 ECU 输出的控制定子相线绕组的电压脉冲决定。A、B 两个定子绕组分别由 1、3 相绕组和 2、4 相绕组构成,由 ECU 内晶体管控制各相绕组的搭铁(图5-6)。相线控制脉冲如图5-7 所示,欲使步进电动机正转时,相线控制脉冲按 1-2-3-4 相顺序依次迟后 90°相位角,定子上 N 极向右方向移动(图5-8),转子随之正转。反之,欲使步进电动机反转时,相线控制脉冲按 1-2-3-4 相顺序依次超前 90°相位角,定子上 N 极向左方向移动,转子随之反转。

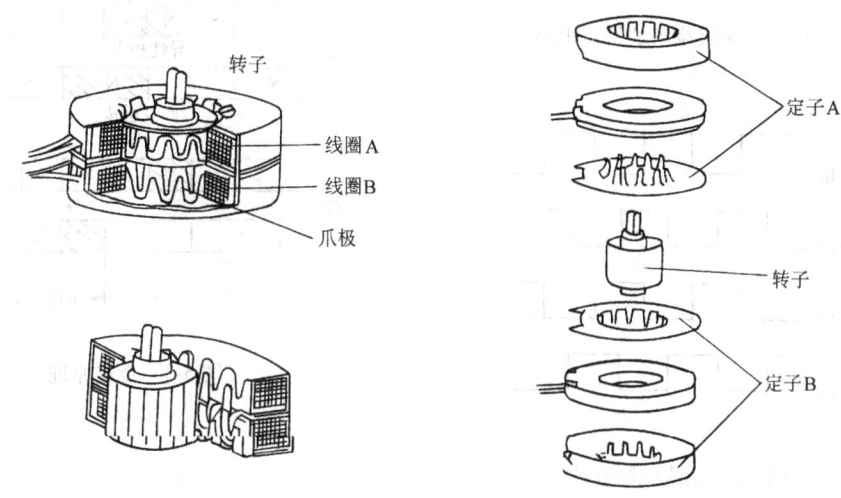

图5-4 定子结构

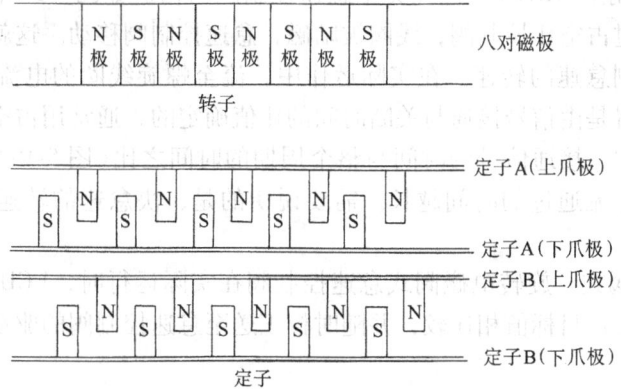

图5-5 定子爪极布置

转子的转动是因为定子绕组电磁铁和转子永久磁铁的 N 极和 S 极之间的互相吸引,引力产生的转矩使 N 极和 S 极转到最近距离。由于定子的爪极极性随相线控制脉冲的变化而改变,所以转子也随之转动,以保持转子的 N 极随时与定子的 S 极对齐。可见阀心移动的

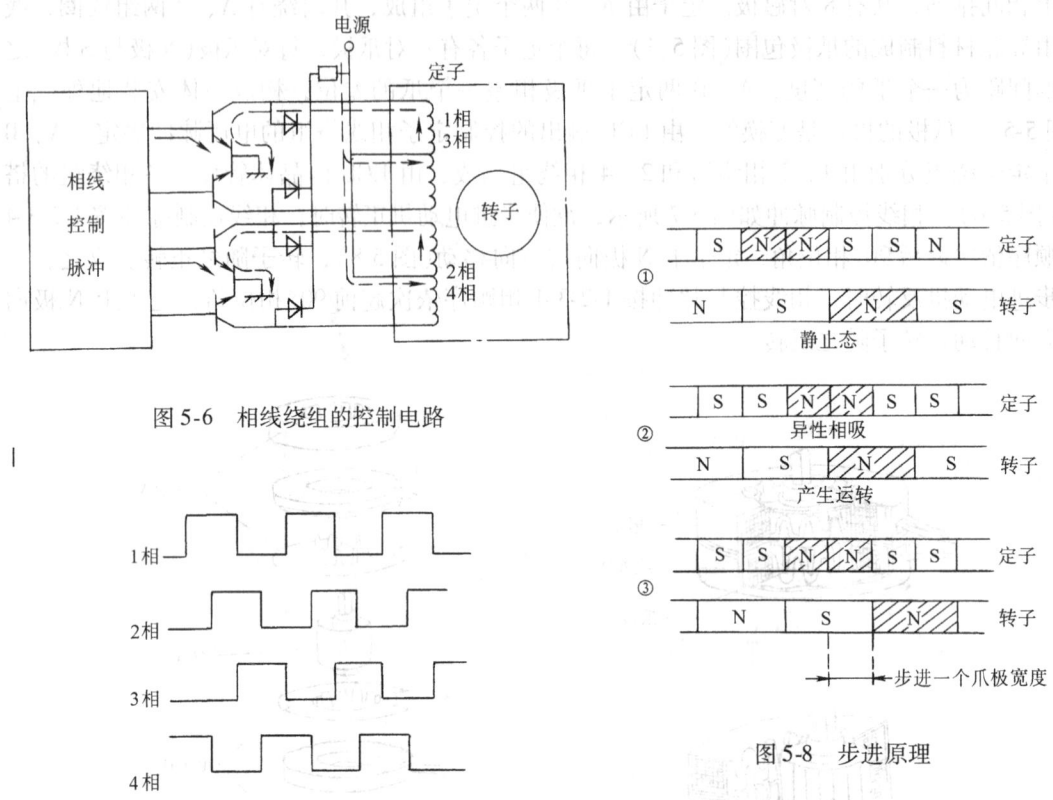

图 5-6 相线绕组的控制电路

图 5-7 相线控制脉冲

图 5-8 步进原理

距离和移动的方向均由相线控制脉冲决定。转子转动一圈为 32 个步级，每个步级转动一个爪的转角，即 11.25°，步进电动机的工作范围为 0～125 步级。

(2) 占空比控制型(ACV) 这种类型怠速控制阀的构造如图 5-9 所示。由发动机 ECU 信号控制的电流通过占空比控制阀，线圈被励磁，怠速控制阀移动。这就改变了阀与阀体之间的间隙，从而控制怠速的转速。在实际运作中，流至螺旋线圈的电流是每 100ms 通断一次。所以，阀的位置是由信号接通与关断时间的比值确定的，通常用占空比来描述。所谓占空比是指一个周期内，接通信号的时间与整个周期的时间之比(图 5-10)。怠速控制阀打开得越大，线圈中有电流通过的时间越长。需要说明的是，快怠速的转速是用其他空气阀控制的。

(3) 旋转电磁阀式 旋转电磁阀式怠速控制阀在实际运行时，ECU 将检测到的怠速转速实际值与储存的设定目标值相比较，并随时校正送至怠速控制阀的驱动信号，以实现稳定的怠速运行。

图 5-11 所示为旋转电磁式怠速控制阀的剖视图，它由永久磁铁、电枢、旋转滑阀、螺旋回位弹簧和电刷及引线等组成。旋转滑阀固装在电枢轴上，与电枢轴一起转动，用以控制流过旁通道的空气量。永久磁铁固装在外壳上，其间形成磁场。电枢位于永久磁铁的磁场中，电枢铁心上缠有两组绕向相反的磁化线圈 L_1 和 L_2，当线圈 L_1 通电时，电枢带动旋转滑阀顺时针偏转，空气旁通道截面关小；线圈 L_2 通电时，电枢带动旋转滑阀逆时针偏转，空气旁通道截面开大。L_1 和 L_2 的两端与电刷滑环相连，经电刷引出与 ECU 相连接(图 5-12)。

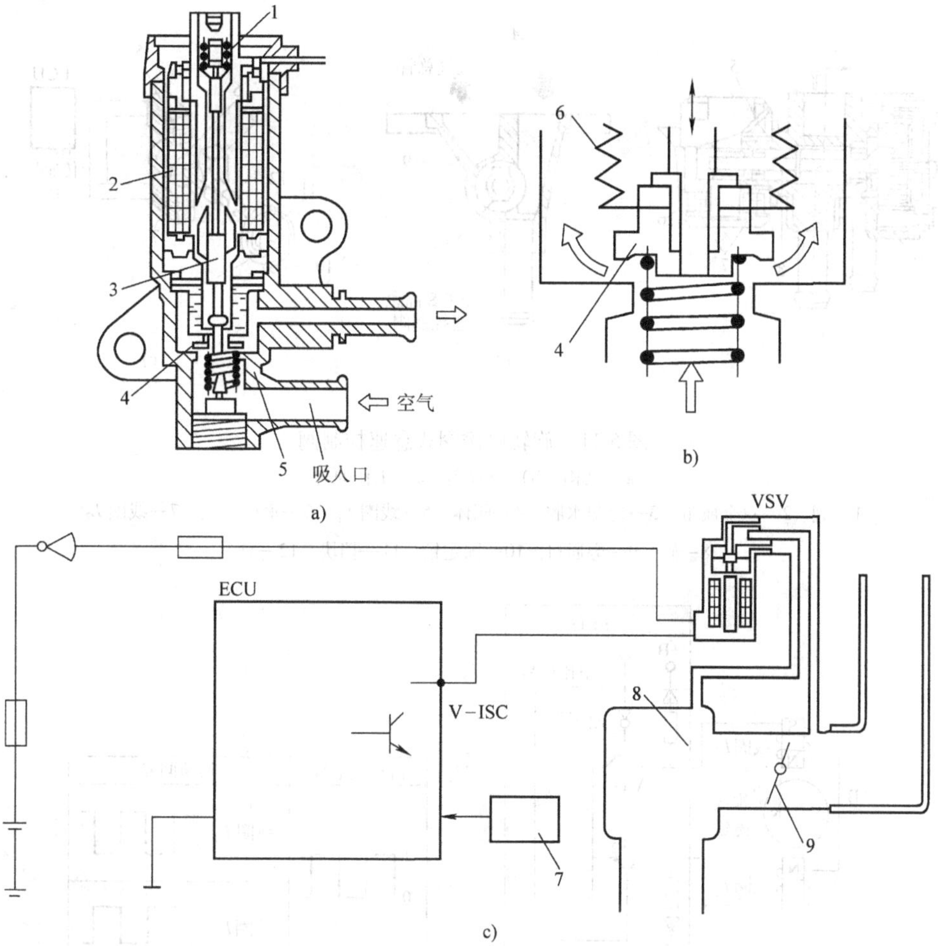

图 5-9　占空比型怠速控制阀
a) 结构　b) 示意图　c) 与 ECU 连接
1—弹簧　2—磁化线圈　3—轴　4—阀　5—壳体　6—波纹管
7—传感器　8—进气总管　9—节气门

电枢轴上的电刷滑环，类似电机换向器结构，它由三段滑片围合而成，其上各有一电刷与之接触。电枢绕组 L_1 和 L_2 的两端分别焊接在相应的滑片上。当点火开关旋至 "ON" 时，空气调整器接线插头 "2" 上即有蓄电池电压，电枢绕组 L_1 和 L_2 是否通电，则由 ECU 中控制 L_1 和 L_2 搭铁的晶体管 VT_2 和 VT_1 的通断状态决定。由于占空比控制信号和晶体管 VT_1 的基极之间接有反相器，故晶体管 VT_1 和 VT_2 集电极输出相位相反。因此，旋转滑阀式怠速空气调整器上的两个电枢绕组总是交替地通过电流，又因两组线圈绕向相反，致使电枢上交替产生方向相反的电磁转矩。由于电

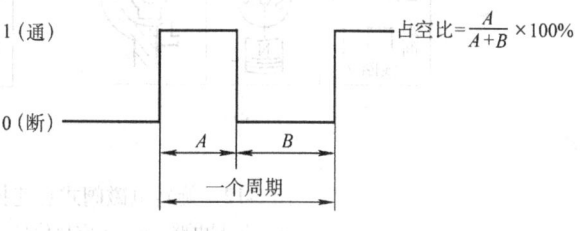

图 5-10　占空比

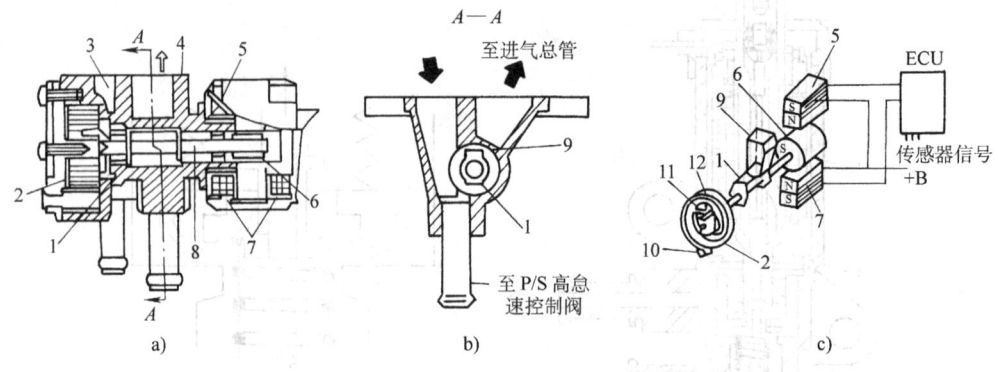

图 5-11　旋转电磁阀式怠速控制阀
a) 结构　b) 位置图　c) 工作原理
1—阀　2—双金属带　3—冷却水腔　4—阀体　5—线圈 L_1　6—永久磁铁　7—线圈 L_2
8—轴　9—旁通口　10—固定销　11—挡块　12—杆

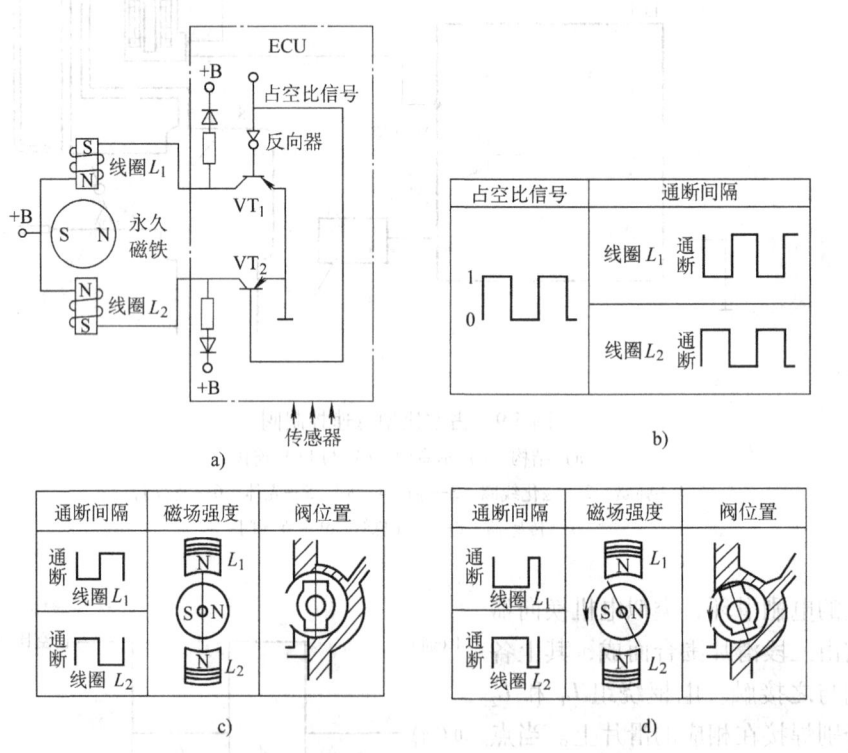

图 5-12　旋转电磁阀式怠速控制阀电路连接图
a) 控制电路　b) 占空比信号　c)、d) 工作原理

磁转矩交变的频率较高(约 250Hz),且电枢转动具有一定的惯性,所以旋转滑阀将根据控制信号的占空比摆到一定的角度稳定。当占空比为 50% 时,L_1 和 L_2 线圈的平均通电时间相等,二者产生的电磁转矩抵消,电枢轴停止偏转。当占空比小于 50% 时,线圈 L_1 的平均通电时间长,其合成电磁转矩使电枢带动旋转滑阀顺时针偏转抵消,空气旁通道截面关小,怠

速降低；反之，当占空比大于50%时，空气旁通道截面开大，急速升高。如此，旋转滑阀根据控制脉冲信号的占空比偏转，占空比的范围约为18%（旋转滑阀关闭）至82%（旋转滑阀打开）之间，滑阀的偏转角度限定在90°内。

（4）开关控制型（VSV） 这种类型急速控制阀的构造如图5-13所示。由发动机ECU信号控制的电流通过线圈，使线圈励磁，线圈将阀打开，从而增加急速约100r/min（快急速转速由其他空气阀控制）。

二、急速控制过程

根据有关传感器信号，ECU控制急速控制阀，使发动机在不同急速工况时都处在最佳转速下稳定运转。

1. 步进电动机式

步进电动机式急速控制阀的控制线路如图5-14所示，步进电动机式急速控制阀与发动机ECU连接。适用于不同冷却液温度和空调器各种运行状况的目标急速，都储存在ECU的存储器中。ECU根据节气门开启角度和车速信号判定发动机处于急速工况时，按一定

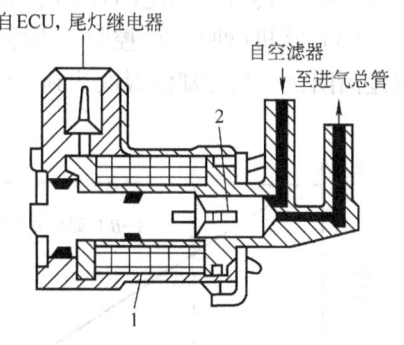

图5-13 开关控制型
1—磁化线圈 2—开关阀

顺序使 $VT_1 \sim VT_4$ 晶体管依次导通，分别向急速步进电动机4个绕组线圈供电，驱动步进电动机旋转，调节旁通空气通道的开度，从而调节旁通空气量，使发动机转速达到目标急速。

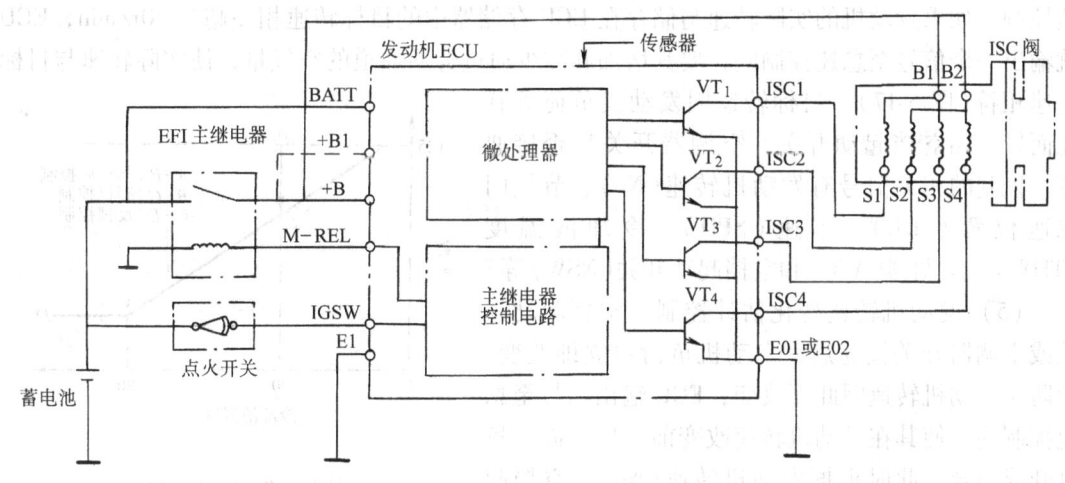

图5-14 步进电动机急速控制阀控制电路

（1）起动设定 发动机停机（没有Ne信号传至ECU）时，急速控制阀就全开（至125级）以改善发动机再次起动时的起动性能。为了使急速控制阀的设定（全开）适于发动机下次起动，即使在点火开关关断后，还必须继续供电给ECU和急速控制阀片刻。因此，为了保持主继电器接通，ECU从"M-REL"端子输出12V电压，直至急速控制阀被设定。设定一完成，急速控制阀就切断流至主继电器残留的电流。

（2）起动控制 由于急速控制阀事先设定，起动中通过急速控制阀的空气量是最大可能量。这使发动机易于起动。但是，发动机起动后，如果急速控制阀保持全开，转速会升得

太高。所以,当发动机在起动中或起动后达到一定转速(这一转速由冷却液温度信号确定)时,ECU 就开始输出信号至怠速控制阀,使其从 125 级(全开)闭合至接近由冷却液温度所确定的一点。例如,起动时冷却液温度为 20℃,怠速控制阀就会从全开位置(125 级,即点 A)逐渐闭合至点 B,即发动机转速达到预定值的一点(图 5-15)。控制的相关信号有发动机转速(Ne)、冷却液温度(THW)、节气门怠速位置(IDL)、车速(SPD)等。

(3) 暖机(快怠速)控制　当冷却液温度升高时,怠速控制阀从起动中闭合的那一点继续逐渐闭合。当冷却液温度达到 80℃ 时,怠速控制阀将快怠速控制终止(图 5-16)。

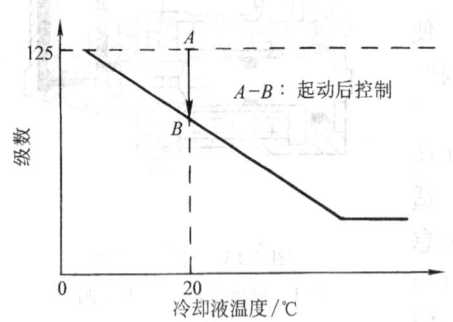

图 5-15　起动控制

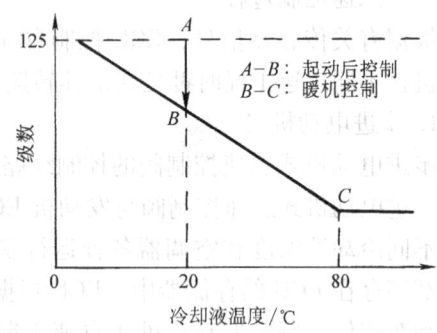

图 5-16　暖机控制

(4) 反馈控制　怠速触点接通,车速低于预定值,冷却液温度约为 80℃ 时,就进行反馈控制。如果发动机的实际转速与储存在 ECU 存储器中的目标转速相差超过 20r/min,ECU 就输出一个信号至怠速控制阀,要其增加和减少通过旁通通道的空气量,使实际转速与目标转速相符(图 5-17)。目标转速因发动机负荷等状况而异,如空挡起动开关、空调器开关是否接通等。控制的相关信号有发动机转速(Ne)、节气门怠速位置(IDL)、车速(SPD)、冷却液温度(THW)、空调器(A/C)和空挡起动开关(NSW)等。

(5) 发动机转速变化估计控制　空挡起动开关或空调器开关接通后,发动机负荷也立即改变。为防止发动机转速因此而改变,ECU 输出信号至怠速控制阀,使其在发动机转速改变前,按一固定量打开或闭合。此时根据发动机转速(Ne)、空挡起动开关(NSW)、节气门怠速位置(IDL)、车速(SPD)和空调器(A/C)等信号控制。

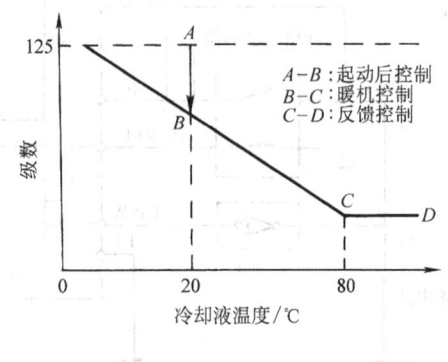

图 5-17　反馈控制

(6) 电负荷怠速提高控制　由于施加电负荷时,交流发电动机的发电能力增加,发动机 ECU 将打开一定级数,使在端子"+B"或端子"IGSW"已有电压降时,或者在信号已施加在端子"LP"、端子"DFG"、或端子"ELS"上时,提高怠速转速。此时根据电负荷(LP、DFG 或 ELS)、发动机转速(Ne)、节气门怠速位置(IDL)和车速(SPD)等信号进行控制。

(7) 其他控制　除了上述控制外,有些发动机还有其他控制形式。如减速时,怠速控制阀在这个控制中的运作类似减速缓冲阀;当机油压力开关接通时,怠速控制阀打开少许等。

2. 占空比控制型(ACV)

占空比控制阀安装在进气支管上,利用来自发动机 ECU 的信号(占空比信号)控制经过节气门的进气量。空气流量是由来自 ECU 的空气流量信号接通的时间与断开的时间之比确定的。如怠速转速因发动机运转情况变化或电负荷变化(如空调器开关或空挡起动开关接通等)而下降,占空比控制阀按照来自 ECU 的信号控制绕过节气门的空气量,从而帮助稳定怠速转速(在预热中,快怠速转速是由空气阀控制的)。控制电路如图 5-18 所示。

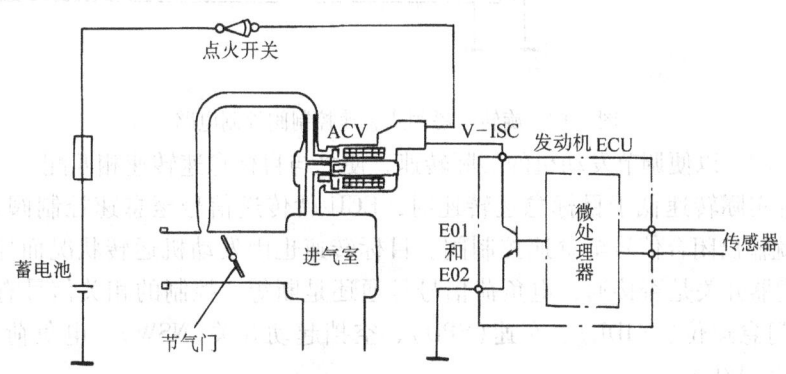

图 5-18　占空比怠速控制阀控制电路

(1) 起动控制　为在曲轴开始旋转时改善起动性能,当起动信号接通,使占空比怠速控制阀完全打开。

(2) 反馈控制　除了起动控制、发动机转速变化估计控制及恒定占空比控制这些情况,ECU 都改变"V-ISC"信号以保持怠速转速。

(3) 发动机转速变化估计控制　空调器开关或空挡起动开关接通时,占空比改变。这一控制就是帮助限制怠速转速的改变。

(4) 恒定载荷控制　当怠速触点断开或空调器开关接通时,ECU 使占空比怠速控制阀保持在一固定开度。

3. 旋转电磁阀式

图 5-19 为旋转电磁阀式怠速控制阀与发动机 ECU 相连接的电路。不管发动机是冷态或热态,怠速控制阀在怠速转速的全部范围内,通过占空比控制(占空比 0~100%)进行反馈控制。

(1) 起动控制　发动机起动时,怠速控制阀根据储存在 ECU 存储器的数据,按照发动机当时的运转情况打开,这就改善了起动性能。此时 ECU 根据冷却液温度(THW)和发动机转速(N_e)等信号进行控制。

(2) 暖机(快怠速)控制　发动机起动后,ECU 根据冷却液温度控制快怠速。此外,还进行反馈控制,以保证发动机怠速转速与目标转速匹配。目标怠速转速的数据储存在存储器中。

(3) 反馈控制　发动机起动后,当反馈控制运作的所有条件都具备时,ECU 就不断地将发动机的实际转速与储存在存储器中的目标怠速转速相比较。ECU 将必需的控制信号输

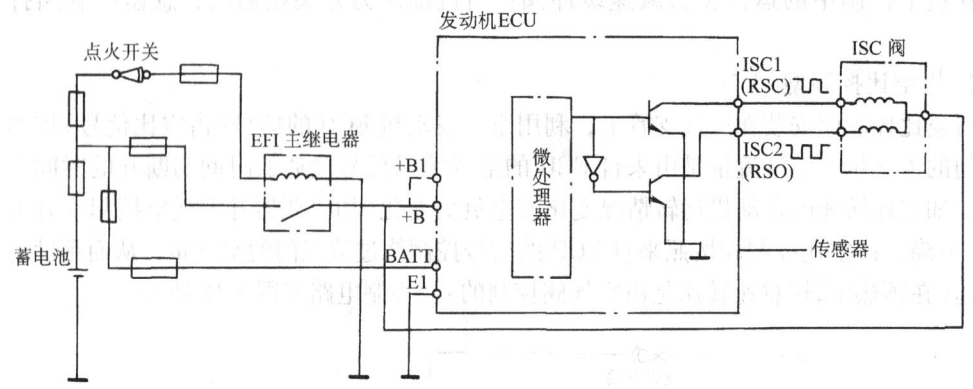

图 5-19 旋转电磁阀式怠速控制阀控制电路

送至怠速控制阀,以便调节发动机的实际转速,使之与目标怠速转速相匹配。

当发动机实际转速低于目标怠速转速时,ECU 就传送信号至怠速控制阀,将其打开;反之,ECU 就输出闭合信号至怠速控制阀。目标转速也因发动机运转状况而异,如空挡起动开关、空调器开关是否接通,电负荷信号是通还是断等。控制的相关信号有发动机转速(Ne)、节气门怠速位置(IDL)、车速(SPD)、空挡起动开关(NSW)、电负荷(LPD、FG 或 ELS)和空调器(A/C)等。

(4) 发动机转速变化估计控制　空挡起动开关、尾灯继电器或除雾器继电器或空调器开关接通后,发动机负荷也立刻改变。为防止发动机转速也因此而改变,此前,ECU 就输出信号至怠速控制阀,将其打开或闭合一固定量。ECU 根据空挡起动开关(NSW)、电负荷(LP、DFG 或 ELS)、车速(SPD)和空调器(A/C)等信号进行控制。

(5) 其他控制　除了上述控制外,还有减速缓冲器控制。作用是防止当节气门位置传感器的怠速触点闭合时,因发动机转速突然变化而使怠速转速突然下降。

在有些型号的发动机中,安装有电动液压动力转向装置(EHPS),当因电动液压动力转向装置工作电负荷急剧增加时,怠速转速也增加。在涡轮增压的发动机中,当怠速转速在高速或高负荷工作后恢复正常时,若油液压力降得太低,不能给涡轮提供足够润滑,会发生涡轮咬死。为此必须控制怠速转速逐渐降低,以使机油泵给涡轮增压器供给充足的机油,防止上述情况发生。

4. 开关控制型(VSV)

如图 5-20 所示,发动机 ECU 根据来自各个传感器的信号,将信号传送至怠速控制阀,使发动机以适当转速进行怠速运转。在暖机时,快怠速转速由空气阀控制。

在下列情况下,开关控制型怠速控制阀由关断转为至接通:

1) 当发动机曲轴正在旋转时,以及在起动后的瞬间。
2) 当怠速触点接通,发动机转速低于一预定的转速(视空挡起动开关信号而定)时。
3) 在怠速触点接通(自动变速器车辆),从"P"或"N"位换至其他任何位后的几秒钟。
4) 尾灯控制开关接通。
5) 后窗除雾器开关接通。

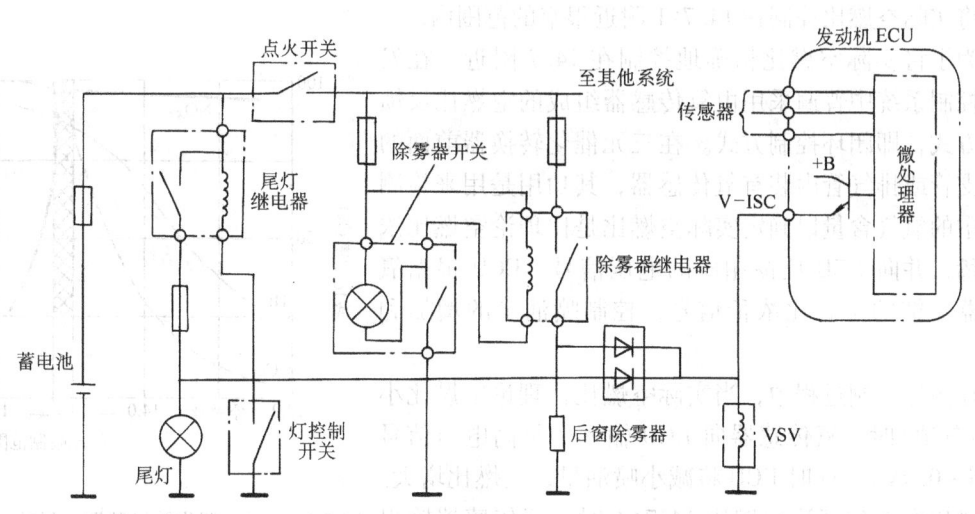

图 5-20 开关控制型怠速控制阀控制电路

6) 如检查端子"T"或"TE_1"连接至"E_1",则开关控制型怠速控制阀保持关断。但是,如果控制开关或后窗除雾器开关接通,则开关控制型怠速控制阀也接通。此时开关控制型怠速控制阀阀打开,流过旁通通道空气量增大,使发动机怠速保持稳定。

在下列情况下开关控制型怠速控制阀由接通转为关断:

1) 发动机起动后,经过一段时间。
2) 怠速触点接通而且 A/C 的磁性离合器分离时,发动机转速升至超过一预定的转速(视空挡起动开关信号而定)时。
3) 怠速触点接通而且 A/C 的磁性离合器分离(自动变速器车辆),变速器从"P"或"N"位换至其他任何位后一段预定时间,并且发动机转速超过一预定转速时。
4) 尾灯控制开关关断。
5) 后窗除雾器开关关断。

此时开关控制型怠速控制阀关闭,流过旁通通道空气量减少,使发动机保持稳定怠速运转。

第二节 排放控制

汽车发动机作为一个大气污染源,应该采取各种有效措施予以治理和改造。关于汽车发动机排气的控制和净化问题,各国都进行了大量的研究工作,研制了不少的技术措施。这些方法大致可分为:发动机本身的改进和增加排放净化装置。而由于发动机本身的改进,较难满足日益严格的排放法规和降低成本等要求,因此现代汽车采取了多种排放控制措施来减少汽车的排气污染,如三元催化转换、废气再循环(EGR)、活性碳罐蒸发控制系统等。

一、闭环控制

在发动机开环控制过程中,ECU 只是根据转速、进气量、进气压力、冷却液温度等信号确定喷油量,即控制混合气空燃比。由于三元催化转换装置的特性是空燃比附近的转换效率较高(图 5-21),因此必须将空燃比比较精确地控制在 14.7:1 附近。对于开环控制来说,很难将实际空燃比控制在14.7:1附近很窄的范围内。

为了将实际空燃比精确地控制在14.7附近，在发动机控制系统中普遍采用由氧传感器组成的空燃比反馈控制方式，即闭环控制方式。在三元催化转换器前面的排气支管或排气管内装有氧传感器，其功用是用来检测排气中的氧气含量以确定实际空燃比是比理论空燃比浓还是稀，并向ECU反馈相应的电压信号。ECU根据氧传感器反馈的空燃比浓稀信号，控制喷油量的增加和减少。

在闭环控制过程中，当实际空燃比比理论空燃比小（混合气浓）时，氧传感器向ECU输入的是高电压信号（0.75~0.9V）。此时ECU将减小喷油量，空燃比增大。当空燃比增大到理论空燃比14.7:1时，氧传感器输出电压信号将突变下降至0.1V左右。此信号输入ECU

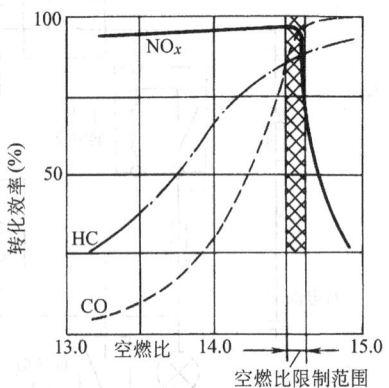

图5-21　三元催化转换装置的转换效率

后，ECU立即控制增加喷油量，空燃比又开始减小。只要空燃比刚减到理论空燃比以下时，氧传感器输出电压信号又突变，上升至0.75V以上，反馈给ECU后，ECU又将控制减小喷油量。如此反复，就能将空燃比精确地控制在理论空燃比14.7:1附近一个极小的范围内。而此时三元催化转换器也保证工作在最佳状态。

由上述可知，闭环控制的实质在于保持实际空燃比为14.7:1，但任何需要以非理论空燃比运行的发动机工况都只能采用开环控制。当处于怠速运转时、节气门全开时、大负荷时、减速断油时、发动机起动时、发动机冷却液温度低或氧传感器温度未达到工作温度（400℃）时或氧传感器失效或其配线发生故障时应采用开环控制。

二、废气再循环控制（EGR）

废气再循环简称为EGR（Exhaust Gas Recirculation）系统，是目前用于降低NO_x排放的一种有效措施。它是将一部分排气引入进气管与新混合气混合后进入气缸燃烧，从而实现再循环，并对送入进气系统的排气进行最佳的控制。

EGR系统净化NO_x的基本原理是：排气中的主要成分是CO_2、H_2O和N_2等，这三种气体的热容量较高。当新混合气和部分排气混合后，热容量也随之增大。在进行相同发热量的燃烧时，与不混合时相比，可使燃烧温度下降，这样就抑制NO_x生成，因为NO_x主要是在高温富氧的条件下生成的。但是过度的废气再循环，使混合气的着火性能和发动机输出功率下降，将会影响发动机的正常运行，特别是在怠速、低转速小负荷及发动机处于冷态运行时，再循环的废气将会明显降低发动机的性能。因此应根据发动机结构、工况及工作条件的变化自动调整参与再循环的废气量，并选择NO_x排放量多的发动机运转范围，进行适量的EGR控制。通常，EGR的控制指标采用EGR率表示，其定义如下：

EGR率 = [EGR气体流量/(吸入空气量 + EGR气体流量)] × 100%

一般机械式控制装置的EGR率（一般为5%~15%）较小，即使采用能进行比较复杂控制的机械式控制装置，控制的自由度也受到限制，并且控制装置繁多。电子式废气再循环（EGR）控制系统，不仅结构简单，而且可进行较大EGR率（15%~20%）控制，但随着EGR的增加，燃烧将变得不稳定，缺火严重，油耗上升，HC的排放量也增加。因此，当燃烧恶化时，可减少 EGR 率，甚至完全停止 EGR。电子式 EGR 控制系统的主要功能，就是选择 NOx 排放量多的发动机运转范围，进行适量 EGR 控制。

1. 普通电子式废气再循环(EGR)控制

图 5-22 为日产 NISSAN 车 VG30 型发动机所用的电子式废气再循环控制系统，它由废气再循环电磁阀，节气门位置传感器、废气再循环控制阀、曲轴位置传感器、发动机的 ECU、冷却液温度传感器、起动信号等组成。

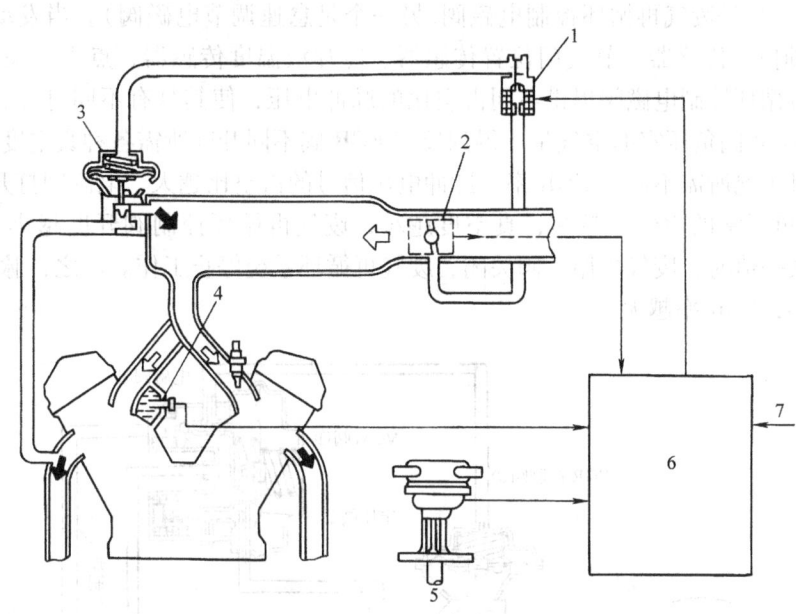

图 5-22 普通电子式 EGR 控制系统
1—废气再循环电磁阀 2—节气门开关 3—废气再循环控制阀 4—冷却液温度传感器
5—曲轴转角传感器 6—微机集中控制装置 7—起动信号

工作原理是：在发动机工作时，ECU 根据各传感器，如曲轴位置传感器、冷却液温度传感器、节气门位置传感器、点火开关等送来的信号，确定发动机目前在哪一种工况下工作，以输出指令，控制废气再循环电磁阀打开或关闭，从而控制废气再循环控制阀打开或关闭，使废气再循环进行或停止。

具体的工作过程见表 5-2 所示。表中所列各种工况下，发动机的 ECU 向废气再循环电磁阀供给"接通"信号时，电磁阀接通，阀门关闭，切断了控制废气再循环控制阀的真空通道，使废气再循环系统不再工作。

表 5-2 排气再循环的控制过程

工况	废气再循环电磁阀	废气再循环系统
发动机起动时 节气门位置传感器急速触点接通时 发动机温度低时 发动机转速低于 900r/min 或高于 3200r/min 时	ON(电磁阀"接通"阀门关闭)	不起作用
除以上工况	OFF(断开)	起作用

2. 可变 EGR 率废气再循环的控制

可变 EGR 率废气再循环控制的工作原理是：根据发动机台架试验确定的 EGR 率与发动机转速、进气量的对应关系，将有关数据存入发动机 ECU 内的 ROM 中。发动机工作时，ECU 根据各种传感器送来的信号，确定发动机在哪一种工况工作，经过查表和计算修正，输出适当的指令，控制电磁阀的开度，以调节废气再循环的 EGR 率。

图 5-23 为开环控制废气再循环系统的一种实例。图中 VCM 阀是一个真空调节阀，内有两个电磁阀（一个是废气再循环控制电磁阀，另一个是怠速调节电磁阀）。当发动机工作时，ECU 根据曲轴位置传感器、节气门位置传感器、冷却液温度传感器、点火开关、电源电压等，给废气再循环控制电磁阀提供不同占空比的脉冲电压，使其具有不同打开、关闭频率，以调节进入 VCM 阀负压室的空气量，得到控制 EGR 阀不同开度所需各种真空度，从而获得为适应发动机工况所需不同的 EGR 率。脉冲电压信号的占空比越大，电磁阀打开时间越长，进入 VCM 阀负压室的空气量越多，真空度越小，废气再循环控制阀开度越小，EGR 率越小，当小至某一值时，废气再循环阀关闭，废气再循环系统停止工作。反之，脉冲电压信号的占空比越小，EGR 率越大。

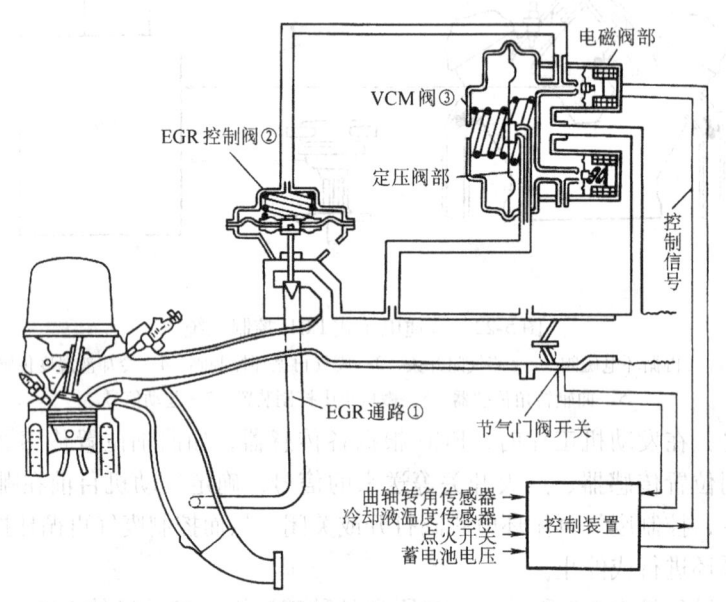

图 5-23 可变 EGR 率废气再循环控制系统

3. 闭环控制式废气再循环

日本三菱公司新近开发了一种闭环控制式废气再循环系统。由前述可知，在开环控制式废气再循环系统中，EGR 率只受 ECU 预先设置好的程序控制，不检测发动机各种工况下 EGR 率，因此，无反馈信号，而在闭环控制式废气再循环系统中，ECU 以 EGR 率作为反馈信号实现闭环控制的。其系统框图如图 5-24 所示。由图可知，新鲜空气经节气门进入稳压箱，发动机排气中的一部分（还流废气）经控制阀进入稳压箱，稳压箱中设置有 EGR 率传感器，它对稳压箱中新鲜空气与废气所形成的混合气中的氧气浓度不断地进行检测，并将检测结果输入 ECU。ECU 经过分析计算后向控制阀输出控制信息，不断地调整 EGR 率，使废气再循环的 EGR 率时刻在 ECU 的控制下保持在理想状态,从而有效地减少 NOx 的排放量。

三、二次空气吸入(AS)和二次空气喷射(AI)

如果新鲜空气进入排气支管,且废气够热,废气就会在排入大气以前重新燃烧,废气中的 CO 和 HC 也就转化成为无污染的 CO_2 和 H_2O。目前有两种方法,即二次空气吸入(AS)和二次空气喷射(AI)。

1. 二次空气吸入(AS)

二次空气吸入法利用废气的波动(即排气压力有规律的突然变化)打开和关闭片簧阀,让空气断续地进入排气支管。用这个方法吸入排气支管的空气和二次空气喷射法相比,其量甚小,所以二次空气吸入法只适用于相对体积较小的发动机。在有些二次空气吸入装置中,装有一个机构,在发动机减速或冷机时,阻止空气进入。减速和冷却液温度低时,混合气太浓,易产生排气管放炮等危险。

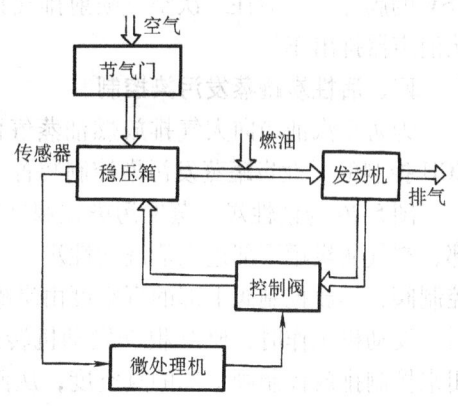

图 5-24 闭环控制式废气再循环系统框图

当废气排放要增加时,即在发动机冷态而且是减速中时,二次空气吸入系统由 ECU 操纵。在其他工作状况下,这一系统不工作,以防止 TWC(三元催化净化器)过热。

在下述所有条件都得到满足时,ECU 打开用于二次空气吸入系统的 VSV,并且操纵二次空气吸入系统。

(1) 在发动机冷态时
1) 冷却液温度低于 35℃。
2) EFI 功率加浓不运作。
3) 发动机转速低于预定值。

(2) 在减速时
1) 冷却液温度高于 35℃。
2) 节气门位置传感器 IDL 触点闭合(加速踏板完全松开)。
3) 发动机转速在约 1000~3000r/min 之间。

2. 二次空气喷射(AI)

二次空气喷射方法使用空气泵,迫使空气进入排气支管(空气泵通常用 V 带驱动)。这个方法能提供重新燃烧所需要的足够的空气。但是驱动空气泵便消耗了一部分发动机的输出功率。由于电子控制汽油喷射、三元催化净化器及其他这类设备研制成功,这个方法目前已经很少采用。

如图 5-25 所示,当 ECU 起动时,VSV 将进气支管负压引入 ASV 膜片室,使空气泵排出的空气,经

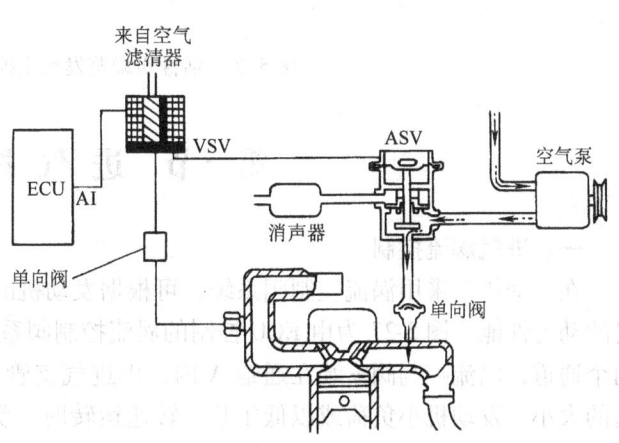

图 5-25 二次空气喷射控制系统

过单向阀喷入气缸盖的排气孔。如果供应 VSV 的电流停止，大气压状态下的空气就进入 ASV 的膜片室，通往二次空气喷射排气孔的通道关闭，于是排出的空气推压 ASV 内的弹簧，从消声器排出车外。

四、活性炭罐蒸发污染控制

为防止汽油箱向大气排放燃油蒸气而产生的污染，在发动机控制系统中普遍采用了由 ECU 控制的活性炭罐蒸发污染控制装置。

图 5-26 为活性炭罐蒸发污染控制装置图，油箱的汽油蒸气通过单向阀进入活性炭罐上部，空气从炭罐下部进入清洗活性炭。在炭罐右上方有一定量排放小孔及受真空控制的排放控制阀，排放控制阀上部的真空度由炭罐控制电磁阀控制，而炭罐控制电磁阀受 ECU 控制。

发动机工作时，ECU 根据发动机转速、温度、空气流量等信号，控制炭罐电磁阀的开闭来控制排放控制阀上部的真空度，从而控制排放控制阀的开度。当排放控制阀打开时，汽油蒸气通过排放控制阀被吸入进气支管。

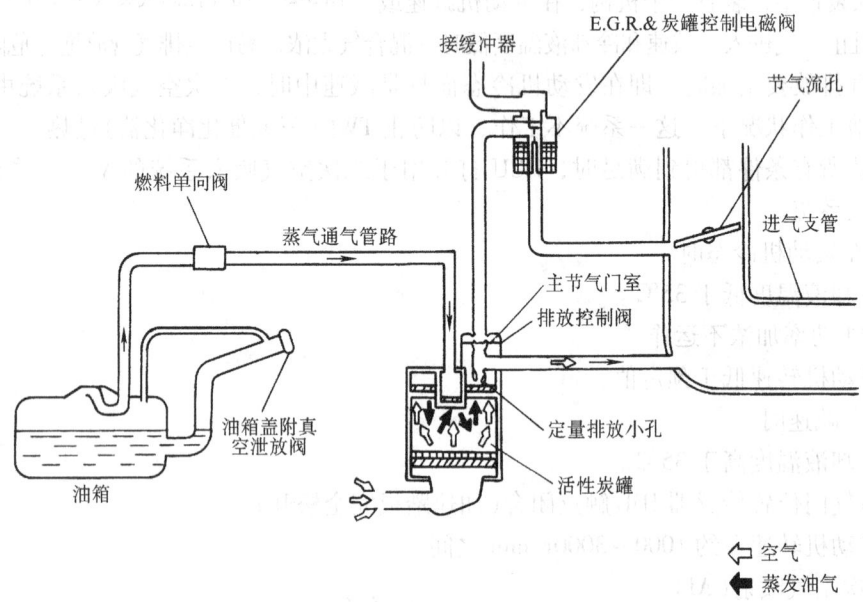

图 5-26　活性炭罐蒸发污染控制装置图

第三节　进气控制

一、进气涡流控制

在发动机上采用涡流控制阀系统，可根据发动机的不同负荷，改变进气流量去改善发动机的动力性能。图 5-27 为由 ECU 控制的涡流控制阀系统。由图 5-28 所示，进气孔纵向分为两个通道，涡流控制阀安装在通道 A 内，由进气支管负压打开和关闭，控制进气管空气通道的大小。发动机小负荷或以低于某一转速运转时，受 ECU 控制的真空电磁阀关闭，真空度不能进入涡流控制阀上部的真空气室，涡流控制阀关闭。由于进气通道变小，产生一个强大涡流，这就提高了燃烧效率，从而可节约燃油。当发动机负荷增大或以高于某一转速运转时，

ECU 根据转速、温度、进气量等信号将真空电磁阀电路接通,真空电磁阀打开,真空度进入涡流控制阀,将涡流控制阀打开,进气通道变大,提高进气效率,从而改善发动机输出功率。

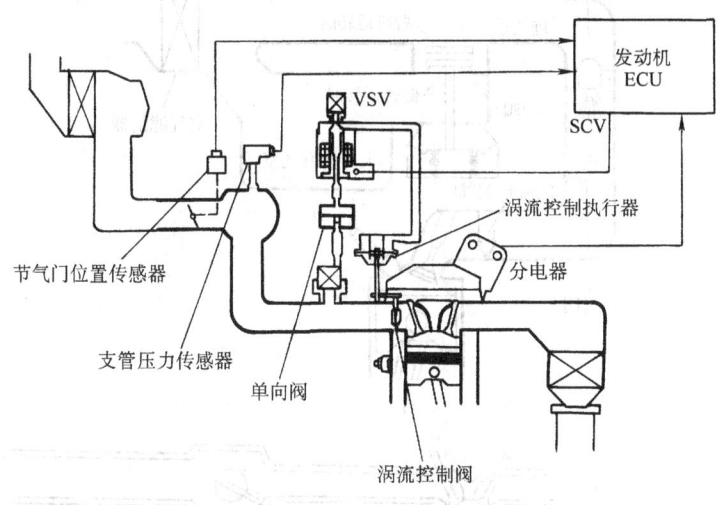

图 5-27 涡流控制阀系统

二、进气惯性增压控制系统(ACIS)

进气惯性增压控制系统(ACIS)即谐波增压进气控制系统,是利用进气流惯性产生的压力波提高进气效率。

一般而言,进气管长度长时,压力波波长大,可使发动机中低转速区功率增大;进气管长度短时,压力波波长短,可使发动机高速区功率增大。

如果进气管长度可改变,则可兼顾增大功率和增大转矩,但一般进气管长度是不能改变的,因此利用惯性增压一般都按最大转矩所对应的转速区域利用。

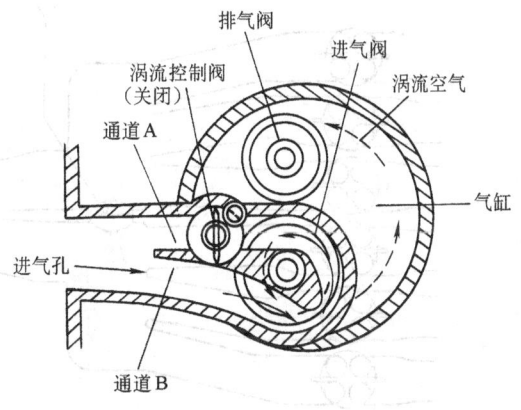

图 5-28 涡流控制阀安装位置图

1. 波长可变的谐波增压进气控制系统

丰田皇冠车型 2JZ-GE 发动机即采用谐波增压进气控制系统(图 5-29)。虽然其进气管长度不能变化,但由于在进气管中都加设了一个大容量的空气室和电控真空阀,实现了压力波传播路线长度的改变,从而兼顾了低速和高速的进气增压效果。

谐波增压进气控制系统的工作原理如图 5-29c、d 所示。

ECU 根据转速信号控制电磁真空通道阀的开闭。低速时,电磁真空通道阀电路不通,真空通道阀关闭,真空罐的真空度不能进入真空气室,受真空气室控制的进气增压阀处于关闭状态。进气管内的脉动压力波传递长度为由空气过滤器到进气门的距离,这一距离较长,适应于发动机中低速区域形成气体动力增压效果(图 5-29c)。高速时,ECU 接通电磁真空通道阀的电路,真空阀打开,真空罐的真空度进入真空气室,吸动膜片,从而将进气增压控制阀打开,由于大容量空气室的参与,使进气脉动压力波不能在空气室出口与进气门之间传播,缩短了压力波的传播距离,使发动机在高速区也能得到较好的气体动力增压效果(图5-29d)。

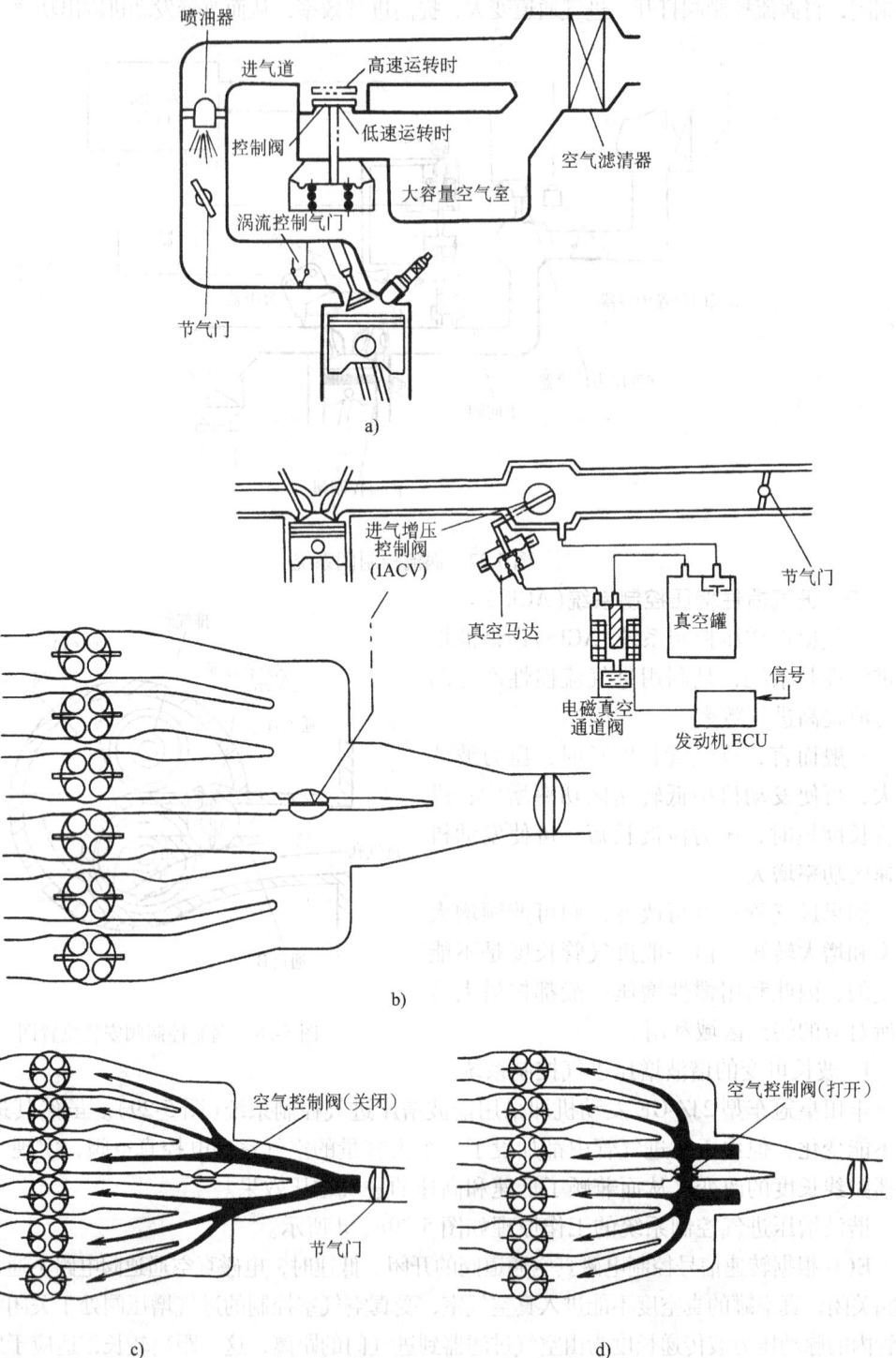

图 5-29　谐波增压进气控制工作原理图
a)、b) 总布置图　c) 打开VSV(进气增压阀关闭)　d) 关闭VSV(进气增压阀打开)

2. T-VIS（丰田可变进气系统）

图 5-30 为日本丰田汽车公司采用的双进气管分别参加工作的可变进气系统原理图。图中可见每个气缸配有 4 个气门，2 个进气门各配有一个进气管道。其中的一个进气通道中装有进气转换阀。在发动机低速中、小负荷工作时，转换阀关闭，只利用一个进气通路，将进气通路减半（图 5-30a），此时进气流速提高，进气惯性大，可提高发动机转矩；当发动机高转速大负荷工作时，转换阀开启，进气通路为两条（图 5-30b），此时进气截面大大增加，进气阻力减小，充气量增加，同时最佳动态转速也移向高速，使高转速大负荷时的动力性能得到很大提高。

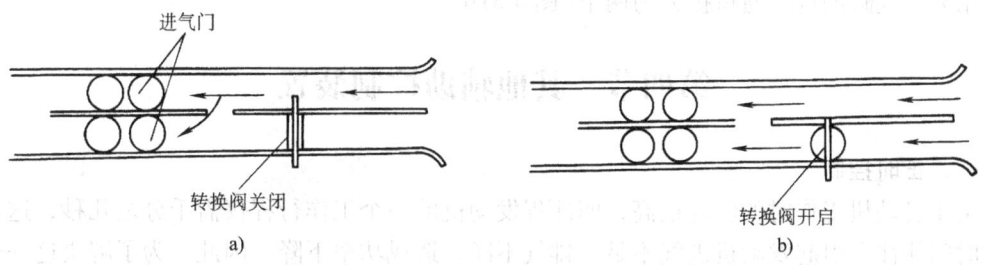

图 5-30 丰田双气道可变进气系统原理图
a）低转速时 b）高转速时

可变进气转换阀的控制方法各车并不完全一样，现以丰田双进气管可变进气系统为例进行说明。图 5-31 为丰田发动机可变进气控制系统的构成原理图（图中所示为带有转换阀的进气道）。

进气道中的进气转换阀门的关闭和开启，是由膜片式执行器来完成的。ECU 控制三通电磁阀的工作，由三通电磁阀控制执行器膜片室内的工作压力，从而控制进气转换阀的开闭。三通电磁阀不通电时，膜片式执行器与三通电磁阀的空气滤清器（通大气）之间的通路被关断（OFF），膜片式执行器与真空罐之间形成通路（ON），此时真空罐的负压作用在执行器膜片室。当三通电磁阀通电时，膜片式执行器与空气滤清器（大气）之间形成通路（ON），

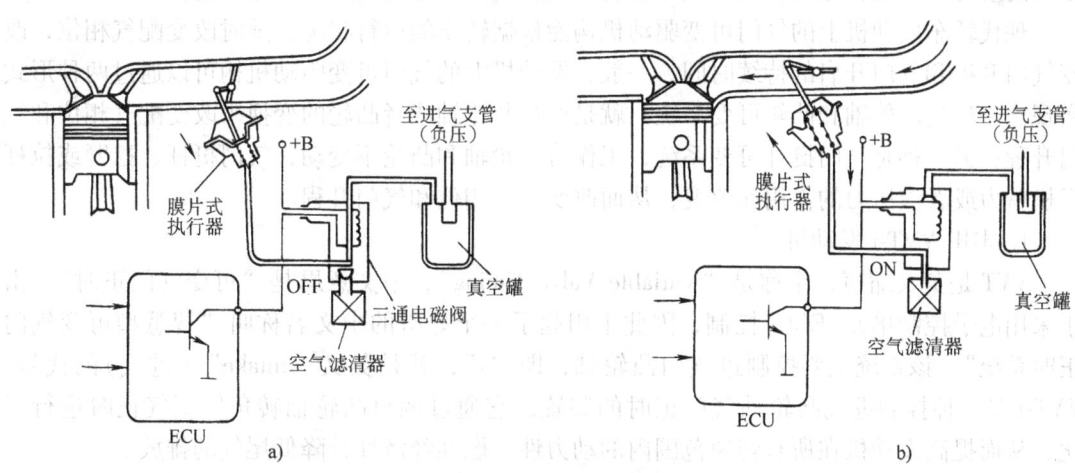

图 5-31 丰田可变进气控制系统原理图
a）中低速工作时 b）高转速工作时

而膜片式执行器与真空罐之间的通道则被关闭(OFF)，此时大气压作用在执行器膜片室。

进气转换阀(通路)的控制过程是：在发动机中、低速(低于5200r/min)工作时，三通电磁阀不通电，关闭执行器与空气滤清器之间的通路，开启执行器与真空罐之间的通路；此时储存在真空罐的进气支管的负压，通过三通电磁阀作用到执行器的膜片室，吸力作用使执行器带动拉杆，关闭进气转换阀门，即关闭了各气缸中的一个进气通道(图5-31a)。当发动机高速(5200r/min以上)工作时，ECU输出控制信号，使驱动电路三极管导通，三通电磁阀通电工作。三通电磁阀通电后，关闭执行器与真空罐之间的通路，开启执行器与空气滤清器之间的通路，此时空气滤清器进入的大气作用到执行器的膜片室，通过拉杆使进气转换阀打开，结果各气缸的进气通道扩大为两个(图5-31b)。

第四节 其他辅助控制装置

一、正时控制

由于发动机工作时的转速很高，四冲程发动机的一个工作行程仅需千分之几秒，这么短促的时间往往会引起发动机进气不足、排气不净，造成功率下降。因此，为了解决这一个问题，一般发动机都采用延长进、排气门的开启时间，增大气体的进出容量以改善进、排气门的工作状态，藉以提高发动机的性能。

这种延长气门开启时间的做法，必然会出现一个进气门和排气门同时开启的时刻，配气相位上称为"重叠阶段"，可能会造成废气倒流。这种现象在发动机的转速仅1000r/min以下的怠速时最为明显(怠速工作下的"重叠阶段"时间是中等转速工作条件下的7倍)，这将引发怠速工作不顺畅，振动过大，功率下降等现象。尤其是采用四气门的发动机，"重叠阶段"更易造成不顺畅的怠速运转。为了消除这一缺陷，以"变"应"变"，采用了可变配气相位式的气门驱动机构。可变式气门驱动机构就是在发动机怠速工作时减少气门行程，而在发动机高速工作时增大气门行程，改变"重叠阶段"的时间，使发动机在高转速时能提供强大的动力，在低转速时又能产生足够的转矩，从而改善发动机的工作性能。

现代轿车发动机上的气门可变驱动机构能根据轿车的运行状况，随时改变配气相位，改变气门升程和气门开启的持续时间。一般，发动机上的气门可变驱动机构可以通过两种形式实现，一种是凸轮轴和凸轮可变系统，就是通过凸轮轴或者凸轮的变换来改变配气相位和气门升程；另一种是气门挺杆可变系统，工作时凸轮轴和凸轮不变动，气门挺杆、摇臂或拉杆靠机械力或者液压力的作用而改变，从而改变配气相位和气门升程。

1. 丰田VVT-i发动机

VVT是英文缩写，全称是"Variable Valve Timing"，中文意思是"可变气门正时"，由于采用电子控制单元(ECU)控制，因此丰田起了一个好听的中文名称叫"智慧型可变气门正时系统"。该系统主要控制进气门凸轮轴，即"i"，就是英文"intake"(进气)的代号。VVT-i是一种控制进气凸轮轴气门正时的装置，它通过调整凸轮轴转角使配气正时进行优化，从而提高发动机在所有转速范围内的动力性、燃油经济性，降低尾气的排放。

VVT-i系统由传感器、ECU和凸轮轴液压控制阀、控制器等部分组成。ECU储存了最佳气门正时参数值，曲轴位置传感器、进气支管空气压力传感器、节气门位置传感器、冷却液温度传感器和凸轮轴位置传感器等反馈信息汇集到ECU并与预定参数值进行对比计算，计算出修正参数并发出指令到控制凸轮轴正时液压控制阀，控制阀根据 ECU 指令控制机油槽阀的位置，也就是改变液压流量，把提前、滞后、保持不变等信号指令选择输送至 VVT-i 控制器的不同油道上。

VVT-i 系统视控制器的安装部位不同而分成两种，一种是安装在排气凸轮轴上的，称为叶片式 VVT-i，如丰田 PREVIA；另一种是安装在进气凸轮轴上的，称为螺旋槽式 VVT-i，如丰田 Lexus400、430 等高级轿车。两者构造有些不一样，但作用是相同的。

如图 5-32 所示，叶片式 VVT-i 控制器由驱动进气凸轮轴的管壳和与排气凸轮轴相耦合的叶轮组成，来自提前或滞后侧油道的油压传递到排气凸轮轴上，导致 VVT-i 控制器管壳旋转以带动进气凸轮轴，连续改变进气正时。当油压施加在提前侧油腔转动壳体时，沿提前方向转动进气凸轮轴；当油压施加在滞后侧油腔转动壳体时，沿滞后方向转动进气凸轮轴；当发动机停止时，凸轮轴液压控制阀则处于最大的滞后状态。

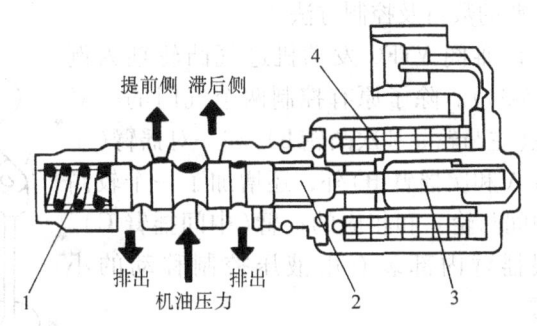

图 5-32　叶片式 VVT-i 控制器
1—弹簧　2—阀　3—柱塞　4—线圈

如图 5-33 所示，螺旋槽式 VVT-i 控制器包括正时皮带驱动的齿轮、与进气凸轮轴刚性连接的内齿轮，以及一个位于内齿轮与外齿轮之间的可移动活塞，活塞表面有螺旋形花键，活塞沿轴向移动，会改变内、外齿轮的相位，从而产生气门配气相位的连续改变。当机油压力施加在活塞的左侧，迫使活塞右移，由于活塞上的螺旋形花键的作用，进气凸轮轴会相对于凸轮轴正时皮带轮提前某个角度。当机油压力施加在活塞的右侧，迫使活塞左移，就会使进气凸轮轴延迟某个角度。当得到理想的配气正时，凸轮轴正时液压控制阀就会关闭油道使活塞两侧压力平衡，活塞停止移动。

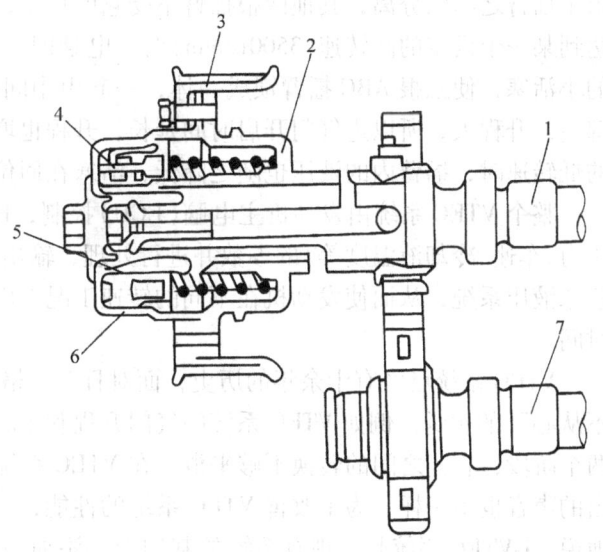

图 5-33　螺旋槽式 VVT-i 控制器
1—进气凸轮　2—VVT 外壳　3—正时皮带轮　4—活塞
5—内齿轮　6—外齿轮　7—排气凸轮

现在，先进的发动机都有"发动机控制模块"（ECM），统管点火、燃油喷射、排放控制、故障检测等。丰田 VVT-i 发动机的 ECU 在各种行驶工况下自动搜寻一个对应发动机转速、进气量、节气门位置和冷却液温度的最佳气门正时，并控制凸轮轴正时液压控制阀，并通过各个传感器的信号来感知实际气门正时，然后再执行反馈控制，补偿系统误差，达到最佳气门正时的位置，从而能有效地提高汽车的功率与性能，尽量减少耗油量和废气排放。

2. 本田 VTEC 发动机

本田汽车公司（Honda）在 1989 年推出了自行研制的"可变气门配气相位和气门升程电子控制系统"，英文全称"Variable Valve Timing and Valve Life Electronic Control System"，缩写就是"VTEC"，是世界上第一个能同时控制气门开闭时间及升程等两种不同情况的气门控制系统。与普通发动机相比，VTEC 发动机同样是每缸 4 气门（2 进 2 排），不同的是凸轮与摇臂的数目及控制方法。

以雅阁 VTEC 发动机进气凸轮轴为例（图 5-34）。除了原有控制两个气门的一对凸轮（主凸轮 a 和次凸轮 b）和一对摇臂（主摇臂 A 和次摇臂 B）外，还增加了一个较高的中间凸轮 c 和相应的摇臂（中间摇臂 C），三根摇臂内部装有由液压控制移动的小活塞。

发动机低速时，小活塞在原位置上，三根摇臂分离，主凸轮 a 和次凸轮 b 分别推动主摇臂 A 和次摇臂 B，控制两个进气门的开闭，气门升量较少，情形好像普通的发动机。虽然中间凸轮 c 也推动中间摇臂 C，但

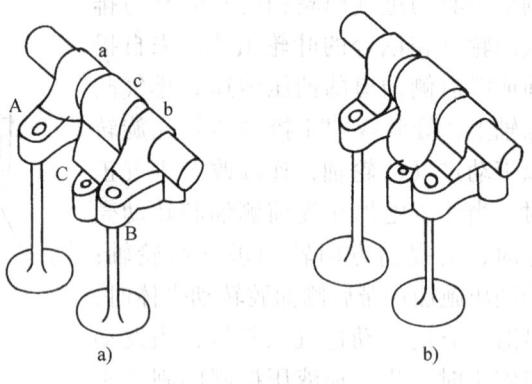

图 5-34　VTEC 发动机进气凸轮轴示意图
a）低速时　b）高速时

由于摇臂之间已分离，其他两根摇臂不受它的控制，所以不会影响气门的开闭状态。发动机达到某一个设定的高转速（3500r/min）时，电脑即会指令电磁阀起动液压系统，推动摇臂内的小活塞，使三根 ABC 摇臂锁成一体，一起由中间凸轮 c 驱动，由于中间凸轮比其他凸轮都高，升程大，所以进气门开启时间延长，升程也增大了。当发动机转速降低到某一个设定的低转速时，摇臂内的液压也随之降低，活塞在回位弹簧作用下退回原位，三根摇臂分开。

整个 VTEC 系统由发动机主电脑（ECU）控制，ECU 接收发动机传感器（包括转速、进气压力、车速、冷却液温度等）的参数并进行处理，输出相应的控制信号，通过电磁阀调节摇臂活塞液压系统，从而使发动机在不同的转速工况下由不同的凸轮控制，影响进气门的开度和时间。

VTEC 系统已经有十余年的历史，面对日益严格的排放及动力性能要求，已有一点"力不从心"的感觉。例如 VTEC 系统的气门升程和正时的变换动作明显将发动机的状态划分为两个阶段，它们之间的转换不够平滑，在 VTEC 系统起动前后发动机的表现截然不同，连发出的声音也不一样。为了改善 VTEC 系统的性能，近年本田公司推出了 i-VTEC 系统。简单地说，i-VTEC 系统是在现有系统的基础上，添加一个称为"可变正时控制"VTC（Variable Timing Control），即一组进气门凸轮轴正时可变控制机构，通过 ECU 控制程序，控制进气门的开启关闭。它的原理是当发动机低转速时令每缸其中一只进气门关闭，让燃烧室内形成一道稀薄的混合气涡流，结集在火花塞周围点燃作功。发动机高转速时则在原有基础上提高进气门的开度及时间，以获取最大的充气量。VTEC 令气门重叠控制时间更加精确，达到最佳的进、排气门重叠时间，并将发动机功率提高 20%。同时，i-VTEC 系统发动机采用进气支管放在前，排气支管放在后（靠车厢一端）的布置。在进气支管上增设了可变长度装置，低

转速时增长进气行程提高气流速度,有利于提升转矩;而排气支管则缩短了长度,也就是缩短了与三元催化器之间的距离,使三元催化器更快进入适当的工作温度,能有效控制废气排放。发动机一经起动,i-VTEC 系统即进入工作状态,不论转速高低 VTEC 都在工作,消除了原来 VTEC 系统存在的缺陷。

二、断缸控制

汽车发动机尤其是大型轿车发动机的输出功率很大,又有较高的功率储备。但在城区行驶或在城外公路上行驶时,多数是处在较低的部分负荷下运行,这时发动机的效率不高。为了克服这一弊端,当发动机处于部分负荷下运行时,控制系统指令切断几个气缸的汽油供应与点火,停止几个气缸工作,则剩下各缸的工作效率得到增大,从而提高了发动机的效率并降低了燃油消耗。而当功率不能满足要求时,再恢复其余气缸工作。断缸方案如图 5-35 所示。

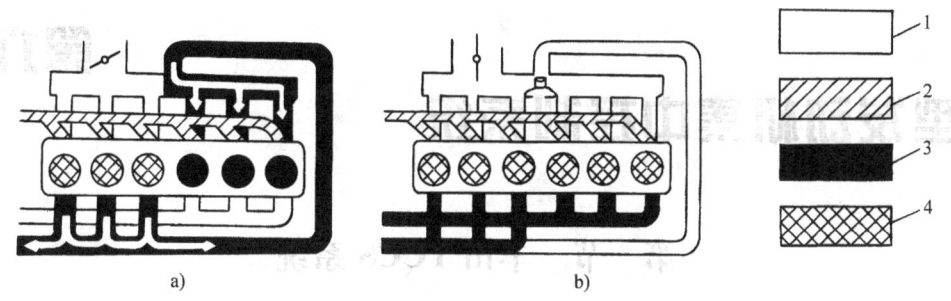

图 5-35 断缸控制方案
a) 部分负荷 b) 全负荷
1—空气 2—汽油 3—废气 4—接通点火的气缸

ECU 从空气流量计传来的负荷信号,可以识别判定何时需要断缸。它负责从一个工况转移到另一工况。在转换前后,即使发动机只用半数气缸工作,驾驶员应该是感觉不到的。

电控系统在部分负荷下的断缸控制是把点火与供油同时切断,而且只在需要工作的气缸内充入混合气,对于不工作的气缸,没有新的混合气进入,也没有点火。这样发动机在小负荷运行时,不可避免的换气损失也可得到一定程度的减小。此外,炽热的废气流过被断缸的气缸,可使发动机保持一定的运行温度,使发动机的摩擦功率和磨损不致增加很多。目前轿车发动机上实用的断缸控制仍需要进一步研究、试验与完善。

第六章

典型发动机集中控制系统

第一节 丰田 TCCS 系统

TCCS 是丰田计算机控制系统的英文缩写。控制内容主要包括发动机控制、电子控制自动变速器(ECT)、防抱死制动系统(ABS)、电控悬架(TEMS)、牵引控制(TRC)、空调(A/C)、巡航控制(CCS)和安全气囊(SRS)等方面内容。而发动机控制系统又包括电子控制汽油喷射(EFI)、电子控制点火提前(ESA)、怠速控制(ISC)、废气再循环控制(EGR)、蒸发污染控制(ECS)、谐波进气增压系统控制(ACIS)、故障诊断(DIAGN)、失效保护与后备功能和怠速混合气浓度调节(CO 排放控制)等内容。不同的车型,其控制内容及方式略有差异。下面着重介绍 Lexus LS400 轿车 1UZ-FE 型发动机控制系统的组成及工作情况,图 6-1 为控制系统电路。

一、汽油供给系统

1. 汽油供给系统的特点

目前生产的 1UZ-FE 发动机取消了冷起动喷油器和温度—时间开关,而采用全电脑控制的冷起动。在冷态下起动时,ECU 会发出增加喷油的指令,从而使冷起动的空燃比控制得更为精确,排气净化功能更好。

汽油泵实行 ECU 控制,分为高、低速的两级控制,转速可变,既减少了汽油泵的磨损和省电,又能满足发动机不同工况下所需的供油量。

2. 系统描述

图 6-2 为 1UZ—FE 型发动机汽油供给系统的结构,它主要由汽油泵、汽油滤清器、汽油压力调节器、油压脉动减振器、喷油器、冷起动喷油器和温度—时间开关(1992 年前车型)、供油总管和汽油箱等组成。

汽油泵安装于汽油箱内,通电后将汽油加压到 0.5MPa 左右,汽油压力调节器则将汽油

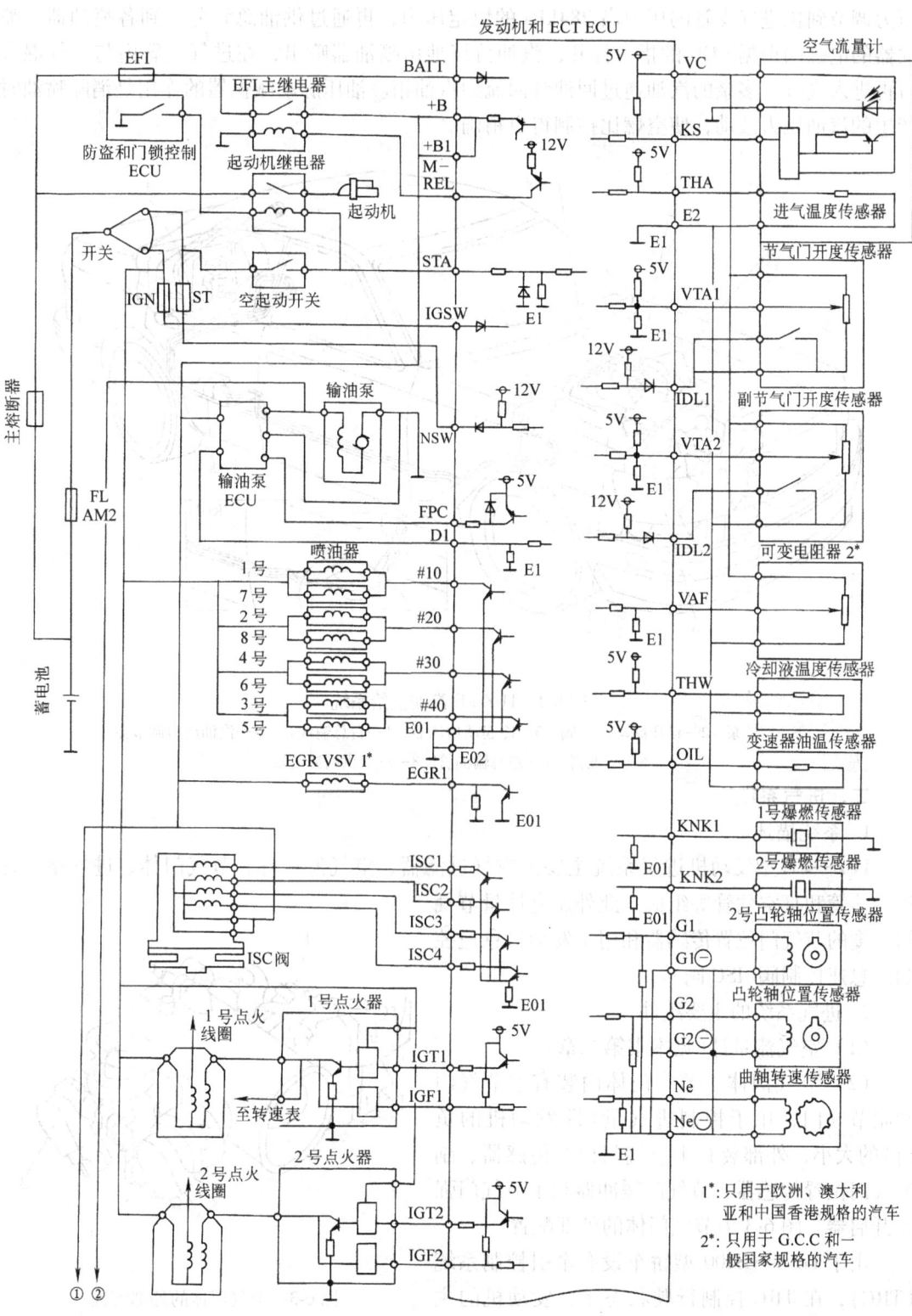

图 6-1 1UZ-FE 型发动机控制系统电路图

压力调节到比进气支管的压力高 284kPa 的恒定压力，再通过供油总管分配到各喷油器，喷油器的电磁阀根据 ECU 的指令打开，汽油持续地由喷油器喷出，在进气支管内与空气混合后再进入气缸。多余的汽油通过回油管回流到汽油箱。油压脉动减振器的作用是消除喷油时产生的汽油压力波动，使空燃比控制得更精确。

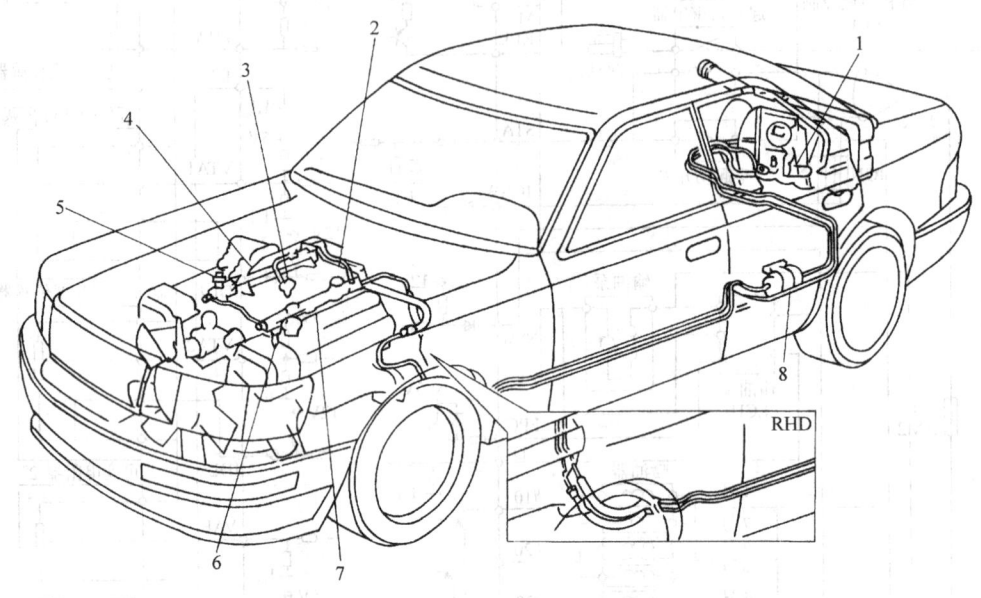

图 6-2　1UZ-FE 汽油供给系统

1—汽油泵　2—油压脉动减振阀　3—冷起动喷油器　4—右总输油管　5—汽油压力调节器
6—喷油器　7—左总输油管　8—汽油供给滤清器

二、进气系统

1. 系统描述

1UZ—FE 型发动机进气系统主要由空气过滤器、空气流量计、节气门体、进气室、各种连接管和真空软管等组成。此外还有计量节气门开度的节气门位置传感器和用于发动机怠速控制的怠速控制阀（ISC 阀）。

2. 进气系统的主要组件

（1）空气流量计（见本书第二章）。

（2）节气门体　节气门体内装有主节气门和副节气门，用于控制进气量（即发动机的负荷）的大小，外部装有主节气门位置传感器、副节气门位置传感器、节气门缓冲器和主节气门强制开启器。图 6-3 为节气门体的外部配置。

由于 Lexus LS400 型轿车设有牵引控制系统（TRC），在 TRC 控制行驶状态下，发动机的主节气门由主节气门强制开启器强制打开（全开），进气量由副节气门控制，节气门开度信号也由副

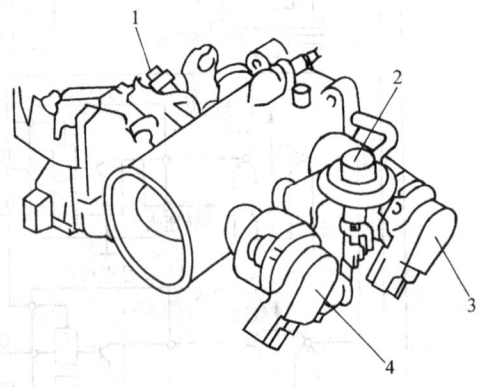

图 6-3　节气门体的外部配置

1—节气门缓冲器　2—主节气门强制开启器
3—主节气门位置传感器　4—副节气门位置传感器

节气门位置传感器负责将信号传送给ECU。

（3）进气室和进气支管　进气室位于V形气缸体的中间，进气室有如一只大容量的空气室，其作用是减少进气脉动和各缸的相互干涉，有利于提高各缸的充气量。进气室的两侧各设有4个进气管，此8个进气支管相互交叉布置，目的是增加进气支管的长度，提高进气谐波压力，有利于进一步提高充气量。进气室的前端装有ISC阀，左侧装有EGR阀。

（4）怠速控制阀（ISC阀）　怠速控制阀安装于进气室的前端，开度受ECU控制，ECU则根据发动机的冷却液温度、是否已接入空调（A/C信号）和动力转向输出等工况来确定ISC阀的正常怠速或快怠速状态。1UZ—FE型发动机常态下的额定怠速为(650 ± 50)r/min。ISC阀为步进电动机式，它主要由阀门、阀杆、转子、定子和壳体等组成。ECU对ISC阀的启闭位置控制共有125个步级，从而令怠速得到了非常精确的控制。

发动机每次停机时，一旦点火开关转至"OFF"位置，ISC阀会回复至全开位置，以利于下一次的起动。

三、电子控制系统

1UZ—FE型发动机的电子控制系统主要包括电子控制单元、各类传感器和控制开关以及各类执行器。

1. 电子控制单元（ECU）

Lexus LS400型轿车采用的是发动机和变速器集中控制的ECU，安装在仪表板右端杂物箱的右侧。

2. 传感器和控制开关等

（1）空气流量计　1UZ—FE型发动机常用的是卡门旋涡式空气流量计。近期1UZ—FE型发动机也开始装用热线式空气流量计。

（2）节气门位置传感器　1UZ—FE型发动机设有主、副两个节气门位置传感器。它安装于节气门体的外侧，传感器的转轴与节气门联动。主节气门位置传感器采用有两组滑道和主、副触点的线性节气门位置传感器，利用变化的电阻值，可知节气门开度，节气门开度输出信号VTA则使ECU对喷油量进行控制，以获得相应的功率。当节气门闭合时，怠速触点闭合，ECU便感知到发动机处于怠速状态。

副节气门位置传感器的结构与上述的节气门传感器基本相同，当车辆行驶工况处于牵引控制（TRC）状态时（主要是在泥泞、湿滑的路面中行驶时，防止车轮打滑的控制），在主节气门强制开启器的作用下，主节气门处于全开位置，进气量由副节气门传感器控制。

（3）进气温度传感器　进气温度传感器安装在空气流量计内，其感温元件为热敏电阻，它具有负的温度电阻系数，发生故障时，ECU会自动地将进气温度设定在20℃，维持基本喷油量。

（4）冷却液温度传感器　冷却液温度传感器安装在节温器的下方，其感温元件也为热敏电阻。当温度过高时（发动机过热），则会发出故障保护指令，将冷却液的温度信号设定于80℃，维持基本喷油量。

（5）曲轴转速和凸轮位置传感器　1UZ—FE发动机的曲轴转速和凸轮轴位置传感器均为磁电式。

1）曲轴转速传感器。曲轴转速传感器安装于曲轴正时齿轮的左下方，以曲轴正时齿轮后面的信号盘为触发元件。曲轴转速传感器包括一个12齿的信号盘和一个磁电式感应头，曲轴每转过30°便送出1个脉冲信号（Ne）给ECU，ECU再将每个脉冲信号细分成30份，便得到了精确度为1°的曲轴转速信号。

2）凸轮轴位置传感器。凸轮轴位置传感器用于识别一、六气缸活塞的上止点位置，以左、右侧凸轮轴皮带轮的凸缘为触发元件。其由一个单凸的信号盘和一个磁电式感应头组成，1UZ—FE型发动机有两个凸轮轴位置传感器 G_1 和 G_2，用于分别代表左、右列气缸的基准曲轴位置。信号盘的凸缘固定于左右两侧基准气缸（一缸、六缸）活塞上止点前10°的位置，曲轴每转2圈，凸轮轴才转1圈，信号盘的凸缘便切割磁力线1次，向ECU送出一个 G_1、G_2 信号，ECU便可以判别出六缸、一缸已处于上止点前（BTDC）10°的位置并将它作为点火的基准信号。

（6）车速传感器　1UZ—FE发动机的车速传感器安装于变速器的输出端附近，通过软轴再与仪表板的车速表连接。传感器为舌簧开关式，它主要由转子、转轴、舌簧管和外壳等组成。

（7）爆燃传感器　1UZ—FE发动机采用的是共振型压电式爆燃传感器，当发生爆燃时，振动片处于共振状态，振幅最大，压电元件输出的压电信号也最大，ECU即判别发生了爆燃，随即向点火器发出推迟点火的指令，使爆燃即时消失。

（8）氧传感器　1UZ—FE发动机设有二个三元催化净化器，每一个TWC具有主、副两个氧传感器，因而整机便有4只氧传感器。

1UZ—FE发动机采用氧化锆型氧传感器，其电信号元件为具有固体电解质特性的氧化锆（ZrO_2）。氧传感器安装于TWC前（或后）部的排气管中，外侧与废气接触，内部与大气相通，为了防止废气对铂膜的腐蚀，在铂膜上又覆盖了一层多孔性陶瓷层，并加装了防护套管。在传感器内设有电热丝，用于暖机或轻负荷工况下的内部加热，电热丝的加热工况由ECU控制。

（9）可变电阻器　可变电阻器用于调整怠速时可燃混合气的空燃比，从而进一步控制怠速时的CO排放浓度。可变电阻器安装于空气流量计后端的进气软管附近，其外形如图6-4所示，内部结构如图6-5所示。可变电阻器为一只可变电阻元件，VAF为活动触点，与怠速混合气调整螺钉联动，顺时针转动，VAF向VC端移动，输出高电压，ECU便稍为增加喷油量，混合气变浓，怠速较为稳定，但废气中的CO含量会有所提高。相反，如果逆时针转动时，喷油量则减少。混合气变稀，废气中的CO含量有所减少。可变电阻器的正反向调整范围仅限于260°。

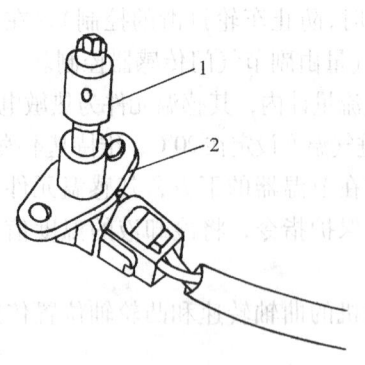 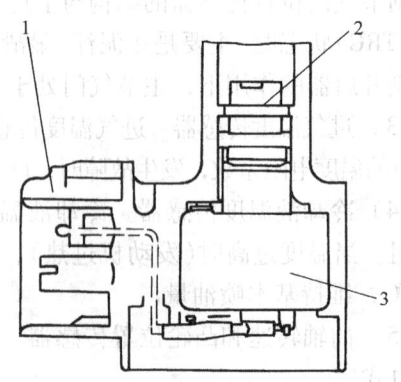

图6-4　可变电阻器外形　　　　　　　　图6-5　可变电阻器的内部结构
1—调整工具（SST）　2—可变电阻器　　　1—连接器　2—怠速混合气调节螺钉　3—电阻器

（10）海拔高度补偿器（HAC） 海拔高度补偿器（HAC）就是用来检测大气压力的传感器，它由压电晶体制成，根据环境气压的变化而输出不同的电压信号，气压越大输出的电压越高，ECU 依据 HAC 电压信号的高低转换成进气密度，再向喷油器发出修正喷油量的信号。海拔高度补偿器安装在 ECU 内，如果 HAC 发生故障，ECU 会执行故障保护功能，将进气压力定于 105kPa，维持行驶。

3. 电控汽油系统工作过程

起动时，ECU 根据冷却液温度传感器的信号，由内存的冷却液温度—喷油时间图找出相应的基本喷油时间，再进行进气温度修正和蓄电池电压修正，得到起动时的喷油持续时间。

当发动机的转速超过预定值时，ECU 根据其的内存三元脉谱图，以空气流量计的信号和发动机转速确定基本喷油时间，再根据冷却液温度、空气温度、节气门开度（VTA 信号或 IDL 信号）、A/C 信号、车速等因素，对喷油量进行修正。起动后喷油量的修正通常包括起动后加浓、暖机加浓、进气温度修正、大负荷修正、过渡工况空燃比的修正和怠速的稳定性修正等。

ECU 除了空气流量计和其他各种传感器的输入信号控制喷油量外，为了确保车辆行驶的安全、延长发动机的寿命、节省燃油和减少废气污染，ECU 还具有以下的切断汽油喷射功能和汽油泵的控制功能：

（1）高速燃油切断 当发动机的转速超过了额定转速（5400r/min）时，为避免机件的损坏，ECU 会立即发出停止汽油喷射的指令，转速下降到约 5200r/min 时，ECU 又会发出恢复汽油喷射的指令。

（2）减速燃油切断 当车速处于从高速工况减速行驶时，ECU 通过节气门的关闭速率、车速和发动机转速以及冷却液温度等信号，会发出停止汽油喷射的指令，以节省燃油。

（3）换挡燃油切断 换挡时如果继续喷射汽油，则容易造成齿轮的碰撞和换挡的困难，ECU 便设置了换挡燃油切断功能。

（4）汽油泵的控制 1992 年以后，1UZ—FE 型发动机改用专用的汽油泵，ECU 对汽油泵进行高、低转速的二级控制。发动机起动时，ECU 向汽油泵发出一个高电平信号，汽油泵便作高速运转，供油量提高；当发动机处于怠速或中小负荷工况时，ECU 便向汽油泵输出一个低电平信号，汽油泵便低速运转，以减少高速磨损；当发动机以大负荷或高转速运转时，ECU 便向汽油泵 ECU 输出一个高电平信号，汽油泵便作高速运转，提高供油压力。

第二节　福特 EEC—Ⅳ 系统

目前福特轿车均采用了福特汽车公司 1988 年推出的第四代电子发动机控制组件，用质量流量型空气流量计取代了以往的进气支管绝对压力传感器，并采用功能最强、最先进的微处理器，根据各传感器输入的信号优化发动机工作，使发动机控制能力进一步增强，改善了冷起动和可驾驶性，同时还具有很强的故障自检测性能。

下面主要介绍 X 型和 U 型发动机控制系统的结构特点和工作原理。

一、电控汽油喷射系统

X 型、U 型发动机汽油喷射系统为电控、多点、进气门口、间歇、顺序喷射系统，它包括汽油供给装置、空气供给装置、电控单元、传感器和执行器几大部分。

汽油由安装在油箱内的电动汽油泵吸出，经汽油滤清器输送到汽油分配管，再经分配管处电磁式喷油器将汽油以雾状的形式喷射到每一缸进气门口处。每个喷油器的喷油时刻和喷油量由电控单元根据发动机工况和各传感器输入的信号、发动机点火顺序等因素确定。喷油量由电控单元通过控制施加到喷油器电磁线圈的电脉冲宽度来精确地控制。为了使喷油器喷油量唯一地决定于喷油器通电时间，在汽油分配管末端安装有一个膜片式压力调节器，通过真空管路将膜片室上方与进气支管相通，使喷油压力与进气支管压力差保持恒定。

表6-1列出了福特92款轿车采用的传感器和执行器。

表6-1 福特轿车用传感器和执行器

测量(控制)参数	传感器/执行器	测量(控制)参数	传感器/执行器
曲轴位置及转速	分电器处霍尔效应式传感器	EGR系统排气压力	压力变送器
节气门位置	线性式节气门位置传感器	发动机进气流量	热线式空气流量传感器
发动机冷却液温度	负电阻系数温度传感器	空燃比控制	喷油器
发动机进气温度	负电阻系数温度传感器	点火正时控制	TFI—Ⅳ点火系统
排气中氧浓度	加热型氧化锆氧传感器	急速控制	占空比型旁通空气阀
起动信号	点火起动开关	排气再循环量控制	EGR真空度调节器
空调	空调压缩机离合器开关	汽油蒸气排放控制	电磁式排气阀
离合器位置	离合器接合开关	空调及冷却风扇转速控制	A/C及风扇控制系统
变速器位置	变速器位置开关	电动汽油泵控制	汽油泵继电器
动力转向	动力转向压力开关		

1. 空气流量计（MAF）

早期的福特公司生产的轿车采用进气支管压力传感器测量进气量，在92款轿车中，用在进气管旁通管路中安装的热线式质量空气流量传感器测量发动机进气量，以电压变化的形式输出给电控单元，来感知进气量的质量流量，其输出电压范围为0.5～5.0V。为了防止污物污染热线，在进气系统中空气过滤器后装有滤网。

2. 进气温度和发动机冷却液温度传感器

当进气温度和发动机冷却液温度变化时，电控单元要相应地根据温度变化对喷油器喷油量及急速空气量进行调整。发动机进气温度由热线式空气流量计内的冷线测量，冷却液温度由安装在缸体上的温度传感器测定，两种温度传感器均采用负系数电阻制成，随温度的升高，传感器电阻值相应减小，由此产生一相应的电压信号传送给电控单元，由电控单元控制执行器对进气系统及供油系统进行校正。其输出电压范围为0.3～3.7V。

3. 节气门位置传感器

为了感知节气门开启的位置及开启的速率，以实现对在不同节气门开度及加、减速工况下调节混合气浓度，X型、U型发动机采用了安装在节气门轴上的线性旋转式电位计测量节气门的开启，输出电压范围0～5V，电控单元根据节气门位置信息控制空燃比，点火提前角以及废气再循环数量。

4. 急速控制系统

当使用空调、动力转向装置以及发动机暖车阶段要对怠速空气量进行调整,两种形式发动机采用如图6-6所示的直动式、占空比型的辅助空气阀,它是由电控单元根据传感器输入的信号控制的电磁旁通阀,通过控制电磁阀的开、闭,使部分空气绕过节气门而进入进气支管。

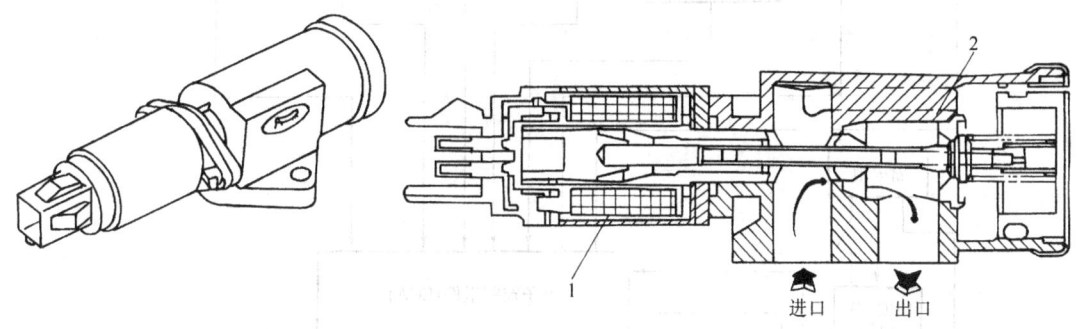

图6-6 直动式、占空比型的辅助空气阀结构图
1—磁化线圈 2—阀体

5. 排气氧传感器

采用了加热型氧化锆氧传感器。根据排气中氧气的含量引起氧化锆元件内、外表面两电极间电压的变化来感知混合气浓度,电控单元根据此信息以及其他传感器传入的信息,反复调节喷油器喷油量,使混合气空燃比稳定在14.7:1附近。

在X型发动机中只在排气管中采用了一只氧传感器;而在U型发动机中由于结构为V型,所以在前、后两侧排气管中分别装了一只氧传感器。

二、电子控制点火系统

福特公司生产的轿车采用了TFI—Ⅳ型电子分电器点火系统。

分电器其内部安装有霍尔式叶轮开关机构(图6-7)。叶轮开关机构由一端的霍尔传感器和另一端的永久磁铁所组成,在两者的缝隙中有一带窗口的杯形叶轮转动,当叶轮窗口处于霍尔开关与永久磁铁之间时,磁路接通,使通电的霍尔元件两侧产生电压;当窗口转过,磁路切断,电压信号变为0。电控单元根据该信号判断曲轴的位置和发动机转速,并根据已存入的发动机转速、负荷与点火提前角关系图和其他传感器输入的信号,确定最佳的点火提前角。电控单元通过点火模块控制点火线圈一次侧线圈接地断开,从而在二次侧线圈中感应出高

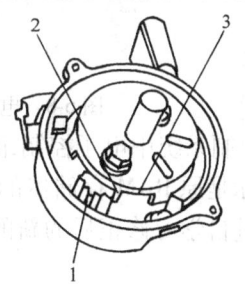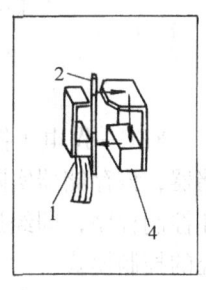

图6-7 分电器内叶轮开关机构
1—霍尔点火系统 2—叶轮 3—窗口
4—永久磁铁

压电,该高压电经分火头和分电器盖,传至每一缸的火花塞,实现点火的电子控制。

三、电子控制系统

目前福特公司生产的轿车电子控制系统为EEC—Ⅳ型,它是由输入信号、电子控制组件(ECA)、输出信号所组成(图6-8)。该系统的基本功能主要是发动机最佳混合气浓度控制喷油量和点火提前,其他组件以及故障自诊断,并且出故障时控制故障运行状态。

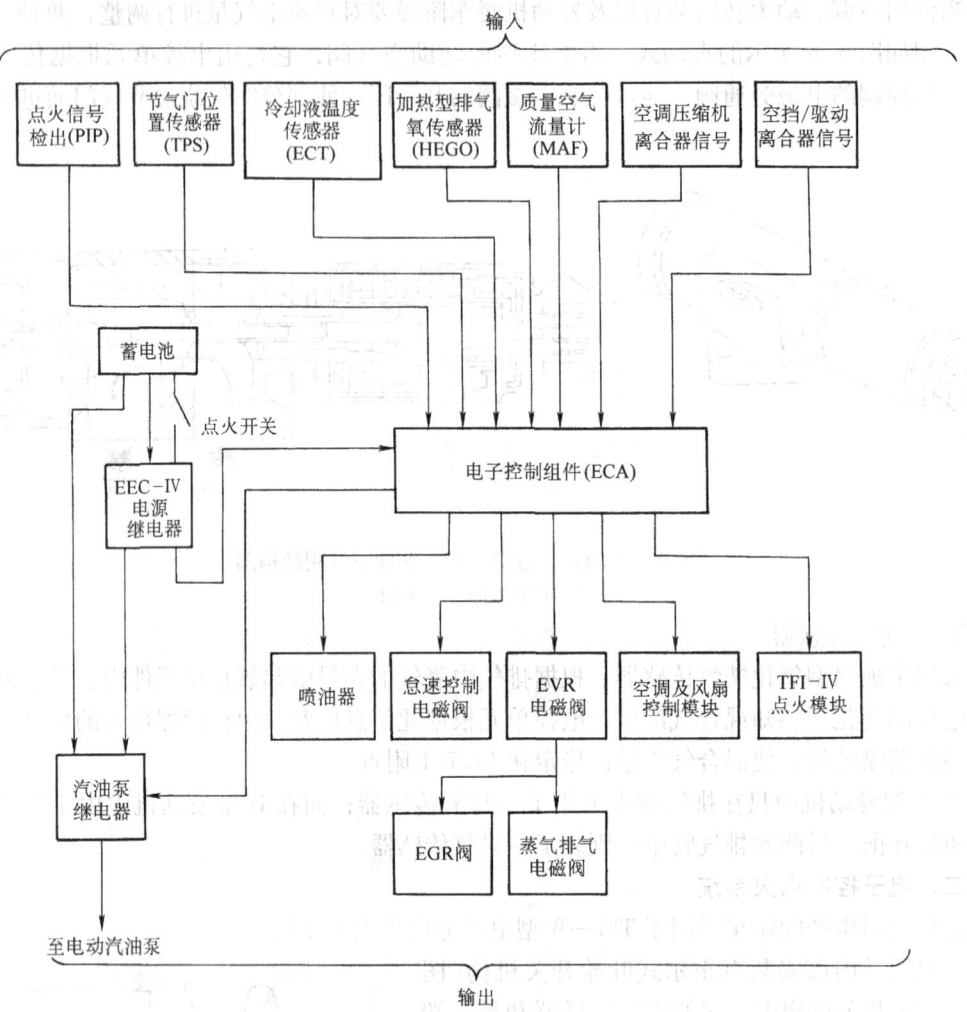

图 6-8 电子控制系统组成示意图

EEC—Ⅳ电子控制系统中电子控制组件与前述基本相似,所不同的是它增加了 RAM 存储器,该存储器实际是原 RAM 存储器的扩展,在 RAM 中存有经闭环系统状态下修正的开环控制程序,即经过自学习修正后的新的开环控制程序。下面介绍一下其发动机电子控制系统的控制模式。

1. 起动模式

为了使发动机迅速起动,起动时必须增加喷油器喷油量,并对最佳点火提前角进行相应的调整,因此轿车在起动时,点火开关接至起动位置,电子控制组件 ECA 进入起动模式,此时系统处于开环控制状态。每个喷油器按发动机点火顺序,在每工作循环同时喷油两次,或者每个喷油器在曲轴每转喷油一次,从而增加起动喷油量。同时,ECA 控制点火系统使点火提前角处在上止点前 10°～15°曲轴转角。

当发动机起动后,ECA 根据发动机冷却液温度的变化调整喷油器的喷油量,同时控制辅助空气阀电磁线圈通、断电的比例,使发动机进入快怠速暖机阶段。

当发动机冷却液温度达到发动机规定的运行温度时,ECA 控制系统进入正常运行模式。

在发动机正常运行模式下，如果出现发动机运转不稳的现象，ECA 控制系统进入低速模式，以防止发动机熄火。

2. 低速模式

在正常运行模式下，当发动机转速低于 500r/min 时，系统进入低速模式，由于此时发动机工作处于一种脉动状态，空气流量计测量结果波动较大而很难实施对喷油器最佳喷油量的控制，为了防止发动机熄火，ECA 控制系统给喷油器一个固定的，预先设置的最佳的喷油的脉冲宽度，此脉宽不受空气流量计信号的影响。

3. 气门全关模式（怠速和减速模式）

在发动机怠速工况，节气门处于全关位置时，ECA 根据从发动机温度传感器、空气流量传感器、节气门位置传感器、排气氧传感器、曲轴位置及转速传感器以及空调离合器传入的信息，计算出喷油器喷油脉冲宽度并输出给喷油器。当氧传感器温度未达到正常运行温度时，怠速时喷油器喷油控制采取开环控制方式。只有当氧传感器温度达到正常运行温度时，系统进入闭环控制，ECA 根据氧传感器传入的信息，对喷油器的喷油量进行校正，一旦氧传感器发生故障无信号输出时，ECA 即以为氧传感器处于冷态，控制系统进入开环控制状态。

在汽车急减速，节气门迅速全关时，ECA 根据节气门位置传感器传入的节气门关闭速率，在急减速状态下，迅速切断喷油器的喷油，同时控制辅助空气阀起到减速缓冲作用，确保发动机良好的燃油经济性和排放性。

发动机点火时刻控制是根据各传感器传入的信息，根据 ECA 存储器内存入的最佳点火提前角脉谱图而确定。

节气门辅助空气阀旁通空气量多少，由 ECA 根据发动机转速、发动机冷却液温度（ECT）、空调（A/C）开关、起动信号、节气门位置信号等，通过控制辅助空气阀电磁线圈的通、断电占空比来控制，为了保证发动机怠速运转稳定，当由节气门位置传感器传入的信息表明节气门处于关闭状态时，ECA 控制 EGR 阀关闭。

4. 部分节气门模式

发动机部分节气门开度下，要确保发动机良好的经济性和排放性，排气氧传感器正常运行温度下，喷油系统处于闭环控制状态，点火提前角控制类似于节气门全关模式。

在部分节气门开度下，ECA 根据节气门位置传感器传入的信息控制 EGR 阀的开通截面积，再由压力变送器根据排气压力变化进行反馈控制，从而正确地控制废气再循环气体的数量。

5. 节气门全开模式（WOT）

当节气门处于全开位置时，节气门位置传感器将该信息输送到 ECA，由 ECA 控制增加喷油器的喷油脉冲的宽度，以增加喷油量。同时，对点火提前角进行相应的调整。若节气门处于全开位置时，ECA 控制 EGR 阀处于关闭状态，从而保证发动机发出最大动力。

6. 发动机低温与高温运行

当发动机温度处于比较低或比较高的状态，ECA 根据发动机冷却液温度传感器、进气温度传感器传入的信息，对喷油量和点火提前角进行相应的校正，以使发动机运转稳定。

7. 喷油闭环控制自学习功能

福特公司生产的轿车喷油闭环控制系统具有自学习功能，即当系统处于闭环状态下，由于部件的磨损等因素造成闭环控制参数与开环控制参数(即存入 ECA 中控制参数)相差比较大时,ECA 控制对原开环控制程序进行修正,并将修正后程序存入 RAM 中,所以轿车在使用中应特别注意,不能随意将蓄电池正、负极电缆拆掉,否则存入 RAM 中的学习程序等参数将被取消,这样会造成发动机短时间内出现运转不稳,怠速过高,经济性下降等问题,只有运行 5~16km 之后,新的学习程序才被重新存入 RAM 中,发动机控制进入正常状态。

8. 故障运行模式

当 ECA 监视到某个传感器超出测量范围时,ECA 用预先存在存储器内的值来取代该传感器继续控制执行器工作,同时将该传感器故障以代码的形式存入存储器,并通过发动机检查灯通知驾驶员,防止因信号异常使控制失常,车辆不能正常行驶。当 ECA 中的 CPU 发生故障不能实施控制时,ECA 起用备用系统,此时,喷油脉冲、点火提前角均为一固定值,无废气再循环,确保发动机不熄火,以保证运行到临近的维修厂。当备用系统未起动之前,发动机熄火,ECA 使用故障模式有效管理系统(FMEM),使发动机仍能起动,并进入备用系统控制状态。

第三节 上海—通用别克轿车电控系统

上海—通用别克 GL、GLX 轿车所用的发动机是 3.0L(L46)V 型 6 缸汽油机,采用 MFI 电控多点汽油喷射系统。别克新世纪轿车发动机采用 SFI 顺序多点汽油喷射系统。

一、发动机电控系统说明

发动机控制的核心部件称为动力系统控制模块(PCM),PCM 主要控制汽油喷射系统、点火正时、变速驱动桥、动力系统功能的车载系统。能够识别系统故障,并通过故障灯警示,存储故障码,区分故障部位。PCM 向各类传感器或开关提供 5V 或 12V 电压,利用晶体管或驱动装置来控制搭铁或控制供电电路,从而控制输出电路元件,如喷油器、A/C、怠速控制阀、冷却风扇继电器等。

PCM 安装在空气滤清器的上方,图 6-9 为 PCM 的外形及安装位置。PCM 与输入、输出信号的关系见表 6-2。

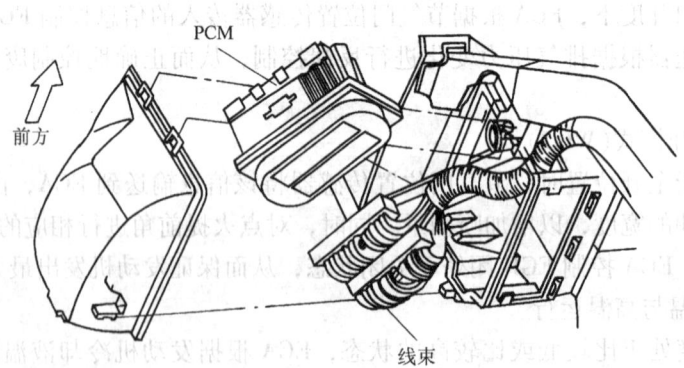

图 6-9 PCM 的外形与安装

表 6-2 PCM 与输入、输出信号的关系

PCM 利用第二代串行数据通信电路连接，使 PCM 与其他电子控制模块共享数据信息。故障自诊断时，可以使用 Tech2 及数据连接插头（DLC）通过串行数据线路与 PCM 进行通信。当 PCM 检测到需要进行诊断和修理的故障后，PCM 通过故障指示灯向驾驶员发出警报。故障指示灯接收到点火开关供电信号的同时，PCM 通过接地将指示灯接通，以对指示灯进行监测。正常时，PCM 在每个点火周期的开始的瞬间将指示灯接通。

PCM 可以监测自身电压、自身故障、串行数据线路及故障指示灯电路。当检测到故障时，PCM 产生相应的故障码（DTC）。

所有传感器和输入开关均可使用扫描工具 Tech2 进行诊断，扫描工具还可用于将发动机

正常运行值与正在诊断的发动机运行参数进行比较。PCM 更换后，需要使用扫描工具 Tech2 及 Techline 系统设备对 PCM 进行编程。

二、传感器与控制电路

1. 传感器控制电路

该车发动机电子控制系统中常见的传感器控制电路如图 6-10 所示。

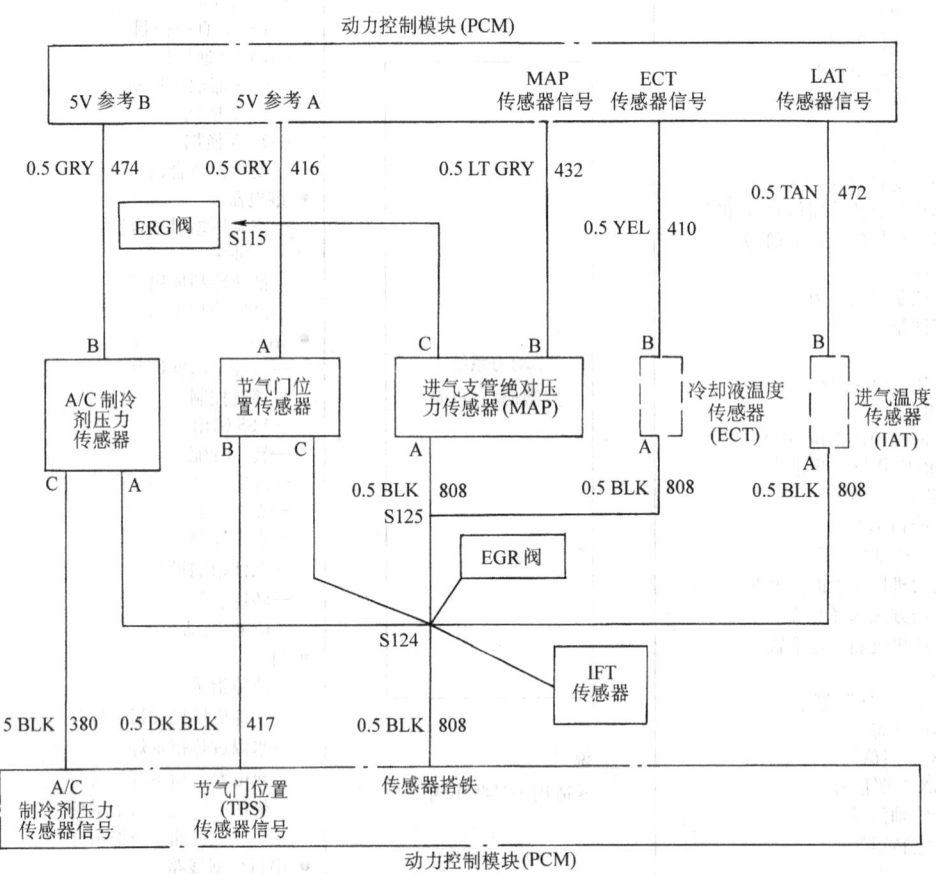

图 6-10　常见传感器控制电路

2. 传感器

（1）空气流量传感器（MAP）　采用热线式空气流量计，安装在节气门体上，将空气流量的信号转变为电信号传递给动力控制模块。空气流量大，表明发动机在加速运转，空气流量小，表明发动机在减速或怠速运转。空气流量信号在汽车处于巡航状态时应保持相对稳定，并随着节气门开度逐渐变化，能在突然加速时剧烈变化。

（2）节气门位置传感器（TPS）　节气门位置传感器为三导线型可变电阻式传感器，安装在节气门体上，由节气门轴操纵。其作用是探测节气门的开度，并向动力控制模块发送相应的电压信号。当节气门开度改变时，节气门位置传感器输出电压也随之变化。输出电压的范围大约从 1.0V（节气门全关）变化到 4.0V 以上（节气门全开）。

（3）凸轮轴位置传感器　采用霍尔式，位于发动机前部的气缸侧，动力转向泵之后。曲轴转动期间，动力控制模块监测凸轮轴位置传感器的同步信号，并将信号传给点火控制模块,以确定哪个气缸应首先点火。

(4) 曲轴位置传感器 曲轴位置传感器包括7X和24X曲轴位置传感器。7X曲轴位置传感器安装在发动机机体右下部,为点火控制模块提供参考信号;24X曲轴位置传感器安装在发动机正时端盖的前部,谐振平衡器后部,用来拾取曲轴转子的脉冲信号,并传递到动力控制模块,使发动机低速运转(小于1200r/min)时,精确控制发动机点火正时,改进怠速质量。

7X曲轴位置传感器(图6-11)靠近曲轴,曲轴平衡轴后面装有个同心环(环上有个开口),环上有7个槽孔,其中6个槽孔每个相隔60°,第7个槽孔与第6个槽孔相隔10°。点火控制模块通过7X的通、断脉冲信号来判断曲轴位置,为动力控制模块计算点火正时提供依据。

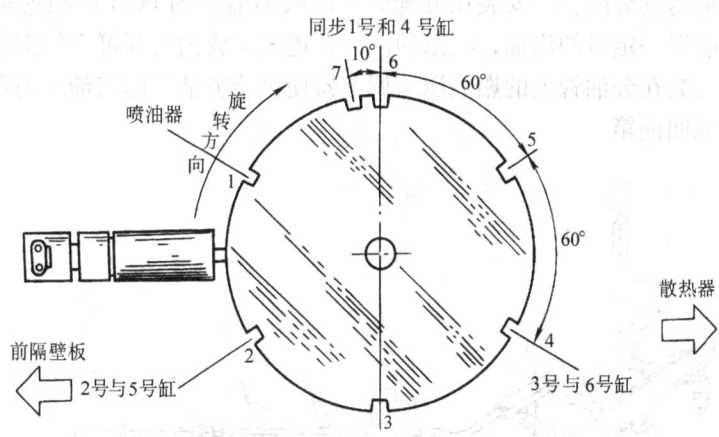

图6-11 7X曲轴位置传感器

24X曲轴位置传感器(图6-12)信号用来精确测定发动机转速。24X曲轴位置传感器与7X曲轴位置传感器的工作原理相同,不同的是环上有24个均匀分布的槽孔。曲轴每转1周,24X曲轴位置传感器产生24个通、断脉冲信号。

(5) 爆燃传感器 爆燃传感器安装在发动机机体上,靠近起动机和发动机机油过滤器,用以监测气缸内的爆燃情况,使动力控制模块在爆燃期间发出指令,延迟点火正时。

(6) 进气温度传感器(IAT) 进气温度传感器是一种负温度系数型传感器,安装在进气导管内,用于测量进入发动机气缸中的空气温度。传感器的电阻值随进气温度的升高而减小。

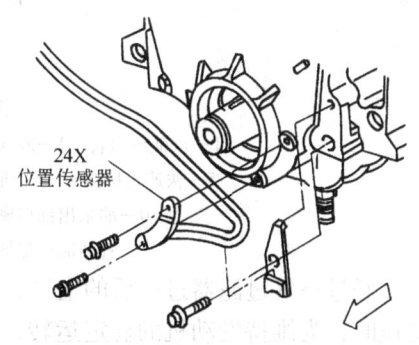

图6-12 24X曲轴位置传感

(7) 冷却液温度传感器(ECT) 冷却液温度传感器安装在发动机的右后部,深入发动机水套中,与冷却液直接接触。它也是一种负温度系数型传感器。

(8) 氧传感器 氧传感器由锆/铂材料构成,安装在排气支管内,电压信号的变化范围约为0.1V(稀混合气)~0.9V(浓混合气)。动力控制模块根据接收到的氧传感器信号来判断废气中的氧含量,以对混合气的浓度作出相应的调节。

(9) 车速传感器 其实质上相当于永磁发电动机,安装在变速器内,监测并向动力控制模块提供车速信号。当车速超过 5km/h 时,其产生一个脉冲交流电压(电压的幅值和频率随车速的增加而增加),并传给动力控制模块,再将交流电压换算成车速,通过车速表指示出来。

三、汽油供给和进气系统

汽油供给和进气系统的作用是根据发动机工况的不断变化,向发动机提供一定量的汽油和干净空气的可燃混合气。汽油供给系统由汽油滤清器、喷油器、汽油管路、油箱、汽油压力调节器、汽油泵、汽油泵继电器等组成。进气系统则由怠速控制阀、节气门体、节气门位置传感器和上下支管总成组成。如图 6-13 所示,油箱中的汽油经汽油泵加压,通过汽油过滤器过滤后,被输送到分配管。安装在分配管上的喷油器接到 PCM 的喷射指令后,向相应气缸的进气支管喷射一定量的汽油,喷出的汽油在进气支管内与新鲜空气混合后,进入发动机燃烧室燃烧。安装在分油管上的燃油压力调节器使供给喷油器的汽油压力保持稳定。多余的汽油经回油管流回油箱。

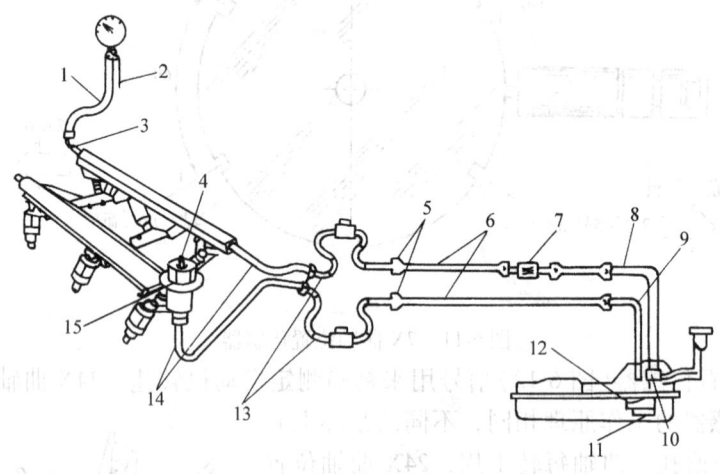

图 6-13 汽油供给系统

1—汽油压力表 2—放气软管 3—汽油压力接头 4—支管真空软管接头
5—快速连接接头 6—尼龙管 7—汽油滤清器 8—压力管 9—回油管
10—油泵出油口密封件 11—滤网 12—汽油泵 13—汽油
管断流适配器 14—汽油管 15—汽油压力调节器

经过空气过滤器过滤后的空气,被空气流量计测量其流量后,由节气门流入进气管内。怠速时,为维持发动机的稳定运转,PCM 控制怠速控制阀打开,让一部分的空气流到节气门的后面。

四、电控汽油喷射系统工作模式

动力控制模块根据相关传感器的输入信号来确定需要供给发动机的汽油数量,进行喷油器的控制和喷油定时控制,形成具有良好燃烧性能的可燃混合气。

1. 起动模式

当点火开关第一次转到 ON 位置时,动力控制模块使汽油泵继电器接通 2s,汽油泵开始向汽油加压，动力控制模块根据冷却液温度传感器和节气门位置传感器的信号，确定空燃比是否适合于发动机起动。空燃比的变化范围为 1.5∶1（冷却液温度为 -36℃时）到 14.7∶1（冷却液温度为 94℃时）。动力控制模块通过改变喷油器的通电时间来控制起动模式时的供油量。

2. 清除溢油模式

如果发动机出现溢油现象（汽油过量），将加速踏板踩到底，便可清除溢油。此时，动力控制模块将使发动机完全断油，并且只要节气门在全开位置，发动机转速在 600r/min 以下，动力控制模块便使喷油器保持该喷油速度。如果节气门的开度降到 80% 以下，动力控制模块将回到起动模式。

3. 运行模式

该模式分为开环运行模式和闭环运行模式两种。

当发动机第一次起动，且转速高于 400r/min 时，系统进入开环运行模式。这时发动机忽略氧传感器的信号，根据来自节气门位置传感器、冷却液温度传感器和空气流量传感器的输入信号来计算空燃比。在满足氧传感器已加热到正常工作温度、发动机冷却液温度高于规定值和发动机转速大于 800r/min 前，系统将保持开环运行模式。

闭环运行的工作条件随发动机型号的不同而不同，这些条件被储存在动力控制模块内。一旦满足这些条件，系统便进入闭环运行模式，否则进入开环运行模式。在闭环模式下，动力控制模块根据氧传感器信号来计算空燃比，使空燃比接近 14.7∶1。

4. 加速模式

动力控制模块在检测到节气门开度和空气流量迅速增大时，立即作出响应，以增加汽油供给量。

5. 减速模式

动力控制模块在检测到节气门位置和空气流量减少时作出响应，减少汽油供给量。当发动机突然减速时，动力控制模块可在短期内完全切断汽油的供给。

6. 蓄电池补偿模式

当蓄电池电压较低时，动力控制模块可通过增加喷油器脉冲宽度、怠速转速和延长点火时间来避免因点火火花微弱而引起点火不良的现象。

7. 断油模式

当点火开关断开时，喷油器将停止喷油，以防止发生自燃现象。如果未接收到点火控制模块的脉冲参考信号，喷油器也不会喷油，这样发动机便不能运转，从而防止了溢油的发生。

8. 发动机转速/车速断油模式

动力控制模块监测发动机转速，当发动机转速增加到 5600r/min 以上时，动力控制模块使喷油器停止喷油。当转速降到 5100r/min 以下时，喷油器又恢复喷油。

第四节　一汽—大众捷达 Motronic M3.8.2 电控系统

捷达轿车采用德国 Bosch 公司 Motronic 电控多点汽油喷射系统。通过 ECU 接受发动机不同部位上的各种传感器的信号，测得发动机的各种工作参数，按照在 ECU 中设置的控制程序,通过控制喷油器,精确地控制喷油量,使发动机在各种工作情况下都能获得最佳浓度的混合气。如图 6-14 所示,捷达轿车 Motronic M3.8.2 电控汽油喷射系统按功能可分为供油系统、进气系统、点火系统和中央控制器(包括相关的传感器、执行器)。

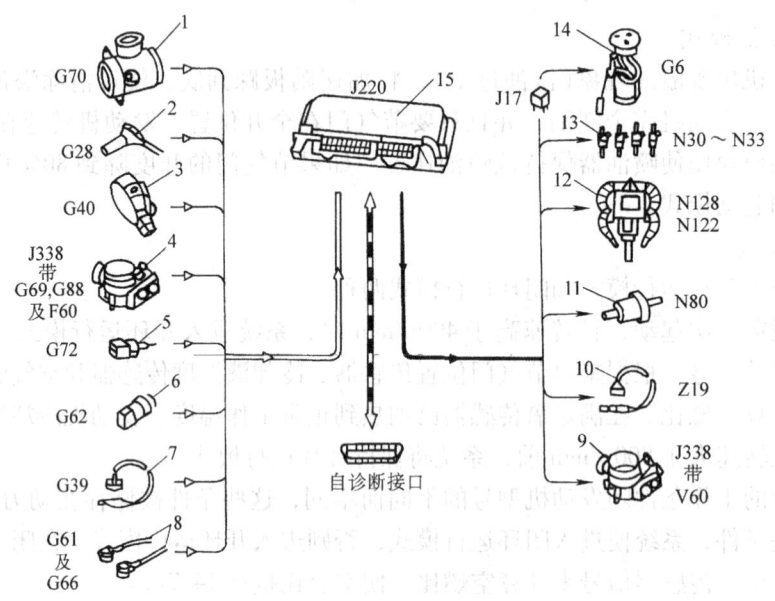

图 6-14 汽油喷射系统的组成
1—空气流量计 2—转速传感器 3—霍尔传感器
4—节气门电位计 G69、急速节气门电位计 G88 和急速开关 F60
5—进气温度传感器 6—冷却液温度传感器 7—氧传感器
8—爆震传感器 9—急速电动机 V60 和节流阀体 J388
10—氧传感器加热器 11—活性碳罐电磁阀
12—点火线圈 N128 和电子点火器 N122 13—喷油器
14—汽油泵 15—ECU

一、进气系统

一般工况下,空气的流量通过驾驶人员操纵加速踏板等来控制。在急速工况下,由 ECU 控制急速电动机(急速控制阀)来调节空气流量,从而调节发动机急速转速,急速电动机采用一直流电动机,安装在节气门体内,通过齿轮机构调节节气门开度,正转或反转,并在其控制范围内加大或减小节气门开度,从而实现对发动机急速控制。

二、电子控制系统

发动机电子控制系统必须具备正确反映发动机状况的传感器,根据传感器输入的信号计算发动机最佳控制结果的微机控制装置,以及直接操纵发动机的执行机构(表 6-3)。

表 6-3 Motronic M3.8.2 系统传感器和控制功能

传 感 器	功 能
节气门位置传感器	用来检测节气门开度
急速节气门电位计	检测急速时节气门的开度
急速开关	发动机处于急速工作时,触点才闭合,识别出急速工况

（续）

传 感 器	功 能
空气质量流量传感器	根据其输出电压测出空气的质量流量
发动机转速传感器	输出发动机转速信号
霍尔传感器	凸轮轴每转一周产生一个信号，以确定上止点
进气温度传感器	将进入气缸的空气温度换成电信号送给ECU
冷却液温度传感器	将进入冷却液温度换成电信号送给ECU
氧传感器	测量废气中剩余氧的含量，以此确定混合气空燃比
爆燃传感器	检测发动机爆燃状况

三、汽油供给系统

1. 汽油供给系统的组成

如图6-15所示，汽油供给系统由汽油滤清器、压力调节器、汽油泵、喷油器等组成。Motronic M3.8.2 发动机电子控制系统是多点喷射系统。系统在每一个气缸的进气门前均安装一只喷油器，汽油喷在每一缸的进气门附近。这种系统能较好地保证各缸混合气均匀。喷油器喷油量的大小取决于喷油器的喷油阀开启时间，即ECU所指令的喷油脉宽。

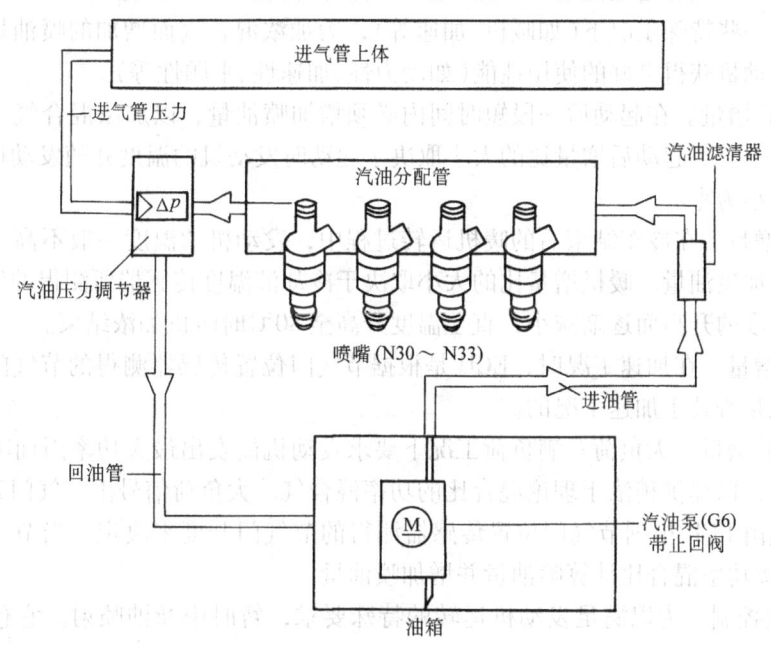

图6-15 Motronic M3.8.2 汽油供给系统

2. 电控汽油喷射系统

ECU根据有关传感器测得的运转工况按不同的方式控制喷油量。喷油量的控制方式可分为起动控制、运转控制、断油控制和反馈控制。

（1）起动喷油控制　起动时，ECU不以空气流量计的信号作为喷油量的计算依据，而是按预先给定的起动程序来进行喷油控制。ECU根据起动开关及转速传感器的信号判定发动机是否处于起动状态，以决定是否按起动程序控制喷油。当起动开关接通且发动机转速低于300r/min时，ECU判定发动机处于起动状态从而按起动程序控制喷油。

此时，ECU按发动机冷却液温度、进气温度、起动转速计算出一个固定的喷油量。冷车起动时，发动机温度很低，喷入进气道的汽油不易蒸发，为保证发动机在低温下也能正常起动必须进一步增大喷油量。由ECU控制，通过增加各缸喷油器的喷油持续时间或喷油次数来增加喷油量，所增加的喷油量及加浓持续时间完全由ECU机根据进气温度传感器和发动机冷却液温度传感器测得的温度高低来决定。这种冷起动控制方式不设冷起动喷油器和冷起动温度开关。

（2）运转喷油控制　在发动机运转中，ECU主要根据进气量和发动机转速来计算喷油量。此外，ECU还要参考节气门开度、冷却液温度、进气温度、海拔高度及怠速工况、加速工况、全负荷工况等运转参数来修整喷油量，以提高控制精度。

由于ECU要考虑的参数很多，通常将喷油量分成基本喷油量、修正量、增量3个部分并分别计算出结果。然后再将3个部分叠加在一起，作为总喷射量来控制喷油器喷油。

基本喷油量是根据发动机每个工作循环的进气量，按理论混合比（空燃比14.7：1）计算出的喷油量。修正量是根据进气温度、大气压力等实际运转情况对基本喷油量进行适当修正，以使发动机在不同运转条件下都能获得最佳浓度的混合气。修正量的内容包括进气温度修正、大气压力修正和蓄电池电压修正（电压变化时，自动对喷油脉宽加以修正）。

增量是在一些特殊工况下（如暖机、加速等），为加浓混合气而增加的喷油量。加浓的目的是为了使发动机获得良好的使用性能（如动力性、加速性、平顺性等）。

1）起动后增量。在起动后一段短时间内必须增加喷油量，以加浓混合气，保证发动机稳定运转而不熄火。起动后增量比的大小取决于起动时发动机的温度并随发动机的运转时间增长而逐渐减小为零。

2）暖机增量。在冷车结束后的暖机运转过程中，发动机的温度一般不高。因此在暖机过程中必须增加喷油量。暖机增量比的大小取决于冷却液温度传感器所测得的发动机温度并随着发动机温度的升高而逐渐减小，直至温度升高至80℃时暖机加浓结束。

3）加速增量。在加速工况时，ECU是根据节气门位置传感器测得的节气门开启的速率鉴别出发动机是否处于加速工况的。

4）大负荷增量。大负荷及满负荷工况下要求发动机能发出最大功率因而喷油量应比部分负荷工况大，以提供稍浓于理论混合比的功率混合气。大负荷信号由节气门开关内的全负荷开关提供或由ECU根据节气门位置传感器测得的节气门开度来决定。当节气门开度大于70°时，ECU按功率混合比计算喷油量并增加喷油量。

（3）断油控制　为以满足发动机运转的特殊要求，暂时中断油喷射。它包括以下几种断油控制方式：

1）超速断油控制。超速断油控制过程是ECU将转速传感器测得的发动机实际转速与控制程序中设定的发动机最高极限转速（一般为6000~7000r/min）相比较。当实际转速超过此极限转速时，ECU就切断送给喷油器的喷油脉冲，使喷油器停止喷油，从而限制发动机转速进一步升高。

2）减速断油控制。减速断油控制过程是ECU根据节气门位置、发动机转速、冷却液温度等运转参数，作出综合判定，在节气门位置传感器中的怠速开关接通、发动机冷却液温度已达正常温度并且发动机转速减速断油转速时，执行减速断油控制。

3）溢油消除。起动时汽油喷射系统向发动机提供很浓的混合气。若多次转动起动机后发动机仍未起动，淤积在气缸内的浓混合气可能会浸湿火花塞，使之不能跳火。这种情况称为溢油或淹缸。此时驾驶员可将加速踏板踩到底并转动点火开关起动发动机。ECU 在点火开关处于起动位置；发动机转速低于 500r/min 且节气门全开条件下时才能进入溢油消除状态，自动中断汽油喷射以排除气缸中多余的汽油，使火花塞干燥。

4）减扭矩断油控制。装有电子控制自动变速器的汽车在行驶中自动升挡时，控制变速器的电子控制模块（ECU 中的 TCM）会向汽油喷射系统的电子控制模块（ECU 中的 ECM）发出减转矩信号。汽油喷射系统的 ECM 在收到这一减转矩信号时会中断个别气缸（如二、三缸）的喷油以降低发动机转速，从而减轻换挡冲击。

(4) 反馈控制 汽油喷射系统进行反馈控制的传感器是氧传感器。使用氧传感器的发动机必须使用无铅汽油。反馈控制（闭环控制）是在排气管上加装氧传感器根据排气中氧含量的变化测定出进入发动机燃烧室混合气的空燃比值，把它输入 ECU 与设定的目标空燃比值进行比较，将误差信号经放大器控制电磁喷油器喷油量，使空燃比保持在设定目标值附近。

第五节 柴油机电控喷射系统简介

随着世界范围内的能源危机及环境污染的日益严重，人们对汽车发动机在节能和排放方面的要求日趋严格。由于柴油机在转矩和油耗方面比汽油机具有明显的优势，所以越来越多的汽车采用了柴油机。作为满足柴油机排放、节能和提高性能的重要途径，柴油机电子控制技术已成为当前柴油机技术的重要发展方向。汽车柴油机电子控制的内容主要有最佳喷油量控制、最佳喷油正时控制、喷油压力控制、喷油率曲线类型控制、调速系统控制、进气涡流控制、废气再循环率、增压压力控制、电控可变进气系统（可变配气正时、可变进气管长度、可变涡流比等）、断缸控制、电热塞通电时间控制和自诊断等，其中最重要的是柴油喷射系统的控制。柴油机的电控喷射，不仅可以降低 HC 和 NO_x 排放与排气烟度，还可降低噪声，改善起动性能，提高柴油机多方面的性能。

柴油机电控喷射系统可分为位移控制和时间控制两大类。位移控制是在机械控制喷油正时与喷油量的基础上，用执行机构（电磁液压或电磁式）控制油量调节和喷油提前器，实现喷油正时和喷油量的电控。也可用改变柱塞预行程的方法，实现可变供油速率的电控，以满足高压喷射中高速、大负荷和低怠速喷油过程的综合优化控制。如：直列柱塞泵电控系统或转子分配泵电控系统、电控调速器、单体泵或泵—喷嘴的电控系统等。此种控制方式的系统响应慢，控制频率较低，精度不稳定。时间控制是在高压油路中利用一个或两个高速电磁阀的启闭，控制喷油泵和喷油器的喷油过程。喷油量由喷油器开启时间的长短和喷油压力的大小来决定。喷油正时则由控制电磁阀的开启时刻所确定，从而实现喷油正时、喷油量和喷油速率的柔性一体控制。时间控制喷油系统的高压喷射可使柴油雾化得很细，发动机的燃烧过程进行得相当完善，且速度快，燃烧温度也不明显提高。喷油压力的提高，可降低 HC、CO、NO_x、微粒和碳烟的排放，也可使油耗降低。

一、博世式喷油泵电子控制系统

此系统保留了博世式喷油泵的柴油压送机构部分，而将传统的机械式调速器和喷油提前正时器分别由相应的电控装置所取代。日本五十铃汽车公司采用的 IE 系统就是一个典型实例，图 6-16 所示为该系统的框图。

1. 喷油量控制

柴油机在运行时的喷油量是根据由加速踏板位置和柴油机转速所确定的喷油量整定值来选定的。喷油泵调节齿杆位置则是由喷油量整定值、柴油机转速和具有三维坐标模型的预先存储在控制器内的喷油泵速度特性所确定。在运行中，系统一直校验和校正调节齿杆的实际位置和设定值之间的差异，以获得正确的喷油量。

2. 喷油定时控制

喷油定时是根据柴油机的负荷和转速确定，并根据冷却水的温度进行校正。

控制器把喷油定时的整定值与实际值加以比较，然后输出控制信号使定时控制阀动作，以确定通至定时器的油量；油压的变化又使定时器的活塞移动，喷油定时就被调整到整定值。当发生故障时，定时器使喷油定时处在最滞后的位置。

3. 怠速和暖车控制

怠速有两种控制方式：其一为手动控制，另一种为自动控制。借助于选择开关可选定怠速控制方式。

当选定手动控制时，转速由怠速控

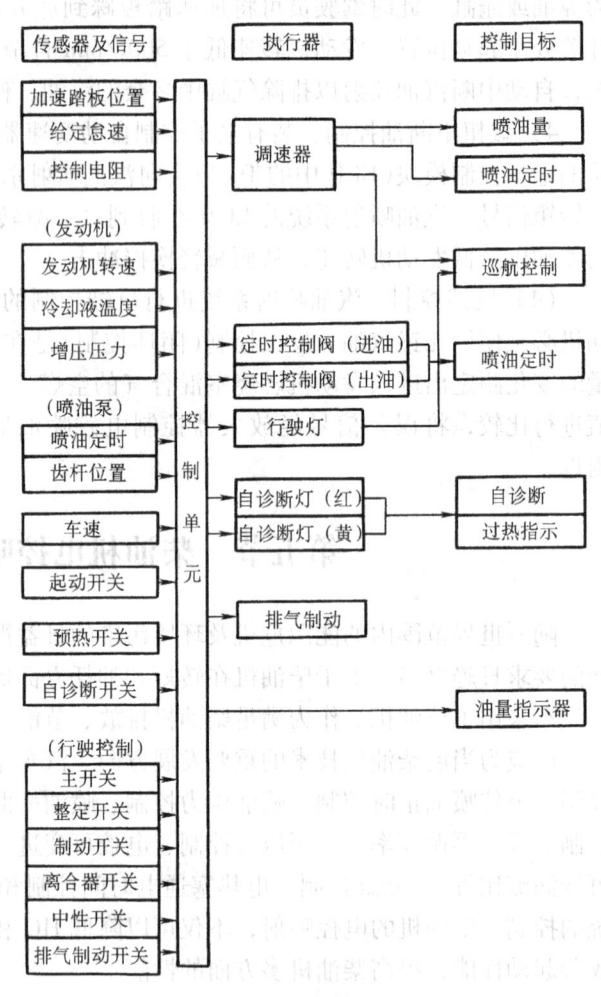

图 6-16 日本五十铃汽车公司的 IE 系统框图

制旋钮来调整。选择自动控制时，随着冷却液温度逐渐升高，转速从暖车前的 800r/min 降至暖车后的 400r/min。用这种方法可缩短冬季暖车时间。

4. 巡航控制

该系统的巡航控制是由车速、柴油机转速、加速踏板位置、巡航开关传感器和电子调速器控制器来实现。一个快速、精密的电子调速器执行器，根据控制器的指令自动进行巡航控制，使发动机始终处于最佳运动状态。在原有的电子调速器基础上，只需增加几个开关和软件就可实现这项功能。

5. 柴油消耗量指示器

这种指示器接收柴油机转速信号和喷油泵调节齿杆位置信号。在运行中，柴油消耗状态由安装在仪表板上的绿、黄、红三色发光二极管显示出来，以作为经济行驶的参考。负荷信号由调节齿杆位置信号提供，而不是由加速踏板位置信号提供。所以，即使在巡航控制状态下行驶时，该指示器也能精确地表示油耗量。

二、分配式喷油泵电子控制系统

该系统是以传统的分配式油泵为基础,而对调速器喷油提前正时器进行电子控制,图 6-17 所示为日本五十铃公司的 I-TEC 系统结构图,图 6-18 则为 I-TEC 系统框图。该系统的硬件包括传感器巡航控制开关、喷油泵的调速器、喷油提前器、巡航灯和诊断指示灯等。

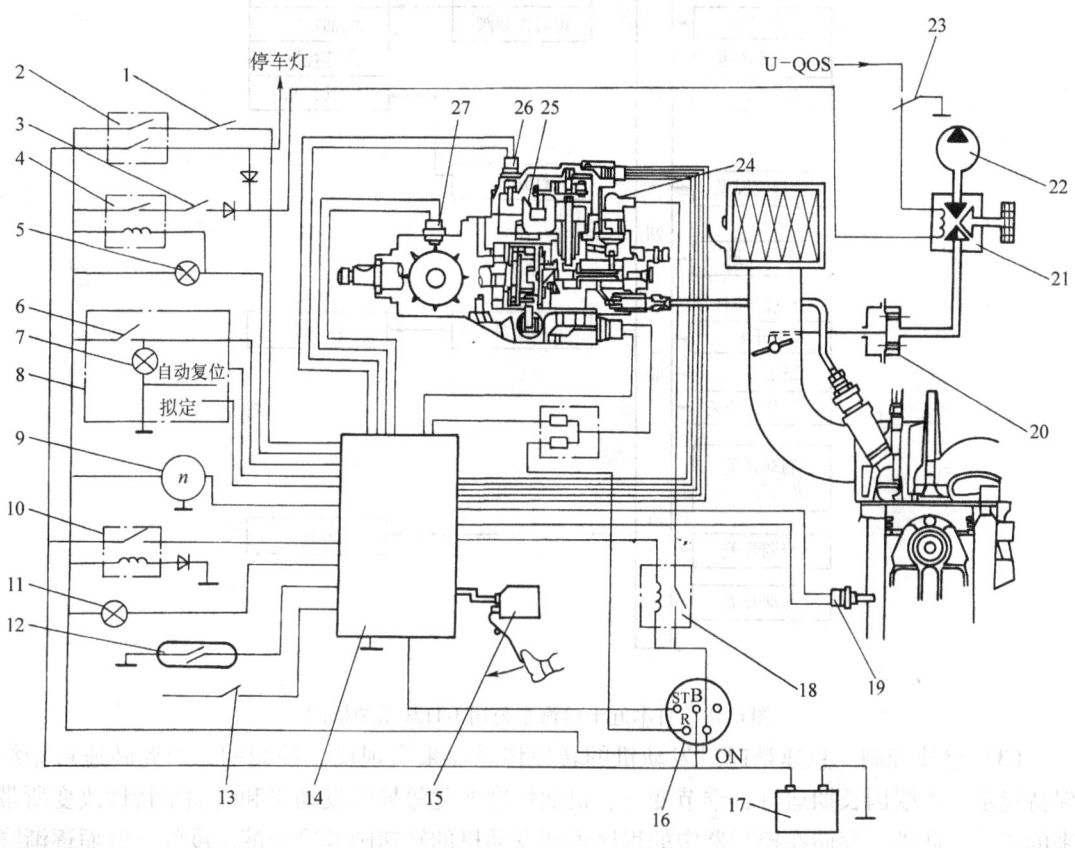

图 6-17 I-TEC 系统构造

1—离合器开关 2—制动开关 3—热敏开关 4、10、18—继电器 5—自动行驶灯 6—主开关 7—主灯 8—自动行驶开关 9—发动机转速表 11—自诊断指示灯 12—车速传感器 13—空调开关 14—ECU 15—加速踏板位置传感器 16—点火开关 17—蓄电池 19—冷却液温度传感器 20—节流用真空调节器 21—真空电磁阀 22—真空泵 23—加速器开关 24—停油阀 25—喷油泵与控制器 26—柴油温度传感器 27—发动机转速传感器

整个系统装有 6 个传感器,柴油温度传感器和冷却液温度传感器为热敏电阻式,装在喷油泵内的转速传感器为电磁式,加速传感器和喷油量传感器为无触点可调电感式,车速传感器为电磁式。

该系统具有下述功能:

(1) 喷油量控制 由发动机转速和加速踏板位置所决定的喷油量控制图储存在控制器中。由控制杆位置传感器检测到的实际喷油量信号反馈到控制器中,并与储存在控制器中的喷油量控制图中的数值比较,通过这个闭环系统可以确定在所有工况下的最佳喷油量。

(2) 喷油定时控制 当负载改变时,定时控制阀的位置也随之变化,从而改变了从提前器活塞室的高压腔流入输油泵进油腔的油量,提前器活塞的移动就实现了对喷油定时的控制。

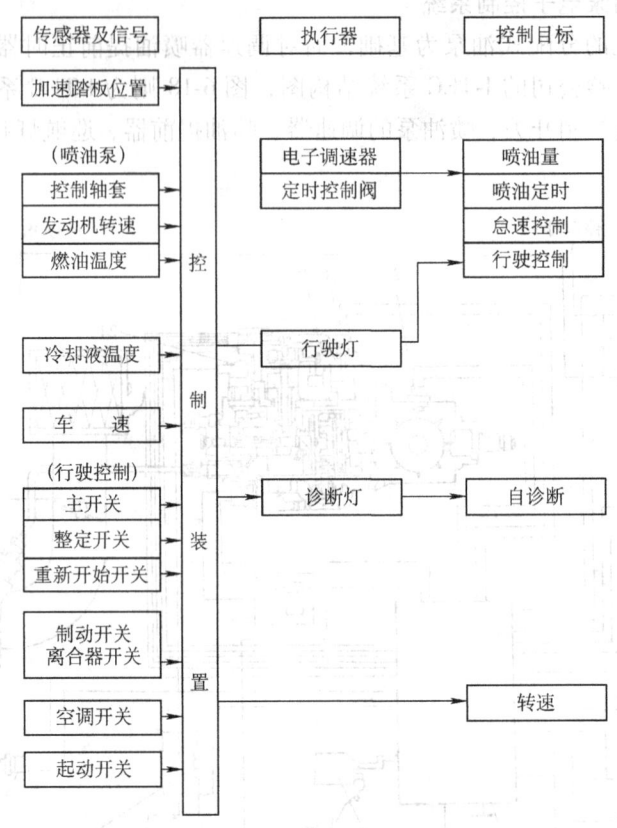

图 6-18　日本五十铃汽车公司 I-TEC 系统框图

（3）怠速控制　怠速是通过发动机的转速传感器来实现反馈控制的，因此转速可始终保持稳定，不受因长期运行、季节变更、机油粘度变化等导致发动机和喷油泵特性改变所带来的影响。此外，存储在控制器中的程序可使发动机的转速随其冷却液温度的上升而逐渐降低，从而使发动机在暖机时获得最佳的高怠速。当空调压缩机在运行或停止状态，蓄电池电压发生变化时，也可实现怠速的自动控制。

（4）行驶控制　为使车辆在行驶时能保持恒速，在控制器中编入一些软件，同时增加一个车速传感器，把车速信号传递给控制器。

三、电子控制共轨式柴油喷射系统

电控共轨喷油系统是高压柴油喷射系统的一种，20 世纪 90 年代中期才开始推向市场的第 3 代电控喷射技术，它摒弃了传统使用的直列泵系统，而代之以用一供油泵建立一定油压后将柴油送到各缸共用的高压油管（简称共轨）内，再由共轨把柴油送入各缸的喷油器。共轨式柴油喷射系统喷油压力与喷油量无关，也不受发动机负荷和转速的影响，能根据要求任意改变压力水平，使 NO_x 和颗粒排放都大大降低。由于采用了独立的高压油泵，可提供很高的喷油压力，最高可达 200～220MPa，即使连接各喷油器的高压油管很短也不会出现不可控制的异常喷射情况。系统采用的是压力—时间计量原理，ECU 根据工况、油温、空气温度等信号，由油压传感器测出压力值并输送给 ECU，并使所测得的压力与发动机工况所给定的油压脉谱图（所设的最佳压力值）比较，ECU 给出信号控制电磁式柴油泵控制阀

(PCV)的启闭,来调整高压油泵的供油量,以改变共轨油道中的油压,使油压为最佳值。因此,油压与发动机的转速和负荷无关。与传统喷射系统相比,电控共轨柴油喷射系统的主要特点有:

1)喷油压力柔性可调。对不同工况可采用最佳喷射压力,从而可以优化柴油机的综合性能,由于喷油压力不随转速改变,解决了传统喷射系统(包括泵—喷嘴系统)因低速时喷油压力下降而导致的低速转矩差和低速烟度大的缺陷。

2)喷射压力高。由于系统紧凑、刚度大,可实现较高的喷射压力(120~170MPa),比普通的柱塞泵高出一倍。加上可独立柔性控制喷油定时和喷油量,可将 NO_x 排放和微粒控制在较小范围内。

3)可柔性控制喷油规律。可实现灵活多样的喷油规律,喷油速率柔性化。如预喷射、多段喷射、"靴形"喷射等,以及配合排气后处理使用的排气行程中的喷射,从而既保证优良的动力性、经济性,又可降低 NO_x 排放和 $dp/d\varphi$。

4)控制精度高。电磁阀控制喷油,高压油路中不会出现气泡和残压为零的现象,因此在柴油机运转范围内,喷油量变动小,各缸的不均匀可得以改善,并减小柴油机的振动与有害排放,对于车用柴油机来说还可改善驱动性能。

图 6-19 为日本电装公司 6 缸发动机的 ECD-U2 共轨式电控柴油喷射系统简图。喷油器启闭由油嘴顶部液压控制室中的油压来决定。此油压的大小取决于共轨中的压力和三通电磁阀(TWV)启闭的共同作用。当三通阀通电时,控制室中的高压柴油流出,喷油器针阀因压力室内的油压作用而上升,喷油开始;当三通阀断电时,高压油供到活塞顶部控制室,液压活塞下行,针阀落座,喷油停止。因此,三通阀开启的时刻(接通瞬间)控制喷油正时,而三通阀开启的持续时间(喷射时间)则控制喷油量的大小。节流孔孔径的大小可以影响控制室的泄压速率,从而控制针阀上升的速度,使初始的喷油速率改变,达到低噪声、低 NO_x

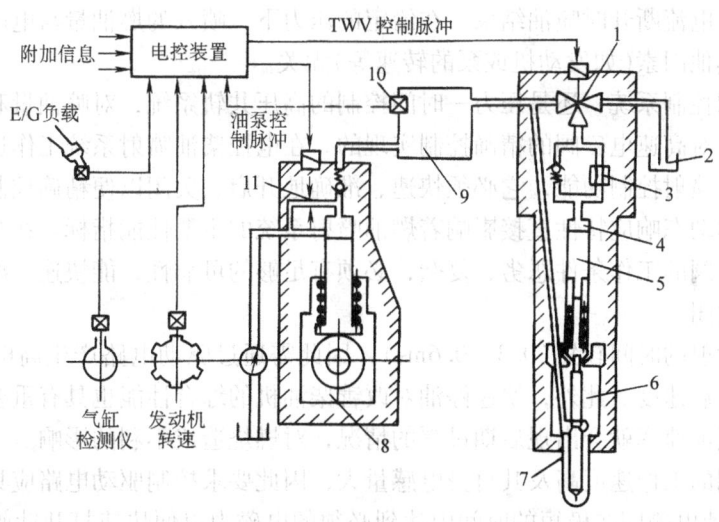

图 6-19 日本电装公司 ECD-U2 共轨式电控柴油喷射系统
1—三通电磁阀(TWV) 2—柴油箱 3—节流孔
4—控制室 5—液压活塞 6—喷嘴 7—喷油器 8—高压供油管
9—共轨 10—油压传感器 11—柴油泵控制阀(PCV)

排放的目的。该共轨系统是通过控制一个柴油泵控制阀(PCV)和每缸的一个三通阀(TWV)的启闭时刻和开启持续时间来控制喷油压力和针阀开启时间的,实现喷油量、喷油正时、喷油速率的柔性控制,调节的自由度大,控制的精度高。

共轨柴油喷射系统能通过高速电磁阀实现对预喷油量、主喷油量、预喷间隔、喷油正时和喷油速率的柔性控制和精确控制。因而高速电磁阀控制特性是影响高压共轨式柴油喷射系统性能的重要因素。

1. 共轨柴油机的喷油特性

为了提高柴油喷射室中混合气形成质量,控制喷油压力及其变化过程,在喷油过程中可采用多次喷射的方法。利用共轨式柴油机,在喷油过程中,除了可实现主喷射外,还可方便地加入一次或多次预喷射或后喷射,使每循环的柴油喷射次数达到2~4次之多。

采用预喷射,可在燃烧开始之前,将少量柴油喷射喷入气缸,促使燃烧室产生"预调节",从而改善燃烧效率、压缩压力由于预反应或局部燃烧而有所提高,因此缩短了主喷油量的着火延迟期,降低了燃烧压力上升幅度及燃烧压力峰值,实现柔和燃烧。此外,采用预喷射可减少燃烧噪声和柴油有效燃料消耗量,许多情况下还降低了排放。

后喷射在主喷射之后的膨胀或排气冲程中进行,它将精确计量的燃油带入废气中,与预喷射和主喷射不同,后喷射的燃油不燃烧,而是在废气中的剩余热量作用下蒸发。这种废气—燃油混合物在排气冲程中经排气门送往废气装置。但通过废气再循环,一部分燃油仍送入燃烧,其作用像一次很早的预喷射。在适宜的NO_x催化器中,废气中的燃油作为NO_x的还原剂其结果是降低了废气中的NO_x。

2. 高速电磁阀的控制特性

喷油器经一短管与共轨相连,它主要由一个喷油器和电磁阀构成。ECU控制电磁阀通电时开始喷油,电流断开时喷油结束。在给定的压力下,喷入的燃油量与电磁阀的接通时间成正比,而与其他因素(如发动机或泵的转速等)无关。

无论是时间控制系统,还是压力—时间控制的高压共轨系统,对喷油量和喷油规律的最佳控制都是通过对高速电磁阀的精确控制实现的。在电控柴油喷射系统工作过程中,高速电磁阀承担着所有喷射控制功能,它必须快速、准确地开启、关闭以便精确控制喷油正时和喷油量。电磁阀的动态响应特性直接影响着燃油喷射系统的主要性能指标。在高压共轨电控喷射系统中,电磁阀的工作条件恶劣、复杂,必须有足够的可靠性,能快速、准确、无反冲地实现其开启和关闭。

由于每次喷射的时间较短(0.3~0.6ms),因此需通过驱动电路产生高电压和大电流来提高电磁阀的开启速度。此外,快速停油对改善柴油机的综合性能也具有重要意义。如果关闭时间过长,喷油速率就会出现后期过缓的情况,对燃烧造成不利的影响。

由于电磁阀的工作速度高及其自身电感量大,因此要求控制驱动电路应具有以下特性:

1)为使高速电磁阀在极短的时间内达到必须的电磁力以便快速打开针阀,实现所需的升程,就必须使电磁阀在极短的时间内将电流升到最大值。

2)由于电磁阀的电感量大,数值在毫亨数量级,因此要使电流在极短的时间内上升到所需的数值,需要在电磁阀导通的瞬间加上高电压,数值在10^2V数量级。

3)为了避免电磁阀的线圈过热,当阀门开启后应迅速将电磁阀的电流下降到一个较小的数值。这一电流称为维持电流，用于维持电磁阀的开启状态。

4）在电磁阀的开启维持过程中，电磁阀的电流和电压应尽可能小，除利于减小功耗外，还便于及时关闭电磁阀，实现快速停油。

5）电磁阀的关闭要迅速，防止过渡过程中燃油的喷雾特性降低。

图6-20是日本电装公司喷油器电磁阀驱动波形的实测曲线，其中图6-20a为控制信号波形，第1个正脉冲为预喷射控制信号，第2个正脉冲为主喷射控制信号。图6-20b为第1路高压产生电路的输出波形，为预喷射提供电磁阀开启能量。图6-20c为第2路高压产生电路的输出波形，为主喷射提供电磁阀开启能量。图6-20d为电磁阀的驱动电流波形，从图中波形不难知道，电磁阀驱动电路的平均功率并不大，但电磁阀的瞬时输出功率或吸收功率却很高。

电磁阀电流在喷油控制信号到来 $250\mu s$ 后达到最大值 $12A$，这时驱动电源的瞬时输出功率为（喷油器电磁阀的电感量在 $1.5mH$ 左右，其线圈的铜阻可忽略不计）。

$$P_0 = \frac{LI_p^2}{2T_p} = \frac{1.5 \times 12^2}{2 \times 250} \times 10^3 W = 432W$$

式中　P_0——电磁阀驱动电源的瞬时输出功率（W）；

　　　L——电磁阀线圈的电感量；

　　　I_p——电磁阀线圈的峰值电流；

　　　T_p——电流达到最大值的峰值时间。

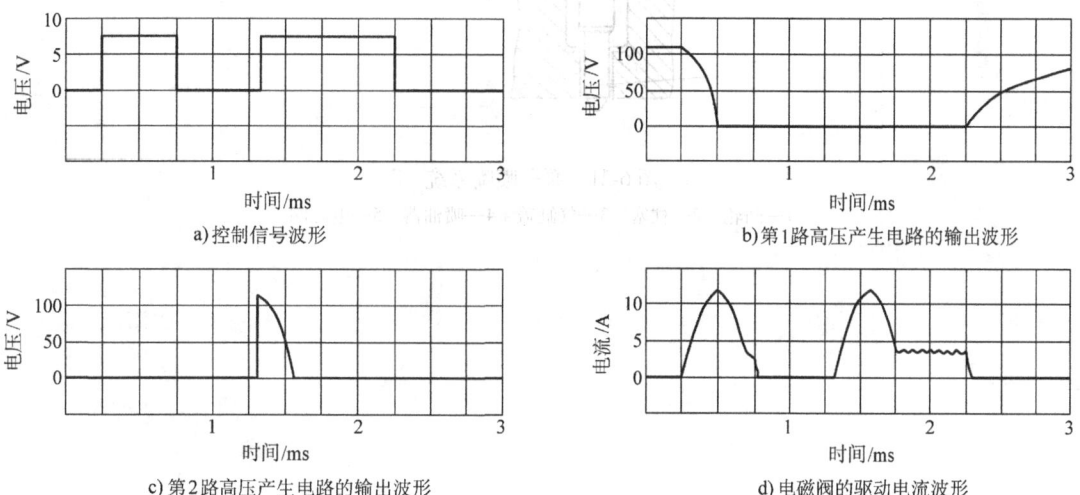

图6-20　日本电装公司喷油器电磁阀驱动波形

这样大的瞬时功率无法直接从汽车的蓄电池电源中得到，一般需要利用储能电容预先将所需的能量储存起来，以便在电磁阀开启的瞬间释放能量。

四、泵—喷嘴系统

泵—喷嘴系统取消了高压油管，将喷油泵和喷油器做成一体（图6-21）。泵—喷嘴系统没有高压油管，缩短了喷油持续时间，提高了怠速和小负荷的稳定性，最高压力可达180MPa。泵—喷嘴系统采用电子控制，由电磁阀的开启时刻和开启持续时间来满足喷油提前角和喷油量的要求。泵—喷嘴系统对电磁阀的要求很高，开启速度为汽油喷射电磁阀的 10~20 倍，而喷射压力为汽油喷射电磁阀 300~500 倍，且占用缸盖的空间较多，给多气门布置带来难度。

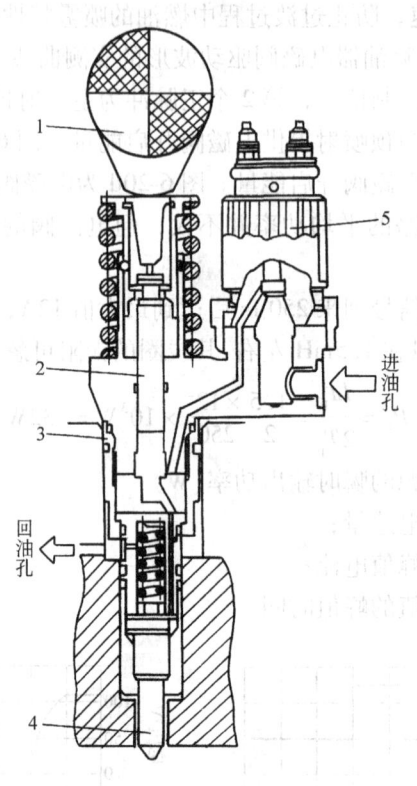

图 6-21　泵—喷嘴系统
1—凸轮　2—柱塞　3—气缸盖　4—喷油器　5—电磁阀

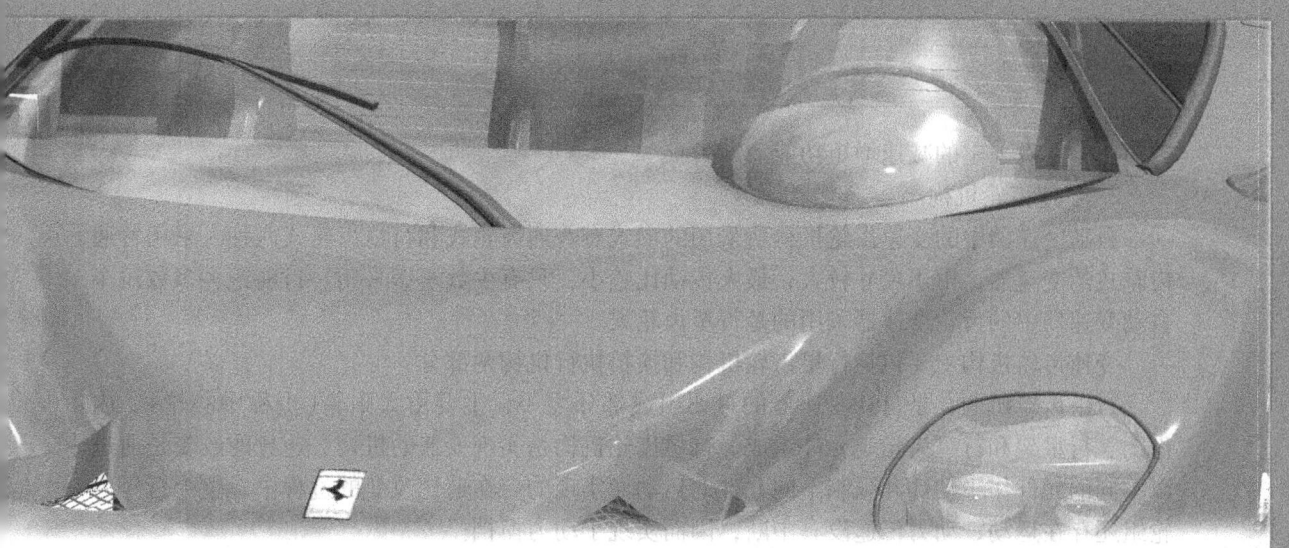

第七章
自动变速器

　　自动变速器最早是由1939年通用汽车公司奥兹莫比尔分部(Oldsmobile)开发的动力分配性4速自动变速器。其后，自动变速器的构成元件有了多种改进，变速形式也多种多样。20世纪80年代后，随着电子工业和自动控制技术的发展，电子控制自动变速器应运而生。现代轿车装用电子控制自动变速器也越来越普遍。据统计，在美国的20世纪90年代新车型上，作为标准件的自动变速器装备率已超过90%，日本为73%，欧洲为25%，如果包括选装件，其装车率无疑还要增加。我国的上海别克、广州本田、一汽宝来等各类汽车也多有装用电控自动变速器的配置，预计不久的将来，自动变速器将作为标准装置装于国产轿车。

第一节　自动变速器概述

　　由于活塞式发动机的转矩变化范围较小，不能适应汽车在各种条件下阻力变化的要求，而且在复杂的使用条件下则要求汽车的牵引力和车速能在相当大的范围内变化，因此在汽车传动系中，采用了可以改变转速比和传动转矩比的装置，即变速器。在变速器发展方面，为提高驾驶操作的轻便性，减轻驾驶员的疲劳程度，提高汽车的动力性和经济性，人们在改进变速器的结构和换挡方法上作了很大的努力。

一、自动变速器的基本组成

　　自动变速器的厂牌型号很多，外部形状和内部结构也有所不同，但它们的组成基本相同，一般由液力变矩器(以下简称变矩器)、变速齿轮机构、供油系统和换挡操纵机构等四大部分组成。

　　1. 变矩器

　　变矩器位于自动变速器的最前端，安装在发动机的飞轮上，其作用与采用手动变速器的汽车中的离合器相似。它利用油液循环流动过程中动能的变化将发动机的动力传递给自动变速器的输入轴，并能根据汽车行驶阻力的变化，在一定范围内自动地、无级地改变传动比和转矩比,具有一定的减速增矩功能。

2. 变速齿轮机构

自动变速器中的变速齿轮机构所采用的形式有普通齿轮式和行星齿轮式两种。采用普通齿轮式的变速器,由于尺寸较大,最大传动比较小,只有少数车型采用。目前绝大多数轿车自动变速器中的齿轮变速器采用的是行星齿轮式。

变速齿轮机构主要包括行星齿轮机构和换挡执行机构两部分。

行星齿轮机构,是自动变速器的重要组成部分之一,主要由太阳轮(也称中心轮)、内齿圈、行星架和行星齿轮等元件组成。行星齿轮机构是实现变速的机构,速比的改变是通过以不同的元件作主动件和限制不同元件的运动而实现的。在速比改变的过程中,整个行星齿轮组还存在运动,动力传递没有中断,因而实现了动力换挡。

换挡执行机构主要是用来改变行星齿轮中的主动元件或限制某个元件的运动,改变动力传递的方向和速比,主要由多片式离合器、制动器和单向离合器等组成。离合器的作用是把动力传给行星齿轮机构的某个元件使之成为主动件。制动器的作用是将行星齿轮机构中的某个元件抱住,使之不动。单向离合器也是行星齿轮变速器的换挡元件之一,其作用和多片式离合器及制动器基本相同,也是用于固定或连接行星齿轮机构中的某些太阳轮、行星架、齿圈等基本元件,让行星齿轮变速器组成不同传动比的挡位。

3. 供油系统

自动变速器的供油系统主要由油泵、调压阀、油箱、滤清器及管道等组成。油泵是自动变速器最重要的总成之一,它通常安装在变矩器的后方,由变矩器壳后端的轴套驱动。只要发动机运转,不论汽车是否行驶,油泵都在运转,为自动变速器中的变矩器、换挡执行机构、换挡操纵机构等部分提供一定油压的液压油。油压的调节由调压阀来实现。

4. 换挡操纵机构

自动变速器的换挡操纵机构的主体是阀体总成,包括人工控制的操纵机构和自动控制的操纵机构两部分。操纵机构由手控换挡阀、节气门阀、挡位控制阀、控制阀板总成、电磁阀、控制开关、控制电路等组成,电子控制的自动变速器还设有各种传感器、执行器、ECU等。

人工控制的操纵机构包括驾驶员手操作的换挡杆(手动阀)和加速踏板操作的节气门阀等。驾驶员通过操纵自动变速器的换挡杆改变控制阀板内的手动阀位置。

自动控制的操纵机构根据手动阀的位置及节气门开度、车速、控制开关等状态因素,利用液压自动控制原理或电子自动控制原理,按照一定的规律控制齿轮变速器中的换挡执行机构(离合器和制动器)的工作,以改变齿轮变速器的传动比,从而实现自动换挡。

自动控制的操纵机构有液压控制和电—液控制两种。

液压控制系统是由阀体和各种控制阀及油路所组成的,阀门和油路设置在一个板块内,称为阀体总成(图7-1)。不同型号的自动变速器阀体总成的安装位置有所不同,有的装在上部,有的装在侧面,纵置的自动变速器一般装在下部。

在液压控制系统中,增设控制某些液压油层路的电磁阀,若这些电磁阀是由ECU控制的,就成了电子控制的换挡控制系统。仅有液压控制系统的自动变速器称为液力自动变速器,而具有ECU控制的自动变速器称为电控自动变速器(实际是电—液控制自动变速器)。

需要说明的是,为了提高传动效率,人们正在探索电子控制的机械变速器这样一种新型电控自动变速器，此类变速器并无液压传动部分，在这里提请读者注意，以免产生误解。

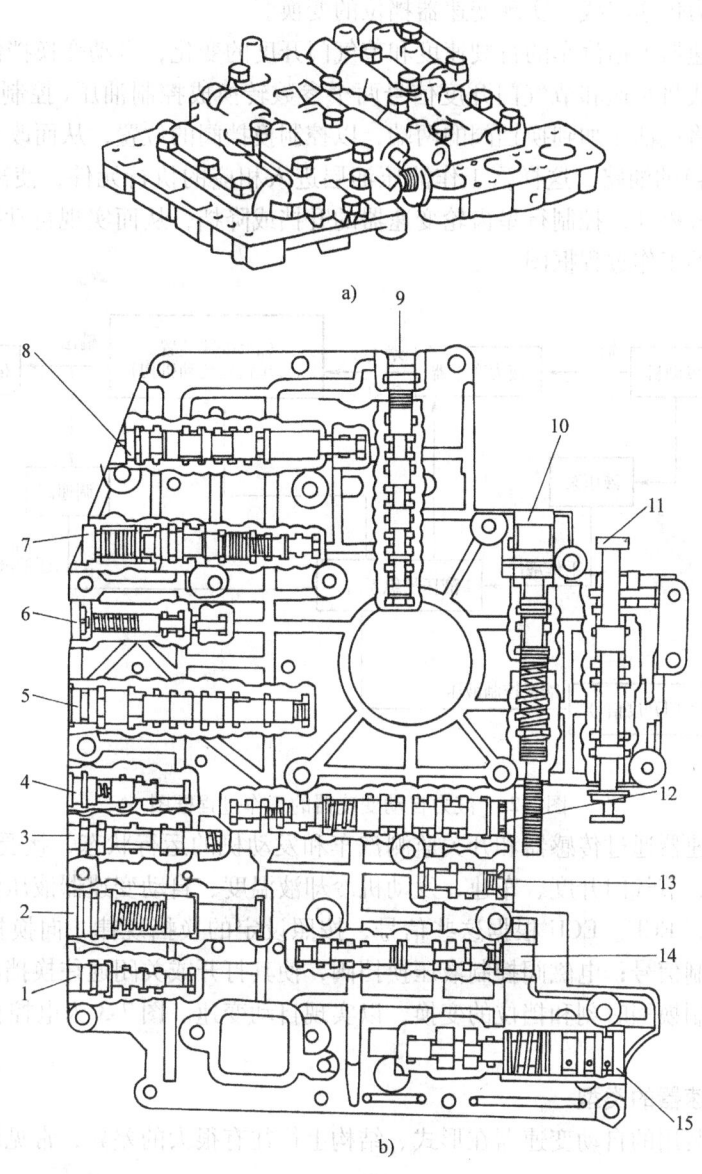

图 7-1　阀体总成示意图
a) 外形　b) 阀的位置
1—1-2 挡调节器阀　2—1-2 挡蓄能器阀　3—3-4 挡换挡阀
4—超速挡伺服装置调节器阀　5—1-2 挡换挡阀　6—节气门阀极限阀
7—3-4 挡换挡阀和调节器　8—节流阀/2-3 挡调节器阀　9—2-3 挡降挡阀
10—节气门阀　11—手动换挡阀　12—2-3 挡换挡阀　13—3-4 挡换挡阀
14—2-1 程序阀　15—主油路调压阀和升压阀

二、自动变速器的工作过程

自动变速器之所以能够实现自动换挡是因为工作中驾驶员踏下加速踏板的位置或发动机进气支管的真空度和汽车的行驶速度能指挥自动换挡系统工作，自动换挡系统中各控制阀不同的工作状态将控制变速齿轮机构中离合器的分离与结合和制动器的制动与释放，并改变变速齿轮机构的动力传递路线，实现变速器挡位的变换。

液力自动变速器根据汽车的行驶速度和节气门开度的变化，自动变换挡位。换挡控制方式是通过机械方式将车速和节气门开度信号两个参数转换成控制油压（控制信号），按照设定的换挡规律，将该油压加到换挡阀的两端，以控制换挡阀的位置，从而改变换挡执行元件（离合器和制动器）的油路。这样，工作液压油层进入相应的执行元件，使离合器结合或分离，制动器制动或松开，控制行星齿轮变速器的升挡或降挡，从而实现自动换挡。图 7-2 为液力自动变速器的工作过程框图。

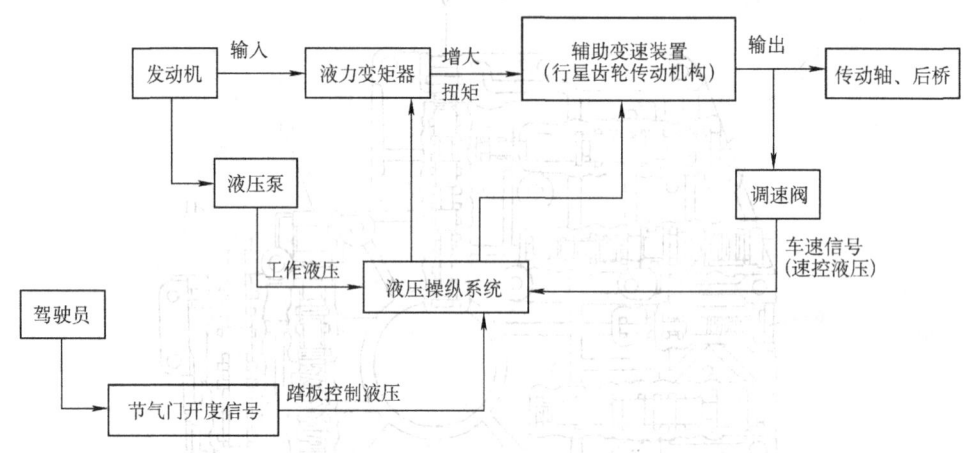

图 7-2　液力自动变速器的工作过程框图

电控自动变速器通过传感器和开关监测汽车和发动机的运行状态，接受驾驶员的指令，并将发动机转速、节气门开度、车速、发动机冷却液温度、自动变速器液压油温度等参数转换成电信号输入到 ECU。ECU 根据这些信号，按照设定的换挡规律，向换挡电磁阀、油压电磁阀等发出控制信号；电磁阀控制液压换挡阀，使其打开或关闭通往换挡离合器和制动器的油路，从而控制换挡时刻和挡位的变换，以实现自动变速。图 7-3 为电控自动变速器的工作过程框图。

三、自动变速器的类型

不同车型所装用的自动变速器在形式、结构上往往有很大的差异，常见的分类方法和类型有以下几种。

1. 按变速方式分类

汽车自动变速器按变速方式的不同，可分为有级变速器和无级变速器两种。

有级变速器是具有几个有限的定值传动比（一般有 3～5 个前进挡和一个倒挡）的变速器。无级变速器是能使传动比在一定范围内连续变化的变速器，无级变速器目前在汽车上应用较少。

2. 按汽车驱动方式分类

自动变速器按照汽车驱动方式的不同，可分为后驱动自动变速器和前驱动自动变速器两种。这两种自动变速器在结构和布置上有很大的不同。

后驱动自动变速器的变矩器和齿轮变速器的输入轴及输出轴在同一轴线上，发动机的动

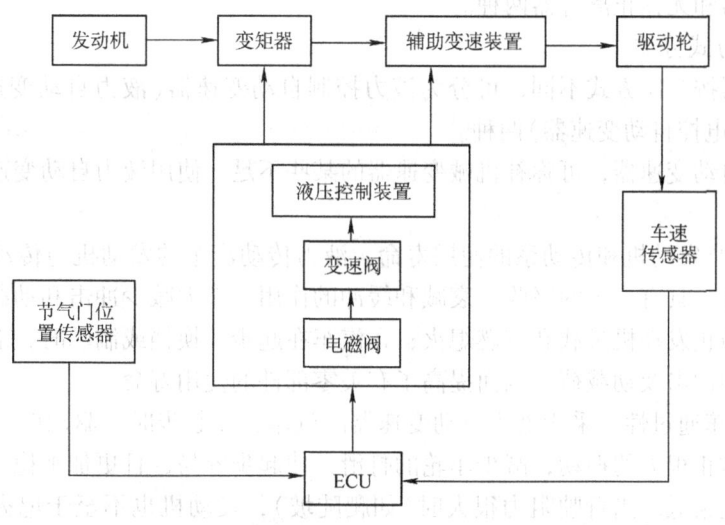

图 7-3 电控自动变速器的工作过程框图

力经变矩器、自动变速器、传动轴、后驱动桥的主减速器、差速器和半轴传给左右两个后轮。这种发动机前置，后轮驱动的布置形式，其发动机和自动变速器都是纵置的，因此轴向尺寸较大，在小型客车上布置比较困难。后驱动自动变速器的阀板总成一般布置在齿轮变速器下方的油底壳内。

前驱动自动变速器除了具有与后驱动自动变速器相同的组成部分外，在自动变速器的壳体内还装有差速器。前驱动汽车的发动机有纵置和横置两种。纵置发动机的前驱动自动变速器的结构和布置与后驱动自动变速器基本相同，只是在后端增加了一个差速器。横置发动机前驱动自动变速器由于汽车横向尺寸的限制，要求有较小的轴向尺寸，因此通常将输入轴和输出轴设计成两个轴线的方式；变矩器和齿轮变速器输入轴布置在上方，输出轴布置在下方。这样的布置减少了变速器总体的轴向尺寸，但增加了变速器的高度，因此常将阀板总成布置在变速器的侧面或上方，以保证汽车有足够的最小离地间隙。

3. 按自动变速器前进挡的挡位数不同分类

自动变速器按前进挡的挡位数不同，可分为 2 个前进挡、3 个前进挡、4 个前进挡三种（极个别车辆有 5 个前进挡）。早期的自动变速器通常为 2 个前进挡或 3 个前进挡。这两种自动变速器都没有超速挡，其最高挡为直接挡。新型轿车装用的自动变速器基本上都是 4 个前进挡，即设有超速挡（通常称为 OD 挡，在驾驶员的操纵显示器上为圆圈中一个大写的英文字母 D）。这种设计虽然使自动变速器的构造更加复杂，但由于设有超速挡，大大提高了汽车的燃油经济性。

4. 按齿轮变速器的类型分类

自动变速器按齿轮变速器的类型不同，可分为普通齿轮式和行星齿轮式两种。普通齿轮式自动变速器体积较大，最大传动比较小，只有少数几种车型使用（如本田 ACCORD 轿车）。行星齿轮式自动变速器结构紧凑，能获得较大的传动比，为绝大多数轿车采用。

5. 按变矩器的类型分类

轿车自动变速器基本上都是采用结构简单的单级三元件综合式变矩器。这种变矩器又分为有锁止离合器和无锁止离合器两种。

6. 按控制方式分类

自动变速器按控制方式不同,可分为液力控制自动变速器(液力自动变速器)和电子控制自动变速器(电控自动变速器)两种。

采用液力自动变速器,可弥补机械变速器的某些不足。使用液力自动变速器的汽车具有下列显著的优点:

1) 大大提高发动机和传动系的使用寿命。液力传动汽车的发动机与传动系,由于液体工作介质的柔性,具有一定的吸收、衰减和缓冲的作用,大大减少冲击和动载荷。当负荷突然增大时,可防止发动机过载和突燃熄火;在汽车在起步、换挡或制动时,能减少发动机和传动系所承受的冲击及动载荷,因而提高了有关零部件的使用寿命。

2) 提高汽车通过性。采用液力自动变速器的汽车,在起步时,驱动轮上的驱动转矩是逐渐增加的,防止很大的振动,减少车轮的打滑,使起步容易,且更加平稳。所以最低稳定车速可以降低到很低。当行驶阻力很大时(如爬陡坡),发动机也不至于熄火,使汽车仍能以极低速度行驶。在特别困难路面行驶时,因换挡时没有功率间断,不会出现汽车停车的现象。因此,液力机械变速器对于提高汽车的通过性具有良好的效果。

3) 具有良好的自适应性。由于变矩器能在一定范围内实现无级变速,大大减少行驶过程中的换挡次数,有利于提高汽车的动力性和平均车速。

4) 操纵轻便。自动变速器的车辆,除少数特殊情况外,无须经常变动挡位,且由于不必操纵离合器,大大减轻了驾驶员的劳动强度。

与单纯机械变速器相比,液力自动变速器也存在某些缺点。如:结构复杂、制造成本较高、传动效率较低等。对变矩器无锁止离合器的自动变速器,最高效率一般只有82%~90%左右,而机械传动的效率可达95%~97%。由于传动效率低,使汽车的燃油经济性有所降低;由于自动变速器的结构复杂,相应的维修技术也较复杂,要求有专门的维修人员,具有较高的修理水平和故障检查分析的能力。

第二节 液力变矩器

液力耦合器(以下简称耦合器)和变矩器两者均属于液力传动机构,即通过液体的循环流动,利用液体动能的变化来传递动力。两者最大的结构上的区别在于有无导轮,后者有导轮,而前者则无导轮。

一、耦合器

耦合器,又称液力联轴器,主要由壳体、泵轮、涡轮3个部分组成(图7-4)。耦合器的主要功能有两个:一是防止发动机过载,二是调节工作机构的转速。耦合器的泵轮与壳体焊接在一起,并

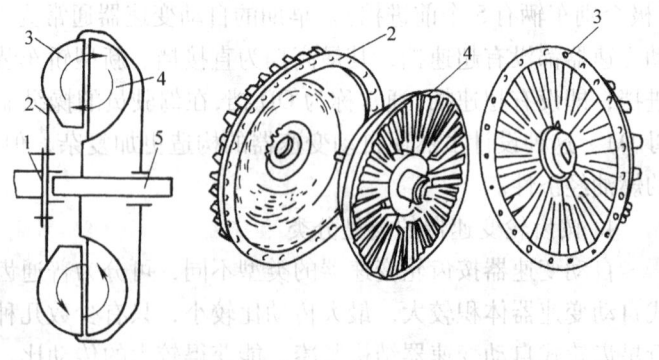

图7-4 耦合器的结构与组成

1—曲轴 2—外壳 3—泵轮 4—涡轮 5—输出轴

通过螺栓与发动机的飞轮联接，是耦合器的主动部分。涡轮通过花键与输出轴联接，是耦合器的从动部分。在泵轮和涡轮上有径向排列的平直叶片，泵轮和涡轮相对安装且有约 3～4mm 的间隙；泵轮与涡轮装合成一个整体后，轴线断面一般为圆形，并在内腔中充满液压油（称为工作油液或工作介质，简称油液或介质）。

当发动机运转时，曲轴带动耦合器的壳体和泵轮转动，泵轮叶片内的油液在泵轮的带动下旋转；在离心力的作用下，油液被甩向泵轮叶片外缘处，并在外缘处冲向涡轮叶片，使涡轮在液压冲击力的作用下旋转；冲向涡轮叶片的油液沿涡轮叶片向内缘流动，返回到泵轮内缘；返回的油液，又被泵轮再次甩向外缘，依此循环，油液形成了从泵轮流向涡轮，又从涡轮返回到泵轮的循环液流（图 7-5）。由于泵轮的作用，耦合器中的油液在从泵轮叶片内缘流向外缘的过程中，速度和动能逐渐增大。而油液在从涡轮叶片外缘流向内缘的过程中，由于油液自身对涡轮作功，速度和动能逐渐减小。因此，耦合器工作时，发动机的动能通过泵轮传给油液，油液在循环流动的过程中又将动能传给涡轮输出。

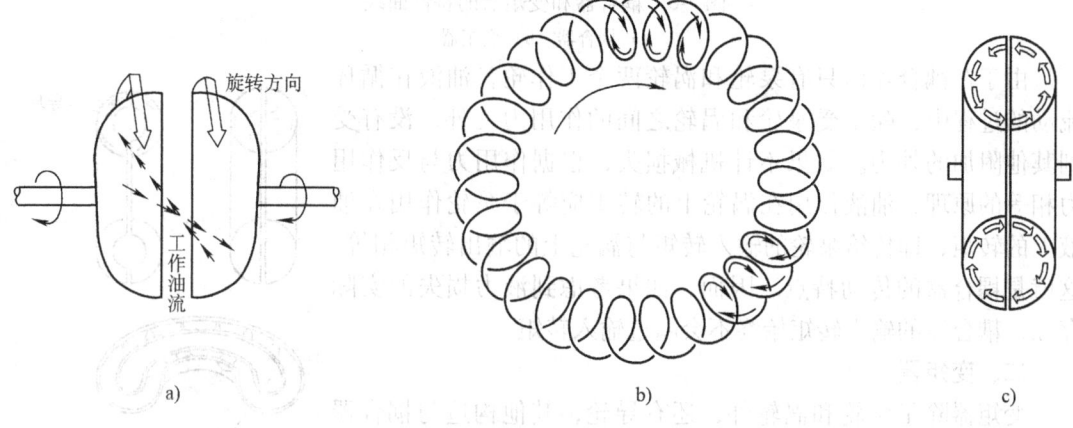

图 7-5 循环流动的液流

耦合器要实现传动，必须在泵轮和涡轮之间有油液的循环流动。而油液循环流动的产生，是由于泵轮和涡轮之间存在着转速差，如果泵轮和涡轮的转速相等，则耦合器不起传动作用。

汽车起步时前，发动机驱动泵轮旋转，如果涡轮的转矩不足以克服汽车的起步阻力矩，则涡轮不会随泵轮的转动而转动；加大节气门开度到一定程度，作用在涡轮上的转矩使汽车克服起步阻力矩而起步。随着发动机转速的继续增高，涡轮随着汽车的加速而不断加速，涡轮与泵轮转速差的数值逐渐减小。当涡轮开始旋转并逐步赶上泵轮的转速时，泵轮与涡轮间的相对转速差减小，油液对涡轮叶片的冲击力及冲击转矩减小，这将使输出元件产生滑动，直到有足够的循环油液对涡轮产生足够的冲击力为止。因此，输出转速高时，输出转速赶上输入转速是一个连续不断的趋势，但总不会达到输入转速。除非在工作状况反过来，例如在下较长的陡坡时，可能会发生齿轮变速机构变成主动件，飞轮变成从动件，出现涡轮的转速等于或高于泵轮转速，产生"倒拖"。

由于油液冲击涡轮叶片后出现散射和跳动，引起液流扰动，阻碍来自泵轮的正常油液流动，造成"冲击损失"。泵轮与涡轮的转速差越大，冲击损失越大，传动效率 η 越低（图 7-

6)。为了减小耦合器内腔中心的液流涡流扰动,一般在泵轮和涡轮上设置有导环(图7-7)。

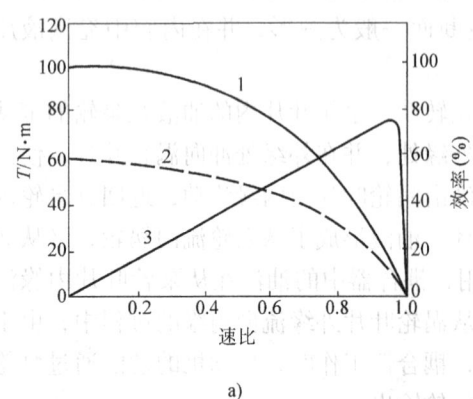
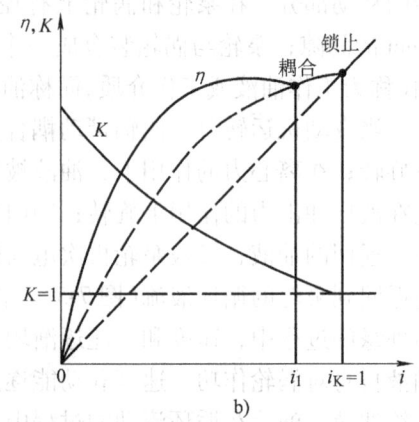

图7-6 耦合器和变矩器的特性曲线
a) 耦合器 b) 变矩器

由于在耦合器内只有泵轮和涡轮两个工作轮,油液在循环流动的过程中,除了受泵轮和涡轮之间的作用力之外,没有受到其他附加的外力。如果不计机械损失,根据作用力与反作用力相等的原理,油液作用在涡轮上的转矩应等于泵轮作用在油液上的转矩,即传给泵轮的输入转矩与涡轮上的输出转矩相等,这就是耦合器的传动特点。因而,如果考虑到液力损失的实际存在,耦合器的输出转矩始终不会超过输入转矩。

二、变矩器

变矩器除了泵轮和涡轮外,还有导轮,其他构造与耦合器基本相同。导轮位于泵轮和涡轮之间,并通过单向离合器固定于变速器壳体上,使导轮仅能沿发动机转动方向旋转,反向则被锁止。变矩器的结构如图7-8所示。

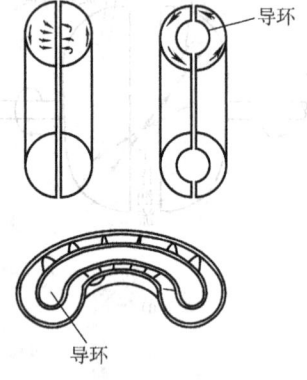

图7-7 导环

发动机运转时带动变矩器的壳体和泵轮与之一同旋转,泵轮内的油液在离心力的作用下,由泵轮叶片外缘冲向涡轮,并沿涡轮叶片流向导轮,再经导轮叶片内缘,形成循环的液流。

1. 导轮

如图7-9a所示,若无导轮(耦合器),当泵轮与涡轮的转速差很大时,油液从涡轮回流到泵轮时,会冲击泵轮叶片的前部,阻碍泵轮的旋转。设置导轮后,改变了回流油液的流向,使油液冲击泵轮叶片的背面,促使泵轮旋转(图7-9b)。于是,作用在涡轮上的转矩由发动机的输入转矩和回流油液的转矩两部分组成。可见,由于导轮的存在,涡轮上的输出转矩大于发动机的输入转矩。可以想像,泵轮与涡轮的转速差越大,回流冲击越厉害,则转矩增加越多;而且随着转速差的缩小,增加转矩的作用越来越小。通常用输出转矩与输入转矩之比(称为变矩比或变矩系数)来表示,即变矩比 $K=$ 输出转矩(T_B)/输入转矩(T_W),如图7-6所示,$K=\dfrac{T_B}{T_W}$。最大变矩比由变矩器的结构参数决定,一般为2.2~2.6。

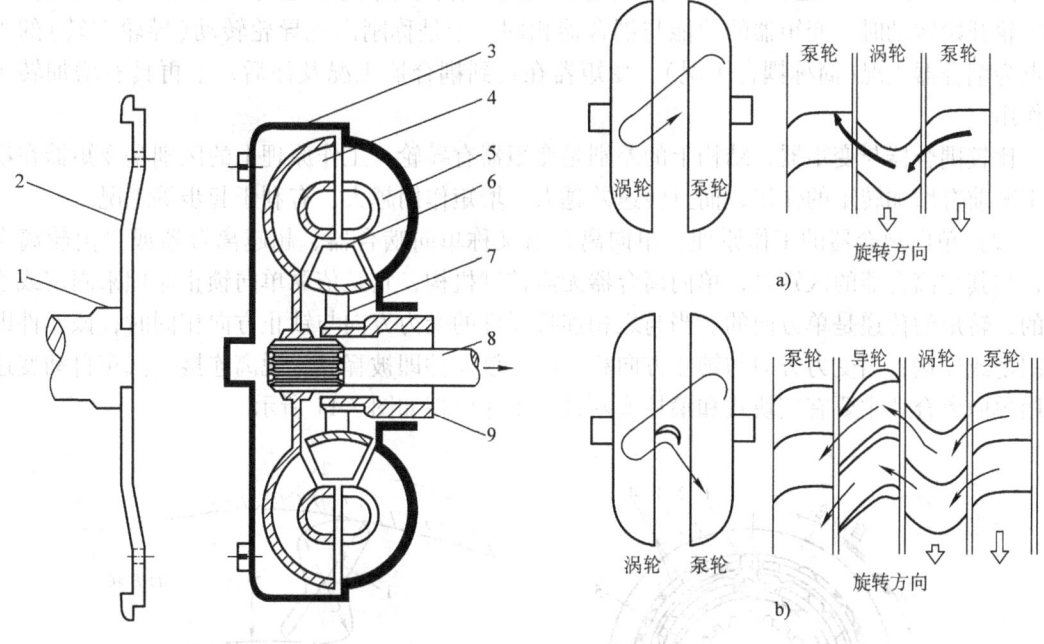

图 7-8 变矩器的结构
1—曲轴 2—驱动端盖 3—变矩器 4—涡轮 5—泵轮 6—导轮 7—单向离合器 8—输入轴 9—壳体

图 7-9 导轮的作用
a) 无导轮时的油液流动 b) 有导轮时油液的流动

2. 单向离合器

（1）单向离合器的作用　如图 7-10a 所示，回流油液在离开涡轮边缘时的速度为沿边缘甩出的线速度 v_A 与随涡轮旋转的线速度 v_B 的合成速度 v_C。当涡轮转速不高时，v_C 冲击导轮的正面，由于单向离合器的作用，导轮锁止，油液被导轮挡住后向泵轮旋转的同方向流动。随着涡轮转速的升高，v_B 越来越大（v_B 的增长速度大于 v_A），合成速度 v_C 的方向随之改变，变矩比越来越小（越接近 1），直至不增矩，即 $K=1$。但当转速继续升高时，合成速度成为图 7-10b 所示方向，油液冲击导轮的背面。若此时导轮是固定的，无疑油液在流回泵轮时，将引起"反冲"，阻止泵轮旋转。因而，在此设置一单向离合器，在油液冲向导轮背面时，使导轮可以随之转动（沿泵轮方向），油液流动如图 7-10c 所示。

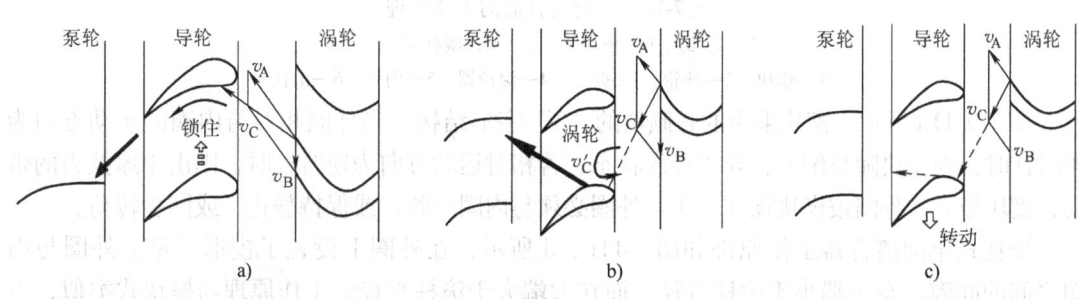

图 7-10 单向离合器的作用
a）导轮锁止　b）油液"反冲"　c）导轮自由转动

由于 v_A 与泵轮转速有关,因此,导轮转动的工作点与涡轮转速与泵轮转速的比值有关。当导轮开始转动时,变矩器的功能与耦合器相同,于是称刚出现导轮转动(导轮空转)的工作点为耦合器工况(简称耦合工况)。变矩器在达到耦合器工况及往后,不再具有增加转矩的作用。

比较耦合器与变矩器,结构上的差别是变矩器有导轮;工作原理上的区别是变矩器在耦合工况前有增加转矩的作用,而且转速差越大,增矩作用越大,有利于起步等工况。

(2)单向离合器的工作原理 单向离合器又称单向啮合器、超越离合器或自由轮离合器,与其它离合器的区别是,单向离合器无需控制机构,它是依靠单向锁止原理来固定或连接的,转矩的传递是单方向的。当与之相连接元件的受力方向与锁止方向相同时,该元件即被固定或连接;当受力方向与锁止方向相反时,该元件即被释放或脱离连接。汽车自动变速器用单向离合器主要有楔块式和滚柱式两种,工作原理如图7-11所示。

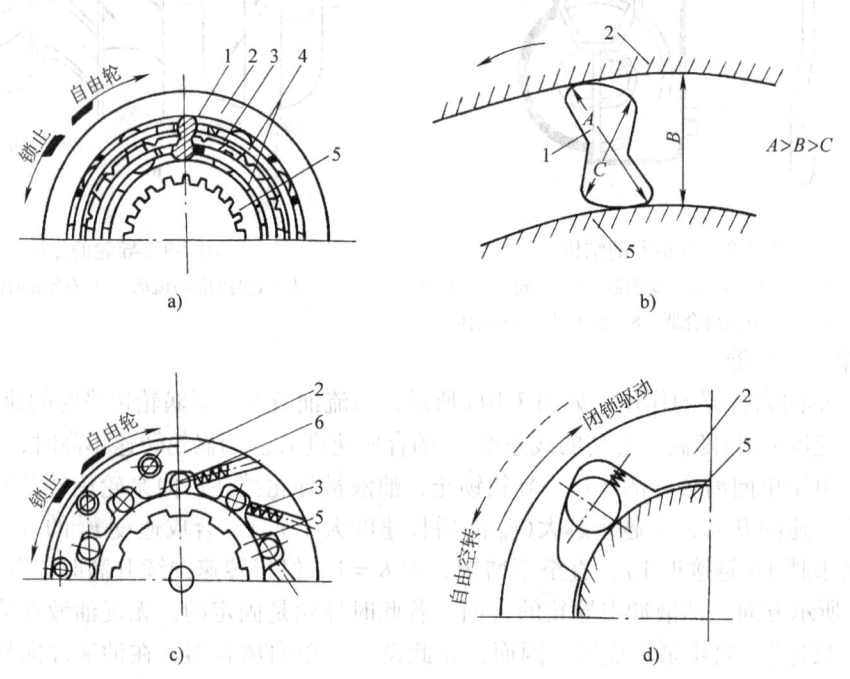

图7-11 单向离合器的工作原理
a)、b)楔块式 c)、d)滚柱式
1—楔块 2—外轮 3—弹簧 4—保持器 5—内轮 6—滚柱

如图7-11a所示,楔块采用的是倾斜的"8"字形结构,当外圈相对与内圈的运动方向为顺时针时,则楔块随势倒下,处于释放状态;若相对运动方向为逆时针时,则由于摩擦力的带动,楔块竖立,外圈被楔块锁住,于是外圈必须与内圈一致,或保持静止、或同步转动。

滚柱式单向离合器工作原理如图7-11c、d所示,在外圈上设置了楔形的槽。外圈与内圈之间的间隙,在小端小于滚柱直径,而在大端大于滚柱直径。工作原理与楔块式类似,不再分述。

3. 变矩器锁止机构

由上述分析,即使变矩器到达耦合器工况,由于泵轮与涡轮之间必须要有转速差存在

（一般至少4%~5%），加之变矩器液力传动的能量损失，传动效率与机械传动相比仍然较低。为提高汽车的传动效率，减少燃油消耗，现代很多轿车的自动变速器均采用带有锁止机构的变矩器。当达到耦合工况后的某一点时，锁止机构工作，用机械方式连接泵轮与涡轮，实现近乎100%的动力传递。目前，锁止机构有锁止离合器、离心式离合器和行星齿轮机构锁止三种。本书仅介绍较多见的锁止离合器工作原理（图7-12）。

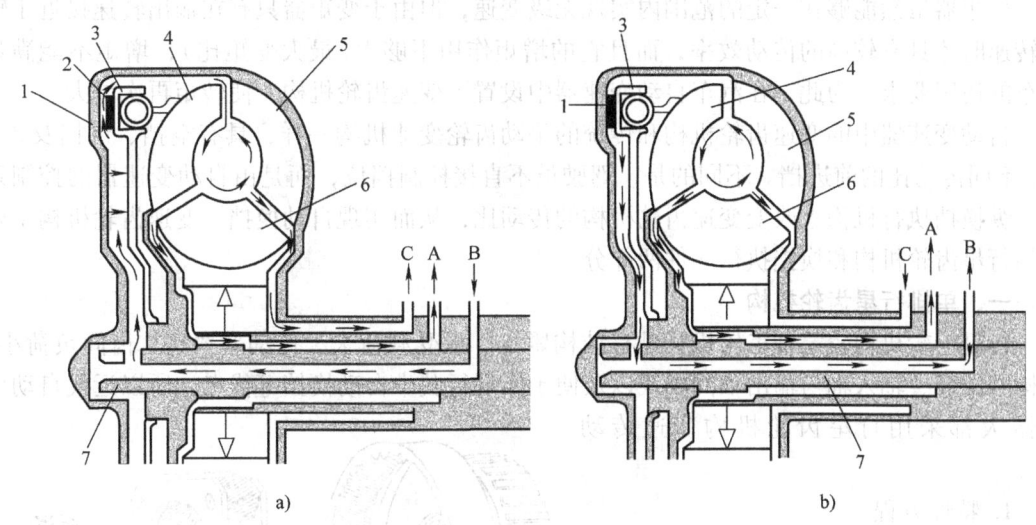

图7-12 锁止离合器工作原理图
a）分离 b）接合
1—壳体 2—摩擦条 3—传力盘 4—涡轮 5—泵轮 6—导轮 7—输出轴
A—变矩器出油道 B、C—控制阀油道

带有锁止离合器的变矩器，比普通变矩器多了一个通过花键与涡轮相连的传力盘，传力盘可以沿花键轴向移动，传力盘上粘合了环型的摩擦条（相当于离合器片）。当设法排出图中传力盘左侧的油液时，传力盘两侧的油压不相等，传力盘在受到右侧油压的作用下向左侧移动，即与壳体相连，实现锁止。锁止时，动力通过变矩器壳体（泵轮）→摩擦传动→传力盘→花键→涡轮，实质上是机械传动。简单地说，锁止离合器是通过"排出"（降低油压）或"充入"（升高油压）传力盘左侧的油液，使传力盘左移或右移来控制锁止离合器"锁止"或"分离"的。

工作时，ECU根据车速、节气门开度、发动机转速、变速器油液温度、操纵手柄位置、控制模式等因素，按照设定的锁止控制程序向锁止电磁阀发出控制信号，改变锁止离合器传力盘两侧的油压，从而控制锁止离合器的工作。当车速较低时，锁止控制阀让油液从油道B进入变矩器，使传力盘两侧保持相同的油压，锁止离合器处于分离状态，这时输入变矩器的动力完全通过油液传至涡轮（图7-12a）。当汽车在良好道路上高速行驶，且车速、节气门开度、变速器油液温度等因素符合一定要求时，ECU即操纵锁止控制阀，让油液从油道C进入变矩器，而让油道B与泄油口相通，使传力盘左侧的油压下降。由于传力盘右侧的油液压力仍为变矩器压力，从而使压盘在前后两面压力差的作用下压紧在变矩器壳体上（图7-12b）。

锁止离合器在接合时，变矩器中的油液因液体摩擦减小，油液的温度可以降低，此时不再让油液进入冷却器，以降低动力消耗。为了减小锁止离合器在接合瞬间产生的冲击力，一般在锁止离合器传力盘上还装有减振弹簧。

第三节　变速齿轮机构

变矩器虽然能够在一定的范围内实现无级变速，但由于变矩器只有在输出转速接近于输入转速时才具有较高的传动效率，而且它的增矩作用不够大（最大变矩比），增矩不能满足汽车的使用要求。为此，在汽车自动变速器中设置了变速齿轮机构，使转矩再次增大。

自动变速器中的变速齿轮机构和传统的手动齿轮变速机构一样，具有空挡、倒挡及2～4个不同传动比的前进挡。不同的是，驾驶员不直接控制挡位，而是由自动变速器的控制系统操纵换挡执行机构来改变变速齿轮机构的传动比，从而实现自动换挡。变速齿轮机构主要包括行星齿轮机构和换挡执行元件两部分。

一、单排行星齿轮机构

行星齿轮机构较定轴齿轮机构具有结构紧凑、承受载荷大、传动效率高、齿间负荷小、结构刚性好、轴入轴与输出轴同轴线以及便于实现行驶中自动换挡等优点，所以近代自动变速器大都采用行星齿轮机构变速传动装置。

1. 特性方程

单排行星齿轮机构的基本构造如图7-13所示，它由位于轴中心处的太阳轮、与太阳轮啮合的行星齿轮、支承行星齿轮的行星架以及内齿圈等组成。行星齿轮既能绕其自身的轴（行星架）自转，又能围绕太阳轮作公转，这种关系正如太阳系中地球与太阳的关系，行星齿轮机构也因此而得名。工作中可将太阳轮、行星架、内齿圈三者中的任一构件与主动轴相连，作为输入件，第二构件与从动轴连作为输出件，第三构件被强制固定（简称制动），就能实现动力传递。

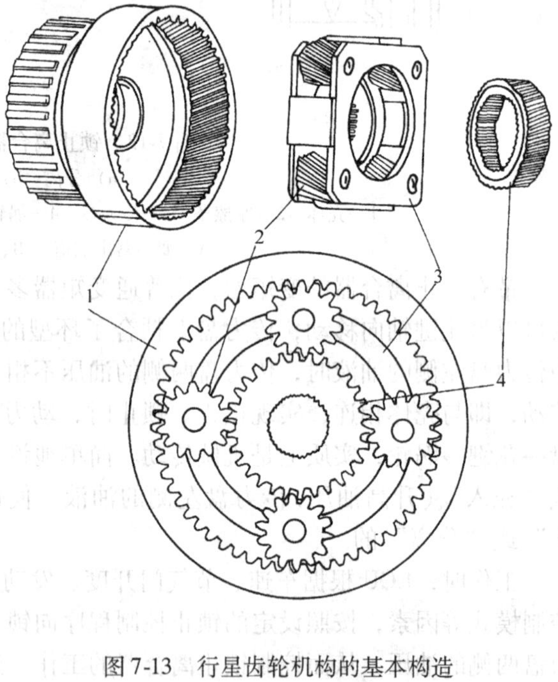

根据机械基础知识：单排行星齿轮机构的运动规律可用以下特性方程式表示：

$$n_1 + an_2 - (1+a)n_3 = 0 \quad (7-1)$$

图7-13　行星齿轮机构的基本构造
1—内齿圈　2—行星齿轮　3—行星架　4—太阳轮

式中　n_1、n_2、n_3 分别为太阳轮、内齿圈、行星架的转速；行星齿轮机构参数 $a = z_2/z_1$；z_1、z_2 分别为太阳轮、内齿圈的齿数。

由式(7-1)可得

$$n_1 z_1 + n_2 z_2 - (z_1 + z_2)n_3 = 0 \quad (7-2)$$

设 $z_3 = z_1 + z_2$，则有

$$n_1 z_1 + n_2 z_2 - z_3 n_3 = 0 \quad (7-3)$$

2. 工作状态表

由式(7-3)可知：行星齿轮仍然作为惰轮出现；如果假想行星架的齿数为 z_3，则同样可以按照类似于定轴轮系的计算方法进行传动比的计算。假设 z_1 为 24，z_2 为 56，那么 z_3 = 24 + 56 = 80。

单排行星齿轮机构通过固定不同的元件，改变主动元件和从动元件，按式(7-3)的工作原理分析进行计算，可得出 8 种工作状态(表 7-1)。

表 7-1 单排行星齿轮机构工作状态表

	固定件	主动件	从动件	传动比	转速	旋转方向	扭矩	相当传动挡
1	内齿圈	太阳轮	行星架	$i = 3.33 > 1$	下降	相同	增大	1 挡
2	内齿圈	行星架	太阳轮	$i = 0.3 < 1$	上升	相同	减小	
3	太阳轮	内齿圈	行星架	$i = 1.43 > 1$	下降	相同	增大	2 挡
4	太阳轮	行星架	内齿圈	$i = 0.7 < 1$	上升	相同	减小	超速挡
5	行星架	太阳轮	内齿圈	$i = 2.33 > 1$	下降	相反	增大	倒挡
6	行星架	内齿圈	太阳轮	$i = 0.43 < 1$	上升	相反	减小	
7	无	任意二	另一	$i = 1$	相等	相同	相等	直接挡（3 挡）
8	所有元件不受约束							空挡

二、双排行星齿轮机构

现代轿车自动变速器为增加传递转矩，常采用双排至多排行星齿轮机构并联构成双排或多排变速传动装置。典型的基本结构通常由辛普森式(Simpson)和拉威娜式(Ravigneanx)两种。

1. 辛普森式行星齿轮机构

辛普森式行星齿轮机构有 3 挡位和 4 挡位之分。4 挡位(如丰田 A341E、A342E 等)的比 3 挡位的多设置了一个超速行星排，有超速挡(OD 挡)，而 3 挡位的最高挡为直接挡(图 7-14)。3 挡位的辛普森行星齿轮机构的特点是前、后排行星齿轮公用一个太阳轮，且是同轴布置，犹如两套单排行星齿轮机构安装在同一轴上。不考虑超速行星排，各执行机构的工作如表 7-2 所示。前排齿数：$z_1 = 27$、$z_2 = 60$，则 $z_3 = 27 + 60 = 87$；后排齿数：$z_1' = 27$、$z_2' = 60$，则 $z_3' = 27 + 60 = 87$。

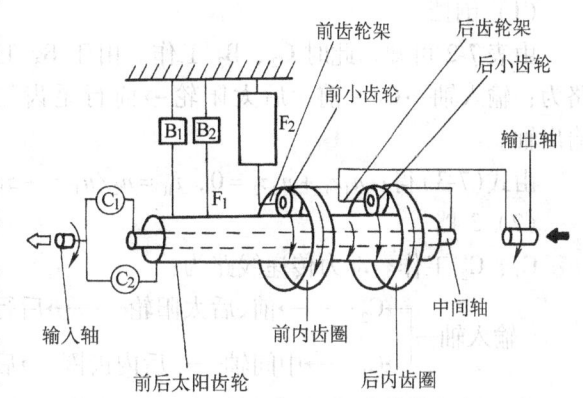

图 7-14 3 挡位辛普森行星齿轮机构

表 7-2 各元件与挡位的关系

操作	范围	P	R	N	D			2		L
	齿轮	停车	倒挡	空挡	1 挡	2 挡	3 挡	1 挡	2 挡	1 挡
前离合器(C_1)	连接输入轴和中间轴				○	○	○	○	○	○
后离合器(C_2)	连接输入轴和前、后太阳齿轮		○				○			

（续）

操作	范围 齿轮	P 停车	R 倒挡	N 空挡	D 1挡	D 2挡	D 3挡	2 1挡	2 2挡	L 1挡
制动器 No.1（B_1）	防止前、后太阳齿轮按顺时针或反时针方向旋转						○			
制动器 No.2（B_2）	防止 F_1 的外圈按顺时针或反时针方向旋转。这能够防止前、后太阳齿轮按反时地方向旋转					○	○		○	
单向离合器 No.1（F_1）、制动器 No.2（B_2）	当 B_2 在操作时，防止前、后太阳齿轮按反时针方向旋转					○			○	
制动器 No.3（B_3）	防止行星齿轮架按顺时针或反时针方向旋转	○*	○							○
单向离合器 No.2（F_2）	防止行星齿轮架按反时针方向旋转				○			○		○

* 只限于A40系列

注：其中：C为离合器，B为制动器，F为单向离合器

（1）倒挡

由表7-2可知，此时 C_2、B_3 工作。由于 B_3 工作，前行星架固定，$n_3 = 0$。动力传递线路为：输入轴→C_2→前、后太阳轮→前行星齿轮（定轴转动）→前内齿圈→后行星架→输出轴。

由式（7-3）得：$n_1 z_1 + n_2 z_2 = 0$，$i_R = n_2/n_1 = -z_2/z_1 = -60/27 = -2.22$

（2）3挡

C_1、C_2 工作。动力传递线路为：

输入轴 ┬ C_2 → 前、后太阳轮 → 后行星齿轮 → 后行星架 ┐
       └ C_1 → 中间轴 → 后内齿圈 → 后行星齿轮 → 后行星架 ┴→ 输出轴

由于后行星齿轮机构的太阳轮与内齿圈转速相同，$n_1 = n_2$，则可得到 $n_1 = n_2 = n_3$。

$$i_{gⅢ} = 1$$

（3）2挡

C_1、B_2、F_1 工作。动力由后内齿圈输入，B_2、F_1 使前、后太阳轮固定，$n_1 = n_1' = 0$。动力传递线路为：输入轴→C_1→中间轴→后内齿圈→后行星齿轮→后行星架→输出轴。

$$i_{gⅡ} = n_3'/n_2' = z_3'/z_2' = 87/60 = 1.45$$

（4）1挡

C_1、B_3、F_2 工作。前行星架固定。动力传递线路为：输入轴→C_1→中间轴→后内齿轮→后行星齿轮 ┬────────────────────────────────┬ 后行星架→输出轴。
                              └ 前、后太阳轮→前行星齿轮→前内齿轮 ┘

1）假设前内齿轮不与后行星架连接，第二条传动路线的传动比为

$$i_2 = \frac{z_3}{z_1} \times \frac{z_1'}{z_3'} = \frac{60}{27} \times \frac{27}{60} = 1$$

2）假设前内齿轮不与后行星架连接，第一条传动路线的传动比为

$$i_1 = \frac{z_3'}{z_2'} = \frac{87}{60} = 1.45$$

3）1挡总传动比为两者叠加，为

$$i_{gI} = i_1 + i_2 = 2.45$$

2. 拉威娜式行星齿轮机构

拉威娜式行星齿轮机构与结构原理简图如图7-15所示。右行星齿轮排是一个单行星齿轮结构，左行星齿轮排是一个双行星齿轮结构组合而成的复合式行星齿轮机构，其长、短行星齿轮分别与不同的太阳轮相啮合，由于齿轮参数不同，前、后行星齿轮共架，可省下一个内齿圈。其结构紧凑、轴向尺寸小、转速较低。根据换挡元件数的不同，它可实现2、3、4个前进挡和1个倒挡。按式(7-1)，运动方程为

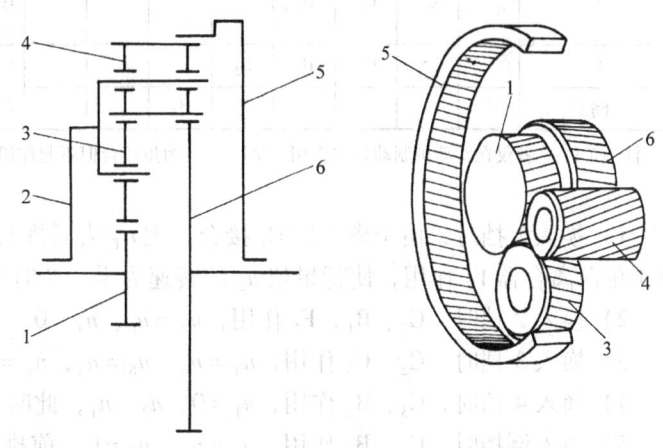

图7-15 拉威娜式行星齿轮机构
1—小(前)太阳轮 2—行星架 3—短行星轮 4—长行星轮
5—齿圈 6—大(后)太阳轮

$$n_1 + a_1 n_5 - (1 + a_1) n_2 = 0 \tag{7-4}$$
$$n_6 - a_2 n_5 - (1 - a_2) n_2 = 0 \tag{7-5}$$

式中 a_1——前行星齿轮排传动比，$a_1 = z_5/z_1$；
a_2——后行星齿轮排传动比，$a_2 = z_5/z_6$。

图7-16是4挡拉威娜式行星齿轮机构结构简图，各挡执行元件动作表和传动比为表7-3。由n_{II}（齿圈5）输出，令$K = \frac{n_T}{n_I}$，由式(7-4)、(7-5)可计算得到各挡传动比。

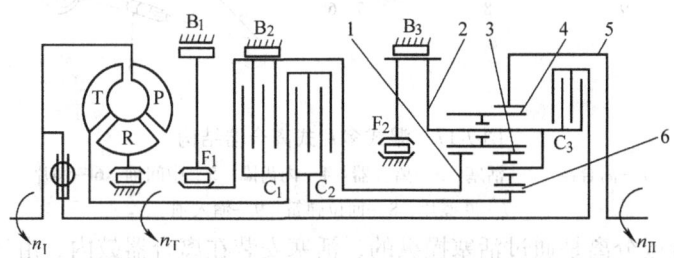

图7-16 4挡拉威娜式行星齿轮机构结构简图
1—小(前)太阳轮 2—行星架 3—短行星轮 4—长行星轮
5—齿圈 6—大(后)太阳轮 F—单向离合器 B—制动器 C—离合器

表 7-3 各挡执行元件动作表与传动比

挡位	起作用元件					传动比 $i = n_I/n_{II}$
1	C_2			(B_3)	F_2	$i_1 = \alpha_2 \beta$
2	C_2	B_1		(B_2)	F_1	$i_2 = [(\alpha_1 + \alpha_2)/(1+\alpha_1)]\beta$
3	C_2	C_3	$[B_1]$			$i_3 = 1/\left(1 - \dfrac{1}{\alpha_2} + \dfrac{\beta}{\alpha_2}\right)$
4		C_3	$[B_1]$	B_2		$i_4 = \alpha_1/(1+\alpha_1)$
倒	C_1			B_3		$i_R = -\alpha_1 \beta$

注：带（ ）者仅在发动机制动时起作用；带 [ ] 者为虽接合但不起作用。

1）换入 1 挡时，由于离合器 C_2 接合，则 n_T 为后排双行星齿轮排的太阳轮输入转速 n_6；由于单向离合器 F_2 作用，使行星架 n_2 的转速为零，此时只有后行星齿轮排起作用。

2）换入 2 挡时，C_2、B_1、F_1 作用，$n_T = n_6$，$n_1 = 0$。

3）换入 3 挡时，C_2、C_3 作用，$n_T = n_6$，$n_6 = n_2$，$n_6 = n_1$，此时传动比为 1。

4）换入 4 挡时，C_3、B_2 作用，$n_1 = 0$，$n_2 = n_1$，此时实现高速挡运动。

5）换入倒挡时，C_1、B_3 作用，$n_1 = n_T$，$n_2 = 0$，前排行星齿轮工作。相当于定轴轮系，输出转速方向与输入转速相反，此时实现倒挡运动。

三、湿式多片式离合器

自动变速器用离合器广泛采用湿式多片式离合器，属于摩擦片式离合器，结构如图 7-17 所示，工作原理本书不作介绍。

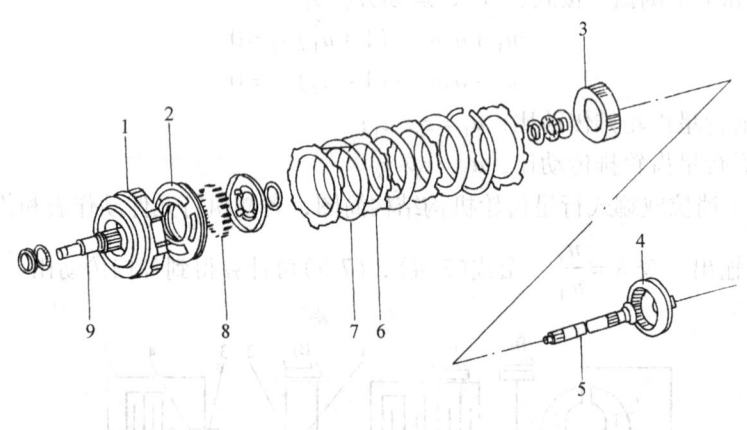

图 7-17 湿式多片式离合器结构
1—离合器 2—活塞 3—离合器 4—内齿圈 5—中间轴 6—钢片
7—摩擦片 8—回位弹簧 9—输入轴

离合器的接合或分离是通过活塞操纵的，活塞安装在离合器鼓内，由活塞内外圆的密封圈保证密封，从而和离合器鼓一起形成一个封闭的环状液压缸，并通过离合器内圆轴颈上的进油孔和控制油道相通。当来自控制阀的油液进入离合器液压缸时，作用在离合器活塞上油液压力推动活塞，使之克服回位弹簧的弹力而移动，将所有的钢片和摩擦片相互压紧在一起，此时离合器处于结合状态。将与离合器鼓和离合器毂连接的输入轴或行星齿轮机构的基本元件也连接在一起。

当液压控制系统将作用在离合器液压缸内的油液的压力解除后，离合器活塞在回位弹簧的作用下回位，并将液压缸内的油液从进油孔排出，此时离合器处于分离状态。离合器活塞和离合器片或离合器片和卡环之间有一定的轴向间隙，以保证分离彻底，这一间隙称为离合器的自由间隙。间隙大小可以用挡圈的厚度来调整，一般离合器自由间隙的标准为 0.5 ~ 2.0mm。

有些离合器在活塞和钢片之间有一个具有一定的弹性碟形环，用于减缓离合器接合时的冲击力。

离合器处于分离状态时，液压缸内仍残留有少量油液。残留的油液若随较高转速的离合器鼓旋转，离心力会使油液具有一定压力，将有可能推动离合器活塞压向离合器片，使离合器处于半接合状态。为了防止这种情况出现，在离合器活塞或离合器鼓的液压缸壁面上设有一个由钢球组成的单向阀。当油液进入液压缸时，钢球在油压的推动下压紧在阀座上，单向阀处于关闭状态，保证了液压缸密封；当液压缸内的油压被解除后，单向阀钢球在离心力的作用下离开阀座，使单向阀处于开启状态，残留在液压缸内的油液在离心力的作用下从单向阀的阀孔中流出，保证了离合器彻底分离。

四、制动器

制动器分为带式制动器和片式制动器。带式制动器结构简单、轴向尺寸小、维修方便，但工作平顺性较差，为了克服这一缺陷，可在控制油路中设置缓冲阀或减振阀，以减缓油压和制动力的增长速度，改善工作平顺性。带式制动器由制动鼓、制动带和伺服机构等组成（图 7-18）。所谓伺服机构是一种自动控制机构，它能以一定的精度自动按照输入信号的变化规律动作。带式制动器的伺服机构，要根据节气门信号和转速信号自动地调节作用力，通常由伺服油缸和伺服杆系组成。

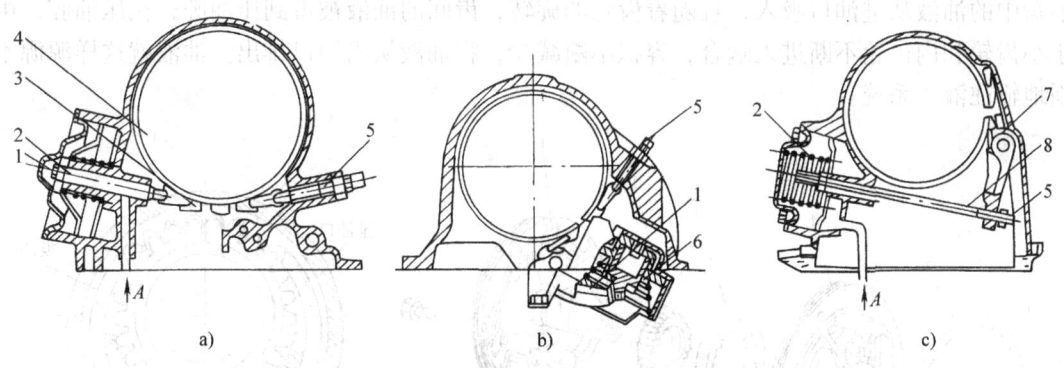

图 7-18 带式制动器的结构
a) 直接作用式 b) 杠杆式 c) 悬臂梁

1—控制杆 2—弹簧 3—制动带 4—制动鼓 5—调整螺钉 6—活塞 7—转动连杆 8—活塞杆 A—进油口

伺服液压缸由缸筒、活塞和复位弹簧等零件组成，伺服液压缸起作用以夹紧和松开制动带。伺服杆系是连接制动伺服液压缸和制动带的杠杆系统，如图 7-18 所示，制动带的一端用销钉固定在变速器的壳体上，另一端则由活塞推动的杆系操纵。伺服杆系根据操纵杆的布置不同可分为直接作用式（图 7-18a）、杠杆式（图 7-18b）和悬臂梁式（图 7-18c）等。

片式制动器由制动鼓、制动器活塞、回位弹簧、钢片、摩擦片及制动毂等部件组成,工作原理和湿式多片式离合器基本相同,在此不再叙述。

执行机构中单向离合器的结构、工作原理等与变矩器中单向离合器相同,不再分述。

第四节 自动变速器供油系统

自动变速器供油系统主要由压力调节装置、油泵、辅助装置及各分支供油系统等组成。供油系统的作用是向变速器各部分提供具有一定油压、足够流量、合适温度的油液。控制系统的作用是根据驾驶员操纵手柄的位置和汽车行驶状态产生自动换挡的指令。操纵机构的作用是在驾驶员和控制系统的指令下,操纵变矩器及换挡执行元件的工作,实现挡位在一定状态间的自动转换。

一、油泵

油泵通常安装在变矩器的后方,由变矩器壳后端的轴套驱动。在变速器的供油系统中,常用的油泵有内啮合齿轮泵、转子泵和叶片泵。由于自动变速器的液压系统属于低压系统,其工作油压通常不超过2MPa,所以应用最广泛的仍然是齿轮泵。

1. 内啮合齿轮泵的工作原理

内啮合齿轮泵的工作原理如图7-19所示。月牙形隔板将内齿轮与外齿轮的轮齿之间空出的容积分隔成两个部分,在齿轮旋转时齿轮的轮齿由啮合到分离的那一部分,其容积由小变大,称为吸油腔;齿轮由分离进入啮合的那一部分,其容积由大变小,称为压油腔。由于内、外齿轮的齿顶和月牙形隔板的配合是很紧密的,所以吸油腔和压油腔是互相密封的。当发动机运转时,变矩器壳体后端的轴套带动小齿轮和内齿轮一起朝图中顺时针方向运转,此时在吸油腔内,由于外齿轮和内齿轮不断退出啮合,容积不断增加,以致形成局部真空,将油盘中的油液从进油口吸入,且随着齿轮的旋转,齿间的油液被带到压油腔;在压油腔,由于小齿轮和内齿轮不断进入啮合,容积不断减少,将油液从出油口排出。油液就这样源源不断地输往液压系统。

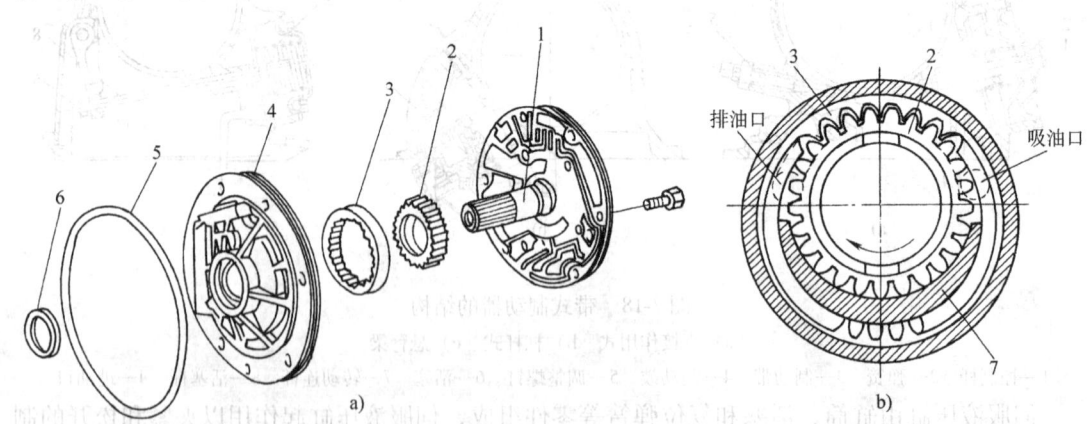

图7-19 内啮合齿轮泵
a) 结构 b) 工作原理
1—定子轴 2—主动齿轮 3—从动齿轮 4—壳体 5—O形圈 6—油封 7—隔板

油泵的理论泵油量等于油泵的排量与油泵转速的乘积。内啮合齿轮泵的排量取决于外齿齿轮的齿数、模数及齿宽。油泵的实际泵油量会小于理论泵油量,因为油泵的各密封间隙处有一定的泄漏。其泄漏量与间隙的大小和输出压力有关。间隙越大、压力越高,泄漏量就越大。

内啮合齿轮泵是自动变速器中应用最为广泛的一种油泵,它具有结构紧凑、尺寸小、重量轻、自吸能力强、流量波动小、噪声低等特点。各种丰田汽车的自动变速器一般都采用这种油泵。

2. 摆线转子泵

摆线转子泵由一对内啮合的转子、泵壳和泵盖等组成(图7-20)。内转子为外齿轮,其齿廓曲线是外摆线;外转子为内齿轮,齿廓曲线是圆弧曲线。内外转子的旋转中心不同,两者之间有偏心距,一般外转子比内转子多一个齿。通常自动变速器上所用摆线转子泵的内转子都是10个齿。发动机运转时,带动油泵内外转子朝相同的方向旋转。内转子为主动齿,外转子的转速比内转子每圈慢一个齿。内转子的齿廓和外转子的齿廓是一对共轭曲线,能保证在油泵运转时,不论内外转子转到什么位置,各齿均处于啮合状态,即内转子每个齿的齿廓曲线上总有一点和外转子的齿廓曲线相接触,从而在内转子、外转子之间形成与内转子齿数相同个数的工作腔。这些工作腔的容积随着转子的旋转而不断变化,当转子朝顺时针方向旋转时,内转子、外转子中心线的左侧的各个工作腔的容积由大变小,将油液从出油口排出。

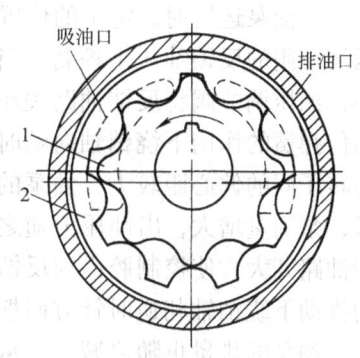

图7-20 摆线转子泵的工作原理
1—外转子 2—内转子

摆线转子泵的排量取决于内转子的齿数、齿形、齿宽及内外转子的偏心距。齿数越多、齿形、齿宽及偏心距越大,排量就越大。

摆线转子泵是一种特殊齿形的内啮合齿轮泵,具有结构简单、尺寸紧凑、噪声小、运转平稳、高速性能良好等优点;其缺点是流量脉动大,加工精度要求高。马自达626轿车的自动变速器就是采用这种油泵。

3. 叶片泵

叶片泵的转子由变矩器壳体后端的轴套带动,绕中心旋转;定子是固定不动的,转子与定子不同心,二者之间有一定的偏心距(图7-21)。

当转子旋转时,叶片在离心力或叶片底部的油液压力的作用下向外张开,紧靠在定子内表面上,并随着转子的转动,在转子叶片槽内作往复运动。这样在每两个相邻叶片之间便形成密封的工作腔。如果转子朝顺时针方向旋转,在转子与定子中心连线的右半部的工作腔容积逐渐减小,将油液从出油口压出。这就是叶片泵的工作过程。

叶片泵的排量取决于转子直径、转子宽度及转子与定子

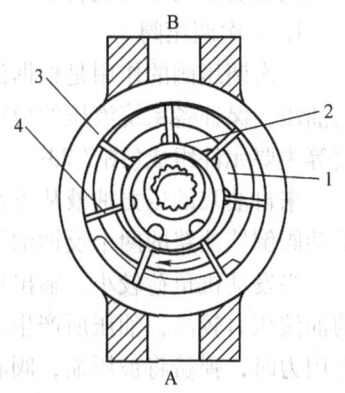

图7-21 叶片泵工作原理
1—转子 2—定位环 3—定子 4—叶片 A—进油口 B—出油口

的偏心距。转子直径、转子宽度及转子与定子的偏心距越大,叶片泵的排量就越大。

叶片泵具有运转平稳、噪声小、泵油油量均匀、容积效率高等优点,但它结构复杂,对压油的污染比较敏感。

4. 变量泵

为了减少油泵在高速运转时由于泵油量过多而引起的动力损失,自动变速器的叶片泵大多设计成排量可变的形式。这种叶片泵的定子不是固定在泵壳上,而是可以绕一个销轴作一定的摆动,以改变定子与转子的偏心距(图7-22),从而改变油泵的排量(称为变量泵或可变排量式叶片泵)。

在油泵运转时,定子的位置由定子侧面控制腔内来自油压调节阀的反馈油压来控制。当油泵转速较低时,泵油量较小,油压调节阀将反馈油路关小,使反馈压力下降,定子在回位弹簧的作用下绕销轴向顺时针方向摆动一个角度,定子与转子间的偏心距较大,油泵的排量较大。当油泵转速增高时,泵油量增大,出油压力随之上升,推动油压调节阀将反馈油路开大,使控制腔内的反馈油压上升,定子在反馈油压的推动下绕销轴朝逆时针方向摆动,定子与转子的偏心距减小,油泵的排量也随之减小,从而降低了油泵的泵油量,直至出油压力降至原来的数值。

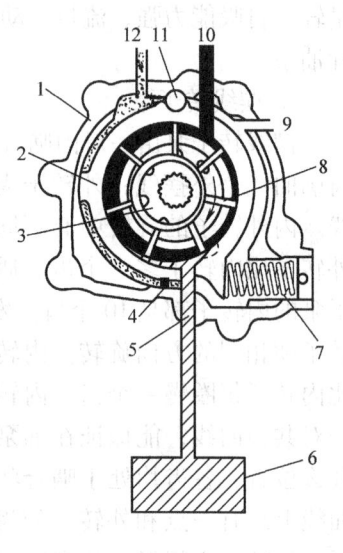

图 7-22 变量泵工作原理(GM THM125)

1—泵壳 2—定子 3—转子 4—密封条 5—进油口 6—油箱 7—回位弹簧 8—叶片 9—反馈油道 10—出油口 11—销轴 12—卸压口

二、调压装置

自动变速器的供油系统中,必须设置油压调节装置,一方面是因为油泵的泵油量是变化的;另一方面是因为自动变速器中各部分对油压的要求也不相同。因此,要求供油系统提供给各部分的油压和流量应是可以调节的。自动变速器供油系统的油压调节装置是由主油路调压阀(又称一次调压阀)、副调压阀(又称二次调压阀)、单向阀和安全阀等组成(图7-23a)。

1. 一次调压阀

一次调压阀的作用是根据汽车行驶速度和节气门开度的变化,自动调节流向各液压系统的油压,保证各系统液压的稳定,使各信号阀工作平稳。一次调压阀一般由阀心、阀体和弹簧等主要元件组成(图7-23b)。

来自油泵的压力油液从进油口A进入,并作用到阀心的右端,来自于节气门调节阀和手动阀倒挡油路的两个反馈油压则经进油口F作用在阀心的左端。

当发动机负荷较小,输出功率较小时,此时的节气门调节压力也较低,作用在阀心右端的油液压力较高,油压所产生的作用力大于阀心左端弹簧预紧力和节气门调节压力对阀心的作用力时,弹簧将被压缩,阀心向左移动,阀心中部的密封台肩将使泄油口露出一部分(来自油泵的油液压力越高则泄油口露出越多),来自油泵的油液有一部分经出油口B输往选挡阀,另有一部分经出油口D输往变矩器,还有一部分经泄油口流回油盘,使油压下降,直至油液压力所产生的推力与调压弹簧的预紧力和节气门调节压力的合力保持平衡为止,此时调压阀以低于油泵输入压力的油压输出;当节气门开度增大,输出功率增大时,此时增大了

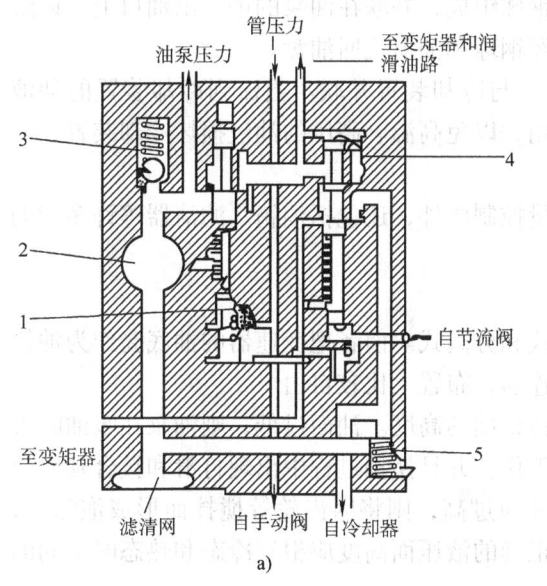 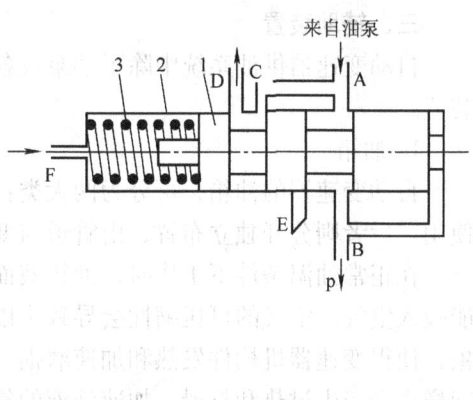

图 7-23 调压阀的结构简图
a) 结构图　b) 一次调压阀结构简图
1—一次调压阀　2—油泵　3—安全阀　4—二次调压阀　5—单向阀
A、C—进油口　B—出油口(输往手动阀)　D—出油口(输往变矩器)　E—泄油道
F—节气门调节压力的进口

的节气门调节油压将使阀心向右移动，阀心中部的密封台肩将堵住泄油口，泄油口开度降低，泄油道减小或处于封闭状态，使油压上升，调节阀以高于油泵输入压力的油压输出。节气门开度越大，调压阀输出的压力越高，输往选挡阀和变矩器去的油液压力将随所要传递的功率的增大而增大，同时可使油液压力保持在相对稳定的范围(通常为 0.5~1MPa)内。

在阀心的右端还作用着另一个来自于压力校正阀的反馈油压，这一反馈油压对阀心产生一个向左的推力，使一次调压阀所调节的主油路油压减小。

当自动变速器处于前进位的 1 挡或 2 挡时，倒挡油路油压为 0，压力校正阀关闭，调压阀右端的反馈油压也为 0。而当变速器处于 3 挡或超速挡时，若车速增大到某一数值，压力校正阀开启，来自节气门阀的压力油经压力校正阀进入调压阀右端，增加了阀心向左的推力，使主油路油压减小，减小了油泵的运转阻力。当自动变速器处于倒挡时，来自手动阀的倒挡油路压力油进入阀心的左端，阀心左端的油压增大，一次调压阀所调节的主油路压力也因此升高，满足了倒挡时对主油路油压的需要。此时的主油路油压称为倒挡油压。

2. 二次调压阀和安全阀

二次调压阀的作用是根据汽车行驶速度和节气门开度的变化，自动调节变矩器的油压、各部件的润滑油压和冷却装置的冷却油压。

二次调压阀也是由阀体、阀心和弹簧等组成(图 7-23a)。当发动机转速低或油门关闭时，二次调压阀在弹簧的作用下，把通向油液冷却装置的油道切断。当发动机转速升高和变矩器油压升高时，把油路开放。发动机停止转动时，二次调压阀用一个单向控制阀把变矩器的油路关闭，使油液不能外流，以免影响转矩输出。

溢流阀实际上也是一个调压阀，由弹簧和钢球组成，并联在油泵的进、出油口上，以限制油泵压力。当油泵压力高时，顶开钢球，油经钢球和油道流回油盘。

旁通阀(单向阀)是油液冷却装置的保护器，与冷却装置并联。当流到冷却装置的油液温度过高、压力过大时，阀体打开，起旁通作用，以免高温、高压的油液损坏冷却装置。

三、辅助装置

自动变速器供油系统中除了油泵及各种流量控制阀外，还包括油箱、滤清器等许多辅助装置。

1. 油箱

自动变速器的油箱，可分为两大类：总体式和分离式。前者把变速器的油底壳作为油箱使用。后者则分开独立布置，由管道与变速器连通，布置上比较自由。

在正常油温条件下工作时，油箱液面应保持正确的高度。油面过低，则油泵在吸油时可能吸入空气。空气的可压缩性会导致难以正常工作，并且换挡过程中出现打滑和接合延迟现象，使得变速器机构件发热和加速磨损。反之油面过高，则将因齿轮等搅拌而形成泡沫层，同样也会产生过热和打滑，加速油液的氧化。正确的液压面高度应根据冷态和热态时不同的标尺刻度进行检查。

此外，一般油箱还应具通气孔，以保证油箱正常的大气压。

2. 过滤器

自动变速器由于液压系统零件的高精密度及工作性能的高灵敏度，使其对油液的清洁程度要求极高。经长期使用后，由于油液变质、零件磨损颗粒、摩擦而剥落、密封件磨损脱落、空气中尘埃颗粒，以及其他污物都可能使油液污染，而导致各种故障发生，如滑阀受卡、节流孔堵塞、伺服阀失灵等，因此，应对油液进行严格过滤。供油系统中，通常设有集滤器和油滤器。

1) 集滤器——通常装在油泵吸油管端，用以防止大颗粒或纤维杂质进入供油系统。滤清材料一般采用 0.08~0.10mm 的金属网或毛织物。

2) 细滤器——通常设置在回油管或油泵的输出管道上，它的作用是滤去油液中各种微小颗粒(大于 0.04mm)，提高油液的清洁度，避免颗粒杂物进入液压控制系统。

第五节　自动变速器操纵机构

在车辆行驶中，随着节气门开度(加速踏板及车速等参数变化到一定程度时，液压操纵系统即使油泵向换挡时需要动作的离合器或制动器伺服油缸供油，从而实现自动换挡。节气门开度信号由节气门调压阀获得，车速信号参数由速度调压阀获得，而液压操纵系统主油路工作油压则通过调压阀获得。

液力式自动变速器的挡位是通过转换工作液的流向、通断回路、阻止逆流等来实现的，其组成包括：手动阀、强制降挡阀和换挡阀。

一、手动阀

汽车自动变速器液压操纵系统手动阀通过连接装置与驾驶室的换挡杆相连，操纵换挡杆可以移动手动阀，进行油路转换。从而通过打开或关闭不同的油路，供驾驶员按工作需要选择 P、R、N、D、L 等挡位。

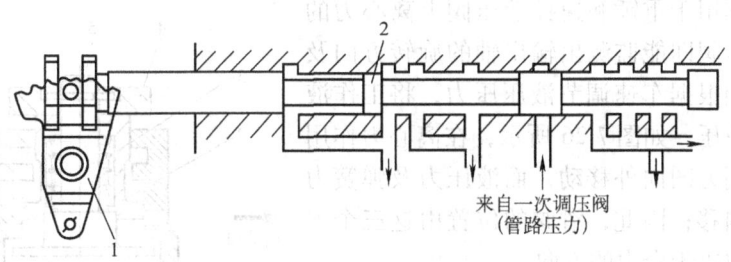

图 7-24　手动阀构造
1—手动阀拉杆　2—手动阀

图 7-24 是丰田 A40D 型液力式自动变速器的手动阀的结构和工作原理图。阀杆由换挡杆操纵,可左右移动,移动时分别打开或关闭阀体中的油道。手动阀的进油口与初级调压阀相通,压力为管路压力。出油口分别与 1-2 挡换挡阀、2-3 挡换挡阀、顺序动作阀、前离合器和调节阀相通。由图 7-24,当换挡杆在 N 挡时,关闭进油口,各换挡零件均不工作,变速器空挡。换挡杆在 P 挡时,手动阀把通往低压伺服阀和顺序动作阀的油路打开,把其他油道都关闭,自动变速器只有第三制动器 B_3 工作。换挡杆在 R 挡时,手动阀打开通往后离合器 C_2 和第三制动器 B_3 的油道,C_2 和 B_3 动作,变速器工作在倒挡。当换挡杆在 D 挡时,手动阀把前离合器 C_1 和 1-2 挡换挡阀、2-3 挡换挡阀、减挡压力调节阀和节气门等油路打开,使自动变速器能在 1 至 3 挡间变换工作。换挡杆在 2 挡时,通过手动阀油道压力使 2-3 挡换挡阀不能移动,变速器不能自动升到 3 挡。换挡杆在 L 挡时,手动阀油道压力使 1-2 挡、2-3 挡换挡阀都不能移动,变速器只能在第 1 挡工作。

二、节气门调压阀

节气门阀根据节气门开度,将工作液压转变为反映节气门开度的加速踏板控制液压,形成自动换挡变速的一个依据。

如图 7-25 在阀体下端,节气门阀凸轮推动减挡柱塞以控制弹簧向上的作用力大小;在阀体上端,A、B 两处的液压作用力、后弹簧力都迫使阀体向下运动。当节气门开度增大时,节气门阀凸轮推动低速挡柱塞压紧弹簧,弹簧力增大,上推阀体,工作液入口截面增大,从而加速踏板控制液压也增大。加速踏板控制液压是换挡阀控制换挡的依据之一,因而这一液压极为重要;若此阀工作不良,则不能在规定的速度内发生自动换挡。为获得正常的加速踏板控制液压,通到节气门阀凸轮上的变速器节气门拉索需调整适当,否则会造成换挡冲击或离合器、制动器打滑。

三、速控液压阀(或称调速阀)

该阀装在自动变速器的输出轴上与轴一

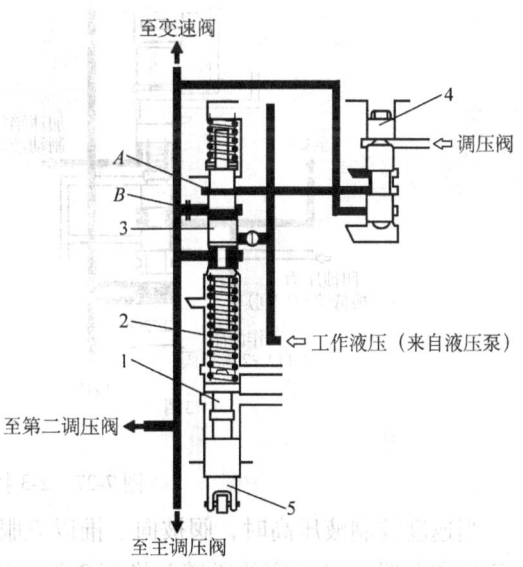

图 7-25　节气门阀工作原理
1—低速挡柱塞　2—弹簧　3—节气门阀
4—断流阀　5—节气凸轮

起旋转,由于作用于重锤和速控液压阀上离心力的变化,速控液压阀即能监测出输出轴的旋转方向及车速,然后该阀根据车速调节液压压力,将工作液压转变为速控液压。如图7-26所示,在离心力作用下,重锤和滑阀力图向外移动,而液压力及弹簧力却力图使滑阀内移;因此,滑阀的位置由这三个力综合决定——取决于合力的方向。

当转速较低时,重锤、滑阀外移,进油口打开;转速越大,滑阀越向外移动,进油口进油的横截面也越大,液压越高。当汽车在中高速行驶时,转速上升到一定值,重锤被阀体抵住不再外移,而滑阀在离心力作用下仍继续向外移动,这时就产生了速控液压。

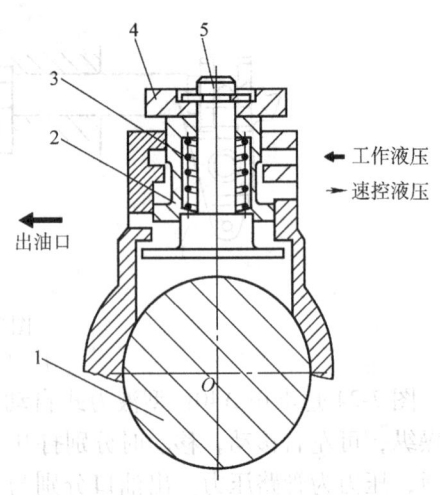

图7-26 速控液压阀工作原理
1—输出轴 2—滑阀 3—弹簧
4—重锤 5—速控液压阀轴

和加速踏板控制液压一样,速控液压也是换挡阀控制换挡依据之一,它施加在换挡阀的另一端。若自动变速器根本不能换挡(或换挡点过高、过低)则应考虑检查速控液压阀工作是否正常。

四、自动换挡阀

换挡阀为二位滑阀,其功用是在速控液压、加速踏板制动液压的作用下,自动切换元件油路,使换挡元件通断而进行变速。图7-27为2-3挡换挡阀的结构和换挡原理。

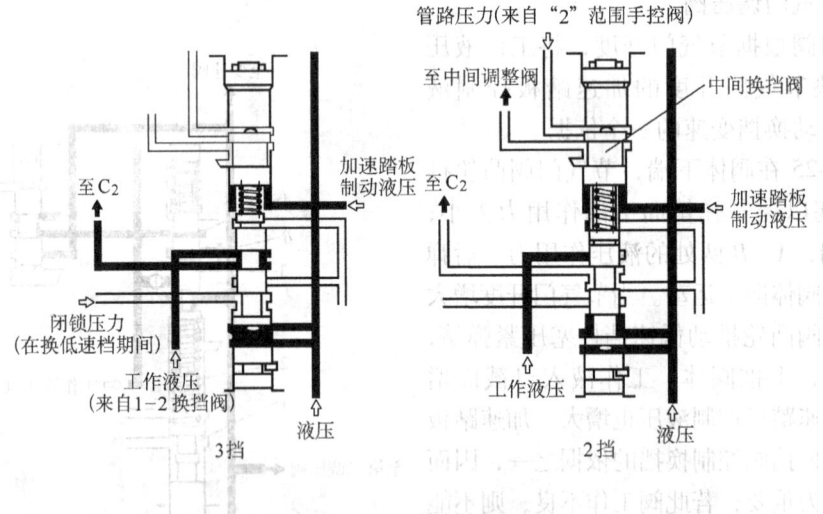

图7-27 2-3挡换挡阀的原理

当速度控制液压高时,阀被向上推以克服加速踏板控制液压的阻力和弹簧力,以便开通通往后离合器(C_2)活塞的通道并换至3挡。当速控液压低时,加速踏板控制液压和弹簧将阀向下推,以关闭通往C_2的活塞通道并换至2挡。在降挡时,闭锁压力作用于2-3挡换挡阀以便快速降至2挡。在"2"范围时,来自手控阀的管路压力作用于中间换挡阀,此阀下降以便换挡至2挡。同样,管路压力通过换挡阀作用于中间阀,产生中间调整压力。该压力通过 1-2 换挡阀作用于制动器 B1 以实现在"2"范围时，发动机以 2 挡制动。

五、强制降挡阀

如图 7-28a、b 所示为节气门控制的强制降挡阀，在汽车上坡中把加速踏板几乎踩到底时，降挡柱塞移动的距离较大，使来自降挡压力调节阀的油路开通。因此降挡压力作用于1-2 挡换挡阀及 2-3 挡换挡阀，即由 3 挡减到 2 挡或由 2 挡减至 1 挡。随着车速的提高，来自调速阀压力也相应提高，当此压力足够大时，汽车自动换入高挡行驶。当加速踏板一抬起，降挡柱塞回位，强降压力调节阀油路关断，此时调速压力仍较高，使汽车可继续向高挡换挡。

另一种强制降挡阀是一种电磁阀，由安装在加速踏板上的强制降挡开关控制，如图 7-28c 所示，当加速踏板踩到底时，强制降挡开关闭合，使强制降挡电磁阀通电，电磁阀作用在阀杆上的推力消失，阀心在弹簧弹力的作用下右移，打开油路，主油路压力油进入换挡阀的左端（作用节气门油压的一端），强迫换挡阀右移，让自动变速器降低一个挡位。

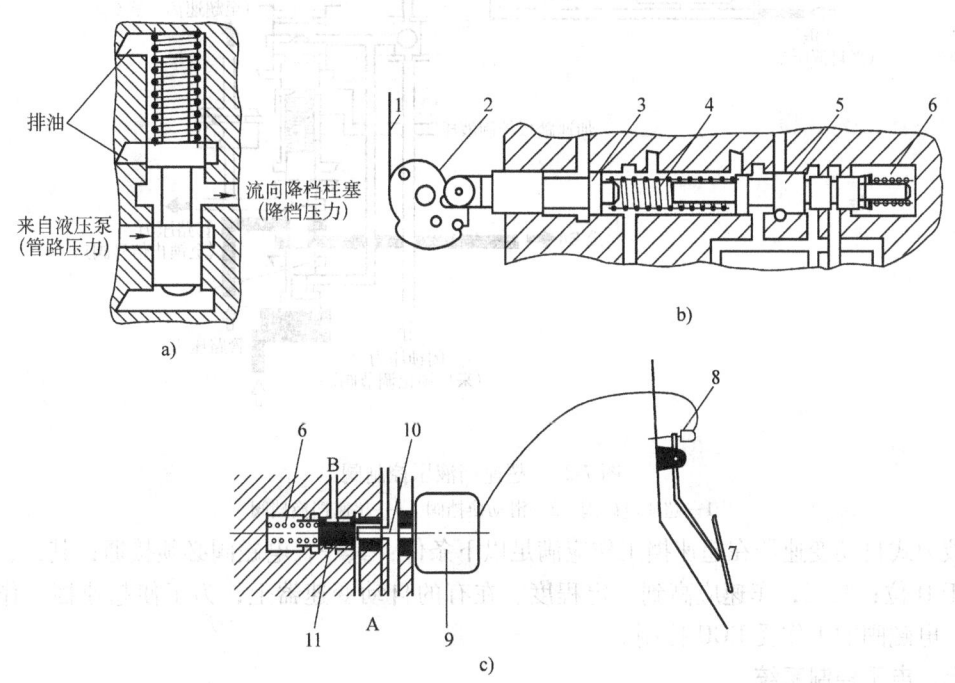

图 7-28 降挡压力调节阀和降挡柱塞工作示意图
a) 降挡压力调节阀 b) 节气门阀 c) 电磁阀控制的强制降挡阀
1—节气门拉索 2—节气门阀凸轮 3—降挡柱塞 4—柱塞回位弹簧
5—节气门 6—节气门弹簧 7—加速踏板 8—强制降挡开关
9—强制降挡电磁阀 10—阀杆 11—阀心

六、超速挡液压控制阀

在装有超速挡的液力自动变速器上，设有超速挡控制阀，如图 7-29 是超速挡控制阀结构图，由 3-超速挡换挡阀、滑动换挡阀和电磁阀等组成。3-超速挡换挡阀控制着超速离合器 C_0 和超速制动器 B_0 的油路，阀体的进油压力来自电磁阀控制的管路压力、速控液压加速踏板控制液压，出油口与 C_0、B_0 相通。电磁阀接通时，回油口打开，管路压力通过回油孔流回油盘，使管路压力不作用在滑动换挡阀上方。超速挡阀能上下移动。电磁阀关闭时，管路压力作用在滑动换挡阀上方，3-超速挡换挡阀不能上移，防止升到超速挡。加速踏板控制液压和弹簧张力作用在 3-4 换挡阀的上方，调速阀压力作用在下方，如果电磁阀打开，阀体可以上下移动换挡。车速高，调速阀压力高，柱塞上行，B_0 油路接通，同时 C_0 油路断开，变速器由 3 挡升到超速挡。车速低，调速阀压力低，柱塞下行，B_0 油路断开，C_0 接通，变速器由超速挡减到 3 挡。

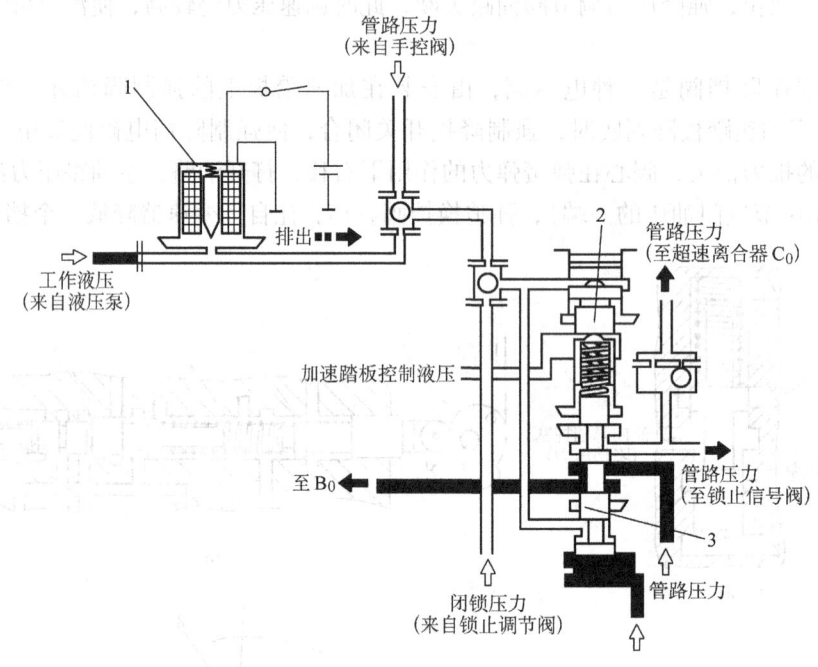

图 7-29　超速挡液压控制阀
1—超速电磁阀　2—滑动换挡阀　3—超速挡换挡阀

液力式自动变速器在超速挡工作应满足以下条件：其一，电磁阀必须接通；其二，选挡杆置于 D 位；其三，车速应高到一定程度。在有的自动变速器上，为了使超速挡工作时机得当，电磁阀的工作受 ECU 控制。

七、电子控制系统

电子控制自动变速器中电子控制系统常用的传感器有节气门位置传感器、车速传感器、输入轴转速传感器、液压油温度传感器等，此外，还有控制开关和电磁阀等执行器（图 7-30）。

1. 控制开关

电子控制装置中的控制开关有：空挡起动开关、模式开关、降挡开关、制动开关、挡位开关、超速挡开关等。

（1）空挡起动开关　空挡起动开关用以判断选挡手柄的位置，防止发动机在驱动挡位时起动（图 7-31）。当选挡手柄位于空挡或驻车位置时，起动开关接通。这时起动发动机，起动开关便向电控单元输出起动信号，使发动机得以起动。如果选挡手柄位于任一驱动位置，则起动开关断开，发动机不能起动，从而保证使用安全。再者，当选挡手柄置于不同位置时，空挡起动开关便接通相关电路，ECU 根据接通电路的信号，控制变速器进行自动换挡。

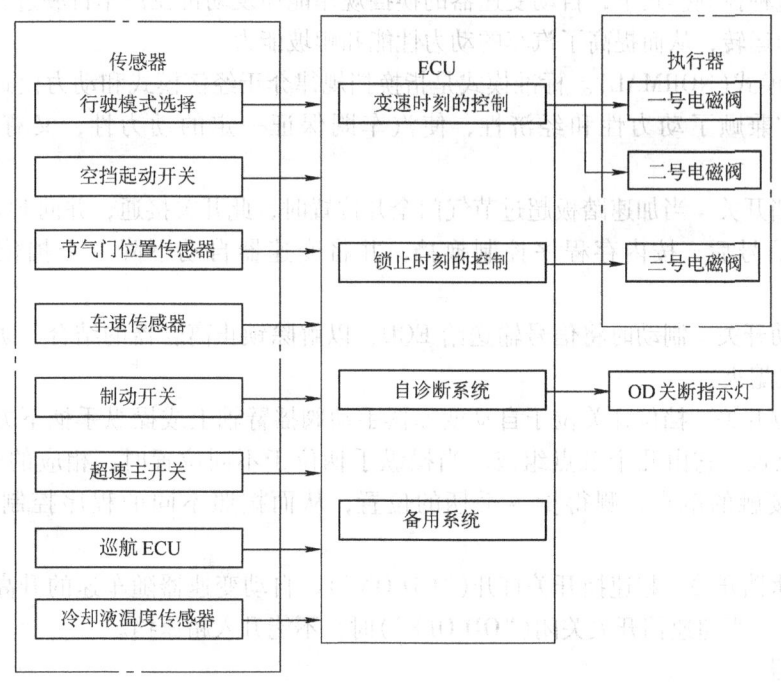

图 7-30 自动变速器的电子控制系统组成框图

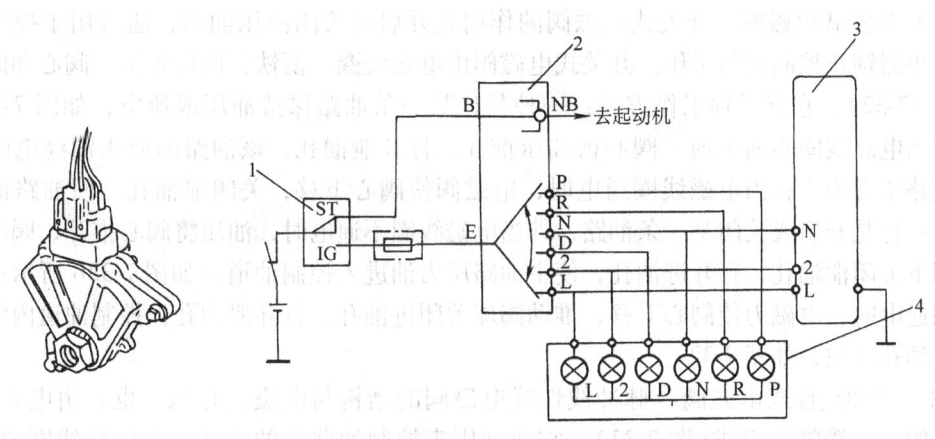

图 7-31 空挡起动开关

1—点火开关 2—空挡起动开关 3—发动机和变速器 ECU 4—换挡位置指示灯

(2) 模式开关 大部分电子控制自动变速器都有一个模式开关,用来选择自动变速器的控制模式,以满足不同的使用要求。所谓控制模式主要是指自动变速器的换挡规律。常见的自动变速器的控制模式有以下几种:

1) 经济模式(ECONOMY)。这种控制模式是以汽车获得最佳的燃油经济性为目标来设计换挡规律的。当自动变速器在经济模式状态下工作时,其换挡规律应能使发动机在汽车行驶过程中经常处在经济转速范围内运转,从而提高了燃油经济性。

2) 动力模式(POWER)。这种控制模式是以汽车获得最大的动力性为目标来设计换挡规律的。在这种控制模式下,自动变速器的换挡规律能使发动机在汽车行驶过程中经常处在大功率范围内运转,从而提高了汽车的动力性能和爬坡能力。

3) 标准模式(NORMAL)。标准模式是指换挡规律介于经济模式和动力模式之间的一种换挡模式。它兼顾了动力性和经济性,使汽车既保证一定的动力性,又有较佳的燃油经济性。

(3) 降挡开关 当加速踏板超过节气门全开位置时,此开关接通,并向ECU发出信号。ECU接收到信号后,按内存程序控制换挡,并将变速器自动下降一个挡位,以提高加速性能。

(4) 制动开关 制动时将信号输送给ECU,以解除锁止离合器的结合,防止突然制动时引起发动机熄火。

(5) 挡位开关 挡位开关位于自动变速器手动阀摇臂轴上或操纵手柄下方,用于检测操纵手柄的位置。它由几个触点组成。当操纵手柄位于不同位置时,相应的触点被接通。ECU根据被接触的触点,测得操纵手柄的位置,从而按照不同的程序控制自动变速器的工作。

(6) 超速挡开关 超速挡开关打开("OD ON"),自动变速器随车速的升高最高可升入4挡(超速挡)。当超速挡开关关闭("OD OFF")时,不能升入超速挡。

2. 执行器

电子控制装置中的执行器是各种电磁阀。常见的有开关式电磁阀和脉冲线性式电磁阀两种。

(1) 开关式电磁阀 开关式电磁阀的作用是开启或关闭液压油路,通常用于控制换挡阀及变矩器锁止控制阀的工作。开关式电磁阀由电磁线圈、衔铁、回位弹簧、阀心和阀球所组成(图7-32)。它有三种工作方式:一种是让某一条油路保持油压或泄空,如图7-32a所示,即当电磁线圈不通电时,阀心被油压推开,打开泄油孔,该油路的液压油经电磁阀泄空,油路压力为零;当电磁线圈通电时,电磁阀使阀心下移,关闭泄油孔,使油路油压上升。另一种是开启或关闭某一条油路,即当电磁线圈不通电时,油压将阀心推开,阀球在油压作用下关闭泄油孔,打开进油孔,使主油路压力油进入控制油道,如图7-32b所示;当电磁线圈通电时,电磁力使阀心下移,推动阀球关闭进油孔,打开泄油孔,控制油道内的压力油由泄油孔泄空,如图7-32c。

(2) 脉冲线性式电磁阀 脉冲线性式电磁阀的结构与电磁式相似,也是由电磁线圈、衔铁、阀心或滑阀等组成(图7-33)。它通常用来控制油路中的油压。当电磁线圈通电时,电磁力使阀心或滑阀开启,液压油经泄油孔排出,油路压力随之下降。当电磁线圈断电时,阀芯或滑阀在弹簧弹力的作用下将泄油孔关闭,使油路压力上升。脉冲线性式电磁阀和开关式电磁阀的不同之处在于控制它的电信号不是恒定不变的电压信号,而是一个固定频率的脉冲电信号。电磁阀在脉冲电信号的作用下不断反复地开启和关闭泄油孔,电脑通过改变每个脉冲周期内电流接通和断开的时间比率(称为占空比,变化范围为0~100%),改变电磁阀开启和关闭时间的比率,来控制油路的压力。占空比越大,经电磁阀泄出的液压油越多,油路压力就越低;反之,占空比越小,油路压力就越低;反之,占空比越小,油路压力就越大。

脉冲线性式电磁阀一般安装在主油路或减振器背压油路上,ECU通过这种电磁阀在自动变速器升挡或降挡的瞬间使油压下降,进一步减少换挡冲击,使挡位的变换更加柔和。

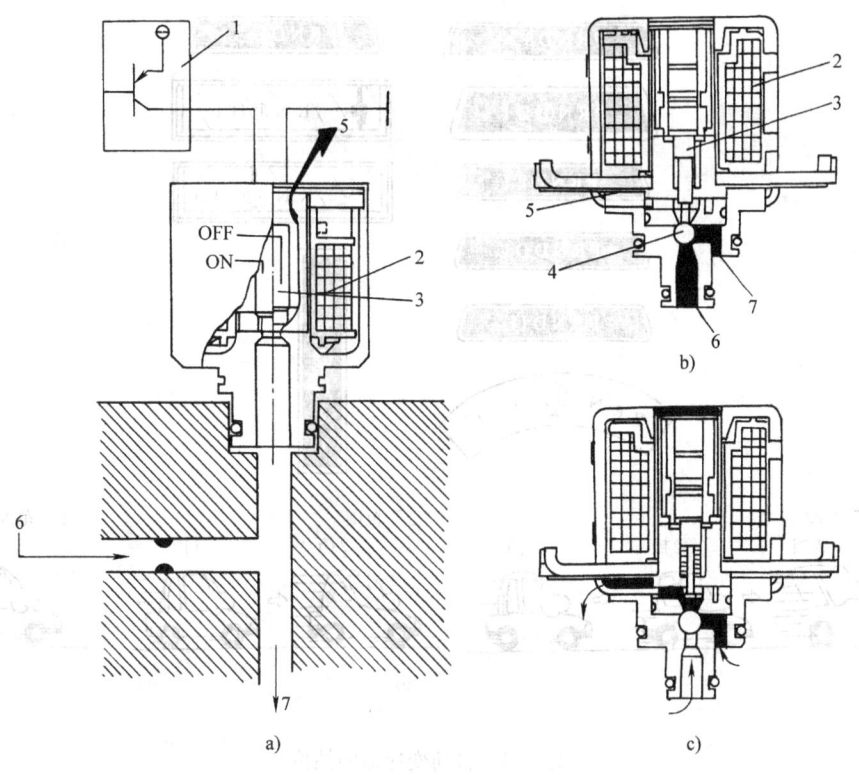

图 7-32 开关式电磁阀

1—ECU 2—电磁线圈 3—衔铁和阀心 4—钢球 5—泄油孔 6—主油道 7—控制油道

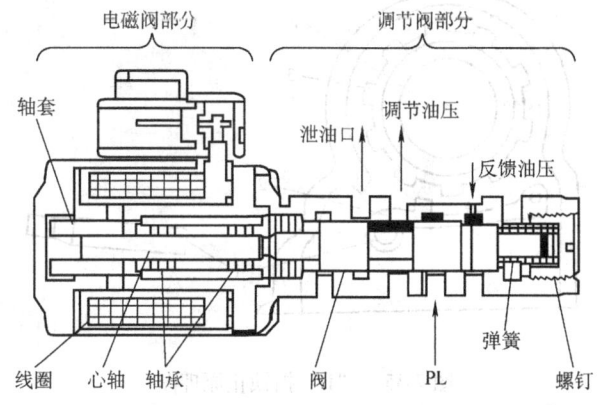

图 7-33 脉冲线性式电磁阀

挡位的指示方式各种车型不尽相同，图 7-34a 为挡位指示器的示意图，图 7-34b 为挡位的工作范围示意图。

图 7-35 为"P"挡时变速器锁止机构工作原理图。杠杆 1 移动时，杠杆 1 上直径较大的工作段使得与变速器壳体铰连接的悬臂梁式杠杆 2 上的齿爪压入圆盘 3 上的齿槽，与齿槽相连的变速器输出轴 4 被锁定而不能转动。

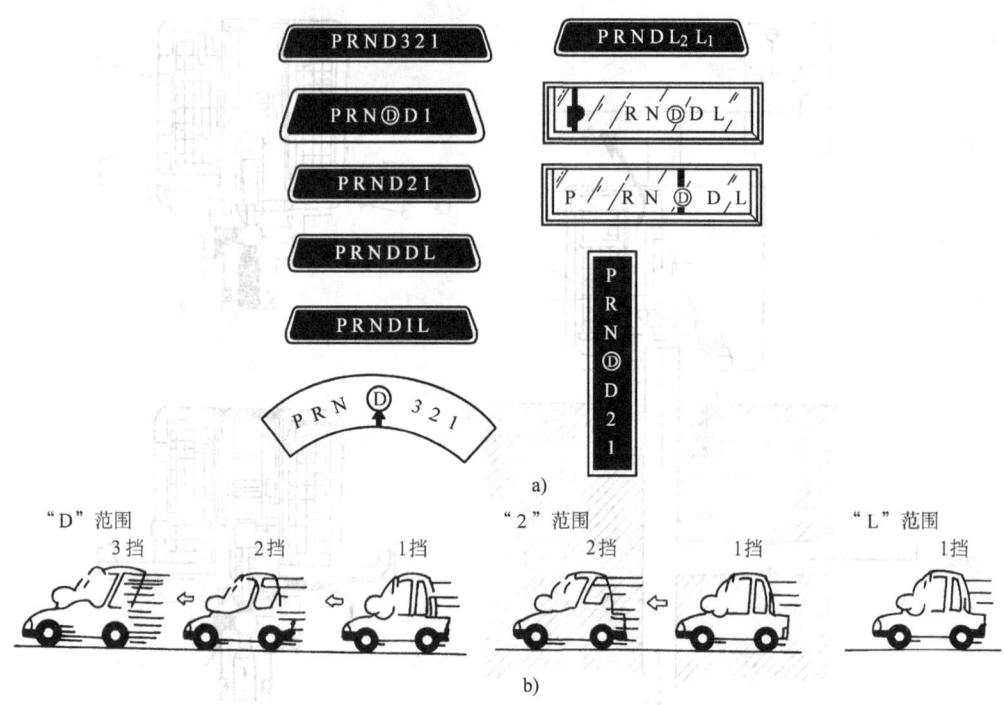

图 7-34 自动变速器的挡位
a）挡位指示器 b）工作范围

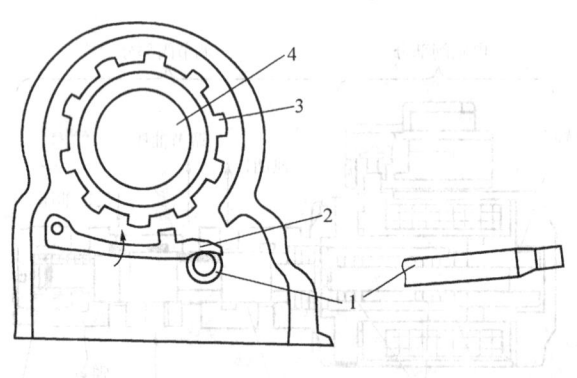

图 7-35 "P"挡锁止原理图
1—移动杠杆 2—悬臂梁式卡爪 3—带齿槽的圆盘
4—输出轴

八、自动变速器换挡图

如图 7-36a 所示，在 20% 节气门开度时，变速器换入高挡的车速为：1 挡→2 挡，15km/h；2 挡→3 挡，30km/h；3 挡→4 挡，40km/h；锁止 ON 约为 60km/h。在 20% 节气门开度时，变速器换入低挡的车速为：锁止 OFF 约为 45km/h；4 挡→3 挡，35km/h；3 挡→2 挡，20km/h；2 挡→1 挡，10km/h。

如图 7-36b 所示为丰田 A43DE 自动变速器在经济模式下的换挡图。

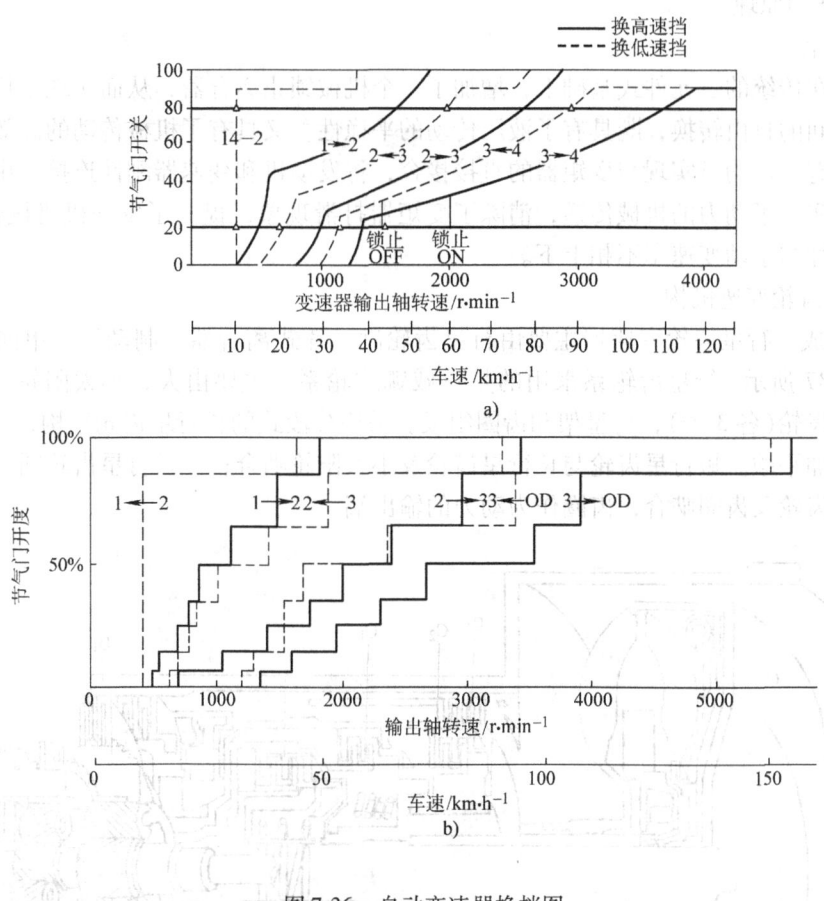

图 7-36 自动变速器换挡图
a) 标准模式 b) 经济模式

第六节 典型自动变速器

一、捷达轿车 FLAT 自动变速器

(一) 概述

捷达都市先锋轿车是我国中档轿车中第一款装备自动变速器的轿车,在其 2000 年的车型当中最豪华的产品是装备有 FLAT(Fuzzy Logical Automatic Transmission)全自动变速器的,采用拉威娜式行星齿轮机构。而自动变速轿车的关键技术是电子—液压控制技术,它经历了这样几个阶段:机械液压、智能电控、全模糊逻辑超级控制。都市先锋使用的 FLAT 变速器属于第三代中的佼佼者,是目前德国大众最新产品。其换挡点的选择采用了智能型模糊控制理论,设有与行驶阻力有关和与司机及行驶状态有关的换挡程序。其中,与行驶阻力有关的换挡程序还能识别上下坡的情况,带挂车、顶风等情况。ECU 根据车速、节气门位置、发动机转速和车的加速情况,计算出行车阻力,然后自动确定最佳的换挡时机;与驾驶员和行驶状态有关的换挡程序根据驾驶员踏下加速踏板的速度,产生对应的动力系数,ECU 利用模糊理论识别出该系数,并选择出不同的换挡时机,从而满足有不同驾驶习惯驾车人的个性要求。

(二) 结构原理

1. 变矩器

变矩器在传统的三元件式基础上,增加了一个机械锁止离合器,从而实现了机械传动与液压传动之间的自由转换,既具有了液压传动的平稳性,又具有了机械传动的高效性。锁止离合器在所有挡位均可实现与变矩器的直接接合,将发动机和变速器刚性连接。由于变矩器不起作用,实现了动力的机械传递,消除了变矩器打滑现象,提高了发动机机械传递效率,使燃油经济性与手动变速车不相上下。

2. 行星齿轮变速机构

(1) 组成 行星齿轮变速器主要由行星齿轮副、片式离合器、制动器、单向离合器组成,如图7-37所示。行星齿轮系采用的是拉威娜式轮系,主要由大、小太阳轮(各1个),长、短行星齿轮(各3个),行星架和齿圈组成。采用分段式的长行星齿轮结构,使3挡到4挡的转换更加平顺。短行星齿轮与长行星齿轮及小太阳轮啮合;一长行星齿轮同时与大太阳轮、短行星齿轮及齿圈啮合,齿圈作为动力的输出端。

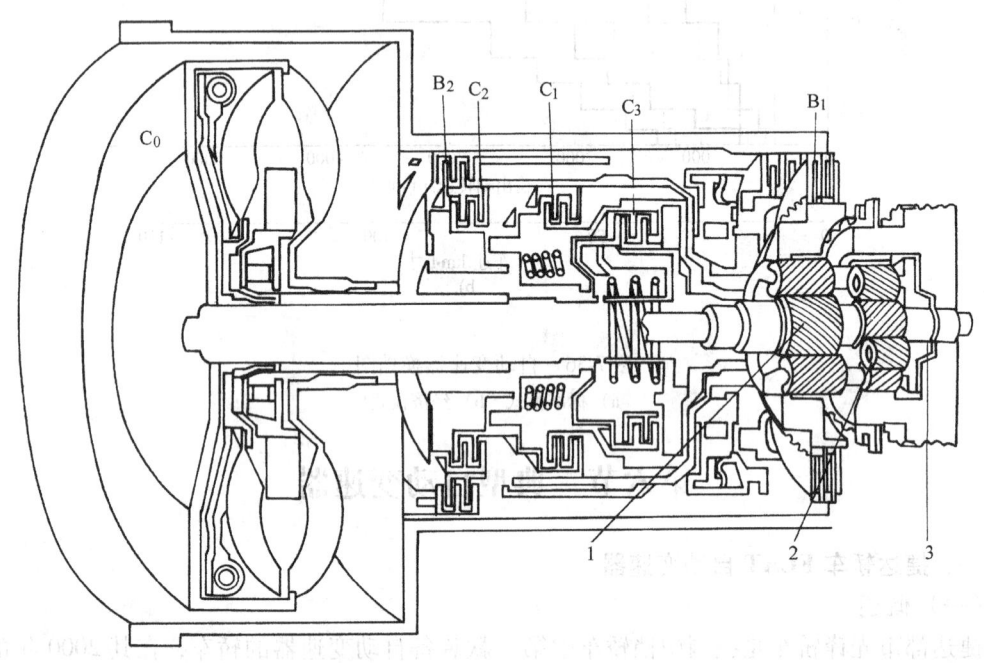

图7-37 行星齿轮变速机构
1—大太阳轮 2—小太阳轮 3—行星架

(2) 工作原理 当不同的执行件起作用时,即可得到不同的传动比。01M型自动变速器的挡位与执行件的关系见表7-4。自动变速器的挡位主要有两种情况,其一为液力变矩器未锁死时的液力式挡位,另一为液力变矩器锁死时的机械式挡位。其各挡的动力传递路线如下:

表7-4 01M型自动变速器的挡位与执行件的关系

挡位	B_1	B_2	C_1	C_2	C_3	C_0	F_1
R	○			○			
1H			○				○

（续）

挡位	B_1	B_2	C_1	C_2	C_3	C_0	F_1
1M		○				○	○
2H		○	○				
2M		○	○				
3H			○		○		
3M			○		○	○	
4H		○			○		
4M	○				○	○	

注：○为元件接合；H为液力传动；M为机械传动。

1）1挡。液力式1挡时，离合器C_1接合，单向离合器F_1进入工作状态。其动力传递路线为：泵轮（顺时针转动）→涡轮（顺时针转动）→涡轮轴（顺时针转动）→离合器C_1接合（顺）→小太阳轮（顺）→短行星齿轮（逆时针自转）→长行星齿轮（顺时针自转）→整个行星架，有向顺时针方向转动的趋势（由于在起步的过程中，车速为零，长行星齿轮对齿圈产生顺时针方向力矩的同时受到齿圈的反作用力矩，则有向逆时针方向转动的趋势，而此时单向离合器F_1限制着行星架的逆时针方向转动）→齿圈（顺时针转动）→主减速器，如图7-38所示。

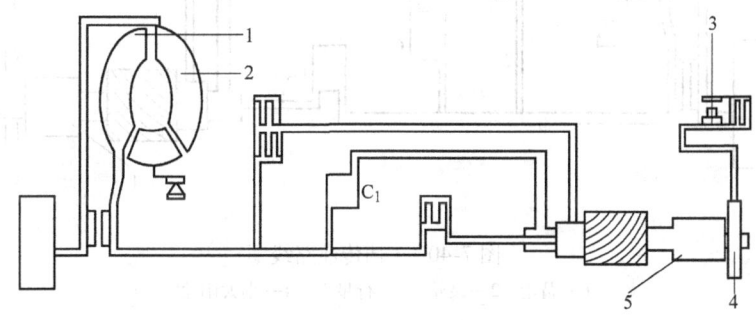

图7-38　1挡传递路线
1—涡轮　2—泵轮　3—单向离合器　4—行星架　5—小太阳轮

2）2挡。液力式2挡时，离合器C_1接合，制动器B_2制动大太阳轮。其动力传递路线为（图7-39）：泵轮（顺时针转动）→涡轮（顺）→涡轮轴（顺）→离合器C_1接合（顺）→小太阳轮（顺）→短行星齿轮（逆时针自转）→长行星齿轮（顺时针自转）→此时由于B_2起作用，大太阳轮被锁定→长行星齿轮顺时针自转的同时围绕大太阳轮顺时针公转→驱动齿圈（顺）。

3）3挡。液力式3挡时，离合器C_1与C_3接合，驱动小太阳轮和行星齿轮架。其动力传递路线为（图7-40）：泵轮（顺）→涡轮（顺）→涡轮轴（顺）→由于离合器C_1和C_3的共同作用，将整个行星齿轮机构锁死为一体→齿圈（顺）。

4）4挡。液力式4挡时，离合器C_3接合，制动器B_2起作用。其动力传递路线为（图7-41）：泵轮（顺）→涡轮（顺）→涡轮轴（顺）→离合器C_3（顺）→行星齿轮架（顺）→此时由于B_2起作用，大太阳轮固定不动→长行星齿轮在作顺时针自转的同时作顺时针的公转→驱动齿圈作顺时针方向转动。

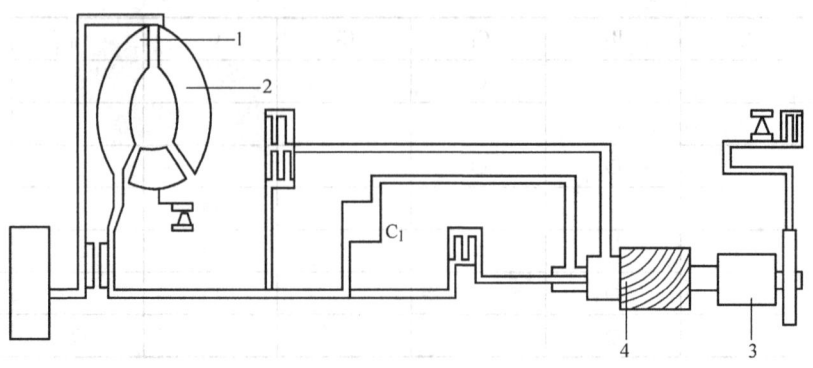

图 7-39　2 挡传递路线
1—涡轮　2—泵轮　3—小太阳轮　4—大太阳轮

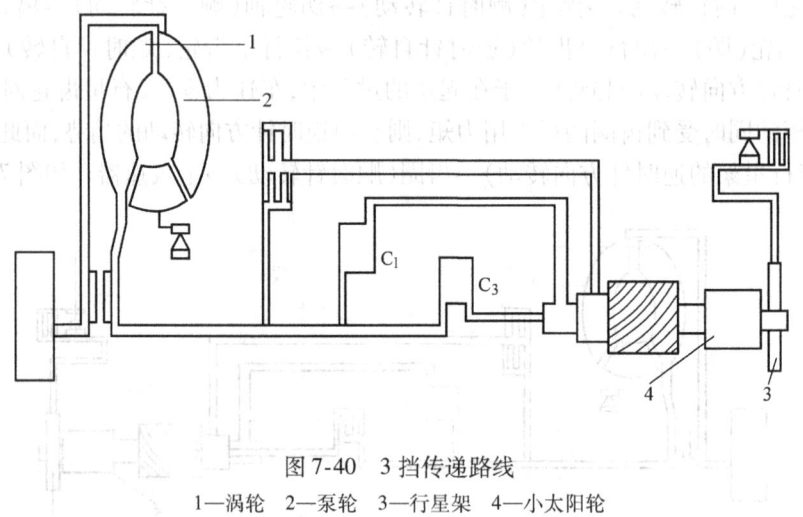

图 7-40　3 挡传递路线
1—涡轮　2—泵轮　3—行星架　4—小太阳轮

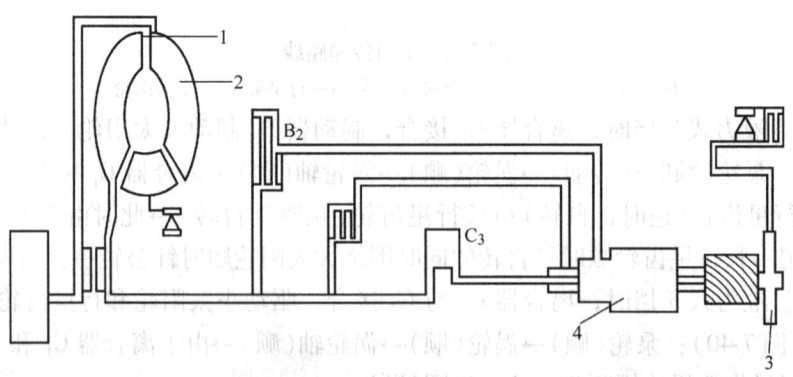

图 7-41　4 挡传递路线
1—涡轮　2—泵轮　3—行星架　4—大太阳轮

该变速器的机械式挡位与液力式挡位的传动比是一样的，只不过在机械式的挡位时，变矩器的锁止离合器 C_0 接合，使动力直接从变矩器的壳体进入行星齿轮组的输入轴，例如图

7-42所示的机械式4挡传动情况。

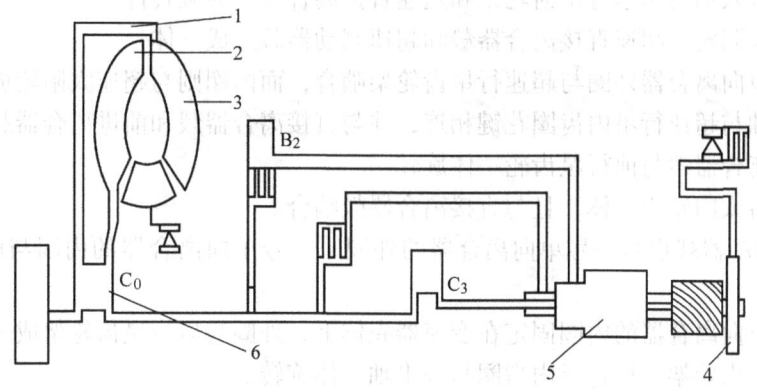

图7-42　机械式4挡传递路线
1—变矩器壳体　2—涡轮　3—泵轮　4—行星架　5—大太阳轮　6—锁止离合器

5）倒挡。变速杆在"R"位置时，离合器C_2接合，驱动大太阳轮；制动器把B_1工作，使行星齿轮架制动，成为一定轴轮系。其动力传递路线为（图7-43）：泵轮（顺）→涡轮（顺）→涡轮轴（顺）→离合器（顺）→大太阳轮（顺）→长行星齿轮（逆）→齿圈（逆）。

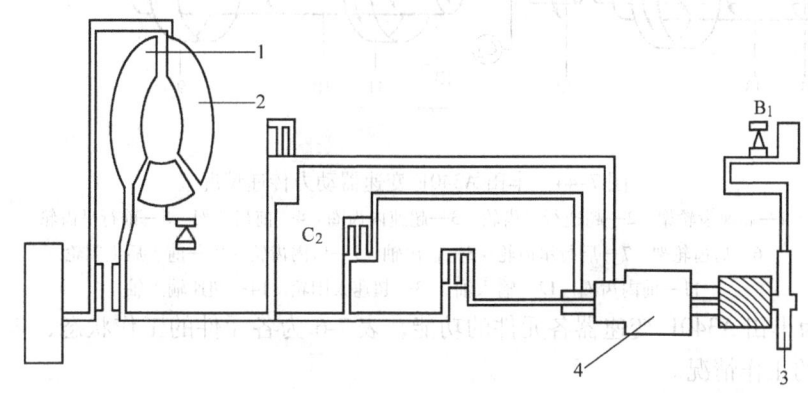

图7-43　倒挡传递路线
1—涡轮　2—泵轮　3—行星架　4—大太阳轮

二、丰田A340E电子控制自动变速器

丰田A340E电子控制自动变速器由液力变矩器、行星齿轮机构、液压控制系统和电子控制系统组成。

1. 液力变矩器

电子控制自动变速器的液力变矩器结构、功能均与全液压控制自动变速器的相同，且带锁止离合器。液力变矩器内的工作液根据电磁阀的动作而流动，从而使锁止离合器接合和脱开。

2. 行星齿轮机构

电子控制自动变速器的行星齿轮机构与全液压控制的自动变速器基本相同。这种四个前进挡的电子控制自动变速器（图7-44），包括三套行星齿轮组、三个离合器、四个制动器、三个单向离合器以及超速输入轴、输入轴和输出轴。各元件之间的关系如下：

1）超速输入轴与超速行星齿轮架和超速直接离合器毂为旋转件。
2）超速太阳轮、超速直接离合器毂和超速制动器毂连成一体。
3）超速单向离合器外圈与超速行星齿轮架啮合，而内圈则与超速太阳轮成一体。
4）输入轴与超速行星内齿圈花键相连，并与直接离合器毂和前进离合器毂一体旋转。
5）前进离合器毂与前行星齿轮一体旋转。
6）前、后太阳轮为一体，且与直接离合器鼓啮合。
7）2挡制动器毂也是一号单向离合器的外圈，一号单向离合器的内圈与前、后太阳轮组合成一体。
8）二号单向离合器的内圈固定在变速器壳体上，外圈与后行星齿轮架成一体旋转。
9）前行星齿轮架、后行星内齿圈与输出轴一体旋转。

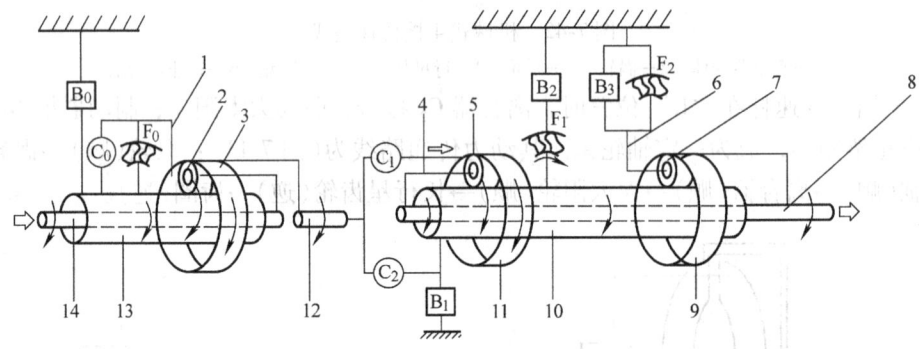

图 7-44　丰田 A340E 变速器动力传递情况

1—超速齿轮架　2—超速行星齿轮　3—超速内齿圈　4—前齿轮架　5—前行星齿轮
6—后齿轮架　7—后行星齿轮　8—输出轴　9—后内齿轮　10—前、后太阳轮
11—前内齿圈　12—输入轴　13—超速太阳轮　14—超速输入轴

表 7-5 为丰田 A340E 变速器各元件的功能，表 7-6 为各元件的工作状态，表 7-7 为电磁阀与换挡阀的工作情况。

表 7-5　各零部件的功能

零部件		功　能
C_1	前进挡离合器	连接输入轴和前内齿圈
C_2	直接挡离合器	连接输入轴和前、后太阳轮
C_0	超速-直接挡离合器	连接超速挡太阳轮和超速挡行星齿轮架
B_1	第2挡跟踪惯性制动器	防止前、后太阳轮顺时针或逆时针方向转动
B_2	第2挡制动器	防止 F_1 的外圈顺时针或逆时针方向转动，这样就防止了前、后太阳轮逆时针方向转动
B_3	第1挡和倒挡制动器	防止后行星齿轮架顺时针或逆时针方向转动
B_0	超速挡制动器	防止超速太阳轮顺时针或逆时针转动
F_1	一号单向离合器	当 B_2 工作时，此离合器防止前、后太阳轮逆时针方向转动
F_2	二号单向离合器	防止后行星齿轮架逆时针方向转动

	零 部 件	功 能
F_0	超速挡单向离合器	当变速器开始被发动机驱动时，此离合器连接超速挡太阳轮和超速齿轮架
	行星齿轮	这些齿轮改变行迹并根据每个离合器和制动器的工作情况传递驱动力，以提高或降低输入和输出转速

表 7-6　元件的工作状态

换挡杆的范围	挡 位	一号电磁阀	二号电磁阀	C_0	C_1	C_2	B_0	B_1	B_2	B_3	F_0	F_1	F_2
P	停车	通	断	+	-	-	-	-	-	-	-	-	-
R	倒挡	通	断	+	-	+	-	-	-	+	+	-	-
N	空挡	通	断	+	-	-	-	-	-	-	-	-	-
D	1挡	通	断	+	+	-	-	-	-	-	+	+	-
D	2挡	通	通	+	+	-	-	+	-	-	+	+	-
D	3挡	断	通	+	+	+	-	+	-	-	+	+	-
D	超速挡	断	断	-	+	+	+	+	-	-	-	+	-
2	1挡	通	断	+	+	-	-	-	-	-	+	+	+
2	2挡	通	通	+	+	-	-	+	-	-	+	+	-
2	3挡	断	通	+	+	+	-	+	-	-	+	+	-
L	1挡	通	断	+	+	-	-	-	-	+	+	+	+
L	2挡	通	通	+	+	-	-	+	-	-	+	+	-

表 7-7　电磁阀与换挡阀的工作情况

电 磁 阀		换挡阀				挡 位
一号	二号	1-2	2-3	3-4		
开	关	→	下	上	上	→	1
开	开		上	上	上		2
关	开		上	下	上		3
关	关	→	上	下	下	→	超速

3. 液压控制系统

液压控制系统由液压泵、阀体、电磁阀、离合器和制动器以及连接所有这些元件的液压通道组成。液压控制系统以液压泵产生的液压为基础，根据车辆的行驶工况来控制作用在液力变矩器、各离合器和制动器上的液压。

阀体上有三个电磁阀，这些电磁阀根据 ECU 的信号打开和关闭，从而操纵各换挡阀。换挡阀对液体通道进行轮换，使工作液通向液力变矩器以及各离合器和制动器，以控制液力变矩器和行星齿轮机构。A340E 电控自动变速器液压控制流程图参见图 7-3。

电子控制自动变速器阀体上的变速系统和锁止系统的油路与全液压控制自动变速器有很大的不同，下面说明换挡阀和锁止中继阀是怎样由电磁阀的开关信号来操作的。

电子控制自动变速器的液压控制系统取消了速控液压阀,手控阀和主调整阀与全液压控制自动变速器完全相同,节气门阀的结构和操作虽与全液压控制自动变速器相同,但两者的作用却有所不同。全液压控制自动变速器中,节气门阀产生的加速踏板控制液压用来调节管路压力,并作为变速器升降挡的信号压力;而在电子控制自动变速器中,加速踏板控制液压只用来调整管路压力。若节气门拉索调得不恰当,会导致管路压力过高或过低,造成换挡冲击离合器和制动器打滑。换挡阀则有很大的不同。

(1) 1-2 挡换挡阀 1-2 挡换挡阀(图 7-45)进行 1、2 挡之间的变换。当 ECU 发出信号使二号电磁阀关闭时,管路压力将作用于此阀的上部①处,克服弹簧压力使此阀下移,变速器进入 1 挡。

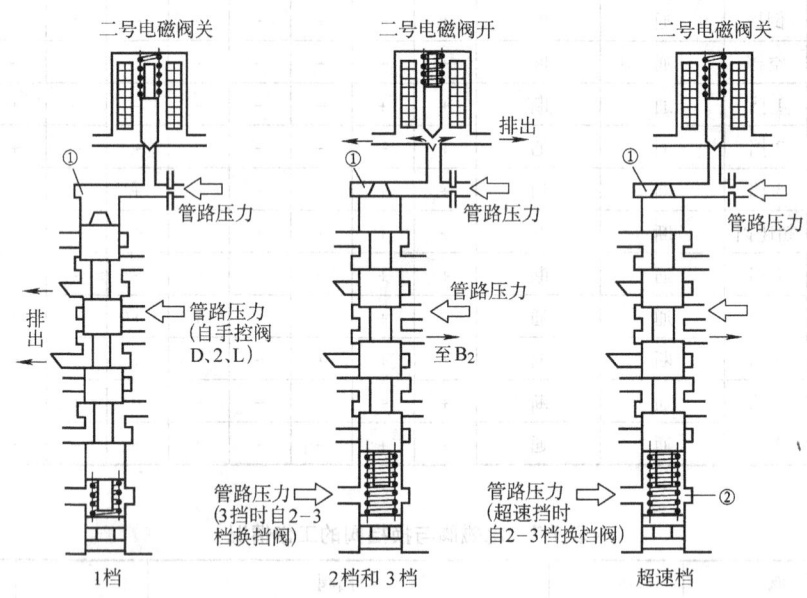

图 7-45 1-2 挡换挡阀

当 ECU 发出信号使二号电磁阀打开时,作用于此阀①的管路压力从二号电磁阀的排泄口释放,这时弹簧张力使此阀上移,接通通向 B_2 的油路,B_2 动作,变速器进入 2 挡。

当变速器在超速挡时,二号电磁阀也像 1 挡一样关闭,管路压力也作用于此阀①上。但由于从 2-3 挡换挡阀来的管路压力作用于此阀②上(这时一号电磁阀是关闭的),所以此阀在弹簧张力的作用下仍留在向上的位置。

(2) 2-3 挡换挡阀 2-3 挡换挡阀(图 7-46)进行 2、3 挡之间的变换。当 ECU 使一号电磁阀打开时,作用于此阀①上的管路压力通过一号电磁阀的排泄口释放,这时弹簧张力使此阀上移,变速器处于 2 挡。

当 ECU 关闭一号电磁阀时,作用于此阀①上的管路压力克服弹簧张力,使此阀下移,接通通向 C_2 的油路,C_2 动作,变速器进入 3 挡。

当变速器在"L"范围时,从手控阀来的管路压力作用于此阀的位置②上,使之保持向上,不能下移,无法进入 3 挡。

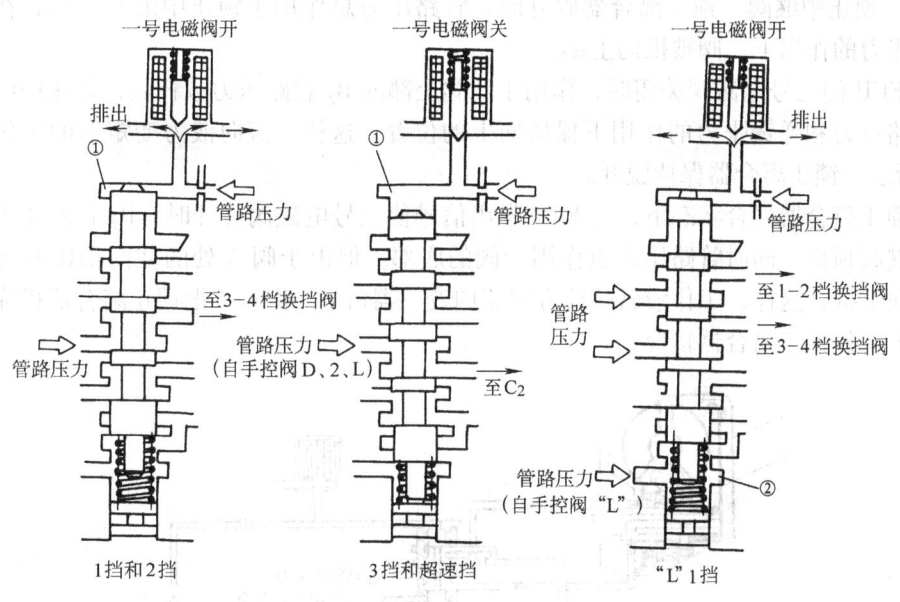

图 7-46 2-3 挡换挡阀

（3）3-超速挡换挡阀 3-超速挡换挡阀（图 7-47）进行 3、超速挡间的变换。当 ECU 打开二号电磁阀时，作用于此阀①上的管路压力从二号电磁阀上的排泄口释放，弹簧张力使此阀上移，变速器处于 3 挡；当 ECU 关闭二号电磁阀时，作用于此阀①上和管路压力克服弹簧张力，使此阀下移，切断通往 C_0 的油路，接通通往 B_0 的油路，变速器进入超速挡。

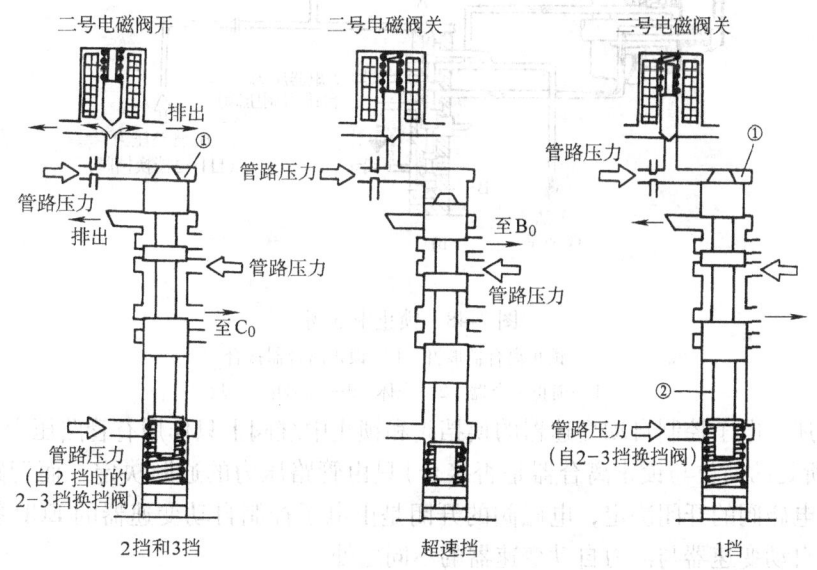

图 7-47 3-超速挡换挡阀

当变速器在 1 挡时，二号电磁阀也如 1 挡那样关闭，管路压力同样作用于 3-超速挡换挡阀的①上，但由于从 2-3 挡换挡阀来的管路压力作用于 3-超速挡换挡阀的②上（因为一号电磁阀打开），所以 3-超速挡换挡阀仍在弹簧张力的作用下保持在上部。

(4) 锁止中继阀　锁止离合器脱开时，管路压力总作用于锁止中继阀底部，在此压力和弹簧张力的作用下，阀被推向上部。

当 ECU 使三号电磁阀关闭时，作用于此阀上部的 B_2 管路压力被释放，锁止中继阀在底部的管路压力和弹簧张力的作用下保持向上的位置。这样，流向液力变矩器的工作液如图 7-48a 所示，锁止离合器保持脱开。

在锁止离合器接合状态下，当 ECU 发出信号使三号电磁阀打开时，B_2 管路压力作用于锁止中继阀顶部。同时管路压力也作用于阀的底部。但由于阀 A 处的截面积比 B 处大，所以阀被向下推，这样，工作液就按反方向流向变矩器（图 7-48b），把锁止离合器推靠在变矩器前盖上，使锁止离合器接合。

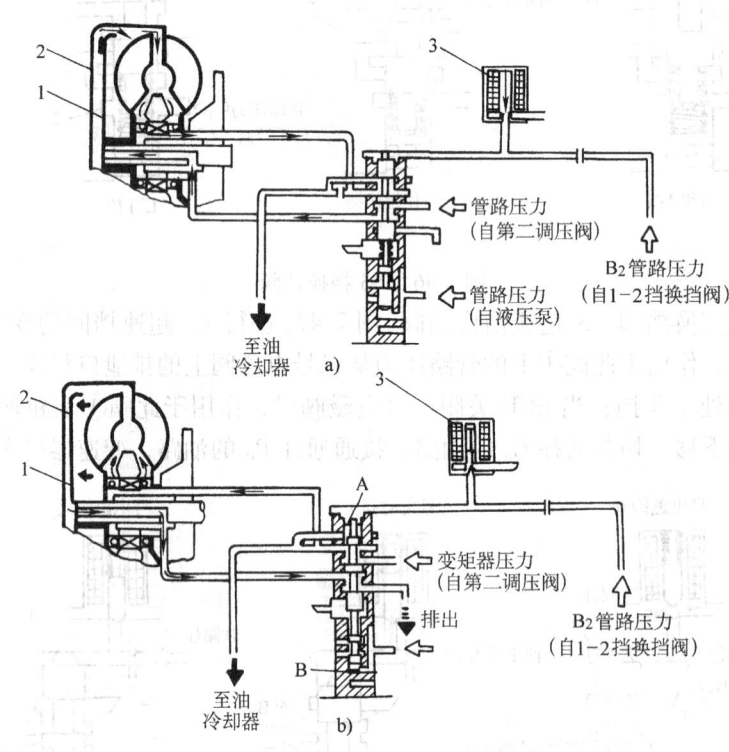

图 7-48　锁止中继阀
a) 锁止离合器脱开　b) 锁止离合器接合
1—锁止离合器　2—壳体　3—三号电磁阀

综上所述，电子控制自动变速器的换挡阀和锁止中继阀上只作用有管路压力，阀的位置（即变速器所处的挡位与锁止离合器是否接合）只由管路压力的通断决定；而管路压力的通断又由 3 个电磁阀的开闭决定，电磁阀的开闭是由电子控制自动变速器的 ECU 控制。这就是电子控制自动变速器与液力自动变速器的不同之处。

4. 电子控制系统

丰田 A340E 电子控制自动变速器的电子控制系统，要控制变速器的换挡时刻和锁止时刻，它主要由传感器、ECU 和电磁执行器三部分组成。图 7-49a 为丰田 A340E 型电子控制自动变速器的电子控制系统原理图。传感器检测各种用来判断合适的换挡时刻和锁止时刻的数据,将其转换成信号送到 ECU。用于电子控制系统的传感器和开关,主要有节气门位置传感器、车速传感器、冷却液温度传感器、行驶方式选择开关、空挡起动开关、制动灯开关、超速主开关等,其零件分布如图 7-49b 所示。

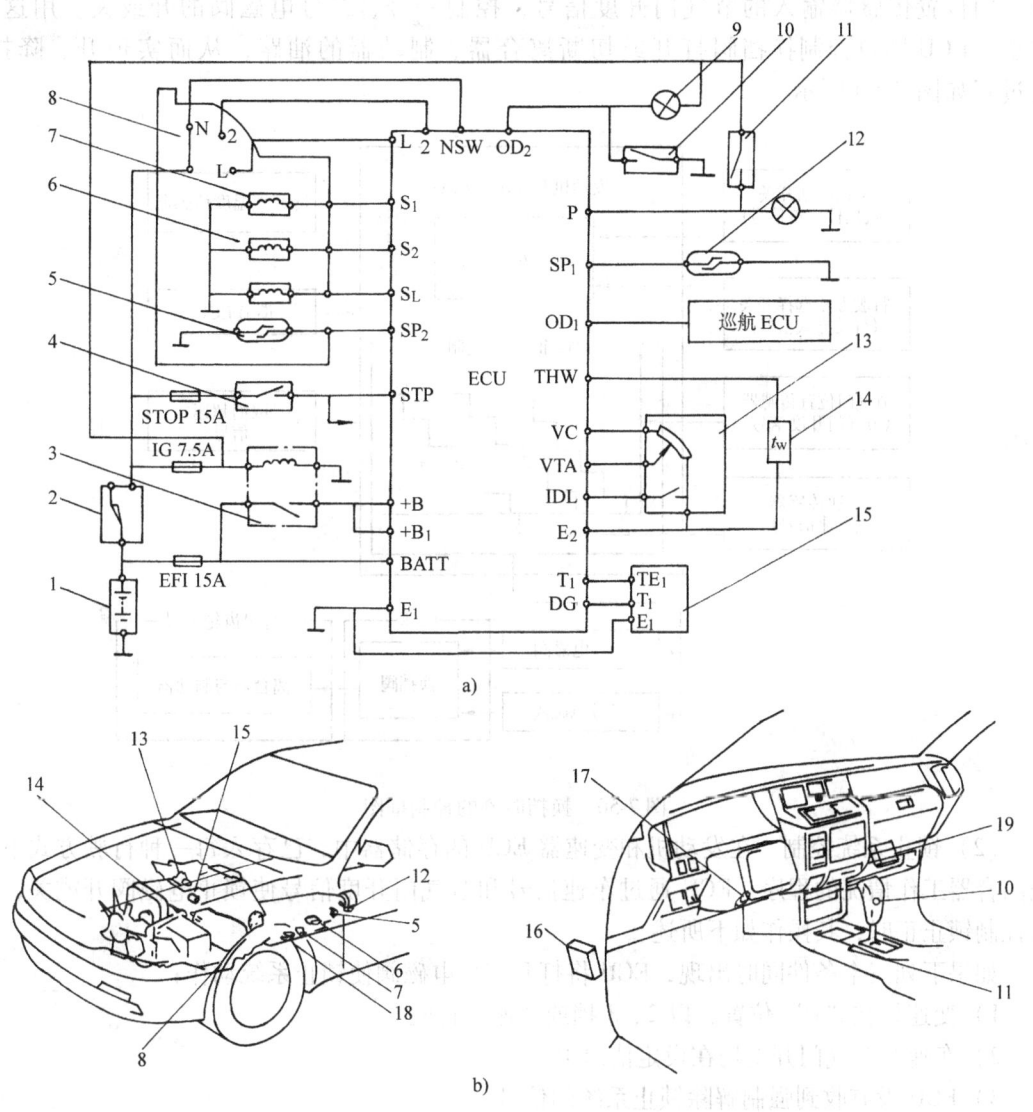

图 7-49 丰田 A340E 型自动变速器的电子控制系统
a) 原理 b) 零件分布
1—蓄电池 2—点火开关 3—主继电器 4—制动灯开关 5—二号车速传感器
6—二号电磁阀 7—一号电磁阀 8—空挡起动开关 9—超速挡关断指示灯
10—超速主开关 11—行驶方式选择开关 12—一号车速传感器
13—节气门位置传感器 14—冷却液温度传感器 15—检测接头 16—巡航 ECU
17—停车灯开关 18—三号电磁阀 19—发动机和变速器 ECU

丰田 A340E 型电控自动变速器的 ECU 与发动机 ECU 组合成一体,称为发动机与变速器 ECU。其功能有:控制换挡时刻及锁止时刻、自诊断、失效保护及其他控制。

(1) 换挡时刻的控制　在 ECU 存储器内，已将每一换挡杆位置（D、2、L）的最佳换挡模式和行驶方式进行编程。工作时，ECU 根据行驶方式选择开关和空挡起动开关的位置，自动选择，按其中一种换挡方式工作，然后通过车速传感器输入的车速信号和节气门位置传感器输入的节气门开度信号，控制一号、二号电磁阀的开或关。用这种方法，ECU 即可控制换挡阀打开或切断离合器、制动器的油路，从而实现升、降挡。此过程如图 7-50 所示。

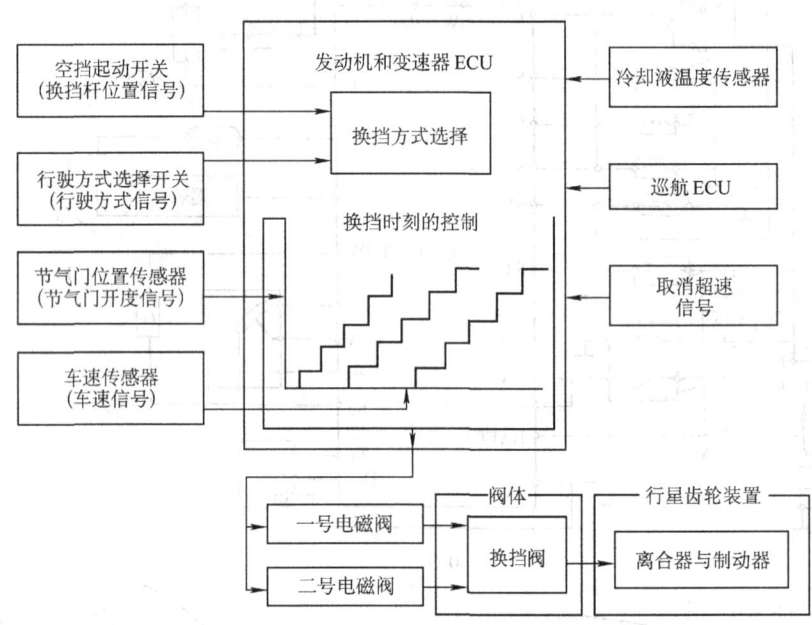

图 7-50　换挡时刻的控制框图

(2) 锁止系统控制　在发动机和变速器 ECU 的存储器中，已存入每一种行驶方式下锁止离合器工作情况的程序。ECU 通过车速信号和节气门开度信号使锁止电磁阀开或关，从而控制锁止正时，其操作如下所述。

如果下列三个条件同时出现，ECU 将打开三号电磁阀使锁止系统动作：
1) 变速杆在"D"位置，以 2、3 挡或超速挡行驶。
2) 车速和节气门开度均在设定值以上。
3) ECU 没有收到强制解除锁止系统的信号。

如果出现下列情形，ECU 会将锁止系统强制解除，即关闭三号电磁阀，解除锁止离合器：
1) 制动灯开关接通（制动期间）。
2) 节气门位置传感器的 IDL 触点闭合（节气门全关）。
3) 冷却液温度低于 50℃。
4) 在巡航控制系统控制下，车速降到低于设定车速 10km/h 或以下。

上述 1) 和 2) 是为了在后轮锁死时防止发动机熄火，3) 是为了改善汽车行驶性能和加快发动机升温，4) 是为了使液力变矩器起作用以获得转矩放大。

另外，锁止系统动作期间，ECU 会在升挡和降挡时暂时脱开锁止离合器，以减少换挡冲击，图7-51为锁止系统控制过程框图。

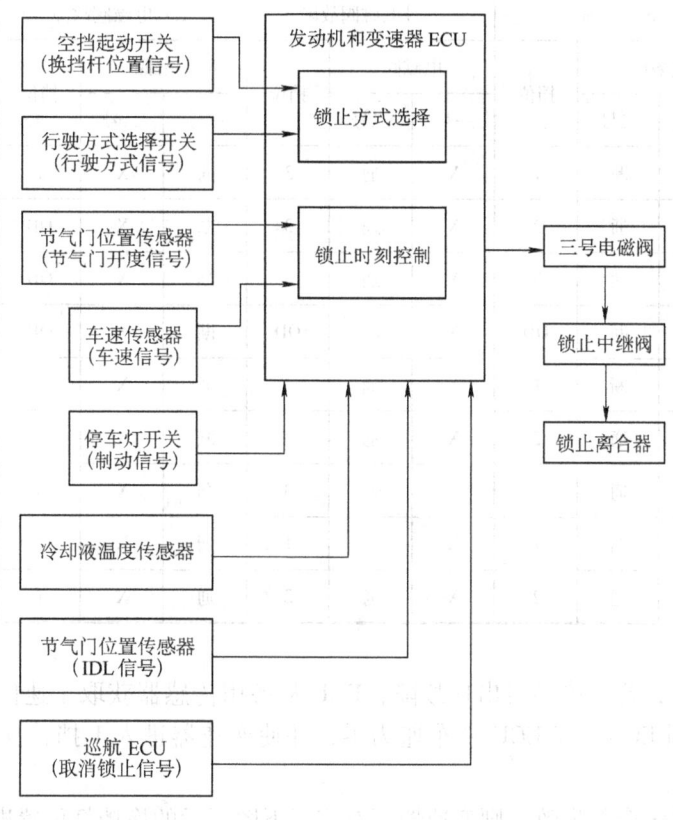

图7-51 锁止系统的控制框图

（3）自诊断 当车速传感器、电磁阀或降挡开关发生故障时，ECU通过"OD OFF"指示灯的闪烁输出故障码，以指示故障所发生的部位。修理人员通过短接诊断端子可读出故障码。

如果不是对应于表7-8的电压换挡，则可能是电磁阀卡住或液压控制系统和行星齿轮机构的故障所引起的。

表7-8 各挡电压输出表

换挡位置	端子T_t输出电压/V（近似值）	换挡位置	端子T_t输出电压/V（近似值）
1挡	0	3挡锁定	5
2挡	2	OD	6
3挡	4	OD挡锁定	7

（4）失效保护 丰田A340E型电子控制自动变速器有几种失效保护功能，即使电子系统出现故障，仍可使汽车继续行驶。

若电磁阀出现故障，其失效保护功能可参见表7-9。

表 7-9　丰田 A340E 型变速器电控系统失效保护功能(X:出故障)

变速杆位置	正常			一号电磁阀故障			二号电磁阀故障			两电磁阀故障
	电磁阀		挡位	电磁阀		挡位	电磁阀		挡位	手动操作变速杆时的挡位
	一号	二号		一号	二号		一号	二号		
D	通	断	1	X	通	3	通	X	1	OD
	通	通	2	X	通	3	断	X	OD	OD
	断	通	3	X	通	3	断	X	OD	OD
	断	断	OD	X	断	OD	断	X	OD	OD
2	通	断	1	X	通	3	通	X	1	3
	通	通	2	X	通	3	断	X	3	3
	断	通	3	X	通	3	断	X	3	3
L	通	断	1	X	断	1	通	X	1	1
	通	通	2	X	通	2	通	X	1	1

车速传感器中,若主传感器出现故障,ECU 从备用传感器获取车速信号。若两传感器均无车速信号送到 ECU,则 ECU 视车速为零,并使变速器进入 1 挡,且不能再变换到其他挡。

若电子控制系统全部失效,则变速器可对应于下图所示的换挡杆位置进行机械式换挡。

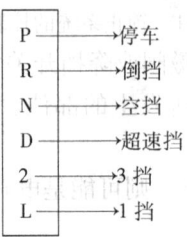

三、丰田 A441E 型自动变速器

丰田 A441E 型自动变速器主要与丰田考斯特上的 H 型发动机相配套使用,属电压控制液力自动变速器,且具有如下特征:

1) 定时变速的电压控制能做到变速时平稳感应变速,操纵自如。
2) 定时变速以最佳的方式与发动机的输出功率特性匹配,并且充分利用其功率。
3) 正交与动力双变变曲线设计,能使驾驶员非常方便、轻松地操纵变速器。
4) 其变速杆具有 6 个挡位(P、R、N、D、2、L),对于同样座位的车辆,更容易进行变速操纵。

丰田 A441E 型自动变速器由三套离合器、三套制动器、两套单向离合器、行星齿轮机构、液力变矩器、液压控制系统及电子控制系统所组成,参数见表 7-10,各元件功能见表 7-11,各挡动力传递如图 7-52 所示。

表 7-10 丰田 A441E 型自动变速器参数

变矩器变矩比		1.8:1
速比	1 挡	2.950
	2 挡	1.530
	3 挡	1.000
	超速挡	0.717
	倒挡	2.678
用油型号		ATF DEXRON II
容量		13.0L

表 7-11 丰田 A441E 型自动变速器各元件功能

部件	功能
超速直接离合器	连接超速太阳轮和超速行星架
超速制动器	制动或松开太阳轮
超速单向离合器	连接超速太阳轮和超速行星架
前离合器	连接输入轴与内中间轴
后离合器	连接输入轴与前、后行星轮与太阳轮
2 挡制动器	制动或松开前、后行星轮与太阳轮
1、倒挡制动器	制动或松开前行星排齿圈
二号单向离合器	防止前行星排齿圈左转

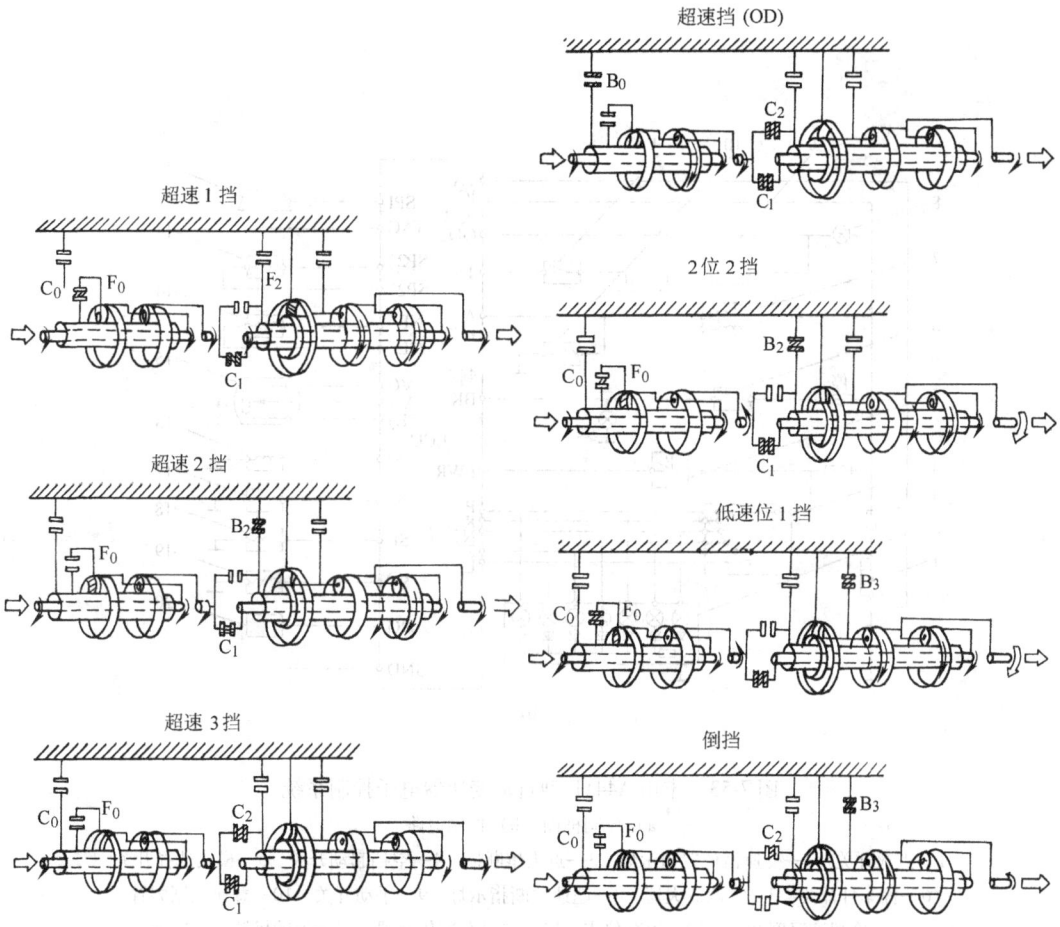

图 7-52 丰田 A441E 型自动变速器各挡动力传递

丰田 A441E 型自动变速器液压控制系统由液压泵、阀体、磁化线圈、蓄电池、离合器与制动器组成，通过油道将其连接在一起。在阀体上有 4 只电磁阀，由电控变速器 ECU 和其他元件控制，其控制系统如图 7-53a 所示。

当全车的传感器对驾驶工况作出反应且发动机工况变动时，A441E 型自动变速器电子

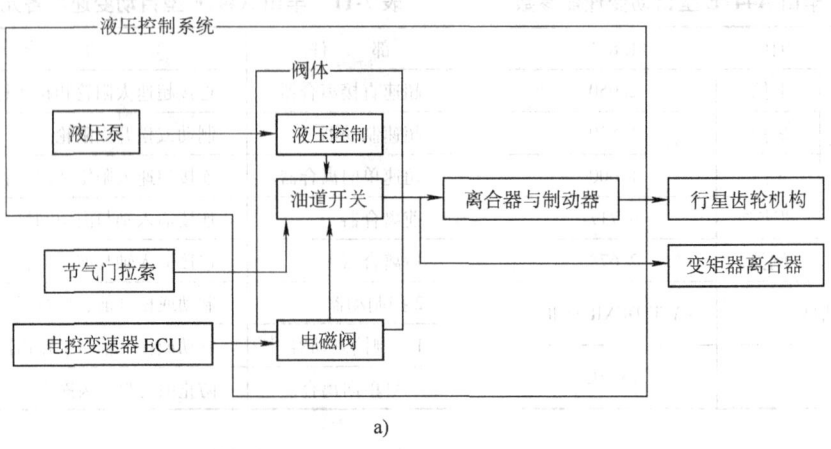

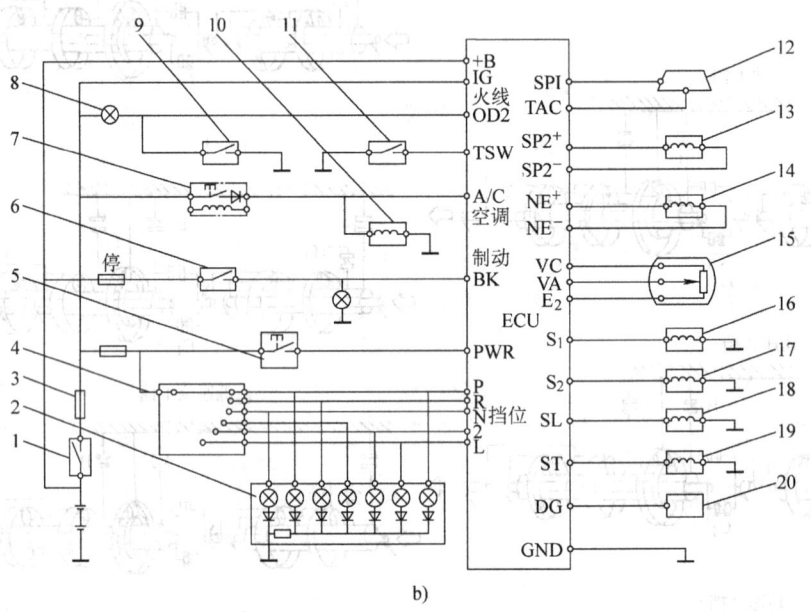

图 7-53　丰田 A441E 型自动变速器电子控制系统
a) 控制框图　b) 控制电路

1—点火开关　2—变速器位置指示灯　3—点火熔断器　4—空挡起动开关　5—模式选择开关
6—停车灯开关　7—空调放大器　8—超速关断指示灯　9—手动开关　10—怠速控制装置
11—冷却液温度开关　12—组合仪表　13—二号车速传感器　14—发动机转速传感器
15—节气门位置传感器　16——号电磁阀　17—二号电磁阀　18—锁止电磁阀
19—定时电磁阀　20—检测接头

控制系统将对齿轮定时变速和定时锁止提供精确的控制。在发动机转速范围内的变化信息，通过使用不同的传感器确定操纵相应的工况。在车辆开始显出齿轮变速振动的同时，电控变速器和电控元件立即进行调控，以减少车辆变速时出现的不平稳。

电子控制系统由下列三个组件控制定时变速和操纵锁止离合器：

1）传感器。它感应车速和节气门位置，并将电信号传给电控变速器和电控元件。

2）电控变速器 ECU。它根据从传感器输出的信号决定动作。

3）执行器。它通过液压控制元件连接另外控制定时变速与锁止的导线操纵电磁阀动作。

电子控制系统如图 7-53b 所示。

第七节　无级变速电子控制系统简介

一、无级变速传动的基本概念

汽车传动系统的目的，就是要匹配发动机的特性来适应行驶的需要，为充分利用发动机的功率，减少燃料的消耗以及改善发动机的排放性能，理想的汽车变速器是具有无级变化的传动比。随着电子控制自动变速器技术的发展无级变速传动技术得到了实际的发展和应用。目前，在轻型汽车上广泛应用的无级变速传动是采用 V 带传动，传动的功率相对较低。应用与重型汽车上的无级变速传动，采用的主要是液压传动和液压机械传动（结合液压泵马达机组的无级变速特性和机械传动效率高的优点所构成的传动系统）。以下介绍 V 带无级变速传动。

二、无级变速传动原理

1. 无级变速传动的优点

常见的汽车变速器，无论是自动变速还是手动变速，就变速机构其传动比都是有级的。从低挡到高挡的有级变速过程中，不能使发动机总是工作在高效率区域。当传动比发生变化时，需要发动机时而加速，时而减速，这种发动机在换挡过程中的加速与减速，工作处于不稳定的状态，带来动力传动系统的冲击，使发动机的排放污染增加。如果能开发出这样的传动系统，使发动机始终工作在最优的高效区，处于稳定的工作状态，则燃油经济性可提高 10%~25%，而且排放出的废气污染也可大大降低，这只有一个答案，就是采用无级变速传动。

无级变速传动能使发动机工作在最高效率区，达到最优的燃油经济性能。近十余年来，菲亚特、富士重工、三菱、福特、通用、ZF 等公司，投入了大量资金，使 V 带传动在技术上所存在的难题得到了解决，先后开发出了无级变速传动的变速器，并结合汽车电子技术的应用，形成了可使用的产品，其价格与 4 挡的电子控制自动变速器基本相当。目前，已经有 100 多万辆汽车装备无级变速传动，到 2000 年装备无级变速传动的汽车数量已上升到 400 万台，预计到 2005 年将上升到 1000 万台。

无级变速传动的主要优点是：

1）最大的燃油经济性和最低的排放污染，这是因为发动机工作在较高的效率区，较有级式变速传动没有动力的中断，传动比变化非常地平滑，动力传动系统冲击小，从而使乘坐舒适性得到了进一步提高。据资料介绍，装备有无级变速传动的汽车与 5 挡手动变速器的汽车在道路上作对比试验时，装有无级变速传动汽车的燃油消耗少了 11.5%，碳氢化合物的排放量少了 33%，CO 的排放量少了 20%。

2）无级变速传动和其他传动相比，操作方便性和乘坐舒适性均可与电子控制的有级式自动变速器相比美。其传动效率却远高于带有液力传动的有级式自动变速器。在变速过程中由于没有动力的中断,因而提高了行使的动力性能。这些都是有级式变速器无法相比的。与装备4挡自动变速器的汽车相比,0~100km/h的加速性能提高10%。

3) 无级变速系统可以控制发动机的转速在最小的范围内变化,而使车速在较宽的范围内变化(目前传动比范围可达到5.0以上)。有级式变速器只能1挡1挡地升或降,而发动机的转速随着每个相应的挡位不断地交替变化,造成发动机的工作状态不稳定。

4) 能最好地协调汽车的外界行驶条件与发动机负荷,充分发挥发动机的功率潜力,提高整车燃油经济性。

2. 变速原理

目前,在轻型汽车特别是轿车上应用得最多的是V带传动的无级变速器。图7-54所示为V带传动的无级变速原理图。变速部分由主动带轮(也称初级轮)、V带和被动带轮(也称次级轮)所组成。每个带轮都由两个带有斜面的半个带轮而组成一体,其中一个半轮是固定的,另一个半轮是可以通过液压伺服油缸控制其移动。半轮间的轴向相对位置可以通过控制机构来改变;两个带轮轴之间的距离是固定的,(V带无级变速传动的结构如图7-55所示),所以形成的传动比 $i = r_2/r_1 = n_1/n_2$。当主动轮的半径 r_1 处于最小半径(两个半轮之间的距离最宽),被动轮的 r_2 处于最大半径时(两个半轮间的距离最窄),传动系统所形成的传动比最大,相当于低挡行驶状态;当通过液压伺服缸控制改变 r_1 和 r_2 的半径时,如果 r_1 逐渐增大,由于两个带轮轴之间的距离和传动带的周长是固定的,为了保证正常传动而相应使 r_2 的值减少,则所形成的传动比也相应减少,直至 r_1 达到最大值而 r_2 达到最小,相当于汽车高挡行驶状态。由于 r_1 和 r_2 可以连续无级地变化,因而所形成的传动比也是连续无级变化的。

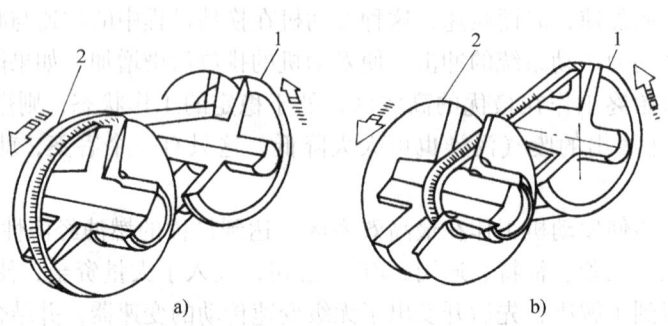

图7-54 V带无级变速传动工作原理
a) 低挡 b) 高挡
1—主动轮 2—从动轮

控制 r_1 与 r_2 的大小是通过控制作用在主动轮和被动轮上可滑动半轮上的液压力实现的,液压力减小则相应的带轮与V带的接触半径减小,反之则增大,图7-56表示了无级变速传动的变速过程。当主动轮与被动轮之间的传动比为1:1时,传动效率最高(约0.92),当在其他传动比下工作时,传动效率将下降。

目前无级变速传动的关键部件V带主要是采用钢带(图7-44),由一层层带有V形斜面的金属片通过柔性的钢带所组成,靠V形金属片传递动力,而柔性钢带则只起支撑与保持

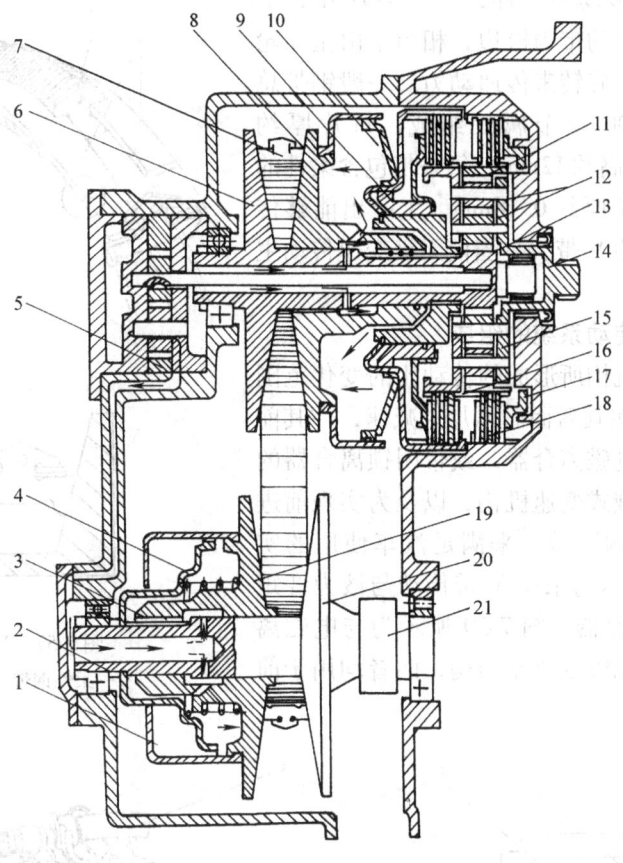

图 7-55 V带无级变速传动结构

1—被动轮伺服油缸 2—被动轮轴 3—花键和滚珠 4—回位弹簧 5—齿轮泵
6—主动轮固定半轮 7—钢带 8—主动轮滑动半轮 9—前进挡离合器活塞 10—主动轮伺服油缸
11—齿圈 12—行星齿轮 13—太阳轮 14—输入轴 15—行星架 16—前进挡离合器
17—倒挡制动器活塞 18—倒挡制动器 19—被动轮滑动半轮
20—被动轮固定半轮 21—输出轴小齿轮

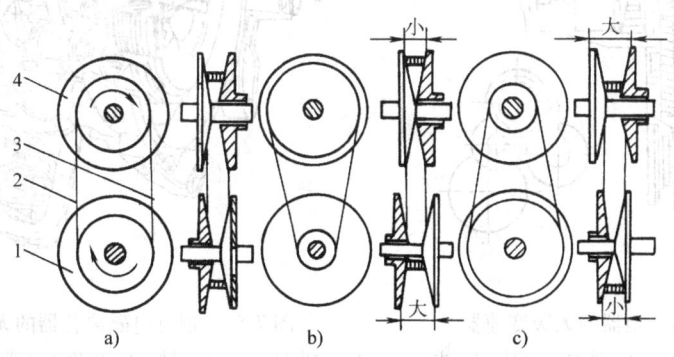

图 7-56 V带无级变速传动变速过程

a) 传动比 1∶1 b) 传动比 1∶2.6 c) 1∶0.445
1—被动轮 2—松边带 3—紧边带 4—主动轮

作用。和普通的带传动不一样,在图 7-57 中,上边的带为紧边,下边的带为松边,相当于由主动轮通过钢带推着被动轮旋转来传递动力。一般钢带总长约 600mm,由 300 块金属片组成,每片厚约 2mm,宽约 25mm,高约 12mm。每条带包含柔性的钢带 2~11 条,每条厚约 0.18mm。生产出能够传递高转矩和高转速的 V 带,是当前无级变速传动主要研究问题之一。

三、无级变速传动系统的组成

一般无级变速机构所形成的传动比的变化范围是在 4.69~0.44,在其后面需增加主减速,在其前面一般还要配有如电磁离合器,或带闭锁离合器的液力变矩器,或机械式变速机构,以及为实现前进和倒车的"正倒机构"等,来满足汽车使用的实际需要。图 7-58 所示为采用 V 带传动与液力变矩器相组合的无级变速器,图 7-59 所示为与电磁离合器相组合使用的无级变速器结构,两者均用于前轮驱动。

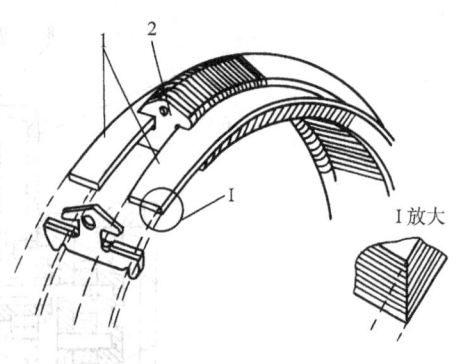
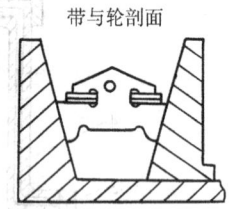

图 7-57 V 带结构
1—柔性钢带 2—金属块

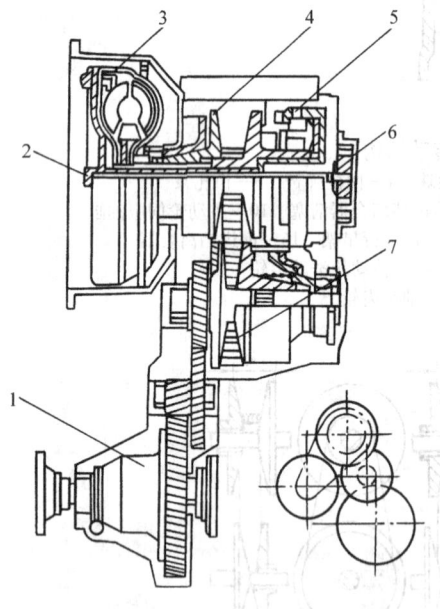
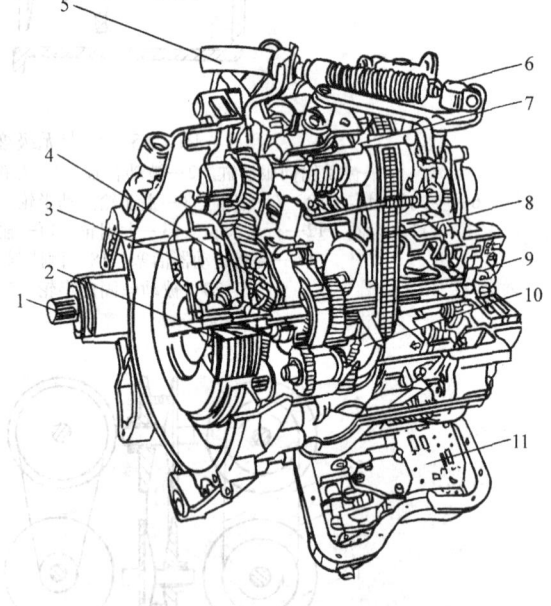

图 7-58 带液力变矩器的无级变速器
1—差速器 2—输入轴 3—液力变矩器 4—主动轮 5—正倒机构 6—油泵 7—被动轮

图 7-59 带有电磁离合器的无级变速器
1—输出轴 2—油泵轴 3—电磁离合器 4—电磁离合器刷 5—选挡控制 6—正倒机构 7—从动轮 8—钢带 9—油泵 10—主动轮 11—控制阀体

四、无级变速传动的控制系统

1. 控制系统组成

图 7-60 所示为一种电液控制的电控无级变速传动的控制系统。系统中包括电磁离合器的控制和 V 带变速控制。变速比由发动机油门信号和主动带轮转速所决定，ECU 根据发动机的转速、车速、节气门位置、换挡控制器（一般仅有 P、R、N、D 选择）信号，来控制电磁离合器，以及控制 V 带轮上伺服液压缸的压力实现无级变速，一般在最高传动比时（低挡）控制压力最大，约 2.2MPa；在最低传动比（高挡）时的控制压力最小，约 0.8MPa。由于传动比的改变仅受加速踏板和主动带轮转速的控制，因而控制的灵活性相对受到了限制。

图 7-61 所示为利用主、被动带轮转速，以及发动机加速踏板作为主要输入控制信号，控制电磁离合器、带轮油压和传动比的电子控制无级变速控制系统，其控制的灵活性得到了增强。

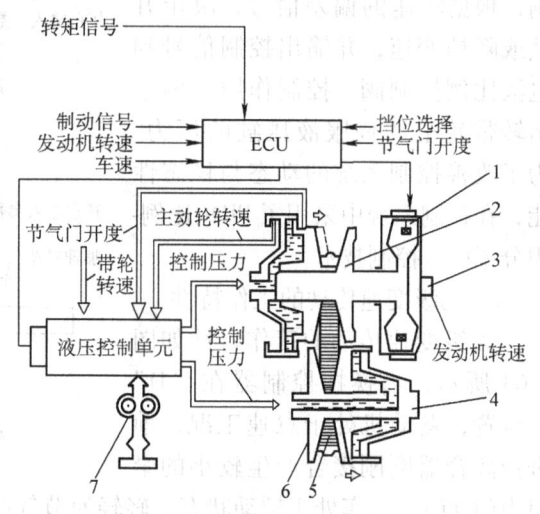

图 7-60 普通无级变速电子控制系统
1—电磁离合器 2—主动轮 3—输入轴 4—输出轴
5—钢带 6—被动轮 7—液压泵

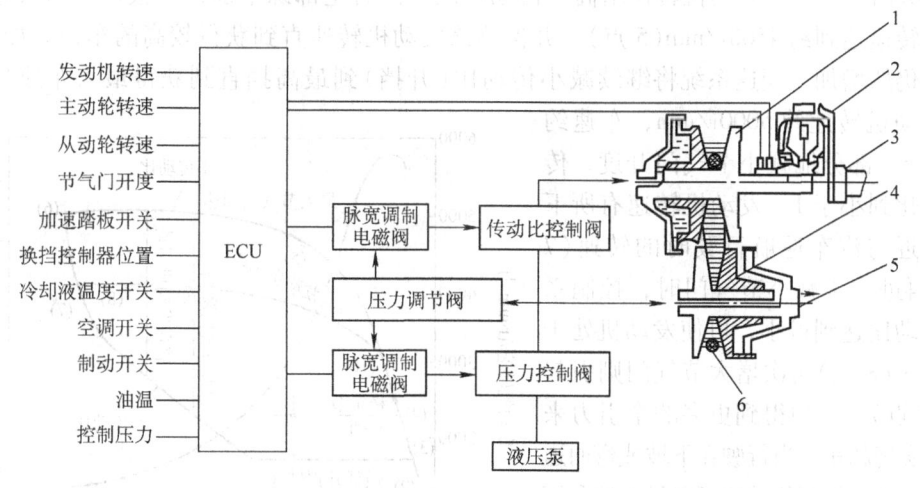

图 7-61 改进无级变速电子控制系统
1—主动轮 2—电磁离合器 3—输入轴 4—被动轮 5—输出轴 6—钢带

2. 控制方法

图 7-62 所示是以发动机的输入转速作为反馈信号，以节气门开度等作为控制输入信号，来控制 V 带轮的压力，调节传动比的闭环电控无级变速传动控制系统。这是一个全部输入和输出转速都能检测的闭环电子控制系统。驾驶员的意图通过节气门开度及换挡控制器，输入到电子控制系统，并可以选择动力型（S）或经济型（E）的最佳换挡规律。根据发动机的转

速和转矩,确定施加到主、被动轮上的压力,并有发动机转速(相应与主动轮转速)构成转速反馈闭环控制,根据转速的偏差信号,决定升挡或降挡变速,并输出控制信号到电液比例控制阀,控制作用在两个运转带轮上的伺服液压缸的压力。为了改善控制系统的动态与稳态性能,在控制系统中采用了PID(比例-积分-微分)控制技术。

3. 无级变速传动的工作特性

无级变速传动的工作特性如图 7-63 所示。当换挡控制器在"D"的位置,发动机处于怠速工况,前进挡离合器刚刚接合产生较小的牵引力(1 点),汽车处于蠕动状态。

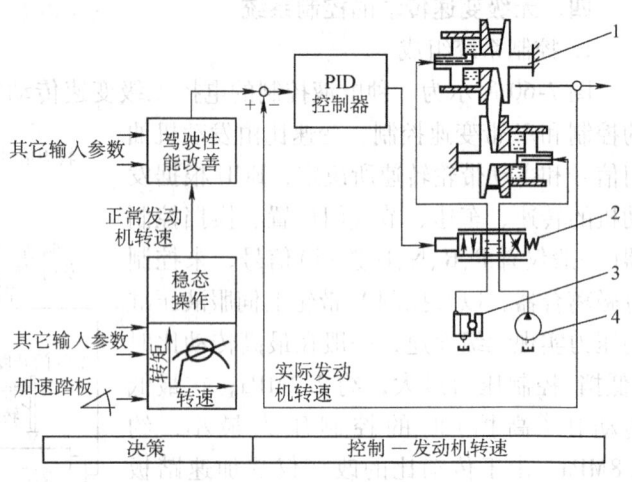

图 7-62 无级变速传动闭环控制原理
1—输入轴　2—控制阀　3—转矩传感器　4—液压泵

轻轻使节气门开启,离合器全部接合,汽车开始以较小的速度向前行驶(2 点)。如果进一步踩下节气门,电子控制系统根据发动机的转速、车速和驾驶员的选择,控制带轮得到不同的转速比使汽车加速。最低的发动机固定节气门开度时传动比最大(低挡),对应与发动机转速约 1700r/min(3 点),车速约为 65km/h。如果节气门开度再增大时(4 点),发动机转速增高,传动比减小。若全部踩下加速踏板,可以快速加速,发动机转速达到约 4500r/min(5 点),并保持该发动机转速直到获得较高的车速。如果发动机转速仍然增加,变速系统将继续减小传动比(升挡)到最高挡直到获得最大车速(6 点),此时发动机转速约 5000r/min,车速约 140km/h。部分地减小节气门开度,传动比变化到小于 1,发动机转速有所下降,接近与汽车巡航行驶时的转速(7 点)。再进一步减小节气门时,控制系统使传动比达到最小,可使发动机处于制动状态(8 点)再次增大节气门则引起降挡(9 点),以便得到更多的牵引力来加速,实现超车。当行驶在下坡或弯曲道路上时,通过控制传动比可以最大地利用发动机进行制动(10 点),此时发动机的转速变化范围为 3000~4000r/min,而车速约在 25~135km/h 范围内变化。图 7-63 所示的电控无级变速传动系统具有理想的恒功率输出,输出转矩与车速成反比。

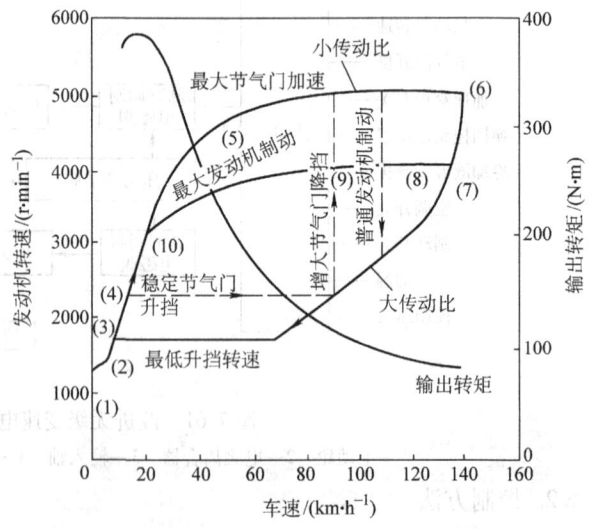

图 7-63 无级变速传动转速与转矩特性

第八章

汽车防滑控制系统

汽车防滑控制内容主要包括制动防滑、驱动防滑和转向行驶防滑等三个方面的控制。汽车防滑控制系统是汽车上的一种安全附属装置,可以防止汽车在制动、起步、加速和转向时出现的侧滑、跑偏、丧失转向能力和滑转等,从而起到保护乘客和车辆的作用,大大降低因制动等而引起交通事故出现的概率。本章着重介绍防抱死制动系统和驱动防滑系统的结构、工作原理和典型的控制系统。转向行驶时的防滑装置主要有电控四轮转向(4WS)和车辆稳定性控制系统(VSC)等,此部分内容在第九章中介绍。

第一节 汽车防滑控制系统概述

最早的汽车防抱死制动系统是由英国人于1920年研制成功的,而我国在这方面的研究始于20世纪80年代初。下面简要介绍汽车防滑控制系统的作用、发展史和分类。

一、汽车防滑控制系统的作用

汽车在行驶过程中,经常要用制动的方式来降低车速,或在很短的距离内停车,可是过度的制动会使车轮抱死。如果前轮先抱死,汽车将失去转向能力;如果后轮先抱死,汽车有可能出现侧滑甚至调头的危险。为了防止制动时车轮被抱死后在路面上进行纯粹的滑移,提高汽车在制动过程中的转向操纵能力和方向稳定性,缩短制动距离,这种汽车防滑控制系统称为防抱死制动系统。

汽车在较低附着系数的路面上起步时,会发生车轮因打滑而空转的现象;行驶在低附着系数路面上的汽车突然加速时,车轮也会出现滑转而车速不能随之提高的现象,这两种情况都有可能引起侧滑,且降低了发动机转矩的利用率。为了保证汽车能尽快起步、加速和行驶方向的稳定,用ECU自动控制发动机输出转矩的大小和对驱动车轮适当制动,这种汽车防滑控制系统被称为驱动防滑系统,也称为牵引控制系统。

汽车防滑控制系统只是汽车上的一种安全附属装置,当其出现故障时,汽车的常规制动系统等照常可以发挥作用。

二、汽车防滑控制系统的发展历程

防抱死制动系统最早出现在20世纪初的西方国家,首先应用于火车上,主要用来防止火车制动时钢轮抱死而产生局部摩擦。之后,防抱死制动系统在飞机上得到了应用,提高了飞机在着陆时的行驶方向稳定性。20世纪30~50年代,西方国家研制出纯机械式的防抱死制动装置并少量装备于汽车。到了60年代,模拟电子技术在防抱死制动系统上开始应用,但因成本太高,可靠性也不稳定,未能在汽车上广泛应用。70年代后期出现了数字式电子控制的防抱死制动系统,从而揭开了现代防抱死制动系统大发展的序幕。通过数字化和集成化,使防抱死制动系统的组件数目大大减少,降低了成本,提高了可靠性,欧、美、日的汽车公司逐步在汽车上装备了防抱死制动系统。目前世界上最大的防抱死制动系统生产厂家德国博世公司,率先推出了具有防抱死制动和驱动防滑功能的汽车防滑控制系统,并装备于奔驰轿车上。到1990年,在世界范围内已有25种新生产的轿车和轻型货车装备了该系统。在大型客车和货车上,防抱死制动系统也在迅速普及。1995年,防抱死制动系统在美国的普及率已达到90%以上。现在美国的汽车已100%地装备该系统,全世界也将有90%以上的汽车装备制动防抱死系统。

80年代初,我国的东风汽车公司开始研究防抱死制动系统,是我国最早从事这项研究的厂家。该公司的防抱死技术研究所,在剖析瓦布科(WABCO)公司的防抱死制动系统的基础上开发了自己的产品,并在东风EQ—145型汽车上小批量试装。从1998年起,国产的奥迪、桑塔纳和富康等轿车,已开始装上了防抱死制动系统。2003年起,防抱死制动系统已基本成为轿车的标准配置。

三、防抱死制动系统的优点

图8-1是装有防抱死制动系统的汽车与没有装防抱死制动系统的汽车在转弯制动时的情况。结果表明,装有防抱死制动系统的汽车能准确地按弯道行驶;不装防抱死制动系统的汽车未能按弯道行驶,且制动距离较长。装备了防抱死制动系统的汽车在干路面上制动时,制动距离缩短了3.9m,在湿路面上缩短了7.3m。

由此可见,防抱死制动系统不但能缩短汽车的制动距离,而且能增加驾驶员在制动过程中控制转向盘、绕开障碍物的功能,并能保证汽车制动时的方向稳定性,特别是在较滑的湿路面上行驶时,优越性尤其明显。

四、汽车防抱死制动系统的形式

在防抱死制动系统中,能够独立进行制动压力调节的制动管路称为控制通道。如果车轮的制动压力可以进行单独调节,则称该车轮为独立控制;如果两个(或两个以上)车轮的制动压力是一同进行调节的,则称该两车轮为一同控制。当两个车轮一同控制时,如果以保证附着力较大的车轮不发生制动抱死或驱动滑转为原则进行制动压力调节,这两个车轮就是按高选原则一同控制;如果以保证附着力较小的车轮不发生制动抱死或驱动滑转为原则进行制动压力调节,这两个车轮就是按低选原则一同控制。

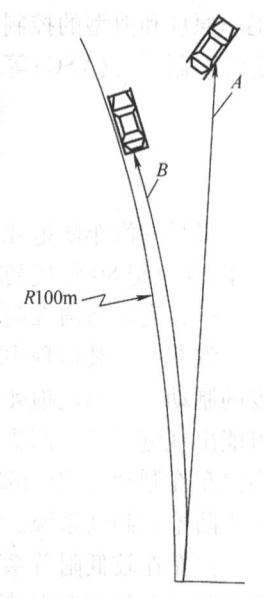

图8-1 汽车转弯制动时对比试验
A—未装防抱死制动系统
B—装有防抱死制动系统

防抱死制动系统按通道数可分四通道、三通道、双通道和单通道系统。

1. 四通道防抱死制动系统

对应于双制动管路，按前后和对角两种布置形式，四通道防抱死制动系统相应地也有两种结构形式，如图8-2所示。在四通道系统中，为了对四个车轮进行独立控制，在每个车轮各设置一个转速传感器，在通往各制动轮缸的制动管路中各设置一个转速传感器，并在通往各制动轮的制动管路中各设置一个制动压力调节分装置。

四通道防抱死制动系统可以最大限度地利用每个车轮的最大附着力进行制动，而且每个车轮都具有较高的抵抗外界横向力作用的能力。当汽车左右两侧车轮的附着力相近时，两侧车轮所产生的制动力几乎相等，而且接近于附着力的极限。因此，汽车不仅具有良好的方向稳定性和转向操纵能力，而且能够获得最短的制动距离。但是，如果两侧车轮的附着力相差较大时（例如汽车行驶在附着系数分离的路面或两侧车轮的垂直载荷相差较大时），制动过程中两侧车轮的制动力就相差较大，由此产生的横摆力矩会严重地影响汽车的

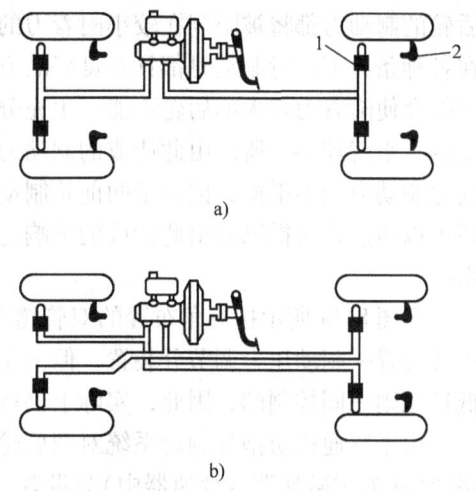

图8-2 四通道防抱死制动系统
1—制动压力调节分装置 2—转速传感器

方向稳定性，所以防抱死制动系统通常不对四个车轮进行独立的制动压力调节。

2. 三通道防抱死制动系统

三通道防抱死制动系统都是对两个前轮进行独立控制，对两个后轮按低选原则进行一同控制。各种三通道防抱死制动系统如图8-3所示。

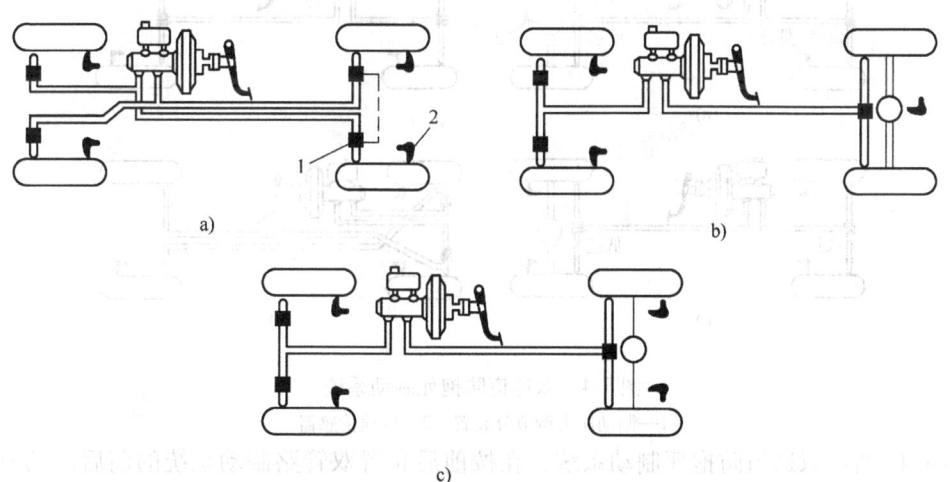

图8-3 三通道防抱死制动系统
1—制动压力调节分装置 2—转速传感器

汽车在紧急制动时会发生很大的轴荷转移，使前轮的附着力比后轮的大得多，特别是前

轮驱动的汽车,通常前轮的附着力约占汽车总附着力的70%~80%。对前轮进行独立控制,可使两前轮在制动过程中始终保持较大的抵抗外界横向力作用的能力,使汽车保持良好的转向操纵能力,同时也充分地利用了两前轮很大的附着力产生制动力,这将有助于缩短汽车的制动距离。对两后轮按低选原则进行一同控制时,即使汽车两侧车轮附着力相差较大时,两后轮的制动力都将被限制在较小附着力的水平,使两后轮的制动力始终保持平衡,保证汽车在各种条件下进行制动时都具有良好的方向稳定性。当然,两后轮按低选原则一同控制时,可能会使附着力较大的后轮不能产生充分制动,但由于后轮制动力在汽车总制动力中所占的比例本来就较小,所以由此造成的制动力损失并不显著。尽管两前轮独立控制可能会导致两前轮制动力的不平衡,但由于两前轮制动力不平衡对汽车行驶方向稳定性的影响较小,而且还可以通过转向操纵对由此造成的影响进行修正,因此,四轮防抱死制动系统大都为三通道系统。

在图8-3a所示按对角布置的双管路制动系统中,虽然在通往四个制动轮缸的制动管路中各设置一制动压力调节分装置,但两个后制动轮缸的制动压力调节分装置却是由ECU按低选原则一同控制的,因此,实际上仍然是三通道防抱死制动系统。

由于三通道防抱死制动系统对两后轮进行一同控制,对于后轮驱动的汽车就可以在传动系统中(如主减速器或变速器中)只设置一个转速传感器(图8-3b),用来感测两后轮的平均转速。对于按前后布置的双管路制动系统,则可以在通往两后制动轮缸的制动总管路中只设置一个制动压力调节分装置(如图8-3c),对两后制动轮缸的制动压力一同进行调节。

3. 双通道防抱死制动系统

为了减少制动压力调节分装置的数量,降低系统的成本,双通道防抱死制动系统也被采用(如本田4WALB)。各种可能的双通道防抱死制动系统如图8-4所示。

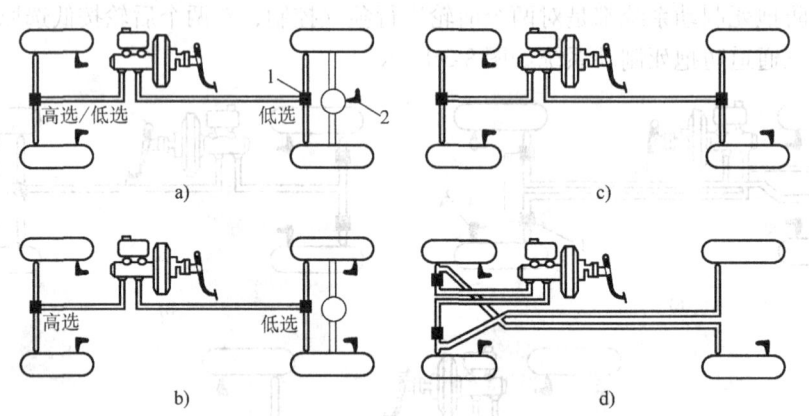

图8-4 双通道防抱死制动系统
1—制动压力调节分装置 2—转速传感器

图8-4a所示双通道防抱死制动系统,在按前后布置双管路制动系统的前后制动总管路中各设置一个制动压力调节分装置,分别对两前轮和两后轮进行一同控制,其中两前轮可以根据附着条件进行高选和低选转换,两后轮则按低选原则一同控制。对于后轮驱动的汽车,则可以在两个前轮和传动系统中各安置一个转速传感器。在两前轮的附着力相差较大时,两前轮按高选原则一同控制;而在两前轮的附着力相差不大时,两前轮则转入按低选原则一同

控制。

图 8-4b 所示双通道防抱死制动系统,是在按前后布置双管路制动系统的前后制动总管路中各设置一个制动压力调节分装置,在每个车轮上各安装一个转速传感器。对两前轮按高选原则一同控制,对两后轮按低选原则一同控制。

图 8-4c 所示双通道防抱死制动系统,也是在前后制动总管路中各设置一个制动压力调节分装置,而在右前和左后车轮上各设置一个转速传感器,对两前轮以不使左前轮发生制动抱死为原则进行一同控制,而对两后轮则以不使左后轮发生抱死为原则进行一同控制。

图 8-4d 所示双通道防抱死制动系统,是在按对角布置的两条制动总管路中各设置一个制动压力调节分装置,只在两个前轮上各安装一个转速传感器。左前和右后制动轮缸的制动压力将以不使左前轮发生制动抱死为原则进行一同控制,而右前和左后制动轮缸的制动压力将以不使右前轮被制动抱死为原则进行一同控制。为防止后轮在前轮趋于抱死时发生制动抱死,通常在制动管路中都要设置比例阀。

图 8-4a、b、c 所示三种双通道防抱死制动系统,在两侧车轮处于附着系数分离的路面上(其中,图 8-4c 所示系统的右前轮处于高附着系数一侧路面)进行紧急制动时,三种双通道系统的两前轮都将按高选原则一同控制,此时两前轮的制动力就会相差很大。为了保持汽车的行驶方向,驾驶员会通过转动转向盘使前轮发生偏转,以求用转向车轮产生的横向力与不平衡的制动力相抗衡,保持汽车行驶方向的稳定(图 8-5a)。但是,在两前轮从附着系数分离路面驶入附着系数均一路面的瞬间,以前轮处于低附着系数路面而抱死的前轮的制动力会因附着力突然增大而迅速增大,两前轮的制动力会很快达到平衡。由于驾驶员无法在该瞬间将转向车轮回正,转向车轮上仍然存在的横向力将会使汽车朝着转向车轮偏转的方向行驶(图 8-5b),这在高速行驶时是一种无法控制的危险状态。图中 T_R 是顺时针方向的力矩,T_L 是逆时针方向的力矩。

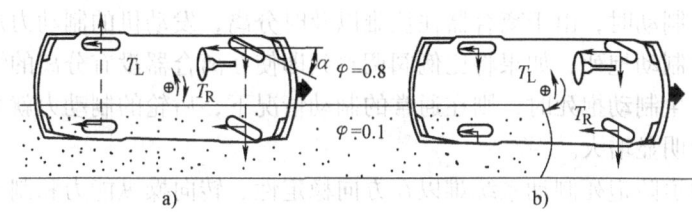

图 8-5 前轮按高选择原则一同控制时对方向稳定性的影响
a) 前后车轮均处于附着系数分离路面
b) 前车轮驶入附着系数均一路面的瞬间

虽然两前轮独立控制的防抱死制动系统在前后车轮均处于附着系数分离路面上的状态,与上述两前轮按高选原则一同控制的防抱死制动系统在相同路面条件下的状态基本相同,但对于两前轮独立控制的系统,当前轮从附着系数分离路面驶入附着系数均一路面时,以前处于低附着系数路面前轮的制动力会因制动压力逐渐增大而逐渐增大到与一直处于高附着系数路面前轮的制动力水平,在制动力逐渐增大的过程中,驾驶员有充足的时间将转向车轮回正,使汽车的行驶方向得到控制。图 8-6 所示的是两前轮按高选原则一同控制和两前轮独立控制情况下,前轮从附着系数分离路面驶入附着系数均一路面时,两前轮制动力随时间的变化关系。

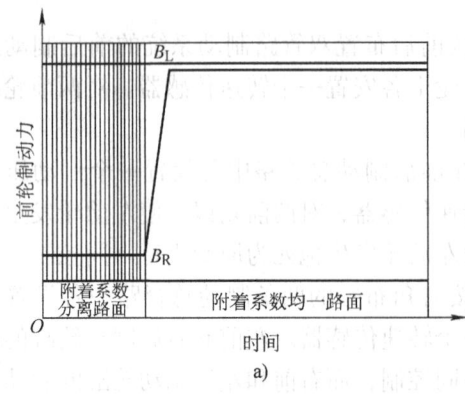
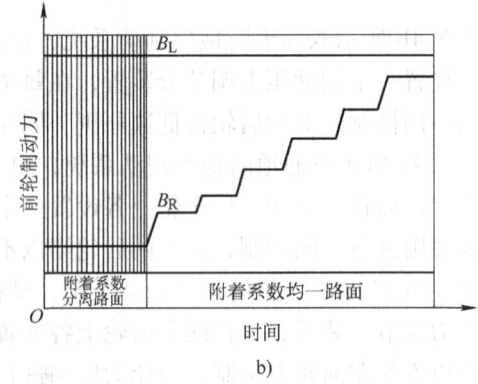

图 8-6 两前轮从附着系数分离路面驶入
附着系数均一路面时的制动力变化
a) 两前轮按高选择原则一同控制 b) 两前轮独立控制

如图 8-4c 所示的双通道防抱死制动系统，当右前轮处于低附着系数路面上，而左前轮处于高附着系数路面上时，两前轮将按低选原则一同控制。尽管这可以保证汽车的行驶方向稳定性，但汽车的制动力会明显减小，制动距离会显著增大。

如图 8-4d 所示的双通道防抱死制动系统，对于前轮驱动的汽车，如果在紧急制动时离合器没有及时分离，由发动机牵引产生的制动力矩就会作用于前轮，因此，前轮在制动压力较小时就趋于抱死，防抱死制动系统就开始进行防抱死制动压力调节，而后轮此时的制动力还远未达到其附着力的水平，这样，虽然前后车轮都不会发生制动抱死，汽车的方向稳定性和转向操纵性都较好，但汽车的制动力却会显著减小，制动距离会明显增大。对于后轮驱动的汽车，如果将比例阀调整到在正常制动情况下前轮趋于抱死时，使后轮的制动力接近其附着力，那么在紧急制动时，由于离合器往往难以及时分离，发动机的制动力矩也会作用于后轮，导致后轮发生制动抱死；如果将比例阀调整到即使在离合器没有分离的情况下进行紧急制动，后轮也不发生制动抱死时，则在通常的制动情况下，后轮的制动力就会不足，汽车的制动距离会因此而明显增大。

正是由于双通道防抱死制动系统难以在方向稳定性、转向操纵能力和制动距离各方面得到兼顾，所以双通道系统很少被采用。

4. 单通道防抱死制动系统

单通道防抱死制动系统是在按前后部置双管路制动系统的后制动总管路中设置一个制动压力调节分装置，对于后轮驱动的汽车则只需在传动系统中设置一个转速传感器，如图 8-7 所示。

单通道防抱死制动系统一般都是对两后轮按低选原则进行一同控制，其主要作用是提高汽车的制动方向稳定性。在附着系数分离路面上进行制动时，两后轮的制动力都将被限制在处于低附着系数路面后轮的附着力水平。由于不能使处于高附着系数路面后轮的附着力得到充分利用，制动距离会有

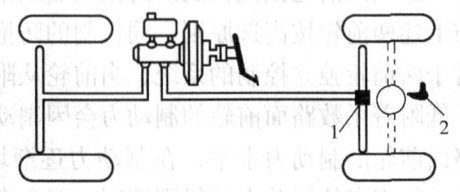

图 8-7 单通道防抱死制动系统
1—制动压力调节分装置 2—转速传感器

所增大。由于前制动轮缸的制动压力未被控制，前轮仍然可能发生制动抱死，所以汽车制动时的转向操纵能力得不到保障。但由于单通道防抱死制动系统能够显著地提高汽车制动时的方向稳定性，又具有结构简单、成本低的优点，因此，单通道防抱死制动系统目前在轻型货车和轿车上得到了应用。

第二节　汽车防抱死制动系统的结构与工作原理

防抱死制动系统的主要作用就是把滑动率控制在10%~20%之间，此时，轮胎与路面之间具有较高的纵向与侧向附着系数，使汽车获得较高的制动效能，且可保持对汽车方向的控制能力。

一、防抱死制动系统的控制方式

目前提出的防滑控制方法主要有逻辑门槛值控制、最优控制和滑动模态变结构控制等，但目前绝大多数防滑控制系统仍然采用逻辑门槛值控制方法。

逻辑门槛值控制方法通常都是将车轮的减速度（或角减速度）和加速度（或角加速度）作为主要控制门槛，而将车轮的滑动率作为辅助门槛。因为如果单独采用其中的任何一种门槛进行车轮防滑控制都存在着较大的局限性。例如，仅以车轮的加、减速度作为控制门槛时，当汽车在湿滑路面上高速行驶过程中进行紧急制动时，在车轮的滑动率离进入不稳定区域较远时，车轮的减速度就可能达到控制门槛值；而对于驱动车轮，如果制动时没有分离离合器，由于车轮系统存在着很大的转动惯量，又会造成车轮滑动率已进入不稳定区域而车轮的减速度却仍未达到控制门槛，这都会严重地影响控制效果。仅以车轮的滑动率作为控制门槛时，由于路面情况不同，峰值附着系数滑动率的变化范围较大（8%~30%），因此，仅以固定的滑动率门槛作为防滑控制门槛，就很难保证在各种路面情况下都能获得最佳的控制效果。而将车轮的加、减速度控制门槛和滑动率控制门槛结合起来，有助于对路面情况的识别，进而提高系统的自适应控制能力。

在防滑控制系统中，车轮加速度或减速度信号可以由电子控制装置根据车轮转速传感器输入信号经过计算确定；而要确定车轮的实际滑动率，首先要确定车轮中心的实际纵向速度（车体速度）。在制动过程中确定车轮中心的实际纵向速度相当困难，因此，大多数防抱死制动系统都是由ECU根据各车轮转速传感器输入的信号，按照一定的逻辑确定汽车的参考速度，再计算出车轮的参考滑动率。由于参考车速只是实际车速的一种近似，因此，车轮的参考滑动率与实际滑动率就会存在差异。

逻辑门槛值控制方法中的车轮减速度（或角减速度）、加速度（或角加速度）、参考滑动率等控制门槛值，都是通过反复试验获得的经验数据。

1. 高附着系数路面上的制动控制

图8-8所示为汽车在高附着系数的路面上，防抱死制动系统的一个典型的控制循环周期。在

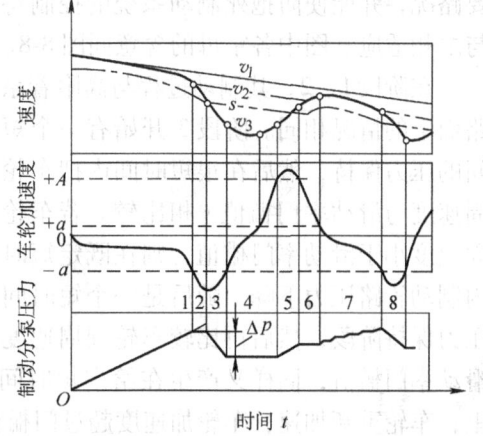

图8-8　高附着系数时间的制动控制

高附着系数路面上制动时，为了避免冲击干扰而引起车桥的共振，制动压力的升高速度应为没有装制动防抱死系统的制动系统的1/5～1/10。

图8-8中的制动控制特性曲线简述了这一要求。图中v_1是车速，v_2是参考速度，v_3是车轮圆周速度，s是滑动率门槛值，$+A$和$+a$是车轮加速度门槛值，$-a$是车轮减速度门槛值，$-\Delta p$是制动压力减小量。

在制动的最初阶段，车轮制动分泵的制动管路压力上升而轮胎滚动的圆周速度下降，同时，车轮的减速度值变大。在阶段1的末端，车轮减速度超过给定的门槛值$-a$，相应的电磁阀转换到压力保持状态2，此时制动管路压力保持不变。由于车轮减速度超过门槛值时还在附着系数-滑动率曲线（φ-s曲线）的稳定区内，同时形成的参考速度在给定的斜率下相应递减。滑动率门槛值s由参考速度导出。

在保压阶段2的终了，车轮速度低于滑动率s门槛值，此时电磁阀转换到压力降低位置。制动管路压力下降直到车轮减速度回升超过门槛值$-a$。在阶段3的末端，车轮减速度仍低于门槛值$-a$。随之是一个压力保持阶段4，在这段时间内，车轮的加速度迅速增加直至超过门槛值$+a$。此时压力继续保持不变，直到阶段4的末端。在阶段4的末端，车轮加速度超过比较大的门槛值$+a$。在车轮加速度超过门槛值$+a$的阶段5中，制动管路压力一直上升。由于车轮加速度超过门槛值$+a$，因此在阶段6中，制动管路压力重新保持不变，此阶段车轮的加速度下降。到阶段6的终端，车轮加速度又回落到门槛值$+a$以下。这表明车轮行驶在φ-s曲线的稳定区内，并稍有不足制动。在阶段7中，制动管路压力将阶梯形上升直到车轮减速度在阶段7的末端超过门槛值$-a$，这时制动管路的压力立即下降且不产生s信号（阶段8）。其后的控制循环过程与上述相同。

2. 低附着系数路面上的制动控制

图8-9给出了在低附着系数路面上的制动控制过程。与在高附着系数路面上不同的是，其制动踏板只要有轻微的压力就足以使车轮抱死，而且需要更长的时间加速才能走出高滑动率区。ECU的逻辑电路可以识别主要路况，并能使防抱死制动系统的控制特性与之相适应。图中各字母的含意同图8-8。

在阶段1、2，其制动过程与高附着系数路面上的情况相同。阶段3开始有一个短时间的压力保持，然后在很短时间内把车轮圆周速度与滑动率门槛值s相比较。若车轮圆周速度小于滑动率门槛值，则在既定短时间内制动管路压力下降。随后是一个短时间的压力保持阶段，然后再比较车轮圆周速度与

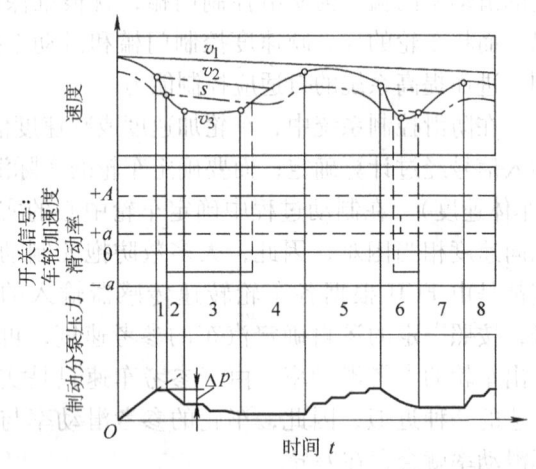

图8-9 低附着系数时的制动控制

滑动率门槛值，同样又产生在给定短时间内的制动管路压力下降。在随后的压力保持阶段里，车轮重新加速，车轮加速度超过门槛值$+a$。紧随其后的阶段4中的压力保持，使车轮的加速度再次低于门槛值$+a$（在阶段4的末端），系统进入稳定滑移区域。接下来的阶段5是类似于高附着系数路面的一个阶梯形压力升高的过程，直至阶段6由一个压力下降过程开

始一个新的控制循环周期。当车轮在高滑动率区域行驶时间比较长时，对汽车的操纵性和稳定性来说都不是最优的。因此，为了提高汽车的操纵性和稳定性，在此后的控制循环周期内不断地比较车轮圆周速度和滑动率门槛值 s，将导致在阶段6中制动管路压力持续下降，直至阶段7车轮加速度超过门槛值 $+a$。该持续的制动管路压力下降的结果是使其处于高滑动率区域内的时间很短，因而相对第一控制循环周期而言，其操纵性和稳定性都提高了。

二、防抱死制动系统的组成与工作原理

1. 防抱死制动系统的组成

通常的防抱死制动系统都是由车轮转速传感器、ECU、制动压力调节装置和报警灯等组成。制动压力调节装置主要由调压电磁阀总成、电动泵总成和储液器组成。图8-10是典型的防抱死制动系统的组成图。

在该系统中，每一个车轮上都安装一个转速传感器，将关于各车轮转速的信号输入ECU。ECU根据各车轮转速传感器输入的信号对各个车轮的运动状态进行监测和判定，并形成相应的控制指令。该指令指使制动压力调节装置对各个制动轮缸的制动压力进行调节，使车轮的滑动率控制在10%~20%之间。比例阀通过控制前后轮制动轮缸制动液压力的大小，保证汽车在常规制动时前轮先于后轮抱死，以改善制动性能。在防抱死制动系统出现故障时，装在仪表盘上的防抱死制动系统报警灯就发亮，提醒驾驶员防抱死制动系统出现了故障。

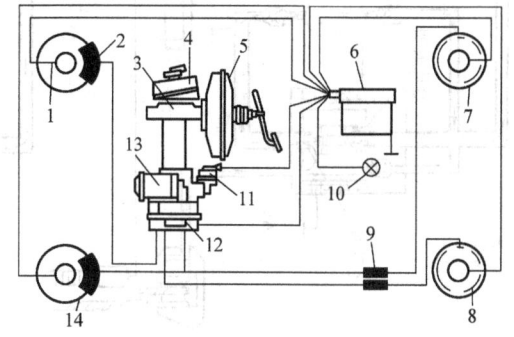

图8-10 典型的防抱死制动系统的组成
1—车轮轮速传感器 2—右前制动器 3—制动主缸
4—储液室 5—真空助力器 6—ECU 7—右后制动器
8—左后制动器 9—比例阀 10—ABS报警灯
11—储液器 12—调压电磁阀总成
13—电动泵总成 14—左前制动器

2. 防抱死制动系统的工作原理

防抱死制动系统的工作过程可以分为常规制动、制动压力降低、制动压力保持和制动压力升高等四个阶段（图8-11）。

（1）常规制动阶段 如图8-11a所示，在常规制动过程中，防抱死制动装置不起作用，制动防抱死装置的ECU不向磁化线圈传送电流。三位电磁换向阀阀心在回位弹簧推动下处在最下端的工作位置，此时B孔保持打开状态，C孔保持关闭状态。当踩下制动踏板时，制动总泵中的制动液压力升高，制动液经B孔和C孔流至车轮制动分泵中，推动制动分泵中的柱塞将车轮制动盘夹紧。这时止回阀2、5和11关闭，液压泵和电动机总成不工作。当松开制动踏板时，制动分泵中的制动液一部分经A孔和B孔流回制动总泵，另一部分经A孔和止回阀11流回制动总泵。

（2）制动压力降低阶段 随着压力的升高，车轮即将抱死，这时车速传感器把该信号传给ECU，ECU给执行器磁化线圈输入5A的电流（假定是5A），从而产生强大的磁力使三位电磁阀阀心移动到上端。如图8-11b所示，这时B孔关闭，C孔打开。结果是车轮制动分泵中的一小部分制动液通过A孔和B孔进入储液罐。同时ECU给液压泵和电动机总成发出信号，使其开始工作，将储液罐中的制动液送回制动总泵。由于止回阀11是关闭的，所以制动总泵中的制动液不能进入三位电磁换向阀中，结果是车轮制动分泵中的制动液压力降低，

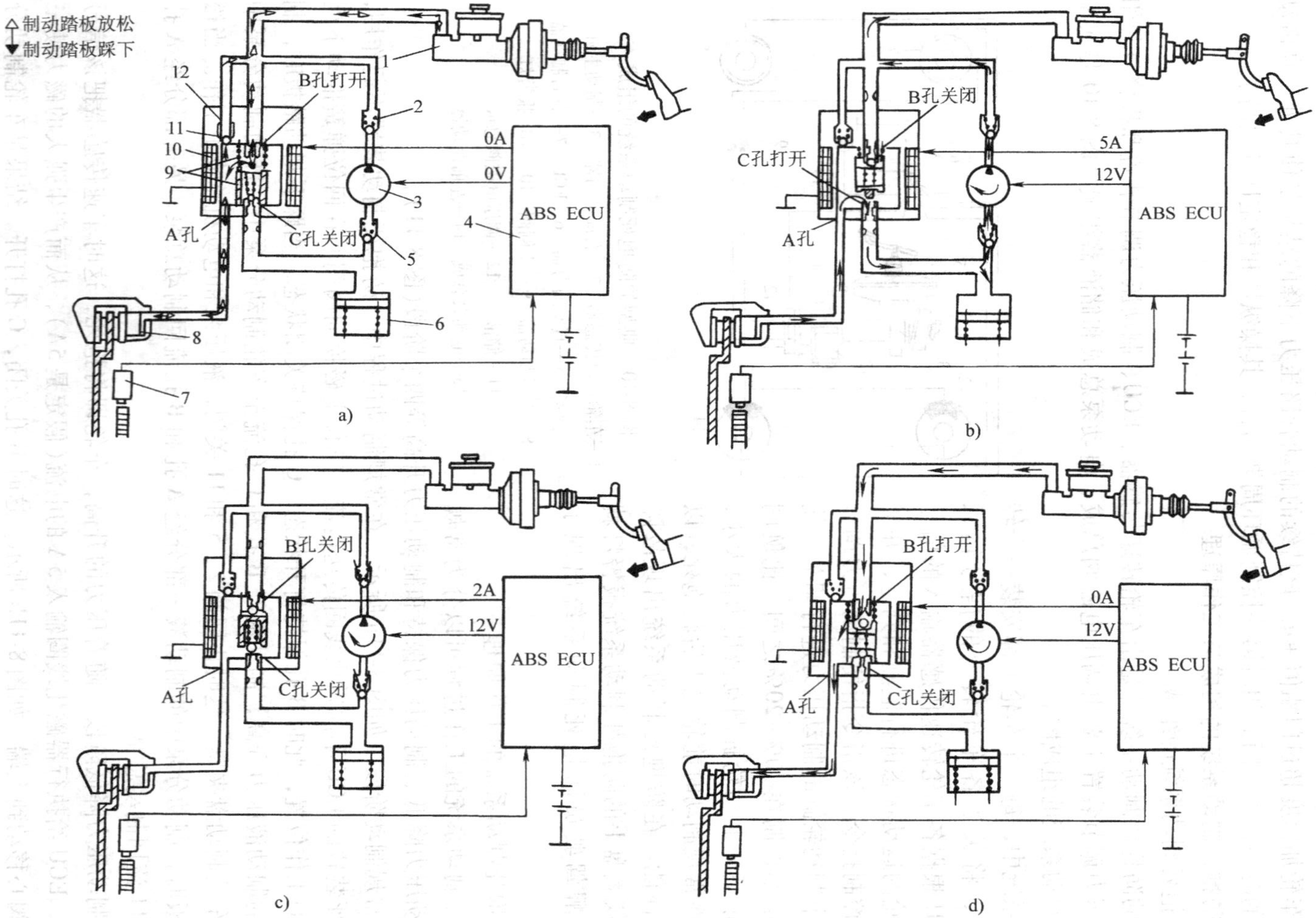

图 8-11 防抱死制动系统的工作示意图

a) 常规制动 b) 制动压力降低 c) 制动压力保持 d) 制动压力升高

1—制动总泵 2、5、11—止回阀 3—液压泵和电动机总成 4—ECU 6—储液罐 7—前轮轮速传感器 8—盘式制动器分泵 9—回位弹簧 10—磁化线圈 12—三位电磁换向阀

从而达到防止车轮抱死的目的。

(3) 制动压力保持阶段　当制动分泵中的制动管路压力降低(或在升压过程中压力升高),使车速达到预定值时,车速传感器给 ECU 传送相应信号,ECU 就给磁化线圈提供 2A(假定)的电流,磁化线圈产生的磁力将相应减小,三位电磁换向阀阀心在回位弹簧的作用下移至中间位置。如图 8-11c 所示,B 孔和 C 孔都关闭,同时止回阀 2、5 和 11 也都关闭,所以制动分泵中的制动液被封闭,压力得以保持。

(4) 制动压力升高阶段　只有制动分泵中的制动液压力升高时,才能产生更大的制动力,从而使车速尽快降低。为此 ECU 停止向磁化线圈输送电流,三位电磁换向阀被回位弹簧拉下,如图 8-11d 所示。此时 B 孔打开,C 孔关闭。这样,制动总泵中的制动液经 B 孔和 A 孔流至车轮制动分泵中,从而使制动分泵中的制动液压力升高,制动力增大。

当制动力增大到一定程度时,车轮又会出现即将抱死的状态,这时又需对制动分泵降压,从而开始下一个降压——保压——升压循环。由此可见,防抱死制动装置是以脉冲的形式(频率约为 4～10Hz)对制动压力进行调节,始终将车轮的滑动率控制在 10%～20% 的范围内,防止车轮抱死拖滑,最大限度地保证了制动时汽车的稳定性,缩短了制动距离。

3. 防抱死制动系统的工作范围

防抱死制动系统的种类不同,其结构形式和工作过程也不完全相同,但都是通过对趋于抱死车轮的制动压力进行自适应循环调节来防止车轮发生制动抱死的,且在工作范围方面是相同的。

1) 防抱死制动系统只是在汽车的速度超过一定值以后(假定是 10km/h),才会对制动过程中趋于抱死的车轮进行防抱死制动压力调节。当汽车速度被制动降低到一定值时(假定小于 10km/h),防抱死制动系统就会自动中止防抱死制动压力调节,此后的制动过程和常规制动系统的制动过程相同,车轮仍有可能被制动抱死。为了防止后轮先抱死,在制动系统中安装了比例阀。这时车速已非常小,车轮被制动抱死对汽车的制动性能影响已经很小,而且要使汽车尽快制动停车,就必须使车轮制动抱死。

2) 在制动过程中只有当车轮趋于抱死时,防抱死制动系统才会对趋于抱死的车轮进行压力调节,防止该车轮抱死拖滑。如果在制动过程中没有车轮趋于抱死,制动过程与常规制动系统的制动过程完全相同。

3) 防抱死制动系统都有自诊断功能,能够对系统的工作情况进行监测,一旦发现存在影响系统正常工作的故障时,将自动关闭防抱死系统,并点亮防抱死制动报警灯,向驾驶员发出报警信号,汽车的制动系统仍然可以像常规制动系统一样进行制动。

三、防抱死制动系统的主要组成部件

防抱死制动系统的主要组成部件有车轮转速传感器、ECU 和制动压力调节装置等。在有些种类的防抱死制动系统中应用的是减速度传感器,本书不作介绍。

1. 车轮转速传感器

图 8-12 是电磁感应式车轮转速传感器的工作原理图。

由图 8-12a 和图 8-12b 对比可知,当铁心端部对着齿圈的齿槽时,通过磁化线圈的磁力线较少;当铁心端部对着齿圈的齿顶时,通过磁化线圈的磁力线较多。因齿圈和车轮固定在一起,随车轮一起转动,而传感器是固定不动的,所以铁心端部交替对应齿圈的齿槽和齿顶,那么穿过磁化线圈的磁力线就会由少到多,再由多到少交替变化,也就是说通过磁化线圈的磁通会发生变化，从而在磁化线圈中感应出交变的感应电压，该感应电压的频率与车轮的转速成正比。如图 8-12c 所示，实线 A 表示的是车轮高转速时的电压曲线，虚线 B 是车轮转速较低时的电压曲线。由 A 线和 B 线相比可知，车轮转速较高时，感应电压的频率和波幅都较高；反之感应电压的频率和波幅都较低。当感应电压的频率和波幅都变得较低时，说明车轮即将抱死，传感器通过磁化线圈末端电缆把该电压信号输入 ECU，由 ECU 发出相应的降压或保压指令，防止车轮抱死；反之 ECU 将发出升压指令，以使车速尽快降低。

常见的轮速传感器按极轴的形式分凿式、菱形式和柱式三类，其安装形式如图 8-13 所示。

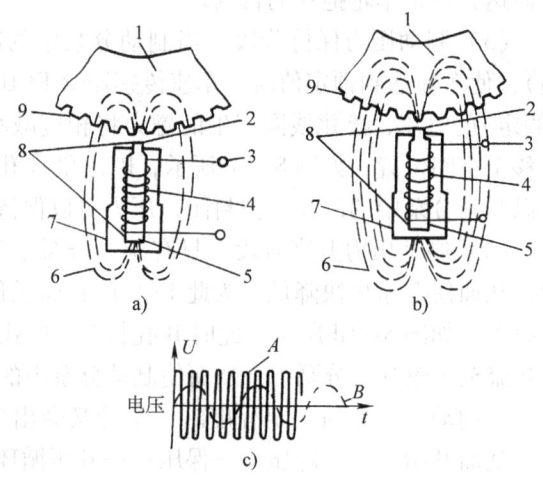

图 8-12　电磁感应式车轮转速传感器工作原理
a) 间隙与铁心端部相对　b) 齿顶与铁心端部相对
c) 传感器输出电压
1—齿圈　2—铁心端部　3—磁化线圈引线　4—磁化线圈
5—永磁铁心　6—磁力线　7—电磁感应传感器
8—磁极　9—齿圈齿顶

2. 防抱死制动系统的 ECU

防抱死制动系统 ECU 是防抱死制动系统的控制中枢。图 8-14 是防抱死制动系统的控制系统示意图。

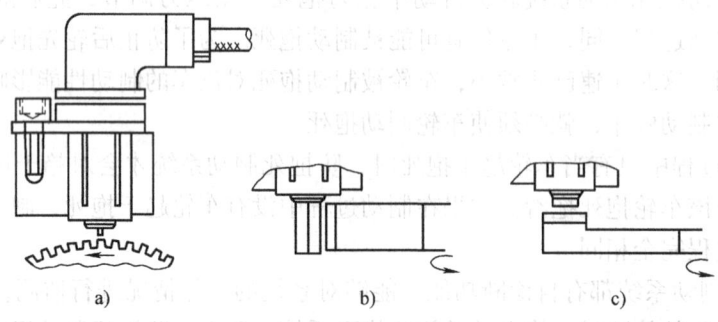

图 8-13　轮速传感器的极轴形式及其安装方式
a) 凿式　b) 菱式　c) 柱式

ECU 的主要功能是把各车轮转速传感器传来的信号进行比较、分析和判别，再通过精确计算得出车轮制动时的滑移状况，形成相应的指令，使制动液压力调节装置及其他装置（如副节气门控制、步进电动机等）对制动压力进行调节，使进入制动分泵中的制动液以最合适的压力值来控制各车轮的转速，将滑动率控制在 10%～20% 的范围内，以达到最佳制动效果。

另外，ECU 还具有初始检测功能、故障检测功能、速度传感器检测功能和失效保障功能。

ECU 由硬件和软件两部分组成。硬件是安装在印制电路板上的各元器件及线路，软件则是固存在只读存储器中的一系列控制程序。印制电路板封装在金属壳体之中，形成一个独

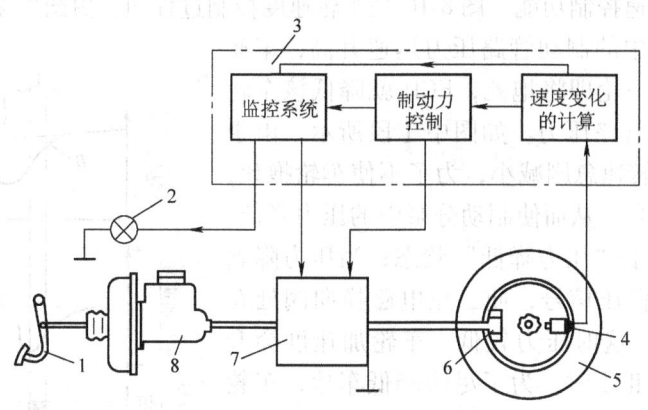

图 8-14　控制系统示意图

1—制动踏板　2—报警灯　3—ECU　4—轮速传感器　5—车轮
6—制动分泵　7—制动压力调节装置　8—制动总泵

立的整体,安装在行李舱、乘员室等少尘和防潮的地方。图 8-15 是防抱死制动系统 ECU 的控制电路图。

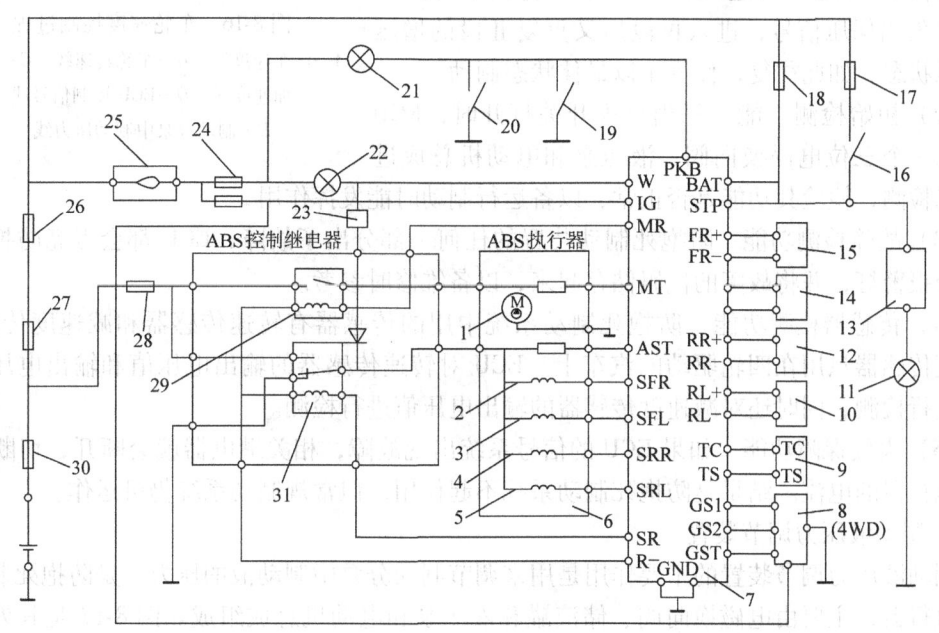

图 8-15　电控系统电路图

1—液压泵和电动机总成　2—右前轮电磁阀　3—左前轮电磁阀　4—右后轮电磁阀
5—左后轮电磁阀　6—执行器　7—ECU　8—减速度传感器　9—诊断接口
10—左后轮轮速传感器　11—制动灯　12—右后轮轮速传感器　13—制动灯失效传感器
14—左前轮轮速传感器　15—右前轮轮速传感器　16—制动灯开关　17—制动灯熔丝
18、26、27、28—熔断器　19—手制动开关　20—制动液面报警开关　21—制动报警灯
22—ABS报警灯　23—维修接口　24—仪表熔丝　25—点火开关　29—起动机继电器
30—总(主)熔断器　31—控制继电器

(1) 制动时车速控制功能　图 8-16 是车轮速度控制过程图。由图可见，当紧急制动时，每个车轮制动分泵中的制动管路压力迅速升高，车速开始下降。如果任一轮即将抱死，ECU 就降低该车轮制动分泵中的制动管路压力。如图中Ⅰ段所示，由于减速度很大，车轮转速急剧减小，为了不使车轮抱死，ECU 发出了减压信号，从而使制动分泵中的压力降低，三位电磁换向阀处于"压力降低"状态；当压力降到 1 点时，ECU 发出保压信号，使三位电磁换向阀处在"压力保持"状态。这时压力较低，车轮加速度会升高，当车速升高到Ⅱ段时，为了尽快降低车速，车轮加速度要减小，ECU 就交替发出增压和保压信号，使三位电磁换向阀交替地处在"压力升高"和"压力保持"状态。当制动分泵中的压力升高到 2 点，车轮减速度很大，车速急速降低，车轮又处于抱死的边缘。这时 ECU 又发出减压信号，使三位电磁换向阀处于"压力降低"状态，即进入Ⅲ段。当压力降到 3 点后，ECU 又发出保压信号，进入Ⅳ段后又重复Ⅱ段的增压和保压状态。如此往复，使汽车以最佳状态制动。

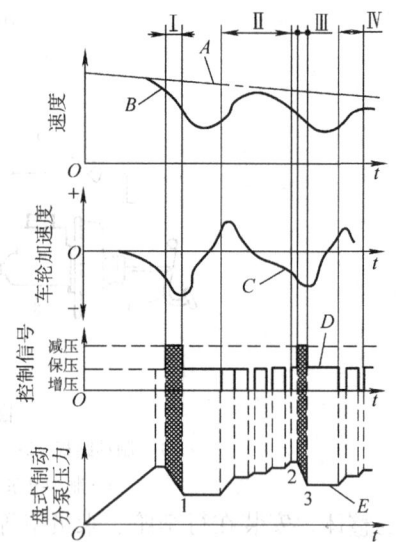

图 8-16　车轮速度控制过程
A—汽车速度线　B—车轮转速线　C—车轮加速度线　D—ECU 控制信号线　E—制动分泵中制动压力线

(2) 初始检测功能　每当点火开关打开时，ECU 就对每一个三位电磁换向阀、液压泵和电动机总成进行状态检测，检验其功能是否正常，以备运行制动时能发挥作用。

(3) 故障检测功能　防抱死制动装置的任何一部分出了故障，ECU 都会点亮防抱死制动系统报警灯；并将故障的代码储存起来，以备维修时参考。

(4) 传感器检测功能　防抱死制动系统中用的传感器有转速传感器和减速度传感器，减速度传感器只用在四轮驱动的汽车上。ECU 对转速传感器的输出电压值和输出电压的偏差值进行检测，同时还对减速度传感器的输出电压值进行检测。

(5) 失效保障功能　如果 ECU 的信号系统出现故障，相关继电器就会断开，切断 ECU 流向执行器的电流。结果是防抱死制动系统不起作用，但常规制动系统仍可运作。

3. 制动液压力调节装置

制动液压力调节装置的主要作用是用来调节制动分泵中制动液的压力，是防抱死制动装置的执行器，主要由电磁换向阀、储液罐和液压泵和电动机总成组成。图 8-17 是其外形图和结构图。

(1) 三位电磁换向阀　三位电磁换向阀通过控制制动液的流动方向，来调节制动分泵中制动液的压力，图 8-18 是其结构图。

该阀是三位三通电磁换向阀，阀心由衔铁充当，它有上、中、下三个工作位置；阀体上有制动总泵接口、主油路接口和车轮制动分泵接口三个接口；其阀心（衔铁）上下移动所需的外力，除主弹簧和副弹簧的弹力外，还受线圈产生的电磁力的控制。所以，该阀称为三位三通电磁换向阀。

当 ECU 不向线圈供电时，衔铁在主、副弹簧作用下处在最下端位置，此时防抱死制动

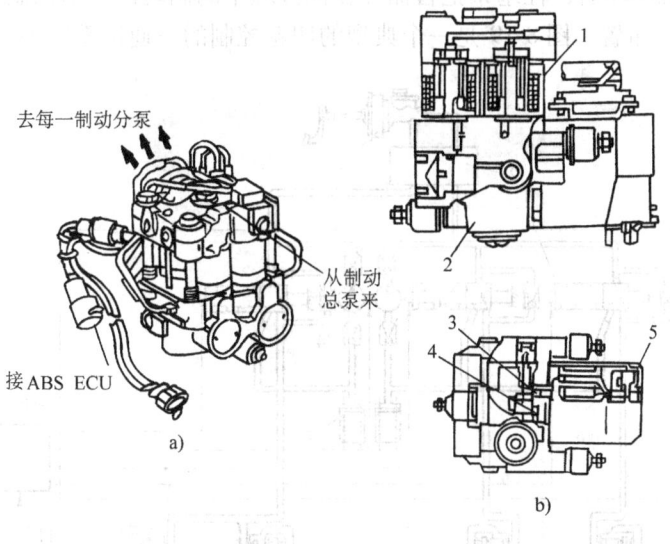

图 8-17 防抱死制动系统执行器
a) 外形 b) 组成
1—三位电磁换向阀 2—储液罐 3—柱塞
4—凸轮轴 5—液压泵和电动机总成

系统处在常规制动状态或制动液压力升高状态。当 ECU 向线圈供 5A 的电流时，衔铁在电磁力的作用下处在最上端位置，此时防抱死制动系统处在压力降低状态。当 ECU 向线圈供 2A 的电流时，衔铁在电磁力和弹簧力共同作用下处在中间工作位置，这时防抱死制动系统处在压力保持状态。

由此可见，电磁阀的工作位置受 ECU 提供电流大小的控制；而电磁阀处在不同的工作位置时，制动分泵中制动液的压力也不相同。也就是 ECU 通过改变提供给电磁阀的电流大小，来控制制动分泵中制动液的压力。

（2）储液罐、液压泵和电动机总成

它们是执行器的压力降低装置。在制动过程中，当压力降低时，从车轮制动分泵中流出的制动液暂时储存在储液罐中，储液罐对高压的制动液起到缓冲作用。液压泵和电动机总成由微电动机和柱塞式液压泵组成。微电动机由 ECU

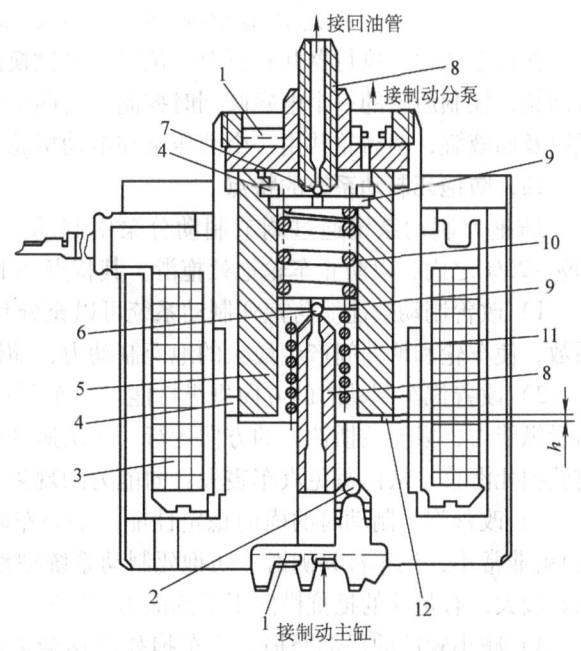

图 8-18 三位电磁换向阀结构图
1—过滤器 2—止回阀 3—线圈 4—非磁性支承环 5—衔铁
6—进油阀 7—排油阀 8—阀体 9—支板 10—副弹簧
11—主弹簧 12—油压调整间隙

控制,当微电动机起动后,柱塞泵把暂储存在储液罐中的制动液输送回制动总泵。

(3) 执行器的布置 图8-19是一个典型的四轮控制的三通道系统图。

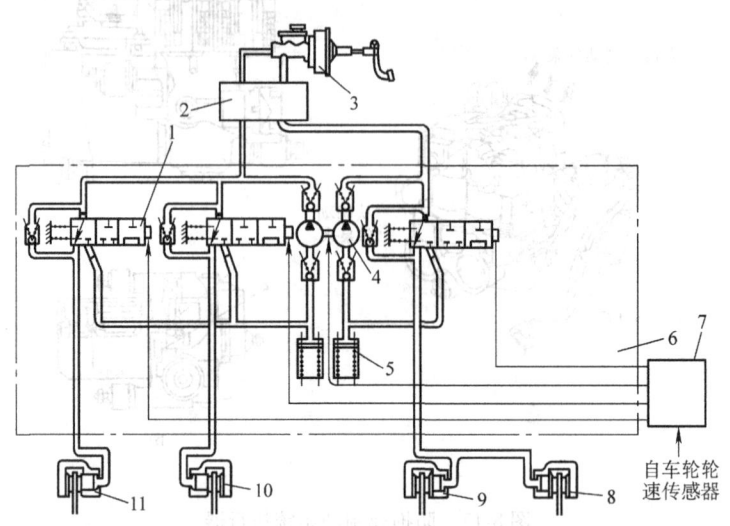

图8-19 典型的三通道控制系统图
1—三位三通电磁换向阀 2—比例阀与旁通阀 3—制动总泵 4—液压泵
5—储液罐 6—执行器 7—ABS ECU 8—右后轮制动总泵
9—左后轮制动总泵 10—右前轮制动总泵 11—左前轮制动总泵

在该系统中,执行器共有三个三位三通电磁换向阀,控制前轮的电磁阀各自单独控制左右前轮,控制后轮的一个电磁阀同时控制左右两个后轮。两前轮共用一个液压泵和电动机总成以及储液罐,两后轮共用一个液压泵和电动机总成以及储液罐。

四、防抱死制动系统的特点

防抱死制动系统通过调节制动分泵中制动液的压力,把车轮制动时的滑动率控制在10%~20%之内,以防止车轮抱死拖滑。其特点如下:

1) 改善制动效能。防抱死制动系统可以充分利用纵向峰值附着系数和较大的侧向附着系数,使车轮和地面间产生最大的地面制动力,缩短了制动距离。

2) 改善汽车制动时的方向操纵性能。汽车制动时如果前轮抱死拖滑,汽车就失去了转向操纵能力,只能按惯性力的方向运行,无法避开行人和障碍物。防抱死制动系统可以防止前轮抱死滑移,从而避免汽车丧失转向能力的现象发生。

3) 改善汽车制动时的横向稳定性能。如果车轮抱死,横向附着系数(也称侧向附着系数)就非常小,汽车极易侧滑。防抱死制动系统把滑动率控制在10%~20%之间,横向附着系数较大,有足够的抵抗横向干扰的能力。

4) 减小轮胎的局部磨损。汽车抱死滑移会造成轮胎局部磨损,缩短轮胎的使用寿命,防抱死系统可以防止这种情况出现。

5) 减轻了驾驶员的劳动强度,提高了乘客的乘坐舒适性和安全性。

6) 使用方便,工作可靠。制动时只要把脚踩在制动踏板上,防抱死制动装置就能自动进入工作状态,以最佳制动效果制动。

目前,防抱死制动装置仍需进一步完善,缺点也是明显的。例如价格较高,特别是执行器的制造技术复杂,成本较高(占防抱死制动系统总成本的50%以上)。在松散的砾石路面、松土路面或积雪很深的路面上制动时,会丧失部分发动机的转矩。

第三节 驱动防滑系统的组成与工作原理

汽车"打滑"可分两种情况:一是汽车制动时车轮的滑移,二是汽车驱动时车轮的滑转。汽车制动时车轮的滑移,在第二节已经分析;所谓汽车驱动时车轮的滑转,就是当汽车起步时,尽管驱动轮不停地转动,汽车却原地不动的现象;正在行进中的汽车,突然加速时也会出现因驱动轮的滑转而使车速不能马上提高的现象。驱动轮滑转有可能引起汽车的侧滑,且损失了发动机的转矩。为了防止驱动轮的滑转,人们在防抱死制动系统的基础上研制了驱动防滑系统,提高发动机转矩的利用率。

一、控制原则选择

装备于后轮驱动汽车的驱动防滑系统,为了使汽车在低速驱动时获得尽可能大的驱动力,在高速驱动时获得良好的方向稳定性,各种驱动防滑系统通常在汽车速度较低时对两驱动车轮进行独立控制或按高选原则一同控制,而在汽车速度较高时对两驱动车轮则按低选原则一同控制。汽车在低速范围内,尽管两驱动车轮进行独立控制或按高选原则一同控制会造成两驱动轮驱动力不平衡,但驱动力不平衡对汽车行驶方向稳定性的影响并不大。可是,由于能够充分地利用两驱动车轮的附着力产生尽可能大的驱动力(特别是独立控制时),汽车的起步加速性能将会明显提高,而在高速范围内,由于两驱动车轮将按低选原则一同控制,因此两驱动车轮的驱动力处于平衡状态,提高了汽车的行驶方向稳定性,特别是当汽车处于附着系数分离的路面上时,其效果更为显著。

装备于前轮驱动汽车的驱动防滑系统,对两驱动车轮进行独立控制,这既可增大驱动力,提高汽车的加速性能,又可保证汽车的转向操纵能力,而对汽车的方向稳定性影响也不大。

装备于四轮驱动汽车的驱动防滑系统,对两前轮进行独立控制,保证两前轮具有较高抵抗外界横向力作用的能力,提高了汽车的转向操纵能力,同时也可以充分地利用两前轮的附着力,获得更大的驱动力。在汽车速度较低时,对两后轮进行独立控制或按高选原则一同控制,则可以充分地利用两后轮的附着力,获得更大的牵引力,提高汽车的加速性能;在汽车速度较高时,对两后轮按低选原则一同控制,保证两后轮具有较高抵抗外界横向力作用的能力,使汽车在高速行驶时具有良好的方向稳定性。

二、驱动防滑系统的组成和工作原理

图8-20是一种典型的具有防抱死制动和驱动防滑功能的汽车防滑控制系统。其中,驱动防滑系统和防抱死制动系统共用车轮转速传感器和ECU,只在通往驱动车轮制动轮缸的制动管路中增设一个驱动防滑系统制动压力调节装置,在由加速踏板控制的主节气门上方增设一个由步进电动机控制的副节气门,并在主、副节气门外各设置一个节气门开度传感器,即可实现驱动防滑控制。

当汽车在雨雪湿滑的路面上起步或加速时,如果汽车防滑控制系统ECU通过四个轮速传感器的信号,判断汽车某一侧的车轮滑转率超过规定值时,ECU便向驱动防滑系统制动执行器和防抱死制动系统执行器发出控制指令,继续对滑转的车轮施加制动。之后滑转的车

轮开始减速，滑转车轮的滑转率也随之下降。当滑转率降低到规定值后，汽车防滑控制系统ECU即发出指令，减小或停止对滑转车轮的制动。如果这时该侧车轮又开始滑转，则汽车防滑控制系统ECU又重新开始下一个控制循环，直至滑转率减小到规定值而正常行驶。

驱动防滑系统除了具有以上基本功能外，还有以下两种功能：一是驱动防滑系统只有在车轮滑转时才开始工作，在其余的所有时间内，驱动防滑是处于准备工作状态，而并不干预常规行驶；另一种功能是如果驱动防滑系统出现故障，则发动机和制动系统仍可以按照没有装备驱动防滑系统时那样工作，只是仪表盘上的驱动防滑系统报警灯提醒驾驶员驱动防滑系统出了故障。

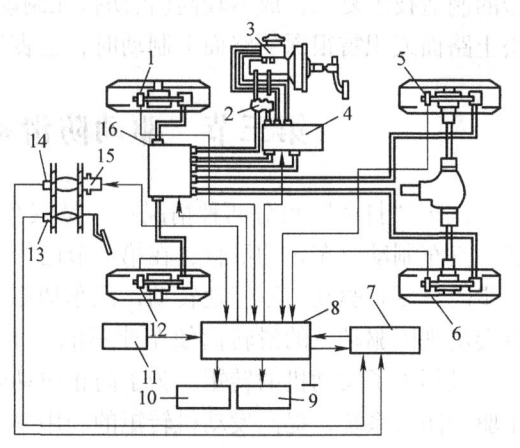

图 8-20　汽车防滑控制系统的典型组成
1—右前轮轮速传感器　2—比例阀和差压阀　3—制动主缸　4—驱动防滑系统制动压力调节装置　5—右后轮轮速传感器　6—左后轮轮速传感器　7—发动机与变速器ECU　8—防滑控制系统ECU　9—驱动防滑控制系统关闭指示灯　10—驱动防滑控制系统报警灯　11—驱动防滑控制系统选择开关　12—左前轮轮速传感器　13—主节气门开度传感器　14—副节气门开度传感器　15—副节气门驱动步进电动机　16—防抱死制动系统制动压力调节装置

三、驱动防滑系统的控制方式

为了防止车轮滑转，驱动防滑系统通常采用的控制方式有三种：调整发动机输出的扭矩、适当制动驱动轮和锁止差速器。

1. 发动机转矩控制

合理控制发动机的转矩，可以使汽车通过路面获得最大驱动力。短时间中断供油可以微量调节发动机转矩；减小点火提前角可以减小发动机转矩，阻断点火脉冲、节气门开度调节和辅助空气供给等措施也可调节发动机转矩。

图 8-21 是控制发动机转矩的驱动防滑系统。该系统根据电子加速踏板行程的大小，电控发动机可以自动调节点火提前角和汽油喷射量，从而控制发动机输出转矩。

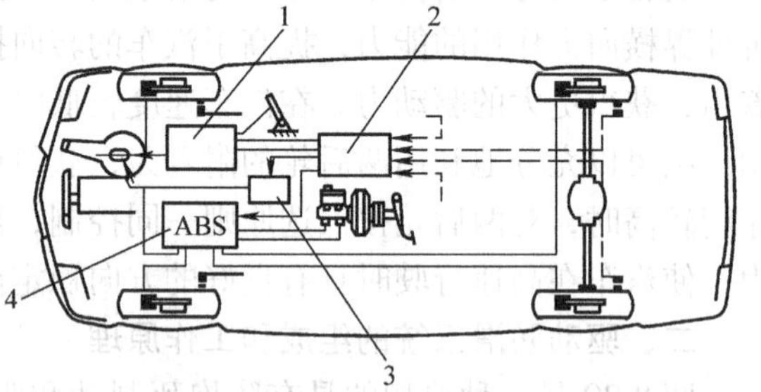

2. 驱动轮制动控制

当只用节气门位置开度来调节发动机转矩时，驱动轮制动控制就成了必不可少的辅助控制方式。

如图 8-22 所示，两侧车轮所处路面附着系数不同，处于高附着系数 φ_h 路面的驱动轮驱动力为 F_h，处于低附着系数 φ_l 路面的车轮驱动力为 F_l，为了阻止在低附着系数路面行驶的车轮滑转，应对其加一制动力 F_b，这样可使发动机转矩得到有效发挥。发动机转矩按最大驱动力 $F_{max} = 2F_l + F_b$ 进行调节。在汽车起步时，这种控制方式还可避免车辆的起步发抖。图 8-23 是控制发动机转矩和制动力的驱动防滑系统图。

图 8-21　控制发动机转矩的驱动防滑系统
1—电控汽油喷射系统　2—防滑控制系统ECU
3—电子点火装置　4—执行器

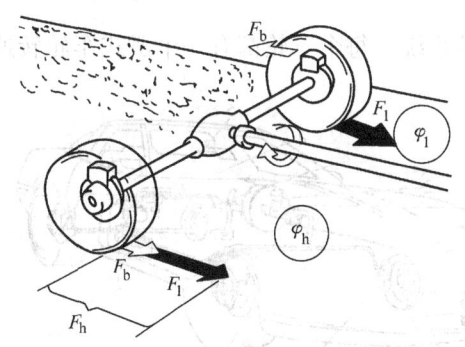
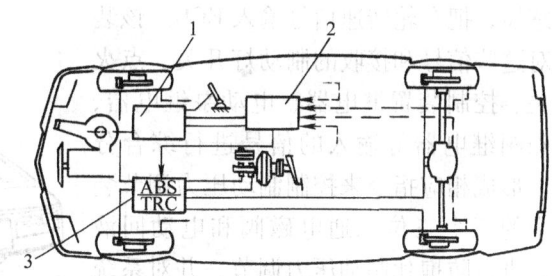

图 8-22 施加制动力产生的差速锁止作用

图 8-23 控制发动机转矩和制动力的驱动防滑系统
1—发动机 ECU　2—防滑控制系统 ECU
3—防滑控制系统执行器

3. 差速器锁止控制

图 8-24 是一种由电子控制的可锁止差速器,差速器向车轮输出端的离合片上加压可以实现锁止功能。锁止程度可以从基本锁止到完全锁止。控制压力来自蓄压器的高压油液,压力值的大小由 ECU 控制,通过电磁阀来调节,并由压力传感器和驱动轮转速传感器反馈给 ECU 实行反馈控制。这种控制方式使汽车在各种路面行驶和起动时具有更高的稳定性和操纵性。

图 8-25 是戴姆勒—奔驰汽车公司所采用的差速器锁止控制驱动防滑系统。

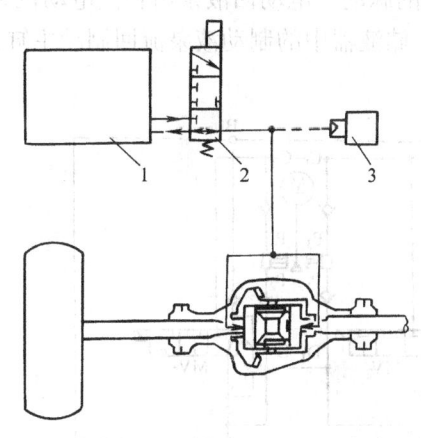
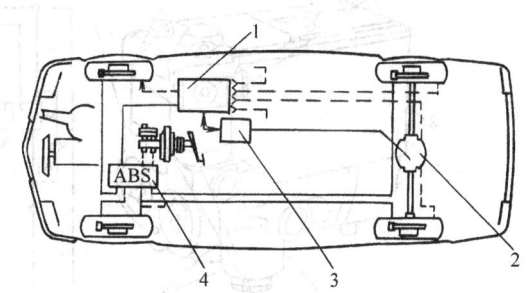

图 8-24 差速器锁止控制驱动防滑系统
1—压力调节器　2—电磁阀　3—压力传感器

图 8-25 控制发动机转矩和差速器的驱动防滑系统
1—汽车防滑控制系统 ECU　2—防滑可控差速器
3—驱动防滑系统执行器　4—制动防抱死系统执行器

第四节　典型汽车防滑控制系统

防抱死制动系统的种类很多,本书介绍常见的两种汽车防抱死制动系统:博世 ABS 2S 和戴维斯 MK4。

一、博世(BOSCH) ABS 2S 防抱死制动系统

图 8-26 是博世 ABS 2S 的三通道四轮防抱死制动系统。每个车轮都有一个凿式车轮转速传感器,把车轮转速信号输入 ECU。该装置对这些信号和接收的制动灯开关、点火开关、控制装置继电器、电动泵继电器、电磁阀继电器等输入的信号进行综合分析,形成相应指令来控制制动压力调节装置中的三个三位三通电磁阀和电动回液泵,进行防抱死制动压力调节,并对系统的状态进行监测。当发现系统中有故障时,会关掉防抱死制动系统,并让仪表板上的报警灯发光。

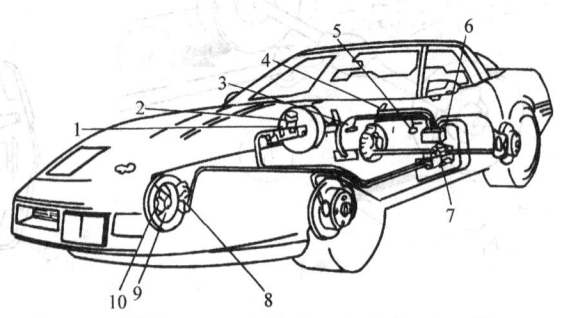

图 8-26 博世 ABS 2S 在雪佛莱轿车上的布置
1—制动主缸 2—真空制动助力器 3—横向加速度开关
4—防抱死制动系统报警灯 5—控制装置继电器 6—ECU
7—制动压力调节装置 8—制动卡钳
9—齿圈 10—车轮转速传感器

图 8-27 是制动压力调节装置。它由三个三位三通电磁阀、一个电动回液泵和两个储液器组成。其中两个三位三通电磁阀分别控制前轮制动分管路,另一个控制后轮制动轮缸的制动总管路。通过控制电磁阀不同的工作位置,可以对三个控制通道的制动压力分别进行增大、保持和减小三种调节。两个储液器分别用于接收在防抱死制动压力减小阶段自两个前制动轮缸和两个后制动轮缸流出的制动液,储液器可使进入其中的制动液保持较低的压力,以缓和制动液从制动轮缸中流出时产生的脉动。电动回液泵由直流电动机和柱塞泵构成。电动机受 ECU 控制,其主要作用是将两个储液器中的制动液泵流回制动主缸。

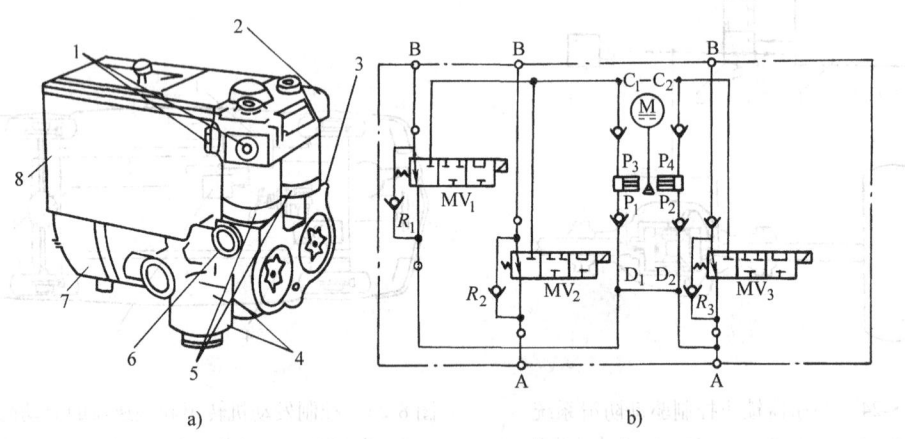

图 8-27 制动压力调节装置
a) 结构 b) 液压系统
1—通向前制动轮缸的出液口 2—通向后制动轮缸的出液口 3—接制动主缸的出液口(在背面)
4—储液器 5—电磁阀(另一个在罩盖下) 6—接制动主缸的出液口
7—电动回液泵 8—罩盖
A—进液口 B—出液口 C_1、C_2、D_1、D_2—通储液器

制动压力调节装置的两个进液口与双腔制动主缸的两个出液口相连，三个出液口分别与两个前制动轮缸和后制动轮缸连接。

防抱死制动系统没工作时，各电磁阀和电动泵均断电，各电磁阀将制动主缸至各制动轮缸的制动管路沟通，并将各制动轮缸至储液器之间的制动液通路封闭。此时，各电磁阀处于图8-27b所示的状态。制动时，制动液从制动主缸，经电磁阀进入制动轮缸，各制动轮缸的制动压力将随制动主缸的输出压力而变化，这一过程如图8-28a所示，和常规制动时一样。

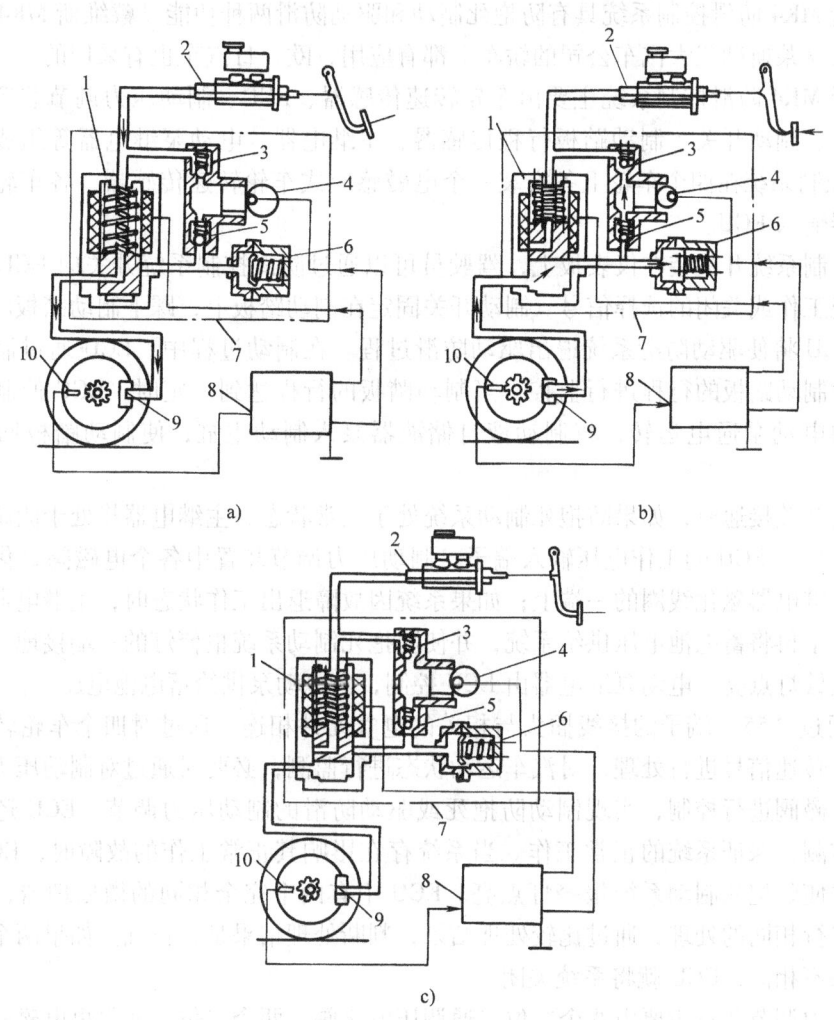

图8-28　防抱死制动压力调节原理
a) 制动压力增大阶段　b) 制动压力减小阶段　c) 制动压力保持阶段
1—电磁阀　2—制动主缸　3—出液止回阀　4—电动回液泵　5—进液止回阀
6—储液器　7—制动压力调节装置　8—ECU　9—制动轮缸　10—车轮转速传感器

如果某一车轮即将抱死，控制这一车轮的电磁阀通5A电流，电磁阀将处于图8-28b所示的位置，将制动轮缸和制动主缸断开，和储液器沟通，部分制动液进入储液器，并由回液泵将其送入制动主缸，制动轮缸中的压力降低。

当ECU判定需要保持某一控制轮缸的制动压力时，给电磁阀提供2A的电流，电磁阀处于图 8-28c 所示位置，制动轮缸被封闭，压力得以保持。

当 ECU 判定需要增大某一制动轮缸的压力时，给电磁阀断电，电磁阀又处于图 8-28a 所示位置工作，制动轮缸和制动总泵接通，压力升高。如此循环防止车轮抱死。

博世 ABS 2S 防抱死控制系统首次采用了大规模集成电路，电子控制元件数目大大减少，反应速度快，控制精度高，工作可靠。奔驰公司和美国的一些公司大多采用了该系统。

二、戴维斯 MK4 防滑控制系统

戴维斯 MK4 防滑控制系统具有防抱死制动和驱动防滑两种功能。戴维斯 MK4 在美国通用、福特和克莱斯勒三大汽车公司的轿车上都有应用，欧、日汽车也有采用的。

戴维斯 MK4 防滑控制系统主要由车轮转速传感器、ECU、制动压力调节装置、防滑控制系统开关、制动开关、制动踏板行程传感器、主继电器、电动泵继电器等组成。戴维斯 MK4 防滑控制系统在四个车轮上各安装一个电磁感应式车轮转速传感器，各车轮的转速信号由传感器输入 ECU。

防滑控制系统开关装在仪表板上，驾驶员可以通过防滑控制系统开关向 ECU 输入使驱动防滑系统工作或关闭的选择信号。制动开关固定在制动踏板上，踩下制动踏板时，制动开关闭合，ECU 将使驱动防滑系统退出驱动防滑过程。在制动过程中，ECU 通过制动踏板行程传感器对制动踏板的行程进行监控。当制动踏板的行程达到一定时，ECU 使制动压力调节装置中的电动泵通电运转，将制动液自储液器泵入制动主缸，使制动踏板回升到正常高度。

当点火开关接通时，如果防抱死制动系统处于正常状态，主继电器将处于激励状态，将蓄电池电压加在 ECU 的工作电压输入端子、制动压力调节装置中各个电磁阀磁化线圈的一端和电动泵继电器磁化线圈的一端上；如果系统因故障退出工作状态时，主继电器将处于非激励状态，不再将蓄电池电压供给系统，并使防抱死制动系统报警灯的一端接地，将防抱死制动系统报警灯点亮。电动泵继电器由 ECU 控制，向电动泵供给蓄电池电压。

ECU 通过 "55" 端子的接线插头与相关的电气元件相连，通过对四个车轮转速传感器输入的车轮转速信号进行处理，对汽车运动状态进行监测，必要时通过对制动压力调节装置中相应的电磁阀进行控制，实现制动防抱死或驱动防滑的制动压力调节。ECU 还对系统的状态进行监测，保证系统的正常工作。当系统存在影响其正常工作的故障时，ECU 将会关闭系统，并使防抱死制动系统报警灯点亮。ECU 中有两个完全相同的微处理器，对相同的输入信号进行相同的处理，通过比较处理结果，判断处理结果是否正确。如果两个微处理器的处理结果不相同，ECU 就将系统关闭。

制动压力调节装置主要由八个二位二通调压电磁阀、两个二位二通隔离电磁阀、电动柱塞泵、储液器、液位开关和电动泵运转传感器等组成，电动泵运转传感器产生的信号输入 ECU，供 ECU 监测电动泵的运转情况。制动压力调节装置组成一个整体，通过制动管路与制动主缸的各制动轮缸连接，制动液压系统如图 8-29 所示。

在未进行防抱死制动和驱动防滑制动力调节时，制动压力调节装置中的各个二位二通电磁阀均不通电，两个隔离电磁阀均处于通流状态，四个进液电磁阀也都处于通流状态，四个出液电磁阀则处于断流状态，同时，电动供液泵也不通电。制动压力调节装置处于这种状态下，踩下制动踏板进行制动时，从制动主缸输出的制动液就会通过隔离电磁阀和进液电磁阀进入各制动轮缸，各制动轮缸的制动压力将随制动主缸的输出压力而变化。而在防抱死制动

压力调节过程中,当 ECU 判定需要减小某一制动轮缸的制动压力时,ECU 将使该制动轮缸的进液电磁阀和出液电磁阀都通电,使进液电磁阀处于断流状态,而使出液电磁阀处于通流状态,该制动轮缸中的部分制动液就会通过出液电磁阀流入储液器中,该制动轮缸中的制动压力随之减小;当 ECU 判定需要保持某一制动轮缸的制动压力时,ECU 将使该制动轮缸的进液电磁阀通电并处于断流状态,而使该制动轮缸的出液电磁阀断电也处于断流状态,该制动轮缸的制动压力因其中的制动液被封闭而保持一定;当 ECU 判定需要增大某一制动轮缸的制动压力时,ECU 将使该制动轮缸的进液电磁阀和出液电磁阀都断电,使进液电磁阀处于通流

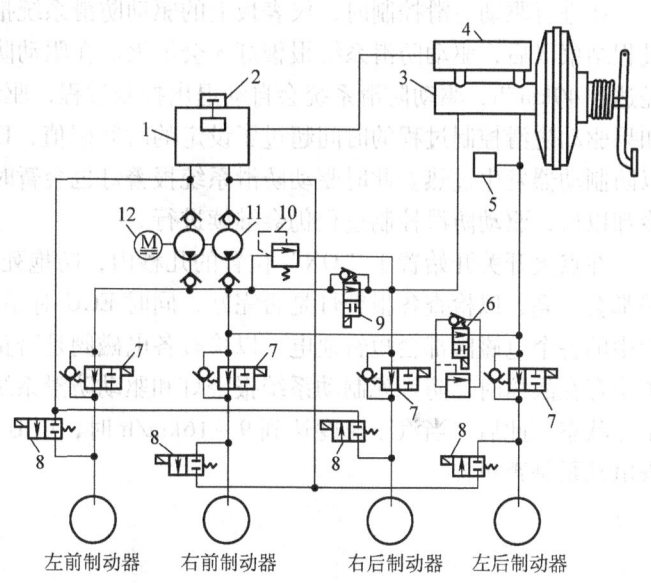

图 8-29 制动液压系统
1—储液器 2—液位开关 3—制动主缸 4—储液室 5—压力开关
6—第一隔离电磁阀(常开) 7—进液电磁阀(常开)
8—出液电磁阀(常开) 9—第二隔离电磁阀(常开)
10—限压阀 11—柱塞泵 12—电动机

状态,而使出液电磁阀处于断流状态,制动主缸输出的制动液就会通过进液电磁阀进入该制动轮缸,该制动轮缸的制动压力随之增大。在防抱死制动压力调节期间,ECU 根据四个车轮转速传感器反馈的车轮转速信号,独立地对四个制动轮缸的制动压力进行减小、保持和增大调节,保证四个车轮不发生制动抱死。

在刚踩下制动踏板进行制动的过程中,ECU 使两个隔离电磁阀始终不通电,都处于通流状态。当制动踏板的行程达到一定位置时,ECU 就使电动泵继电器处于激励状态,向电动机供给电压,使电动机驱动柱塞泵运转,将制动液自储液器泵入制动主缸,直到制动踏板抬升到下沉的高度后,ECU 才使电动泵继电器处于非激励状态,使电动泵断电停转。由于在制动过程中制动踏板始终保持有一定的剩余行程,使制动主缸保持提供补偿防抱死制动过程中制动压力消耗的能力。

戴维斯 MK4 防滑控制的驱动防滑控制功能仅在汽车速度低于 40km/h 时才会进行驱动防滑控制,以增大汽车的驱动力,提高汽车的起步加速性能。

当汽车的速度低于 40km/h 时,ECU 通过比较驱动车轮与非驱动车轮的转速确定驱动车轮的滑动率。当驱动车轮的滑动率超过设定的控制极限值时,ECU 首先使制动压力调节装置中的两个隔离电磁阀通电并处于断流状态,将两个前制动轮缸与制动主缸和两个后制动轮缸隔离,同时 ECU 使电动泵继电器处于激励状态,使电动泵通电运转,将制动液自储液器泵入前制动轮缸,使作为驱动车轮的前轮进行制动,ECU 还通过独立控制两个前制动轮缸的进液电磁阀和出液电磁阀,分别对两个前制动轮缸的制动压力进行调节,将两个驱动车轮的滑动率控制在设定的范围之内。

在进行驱动防滑控制时，仪表板上的驱动防滑系统报警灯将会点亮，直至驱动防滑控制过程结束以后，驱动防滑系统报警灯才会熄灭。在驱动防滑控制过程中，如果汽车的速度已经达到40km/h，驱动防滑系统会自动退出控制过程，驱动防滑系统报警灯随之熄灭。另外，如果驱动防滑控制过程的时间超过了设定的时间限值，ECU将暂时中止驱动防滑控制过程，以防制动器发生过热。此时驱动防滑系统报警灯也会暂时熄灭，经过预定时间使制动器进行冷却以后，驱动防滑控制过程仍会继续进行。

在点火开关开始置于"ON"位置的几秒内，防抱死制动系统报警灯和驱动防滑系统报警都会点亮，以检查各报警灯是否完好，同时ECU对系统进行自检，此时制动压力调节装置中的各个电磁阀都会短暂通电，以检查各电磁阀是否正常。经过系统自检，如果未发现系统中存在故障时，防抱死制动系统报警灯和驱动防滑系统报警灯将会熄灭，系统将处于等待工作状态。此后，当汽车速度达到9～16km/h时，ECU还会使电动泵短暂通电运转，以检查电动泵是否正常。

第九章 汽车行驶与安全控制系统

第一节 悬架系统控制

一、概述

悬架是车架(或承载车身)与车桥(或车轮)之间一切传力连接装置的总称,其主要作用是把路面作用于车轮上的垂直反力(支承力)、纵向力(牵引力和制动力)、侧向力及这些反力所造成的力矩传递到车架(或车身),以保证汽车正常行驶。

由于路面对车轮的垂直反力属冲击载荷,很大的冲击力传递到车身或车架时,可能会引起汽车机件的早期损坏,并使乘员感到极不舒适。为了缓合冲击,悬架中装有弹性元件,使车架(或车身)与车桥或车轮间作弹性连接。弹性元件受到冲击后将产生振动,当振动超过人体所适应的垂直振动频率,就会使人感到不舒适并引发疲劳。因此,汽车悬架的设计必须适合行驶平顺性和安全性的要求。

一个由弹簧和减振器构成的轿车悬架系统,为了更有效地减缓路面不平而引起的车体振动以保持乘坐舒适性,希望弹簧刚度较小;而在转弯、制动时,为使车体的倾斜或前后的俯仰较小以保持操纵稳定性,则要求弹簧刚度较大。由此给系统参数选择带来了矛盾。对从动悬架的设计就是要确定其弹簧或减振器的参数,使系统在平顺性与稳定性之间找到一个最佳结合点,即弹簧刚度和减振器的阻尼系数能随汽车运行状况而变化,使悬架总是处于较优状态。但对于传统的从动悬架系统而言,只能满足特定的道路状态和速度要求。为了使悬架系统适应在不同道路条件下行驶,保证乘坐的舒适性和安全性,各种悬架控制技术和方法得到了很大的发展。

当悬架系统刚度一定时,根据减振器阻尼能否改变,悬架系统可分为从动悬架、半从动悬架和半主动悬架;如果悬架系统刚度可变,则称为主动悬架系统。

二、半从动悬架

弹簧刚度选定后,一般很难改变。因此,人们从改变减振器阻尼入手,将阻尼分为可变的二~三级，这种悬架系统称为半从动悬架。图9-1所示为三级可调减振器旁路控制阀。其阻尼力大小的调整，是通过改变油液流通孔的截面积实现的。控制阀上具有关闭、部分开启和全开三个位置，相应地可以产生三种阻尼值，以适应不同的行驶条件。驾驶员可根据道路条件和车速等情况，选择不同的阻尼级。如要求舒适时，可选择较小的阻尼值，降低系统固有频率，以减小对车身的冲击；如需要高速赛车的感觉时，可选择高阻尼值，以利于安全性的提高。图9-2所示为阻尼值与行驶条件的关系。

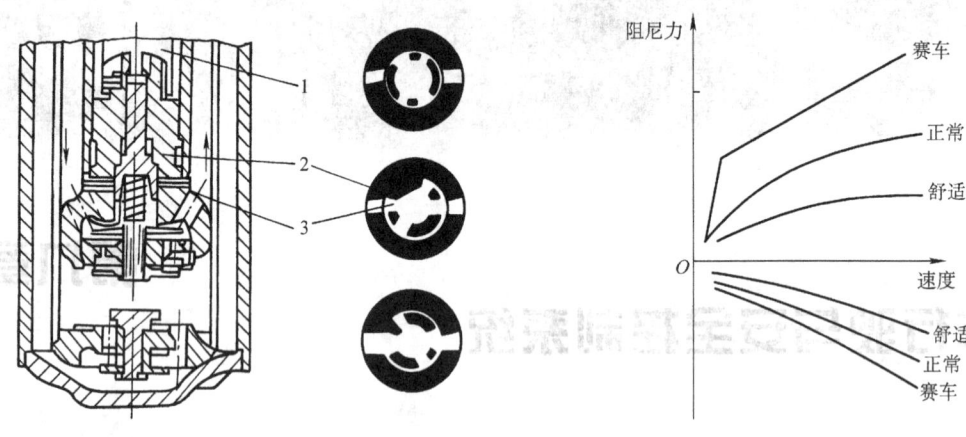

图9-1 三级可调减振器旁路控制阀图
1—调节电动机 2—阀心 3—控制阀孔

图9-2 阻尼与行驶条件的关系

三、半主动悬架系统

半主动悬架系统是在半从动悬架的基础上，通过ECU进行控制，使减振器阻尼按照行驶状态的动力学要求作无级调节，使其在几毫秒内由最小变到最大，对阻尼变化响应快。

半主动悬架系统又称为电子控制悬架，它可根据道路条件和行驶速度自动地调整阻尼值，以提高汽车的安全性、操纵稳定性和舒适性。

减振器阻尼力的控制如图9-3所示，通过减振器控制杆旋转一定的角度，改变控制阀节流孔的流通面积，从而实现阻尼值的无级变化。该系统由ECU、传感器和执行器组成。ECU接受传感器送入的汽车起步、加速和转向等信号，计算出相应的阻尼值，发出控制信号到执行器，经控制杆调节控制阀，使节流孔阻尼变化。图9-4所示为执行器的工作示意图。它装在减振器上部，由步进电动机、小齿轮和扇形齿轮组成。得到控制信号后，步进电动机通过扇形齿轮驱动控制杆转动。

这种电子控制悬架具有正常、运动和自动三种模式，可通过转换开关进行选择。只有在自动位置时，各个减振器才在ECU自动控制下工作。

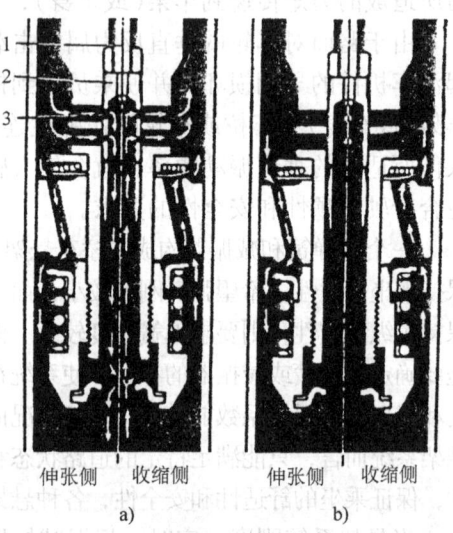

图9-3 减振器阻尼力控制
a) 普通模式 b) 运动模式
1—控制杆 2—止动块 3—节流孔

图 9-5 表示了从动悬架、半从动悬架及半主动悬架可以利用的阻尼力的变化范围。

由图可知，从动悬架阻尼只能在一条线上变化，半从动悬架可在几条线上变化，而半主动悬架则可在整个平面内变化。在有些情况下，半主动悬架可达到从动悬架不能达到的区域。例如：汽车通过一段较长的弯道时，要求有很大的阻尼，以使外侧车轮离心力产生的摆动转矩很快衰减，这不仅对平顺性有利，而且使各轮的附着力储备比较均匀。

四、主动悬架系统

主动悬架是一种具有做功能力的悬架，不同于单纯地吸收能量、缓和冲击的传统悬架系统。当汽车载荷、行驶速度、路面状况等行驶条件发生变化时，主动悬架系统能自动调整悬架的刚度，从而同时满足汽车的行驶平顺性、操纵稳定性等各方面的要求。它在下述几方面使汽车性能得到改善：

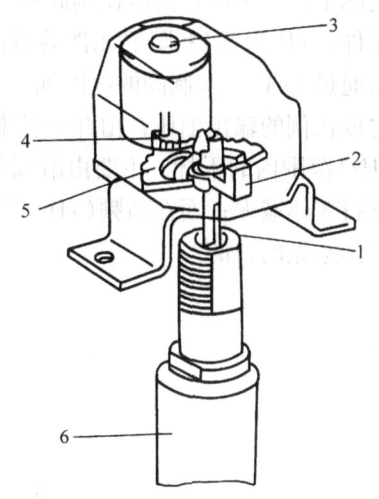

图 9-4 执行器工作示意图
1—控制杆 2—旋转阀 3—步进电动机
4—小齿轮 5—扇形齿轮 6—减振器

1）悬架刚度可以设计得很小，使车身具有较低的固有频率，以保证正常行驶时的乘坐舒适性。由于刚度可调，使汽车转弯出现的车身侧倾、制动、加速等引起车身的纵向摆动等问题得到解决。

2）采用主动悬架系统时，因不必兼顾正常行驶时汽车的舒适性，可将汽车抗侧倾、抗纵摆的刚度设计得较大，因而提高了汽车的操纵稳定性，使汽车的行驶安全性得以提高。

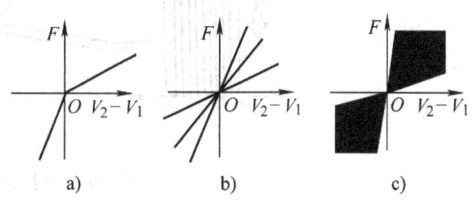

图 9-5 从动悬架、半从动悬架及半主动
悬架的阻尼力变化范围
a) 从动悬架 b) 半从动悬架 c) 半主动悬架

3）汽车载荷变化时，主动悬架系统能自动维持车身高度不变，汽车即使在凸凹不平道路上行驶也可保持车身平稳。

4）普通汽车在制动时车头向下俯冲，由于前后轴载荷发生变化，使后轮与地面的附着条件恶化，延长了制动过程。主动悬架系统可以在制动时使车尾下沉，充分利用车轮与地面的附着条件，加速制动过程，缩短制动距离。

5）主动悬架可使车轮与地面保持良好接触，即车轮跳离地面的倾向减小，因而可提高车轮与地面的附着力，从而提高了汽车抵抗侧滑的能力。

目前，主动控制悬架系统有以高压液体作为能量的油气悬架，也有以高压气体作为能量的空气悬架。主动悬架系统根据车速、转向、制动、位移等传感信号，经 ECU 处理后，控制电磁式或步进电动机式执行器，通过改变悬架的刚度，以适应复杂的行驶工况对悬架的要求。主动控制悬架控制的参数可以是车身高度、弹簧刚度、减振器的阻尼力等。

图 9-6 所示为一些日本高级轿车上使用的压力控制型油气悬架（简称电控油气悬架）系统的工作示意图。它由一个压力控制阀液控液压缸和一个单作用油气弹簧构成，压力控制阀

实际上由一个电控液压比例阀和一个机械式压力伺服滑阀组成，油气弹簧则是一个具有弹性元件（气体弹簧）和阻尼元件的特殊液压缸。该系统工作时，对于低频（2Hz以下）干扰，可以通过ECU对控制阀的线圈加一电流以控制针阀开口，从而在控制阀的出口处产生一个与之成比例的输出油压，由此来控制油气悬架内的油压，以控制车体的振动；对于中频（2～7Hz）范围内的干扰，主要由滑阀的机械反馈功能对油气悬架内的油压进行伺服控制，从而进行车体减振；而在高频（7Hz以上）范围，则利用油气悬架内的气体弹簧吸收振动能量而达到减振的目的。

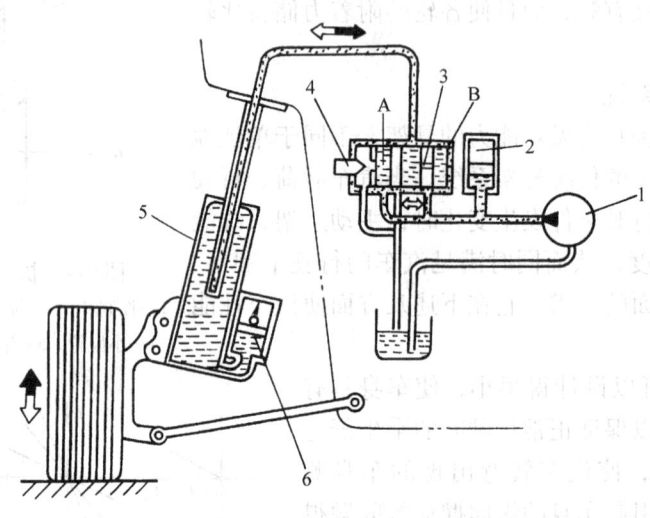

图9-6 电控油气悬架系统工作示意图
1—液压泵 2—储能器 3—机械式压力伺服滑阀 4—电控液压比例阀
5—液控液压缸 6—气体弹簧

电控油气悬架根据ECU的指令信号调节磁化线圈的电流大小，改变液压比例阀的位置，使悬架液压缸获得与电流成比例的油压。通常在行驶状态，伺服阀两侧A室的系统油压与B室的反馈油压相互平衡，伺服阀处于主油路与液压缸相通的位置，控制车体的振动。当路面凸起而使车辆发生跳动时，悬架液压缸压力上升，伺服阀B室反馈压力超过A室压力，推动滑腔向左侧移动，液压缸与回油通道接通，排出机油，维持压力不变，从而车轮振动被吸收而衰减。在悬架伸张行程，液压缸内的压力下降，伺服阀A室压力大于B室压力，滑阀右移，主油路与液压缸接通，来自系统的压力油又进入液压缸，以保持液压缸内的压力不变。

图9-7所示为一种主动空气悬架的系统原理图，它由一组传感器、ECU、空气悬架、高度控制器等组成。主动空气悬架系统根据悬架位移（车身高度）、车速、转向和制动等传感信号，由ECU控制电磁式或步进电动机式执行器，改变悬架的特性，以适应各种复杂的行驶工况对悬架特性的不同要求。

1. 车高传感器

车高传感器的作用是把车身高度的变化（悬架变形量的变化）转变为电信号，并输入ECU。

图9-8所示为丰田公司3.0GT—LIMITED汽车上采用的光电式传感器结构。随轴转动的

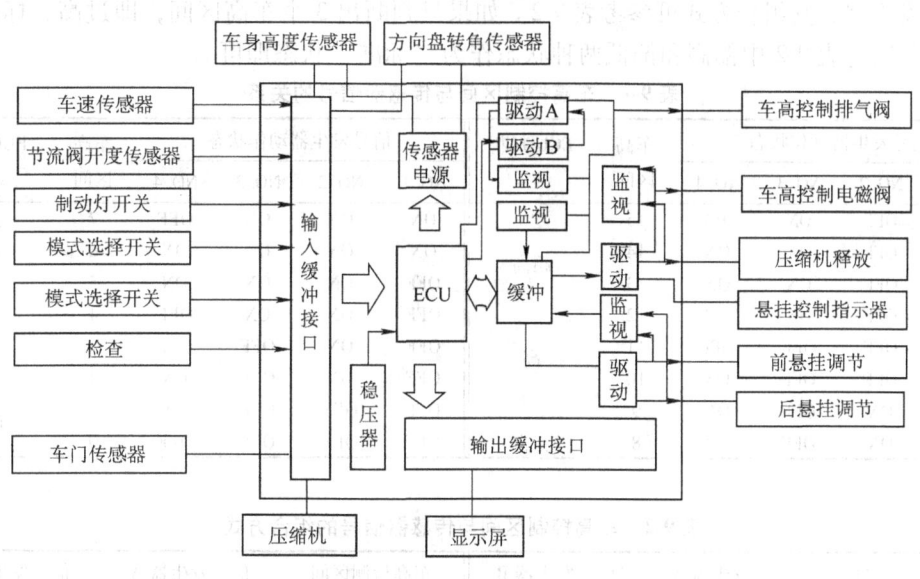

图 9-7 主动空气悬架的系统原理图

遮光盘上刻有一定数量的窄缝,信号发生器由发光二极管和光敏晶体管组成。遮光盘位于发光二极管与光敏晶体管之间,转动遮光盘,发光二极管发出的光不断被遮光盘挡住,信号发生器的光敏晶体管输出端出现电平高低的变化。ECU 接受到电平信号的变化,可检测出遮光盘的转动角度。当车身高度发生变化(即悬架变形量发生变化)时,轴即驱动遮光盘转动,从而使 ECU 检测出车身高度的变化。

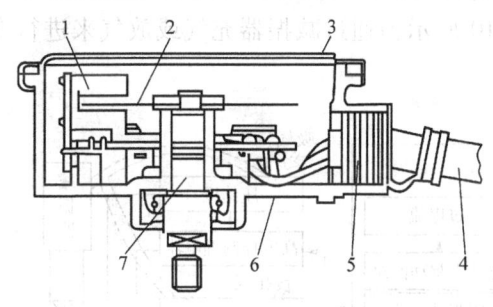

图 9-8 车高传感器结构
1—信号发生器 2—遮光盘 3—盖 4—电缆
5—金属封油环 6—壳体 7—轴

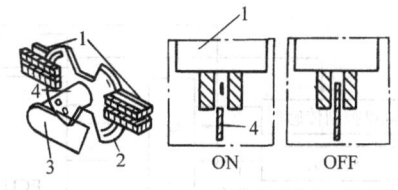

图 9-9 车高传感器的工作原理
1—信号发生器 2—遮光板 3—导杆 4—轴

图 9-9 所示为这种车高传感器的工作原理。图 9-8 中的遮光盘即为此处的窄缝板。传感器的信号发生器以 4 个为一组,覆盖了窄缝板。轴的外端装有导杆,导杆的另一端则通过有关零件与独立悬架的摆臂相连。当车身高度发生变化时(汽车载荷发生变化),导杆随摆臂上下摆动,从而通过轴驱动窄缝板转动,信号发生器的输出信号随之进行通(ON)、断(OFF)变换。

电控悬架系统的 ECU 是根据各个信号发生器通、断状态的不同组合来判断车高状态的,见表 9-1。悬架系统进行车高调整时,如果只判断出 4 个车高区间,则车高传感器中只需两个信号发生器，其组合方式可参考表9-2。如果只判断出3个车高区间，即过高、标准、过低，则只需将表9-2中偏高和偏低两种状态作为"标准"状态即可。

表9-1 车高控制区间与传感器信号的关系

信号发生器动作状态				车高区间	ECU判断结果	信号发生器动作状态				车高区间	ECU判断结果
NO.1	NO.2	NO.3	NO.4			NO.1	NO.2	NO.3	NO.4		
OFF	OFF	ON	OFF	15	超高	ON	ON	ON	OFF	7	正常
OFF	OFF	ON	ON	14		ON	ON	ON	ON	6	
ON	OFF	ON	ON	13		OFF	ON	ON	ON	5	低
ON	OFF	ON	OFF	12		OFF	ON	ON	OFF	4	
ON	OFF	OFF	OFF	11	高	OFF	ON	OFF	OFF	3	
ON	OFF	OFF	ON	10		OFF	OFF	OFF	OFF	2	
ON	ON	OFF	ON	9		OFF	OFF	OFF	ON	1	过低
ON	ON	OFF	OFF	8	正常	OFF	OFF	OFF	OFF	0	

表9-2 车高控制区间与传感器信号的组合方式

车高检测区间	信号发生器A	信号发生器B	车高检测区间	信号发生器A	信号发生器B
过高	OFF	ON	偏低	ON	OFF
偏高	OFF	OFF	过低	ON	ON

汽车行驶中，因车身有振动，随时判定车高所属的区间较困难，ECU可根据一定的时间间隔（如10ms）来判定车高在某区间的百分比频度，据此决定是否需要进行车高调整，即频度一旦超过规定值，则开始进行调整。车高调整可用高压空气驱动（空气弹簧悬架），也可用高压泵驱动（油气弹簧悬架）。调整时需将车身提高时，可向弹性元件（或减振器）充气或充油；需要降低车身时，则放气或放油。图9-10所示为通过减振器充气或放气来进行车高调整的电路控制框图。

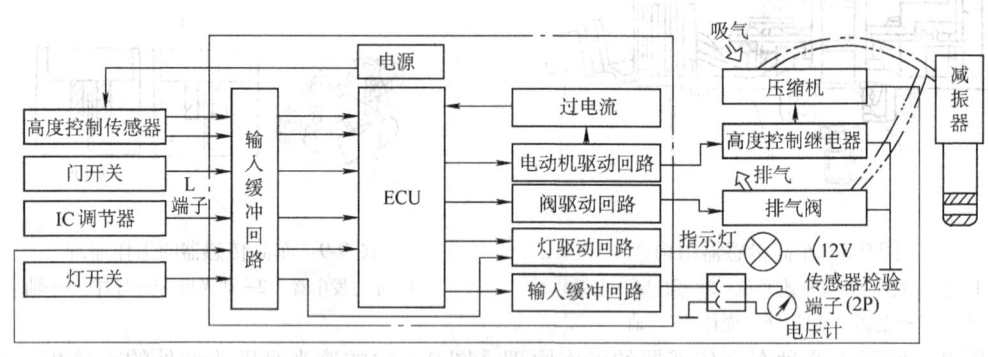

图9-10 车高调整的电路控制框图

2. 光电式转角传感器

转角传感器装于转向轴管上，可向ECU提供汽车转向速率、转角大小及转动方向信息，由ECU确定需调节哪些车轮的悬架以及调节量。该传感器主要用于对汽车悬架系统的侧倾刚度进行调节。它既适用于主动悬架系统，又适用于半主动悬架系统，工作中主要与车速传感器信号相配合。图9-11a所示为该传感器的安装位置和构造图，图9-11b为其工作原理图。

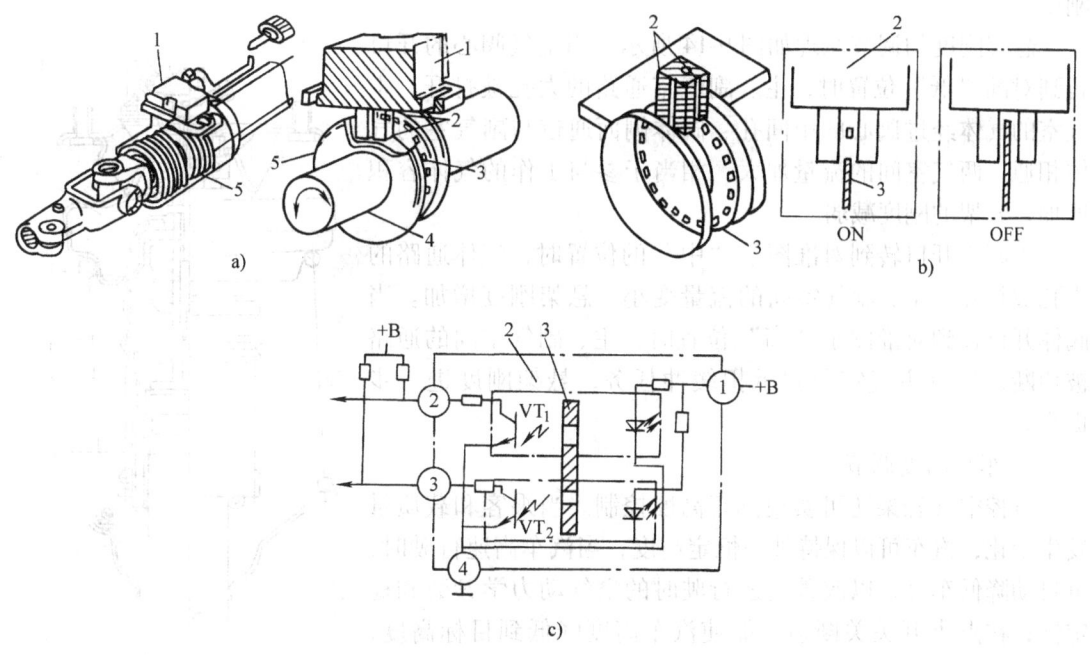

图9-11 光电式转角传感器安装位置
a) 安装位置和构造图 b) 工作原理图 c) 电路原理图
1—转角传感器 2—信号发生器 3—遮光盘 4—转向轴 5—传感器圆盘

在压入转向轴的圆盘中间，装有带窄缝的遮光盘。传感器的信号发生器（由发光二极管和光敏晶体管组成）以2个为一组，从上面套装在遮光盘之上。遮光盘上等距离均匀排列着窄缝。遮光盘随转向轴转动时，两个信号发生器的输出随之进行通(ON)、断(OFF)变换。图9-11c所示为转角传感器的电路原理图。ECU根据两信号发生器输出端通、断变换的速率，即可检测出转向轴的转动速率；通过计数器统计通、断变换的次数，即可检测出转向轴的转角。另外，设计时将两个信号发生器通、断变换的相位错开90°（图9-12）。汽车直线行驶时，信号A处于通断的中间位置（高电平，断状态）。转向时，根据信号A和信号B的状态，即可判断出转动的方向。图9-12中，信号A由断状态变为通状态（低电平）时，如果信号B为通状态，则为左转向；如果信号B为断状态，则为右转向。

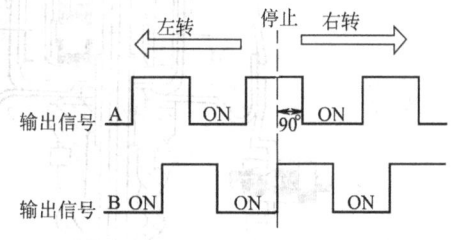

图9-12 信号发生器输出端的动作状态

3. 悬架刚度与阻尼的自动调节

空气悬架由空气弹簧、减振器、执行器、空气管等组成（图9-13）。空气弹簧是在一个密封的容器内充入压缩气体，利用气体的可压缩性实现其弹簧作用。当弹簧上的载荷增加时，容器内的定量气体受压缩，气压升高，则弹簧的刚度增大；反之，载荷减小时，弹簧内的气压下降，刚度减小。空气悬架的刚度是由步进电动机带动空气控制阀，通过改变主、副气室之间通路的大小，使悬架的刚度可以在低、中、高三种状态下变化，从而改变悬架的刚度。

悬架刚度的调节原理如图9-14所示，当空气阀心的开口转到对准"低"位置时，主、副气室通路的大孔被打开。主气室的气体经过阀心的中间孔、阀体侧面通道与副气室的气体相通，两气室间的流量加大，相当于参与工作的气体容积增加，悬架的刚度减弱。

当阀心开口转到对准图示"中"的位置时，气体通路的小孔被打开，主、副气室间的流量变小，悬架刚度增加。当阀体开口转到对准图示"高"位置时，主、副气室间的通路被切断，只有主气室单独承担缓冲任务，悬架刚度进一步提高。

4. 车身高度调节

电控空气悬架还可实现汽车高度控制。当乘客和载质量发生变化，汽车可以保持某一恒定高度；当汽车高速行驶时，可自动降低车高，以改善高速行驶时的空气动力学参数和稳定性；在点火开关关断后，能使汽车高度降低到目标高度，改善汽车驻车态势。

上述功能是由一台电动空气压缩机提供压缩空气，经干燥器干燥后送到电磁阀，由电磁阀控制悬架气室的充气量（图9-15）。

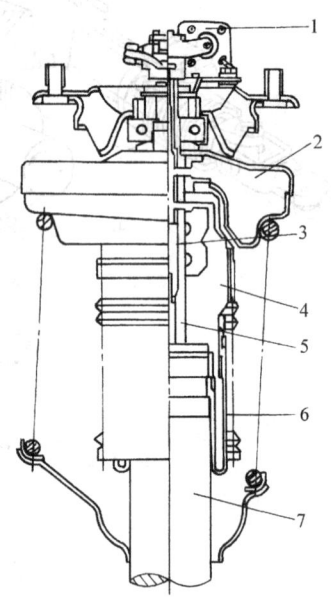

图9-13 空气悬架的组成
1—执行器 2—副气室 3—减振器阻尼调节杆 4—主气室 5—减振器活塞杆 6—滚动膜 7—减振器

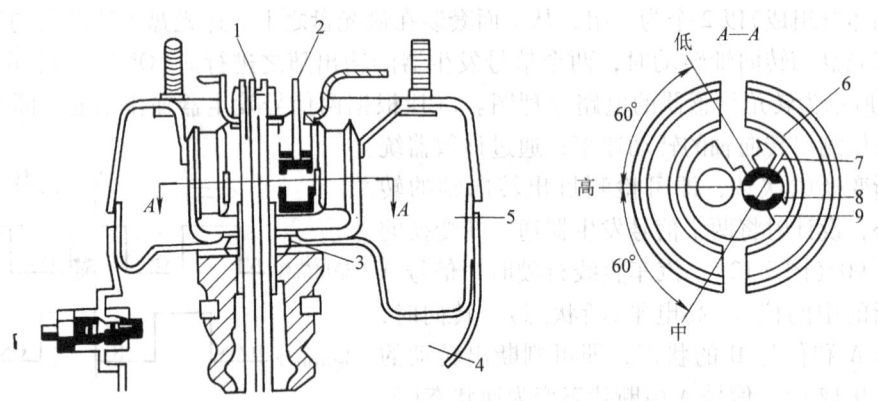

图9-14 悬架刚度的调节原理
1—阻尼调节杆 2—气阀控制杆 3—主、副气室通路 4—主气室 5—副气室
6—气阀体 7—气体通路小孔 8—阀心 9—气体通路大孔

ECU根据车高传感器的信号和驾驶员给出的控制模式指令，向电磁阀发送控制指令。当车身需要升高时，电磁阀打开，压缩空气进入主气室，车身升高；电磁阀关闭时，则悬架主气室的气量保持不变，车身维持在一定高度；当车身需要下降时，压缩机停止工作，电磁阀打开的同时排气阀也在ECU控制下打开，悬架主气室的气体通过电磁阀、管路、排气阀排出，车身下降。

a)　　b)

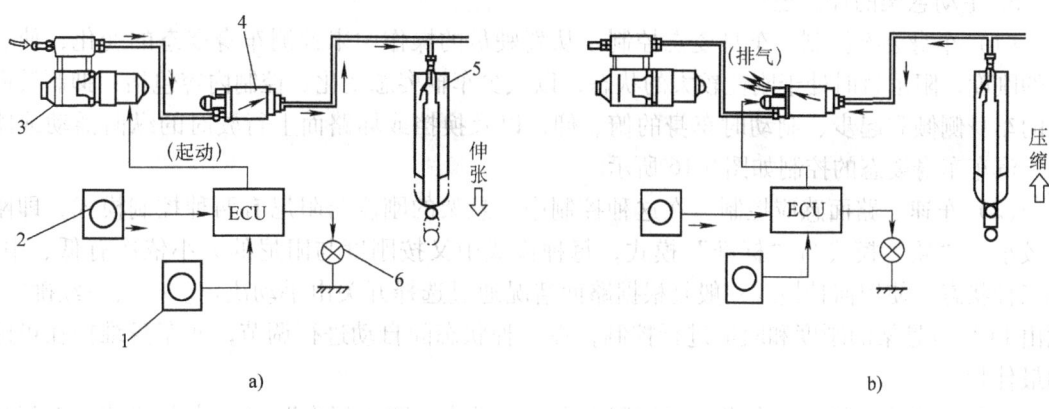

图 9-15　电磁阀控制悬架气室的充气量

a）车低时　b）车高时

1—车速传感器　2—车高传感器　3—电动空气压缩机　4—电磁阀

5—空气减振器　6—报警灯

注：NORMAL：正常　SPORT：中等　soft：软　medium：中间　hard：硬

a)　　b)

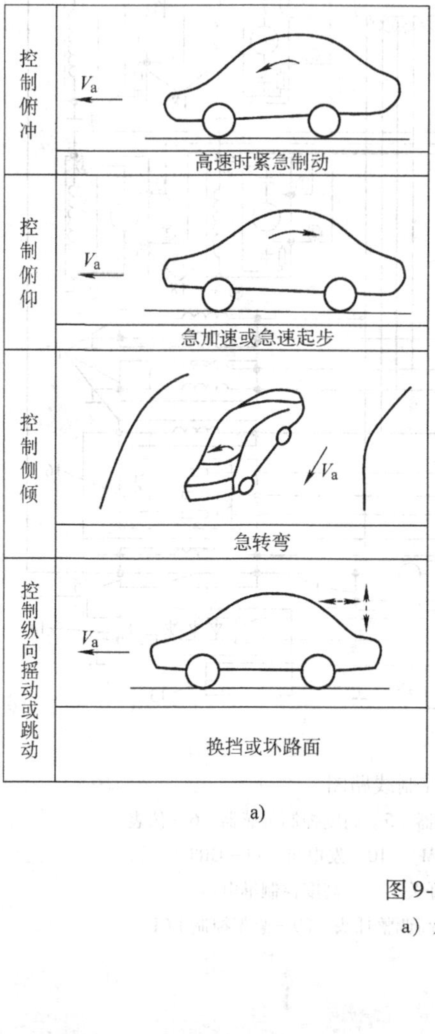

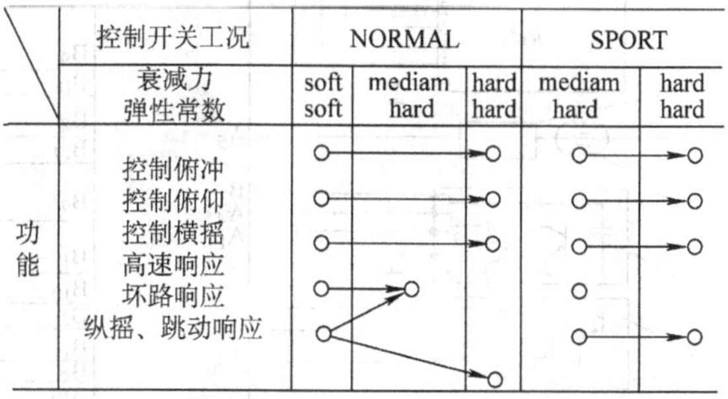

图 9-16　汽车车身姿态的控制

a）示意图　b）悬架控制方式

5. 主动悬架的控制逻辑

(1) 车身姿态控制　车身姿态控制是从驾驶员的操作中来预测车身姿态的变化,使悬架的刚度、阻尼暂时处于刚性较大的状态,以减少车辆姿态变化。控制内容包括:抑制转向时的车身侧倾和起步、制动时车身的俯、仰,以及换挡或坏路面上行驶时的纵向摇动或跳动。汽车车身姿态的控制如图9-16所示。

(2) 车速、路面感应控制　在这种控制中,悬架的刚度与阻尼有两种控制模式,即刚性较小的"软"模式与"标准"模式,每种模式中又按刚度与阻尼的大小依次有低、中、高三种状态。使用何种模式一般是根据路面情况通过选择开关由手动决定。模式一经确定,就由ECU对悬架的刚度和阻尼进行控制,在三种状态间自动进行调节,使车身维持在可能的最佳状态。

(3) 车身高度控制　车身高度控制也有两种模式,即"标准"与"高"模式,在每种

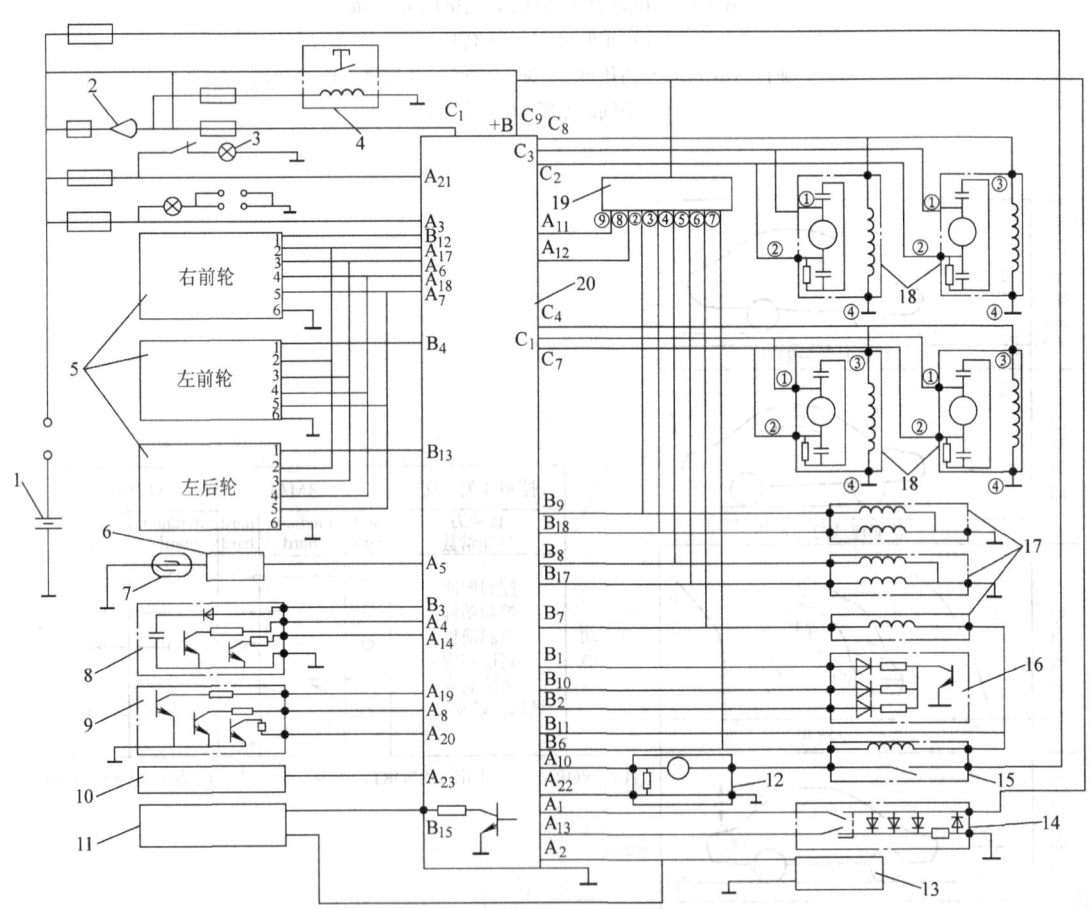

图9-17　丰田3.0GT车身姿态控制线路图

1—蓄电池　2—点火开关　3—停车灯　4—悬架控制继电器　5—高度控制传感器　6—仪表
7—车速传感器　8—转向传感器　9—车身控制模块(BCM)　10—发电机　11—CRT显示
12—电动压缩机　13—诊断接口　14—悬架控制开关　15—高度控制继电器
16—显示仪表　17—电磁阀　18—悬架控制器　19—车高调整插头　20—悬架控制ECU

模式中又分为低、中、高三种状态。车身模式一旦选定，通常状态下，车身的高度不受乘员和装载质量变化的影响，在 ECU 控制下保持在所选模式的经常状态高度。当汽车在高速行驶或在颠簸路面行驶时，车身高度则由 ECU 在低、中、高三种状态之间调节，使汽车经常稳定在最佳行驶状态。

主动悬架控制系统原理如图 9-7 所示。图 9-17 为丰田 3.0GT 车身姿态（调平）线路图。

第二节 巡 航 控 制

随着现代汽车技术和高速公路的发展，在发达国家，无论是运输业还是个人，汽车都已成为长距离运输的主要交通工具。在高速公路上长时间高速行驶时，驾驶员长时间操纵加速踏板得不到活动，容易造成疲劳。自 20 世纪 60 年代开始，一些先进国家将巡航控制系统装在高级轿车上。现在，中档轿车也装配了巡航系统。当该系统工作时，汽车可按驾驶员选定的车速恒速行驶，无须再操纵加速踏板，减轻了驾驶员的疲劳。由于减少了不必要的人为因素引起的车速的变化，还可以节省燃料的消耗。

巡航控制系统主要具有以下优点：

1）提高汽车行驶时的舒适性。这种优越性在郊外或高速公路上尤为显著，大大减轻了驾驶员的负担，使驾驶更为轻松。

2）节省燃料，具有一定的经济性和环保性。启动这一系统后，可使汽车燃料的供给与发动机功率之间处于最佳的配合状态，并减少废气的排放。

3）保持汽车车速的稳定。汽车无论是在上坡、下坡、平路上行驶，或是在风速变化的情况下行驶，只要在发动机功率允许的范围内，汽车的行驶速度都保持不变。

一、巡航控制系统的使用

现以日本本田 ACCORD 汽车的巡航控制系统为例，介绍巡航控制系统的操作。

本田 ACCORD 汽车巡航控制系统的操作系统由装在仪表板上的巡航控制开关、位于转向盘上的巡航车速设定与减速按钮（SET/decel）和恢复与加速按钮（RESUME/accel）等组成。图 9-18 所示为操作系统位置图。

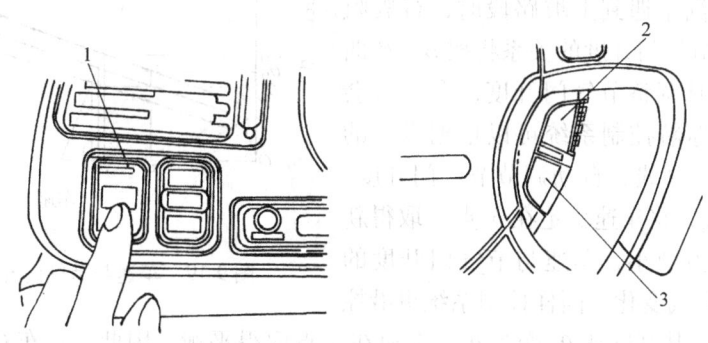

图 9-18 操作系统位置图
1—巡航主控开关 2—恢复与加速按钮 3—设定与减速按钮

（1）设定巡航车速 为保证行车安全，巡航控制系统允许进入工作状态的最低车速为

40km/h，汽车行驶速度低于这一值则系统不工作。另外，在城市道路、湿滑路面及大风天气行驶时，不宜使用巡航系统。

巡航系统的操作方法是：①当准备使用巡航系统时，首先按下方向柱左侧的巡航主控开关，开关上的指示灯点亮，表示系统进入工作状态；②利用加速踏板将汽车加速到40km/h以上所需车速；③按住转向盘上的设定与减速（SET/decel）按钮直到接近车速表车速，巡航控制灯点亮，表明系统进入工作。

（2）改变设定车速 可用下列方法之一进行提高巡航车速设定：①按住恢复与加速（RESUME/accel）按钮，汽车会慢慢加速，达到所需车速后放开；②踩下加速踏板，汽车达到所需车速后按设定与减速（SET/decel）按钮。

用下列方法之一可进行降低巡航车速设定：①按住设定与减速（SET/decel）按钮，汽车减速，当车速降到所需车速时放开；②用脚轻踏制动或离合器踏板，仪表盘上的控制灯将熄灭，当汽车慢到所需车速时按下设定与减速（SET/decel）按钮，车速将维持在这一速度上。

即使在巡航控制状态，也可以进行加速以便超车，超车后只要放开加速踏板，汽车便自动恢复至巡航车速。巡航控制中，不要把脚放在制动或离合器踏板上，以防退出巡航控制。

（3）取消巡航控制 下列方法可取消巡航控制：①踏制动或离合器踏板；②同时按下SET/decel 与 RESUME/accel 按钮；③关闭巡航主控开关。

二、汽车巡航控制系统的原理

自20世纪60年代开始，美国和日本等国家便将巡航控制系统装在高级汽车上。巡航控制系统，按控制原理可分为机械巡航控制系统与电子控制巡航系统两类。机械巡航控制系统是早期使用的汽车巡航控制系统，而后的电子巡航控制系统又经历了从晶体管分立元件组成的模拟计算机控制到使用数字式微型计算机控制的发展过程。

（一）电子巡航控制系统的基本工作原理

汽车在平坦路面行驶时，车速与节气门开度的关系如图9-19上 $A—A'$ 曲线所示。当汽车以速度 v_0 在平坦路面行驶时，一旦进入自动行驶状态，节气门的开度则处于 θ_0，故不需要进行任何调节。当汽车遇到上坡路段时，行驶阻力增加，车速与节气门开度的关系将按 $B—B'$ 曲线变化。若不及时调整节气门开度，车速将会下降到 v_1。采用巡航控制系统可以根据设计的具有一定斜率的控制线，自动调节节气门开度，使其从 θ_0 变为 θ_H，将车速稳定在 X 点，取得新的平衡。行驶阻力减小，车速与节气门开度的关系将按 $C—C'$ 曲线变化，同样控制系统也沿控

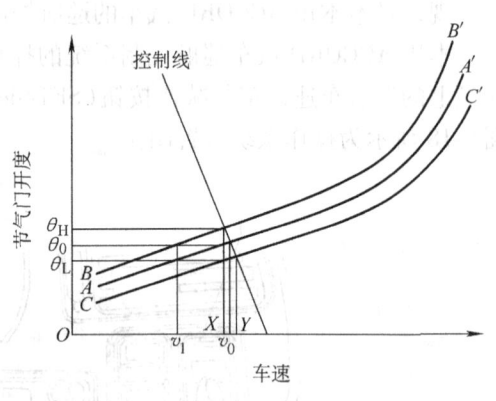

图9-19 车速与节气门开度的关系

制线调节节气门，其开度从 θ_0 变为 θ_L，车速在 Y 点取得平衡。因此，汽车行驶阻力在上述 $B—B'$ 和 $C—C'$ 曲线中间变化时，车速在 $X \sim Y$ 范围内变化。显然，自动调节的结果，汽车速度并不是保持在某一点，而是在一定的速度范围内变动，即与设定车速间存在一定的误差。

在设计时，若使控制线垂直于车速，从理论上看则车速控制的误差可减少为零，但这样

一来，行驶阻力的微小变化都会引起节气门快速变化，容易产生较大的振荡，即产生游车现象。因此，应综合考虑控制车速误差范围与游车问题，并选择适当的控制线斜率。

图9-20所示为电子巡航控制系统的基本原理方框图。ECU有两个基本输入信号，一个是驾驶员的指令车速信号，另一个是实际车速的反馈信号。ECU检测这两个输入之间的误差后输出一个节气门的开度控制信号，执行器根据接收的控制信号调节发动机节气门开度修正所检测到的车速误差，从而使车速保持恒定。

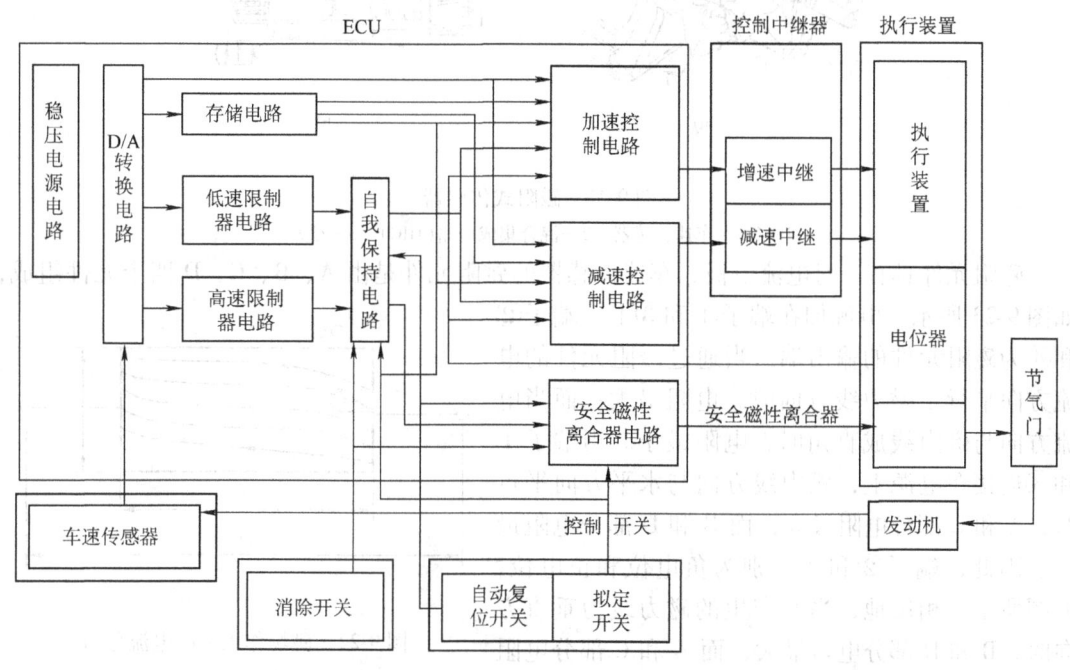

图9-20 电子巡航控制系统的基本原理方框图

（二）电子巡航控制系统的基本组成

电子巡航控制系统主要由主控开关、车速传感器、巡航ECU和执行器四部分组成。

1. 主控开关

主控开关是杆式或按键式组合开关，装在转向柱或转向盘等驾驶员容易接近的地方。操纵主控开关可实现的功能：设定车速、加速、减速、恢复、解除等。

2. 车速传感器

车速传感器装于变速器输出轴端，由输出轴齿轮驱动。车速传感器有多种结构形式，有磁脉冲式、光电式、霍尔式、磁阻式等。磁脉冲式、光电式、霍尔式的工作原理参见第二章、第五章、第八章有关内容。

磁阻式车速传感器如图9-21所示，这种车速传感器也装于变速器延伸壳上，由输出轴上的齿轮驱动。车速传感器由内装磁阻元件的混合集成电路和磁环组成。磁阻元件是具有磁阻效应的半导体材料，所谓磁阻效应是指半导体材料的电阻值随磁场强弱而变化的现象。半导体材料两电极之间的电阻由材料的电阻率和通过的电流两个因素决定。在无磁场时，电流电极间的电阻值取最小电流分布。如图9-22所示，在一个长方形半导体元件的两端面通电，当长方形元件处于磁场中时，磁场中的电流按图9-22所示的分布流动。由于两电极间的电流路径因磁场作用而加长，从而使电极间的电阻值增加。

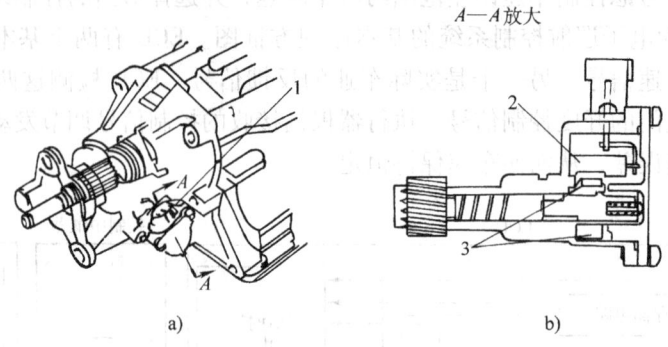

图 9-21　磁阻式传感器
1—No.1 车速传感器　2—混合集成电路（HIC）　3—磁环

磁阻元件具有一对电流电极，车速传感器的磁阻元件是由 A、B、C、D 四个元件组成，如图 9-23 所示，电源加在端子①和③上，端子②和④为磁阻元件的输出端。当通过磁阻元件的电流方向平行于磁力线方向时，电阻最大；而当电流方向与磁力线成直角时，电阻最小。当端子①和③连接在电源上，磁力线方向与水平方向平行时，A 和 C 部分电阻最大，而 B 和 D 部分电阻最小。因此，端子②和④分别为负电位和正电位，如图所示。相反地，当所产生的磁力线为垂直方向时，B 和 D 部分电阻最大，而 A 和 C 部分电阻最小，所以端子②为正电位，端子④为负电位。

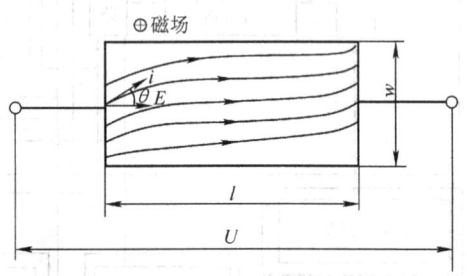

图 9-22　磁场作用下的电流分布

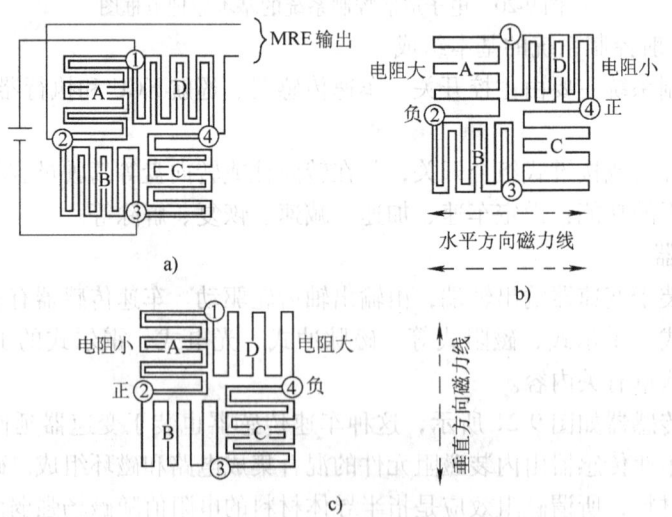

图 9-23　车速传感器的磁阻元件
a）磁阻元件电路（MRE）　b）水平方向磁力线　c）垂直方向磁力线

磁环上有 20 个磁极,当磁环旋转时,磁力线发生变化,在磁阻元件上产生交流电(图 9-24)。交流电信号经比较器变为数字信号,经晶体管 TV 倒相后送到巡航 ECU 作为车速信号。磁阻式车速传感器信号波形如图 9-25 所示。

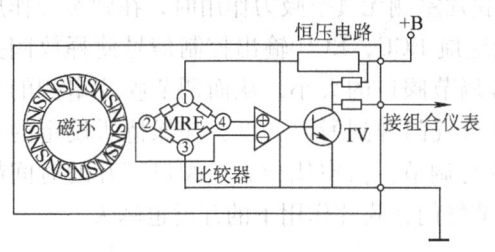
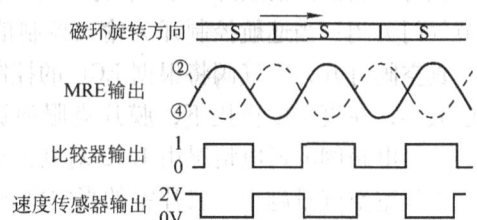

图 9-24　车速传感器电路图　　　　图 9-25　车速传感器信号波形

3. 执行器

执行器是一种将 ECU 输出的电信号转变为机械运动的装置。节气门执行器有电动式和气动式两种形式。电动式一般采用步进电动机或直流电动机控制,而气动式采用由进气支管真空度控制的气动活塞式结构。

电动式执行器如图 9-26 所示,它是由电动机、安全电磁离合器、控制臂、电位计等组成。其工作原理如下:

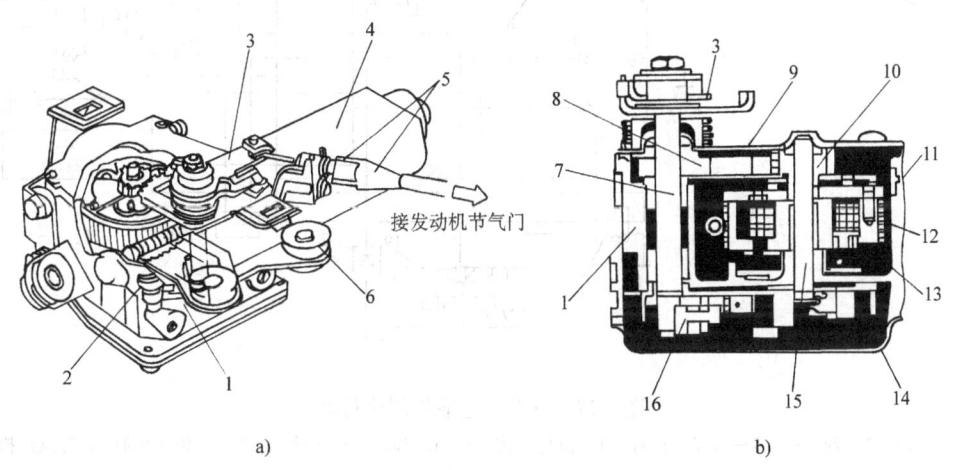

图 9-26　电动式执行器
a) 外形　b) 剖面图
1—外壳　2—电位计　3—控制臂　4—电动机　5—钢索　6—支架
7—驱动轴　8—齿轮　9—盖　10—齿轮　11—安全电磁离合器
12—电磁铁外壳　13—电磁铁线圈　14—壳体　15—转子轴　16—齿轮

当执行器接收到来自巡航 ECU 的控制信号时,接通安全电磁离合器和电动机。电动机带动控制臂移动而相应地改变发动机节气门位置。当电动机转动时,控制臂经由蜗杆、蜗轮、安全电磁离合器、齿轮和驱动轴带动转动。控制臂牵动钢索控制节气门相应地开、闭。电位计的作用是检测控制臂的旋转角度,并将控制臂的位置信号反馈给巡航 ECU。安全电磁离合器的作用是:在车速超过巡航控制期间设定的车速约 15km/h 以上,或电动机、电路发生故障和电动机锁死等情况下，能够使电动机与控制臂脱离并且关闭发动机。

气动式巡航控制执行器如图9-27所示，它是由真空膜片盒、拉线、空气电磁阀、真空电磁阀、释放电磁阀等组成。其工作原理如下：

执行器膜盒内的膜片与节气门拉索相连，当膜片室侧无真空吸力作用时，在弹簧力作用下节气门关闭；当巡航控制开关输入控制信号给巡航ECU，ECU输出控制信号使释放阀关闭、真空阀打开，空气阀将根据ECU的控制信号调节阀口的大小，从而调节膜片室侧的真空度大小，在真空度作用下，膜片克服弹簧力使节气门开到所需开度，并保持所设定的车速。空气电磁阀的通电情况由ECU对其占空比进行调节，占空比越大，阀口打开的时间越长，空气室空气量越小，膜片室的真空度越大，节气门在膜片作用下的开度也越大。

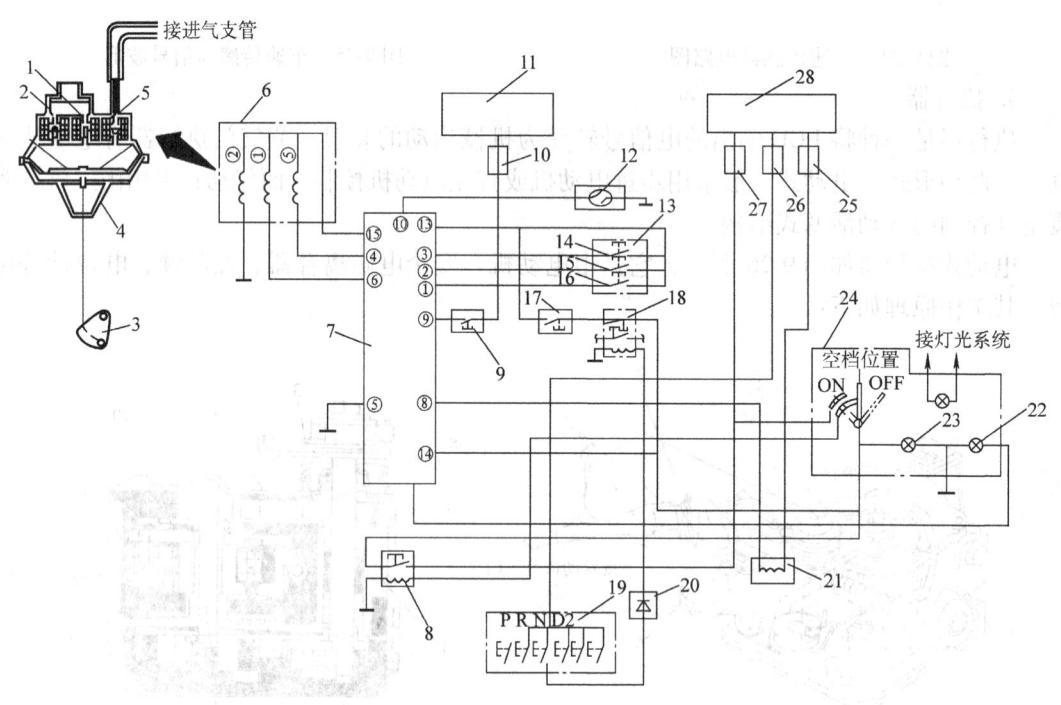

图9-27 气动式巡航控制执行器

1—空气阀 2—释放阀 3—节气门杠杆 4—执行机构 5—真空阀 6—车速自动控制(恒速控制)装置执行机构 7—车速自动控制(恒速控制)装置 8—恒速控制继电器 9—停车灯开关 10—停车灯熔断器 11—蓄电池 12—车速传感器 13—设定开关 14—加速开关 15—继续开关 16—减速开关 17—停车开关 18—控制继电器 19—控制开关 20—二极管 21—O/D(超速驱动)取消电磁阀 22—CRUISE(恒速)控制指示灯 23—"ON"(电源接通)指示灯 24—MAIN(主)开关 25—O/D(超速驱动)取消电磁阀熔断器 26—控制熔断器 27—恒速控制熔断器 28—点火开关"ON"挡或"ST(起动)"挡

4. 巡航ECU

电子巡航控制系统的重要部件是巡航ECU，它是整个系统的中枢。早期巡航控制系统的ECU多采用模拟电子技术制造，目前已不多见，本书不再介绍。

随着数字电子技术的发展，特别是大规模集成电路及微机控制技术在汽车控制方面的推广，巡航控制系统已全部采用数字式微型计算机车速控制器。图9-28所示为美国摩托罗拉公

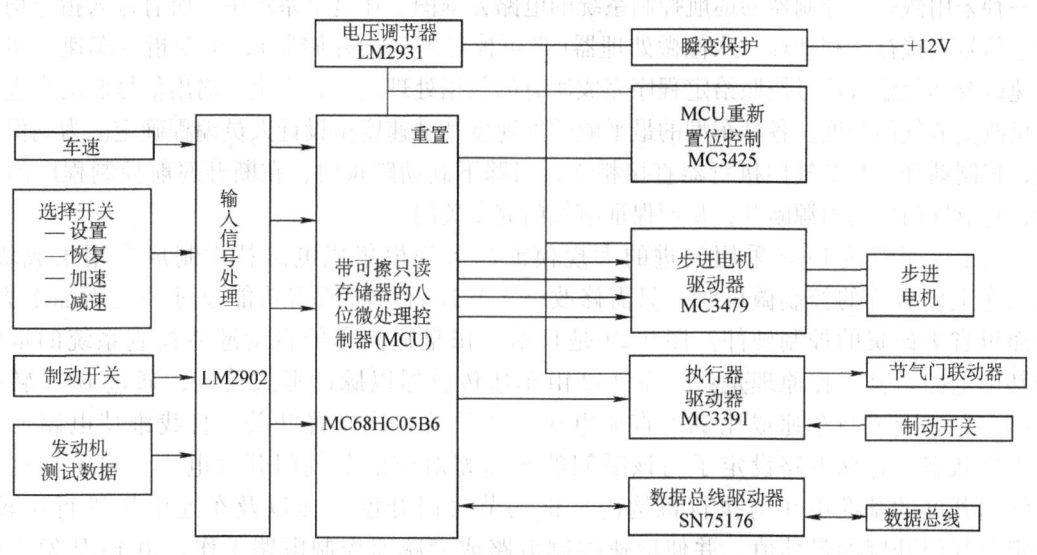

图 9-28 美国摩托罗拉公司一种采用微处理控制器的
巡航控制系统的电路方框图

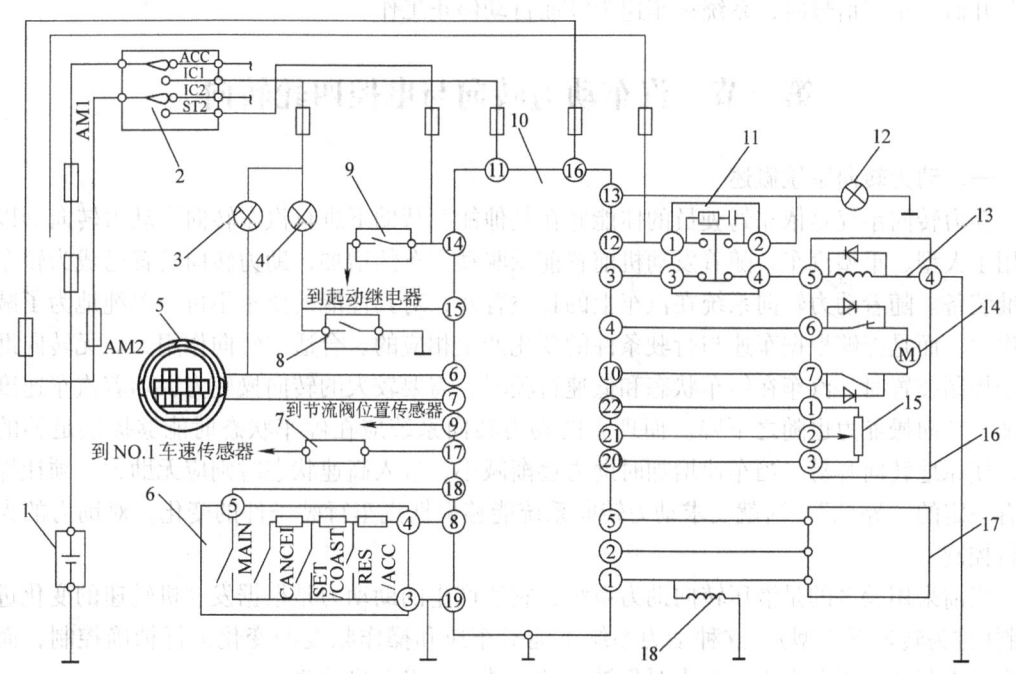

图 9-29 日本丰田皇冠汽车自动巡航控制系统的基本电路
1—蓄电池 2—点火开关 3—电源指示灯 4—制动器报警灯 5—诊断接口 6—主控开关 7—组合仪表
8—停车制动器开关 9—空挡起动开关 10—巡航 ECU 11—停车灯开关 12—停车灯
13—安全电磁离合器 14—电动机 15—电位计 16—执行机构
17—发动机和变速器 ECU 18—No.2 线圈

司一种采用微处理控制器的巡航控制系统的电路方框图。在这个系统中，所有输入指令均以数字信号直接存储和处理。八位微处理器（带可擦除的只读存储器），根据指令车速、实际车速以及其他输入信号按照给定程序完成所有的数据处理之后，产生一输出信号驱动步进电动机改变节气门开度。各种车型的最平顺的加速度和减速度由设计人员编程确定。为确保安全，将制动开关与节气门执行器直接相连，当踩下制动踏板时，在断开巡航控制程序的同时，将节气门的动力源断开，从而保证节气门完全关闭。

由于电子巡航 ECU 采用先进的大规模或超大规模集成电路技术制成专用集成块，当汽车上已有别的控制微机时，只需修改一下程序就可将所需功能通过编程附加上去，因而可省去昂贵的控制硬件。图 9-29 是日本丰田皇冠汽车的自动巡航控制系统的框图和基本电路。其工作原理是：汽车速度由车速传感器以脉冲形式检出，通过 D/A 转换电路，把它变成与车速成比例的直流电压。驾驶员一按设置开关，自我维持电路便进入工作状态，存储电路设定了与该瞬间的车速相对应的节气门开度电压。接着把这个节气门开度的基准电压与执行机构内反馈的节气门开度电压以及车速电压进行比较，决定节气门开度的最佳值，并使增速控制电路或者减速控制电路工作，由 ECU 发出指令驱动执行装置，调节节气门开度。

为了防止汽车失控，车速控制系统设置了高速和低速限制电路，当车速高于 100km/h 或低于 40km/h 时，系统自动停止工作。低速限制还有另外一个作用：若传感器有故障或电路断开而无车速信号时，系统视车速为零而自动停止工作。

第三节　汽车动力转向与电控四轮转向

一、动力转向系统概述

动力转向系统是依靠驾驶员的体能并在其他能源帮助下进行汽车转向。动力转向器以前多用于大型、重型汽车，随着发动机前置前轮驱动汽车的增加，助力转向装置已成为轿车的标准装备。随着动力转向系统在汽车上的日益普及，对其性能的要求不再是单纯地为了减轻操作力，而是能够根据车速与行驶条件的变化产生相应的、合适的转向作用力。无转向助力电子控制装置时，汽车在停车状态和低速行驶时，需要较大的转向操舵力，随着汽车速度的增加，转向操舵力也随之下降。而理想的动力转向系统应在停车状态时能够提供足够的助力，使原地转向容易，当车速增加时助力逐渐减小，进入高速状态时则应无助力，须让操纵者有一定的"路感"。这就要求动力转向系统能够根据汽车行驶条件的变化，对助力的大小实行控制。

当前采用较多的是液压转向助力系统，它所产生的助动力是根据发动机转速的变化进行控制（称为转速感应型）。这种动力系统不能对车速和操作频度的变化进行精确控制，而且作为动力源的液压泵在无需助力时仍被驱动，消耗了发动机功率。

为了提高控制精度、节省能源，各国都在研制新型动力转向系统，并在一些汽车上得到应用。新型转向助力系统多采用微机控制，因而又称为电控动力转向系统。其优点在于：控制方式简单、可靠，控制精度高，成本低，质量小。电控动力转向系统能在汽车低速运行时减小转向操舵力，当汽车高速行驶时，系统能保证最优控制传动比和稳定的手感，从而提高高速行驶时的稳定性。

二、电子控制电动—液压式动力转向系统

电子控制电动—液压式动力转向系统是用由 ECU 控制的电动—液压泵取代由发动机驱动的液压泵工作。由于采用 ECU 控制电动—液压泵,因而能够根据汽车行驶状态,在需要助力时,才使液压泵进行工作;同时,根据车速和转向角的变化,使驾驶员感受到转向力的变化,以增强"手感"。它与普通液压动力转向系统比较,减少了发动机功率的损耗。电子控制电动—液压动力系统如图 9-30 所示。

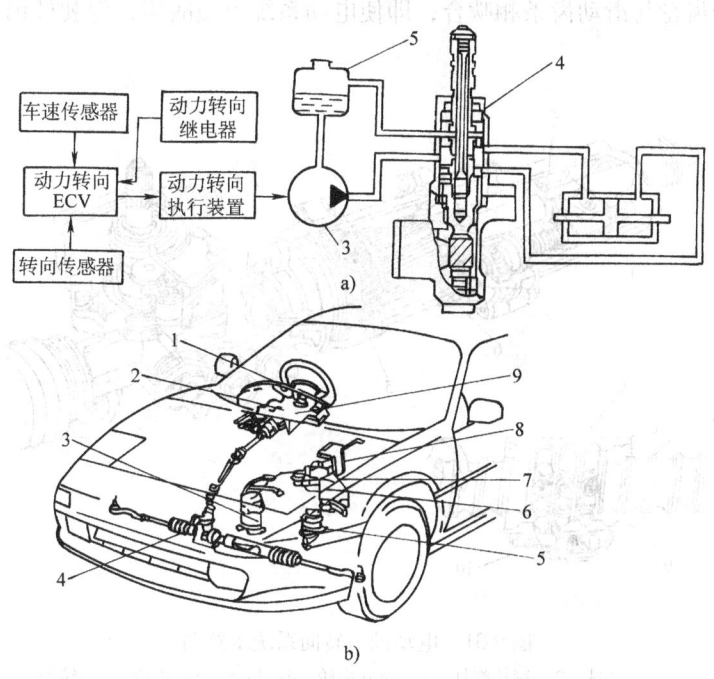

图 9-30 电子控制电动—液压动力转向系统
a)装置图 b)零件布置图
1—转向传感器 2—车速传感器 3—叶片泵(液压泵和电动机总成)
4—转向齿轮机构 5—储液罐 6—动力转向执行装置
7—动力转向继电器 8—动力转向 ECU 9—报警灯

系统的具体工作过程是:ECU 根据转向器内的转向角度传感器输出的转角信号和车速信号进行判断,选择预先设定的工作模式,ECU 再根据选定的工作模式发出指令驱动电动机,液压泵提供必要的油压至转向助力液压缸,以实现助力转向。

汽车在工作状态时应根据各传感器的信号,实现以下功能:

1) 市区道路行驶时,转向盘转向操作轻便自如。
2) 郊区道路行驶时,转向盘转向轻便,以减轻中速行驶的疲劳程度。
3) 转弯或在连续弯道行驶时,转向盘上的"手感"应与路面一致。
4) 高速行驶时,转向盘应沉稳,以提高稳定性和安全感。

另外,在系统出现异常时,应能够进行故障诊断并备有失效安全保护机能。一旦控制系统出现故障,手动系统仍能确保转向机能。

这种转向系统结构紧凑,电动—液压泵可装在发动机以外的任何部位,但由于伺服电动

机的功率较小,所以仅适用于排量不大的轿车。

三、电子控制电动式转向系统

电子控制电动式转向系统不再使用液压装置,完全依靠电动机实现动力转向,使结构更加紧凑,图9-31所示为一种电动助力转向系统示意图。该系统中,齿条导向壳内装有电动机,转向齿条穿过电动机的空心转子,电动机转速由齿轮减速后,使滚珠螺杆转动。由于钢球的循环作用,将滚珠螺杆的旋转运动通过滚珠螺母转换为带动齿条左、右移动的推力。这种结构由于传动齿轮与滑动齿条相啮合,即使电动系统出现故障,驾驶员仍可通过齿轮齿条机构实现转向。

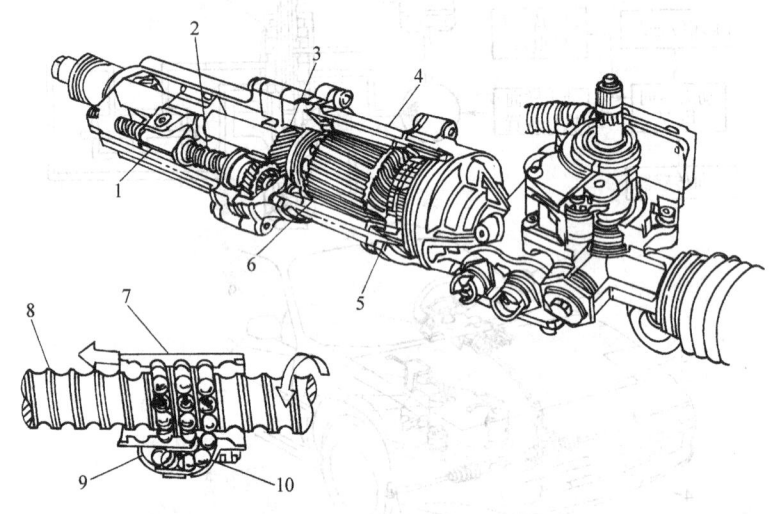

图9-31 电动助力转向系统示意图
1—循环球 2—滚珠螺杆 3—螺旋齿轮 4—拨叉 5—电刷 6—转子
7—螺母 8—滚珠蜗杆 9—导管 10—钢球

该系统利用转向轴扭力杆的小齿轮部位的传感器,检测转向扭矩和转弯速度,再根据汽车速度传感器的信号,由ECU计算出最佳推动力后发出控制指令,控制齿条轴上的电动机工作。电动机的工作电流较大,要借助动力装置中的场效应晶体管,对电动机电流进行数字控制。

图9-32所示为另一种电子控制电动转向系统。执行部分由电动机、离合器与减速器构成一体,通过橡胶底座安装在车架上。电动机输出的转矩经减速器增扭,由万向节传递给辅助转向器小齿轮,向转向齿条提供助推转矩。系统中以转矩传感器、转向角传感器和车速传感器作为助力转矩的信号源。转矩传感器和转向角传感器安装在转向器中,车速传感器安装在仪表盘内。

1. 转矩传感器

转矩传感器的功用是测量转向轮一侧小齿轮轴上的负载转矩。测量原理是当操作转向盘时转向轴将产生扭转变形,其变形的扭转角与转矩成正比,所以只要测定扭转角大小,即可知道转向力的大小,即转矩是利用测量扭转角而间接测量的。

1) 电位计式转矩传感器的结构如图9-33所示。转向轴通过扭杆与转向齿轮连接,转向轴上装有滑环,滑环的一端装有电位计。由操纵力矩引起的扭杆的扭转角位移经转换成为电

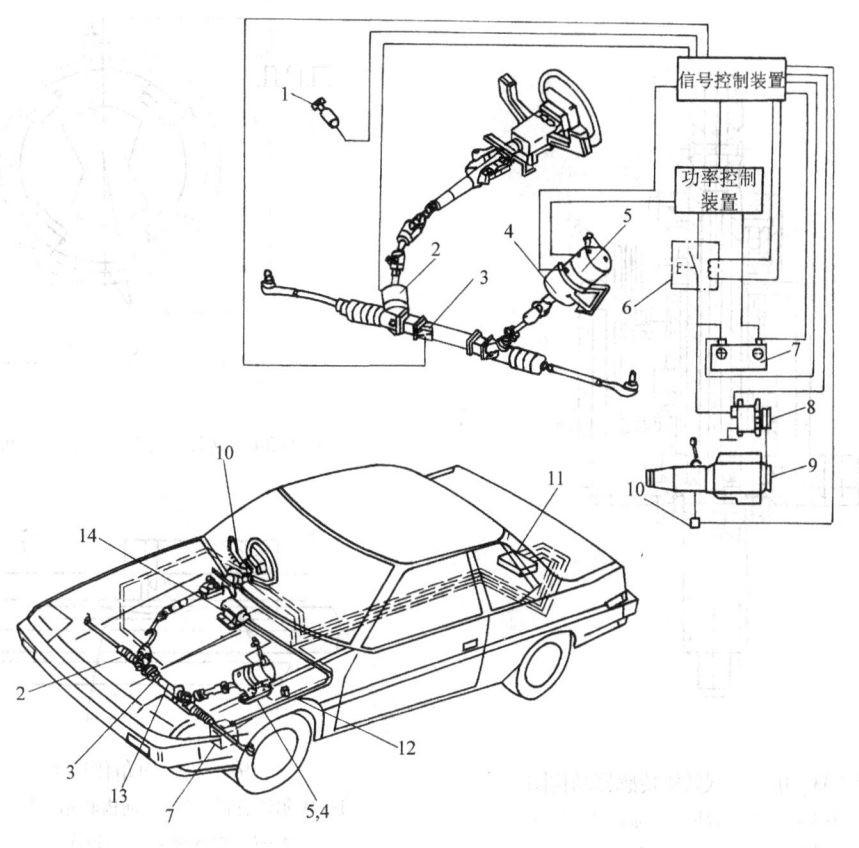

图 9-32 电子控制电动转向系统

1—点火起动开关 2—转矩传感器 3—转向角传感器 4—离合器减速器 5—电动机
6—继电器 7—蓄电池 8—发电机 9—发动机 10—车速传感器 11—信号控制装置
12—电动机继电器 13—转向器 14—功率控制装置

位计的电阻变化,这个电信号经滑环传递出来作为转矩信号。

2)图 9-34 所示是转矩传感器的工作原理图,其定子与转子均用磁性材料制成,形成闭合磁路;线圈 L_1、L_2、L_3、L_4 分别绕在定子极靴上,接成桥式回路,a、b 为电桥的两输入端,c、d 为两输出端。

在电桥的 a、b 端加入脉冲电压 U_i,当转向轴上无转矩时,其转角为零,转子与定子之间的相对转角也为零,此时转子处于图 9-34 所示位置,其纵向对称面与定子 L_1、L_2、L_3、L_4 的对称面重合,每个极靴上的磁通量相同,电桥处于平衡状态,c、d 两端输出为零,即 $U_o = 0$。

当转动转向盘时,转向盘扭杆产生扭转变形,使转子与定子之间产生角位移,于是 L_1、L_3 之间的磁阻增大,L_2、L_4 的磁阻减小,各线圈磁通产生差异,电桥失去平衡,c、d 间有电压输出。在转角较小的情况下,U_o 与 θ 角成正比。

2. 转向角传感器

转向角传感器有光电式传感器和霍尔式传感器等。转向角传感器可根据齿条的位移量和位移方向测出转向角。图 9-35 所示传感器由啮合在齿条上的磁铁和固定在转向机上的磁性

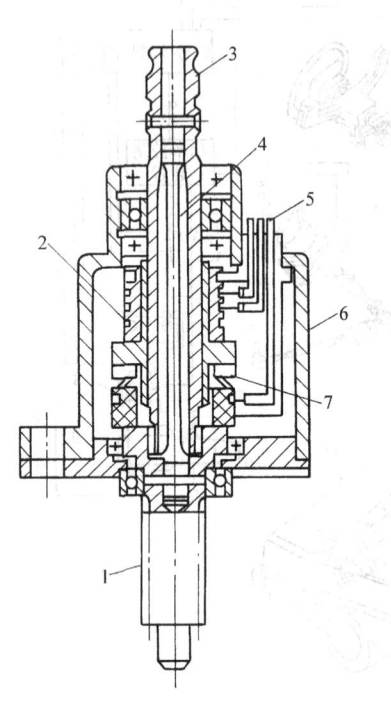

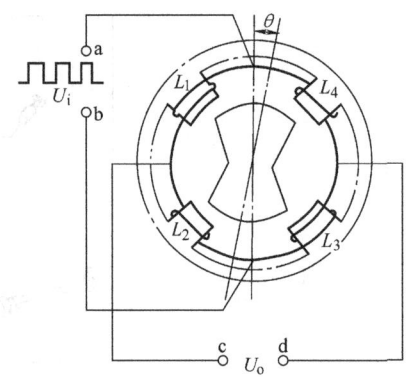

图 9-34 转矩传感器的工作原理图

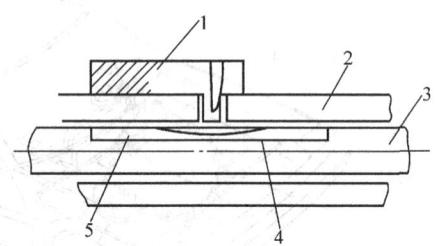

9-35 转向角传感器
1—霍尔传感器 2—转向齿轮箱 3—齿条轴
4—磁铁（S极） 5—磁铁（N极）

图 9-33 电位计式转矩传感器结构图
1—小齿轮 2—滑环 3—轴 4—扭杆
5—输出端 6—外壳 7—电位计

控测用霍尔传感器组成，齿条移动所引起的磁通密度和极性的变化，由霍尔元件转换为电信号输出。

3. 电磁离合器

电磁离合器用来传递助力转矩，按 ECU 的指令及时接通和断开辅助动力。图 9-36 所示为单片式电磁离合器工作原理图。主动轮随电动机轴一起转动，来自控制装置的控制电流从滑环输入离合器磁化线圈，于是主动轮上产生电磁吸力，吸引装在花键上的压板移动并压紧主动轮，电动机的动力经主动轮、压板、花键、从动轴传到转向执行机构。

随着转速的提高，转向操纵力矩应减小，因而离合器设定了一个工作范围，当车速高过 30km/h 时，电磁离合器停止工作。另外，当电动机停止工作时，为了不使电动机和离合器的惯性影响转向系工作，离合器在 ECU 的控制下及时分离；当电动机停止工作时，离合器也会自动分离，此时可用手动操纵转向。

4. 控制系统

如图 9-37 所示，控制系统由传感器、输入接口、ECU、输出接口、驱动电路、执行器（助力电动机与电磁离合器）、反馈电路等组成。系统的输入信号，除了转矩、转向角和车速这三个

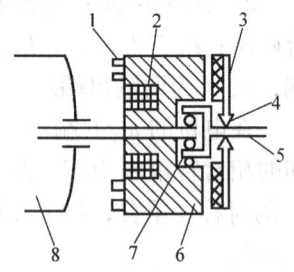

图 9-36 单片式电磁离合器工作原理图
1—滑环 2—线圈 3—压板
4—花键 5—从动轴 6—主动轮 7—滚珠轴承
8—电动机

控制助力转矩所必需的参数外,还有电动机电流、动力装置温度、蓄电池端电压、起动机开关电压和交流发电机电枢端电压等输入信号。

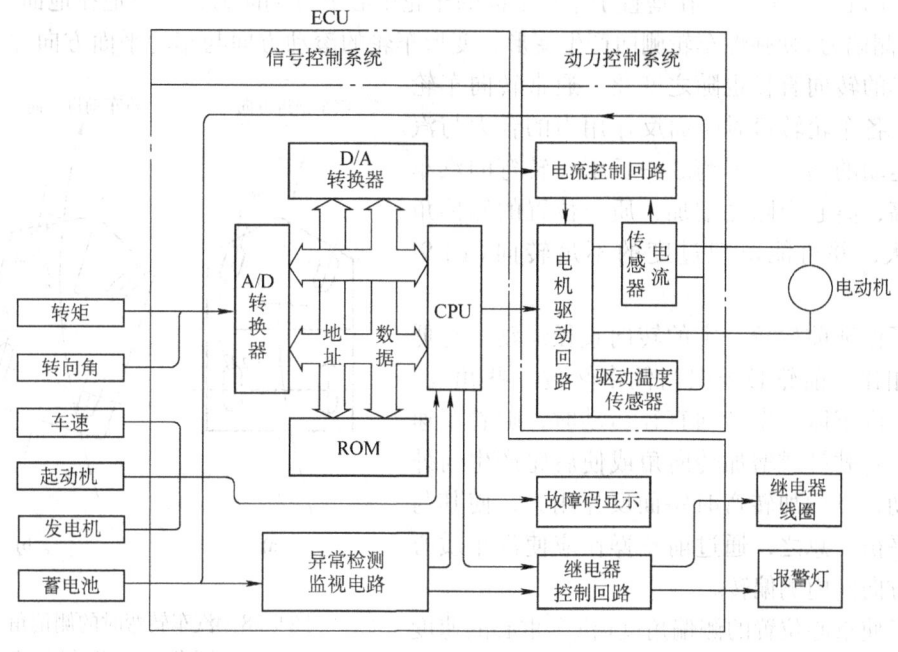

图 9-37 控制系统的组成

控制电路的核心是一个具有 256 个字节 RAM 的 8 位单片机。外围电路包括一个 10 位 A/D 转换器,一个 8 位 D/A 转换器和一个 8KB 的 ROM。

助力转矩控制信号流程如下:转矩和转向角信号经过 A/D 转换器后输入 ECU,ECU 根据这些信号和车速计算出最优化的助力转矩。控制器把输出的数字量经 D/A 转换器转换为模拟量,再将其输入电流控制电路。电流控制电路将来自 ECU 的电流命令值同电动机电流的实际值进行比较,并生成一个差值信号。该差值信号被送到电动机驱动电路,该电路可驱动动力装置并向电动机提供控制电流。

在以下三种情况发生时,仪表板上的故障灯将被点亮,同时也将点亮信号控制器上的故障代码显示灯:①蓄电池电压过低;②检查电路、电源装置短路;③检查电路、时钟监督电路和其他检查电路(硬件)或由 ECU 检测出一个故障。

四、电子控制四轮转向系统

1. 电子控制四轮转向系统概述

近年来,为了使汽车具有更好的操纵稳定性,一些汽车在后轮上也采用了相位可变(转向)系统。转弯时,如保持汽车前轮转向角不变,汽车将进入等速圆周运动。但由于其他方面的干扰,汽车的"等速圆周运动"在实际中不易出现。人们已经习惯于在低速转弯时具有中性转向,在高速时具有不足转向特性的汽车,这样才能保证操纵稳定性。但在汽车设计时,很难同时兼顾到这两方面。四轮转向系统正是为了满足汽车在以不同车速转弯时能够得到稳定的转向性能,使四轮的转向相位根据不同车速而变化,以满足各种车速转向特性的要求,保证操纵稳定性和转向行驶的安全性。

汽车转向时，由于侧向力的存在和轮胎的侧偏特性，一般情况下（除车速极低）车轮平面与汽车行进速度方向并不一致。通常，车速越高，转向直径越大。图9-38所示汽车转弯时，由于离心力的作用，在垂直于车轮平面的车轮中心上有侧向力，相应地在地面上产生反作用力（侧偏力）使弹性车轮侧向产生变形，变形车轮的滚动方向与车轮平面方向并不一致，因而汽车的转向直径也随之变化。通常转向车轮转向时，各车轮转弯时路面反作用力的合力与汽车圆周运动的离心力平衡。一旦正在转弯的汽车车速提高，离心力随之增加，质心位置的侧偏角必然增大，并可能出现过度的不足转向（图9-38b）。

为了保证前轮按一定的转向直径运动，与低车速时相比，前轮必须向内侧多转过一些角度。换言之，汽车以一定转向直径运动时，随着车速的增加，驾驶员或增加转向角或使后轮产生向外侧的运动，以增加转弯时路面反作用力，使其与离心力平衡。总之，通过前轮操作应使汽车质心的运动方向向内侧偏转。

为了使重心位置的侧偏角度（汽车重心的速度方向与汽车纵向轴线之间的角度）为零，让后轮向转弯内侧偏转一定角度，使具有侧偏角的后轮行进方向与转向圆一致。亦即在高速行驶转弯时，后轮应具有同前轮同向的转向角度（图9-39）。

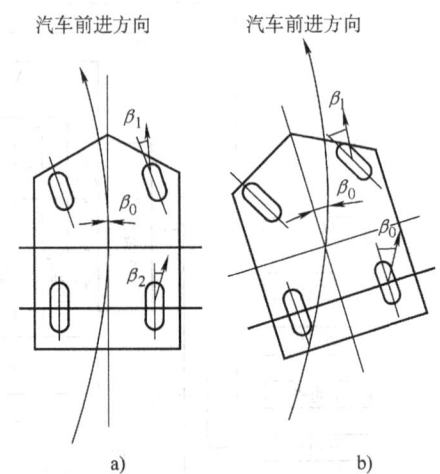

图9-38　汽车转弯时的侧偏角
β_1—前轮侧偏角　β_2—后轮侧偏角
β_0—汽车重心位置侧偏角

目前各种汽车上所采用的四轮转向系统差别很大，有采用后悬架衬套变形使后轮向内侧偏转的从动式四轮控制系统，有转向操作角度应动式机械系统，有车速感应式电—液系统，有机电式系统等。

2. 四轮转向系统工作原理

（1）工作原理　四轮转向系统（4WS）的汽车，就是为了使车轮转向与车身行进方向最大限度地保持一致，而让后轮也具有适当的转向性能。目前的四轮转向是在前轮转向的基础上，附加后轮转向而形成的。四轮转向中，附加后轮转向的形式有：比例于前轮转向角的后轮转向、比例于

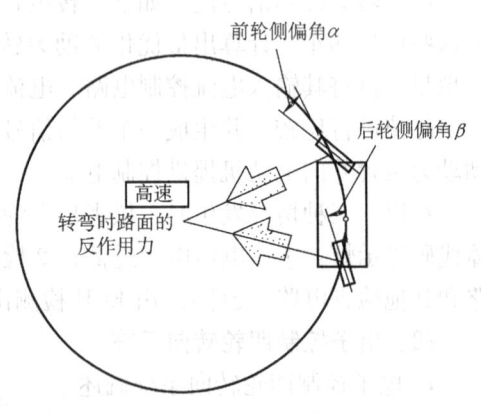

图9-39　高速转弯时侧偏角变化示意图

前轮转向力的后轮转向、比例于横摆角速度的后轮转向等。下面以比例于前轮转向角的后轮转向为例，说明电控四轮转向的控制原理。

研究成果表明，为了使等速圆周运动时的侧偏角为0°，即车辆行驶方向与车辆方向一致，后轮对前轮的转角比 k 为

$$k = \frac{l_r - \dfrac{ml_f}{2lK_r}v^2}{l_f - \dfrac{ml_r}{2lK_f}v^2}$$

式中　l_r——汽车质心到后轮中心的距离；
　　　l_f——汽车质心到前轮中心的距离；
　　　l——汽车前、后轮中心的距离；
　　　K_r——后轮侧偏刚度；
　　　K_f——前轮侧偏刚度；
　　　v——车辆速度。

比例常数 k 随车辆行驶速度变化(图9-40)，k 值为负时，表示前、后轮转向相反(称为逆相)；k 值为正时，表示前、后轮转向相同(称为同相)。

由图9-40可知，低速时为逆相，随着车速的升高，超过某一车速后，需要变为同相。下面以日本马自达4WS系统为例，说明上述研究成果在后轮转向控制中的应用。

车速感应式4WS系统是指汽车从低速到高速转弯的过程中，随着车速和前轮转向角的变化，前、后轮的转向角度的比值(转向比)也随着变化，使汽车总是保持通常状态下转弯时的行驶特性。马自达的4WS系统要求：车速在35km/h以下时，前、后轮向相反方向转向(逆方向,逆相)；车速在35 km/h 时只有前轮转向；当超过35km/h时，前、后轮转向方向相同(同方向,同相)的特性。其目的是：

1) 提高高速直线行驶的稳定性。
2) 使车道变更容易。
3) 保持转弯力平衡。
4) 低速时转弯半径小。

(2) 马自达(MAZDA)公司的4WS系统　这种4WS系统构造如图9-41所示。它主要由前轮动力转向系统、后转向系统控制箱及动力缸、后转向传动轴、动力泵、两只车速传感器、进行信息处理和发出控制命令的ECU等构成。在后转向系统控制箱内还装有受ECU信号驱动的使后轮相位作相应变化的相位控制机构。

这种转向系统，对应前轮的转向角度，后轮的转向比随车速变化。例如，前轮保持一定的转向角，逐渐提高车速，首先车轮出现逆向变化，随车速接近35km/h，逆向角度逐渐减少；到35km/h时后轮转向角度为0°。当车速超过35km/h，后轮转向与前轮方向相同，其角度随车速上升逐渐增加。后轮最大转向角与

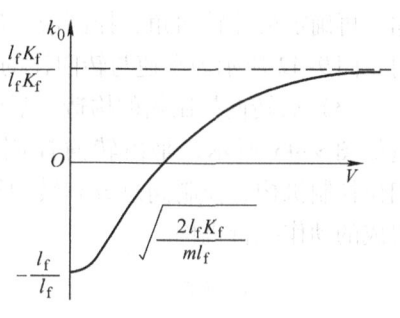

图9-40　使侧偏角为0°时的转角比与车速的关系

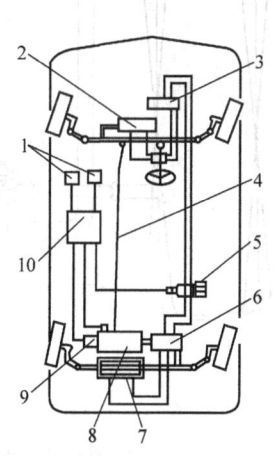

图9-41　马自达4WS系统构造
1—车速传感器　2、8—动力缸
3—动力泵　4—后转向传动轴
5—电磁阀　6—控制阀　7—后转向控制箱　9—步进电动机
10—ECU

前轮最大转向角按一定比例关系确定。马自达后轮最大逆相位与同相位转向角同设定为5°。

另外，车速在35km/h以上保持一定且转向角度很大时，后轮也具有自动选择适当增加转向角的特性。

下面进一步以汽车右转弯进行说明：

1）当转向盘向右转，首先前轮转动，其转向的角度通过后轮转向传动轴传给后转向控制箱内的相位控制机构。

2）与此同时，两只车速传感器将车速信号送到ECU，通过最佳控制运算，输出驱动信号至后转向控制箱内的步进电动机，使相位控制机构动作，以达到与车速相适应的转向角度。

3）相位控制机构是将步进电动机所得到的转向角与转向传动轴送来的前轮转向角的量相叠加，再确定最佳转向角，控制液压缸实现后轮转向。图9-42所示为车速与转向比的关系曲线。

（3）后转向控制箱的构造　后转向控制箱构造如图9-43所示，是由转向控制步进电动机、相位控制机构、控制阀总成和转向助力液压缸等组成的动作执行机构。

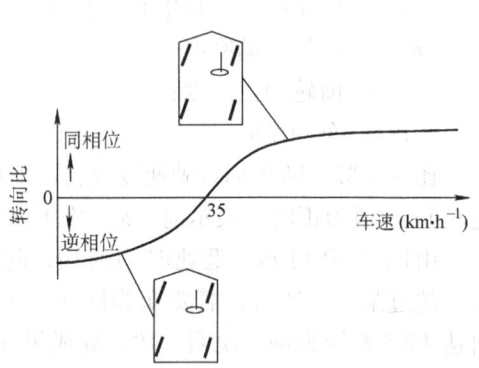

图9-42　车速与转向比的关系曲线

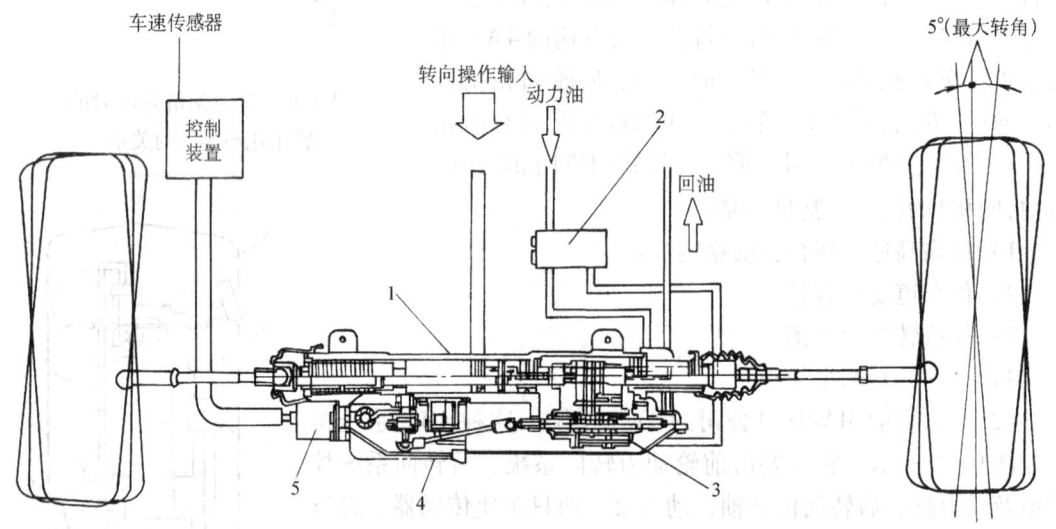

图9-43　后转向控制箱构造

1—转向助力液压油缸　2—电磁阀　3—控制阀　4—相位控制机构　5—步进电动机

1）相位控制机构的构造如图9-44所示，由步进电动机、转向比扇形齿轮、转向锥齿轮、控制杆以及控制阀等组成。扇形齿轮由步进电动机驱动，以确定转向比，锥齿轮由转向盘操纵，控制杆贯穿锥齿轮的偏心孔，一端通过球节与扇形齿轮上的摇杆连接，另一端接在控制滑阀杆上。

2）相位控制机构的动作如图9-45所示。

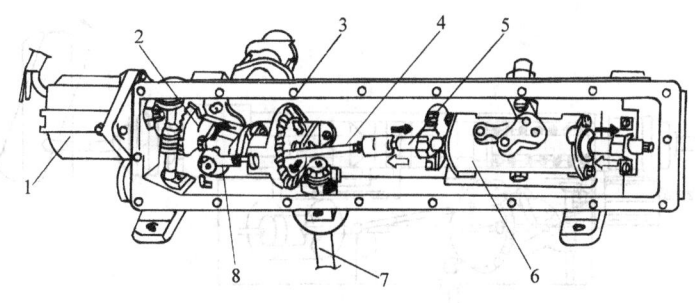

图 9-44 相位控制机构的构造
1—步进电动机 2—扇形齿轮 3—锥齿轮 4—控制杆 5—控制滑阀杆
6—控制阀体 7—后转向输入轴 8—铰接臂

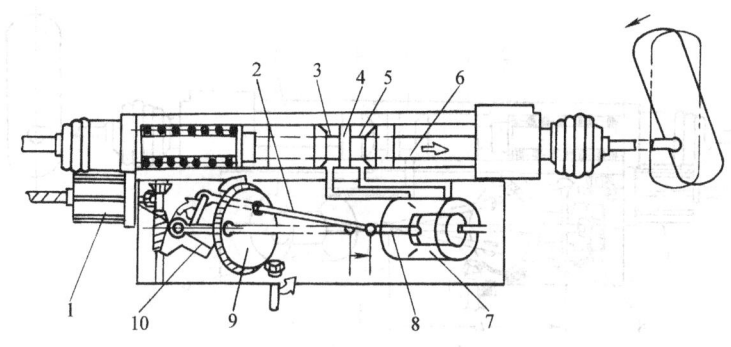

图 9-45 低速、逆相位控制机构的动作
1—步进电动机 2—控制杆 3—左室 4—动力活塞 5—右室 6—动力推杆
7—控制阀 8—控制滑阀杆 9—锥齿轮 10—扇形齿轮

① 当车速低于35km/h右转弯时,步进电动机驱动扇形齿轮向右侧转动;这时,转向盘向右旋转,锥齿轮沿箭头所指方向转动,贯穿其间的控制滑阀杆随之运动,如图上双点划线所示。由于扇形齿轮处在倾斜状态,控制滑阀杆连接的控制杆向右侧移动,控制阀变换油路,压力油进入左侧液压缸。由于动力活塞与动力推杆一体,进入左液压缸的压力油推动活塞向右移动,使后轮向左偏转,与前轮形成相反的转向。

在这种状态下,车速上升时,步进电动机使扇形齿轮沿图9-46所示的方向移动,锥齿轮保持不动,则控制杆及控制滑阀杆向左移动,后轮的转向角度减小,从而得到与车速相适应的转向比。

② 当以车速35km/h转弯(图9-47)时,转向盘左右转向时,尽管锥齿轮左右转动,但图中控制杆的长度不变,控制阀不会左右切换油路,从而使后轮处于中立位置。

③ 当以高于35km/h车速转弯时,扇形齿轮在步进电动机驱动下逆时针转动,如图9-48所示,向右转动转向盘,锥齿轮按箭头所指方向旋转,控制杆和控制滑阀向左运动实现油路切换,压力油被送入右液压缸。活塞在压力作用下向左移动,活塞杆推动后轮与前轮同向偏转。

当车速上升时,步进电动机驱动扇形齿轮进一步偏转,控制阀再向右缸供油,后轮的转向角增加。

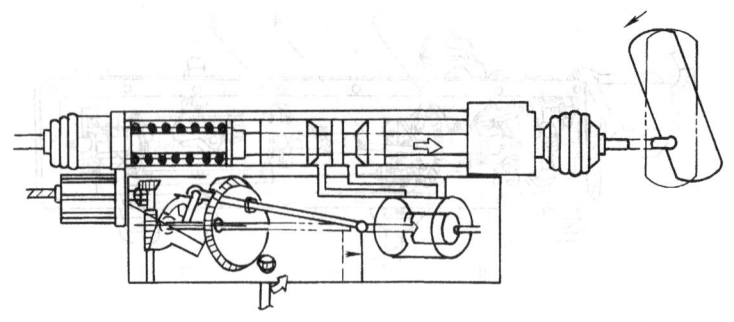

图 9-46 扇形齿轮与控制杆的运动

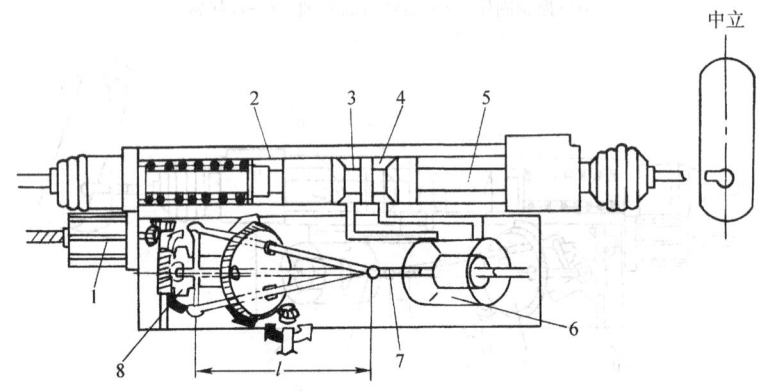

图 9-47 35km/h 时控制机构的动作
1—步进电动机 2—液压缸 3—左室 4—右室 5—动力推杆
6—控制阀 7—控制滑阀杆 8—扇形齿轮

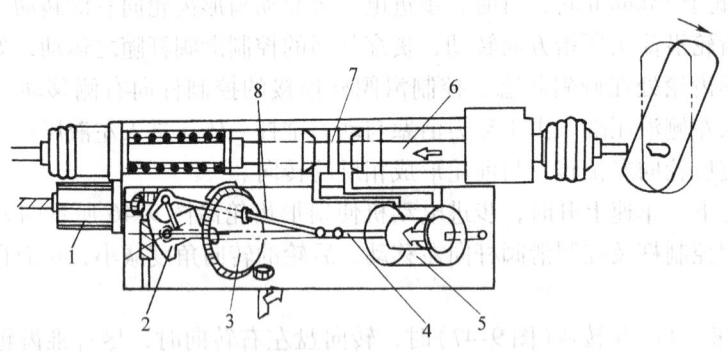

图 9-48 高速、同相位时控制机构的动作
1—步进电动机 2—扇形齿轮 3—锥齿轮 4—控制滑阀杆 5—控制阀
6—动力推杆 7—动力活塞 8—控制杆

（4）执行机构的构造与动作　执行机构如图 9-49 所示。转向盘转动时，控制滑阀或向左或向右移动，使装于活塞杆上的阀体与活塞杆一同移动。由于后轮负荷和弹簧力的作用，活塞杆并非简单移动。控制输入杆移动使弹簧压缩，滑阀移动，其移动量与输入量相同，从

而切换阀体上的油路。

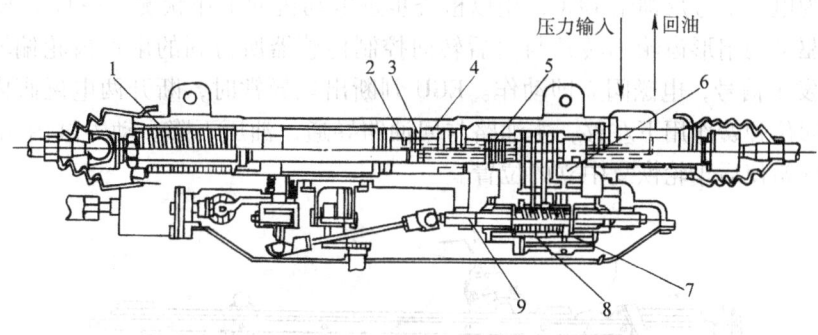

图 9-49 后轮执行机构
1—回位弹簧 2—左室 3—动力活塞 4—右室 5—动力活塞杆
6—滑阀 7—控制阀回位弹簧 8—滑阀 9—控制滑阀杆

油路切换，左或右缸在压力油作用下活塞杆移动，实现后轮转向。当转向盘停止转动，滑阀随即停止移动，但油路仍处于接通状态，活塞杆与阀体继续前移，直至滑阀达阀体中立位置将油路切断，活塞杆停止运动。其工作原理与普通的动力转向器基本相同，不再赘述。

(5) 失效保护机构　失效保护是指在油压系统或电控系统出现异常时，可由四轮转向系统换为二轮转向系统，以确保行驶的安全性。

1) 如图 9-50 所示，当油压系统出现异常时，如液压泵工作不良、油液泄漏、传动带断裂等引起动力下降时，失去液压助力，活塞杆在弹簧作用下，强制使后轮恢复到中间位置。

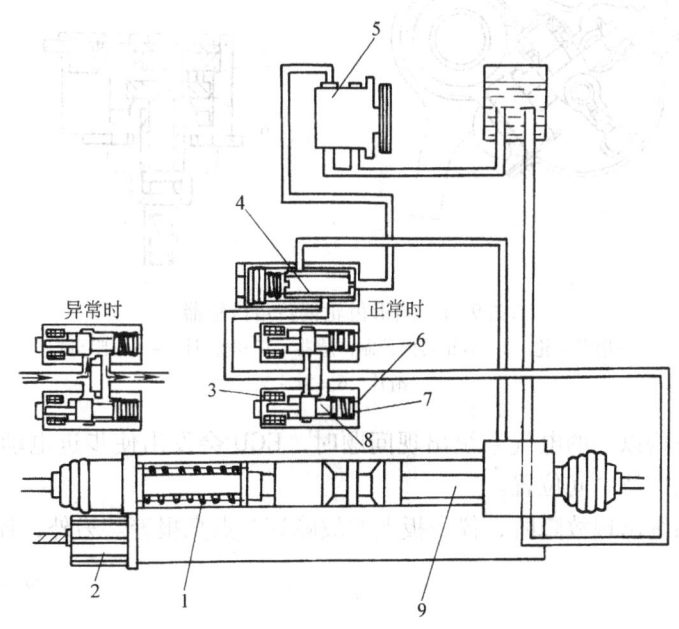

图 9-50 动力控制系统
1—回位弹簧 2—步进电动机 3—磁化线圈 4—滤清器 5—动力泵
6—电磁阀 7—弹簧 8—动力活塞杆 9—动力推杆

2）如图 9-51 所示，相位控制机构内的扇形齿轮一侧的后转向控制传感器，把扇形齿轮的转角转换为电压信号反馈给 ECU，用以检查步进电动机的工作状况。一旦由 ECU 确定的步进电动机驱动的扇形齿轮偏转角与由后转向控制传感器所得到的扇形齿轮偏转角度不一致，ECU 便发出信号，电磁阀立即动作。ECU 判断出现异常时，断开两电磁阀内线圈的电流，滑阀在回位弹簧作用下左移，主油路与回油路导通，油压下降。动力缸内无助力油压，活塞杆上的弹簧使后车轮恢复中立的位置。

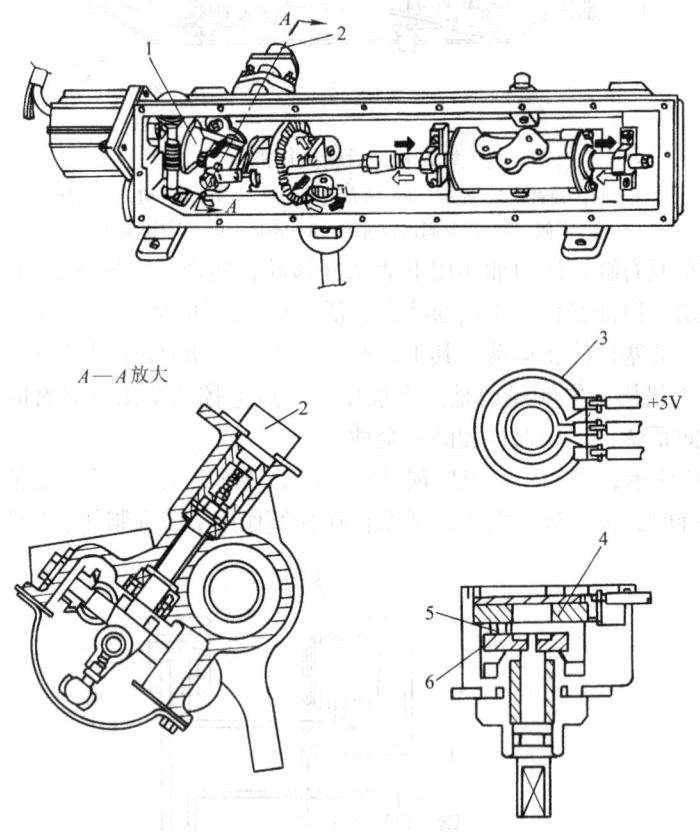

图 9-51　扇形齿轮偏转角传感器
1—扇形齿轮　2—后轮转向控制传感器　3—电位计　4—电阻滑板
5—滑片　6—滑片架

当相位控制机构以外的电气系统出现问题时，ECU 会发出使步进电动机恢复中间位置的指令，以使后轮保持中间位置。

当四轮转向系统出现故障时，仪表板上的故障灯会点亮报警。另外，控制系统还具有故障诊断功能。

第四节　横向稳定控制系统

车辆的横向稳定控制系统又称为电子稳定控制程序（ESP），控制系统的形式繁杂，名称也很多。但控制方式无外乎以下三种：①干预发动机管理系统，降低发动机的转矩（功率）

等；②干预驱动力的分配；③干预制动力的分配。

一、车辆稳定控制系统

车辆稳定控制系统（VSC）借助防抱死制动系统和牵引力控制系统对加速度、减速度等优化控制的原始功能，通过降低发动机转矩，和将制动力作用于一个或多个车轮，使转向能力得到改善，并确保车辆稳定，实现或接近驾驶员的理想行车轨迹。图9-52是具有VSC稳定控制系统的车辆转向行驶情况。

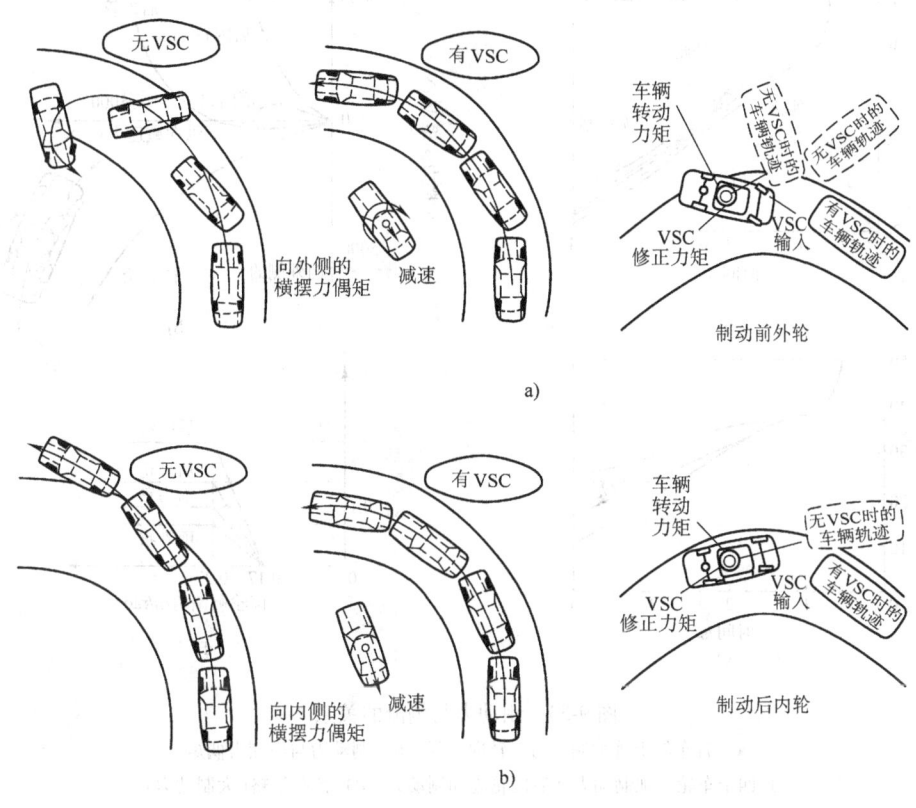

图 9-52 车辆稳定控制系统的作用
a) 抑制后轴侧滑 b) 抑制前轴侧滑

当出现大侧向加速度和大侧偏角的极限工况下，车辆稳定控制系统利用左右两侧制动力差产生的力偶矩来防止侧滑现象。从而防止弯道行驶中因前轴侧滑而失去路径跟踪能力的驶出，和因后轴侧滑甩尾而失去稳定性的激转等危险工况。

1. 后轴侧滑

当后轴将出现侧滑时，形成过多转向，在前外轮上施加制动力，产生一向外侧的横摆力偶矩，即可防止后轴侧滑（图9-52a）。

2. 前轴侧滑

当前轴要出现侧滑时，需要一个适度的向内侧的横摆力偶矩，同时还应对汽车施加纵向减速力（图9-52b）。由图9-53a可知，若施加较小的制动力，则制动力施加在内后轮上效果最好，当然也可通过制动前内轮或后外轮获得向内侧的横摆力偶矩（图9-53b）。若需要获得较大的制动力时，则需要合理地将制动力分配到每个车轮，以求获得恰当的横摆力偶矩和总的制动力,从而提高路径跟踪能力。图 9-53c 为四个车轮施加制动力和后内轮作用制动力的效果比较,四个车轮均进行制动控制的控制策略,如图 9-53d 所示。图 9-54 为四轮制动控制在戴姆勒—克莱斯勒公司测控一体化(SBC)中的实际应用效果,SBC 系统由 ECU、轮速传感器、转向角传感器、踏板行程传感器等组成,制动系统由 ECU 控制。需要指出的是,每个车轮的控制强度由前轮侧偏角决定。

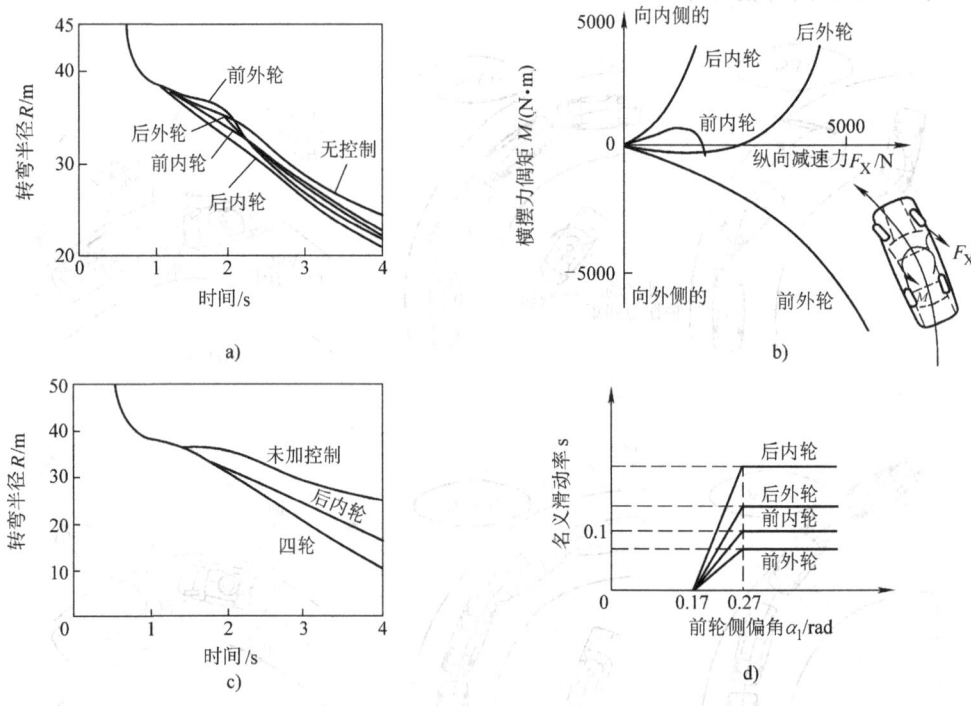

图 9-53 制动力与侧滑的关系
a) 各车轮上施加制动力与转向半径 b) 制动力与横摆力偶矩
c) 四个车轮施加制动力和后内轮施加制动力 d) 控制策略(大制动力)

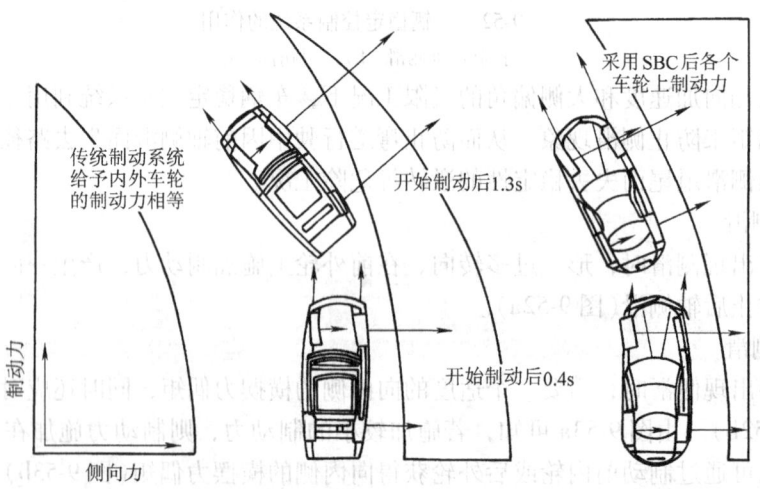

图 9-54 SBC 的作用

二、车辆稳定控制系统与其他系统的关系

图 9-55 是各车辆稳定性控制系统的工作关系图。由图可知，4WS 的有效工作区在轮胎附着圆的中心部位，即侧向力、纵向力较小的轮胎特性线性工作区内。牵引力控制（TCS）的有效工作区是最大驱动力附近的极限区域；防抱死制动系统（ABS）的有效工作区是最大制动力附近的极限区域；车辆稳定控制系统（VSC）的有效工作区是最大侧偏力附近的极限区域。TCS、ABS、VSC 均工作在较大地面反作用力的轮胎特性非线性工作区内。

三、其他横向稳定控制系统

1. 车辆动力学控制系统

Bosch 公司开发的稳定控制系统为车辆动力学控制系统（VDC, Vehicle Dynamics Control System）。系统根据转向盘角度、加速踏板位置与制动力油压来判断驾驶员的行车意图；依据汽车横摆角速度、侧向加速度判断汽车的真实行驶状况；通过调节发动机转矩、控制左右车轮制动力差形成横摆力偶矩和汽车总制动力，操纵汽车行驶接近驾驶员的行车意图。

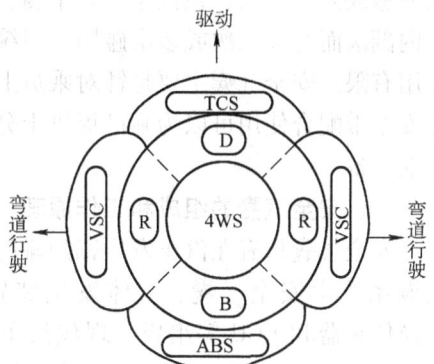

图 9-55　各车辆稳定性控制系统的工作关系图

2. 电控前后驱动力分配系统

由于切向力对轮胎侧偏特性的影响，当车辆为前驱动时有较强的不足转向，转换成后驱动后，由于过多转向量增加，使原车辆的不足转向明显减弱。以前轮为例说明原因：在驱动轮的切换过程中，汽车前轮的驱动力下降，侧偏刚度提高，侧偏角减小，有过多转向的增加量，因而转变了原来的转向特性。日产公司的电控前后驱动力分配系统（ETS, Electrical Traction Control System）就是通过改变前后轮间的切向力分配比例改变汽车的转向特性，设计了总是保持"中性转向"特点的 4WD 车辆。4WD 汽车具有接近中性转向的特点，且驾驶员容易判断行驶路径，具有良好的操纵稳定性。

3. 直接横摆力偶矩控制系统

仔细分析改变前后轮驱动力分配比例控制原理的本质，仍然是控制横摆力偶矩。由于差速器特性，对于装在两半轴的轴上内、外侧车轮，若不计摩擦阻力矩，其驱动力是相等的。依据驱动力与轮胎特性的关系，若使内、外侧车轮的驱动力按比例调节，即可产生横摆力偶矩。本田公司按此原理设计了车辆直接横摆力偶矩控制系统（DYCS, Direct Yaw Moment Control System）。

第五节　安　全　气　囊

一、概述

安全气囊是轿车上的一种被动安全保护系统。随着汽车流量的增加和车速的提高，交通事故频繁发生，驾驶员和乘员的安全问题变得十分突出，已成为公众和政府关注的社会问题。汽车交通事故往往是意外发生的，人不可能有反应时间来主动保护自己，只有靠被动安

全装置来减少事故对人体的伤害。

汽车座椅安全带可以避免撞车时由于强大的惯性作用而摔出车外或撞到车内其他部位，从而造成人体伤亡；在汽车失去平衡、倾覆或翻滚时，它将人体固定在座椅上，避免人体在车内翻滚而造成二次或多次碰撞。但统计结果表明，座椅安全带对人的胸部以上部位的保护作用有限。安全气囊主要是针对乘员上体，特别是头部和颈部的安全设计的。安全气囊与座椅安全带配合使用可以为乘员提供十分有效的防撞保护，所以在国外安全气囊已成为轿车的标准装备。

二、安全气囊的组成和工作原理

安全气囊只有在汽车发生剧烈碰撞时才会起作用，故而安全气囊平时卷收在一起。安全气囊系统由安全气囊、气体发生装置、碰撞传感器和 ECU 等组成。现代汽车的安全气囊系统如图 9-56 所示。其工作原理是：汽车上装有车前与车内两种碰撞传感器，位于车前两侧的车前传感器可保证在正面的 ±30° 范围内有效地工作。当汽车发生碰撞时，由传感器对碰撞程度进行识别，对于中等程度以上的碰撞，传感器发出信号给 ECU，经 ECU 判别后发出点火信号使点火器工作，气体发生装置在极短时间内产生大量气体通过滤清器充入卷收在一起的气囊，使其膨胀。当人体面部一接触气囊，气囊的泄气孔就开始泄气，从而达到对乘员的缓冲保护作用，其整个过程时间为 100ms 左右。

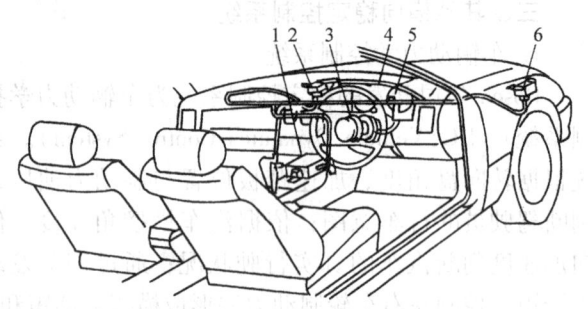

图9-56　现代汽车的安全气囊系统(外部传感器式 SRS 系统)
1—汽车中心部气囊传感器总成　2—汽车前部气囊传感器(左)
3—转向盘中心部位(气囊与充气装置)　4—螺旋电缆
5—气囊报警灯　6—汽车前部气囊传感器(右)

三、碰撞传感器

安全气囊系统所用的碰撞传感器，根据所承担的任务不同分为车前传感器、中央传感器与安全传感器。车前传感器用来感测汽车正面低速所受到的冲击信号，中央传感器用来感测汽车发生高速碰撞的信息，安全传感器用来防止系统在非碰撞状况引起安全气囊误动作。安全气囊点火及点火的判断条件如图 9-57 所示。

汽车用碰撞传感器的设计，要求它能区别汽车碰撞或制动的减速度，防止将制动减速度作为信号传给控制器而引起安全气囊误动作。从理论上分析，汽车在制动时，不论其速度大小，最大的制动减速度(m/s^2)为

$$a_{max} = \varphi g$$

式中　φ——车轮与路面的附着系数($\varphi < 1$)；

　　　g——重力加速度。

汽车在制动时，其最大的减速度不能大于 $9.8m/s^2$。因此，安全气囊的传感器和控制器的减速度的最小临界值应为 $9.8m/s^2$。在发生碰撞时，汽车的运动瞬间停止，甚至向后运动，整个过程的时间约为 $0.05 \sim 0.1s$。假设发生碰撞时的减速度为 $9.8m/s^2$，则碰撞前的汽车速度大约为 3.5km/h。如此低的汽车速度，绝对不会发生碰撞事故。

1. 重锤式传感器

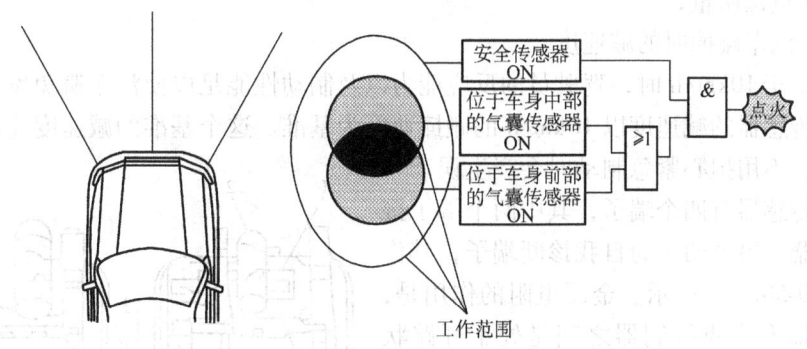

图 9-57　安全气囊点火及点火的判断条件

这种传感器安装在保险杠后或左右翼板前部，其结构如图 9-58a 所示，图 9-58b 为连接电路。其工作原理是：汽车正常行驶时，扭力弹簧将重锤、动触头定在止点位置，传感器没有触发信号给 ECU。当汽车发生碰撞时，惯性力克服弹簧的扭力使其产生运动，带动触桥转动，使动、静触头接合。此时，传感器向 ECU 输出信号。

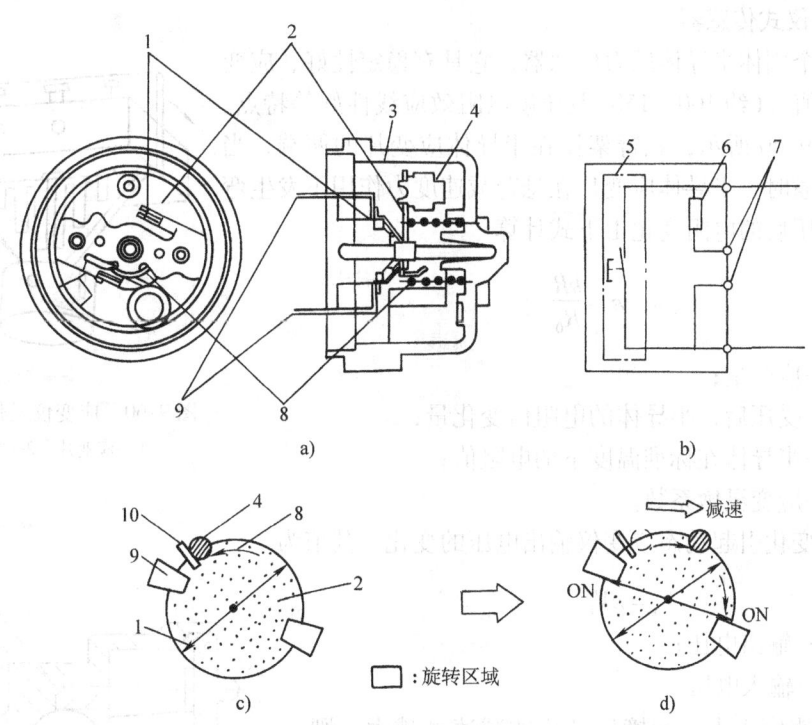

图 9-58　重锤式传感器

a）结构　b）连接电路　c）、d）工作原理
1—动触点　2—转盘　3—外壳　4—重锤　5—传感器触点　6—检测电阻
7—诊断引脚　8—扭力弹簧　9—静触点　10—止动块

重锤式传感器的扭力弹簧的最大扭力由重锤的质量和汽车发生碰撞时的减速度决定，即

$$F = ma$$

式中 m——重锤质量；

a——汽车碰撞时的减速度。

在车速小于10km/h时，驾驶员的反应能力以及制动性能足以使汽车避免发生碰撞，因此，重锤式传感器的减速度以10km/h的碰撞速度为基准。这个基准的减速度比制动最大减速度大得多，不用担心紧急制动时会产生误动作信号。这种传感器有四个端子，其中两个端子接到电子控制器，另外两个为自我诊断端子，其作用原理如图9-58c、d所示。金属电阻的作用是，诊断本传感器和中央控制器之间是处于开路状态，还是处于正常状态。

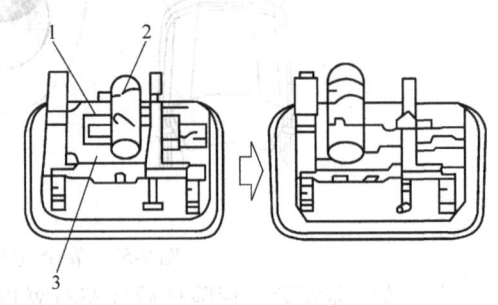

2. 滚柱卷簧式传感器

这也是一种车前传感器，其结构如图9-59所示。在充满惰性气体的金属盒内，滚柱缠绕在卷簧上，卷簧的弹性力把滚柱推向右侧。当汽车前方受到强力冲击时，滚柱向右转动，使接点关闭，将冲击信号传给安全气囊控制装置。

图9-59 滚柱卷簧式传感器结构
1—静触点 2—滚柱 3—卷簧

3. 应变仪式传感器

这是一个固体半导体压力传感器，它具有稳定性好、应变灵敏系数k值大（约100~150）及压敏电阻效应线性好等特点。其结构如图9-60所示，悬臂架压在半导体应变片的两端，当汽车发生冲撞时，半导体应变片在悬臂减速度力作用下发生弯曲应变，受压后的电阻变化由下式计算

$$\varepsilon = \frac{kR}{R_0}$$

式中 ε——应变量；

R——受压后，半导体的电阻值变化量；

R_0——半导体在标准温度下的电阻值；

k——应变灵敏系数。

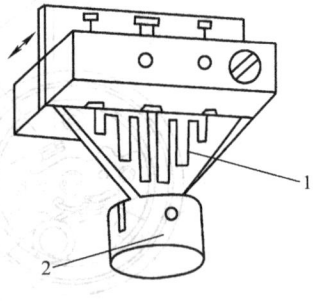

图9-60 应变仪式传感器结构
1—应变片 2—感应锤

电阻的变化引起动态应变仪输出电压的变化，其值为

$$V_o = \varepsilon V_i$$

式中 V_o——输出电压；

V_i——输入电压。

汽车的速度越大，冲撞后产生的减速度越大，则输出的电压也越高。由于半导体应变传感器输出特性受温度影响较大，故应用晶体管的基极与发射极间电压V_{be}的温度变化，消除传感器输出特性的变化。所以，半导体传感器要求有稳定的电源。

4. 粘性阻尼式传感器

图9-61所示为粘性阻尼式传感器的工作示意图。

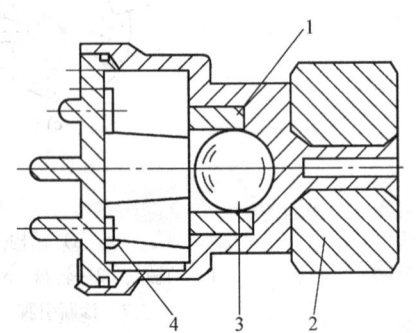

图9-61 粘性阻尼式传感器的工作示意图
1—导向筒 2—磁铁 3—球体 4—接点

一般情况下，球体被磁铁吸向右侧，当汽车受到强力冲击时，球体克服磁铁的吸引力和导向筒与球体间间隙的空气粘性阻力，移至接点处使触点闭合。

5. 安全传感器

安全传感器是用来防止系统在非碰撞状况引起气囊误动作。它们装在中央控制器内，是一个水银开关，如图 9-62 所示。当汽车发生碰撞时，足够大的减速度力将水银上抛，接通电路。在设计时，应计算安全传感器的安装角度 α（运动方向与水平线的夹角），即

$$\cos\alpha = \frac{g}{a}$$

式中 a——碰撞减速度（分别用低速和高速碰撞的临界速度计算减速度）。

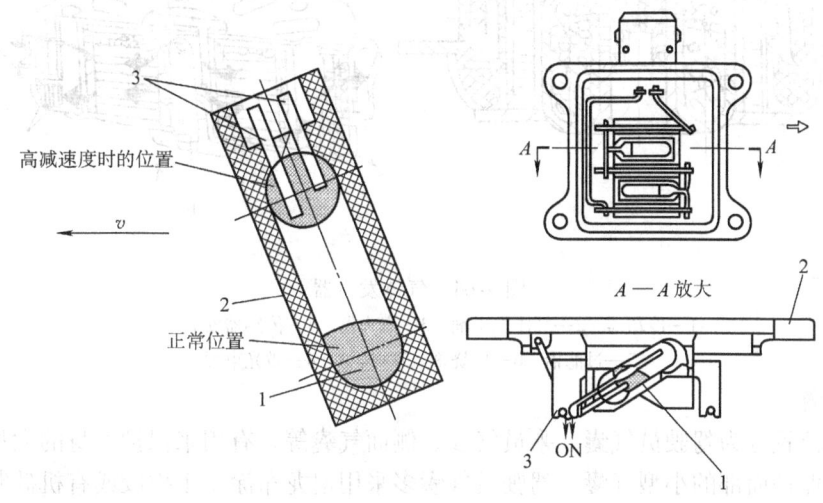

图 9-62 安全传感器
1—水银 2—壳体 3—接点

6. 阻尼弹簧式传感器

这种传感器用于整体式安全气囊。它装在转向盘中的气囊内，一旦汽车发生碰撞，它可使点火剂点燃，让充气装置的气体发生剂燃烧，使气囊膨胀。阻尼式弹簧传感器工作示意如图 9-63 所示，它包括球体、导向筒、引燃销、起动器轴、支承弹簧、偏置弹簧、撞击弹簧等。当汽车的冲撞减速度达到一定值时施加于传感器外壳，球体在惯性力作用下沿导向筒向前移动，推动起动

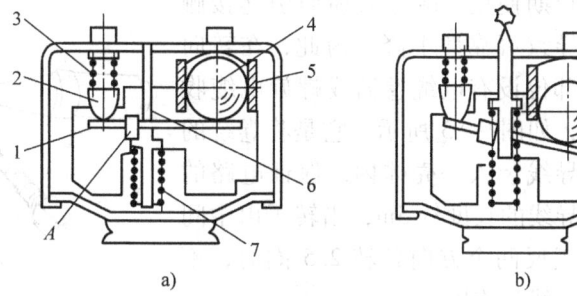

图 9-63 阻尼式弹簧传感器工作示意图
a）静止状态 b）工作状态
1—锁止杆 2—支承弹簧 3—偏置弹簧 4—球体 5—导向筒
6—引燃销 7—撞击弹簧

器轴绕支点A转动，起动器轴左端压缩弹簧，直至起动器轴上的锁止杆失去作用，引燃销高速冲击点火剂而点燃气体发生剂。这种方式没有采用电控方式，其结构简单，但只能作为气囊装置发挥作用，且没有可靠的补救功能和自我诊断功能。

四、气体发生器

如图9-64所示，气体发生器由点火器，燃烧剂，过滤器，缓冲垫，喷口过滤网，上、下盖等组成。其工作过程是：点火器引燃燃烧剂，产生大量高温气体，通过渣状过滤屏过滤后的气体进入气体发生器的外层空腔，经进一步过滤并冷却后，以清洁常温状态进入气囊使其膨胀。

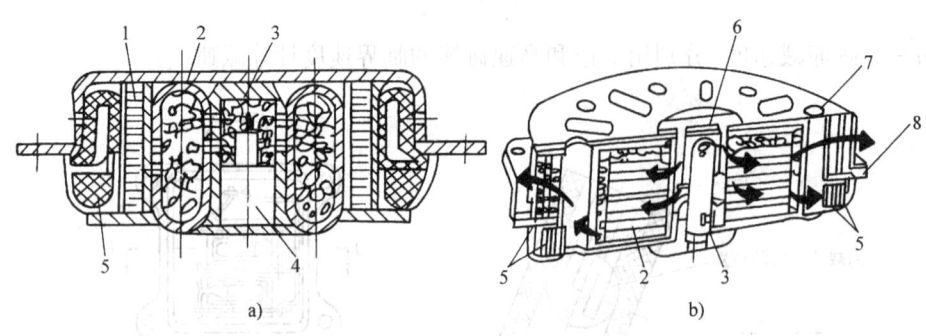

图9-64 气体发生器
1—冷却器 2—气体发生剂 3—点火器 4—传感器安装位置
5—过滤器 6—燃烧剂 7—铆钉 8—激光束焊

五、气囊

气囊按位置分为驾驶员气囊、乘员气囊、侧面气囊等；有用来保护上身的大型气囊，也有用来主要保护面部的小型气囊。驾驶员气囊多采用尼龙布涂氯丁橡胶或有机硅制造。橡胶涂层起密封和阻燃作用，气囊背面有两个泄气孔。乘员气囊没有涂层，靠尼龙布本身的间隙泄气。

六、旋转连接器

由于安全气囊安装于转向盘上，如使用普通的滑环作为导电形式，则转向盘的旋转部位会由于长期使用、触点磨损而引起接触不良，导致可靠性下降。为此，在转向盘转动部位设有电缆卷筒或螺旋电缆收缩装置，如图9-65所示。它是将卷绕的条片状导线装入一壳体内，保证电路的接通。导线的长度约5m，当转子由中间位置向正反两个方向各转2.5圈时，不会影响导线的连接。

七、电子控制系统

电子控制系统包括引爆控制电路、驱动电路、储存电路和诊断电路等，如图9-66所示。引爆控制电路在接到各传

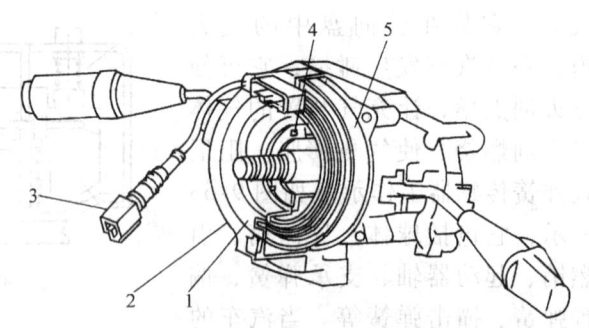

图9-65 旋转连接器
1—旋转体 2—壳体 3—气囊用接头（充气装置用）
4—解除凸轮 5—电缆

感器送来的碰撞信号后,通过比较、判别,确认是碰撞信号后,向驱动电路发出指令,由驱动电路接通电源,引爆安全气囊。诊断电路不断分析和诊断安全气囊系统的各种故障,这些故障可能造成无法引爆或意外引爆气囊。一旦发现故障,一方面点亮仪表盘上的安全气囊系统报警灯;另一方面将这些故障内容编成代码储存在记忆电路中,以备将来检修时用。如果诊断电路发现的故障有可能导致意外引爆气囊,诊断电路将向安全电路发出信号,在故障排除前,禁止触发气囊。

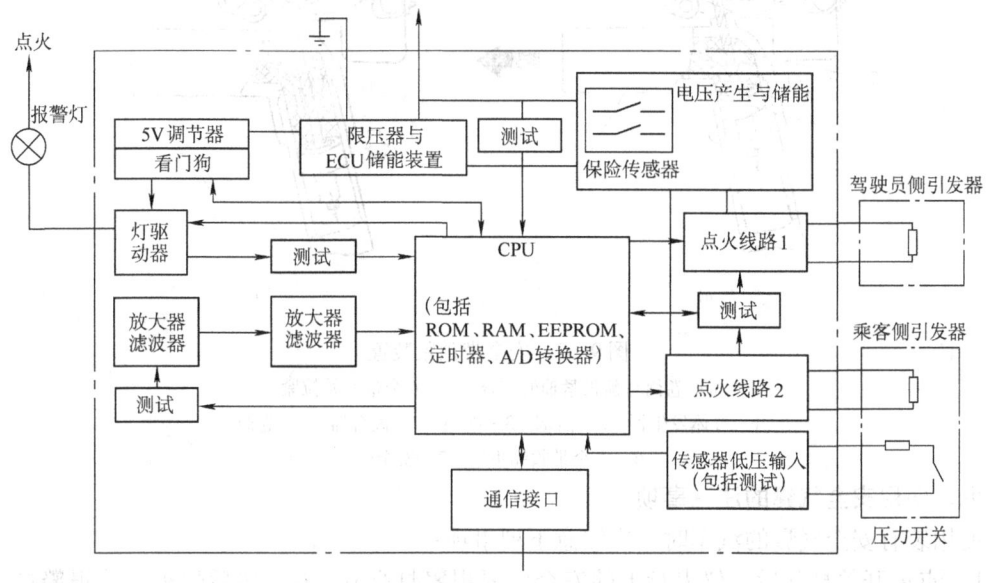

图 9-66　电子控制系统

备用电源包括一个直流稳压器和一个储能器。直流稳压电源保证供给系统电压的恒定性,使系统能正常工作而不发生失效引爆事故。储能器用来储存电能,在碰撞中发生电源中断时,它将担负起气囊系统的电源作用,避免失效引爆事故。

八、双安全气囊系统

在汽车发生碰撞时,安全气囊可有效地对驾乘人员进行保护。目前,除了转向盘单气囊系统、双气囊系统,有些高级轿车还安装有双气囊和安全带预紧装置的双安全系统,如图9-67所示。该系统是在前排座席加装了安全带电子预紧装置,这一装置与安全气囊系统联动。当汽车发生强烈碰撞时,在安全气囊传感器控制下,两个气囊及两个电子预紧装置同时被触发,安全带被瞬间拉紧以约束乘员的身体。安全带预紧装置如图9-65所示,它与安全带收紧机构制成一体。安全带预紧装置由气体发生器、气缸、活塞以及一端连接在活塞上的缆绳组成。缆绳的另一端盘绕在卷筒上,卷筒与同轴上的安全带的收紧轮轴不相接触,因此不影响安全带收紧机构的正常使用。气体发生器由封装在金属壳体内的电爆管与气体发生物质组成。当安全气囊系统满足触发条件时,电流流入电爆管,引燃点火药粉,并随即点燃气体发生物质,产生高压气体,高压气体推动活塞向下移动,与活塞连接的缆绳被拉紧,同时拖动卷筒旋转,迫使安全带快速拉紧。

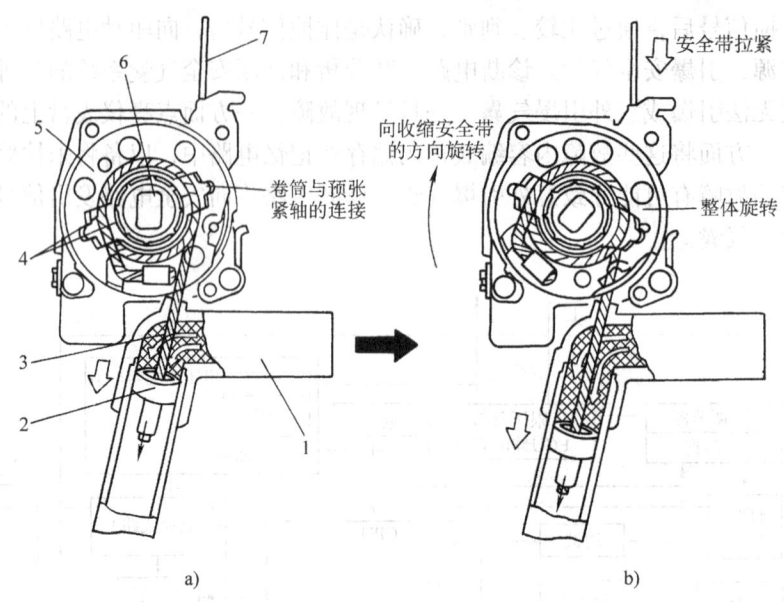

图 9-67 安全带预紧装置
a) 卷筒与预张紧轴的咬合 b) 安全带开始拉紧
1—气体发生器 2—活塞 3—缆绳 4—离合器 5—卷筒
6—安全带收缩主轴 7—安全带

九、使用安全气囊的注意事项

使用装有安全气囊的汽车时，应注意下列事项：

1) 点火开关打开后，仪表盘上的安全气囊报警灯亮 6~8s，然后熄灭。若报警灯不亮或闪烁或持续闪亮，则表明安全气囊系统有故障，需要检修。

2) 汽车在行驶中出现安全气囊报警灯闪烁或持续闪亮，表明该系统出现故障，应及时检修。

3) 非专业人员不要对安全气囊系统的任何部分进行维修，以免因气囊突然胀开而受到伤害。

4) 安全气囊膨胀后不能再起作用，应尽快更换。

5) 在进行车辆维护、零部件的拆装、检查和更换前，应遵循有关规定的顺序进行，并注意在拆下蓄电池电缆之前，务必记下其故障代码。

6) 任何检修工作务必在点火开关置于锁止(lock)位置；或从蓄电池负极接线柱上摘下电缆后 20s 或更长时间才能开始维修，以防安全气囊的备用电源系统有可能使安全气囊动作。

7) 进行电路系统故障检测时，应使用高阻值的电阻表来测量。

第十章

汽车电子控制系统的检测

第一节 发动机电子控制系统的检测

一、进气系统

（一）空气流量计

1. 叶片式空气流量计

叶片式空气流量计的检测方法主要有在线检测和元件单独检测两种。在线检测是传感器在工作状态时检测有关端子的电压对传感器、ECU 及连接导线的综合检测，而元件单独检测主要是传感器与线路不连接的情况下，对传感器内部情况进行检测。一般检测有关端子之间的电阻值或通断情况。

（1）元件单独检测　关闭点火开关，拔下空气流量计与 ECU 连接线插头，测量空气流量计各端子之间的阻值：

1）F_C-E_1 之间，当叶片不转动时，F_C 与 E_1 之间不通，用手稍稍拨动叶片，F_C 与 E_1 之间导通（0Ω），说明油泵开关正常，否则油泵开关损坏。

2）V_C-E_2 之间电阻值。

3）V_S-E_2 之间电阻值。

4）THA-E_2 之间电阻值。

上述各端子之间的电阻值应符合表 10-1 所列值。

（2）在线检查

1）接通点火开关，但不要起动发动机。

2）找出 ECU，测量 ECU 连接器相应端子的电压，应符合表 10-2 的值。

3）如不符合表 10-3 的值，应检查 ECU 与空气流量计之间的导线，若导线正常，则应检查或更换 ECU。

表 10-1 叶片式空气流量计各端子间电阻值

端 子	电阻值/Ω	温度/℃	端 子	电阻值/Ω	温度/℃
V_C-E_2	200～600			2000～3000	20
V_S-E_2	200～400		THA-E_2	900～1300	40
THA-E_2	10000～20000	-20		400～700	60
	4000～7000	0	F_C-E_1	∞～0	

表 10-2 ECU 连接器各端子的电压

端 子	条 件		标准电压/V
V_C-E_2	接通点火开关		4～6
		测量叶片全关	3.7～4.3
		测量叶片全开	0.2～0.5
V_S-E_2	怠速		2.3～2.8
	3000r/min		0.3～0.1

2. 卡门旋涡式空气流量计

卡门旋涡式空气流量计与 ECU 的连接以及连接器端子排列情况如图 10-1 所示。

(1) 元件检测 拔下空气流量计连接器插头,测量 THA 与 E_2 端子之间的电阻值,0℃ 时为 4～7kΩ;20℃ 时为 2～3kΩ;40℃ 为 0.9～1.3kΩ。如不符要求应更换流量计。

(2) 在线检测

1) 找出 ECU,测量 ECU 连接器 K_S 与 E_2 端子之间的电压。

2) 接通点火开关,但不起动发动机,此时 K_S 与 E_2 端子之间的电压应为 4～6V。

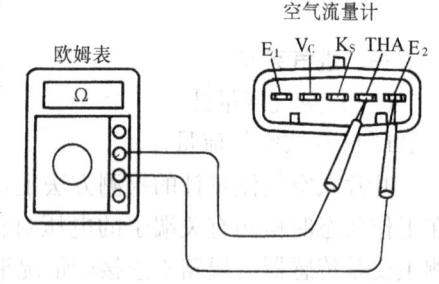

图 10-1 卡门旋涡式空气流量计连接器端子排列

3) 发动机运转时 K_S 与 E_2 端子之间电压应为 2.0～4.0V,既不是 0,也不是 5.0V,进气量越大,电压越高。

4) 检测 ECU 连接器 V_C 与 E_2 端子之间的电压,若在正常值 4～6V 之间,则应检查 ECU 与空气流量计之间的导线或空气流量计;若电压不正常则应更换 ECU。

3. 热线式空气流量计

(1) 元件检测

1) 如图 10-2 所示,将蓄电池的电压加于 D、E 端子之间,测量 B、D 之间的电压应在 2～4V 之间。

2) 送风通过空气流量计,B、D 之间的电压应在 1～1.5V 之间变化。如所测电压不正常则应更换流量计。

(2) 在线检测

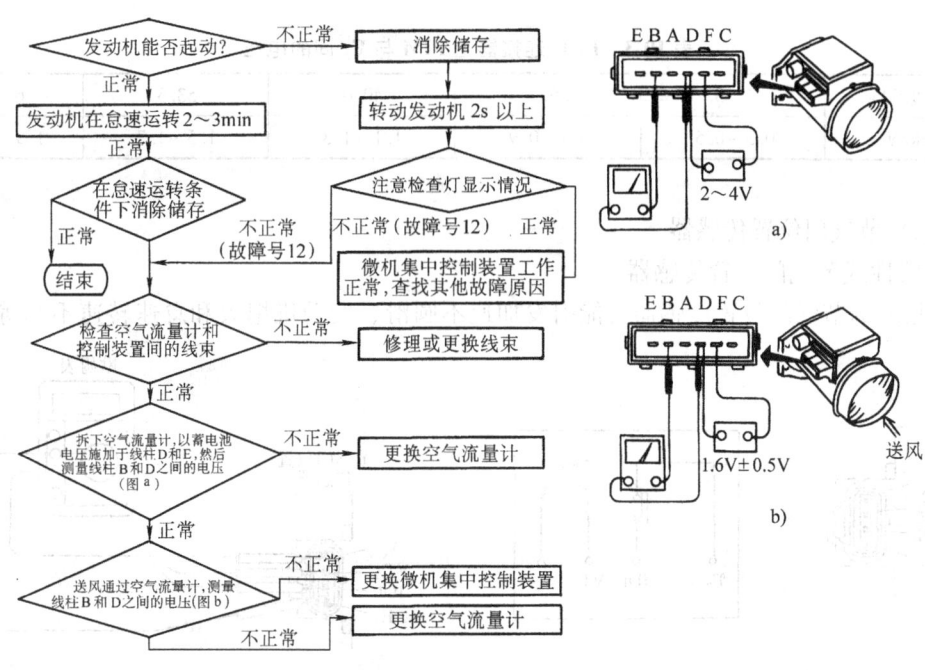

图 10-2 空气流量计检测

1) 接通点火开关,不起动发动机。

2) 测量 E、D 之间电压应有 12V。

3) 若无电压,再测量 E 与 C 之间电压,其值若为 12V,则说明 D 端搭铁不良,应检查 D 与 ECU 之间的导线或 ECU 的搭铁线是否搭铁。

4) 测量 B、D 之间电压,应为 2~4V。

5) 起动发动机,测量 B、D 之间电压,应在 1~1.5V 之间变化。

6) 使发动机冷却液温度上升至 60℃ 以上,发动机转速上升超过 1500r/min,然后用电压表测量 F、D 之间电压。关闭点火开关,电压应回零并在 5s 后又跳跃上升,1s 后再回零,这说明自清控制信号正常。

(二) 进气支管压力传感器

进气支管压力传感器检测如下:

1) 拔下传感器插头,打开点火开关,测量插头上 V_{CC} 端子与 E_2 端子之间的电压,应为 4.5~5.5V。若无电压,则应检查 ECU 上相应端子的电压。若 ECU 相应端子上电压正常,则为 ECU 至传感器之间线路故障,若无电压则为 ECU 故障。

2) 插回插头,拆下传感器上的软管,打开点火开关,测量 ECU 连接器上 PIM 与 E_2 端子间在大气压下输出的电压,应符合图 10-3 所示的输出特性。

3) 对传感器施以 13.3~66.7kPa 的负压(真空度),再测 ECU 连接器上 PIM 与 E_2 间的电压,应符合表 10-3 所

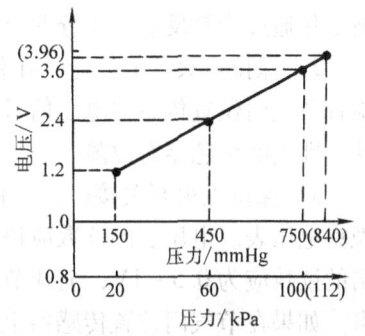

图 10-3 进气压力与输出特性

列值。

表 10-3　ECU 连接器上 PIM 与 E_2 间的电压

真空度/kPa	13.3	26.7	40.0	53.5	66.7
电压/V	0.3~0.5	0.7~0.9	1.1~1.3	1.5~1.7	1.9~2.1

（三）节气门位置传感器

1. 线性式节气门位置传感器

有故障的节气门位置传感器可能引发加速不圆滑、发动机熄火和怠速转速不当等故障。

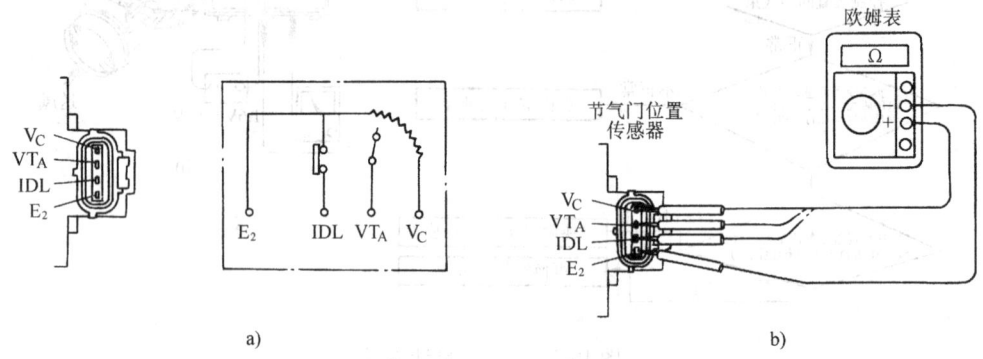

图 10-4　节气门位置传感器的检测
a) 电路图　b) 检测示意图

在传感器的两个接线端上连接好全套的测试仪器（图10-4），电压读数应接近5V。一定要对照汽车制造商提供的详细说明。

如果基准导线未达到规定电压，应在计算机的接线端上检查这段导线的电压。如果ECU上量得的电压在规定值范围内而传感器处电压值偏低，应检修5V基准电压导线。如果ECU上量得基准电压偏低，应检查ECU的供压导线和地线。如果电线正常，应检修ECU。

接通点火开关，在传感器地线与蓄电池地线之间连一电压表。如果这段电路之间的压降超出了规定值，就应维修从传感器到计算机之间的地线。

检测步骤如下：

1）测试节气门位置传感器电压信号时，可以使用指针式电压表。因为导线上电压的逐渐变化通过指针反应是十分明显的。如果传感器电压增加有波动，电压表指针也会波动。

2）保持点火开关接通，在传感器信号导线和地线间连一电压表。慢慢地开大节气门，检查节气门位置传感器电压信号，轻轻地拍一下传感器，并仔细观察电压表指针，如指针波动，即表明传感器有故障。

3）保持点火开关接通，在传感器信号导线和地线间连一电压表。慢慢地开大节气门，观察电压表。电压表的读数应该平稳、逐渐地增大。怠速时，正常的节气门位置传感器上测出的读数应为0.5~1V，全开节气门应为4~5V。一定要按汽车制造商提供的详细说明行事。如果在节气门位置传感器上没有获得规定的读数或电压信号不稳定，应更换传感器。

2. 四线式节气门位置传感器

有些节气门位置传感器上装有怠速开关，这个开关与计算机连接。这类传感器的接线方式与三线传感器相同,多出的一根线接在急速开关上。

四线式节气门位置传感器可以用欧姆表测试。接线方法是把地线和其他所有线头分别连在欧姆表的两个接线端上(图10-5)。做这个测试时必须把一个专用千分垫放在节气门杆和节气门止动螺钉之间。当欧姆表被接在 VTA 和 E_2 两个接线端之间时,油门必须全开,所测参数见表10-4。

表10-4　VTA 和 E_2 两个接线端间的电阻值

节气门杆与止动螺钉间的间隙	接线端	电阻值/kΩ
0mm	VTA 端～接地端(E_2)	0.28～6.4
0.35mm	急速端～接地端(E_2)	≤0.5
0.70mm	急速端～接地端(E_2)	∞
节气门全开	VTA 端～接地端(E_2)	2.0～11.6
节气门全开	电压端～接地端(E_2)	2.7～7.7

3. 节气门体的随车检查

节气门体的检查和维修程序随汽车的型号和出厂年代不同而有很大的不同。以丰田汽车多点汽油喷射系统为例,说明节气门体检查程序:

1) 检查从急速位置到全开位置节气门杆的运动是否平稳、节气门杆和电缆有无磨损和松动。

2) 在发动机急速和高速转动的情况下,用手指在节气门体的每一个真空口处检查真空情况(图10-5)。

3) 用手摇真空泵使节气门开启端产生真空,拆下节气门位置传感器接线器。在节气门位置传感器上的适当接线端之间连接欧姆表,测试节气门位置传感器(图10-4),并用专用千分尺测量节气门止动螺钉和止动杆之间的距离(图10-6)。

4) 当欧姆表连接在节气门位置传感器的接线端上时,检测电阻值。

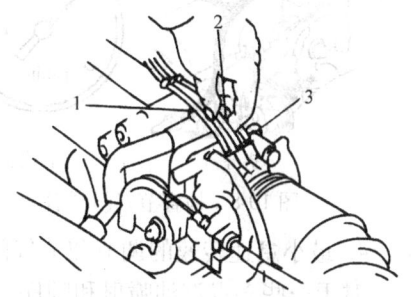

代号	急速	非急速
1	非真空	非真空
2	非真空	真空
3	非真空	真空

图10-5　节气门体真空口和适当的真空度与节气门位置有关

5) 松开节气门位置传感器的两个固定螺钉,转动节气门位置传感器直到所需要的规定阻值出现(图10-7)。然后装好固定螺钉。如果无论怎样调节也不能得到节气门位置传感器应得到的阻值,就应更换节气门位置传感器。

6) 起动发动机,达到正常的工作温度,再用转速表检查急速转速,急速转速应该是 200～800r/min。

7) 从节气门开启端拆下真空软管,将出口堵住,保持发动机转速为 2500r/min(图10-8)。

8) 确保冷却风扇关闭,松开节气门,观察转速表的读数。当节气门杆顶到节气门开启端时,发动机转速应为 1300～1500r/min。

9) 根据需要调节节气门开启端(图10-9),再装好节气门开启端真空软管。

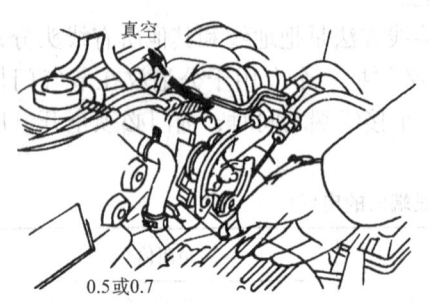

图10-6 用千分尺测量节气门止动螺钉至节气门止动杆的距离

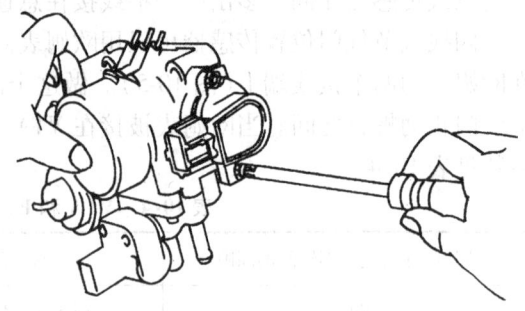

图10-7 调节节气门位置传感器至规定的电阻

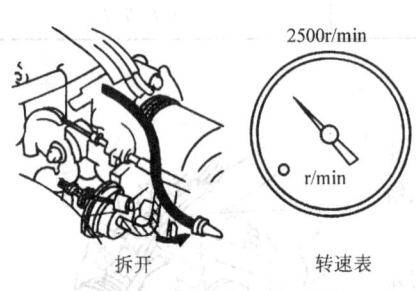

图10-8 检查节气门开启端

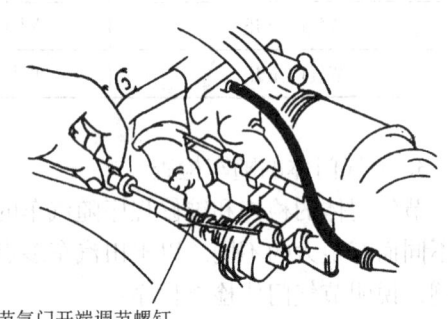

图10-9 调节节气门开启端

4. 最小怠速转速的调节和节气门位置传感器的调节

对于一些多点汽油喷射和顺序汽油喷射节气门体上带有最小怠速转速调整螺钉的系统来说，可以进行最小怠速转速调节，调整螺钉在出厂时已调好。螺钉头部有一个活塞。如果最小怠速转速调节不当，会导致发动机熄火。最小怠速转速的调节程序随不同的汽车而变化，调节只能在更换节气门体时进行。一定要按汽车制造商的维修手册上推荐的程序操作。以下以通用公司汽车为例，介绍最小怠速转速调节程序：

1）确保发动机处在正常工作温度，关断点火开关。

2）连接数据线连接器上的AB插孔，在点火转速计接线端至地线之间连一个转速计。

3）接通点火开关并等候30s。这时，怠速控制的电动机被控制组件完全驱动。

4）拆下怠速空气控制电动机接线器。

5）拆下数据线连接器上AB插孔之间的连线，起动发动机。

6）把变速开关置放在自动变速的前进位或手动变速的空档。

7）如果需要在自动变速状态获得500~600r/min的转速或在手动变速状态获得550~650r/min的转速，可以调节怠速转速停车调整螺钉。注意，调节怠速转速停车调整

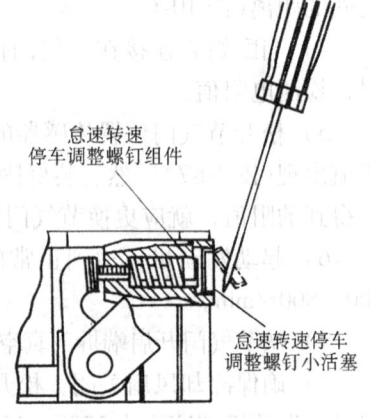

图10-10 调节怠速转速停车调整螺钉

螺钉之前，必须先拆下小活塞（图10-10）。

8) 接通点火开关，重新连好怠速空气控制电动机接线器。

9) 接通点火开关，在节气门位置传感器信号线和地线之间连接一数字式电压表。如果电压表未显示规定的电压值0.55V，可松开节气门位置传感器的固定螺栓，转动传感器直至显示规定电压。保持节气门位置传感器的位置不变，拧紧固定螺栓。把怠速空气控制电动机装到通用汽车的节气门体调节喷射系统、多点汽油喷射系统和顺序汽油喷射系统的节气门体上之前，阀与电动机安装面的距离不得超过28mm。如果怠速空气控制电动机安装时，活塞伸展超过上述距离，会造成电动机的损坏。

5. 节气门体汽油喷射系统最小怠速转速调节

最小怠速转速调节程序随汽车的型号、生产年代不同而变化。一定要按照汽车制造商的维修手册上的调节程序调节。调节最小怠速转速时，仅需拆下节气门体喷射系统的一些组件和元件。如果最小怠速转速调整不当，会导致发动机熄火。以下以通用汽车为例，介绍节气门体调节喷射系统的最小怠速转速调节程序：

1) 确保发动机工作温度正常，拆下进气滤清器和节气门体，调节喷射进气滤清器的垫片。堵住滤清器真空软管进口与进气管之间的通道。

2) 拆下所有妨碍调整的组件或元件。

3) 在点火转速计接线端与地线之间连一转速表，拆下怠速空气控制电动机接线器。

4) 起动发动机，把自动变速器置于停车位置或把手动变速器放于中立位置。

5) 用J—33047号专用工具堵住空气进气至怠速空气控制电动机的气路（图10-11）。

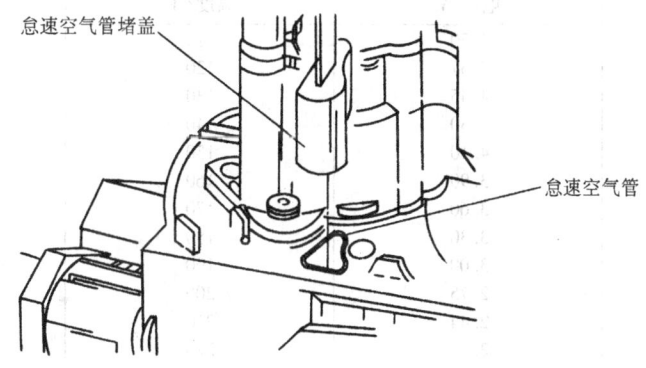

图10-11 堵住空气进气至怠速空气控制电动机的气路

6) 调整最小空气调节螺钉，直至转速表上的转速在自动变速时达到475~525r/min，或手动变速时达到750~800r/min。

7) 停下发动机，从怠速空气进气管上取下堵盖，用硅胶盖住最小空气调节螺钉的调节孔，装好节气门电缆、节气门体喷射系统和空气滤清器上的垫圈。

（四）温度传感器

1. 检测注意事项

1) 不得使用明火检测发动机冷却液温度传感器或进气温度传感器的效能。否则会损坏传感器。

2) 拆下ECU系统的任何部件时，必须断开点火开关。否则可能引起电压上升，使计算机损坏。

2. 冷却液温度检测

(1) 电阻值检测 把发动机冷却液温度传感器拆下装在一个装满水的容器内，在传感器的接线端上接一个欧姆表(图10-12)。将温度计放入加热的水中。对应着不同的温度，传感器应有固定的对应电阻值(负温度系数热敏电阻温度传感器特性曲线)。对照汽车制造商提供的性能指标，如果传感器的电阻值不合要求，就应更换传感器。

(2) 冷却液温度传感器导线检测 把发动机冷却液温度传感器和ECU之间的导线拆下，接上欧姆表测量线路上的电阻。欧姆表上的读数应小于汽车制造商的规定值。如果电阻值过大，应修理这段导线和有关接线器。

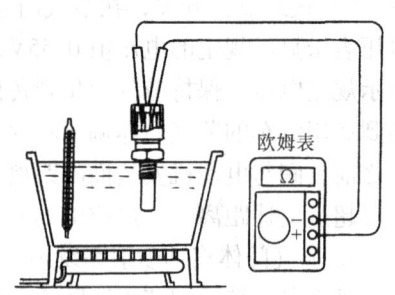

图10-12 发动机冷却液温度传感器电阻检测

(3) 冷却液温度传感器电压检测 把传感器装在发动机上，在传感器的接线端上接一电压表，对应不同的冷却液温度，电压表上会有相应的规定压降见表10-5。

表10-5 不同温度下冷却液温度传感器的输出电压

低温曲线 (以10000Ω电阻值测得)		高温曲线 (由电阻为909Ω算出)	
温度/℉	电压/V	温度/℉	电压/V
−20	4.70	110	4.20
−10	4.57	120	4.00
0	4.45	130	3.77
10	4.30	140	3.60
20	4.10	150	3.40
30	3.90	160	3.20
40	3.60	170	3.02
50	3.30	180	2.80
60	3.00	190	2.60
70	2.75	200	2.40
80	2.44	210	2.20
90	2.15	220	2.00
100	1.83	230	1.80
110	1.57	240	1.62
120	1.25	250	1.45

有的ECU与发动机冷却液温度传感器连接时呈现出内部电阻值，这个电阻值在温度接近49℃时才出现。计算机内部电阻值的变化，使传感器两极间压降有明显的变化。这个压降变化是有详细规定的，任何有这种特性的计算机都是正常的。这个压降变化在汽车制造商提供的说明书中有明确说明。

华氏温度(℉)按下式转换成摄氏温度(℃)：

$$t = 5(F-32)/9 \tag{9-1}$$

式中 t——摄氏温度(℃)；

F——华氏温度(℉)。

3. 进气温度传感器

把进气温度传感器从发动机上拆下，按图 10-12 的方法，与温度计一同放入一个装水的容器内，将欧姆表的一对导线接在传感器的两个接线端上，加热容器里的水，对应每个温度值，传感器都应有确定的电阻值(参考负温度系数热敏电阻温度传感器特性曲线)。如果传感器没有显示出应有的电阻值，则应修理或更换传感器。

把进气温度传感器装在发动机上，在传感器两个接线端之间连一电压表，对应任一温度值，传感器都应有确定的电压降(表 10-6)。进气温度传感器与计算机之间导线的测试方法和发动机冷却液温度传感器与 ECU 间的导线测试方法相同。

表 10-6　不同温度下进气温度传感器的输出电压

温度/℉	电压差/V	温度/℉	电压差/V
-20	4.81	140	1.52
0	4.70	160	1.15
20	4.47	180	0.86
40	4.11	200	0.65
60	3.67	220	0.48
80	3.08	240	0.35
100	2.51	260	0.28
120	1.97		

二、汽油喷射系统的检测

(一) 汽油泵检测

在电控汽油喷射发动机中，汽油泵及其控制电路的故障将直接影响到发动机能否着车及发动机的性能，因此对汽油泵及控制电路的检修是电控发动机检修的重要内容之一。

1. 汽油系统油压的检查

将系统残余油压泄掉，将油压表接入管路中。分别在下列条件(工况)下检查油压：

1) 静止油压。打开点火开关但汽车不起步，ECU 将控制汽油泵工作 2~3s，配备叶片式空气流量计的电控发动机可跨接汽油泵使之运转 2~3s。

2) 起动工况油压。

3) 怠速工况油压。

4) 正常运行工况油压。

5) 系统最高油压。检查系统最高油压时可将回油管夹住，使回油管停止回油，此时压力表指示油压应比没夹住回油管时高出 2~3 倍，否则汽油泵性能下降，泵油压力不足。

6) 管路油压回落检查。将各缸喷油器电线插头插下，接通点火开关并连续起动 15s，记下油压表所指示的压力，待 30s 后再次观察油压表指示的压力，其值不应回落。若油压有明显的回落，则再次起动 15s，然后夹住油压调节器回油管，若 30s 后油压不再回落，则说明油压调节器泄漏。如果夹住回油管油压仍然下降，则夹住油压调节器的进油口，再起动 15s 后油压不再回落，则说明汽油泵单向止回阀泄漏，应更换油泵。

2. 汽油泵控制电路的检查

要检查汽油泵控制电路，首先必须熟悉该车型的汽油泵控制电路，不同车型汽油泵控制电路各有差异，因此检查的方法、步骤不尽相同，但检查的基本方法和思路是相同的，大致可按下列步骤检查：

(1) 检查汽油泵的电源供给电路　汽油泵电源供给电路一般受 EFI 主继电器及熔断器控制。当熔断器断路或主继电器出现故障时，接通点火开关，汽油泵控制 ECU 的 +B 端子将无电压。

(2) 检查汽油泵控制电路　汽油泵工作电路主要由汽油泵继电器控制，汽油泵继电器受 ECU 控制。

1) 检查汽油泵继电器和汽油泵 ECU。

2) 检查汽油泵调速附加电阻（旁路电阻）。

3) 丰田车系应检查 ECU 控制线路 F_C、FP_C、D_1 等端子。

以丰田车系具有转速控制的汽油泵控制电路为例，ECU 控制线端子检查情况见表 10-7 和表 10-8。

(3) 检查汽油泵　拆下汽油泵线路连接器，用万用表欧姆档测量汽油泵电动机连接器插座两端子间的电阻值，若电阻为无穷大，则电动机内部有断路故障或碳刷接触不良。若电阻为零，则电动机内部有短路故障。这两种情况均应更换汽油泵。

表 10-7　ECU 控制线"F_C"端子检查情况表

工作条件	接通点火开关，但不起动发动机	起动或运转	结　果	原　因
电压/V	12	<1	正常	
	0	0	不正常	主继电器、断路继电器及线路故障
	12	12	不正常	ECU 故障

表 10-8　ECU 控制线"F_P"端子检查情况表

工作条件	接通点火开关，但不起动发动机	低速或中小负荷	高速、大负荷	结　果	原　因
电压/V	0	<1	12	正常	
	0	0	0	不正常	汽油泵控制继电器线圈断路
	0	<1	<1	不正常	ECU 故障
	0	12	12	不正常	

(二) 冷起动喷油器的检测

(1) 注意事项

1) 激励冷起动喷油器超过 5s 可能会损坏喷油器线圈。

2) 冷起动喷油器维修和故障诊断的程序随汽车的不同型号而不同，维修时应参照汽车制造商提供的维修手册进行操作。

(2) 冷起动喷油器拆卸和测试步骤

1) 释放掉汽油供给系统中的压力。

2) 连接 12V 电源至点烟器，拆下蓄电池上的负极电缆。如果汽车上有安全气囊，要等候 1min。

3）擦掉冷起动喷油器上的脏物。
4）从冷起动喷油器上拆下电气接线器。
5）拆下螺栓接线器和冷起动喷油器汽油导管（图10-13）。

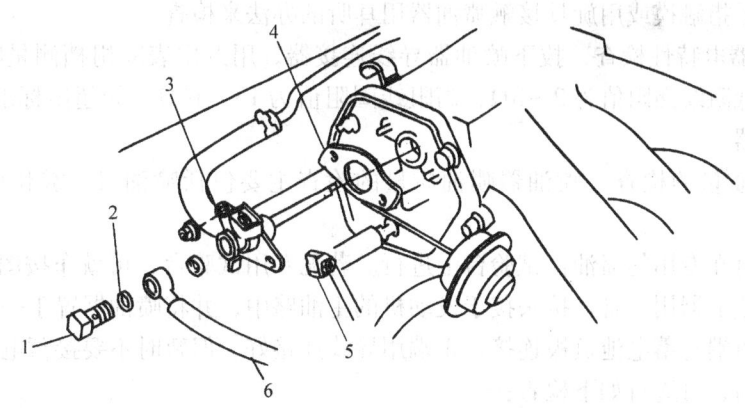

图10-13 拆下冷起动喷油器螺栓接线器和汽油导管
1—螺栓接线器 2、4—垫片 3—冷起动喷油器
5—冷起动喷油器接线柱 6—冷起动喷油器导管

6）拆下冷起动喷油器固定螺栓，拆下冷起动喷油器。

7）在冷起动喷油器接线端之间连接欧姆表测量电阻值（图10-14）。如果电阻比规定值偏大或偏小须更换喷油器。

8）把汽油管和螺栓接线器接在冷起动喷油器上，把喷油器尖端放入一个容器内。

9）在数据线连接器的+B和FP两插孔之间连接一根跨接线，接通点火开关（图10-15）。

10）从冷起动喷油器接线端到汽车蓄电池接线端之间连接一根专用的跨接线（图10-16）。

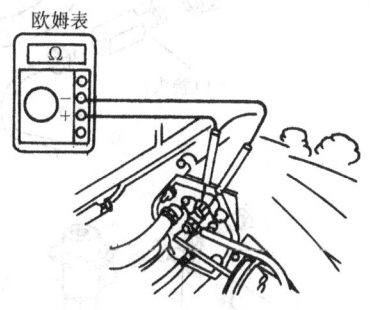

图10-14 用欧姆表测量冷起动喷油器的电阻值

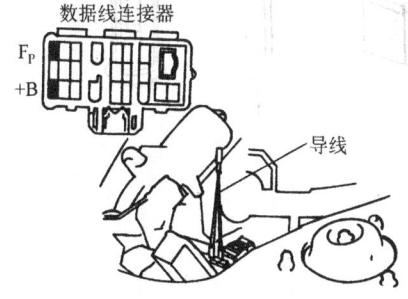

图10-15 在数据线连接器的+B和F_P两插孔之间连接一根跨接线

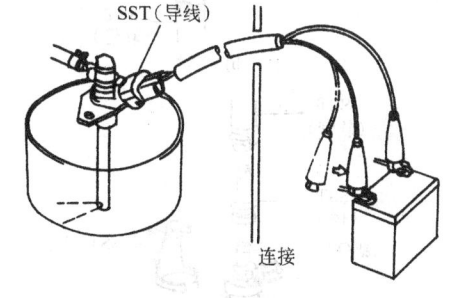

图10-16 从冷起动喷油器接线端到蓄电池接线端间连接一根专用的跨接线

11）从喷油器处检查燃油的喷射形状。注意：不要激励冷起动喷油器5s以上。

（三）喷油器及其控制电路的检测

喷油器是汽油供给系中的重要组成部件,其性能好坏及其控制电路对发动机工作性能及能否工作影响很大。喷油器及其控制电路的检修内容主要有以下几项内容:

(1) 喷油器工作状况检查　在发动机运转时,通过检查喷油器的工作声音来判断其是否工作,可用手指触摸或用旋具接触喷油器用耳听的办法来检查。

(2) 喷油器电特性检查　拔下喷油器导线连接器,用万用表欧姆档测量喷油器电磁线圈的电阻值,低阻线圈阻值为 $2\sim3\Omega$,高阻线圈阻值为 $13\sim16\Omega$。如超出标准电阻值范围,则应更换喷油器。

(3) 喷油质量的检查　喷油器喷油质量的检查主要包括喷油量、雾化质量和泄漏的检查。

此项检查可在专用的喷油器试验台上进行。若无专用试验台,可就车按图 10-17 所示将压力调节器,喷油器用软管及接头接于发动机的主油路中,并将喷油器置于一个量筒上。用导线将喷油器负端与蓄电池负极连接,正端用导线连接好,但暂时不要接蓄电池正极。上述准备工作做完后,可进行如下检查:

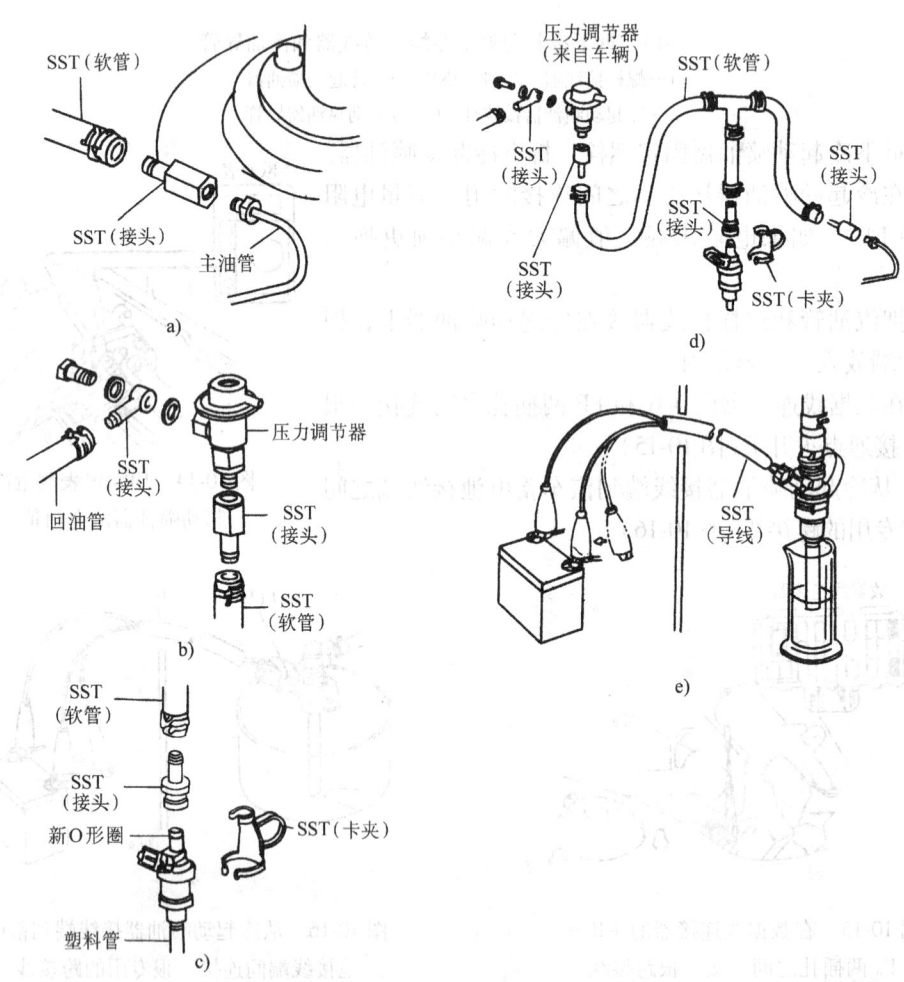

图 10-17　喷油器就车检查方法

1) 接通点火开关,但不要起动发动机。

2) 使汽油泵强制进入运转(丰田车系可采用将诊断座上的"+B"与"FP"端子连接的方法进行)。

3) 将喷油器正端连接线与蓄电池正极连接,让喷油器喷油15s。观察喷油器喷油雾化质量,测量并记录每次15s 的喷油量。每个喷油器重复3次。标准喷油量为55~70mL/15s,喷油量误差应小于10mL,如不符合标准则应更换喷油器。

4) 在汽油泵运转但喷油器不工作的3min内,喷油器的泄漏应少于一滴,否则应更换喷油器。

5) 试验完毕,关闭点火开关,卸下所有连接导线及软管,注意卸油管时一定要防止剩余油压引起喷溅。将油压调节器、喷油器装回原位。

(4) 喷油器控制电路的检查　喷油器控制电路一般均由点火开关或主继电器供电,由ECU 控制喷油器的搭铁回路,检查方法如下:

1) 拔下喷油器连接器插头。

2) 接通点火开关但不要起动发动机。

3) 测量喷油器控制线连接器插头上的电源线的电压,应为12V。若无电压,则应检查点火开关及保险或主继电器及线路。

4) 检查ECU 的喷油器搭铁线E01、E02 的搭铁是否良好。

5) 将专用检查试灯串接到喷油器连接器两插头上,起动发动机,试灯应闪烁,不亮或不闪烁则控制回路有故障,应检查喷油器至ECU 的线路和ECU 是否有故障。也可通过用示波器分析喷油器脉冲波形的方法对控制电路进行检查。

三、点火及其他控制系统的检测

(一) 发动机转速传感器

1. 磁电式传感器

(1) 元件检测　关闭点火开关,拔下传感器插头,用欧姆表测量传感器感应线圈的电阻值,测量值应符合汽车制造商规定。其阻值一般在300~1500Ω之间。

(2) 在线检测

1) 用交流电压表2V 档测量传感器输出电压:起动时应高于0.1V,运转时应为0.4~0.8V。

2) 用频率表测其工作频率。

3) 用示波器检测其输出信号波形。

4) 如果在传感器上能检测到电压信号,而ECU 连接器上检测不到信号,则应检查传感器至ECU 之间的导线及插头。

2. 光电式传感器

1) 拔下传感器插头,打开点火开关,检查插头上电源端子与搭铁端子之间的电压,应为5V 或12V(视车型而异),若无电压则应检查传感器至ECU 的导线和ECU 上相应端子的电压,若ECU 端子有电压,则为ECU 至传感器导线断路,否则为ECU 故障。

2) 插回传感器插头,起动发动机,转速保持在2500r/min 左右,测量传感器输出端子的电压,应为2~3V,否则为传感器损坏。

3) 用示波器检测其信号波形。

3. 霍尔传感器

1) 拔下传感器插头,打开点火开关,检查插头上电源端子与搭铁之间的电压,应为8V或12V(视车型而异),若无电压则应检查传感器至ECU之间的线路及ECU上相应端子的电压,ECU相应端子有电压,则为传感器至ECU之间线路断路,无电压则为ECU故障。

2) 插回传感器插头,起动发动机,测量传感器输出端子信号电压,应为3~6V,若无信号电压,则为传感器故障。

3) 用示波器检查传感器输出电压波形。

(二) 氧传感器的检测

1. 氧传感器电压信号检测

(1) 氧传感器检测注意事项

1) 在测试氧传感器之前,发动机必须处在正常的工作温度范围内,一定要按照汽车制造商提供的维修手册上的程序测试。

2) 必须用数字式电压表测试氧传感器。如果使用其他类型的电压表,可能造成氧传感器损坏。

3) 使用氧传感器时,一定要使用汽车制造商推荐的室温硫化密封胶。使用其他密封胶,可能会对氧传感器造成污染。

(2) 在线检测

1) 测试氧传感器时,要把数字式电压表连在氧传感器的接地线上(图10-18)。使用电拐针刺破氧气传感器连接器附近的导线,把传感器的电信号接入电压表,尽可能不要刺破其他导线的绝缘层。当发动机怠速且温度正常时,如果空燃比与理想空燃比稍微有一点偏差,那么氧传感器的输出电压将由低压到高压周期地变化。典型的氧传感器电压应在0.3~0.8V的范围内周期地变化。

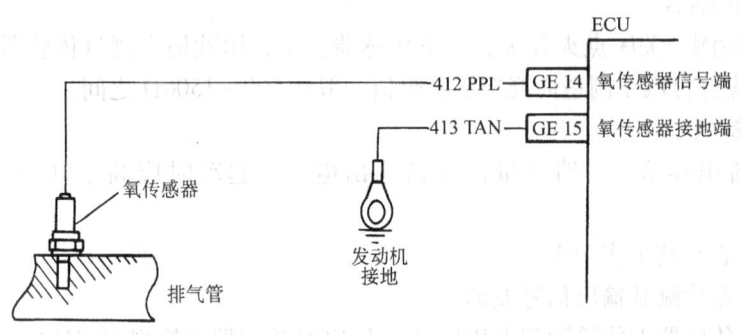

图10-18 数字式电压表与氧传感器的连接

2) 若电压表读数持续高压,表明空燃比可能是富油,或是传感器被污染。

3) 若电压表读数持续低压,表明空燃比可能是贫油,或者是传感器故障、传感器与计算机之间导线电阻过大等原因。如果氧传感器的电压信号保持为一个中间值,可能是计算机回路不通或传感器损坏。

(3) 元件检测 从发动机上拆下氧传感器,将数字式电压表的信号导线与传感器相连,并把传感器的敏感元件放到丙烷焊枪的火焰上加热。丙烷火焰可以使敏感元件与氧气隔离,这样,将导致传感器产生电压。传感器的敏感元件处在火焰中时,输出电压应该接近1V,

而把敏感元件从火焰中拿出时,输出电压应立刻降至0V。如果传感器输出电压没有按上述变化,应予更换。

2. 氧传感器导线检测

如果怀疑氧传感器信号线有故障,在发动机处于怠速时,在计算机和连在传感器上的数字式电压表与电线之间两处用探针刺破导线测量电压。传感器和计算机两处电压差不应超出汽车制造商给的规定值。一般两者间的标准平均压差为0.2V。如果这两者间的压差超过0.2V,应修理接地线或传感器在排气管处的接地线。

3. 氧传感器的加热器检测

如果氧传感器上的加热器不工作,传感器的预热时间就要延长,计算机处在开环状态的时间也延长,这时计算机误传出一个富油空燃比,浪费了油料。拆下传感器接线器,在加热器供电导线和地线之间接上数字式电压表。在点火开关接通时,这段导线间电压应为12V,如果电压不足12V,应检查电源线或熔断器。

拆下传感器,在加热器的接线端上连一只欧姆表(图10-19)。如果加热器没有正常的电阻值,应更换传感器。

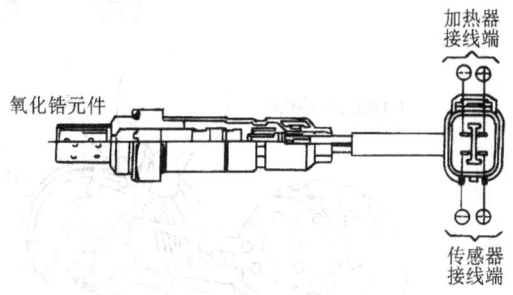

图10-19 氧传感器加热器接线端

(三) 凸轮轴和曲轴位置传感器的检测

1. 传感器气隙检测

传感器气隙应定期检查,以丰田汽车为例,检查方法如下:

1) 拆卸分电器盖顶部的3个固定螺钉。
2) 拆下分电器盖。
3) 竖直向上拉出点火转子(不是信号转子),拆下防尘盖。
4) 转动曲轴(将一个套筒扳手装在带轮螺栓上,就可用来转动曲轴),直到信号转子的一个齿与传感线圈的凸起处对正为止。
5) 用非铁磁性材料(铜或塑料)塞尺测量信号转子与传感线圈凸起处之间的间隙(图10-20),气隙值应为0.2~0.5mm。

2. 传感线圈电阻检测

传感线圈电阻检测方法如下:

用欧姆表测量如图10-21所示的连接器各引脚间的电阻。规定的电阻值一般应在120~500Ω,如果电阻值不符合表10-9的规定,应更换分电器。

表10-9 传感线圈电阻值表

	冷态(-10~50℃)/Ω	热态(50~100℃)/Ω		冷态(-10~50℃)/Ω	热态(50~100℃)/Ω
G1-G-	125~200	160~235	NE-G-	155~250	190~290
G2-G-	125~200	160~235			

(四) 爆燃传感器的检测

1. 爆燃传感器检测注意事项

1) 如果发动机爆燃传感器固定力矩过大,可能使它过于灵敏,会减小点火提前角,降

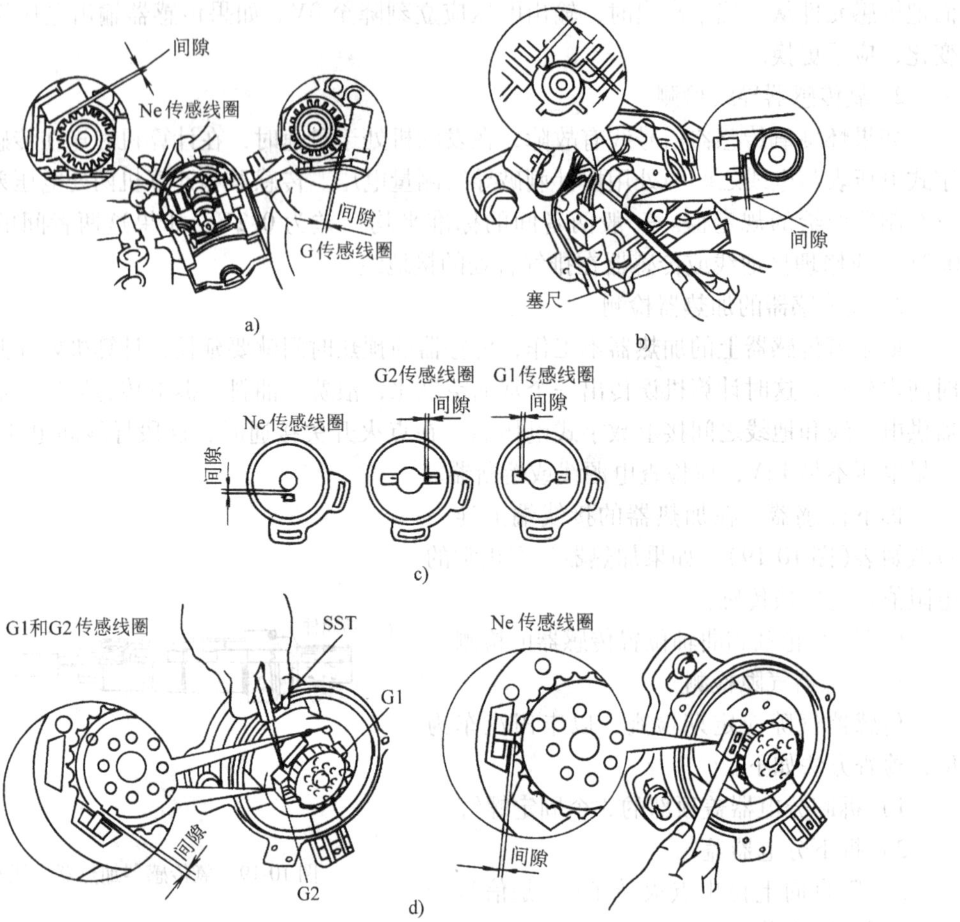

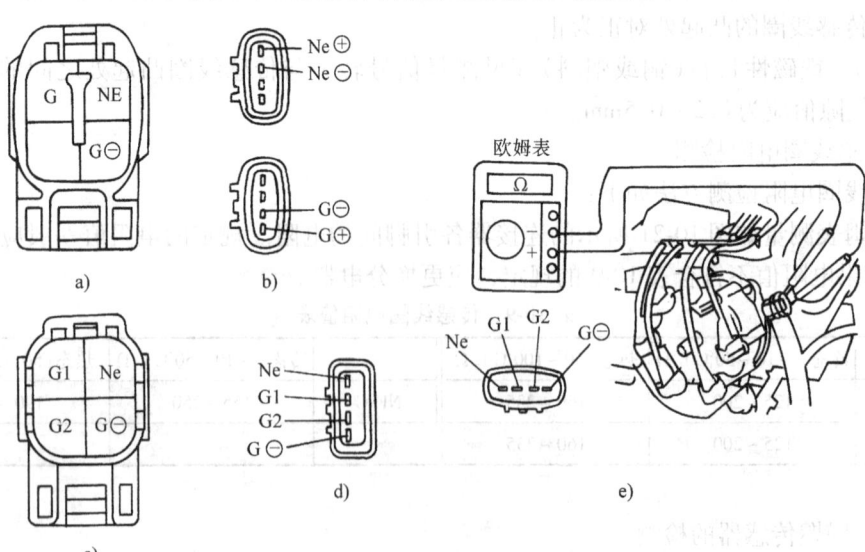

图 10-20 凸轮轴与曲轴位置传感器气隙检测图

图 10-21 凸轮轴与曲轴位置传感器线圈连接器

低燃油效率。

2）如果发动机爆燃传感器固定力矩过小，传感器的灵敏度将下降，并出现发动机爆鸣声。

3）在许多发动机上，发动机爆燃传感器拆下之前，必须先把冷却液放出。

2. 爆燃传感器检测

可以用一个与发动机相连的正时信号灯来对发动机爆燃传感器进行一次快速检查。把发动机转速设定在2000r/min。观察正时信号。用小锤子在发动机缸体靠近发动机爆燃传感器处轻敲。如果发动机爆燃传感器工作正常，点火提前角被缩小的幅度将由正时信号的位置来表明。注意一定要执行汽车制造商所推荐的测试程序和标准值。

诊断发动机爆燃传感器的典型步骤如下：

1）拆下发动机爆燃传感器的导线接线器，接通发动机点火开关。

2）在发动机爆燃传感器被拆下的两条导线之间接上一个电压表。电压值应该在4～6V之间。如果电压值不在这个范围内，可以刺破发动机爆燃传感器在计算机一端的导线测出电压值。如果测出的电压值令人满意，则要修理发动机爆燃传感器的导线。如果测出的电压同样不能令人满意，则要更换计算机。

3）在发动机爆燃传感器与地线间接一个欧姆表，传感器应该有3300～4500Ω的电阻。如果未达到这一电阻值，需更换传感器。

当转速表接到点火系中时，应将转速表的测试笔接到诊断插座的IG⊖插脚上（图10-22）。发动机应达到正常工作温度，且将转速表调至6缸量程范围。注意：不可将转速表测试笔接铁，以防点火器和点火线圈损坏；发动机运转时，不可拆下蓄电池接线；应检查点火装置是否可靠接地。

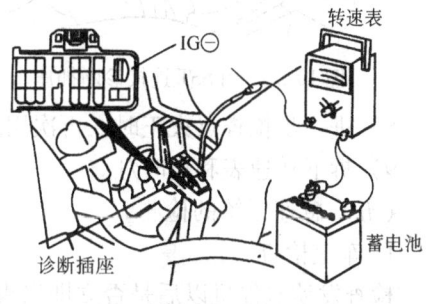

3. 点火线圈的检查

点火线圈的冷态的温度为–10～50℃，热态的温度为50～100℃。

1）拔开点火线圈插接器。

2）拔下高压线。

图10-22 转速表的接法

3）检查一次线圈电阻值。用欧姆表测量点火线圈正、负两接线脚之间的电阻值（图10-23）。一次线圈电阻值：冷态为0.36～0.55Ω，热态为0.45～0.65Ω。如果电阻值与规定不符，应更换点火线圈。

4）检查二次线圈电阻值。用欧姆表测量点火线圈正极插孔和高压线插孔之间的电阻值（图10-24）。二次线圈电阻值：冷态为9～15.4kΩ，热态为11.4～18.1kΩ。如果电阻值与此规定不符，应更换点火线圈。

5）插上高压线。

6）插上点火线圈插接器。

4. 分电器检查

1）拔开分电器插接器。

2）拆下分电器盖。

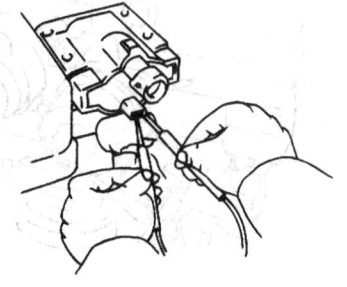

图10-23 检查一次线圈电阻值

3）拆下分电器转子。

4）检查气隙(图10-20)。

5）检查传感线圈(图10-21)。

6）装上转子、分电器盖,插好插接器。

7）调整点火正时。使用专用维修工具SST(09843—18020)将诊断插座的TE1和E1两插脚连接起来(图10-25);检查怠速转速,怠速转速应为700r/min左右(自动变速器的变速杆位于N位、全部附件均应关闭);用正时灯照射正时标记处,慢慢转动分电器直至曲轴带轮上的标记对着10°标记为止(图10-26),然后,拧紧分电器螺母,并重新检查点火正时。点火提前角为10°(怠速且变速器处在空档);拧紧力矩为14N·m;拆下专用维修工具SST(09843—18020)。

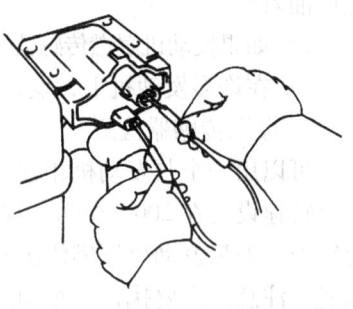

图10-24 检查二次线圈电阻值

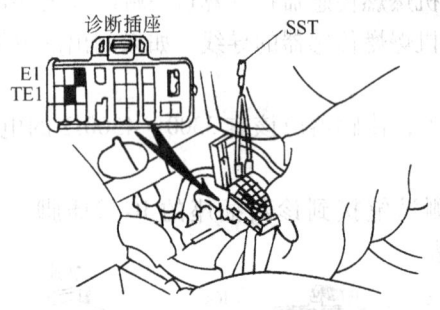

图10-25 用SST连接诊断插座

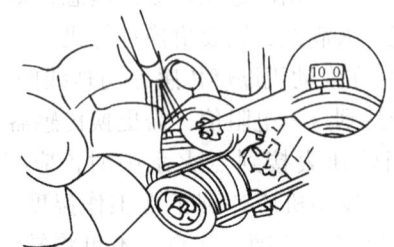

图10-26 用正时灯检查点火提前角

8）进一步检查点火正时,再次用正时灯检查点火提前角,一般为8°~12°(怠速时)。

9）拆下转速表和正时灯。

(五) 怠速系统的检测

1. 车上检查

检查发动机停机以后是否立即出现"咔塔"声(图10-27)。如果发动机怠速转速与规定不符,应检查怠速控制阀、线路和ECU。

2. 怠速控制阀的检查

(1) 检查怠速控制阀电阻 用欧姆表测量插接器各脚之间(B1-S1、B1-S3、B2-S2、B2-S4)的电阻,如图10-28所示。电阻值应为:10~30Ω;否则应更换怠速控制阀。

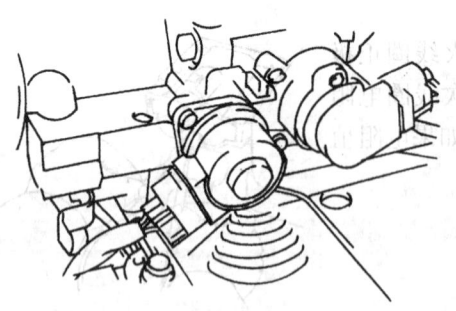

图10-27 检查ISC怠速控制阀

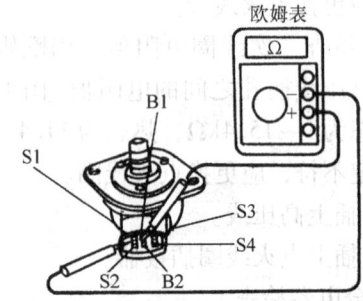

图10-28 用欧姆表测量插接器各脚电阻

(2) 检查怠速控制阀工作情况

1) 将蓄电池的正极与 B1 和 B2 脚接通，同时按 S1-S2-S3-S4-S1 的顺序逐一接地（蓄电池负极），检查怠速控制阀是否向着关闭的位置移动（图10-29）。

2) 将蓄电池的正极与 B1 和 B2 脚接通，同时按 S4-S3-S2-S1-S4 的顺序逐一接地（蓄电池负极），检查怠速控制阀是否向开启位置的方向移动（图10-30），否则应更换怠速控制阀。

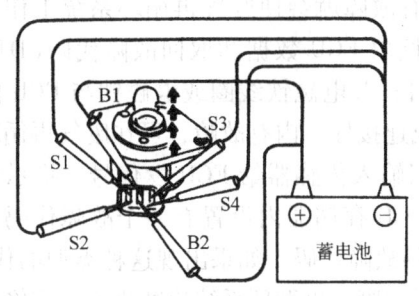
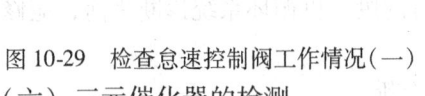
图 10-29　检查怠速控制阀工作情况（一）

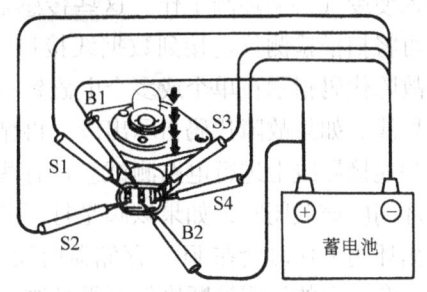
图 10-30　检查怠速控制阀工作情况（二）

（六）三元催化器的检测

1. 注意事项

如果发动机一直运转，三元催化器和其它排放控制系统元件会过热，在检测这些元件时应戴防护手套，以免灼伤。

2. 三元催化器的检测

（1）用废气分析仪检测　测试三元催化器的最精确方法是用红外线废气分析仪测量尾部废气。三元催化器有故障时，会导致废气中的 HC（碳氢化合物）、CO（一氧化碳）和 NO_x（氮氧化合物）成分的含量升高。其它系统，如汽油供给系统、点火系统和排放控制系统，也会影响尾管废气。

（2）用手提式数字高温计检测　可用手提式数字高温计测试三元催化器（图10-31）。该电子设备可测量探针所在位置的热度。应将仪表探针放在转化器的进气口与出气口，以测量其温度。如果催化转化器工作正常，出气口温度应比进气口温度至少高出 38℃。如果转化器进气口与出气口的温度差值低于 38℃，则表明该转化器工作不良，应将其更换或对其进行修理。在该转化器工作不良时，应检查空气泵系统，以确保在发动机工作温度正常时能保持向转化器泵入空气。如果没有出现该空气流，会使转化器工作无效。绝不要装排气管来替代催化转化器。

三元催化器有故障时的工作温度，要比三元催化器良好时的温度低很多。在寒冷气候下驾驶一段短距离后，三元催化器有故障时会充满凝结物。在发动机不运转时该凝结物会凝固，从而导致转化器完全被堵塞或出现不能起动问题。

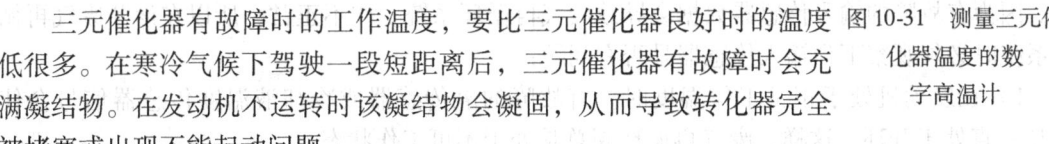
图 10-31　测量三元催化器温度的数字高温计

（七）废气再循环（EGR）系统的检测

1. 检测准备工作

1) 诊断废气再循环系统之前，发动机必须处于正常工作温度。

2）检查所有真空软管和真空工作元件是否有泄漏，真空泄漏会使真空计上的稳定读数偏低。

3）用示波器检验点火系统状况，因为点火故障也会引起怠速工作不稳和爆燃。

2. 使用扫描检测仪对废气再循环系统进行故障代码诊断

在许多废气再循环系统内，ECU 使用来自冷却液温度、节气门位置和空气流量传感器的输入使废气再循环阀工作。这些传感器其中一个有故障就会使废气再循环系统工作不正常。可将扫描检测仪连接到数据线接口（DLC），以读取 ECU 数据和取回故障代码（DTC）。有些故障代码指示在单个或多个电磁铁内有故障，可打开电磁铁线圈或电磁铁与 ECU 间的连接导线。如果故障代码指示出废气再循环电磁铁或连接导线内有故障，可在废气再循环电磁铁和连接导线上进行电路测试。在有些系统内，当输入传感器给 ECU 发信号，指示废气再循环阀应该关闭时，如果该阀是打开的，则应在 ECU 存储器内设置有一个故障代码。废气再循环阀卡住时会在 ECU 存储器内设置这种类型的故障代码。如果出现这种类型的代码，应按本章后面的说明诊断废气再循环阀。在接着进行的废气再循环系统诊断之前，应修正所有故障代码对应的故障。

3. 使用扫描检测仪对废气再循环系统进行数据诊断

在许多计算机系统内，当废气再循环电磁铁断开时，该电磁铁切断至废气再循环阀的真空通道。在电磁铁被激发或接通时，真空度通过电磁铁供给废气再循环阀。但在有些克莱斯勒产品上，当废气再循环电磁铁接通时，它切断至废气再循环阀的真空通道；而在电磁铁断开时，它通过该电磁铁向废气再循环阀供给真空度。

必须在道路上以不同的车速驾驶汽车，确定废气再循环阀工作是否正常。驾驶汽车时，废气再循环系统数据会显示在扫描检测仪上。如果汽车有一个带有三个独立电磁铁的数字废气再循环阀，则扫描检测仪就会表示出每个电磁铁是接通还是断开。在某些应用方面，扫描检测仪指示出期望废气再循环阀位置、实际废气再循环阀位置及从废气再循环阀位置传感器的电压信号。

废气再循环阀在汽车低速时应打开，而在节气门开口超过某特定值时应关闭。因为流过废气再循环阀的废气降低了气缸温度。如果废气再循环阀不能工作，气缸会出现高温与爆燃，节气门开口恒定时会发生爆燃。

如果废气再循环阀未开，废气 NO_x 中的含量会高于汽车出厂时的废气标准。可用废气分析仪检测出废气中 NO_x 的含量。

如果废气再循环阀在低于指定速度时打开，则在此速度下加速会发生喘气。要记住扫描检测仪数据只表示废气再循环阀是否为电子打开。废气再循环阀销下面的积炭会使废气再循环阀处于常开状。这种状况导致怠速工作不稳和发动机过载熄火，在低速加速时还会有喘振。因为有故障的输入传感器数据会导致废气再循环系统工作不正常，所以在诊断废气再循环系统时必须观察下列输入传感器是否有问题：

1）在发动机处于正常工作温度时，有故障的氧传感器或冷却液温度传感器信号会使 ECU 一直处于开环。这样，废气再循环阀总是处于不可工作状态。

2）输入传感器有故障，会使 ECU 处于软弱模式或预备模式，在该模式下废气再循环阀不工作。

3）指示冷却液温度低于实际冷却液温度的传感器信号，会导致废气再循环阀不工作。

4) 低于指定值的节气门位置信号,会使废气再循环阀的开口相对于节气门开口及车速滞后。

5) 高于指定值的节气门位置信号,会使废气再循环阀相对于节气门开口及车速打开太快。

6) 有故障的空气流量传感器信号,会导致废气再循环工作不正常,故在检查扫描检测仪上的废气再循环数据时,必须详细诊断这些信号。

4. 检测进排气废气再循环阀

当发动机处于正常工作温度且在怠速工作时,从废气再循环阀处拆下真空软管,用手动真空泵供给该阀适当的真空度,观察废气再循环阀膜片的运动。或拿一面镜子置于废气再循环阀的下面,观看膜片的运动。在作用真空度时,废气再循环阀应该打开,且怠速工作应该变得很不稳定。如果阀的膜片不能保持真空,则应更换此阀。如果阀未打开,应拆下该阀并检查阀下面通道内是否有积炭。需要时清理该通道。

(1) 注意事项

1) 如果发动机已持续运转一段时间,废气再循环阀会很热。在诊断或维修该阀时要戴上防护手套。

2) 不要将废气再循环阀放在任何类型的溶剂内清洗,这样做会损坏阀的膜片。

3) 对废气再循环阀喷砂会损坏阀元件和螺塞孔。用钢丝刷可从废气再循环阀的下面清理积炭,但不要将该阀浸入溶剂内,也不要对阀进行喷砂处理。

(2) 诊断负背压废气再循环阀 当发动机处于正常工作温度且点火开关断开时,从废气再循环阀上拆下真空软管,再将手动真空泵连接到该阀上的真空接头上。给废气再循环阀供给适当的真空度,观察阀的工作和真空计。废气再循环阀应该打开且保持真空度20s。如果该阀工作不正常,则应更换该阀。

当手动真空泵供给废气再循环阀真空度时,起动发动机。此时真空度应降至零,且阀应该关闭。如果工作不正常,应更换。

(3) 诊断正背压废气再循环阀 当发动机处于正常工作温度且以怠速运转时,从废气再循环阀上拆下真空软管。将手动真空泵连至废气再循环阀的真空接头上,让该泵供给废气再循环阀真空。此时应将真空排出,而废气再循环阀的膜片应不移动。如果废气再循环阀工作不正常,应更换。

从节气门体喷射装置上拆下废气再循环真空输送软管,将一根长软管直接连到该进排气口和废气再循环阀上。将发动机加速至2000r/min,观察废气再循环阀。发动机处于此速度下该阀应该打开,再让发动机怠速,此时废气再循环阀应该关闭。如果废气再循环阀不能正常打开或关闭,应将该阀拆下并检查阀下的排气通道是否堵塞或节流。如果这些通道并未堵塞,则应更换此阀。

(4) 诊断数字废气再循环阀 可用扫描检测仪诊断数字废气再循环阀。在发动机处于正常工作温度且点火开关断开时,将扫描检测仪接上数据线接口。起动发动机,让发动机以怠速工作。在扫描检测仪上选取"EGR Control"(废气再循环控制),并用扫描检测仪给废气再循环一号电磁铁通电。这样做之后,发动机转速应该缓慢下降。如果废气再循环阀不能正常工作。就要在更换废气再循环阀之前检查下列部分:

1) 检查废气再循环阀上供电导线处的电压是否为12V(图10-32)。

2）检查废气再循环阀与 ECU 之间的导线。

3）拆下废气再循环阀，检查阀下面的通道是否堵塞。

数字废气再循环阀：以电子控制方式工作，没有连接真空装置。它包括 1~3 个打开或关闭的电磁铁。

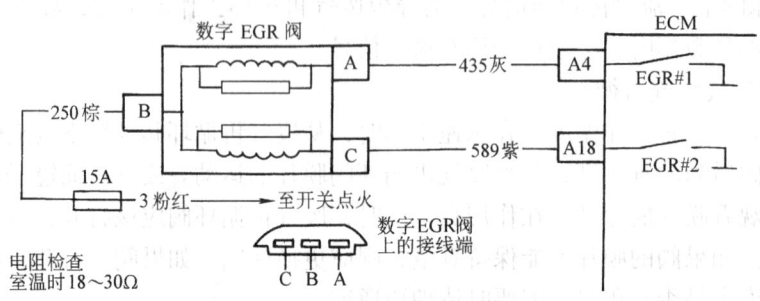

图 10-32　数字废气再循环阀的电路图

（5）诊断线性废气再循环阀　线性废气再循环阀的诊断步骤随汽车车型和年度的不同而不同。应按照汽车制造商检修手册中所推荐的步骤进行诊断。可使用扫描检测仪诊断线性废气再循环阀。诊断之前发动机应处于正常工作温度。由于线性废气再循环阀有一个阀销位置传感器，可用扫描检测仪检查废气再循环阀销的实际位置是否合适。在怠速时废气再循环阀销位置不应超出 3%。当用扫描检测仪指令一个特定的阀销位置（例如 75%）时，该指令位置应在 2s 内完成。当发动机怠速时，选择各种阀销位置，并检查阀销的实际位置。阀销位置误差应一直在指令位置的 10% 之内。当线性废气再循环阀工作不正常时，应：

1）检查供给废气再循环阀的 12V 供电导线上的熔断器。

2）检查连接于废气再循环阀线圈至 ECU 的导线是否开路、接地或短路。

3）使用数字电压表检查阀销位置传感器的基准导线上的电压是否为 5V。

4）检查阀销位置传感器接地导线的阻值是否过大。

5）让导线束连接在阀上，拆下该阀，将数字电压表连接在废气再循环阀的阀销位置导线和接地线上，用手向上推动阀销（图10-33）。电压表读数应从 1V 左右变化至 4.5V。如果废气再循环阀在扫描检测仪上工作不正常，而上面的测试 1）至测试 5）又良好，则需要更换该阀。

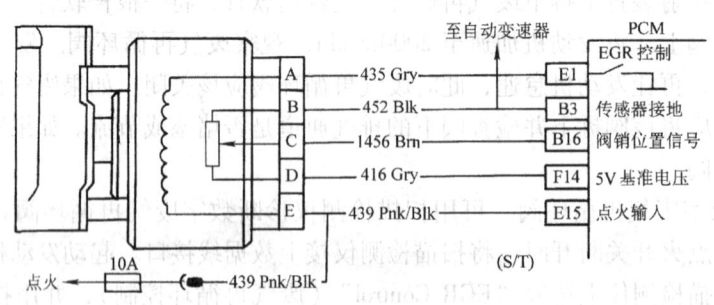

图 10-33　线性废气再循环阀的电路图

5. 废气再循环真空调节器（EVR）的检测

1）将电阻表的引线连接到真空调节器接线端上，检查线圈是否开路或短路（图10-34）。欧姆表读数无限大时表示开路，而读数低于特定值时表示线圈短路。

2）将电阻表引线连接到真空调节器电磁铁其中一个接线端上和该电磁铁壳的接地线上（图10-35）。欧姆表读数偏低表示线圈接地，而读数无穷大时表示线圈未接地。

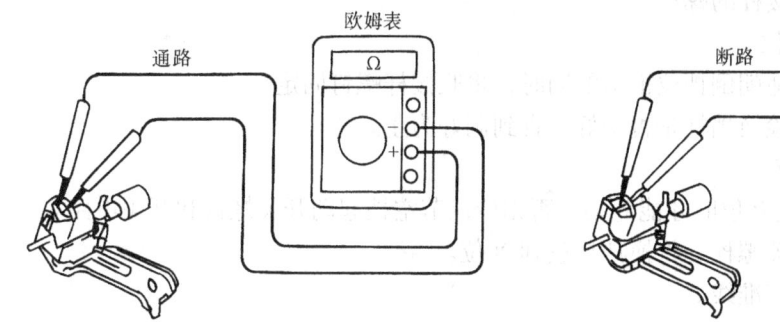
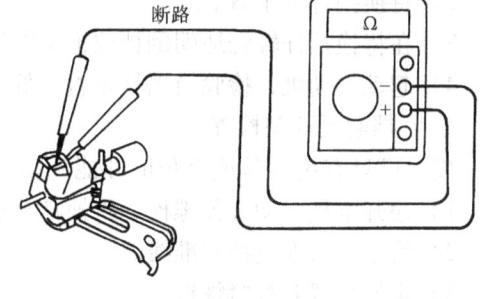

图 10-34　检测真空调节器线圈是否开路或短路　　图 10-35　检测真空调节器线圈是否接地

3）可用扫描检测仪诊断真空调节器电磁铁工作。在正确模式下，扫描检测仪以接通或断开来显示真空调节器电磁铁的状态。在发动机怠速时，真空调节器电磁铁应该保持断开。对汽车进行路面测试，驾驶汽车直至需要打开真空调节器电磁铁的条件出现为止，这时，扫描检测仪应该指示真空调节器电磁铁接通。

（八）排气温度传感器的检测

拆下排气温度传感器，将其放入一个装有水的容器内。在水中放入温度计，再对该容器加热（图10-36）。将欧姆表引线连接到排气温度传感器的接线端上。排气温度传感器在各种温度时应该有特定的电阻值。电阻值可参阅汽车制造商提供的维修手册或相关资料。如果不正常则应予以更换。

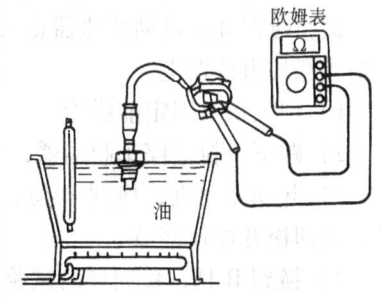

图 10-36　检测排气温度传感器

第二节　底盘电子控制系统的检测

一、自动变速器的检测

（一）常规检查

1. 加速踏板拉索的检查和调整

加速踏板拉索的索芯不能松弛。当发动机熄火时，节气门应关闭。当加速踏板踩到底时，节气门应全开，否则应进行调整。调整方法如下：

1）推动加速踏板连杆，检查节气门是否全开。节气门不全开，则应调加速踏板连杆。

2）把加速踏板踩到底，拧松调整螺母。

3）拧动调整螺母，使橡胶套与拉索止动器的距离为 0～1mm（图10-37）。

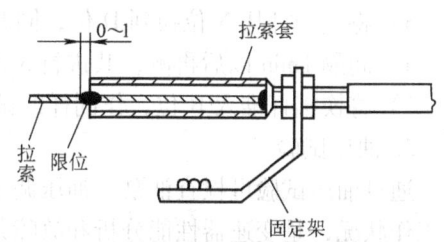

图 10-37　拉索止动器的调整示意图

4）拧紧调整螺母，重新检查并调整到标准值。

2. 换挡杆位置的检查和调整

换挡杆从 P 位依次换到其他位时要平稳，且仪表指示灯能正确指示各挡位，否则应进行调整。调整方法如下：

1）松开换挡杆与联接杆的螺母。
2）将换挡杆置于 N 位。
3）在将换挡杆轻轻地朝倒挡位推动的同时，将联接杆螺钉固定。
4）起动发动机，检验换挡杆是否调好，直到调好为止。

3. 空挡起动开关检查

发动机只有在 N 位或 P 位时才能起动，否则应调节空挡起动开关螺钉和开关电路。

1）松开空挡起动开关螺栓，将换挡杆放到 N 位。
2）将槽口对准空挡基准线。
3）定好位置并拧紧螺钉。
4）确认只有在 N 位和 P 位才能起动发动机。

（二）变速器试验

1. 失速试验

试验时保证在自动变速器正常的油温（50~80℃）下进行，每次连续试验时间不超过 5s 以防止意外事件发生。

1）用三角木固定前后轮。
2）踩下或拉紧停车制动器，左脚踩紧制动踏板。
3）起动发动机，换到 D 位，右脚将加速踏板踩到底，迅速读出稳定时发动机的转速后，立即松开加速踏板。
4）换到 R 挡，作同样的试验。

根据维修资料数据，判断自动变速器故障部位。

2. 时滞试验

当发动机处于怠速时，将换挡杆换入前进挡位，在感到汽车振动或车辆运动前会有一定的时差。该时差取决于变速器油路的油压、密封情况以及离合器和制动器的磨损情况。

试验时把变速器油温升到正常工作温度（50~80℃），每次测试时间至少间隔 1min 以上，取 3 次测试的平均值。具体测试方法如下：

1）进行停车制动。
2）起动发动机，在 N 位和关空调时检查和调整发动机至正常怠速。
3）将换挡杆从 N 位换到 D 位，同时按下秒表记时，当感到振动时，停下秒表并记录。
4）间隔 1min 以后再测，共进行 3 次。取 3 次的平均值，时滞时间不大于 1.25s。
5）将换挡杆推入 R 位，作同样的试验，时滞时间不大于 1.5s。

3. 油压试验

通过油压试验可检查油泵、油压调节阀、节气门阀、油压电磁阀、调速器及变速器油等的工作状况，是变速器性能分析和故障判断的主要依据。油压测试包括系统油路压力、各离合器和制动器的蓄能器油压、各挡离合器油压、调速器油压及节气门油压的测试。各油压测试步骤如下：

1) 检查油温(50~80℃)，油面高度，油质，换挡杆及节气门拉索。
2) 用举升机将汽车升起。
3) 准备好 2MPa 压力表测试系统(带有 5 个压力表头)。
4) 拆下变速器壳体上的油路压力测试螺塞，装上压力表。
5) 起动发动机(此时手柄处于 P 或 N 位)。若有两个表头指针摆动，则可读出主油路油压和节气门阀油压。
6) 将手柄置于 R 位，可测出倒挡油压。
7) 将手柄置于 D 位，可测出速控阀油压和前进离合器油压。

以上步骤只介绍测油压的基本方法，具体车型测试孔数目不同，应灵活处理。

4. 手动换挡试验和道路试验

(1) 手动换挡试验　试验时，若自动变速器有电控系统，则须拔下电控单元 ECU 的插头；若每一挡位动作都正常，但接回电控元件插头时换挡不正常，则说明故障出在电子控制系统；若有一挡位动作异常，则说明故障是变速器机械或液压部分。

(2) 道路试验　自动变速器的道路试验是自动变速器各项性能的综合试验测试，包括机械变速器内部的各离合器和制动器的工作情况，液压控制系统和电子控制系统控制的自动换挡点速度是否正确；换挡时车辆的平顺性，行驶时变速器内有无异常响声，各种行驶模式时车辆的行驶性能，液力变矩器的锁定，换挡杆在各位置时的换挡范围和发动机制动状况等。对于道路行驶试验，不同车型所给的参考数据均有所不同，读者可参阅有关维修技术资料。

(三) 电子控制系统检测

1. 节气门位置传感器信号的检查

以丰田自动变速器为例，诊断接头 TDCL 如图 10-38 所示，将高阻表正表笔接 T_T 端，负表笔接 E_1 端。测量时做好以下准备工作：

1) 车辆停止。
2) 点火开关置 ON。
3) 节气门从全闭到全开(加速踏板踏到底)。

当上述测量条件满足后，检查加速踏板逐步从全闭到全开，ECU 从 T_T 端输出的电压以 1V 的幅度从 0V 变到 8V，如图 10-39 所示。

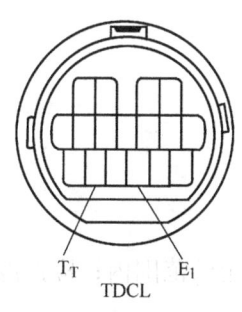

图 10-38　诊断接头 TDCL 示意图

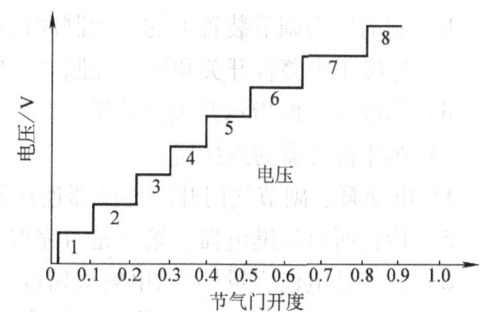

图 10-39　节气门位置传感器的信号

2. 制动信号的检测

测量条件：

1）车辆停止。

2）点火开关置 ON。

3）制动踏板位于释放状态。

当上述测量条件满足后，使节气门全开，8V 电压加在端子 TT 上。踩下制动踏板时，约 0V；释放制动踏板时，约 8V。

3. 换挡位置信号的检测

在车速 10km/h 以上的状态进行检查。起动发动机，检查升挡时端子 TT 的电压。

注意：一边检查换高挡时指示灯的闪烁，一边检查转速表的变化。如果端子升的电压不能如表 10-10 所示变化，则应检查接插器电路。

表 10-10 挡位电压

齿轮挡位	1 挡	2 挡	3 挡		O/D 挡	
锁止离合器		OFF	OFF	ON	OFF	ON
电压/V	0	2	4	5	6	7

二、ABS/ASR 的检测

1. 初步检查

明显故障而不能正常进行工作时首先采取的检查方法如下：

1）检验驻车制动（手刹）是否完全释放。

2）检查储液室液面是否在规定的范围之内。

3）检查 ABS/ASR 电子控制单元导线插头与插座的连接是否良好，连接器及导线是否损坏。

4）检查下列导线连接器（插头与插座）和导线的连接或接触是否良好：

a）制动压力调节装置上的电磁阀体连接器。

b）制动压力调节装置上的主控制阀连接器。

c）连接压力警告开关和压力控制开关的连接器。

d）储液室液面指示开关连接器。

e）车速传感器的连接器。

f）电动泵、副节气门开度传感器连接器。

5）检查所有的继电器、熔丝是否完好，插接是否牢固。

6）检查蓄电池容量（测量电解液密度）和电压是否在规定的范围内；检查蓄电池正、负极导线的连接是否牢靠，连接处是否清洁。

7）检查 ABS/ASR 电子控制单元、制动压力调节装置等的接地（搭铁）端的接触是否良好。

8）检查车轮胎面纹槽的深度是否符合规定。

如果用上述方法不能确定故障位置，就可转入使用故障自诊断方法。

2. 防滑控制系统的泄压

通过防滑控制系统的检查，诊断出故障后，就可进行故障排除和修理。由于蓄能器中有很高的压力，因此，只要修理涉及防抱死制动系统中液压部件，就必须对系统泄压，以免高压油喷出伤人。一般防滑控制系统泄压的方法是将点火开关关闭，然后反复踏制动踏板，踩踏板的次数至少在 20 次以上，当感觉到踩踏板的力明显增加，即感觉不到踩踏板的液压助力时，ABS 系统泄压完成。通常修理以下部件时需要进行泄压：①制动压力调节装置的任何部件；②蓄能器；③电动泵；④电磁阀体；⑤制动液储油室；⑥压力警告灯和控制开关；⑦后轮分配比例阀和后轮制动分泵；⑧前轮制动分泵；⑨高压制动液管路。

3. 防滑控制系统电子控制单元的更换

确定防滑控制系统电子控制单元的好坏可用替代的办法，即用一个好的电子控制单元代换，如果说替代后防滑控制系统工作恢复正常，就说明以前的电子控制单元有问题，必须更换。

防滑控制系统电子控制单元更换一般步骤如下：

1）将点火开关关闭（OFF 位置）。
2）拆下电子控制单元上的线束插头。
3）拆下固定电子控制单元的螺钉并将垫圈放好。
4）将好的电子控制单元固定，垫圈损坏的要更换新垫圈。
5）插上所有的线束插头，注意线束不能损坏和腐蚀，插头插上后要接触良好。
6）对角线拧紧固定螺钉。
7）打开点火开关，并起动发动机，红色制动灯和 ABS 警告灯应显示系统为正常状态。

4. 轮速传感器的调整

轮速传感器出现故障，不一定说明传感器已损坏，往往传感器头脏污，传感器的传感头与齿圈的间隙没有达到要求，都会引起传感器的工作不良。这时就可对传感器进行调整，恢复正常的工作。对绝大多数车辆来说，前轮转速传感器是可调整的，一部分车辆后轮转速传感器也可调整，只有少部分前、后轮转速传感器是不可调整的。传感器的调整可用纸垫片紧贴传感器的端面来完成，当车开起来后，随着传感器齿圈的旋转，纸垫片就自然消失。如果不用纸垫片，用无导磁性其它材料垫片也行。一般，间隙为 0.5~1mm。

三、电子控制悬架系统的检测

以丰田 Lexus LS400 轿车的电子控制悬架系统为主，介绍电子控制悬架系统的基本检修方法。

（一）检修过程中应注意的事项

对于检修装有电子控制空气悬架的轿车时，应注意以下事项：

1）当用千斤顶将汽车顶起时，应将高度控制 ON/OFF 开关拨到 OFF 位置。如果在高度控制 ON/OFF 开关拨到 ON 位置的情况下顶起汽车，则 ECU 中会记录一个诊断代码。如果记录了诊断代码，务必将它从存储器中清除掉。

备注：当将高度控制 ON/OFF 开关拨到 OFF 位置时，会显示诊断代码 71。当将开关重新拨到 ON 位置时，该代码即被消除。

2）在放下千斤顶前，应将汽车下面所有的物件搬走。

3）在开动汽车之前，应将汽车的高度调整到正常状态。

4）脱开一只接触式空气管接头，再将它重新接上。在脱开和重新装上一只接触式空气管接头时，应注意：①缓慢地将管子直接拔出（在拔出管子时会喷出压缩空气）；②防止管子上的 O 形圈粘住杂质（不要抹掉 O 形圈上的润滑脂）；③装复时应将管子推入到卡簧发出"卡嗒"声为止；④检查是否漏气。

5）前安全气囊传感器安装在空气悬架压缩机和 1 号车身高度控制阀上面，除非必要时，不要触及这个传感器。应按照 SRS 安全气囊维修中的说明，进行安全气囊传感器的所有操作。

（二）功能检查

1. 汽车高度调整功能的检查

操作高度控制开关检查汽车高度的变化：

1）检查轮胎充气是否正确。

2）检查汽车高度。

3）起动发动机，将高度控制开关从 NORM 位置转换到 HIGH 位置：检查完成高度调整所需的时间和汽车高度的变化量。

汽车高度的变化量：10～30mm。

4）在汽车处于 HIGH 高度调整状态下，起动发动机并将高度控制开关从 HIGH 位置转换到 NORM 位置；检查完成高度调整所需的时间和汽车高度的变化量。汽车高度的变化量：10～30mm。

2. 溢流阀的检查

迫使压缩机工作，检查溢流阀动作：

1）将点火开关转到 ON，并使高度控制连接器的端子 1 与 7 连接以迫使压缩机工作。

2）等压缩机工作一段时间后，检查溢流阀是否放气。

3）将点火开关转到 OFF。

4）清除诊断代码。

注意：当迫使压缩机工作时，ECU 中会记录一个诊断代码。在完成检查后，务必将这个诊断代码清除掉。

3. 漏气检查

检查管子和软管的接头是否漏气：

1）将高度控制开关拨到 HIGH 位置使汽车高度上升。

2）使发动机停机。

3）在管子和软管的接头处加肥皂水，检查是否有任何漏气。

4. 汽车高度调整

在进行汽车高度调整时，必须将高度控制开关处于 NORM 位置。应在水平面上进行高度调整，务必将汽车的高度调整到标准范围以内。

1）拧松车身高度传感器连接杆上的两只锁紧螺母。

2）转动车身高度传感器连接杆的螺栓以调节长度；车身高度传感器连接杆每转一圈能

使汽车高度改变大约 4mm。

3）检查图 10-40 所示的车身高度传感器连接杆的尺寸是否小于极限值；前悬架 13mm，后悬架 13mm。

4）暂时拧紧两只锁紧螺母。

5）再检查一次汽车高度。

6）拧紧锁紧螺母，拧紧力矩为 45N·m。

注意：在拧紧锁紧螺母时应确保球节与托架平行。

（三）控制系统电路的检查

以丰田 Lexus LS400 轿车电控空气悬架系统为例，说明悬架控制系统的电路检查。图 10-41 为电控元件示意图，其控制电路如图 10-42 所示。

1. 车高传感器电路的检测

表 10-11 为电控悬架系统的故障代码表。车高传感器的电路如图 10-43 所示，其故障征兆表为表 10-12。

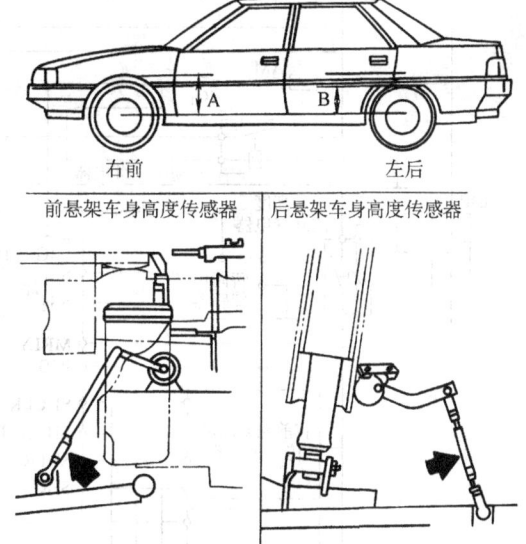

图 10-40 连接杆示意图

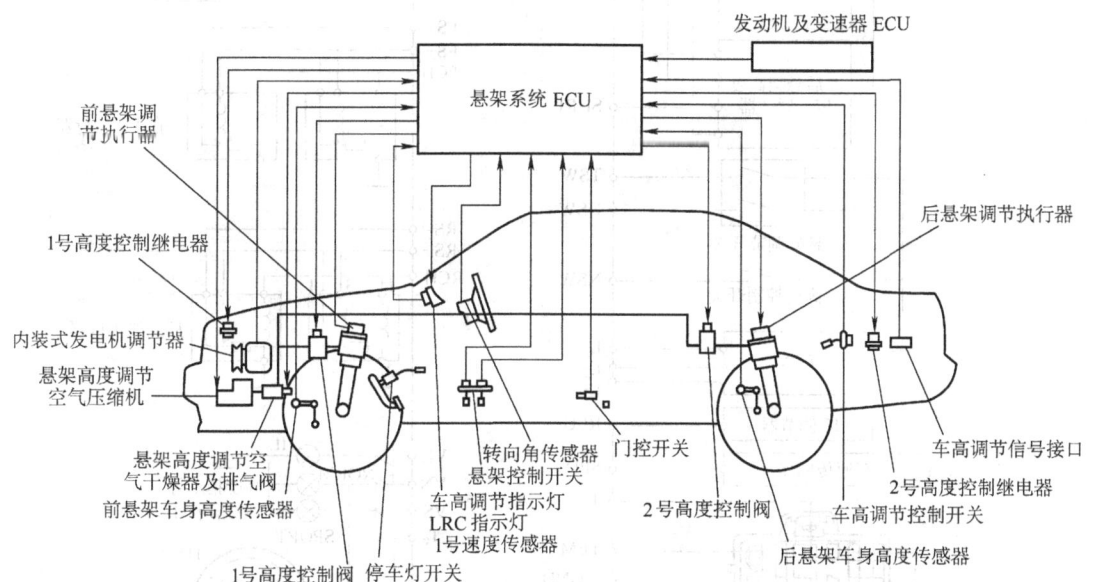

图 10-41 丰田 Lexus LS400 电控空气悬架系统的元件示意图

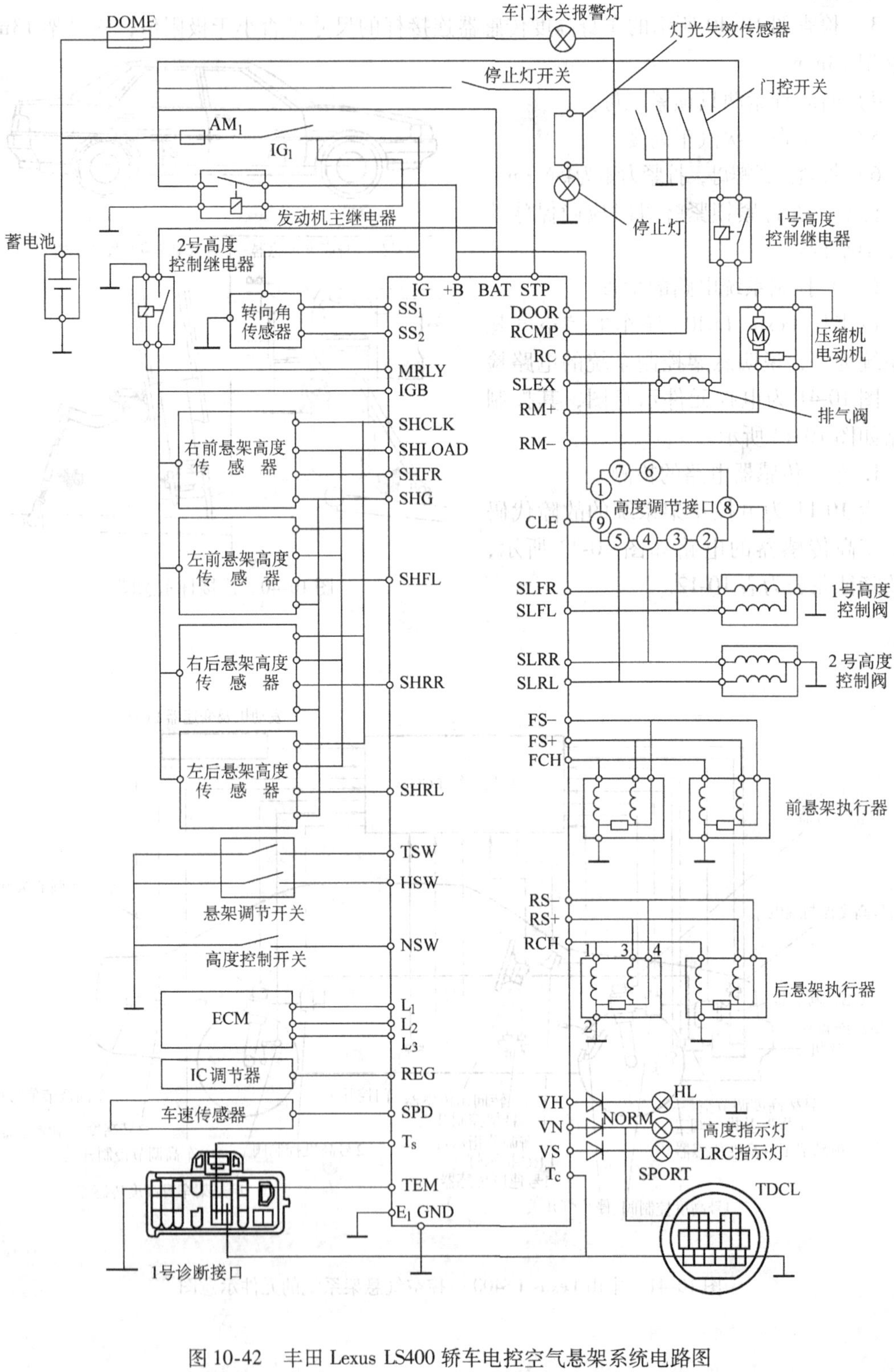

图 10-42 丰田 Lexus LS400 轿车电控空气悬架系统电路图

表10-11 电控悬架系统故障代码

代码	系 统	闪光类型	诊 断	警告	储存
—	—		正常	—	—
11	右前车身高度传感器电路		车身高度传感器电路开路或短路	○	○
12	左前车身高度传感器电路			○	○
13	右后车身高度传感器电路			○	○
14	左后车身高度传感器电路			○	○
21	前悬架控制执行器电路		悬架控制执行器电路开路或短路	○	○
22	后悬架控制执行器电路			○	○
31	1号高度控制阀电路		高度控制阀电路开路或短路	○	○
33	2号高度控制阀电路(用于后悬架)			○	○
34	2号高度控制阀电路(用于左悬架)			○	○
35	排气阀电路		排气阀电路开路或短路	○	○
41	1号高度控制继电器		1号高度控制继电器电路开路或短路	○	○
42	压缩机电动机电路		压缩机电动机短路；压缩机电动机被锁住	○	○
51[①]	至1号高度控制继电器的持续电流		持续电流约接通8.5min以上	—	○
52[②]	排气阀的持续电流		供至排气阀的电流约接通6min以上	—	○
61	悬架控制信号		ECU失灵	—	○
72	悬架控制执行器电源电路		悬架控制执行器电源电路开路；AIR SUS熔丝烧断	—	—
71[③]	高度控制 ON/OFF 开关电路		高度控制 ON/OFF 开关在 OFF 位置或电路开路	○	—

注：1. 对于警告栏内有○记号的代码，高度控制"NORM"指示灯以1s间隔闪亮；对于有"—"记号的代码，该指示灯不闪。

2. 即使在点火开关关断的情况下，储存栏内有○记号的代码也被储存在存储器中。

① 由于压缩空气的溢流压力为1MPa，如果试图在陡峭的斜坡道路上或在汽车超载的情况下进行汽车高度控制，可能会输出代码"51"并会终止汽车高度控制以及减振力和弹簧刚度的控制。(这并非不正常)。但是，在这种情况下，大约在关掉点火开关后70min再把它接通时，就可以恢复汽车高度控制以及减振力和弹簧刚度的控制。

② 如果在拆下车轮或顶起汽车的情况下进行汽车高度控制，可能会输出代码"52"，但这并非不正常。当输出代码"52"时，汽车高度控制以及减振力和弹簧刚度控制停止执行。然而，如果关断点火开关再把它接通时，又恢复控制。

③ 当高度控制 ON/OFF 开关在"OFF"位置时，会输出诊断代码"71"。

表 10-12 车身高度传感器故障征兆表

代 码	诊 断	故障部位
11 12 13 14	车身高度传感器电路开路或短路	● ECU 与车身高度控制传感器之间的配线或连接器 ● 车身高度控制传感器 ● ECU

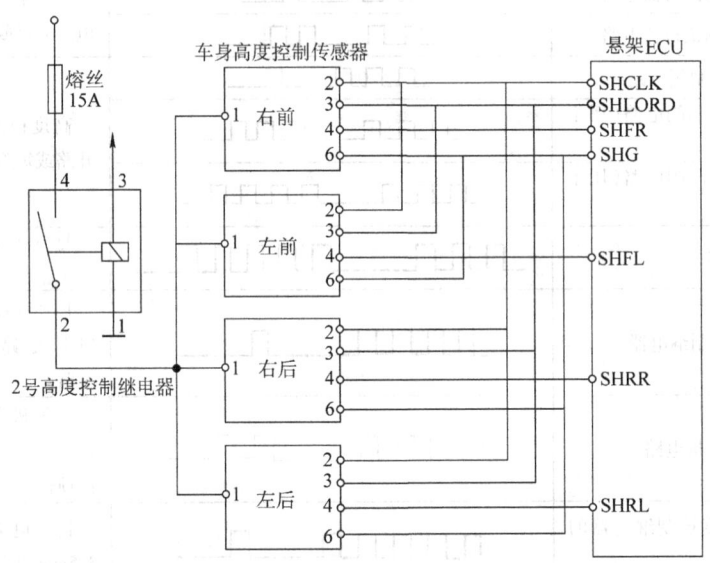

图 10-43 车高传感器电路图

1）检查车身高度传感器连接器端子 1 与车身接地之间的电源。

脱开车身高度传感器连接器，将点火开关转到 ON，测量车身高度传感器连接器端子 1、2 与车身接地之间的电压。正常电压应为蓄电池电压。

2）检查悬架 ECU 与车身高度传感器之间的配线或连接器。若不正常，则修理或更换配线或连接器；正常，进到步骤 3）。

3）装上一只完好的车身高度传感器，轮流检查，观察故障是否消失。

4）检查或更换悬架 ECU。

2. 悬架控制执行器电路

图 10-44 为悬架控制执行器的电路图，故障征兆表为表 10-13。

表 10-13 悬架控制执行器故障征兆表

代 码	诊 断	故障部位
21 22	悬架控制执行器电路中开路或短路	● ECU 悬架控制执行器之间的配线或连接器 ● 悬架控制执行器 ● ECU

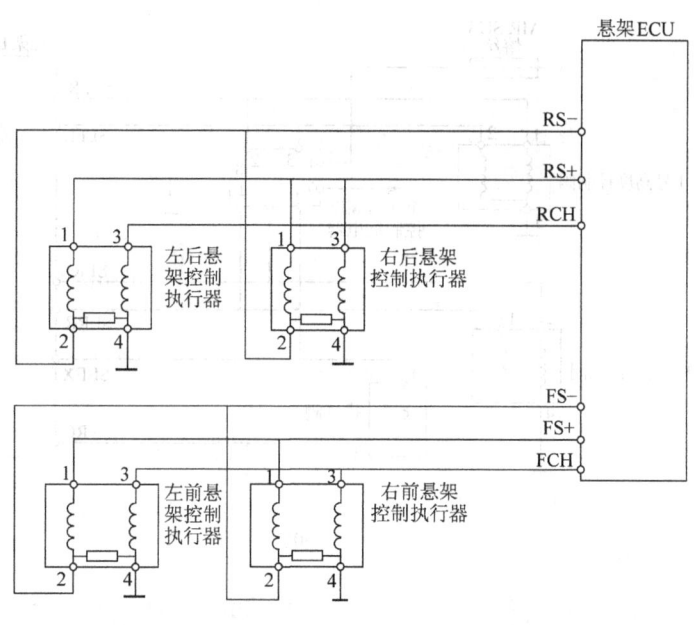

图 10-44 悬架控制执行器的电路图

一旦 ECU 存储器中存入诊断代码 21 或 22，就不执行减振力和弹簧刚度控制。当显示诊断代码 21 时，需要检查前悬架控制执行器电路；当显示诊断代码 22 时，则需要检查后悬架控制执行器电路。当显示诊断代码 21 或 22 时，从步骤 2) 开始检查。

1) 检查悬架控制执行器的工作情况　将点火开关转到 ON，在 LRC 开关拨到 SPORT 和 NORM 侧的情况下检查悬架控制执行器工作情况。执行器动作为正常。

2) 检查或更换悬架控制执行器　脱开执行器连接器，测量悬架控制执行器连接器各端子间的电阻（表 10-14）。正常，检查在悬架控制执行器连接器下列各端子间加上蓄电池电压，检查悬架控制执行器工作情况。

表 10-14　悬架控制执行器连接器各端子间的电阻

端　子	电阻/Ω	端　子	电阻/Ω	端　子	电阻/Ω
1—2	3~6	3—4	3~6	2—4	2.3~4.3

注意：应在很短的时间里(1s 以内)进行检查。

3) 检查悬架 ECU 与执行器、执行器与车身接地之间的配线和连接器。

4) 检查或更换悬架 ECU。

3. 高度控制阀、排气阀电路

(1) 如图 10-45a 所示为 ECU 控制的高度控制阀电磁线圈电路图。电磁线圈通电后，将高度控制阀打开，并将压缩空气引向气压缸，从而使汽车高度上升。当汽车高度下降时，ECU 不仅使高度控制阀电磁线圈通电，而且还使排气阀电磁线圈通电，排气阀电磁线圈使排气阀打开，将气缸中的压缩空气排放到大气中。

如图 10-45b 所示，1 号高度控制阀用于前悬架控制，它有两只电磁阀分别控制左、右气

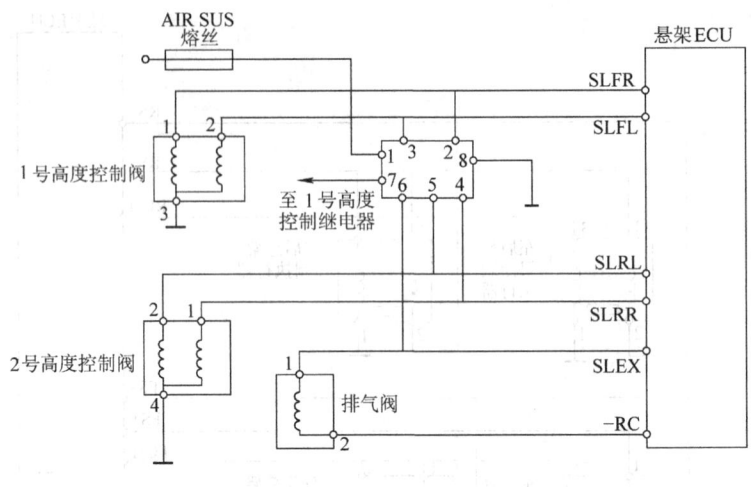

图 10-45 高度控制阀、排气阀电路图
a) 电路图 b) 控制框图

压缸。2号高度控制阀用于后悬架控制,同样也由两只电磁阀组成,但是两只电磁阀不是单独工作。为了防止空气管中产生不正常的压力,2号高度控制阀中设有一个溢流阀。

一旦 ECU 存储器中存入诊断代码 31、33、34 或 35,就不执行汽车高度控制以及减振方和弹簧刚度控制，故障征兆表为表10-15。

表10-15　高度控制阀、排气阀故障征兆表

故障代码	诊　　断	故　障　部　位
31	1号高度控制阀电路开路或短路	● ECU与高度控制阀之间的配线或连接器 ● 高度控制阀 ● ECU
33	2号高度控制阀电路开路或短路（用于右悬架）	
34	2′号高度控制阀电路开路或短路（用于左悬架）	
35	排气阀电路开路或短路	● ECU与排气阀之间的配线或连接器 ● 排气阀 ● ECU

为了保护电路，切勿将高度控制连接器的端子1与8连接。

（2）检查悬架ECU与高度控制连接器之间的配线或连接器是否开路。如果（1）、（2）均正常，表明1号、2号高度控制阀和排气阀为正常。若此前显示诊断代码31、33、34或35，应检查和更换悬架ECU。

（3）检查高度控制阀和排气阀

1）1号高度控制阀和排气阀：

① 检查当高度控制执行器的各端子连接时，汽车高度是否改变。

② 检查测量高度控制连接器各端子间的电阻（表10-16）。

表10-16　高度控制阀和排气阀各端子间的电阻

阀	端子	电阻/Ω	阀	端子	电阻/Ω
1号高度控制阀	1—3	9~15	排气阀	2—8	9~15
	2—3	9~15		3—8	9~15
2号高度控制阀	1—4	9~15		4—8	9~15
	2—4	9~15		5—8	9~15
排气阀	1—2	9~15		6—8	9~15

③ 将点火开关转到ON，当高度控制连接器的端子按表10-17所示方式连接时，检查汽车高度的变化（0—0为接通）。

表10-17　检查汽车高度的变化

高度变化情况	1	2	3	4	5	6	7	8	9
右前汽车高度上升	0—	—0					0		
左前汽车高度上升	0				0		0		
右后汽车高度上升	0						0		
左后汽车高度上升	0					0			
右前汽车高度下降	0								
左前汽车高度下降	0								
右后汽车高度下降	0					0—	—0		
左后汽车高度下降	0						0		

2) 脱开阀的连接器，检查 2 号高度控制阀和排气阀：

① 测量各端子间的电阻（表 10-16）。

② 检查在表 10-18 所列的各端子上接上蓄电池电压时，同时观察高度控制阀和排气阀是否有工作声。正常时，应该发出"卡嗒"的工作声，若不正常，则更换高度控制阀或排气阀。

③ 检查高度控制阀或排气阀与高度控制连接器之间的配线和连接器。

表 10-18　观察高度控制阀和排气阀的工作

阀	蓄电池 +	蓄电池 -	阀	蓄电池 +	蓄电池 -
1 号高度控制阀	1	3		2	4
	2	3	排气阀	1	2
2 号高度控制阀	1	4			

4. 1 号高度控制继电器电路

当汽车高度开始上升时，从 ECU 端子送出一个信号使 1 号高度控制继电器接通。因此，1 号高度控制继电器的线圈中就有电流通过，继电器触点闭合。于是，压缩机便接上蓄电池电压，从而产生压缩空气。表 10-19 为 1 号高度控制继电器电路的故障征兆表。一旦 ECU 存储器中存入了诊断代码 41，就不执行汽车高度控制以及减振力和弹簧刚度控制。由于 ECU 的端子 RC 也是排气阀的接地端子，所以当端子 RC 处于断路时，可能会输出排气阀故障代码 35。

表 10-19　1 号高度控制继电器电路的征兆表

代　码	诊　　断	故　障　部　位
41	1 号高度控制继电器电路开路或短路	● ECU 与 1 号高度控制继电器之间的配线或连接器 ● ECU

1) 脱开悬架 ECU 连接器，检查悬架 ECU 连接器端子 RCMP 与 RC 之间的电阻，正常为 50~100Ω。

2) 拆下左前灯和 1 号车身高度控制继电器，检查 1 号车身高度控制继电器。测量 1 号车身高度继电器端子 3 与 4 之间的电阻，正常电阻为 50~100Ω；若不正常，更换 1 号车身高度控制继电器。

3) 检查悬架 ECU 与 1 号车身高度控制继电器之间的配线和连接器。

5. 压缩机电动机电路

在汽车高度上升时，从 ECU 端子 RCMP 送出一个信号使 1 号车身高度控制继电器接通。因此，继电器触点闭合，压缩机电动机运转，从而产生压缩空气。与此同时，由 ECU 端子 RM+ 与 RM- 之间的电位差，ECU 检测出流过压缩机电动机的电流的大小，其电路为图 10-46 所示，表 10-20 为故障征兆表。

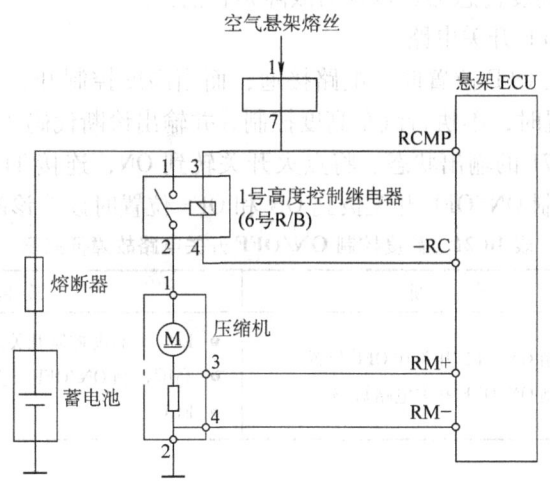

图 10-46 压缩机电动机电路

表 10-20 压缩机电动机故障征兆表

代码	诊断	故障部位
42	端子 RM + 与 RM - 的电位差超过 RCMP 端子接通时某一预定值	• ECU 与压缩机电动机之间的配线或连接器 • 压缩机电动机 • ECU

当 ECU 的存储器中存入了诊断代码 42 时，就不执行减振力和弹簧刚度控制以及汽车高度控制。

1）将点火开关转到 ON，将高度控制连接器的端子 1 与 7 连接，观察压缩机电动机是否运转，正常时应运转。若不运转，则转到步骤 4），否则进行步骤 2）。

2）脱开悬架 ECU 连接器，检查悬架 ECU 连接器端子 RM + 与 RM - 之间是否导通，正常时应导通。

3）检查悬架 ECU 与压缩机之间的配线和连接器。若正常，则更换压缩机；若不正常，则更换配线或连接器。

4）脱开压缩机电动机继电器，将蓄电池正极接压缩机电动机连接器端子 1，负极接连接器端子 2，检查压缩机电动机。若压缩机电动机不运转，则更换压缩机电动机；正常运转，检查和修理蓄电池与继电器、继电器与压缩机、压缩机与车身接地之间的配线和连接器。

6. 检查至 1 号车身高度控制器的持续电流

1）检查压缩机电动机电路。

2）检查是否漏气。

3）检查高度控制阀是否卡在关闭状态，排气阀是否卡在开启状态（检查工作声）。

7. 检查至排气阀的持续电流

1）检查高度控制阀是否卡在关闭状态，排气阀是否卡在关闭状态（检查工作声）。

2) 检查调整车身高度传感器连接杆后故障是否消失。

8. 高度控制 ON/OFF 开关电路

当高度控制开关在 OFF 位置时,电路接通;而当高度控制开关在 ON 位置时,电路断开。当开关在 OFF 位置时,不执行汽车高度控制,并输出诊断代码 71。

1) 检查诊断代码 71 的输出状态。将点火开关转到 ON,连接 TDCL 或检查连接器的端子 T_c 和 E_1,当高度控制 ON/OFF 开关拨到 ON 和 OFF 位置时读取诊断代码(表 10-21)。

表 10-21 高度控制 ON/OFF 开关电路故障征兆表

代 码	诊 断	故 障 部 位
71	高度控制 ON/OFF 开关在 OFF 位置 高度控制 ON/OFF 开关电路短路	• ECU 与高度控制开关之间的配线或连接器 • 高度控制 ON/OFF 开关 • ECU

2) 将点火开关转到 ON,高度控制 ON/OFF 开关在 ON 位置时,悬架 ECU 连接器端子 NSW 与车身接地之间的电压为蓄电池电压;在 OFF 位置时,悬架 ECU 连接器端子 NSW 与车身接地之间的电压为 0V。

3) 脱开高度控制 ON/OFF 开关连接器,高度控制 ON/OFF 开关在 ON 位置时,测量高度控制 ON/OFF 开关连接器端子间的电阻为 ∞(开路);在 OFF 位置时为 0Ω。

4) 检查悬架 ECU 与开关、开关与车身接地之间的配线和连接器。

5) 检查和更换悬架 ECU。

9. 悬架控制执行器电源电路

如果 ECU 存储器中存入了诊断代码 72,在 ECU 端子 +B 上加蓄电池电压之前不执行减振力和弹簧刚度控制。悬架 ECU 连接器端子 +B 与车身接地之间的电压,其正常电压应为蓄电池电压。电压正常,显示代码 72 时,应检查和更换悬架 ECU;电压不正常,则检查悬架 ECU 与发动机继电器之间的 AIR SUS 熔丝、配线和连接器。

10. 汽车高度控制电源电路

汽车高度控制电源电路如图 10-47 所示。当点火开关转到 ON 位置时,蓄电池电压加到悬架 ECU 的端子 IG 上,ECU 给 MILY 端控制信号,控制电流通过继电器线圈使 2 号车身高度控制继电器的触点闭合。

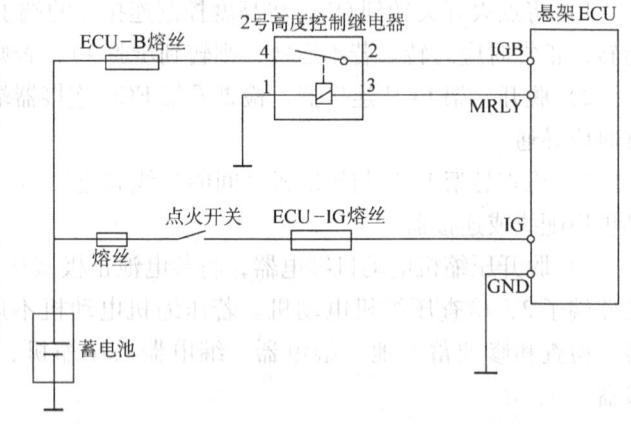

图 10-47 汽车高度控制电源电路

1) 将点火开关转到 ON,检查悬架 ECU 的端子 IG 与 GND 之间的电压,正常电压为蓄电池电压。

2) 检查悬架 ECU 连接器端子 GND 与车身接地之间的导通情况。

3) 检查悬架 ECU 连接器端子 IG 与车身接地之间的电压,正常为蓄电池电压。

4) 检查 ECU-IG 熔丝是否导通。正常时为导通；不正常，检查与 ECU-IG 熔丝连接的所有配线和元器件是否短路。

5) 检查悬架 ECU 与 2 号高度控制继电器、继电器与车身接地之间的配线和连接器。

6) 测量悬架 ECU 连接器端子 MRLY 与车身接地之间的电压，其正常电压应为蓄电池电压。

7) 检查 ECU-B 熔丝是否导通，正常情况下应为导通。

8) 检查 2 号车身高度控制继电器端子 1 与 3、2 与 4 之间的导通情况。1 与 3 之间应是导通的；然后，在端子 1 与 3 之间加上蓄电池电压，检查端子 2 与 4 之间是否导通，若不导通，应更换 2 号车身高度控制继电器。

9) 检查和修理悬架 ECU 与继电器、与蓄电池之间的配线和连接器。

11. 发电机电路

ECU 能检测发电机的发电状态，而且只有在发电机处于发电状态时才能控制汽车高度（除了点火开关 OFF 控制外）。

1) 检查发动机停机（点火开关接通）和运转时充电警告灯的工作情况，正常状态应为在停机（点火开关接通）时警告灯亮，而在运转时，应为熄灭。

2) 连接检查连接器的端子 T_s 与 E_1，将点火开关转到 ON，检查发动机停机（点火开关接通）和运转时，高度控制 NORM 指示灯的点亮状态。正常情况应是指示灯随发动机停机或起动运转状态的变化出现常亮和闪亮的变化。

3) 检查悬架 ECU 与发电机之间的配线和连接器是否开路。

12. LRC 开关电路

LRC（丰田 Lexus 车驾驶控制的简称）开关在拨到 SPORT 侧时接通，拨到 NORM 侧时关断。ECU 检测了 LRC 开关的状态后，操纵悬架控制执行器，从而改变减振器的减振力和气压缸的弹簧刚度。

1) 当 LRC 开关拨到 SPORT 侧和 NORM 侧时高度控制 NORM 指示灯的点亮状态。并在发动机停机状态下进行该项检查。

2) 在 LRC 开关拨到 NORM 侧和 SPORT 侧时，检查悬架 ECU 连接端子 TSW 与车身接地之间的电压应分别为蓄电池电压和 0V。

3) 脱开 LRC 开关连接器，检查 LRC 开关。LRC 开关拨到 NORM 侧和 SPORT 侧时，测量 LRC 开关连接器端子 3 与 4 之间的电阻应分别为 ∞ 和 0V。

4) 检查悬架 ECU 与开关、开关与车身接地之间的配线和连接器。

13. 高度控制开关电路

高度控制开关在拨到 HIGH 侧时接通，拨到 NORM 侧时关断。ECU 检测高度控制开关的状态后相应地使汽车高度上升或下降。

1) 检查输入信号 在发动机停机状态下，高度控制开关拨到 HIGH 侧和 NORM 侧时，检查高度控制 NORM 指示灯的点亮状态。

2) 检查悬架 ECU 连接器端子 HSW 与车身接地之间的电压，应分别为蓄电池电压和 0V。

3) 脱开高度控制开关连接器，检查高度控制开关。在高度控制开关拨到 NORM 侧和 HIGH 侧时，测量高度控制开关连接器端子 5 与 6 之间的电阻，应分别为 ∞ 和 0Ω。

4）检查悬架 ECU 与开关、开关与车身接地之间的配线和连接器。

5）检查和更换悬架 ECU。

14. 停车灯开关电路

当踩下制动踏板时，停车灯开关接通，蓄电池电压加到 ECU 端子 STP 上。ECU 利用这个信号作为防点头控制的一个起始状态。

1）检查停车灯工作情况 正常状态下应是踩下制动踏板时，停车灯亮；松开制动踏板时，停车灯熄灭。

2）检查输入信号 在发动机停机状态下，踩下制动踏板和松开制动踏板时，检查高度控制 NORM 指示灯的点亮状态。

3）检查悬架 ECU 连接器端子 STP 与车身接地之间的电压 松开制动踏板时为 0V，踩下制动踏板时为蓄电池电压。

4）检查悬架 ECU 与停车灯开关之间的配线和连接器。

5）检查和更换悬架 ECU。

15. 转向传感器电路

转向传感器装在转向信号开关总成上，用于检测转弯方向和转向角度，当判定转向盘的转角和车速大于设定值时，ECU 会促使减振力和弹簧刚度增加。

1）检查输入信号。在发动机停机状态，转向盘不转和转角大于 45°时，检查高度控制 NORM 指示灯的点亮状态。

2）将点火开关转到 ON，缓慢转动转向盘时，测量悬架 ECU 连接器端子 SS_1 和 SS_2 与车身接地之间的电压，正常电压应在 0~5V 之间变化。

3）将点火开关转向 ON，脱开转向传感器连接器，检查转向传感器连接器端子 1 与 2 之间的电压，正常电压为蓄电池电压。

4）转脱开转向传感器连接器，将蓄电池正极接转向传感器连接器端子 1，负极接端子 2，缓慢转动转向盘，测量转向传感器连接器端子与 2 之间的电阻，正常应在 0~∞ 之间变化。

5）检查悬架 ECU 与转向传感器之间配线和连接器。

6）检查和更换悬架 ECU。

16. 节气门位置信号电路

悬架 ECU 通过发动机和 ECT ECU 之间的通信联系检测节气门的开启角度和开启速度，悬架 ECU 利用这一信号作为防止后仰控制的一个主要参数。

1）检查输入信号。在发动机停机状态下，加速踏板全部松开和全部踩下的情况下，检查高度控制 NORM 指示灯的点亮状态。

2）将点火开关转到 ON，检查悬架 ECU 连接器端子 L1、L2、L3 与车身接地之间的电压（表 10-22）。

表 10-22 悬架 ECU 连接端子 L1、L2、L3 与车身接地之间的电压   （V）

踏板 端子	全部松开————全部踩下	踏板 端子	全部松开————全部踩下
L1	5————0	L3	5————0————5
L2	5————0————5		

3）发动机和 ECT ECU 配线侧连接器端子 L1、L2、L3 与车身接地之间的电压，其正常电压约为 5V。

4）检查悬架 ECU 与发动机和 ECT ECU 之间的配线和连接器。

5）检查和更换悬架 ECU。

6）检查和更换发动机和 ECT ECU。

17. 车速传感器电路

车速传感器由变速器的齿轮通过转子轴驱动，ECU 根据该信号计算出汽车的车速。

1）检查输入信号。检查在汽车以 20km/h 以上和 20km/h 以下的车速行驶时，分别检查高度控制"NORM"指示灯的点亮情况。

2）检查车速表电路。

3）检查或更换配线、连接器或组合仪表总成。

4）检查和更换悬架 ECU。

18. 门控灯开关电路

当车门打开时，门控灯开关接通，车门关闭时，门控灯开关关断。因此，当所有车门全部关闭时，蓄电池电压就加到 ECU 的 DOOR 端子上，而只要有一扇车门打开时，该端子上的电压即为 0V。当 ECU 检测到车门打开信号时，它便中止点火开关 OFF 控制。

19. T_c 端子电路

将 TDCL 或检查连接器的端子 T_c 与 E_1 连接，高度控制指示灯能显示 ECU 存储器中储存的诊断代码。

1）TDCL 或检查连接器端子 T_c 与 E_1 之间的电压是否为蓄电池电压。

2）TDCL、检查连接器端子 E_1 与车身接地之间配线和连接器的导通检查。

3）悬架 ECU 与检查连接器、悬架 ECU 与 TDCL 之间配线和连接器的导通检查。

20. T_s 端子电路

将检查连接器的端子 T_s 与 E_1 连接，可以进行输入信号检查。

1）检查连接器端子 T_s 与 E_1 之间的电压是否在 10V 左右。

2）检查连接器端子 E_1 与车身接地之间的配线和连接器。

3）检查悬架 ECU 与检查连接器之间的配线和连接器。

4）检查和更换悬架 ECU。

第十一章 汽车电控系统的维护与检修

第一节 汽车电控系统维护概述

汽车的电子控制系统是指汽车的所有工况(发动机和底盘)都在电子控制装置的监控下运行,使汽车处于最佳运行状态,可靠性大大提高,因故障而停车的概率下降。汽车电子控制系统是由复杂精密的电子元器件、集成电路和自动执行装置组成,并且越来越多地使用计算机集成控制系统。这些产品对使用环境的要求较高,尤其对温度、湿度和电源系统电压的稳定性要求更加严格,使用中如不注意这些问题,稍有失误就会人为地造成系统的破坏,还会引发灾难性后果。为此,汽车维修人员必须掌握汽车电子控制技术的基本工作原理和正确的使用方法,在使用和维护汽车时一定要严格按使用手册中的规程进行操作。电控汽车的使用及维修还应注意下列事项:

1) 进行维修前要充分了解该车的ECU及主要电子元件的位置,以便实施可靠的保护,防止误拆、误卸。

2) 严禁在发动机高速运转时将蓄电池电路中断,防止产生瞬时过电压而损坏ECU和传感器。

3) 当汽车控制系统出现故障,报警灯点亮时,不能将蓄电池从电路中断开,以防止由于断电而使ECU中存储的故障码及有关信息被清除。只有通过汽车自诊断系统或汽车专用诊断设备将故障码及有关信息调出并确定故障原因后,方可将蓄电池从电路中断开。

4) 无论何时蓄电池的极性都不能接反,且不允许在无蓄电池的情况下用外接电源起动发动机,以避免因电压过高而损坏ECU和其他元器件。

5) 查出故障原因后对电控系统进行检修时,应先将点火开关关闭。

6) 在测试过程中除特殊注明外,不能使用指针式万用表进行ECU及传感器测试,只能使用高阻抗数字式万用表进行测试。

7）严禁用试灯测试与 ECU 相连接的电气装置。禁止用搭铁试火和拆线刮火的方法进行电路检测。

8）电控装置附近不宜安装信号发射和接收装置及导线，以防对控制系统的工作产生不良影响。

9）电子控制汽油喷射发动机装有排气净化装置，对发动机汽油质量要求较高，必须注意定期更换汽油滤清器。

目前汽车上使用的 ECU 虽然是高质量的，但在使用维护中仍要精心保护，注意防振、防潮、防油污。此外，ECU 一般很少发生故障，如必须检查时，要用专用仪器设备；一般不允许在汽车修理作业时拆检。

第二节 汽车电控系统诊断设备

随着微型计算机和网络在汽车上的应用，汽车的自动控制性能的提高，出现了很多用于电控系统检测的专用仪器。利用这些仪器，可观察到电控系统的工作情况，以便于了解系统工作状态时信息数据的变化，进行正确的故障分析，迅速找出故障部位。这种专用检测仪器用于汽车的故障诊断时，对操作人员的技术水平要求较高，价格昂贵，经济投入较大，因此使用受到限制。

20 世纪 80 年代初期就出现了随车故障检测系统，由于可自行找出存在的故障，并记录在 ECU 内，以便维修时调用，故亦称为故障自诊断系统。该系统充分利用 ECU 对电控系统实行连续监测和故障诊断，不仅能够帮助找出故障部位，而且能够记录电控系统在运行过程中出现的间歇故障。因此，不但可减少对专用检测仪器的依赖、降低维修费用，还便于查找故障，所以得到广泛应用。由于 ECU 芯片的速度和内存有限，随车故障自诊断系统诊断的项目受到限制，特别是不能显示电控系统各部位的数据信息，在处理较为复杂的故障时，缺少必要的依据，给维修带来困难。

为了扩充随车故障诊断和信息显示功能，各汽车厂家又相继推出多功能车外故障诊断仪，以方便汽车的维修。这些诊断仪功能齐全，但价格仍偏高，且标准不一，不具有通用性，故在一些汽车修理厂内的使用受到限制。

进入 20 世纪 90 年代以来，自成体系、种类繁杂的电控汽车故障诊断仪器，给汽车的售后服务和维修造成很大不便。为此，美国汽车工程师协会提出了随车自诊断系统的标准规范，要求各汽车制造厂家执行该标准，统一诊断模式和诊断插座，这样，只要一台仪器便可对各种车辆进行检测和故障诊断，从而为电控汽车的维修提供了方便。

目前，由于没有一个统一标准，在利用仪器进行故障检测和诊断时，还要分别考虑汽车的产地、国别、厂家、生产年份等一系列参数，选择不同的仪器或不同的接口进行正确的连接，才能进行正确的检测或诊断。

综上所述，电控汽车的故障诊断系统主要分为两类：一类为随车故障诊断系统；另一类为车外汽车故障诊断系统。

随车故障诊断系统一般只用来进行电控系统的参数监测、警告显示、故障码储存和故障码调用等。该系统对操作人员要求不高，只要按照一定的操作规程即可实现故障码调用。车外故障诊断仪器具有电控系统的监测、故障码调用、数据显示、故障原因判断等多项功能，前提条件是具有该车的数据软件。该仪器较前一类仪器使用复杂，但数据准确，便于进行故障原因的分析。

图11-1所示是美国Snap-on公司生产的Scanner汽车电脑解码器，它主要适用于美国各大汽车公司生产的汽车和日本、韩国向美国出口的汽车。该仪器本身就是一台小型电子计算机，配有各种专用的检测插头。使用时只要插入储存着各种车型的控制系统的检测程序和数据资料的软件，即可对不同厂家、不同生产年份、不同型号的汽车进行检测。使用时，将被检测汽车的型号和车辆识别号码输入解码器，就能从软件中调出相应的检测程序和数据资料；然后按照解码器屏幕上的提示，将相应的检测插头与车上的故障诊断插座连接后，即可根据汽车ECU自诊断系统的功能

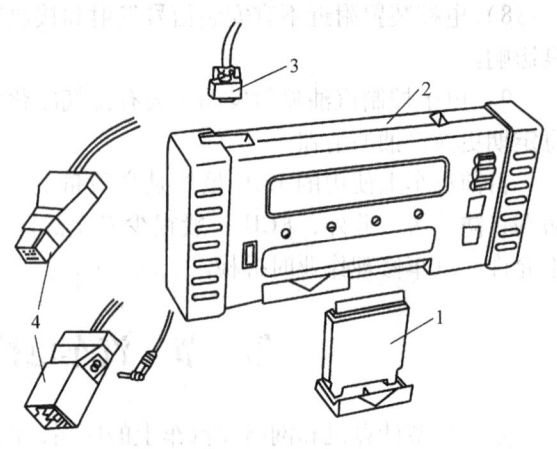

图11-1 美国Snap-on公司生产的Scanner汽车电脑解码器
1—资料软盘 2—解码器 3—电源插口 4—检测插口

范围的检测要求，选择不同的电控系统(如发动机、自动变速器、防抱死制动装置、巡航控制、安全气囊和电控悬架等装置)进行检测工作。该解码器具有读取故障代码、显示运行时的数据、测试执行器的工作状况和清除内存的故障代码等多项功能。它的另一优点是在显示故障码的同时可以显示引发该故障的原因及部位，以供排除故障参考。

更先进的故障诊断系统，还具有向ECU发出指令，对汽车进行模拟试验，通过模拟试验来确定故障发生在执行器还是控制电路，从而简化故障分析、减少判断时间。例如，在发动机运转时，可以中断某个喷油器的喷油，停止某个电磁阀的工作，以便断定该装置工作是否正常；也可通过模拟加速或各种行驶状态，设定点火正时，以便进行调整。

第三节　汽车电控系统的故障诊断原理与操作

一、电控汽车的故障诊断原理

电控汽车的故障诊断系统是电控系统的重要部分，它可以对电控系统进行测试、控制，还要运用程序方便地进行推理、判断，将结果迅速反馈到主控系统，改变控制状态。当出现故障时，及时发出报警信号或启动后备系统，以保证在出现故障的情况下汽车可以继续行驶。该系统能很方便地向维修人员提供故障信息，便于准确地寻找故障点。

电控汽车上输入ECU的信号主要分为三类：

1) 描述工作参数的信号，如空气流量信号、冷却液温度信号等。这类信号的特点是信号的值在一定的工作区间，通过工作区间的判定即可确定是否发生故障。

由于传感器本身是产生电信号的，对这类传感器的故障诊断不需要专门的线路，它是在软件中编制传感器信号识别程序，通过对信号工作范围的检测来确定传感器是否出现故障。图11-2为冷却液温度传感器的工作和诊断原理图。冷却液温度传感器的正常工作电压值为0.3~4.7V，对应发动机的冷却液温度为-30~120℃。当系统检测到的电压信号超出此范

围时，若是偶尔出现，系统不认为是故障也不进行记录；如果不正常信号连续出现，则系统判断冷却液温度传感器及电路出现故障，将此故障以代码的形式输入随机存储器中，同时点亮报警灯通知驾驶员或维修人员进行检查。一旦传感器信号不正常，电控系统能够采用备用系统内准备的常数代用值，使系统仍能运行。

2）车辆状况信号。一般为开关信号，表示附加装置是否在工作，如点火开关、空调开关等。这类信号可凭人的直觉进行判断，自诊断系统可以不对此类信号进行检测。

3）来自相关的电控系统的信号和反馈信号，如点火控制系统、排气净化和爆燃控制系统的反馈信号等。当这类系统出现故障，自诊断系统会立即报警，有的汽车电控系统会因此而停止工作。例如：发动机电子点火系统，在正常情况下，ECU 对点火进行控制，并在每次点火后对点火是否发生进行确认。如果点火器或其他元件出现故障，连续 3～5 次不产生高压火花，则安全监控电路便会输出一个信号到 ECU，使系统中止汽油喷射，避免未燃混合气进入排气净化装置。

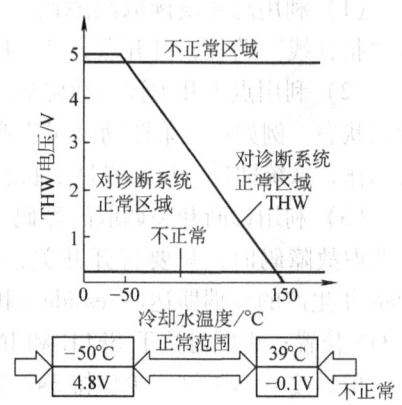

图 11-2　冷却液温度传感器的工作和诊断原理图

装有氧传感器和爆燃传感器的闭环系统，通过反馈信号来调整输出信号的偏差，以实现系统的最佳控制。一旦反馈系统出现问题，将会影响发动机的正常工作和排气净化。检测反馈装置的工作发生故障时，ECU 能很快确认，发出报警并记录故障代码。开环控制系统由于没有反馈信号，当执行器出现故障时，只要输出信号没有错误，电控系统不认为出现故障。例如有的电控汽车的怠速控制系统，若怠速执行装置或空气通道出现问题，自诊断系统并不发出报警信号，也没有故障记录。

二、汽车电控系统自诊断系统的使用

现代汽车电子控制系统都具有故障自诊断功能，通过自诊断测试将诊断结果以代码的形式进行存储，再通过一定的操作程序将代码调出，以便维修人员迅速、准确地确定故障的性质和部位，有针对性地检查有关元件、线路，排除故障。在故障排除后，还应将存储器内存入的故障码清除，以便于自诊断系统进行新的自诊断测试；如不将旧的故障码清除掉，将会给下一次维修带来不必要的麻烦。

对于不同汽车公司的汽车、不同的车型，故障码的调取、显示、清除的方法各异，所显示故障码所表示的故障部位、内容也不一样。所以，即使掌握了一般自诊断系统的使用方法，在进行具体工作时仍要掌握与该车有关的详细资料和操作步骤，避免出现误操作。

（一）自诊断模式的分类

在自诊断系统中，对于系统故障诊断存在着两种不同的诊断模式。第一种是静态诊断模式，进行这种模式的诊断时，先完成一定的操作，不需要起动发动机，只需将点火开关拨至"ON"位置，即可调出系统中已存储的故障代码。在这种模式下输出的故障码是发动机或汽车运转状态下，某些部位连续出现故障而被记录下来的故障码。第二种诊断模式是动态诊断模式。这种诊断模式是在发动机或汽车运行状态下进行。先要完成必要的操作，起动发动机，在汽车运行状态下当出现故障时，诊断系统即将故障代码记录并显示。这种诊断方式主要用来进行间歇故障的检测和一些重要数据的监测。

（二）调取故障码和有关操作

调取故障码时，首先要使系统进入工作状态。对于不同厂家的汽车，进入工作状态的方法也不同，大体有以下几种：

（1）利用跨接线读取故障码　在故障码调用之前，要用跨接线将"诊断码输出接头"和"搭铁线"跨接，打开点火开关后，显示器件显示故障码。

（2）利用点火开关读取故障码　将点火开关按照规定的次数开、关若干次，即可进入读码状态。例如：克莱斯勒公司生产的汽车只需将点火开关进行 ON-OFF-ON-OFF-ON 的开关动作，系统即进入故障码显示状态。

（3）利用诊断开关调取故障码　有些汽车仪表板或控制装置上设置有诊断开关，当需要调取故障码时，只要打开开关，即可由显示器件上读到故障码。例如：丰田汽车公司 1988 年生产的克瑞斯达（Cressida）和超人（Super）轿车进行故障码调用时，先将点火开关置于 ON 位置；再同时按下 SELE 和 INPUT 两个键，保持至少 3s，自诊断系统即进入工作状态；稍后按下 SET 键至少保持 3s。如有故障，即会出现故障码显示。

（4）利用仪表板上某些开关键的第二功能调取故障码　有的系统中故障码的显示是通过仪表板上的控制开关，通过不同键的组合操作，可以进入故障码显示状态。例如：通用汽车公司的凯迪拉克 FLEETWOOD 轿车是利用空调控制面板上的控制开关进行故障码的调用。首先将点火开关置于 ON，再同时按下 TEMP 和 OFF 键，系统即可进入工作状态。

（三）自诊断故障码的显示方式

比较常见的故障码显示方式有以下几种。

1. 利用仪表板上"报警灯"的闪烁来显示故障码

目前较多的电控汽车采用这种方式进行故障码显示。当系统进入工作状态时，通过控制报警灯的闪烁次数和间断时间的长短表示故障码。这种显示方式利用现有的报警灯进行显示，故而不需要复杂的显示器件，使系统简化。但故障码不是直接显示，在读取时要注意灯光的明、暗及时间的变化，故障码调用时间长，容易出现错误。在读码时，注意力一定要高度集中，记录下故障码后要进行确认，以免出错。同样是利用报警灯进行故障码显示，但不同车型显示的方法略有不同，一般有下三种表示方法：

1）用闪烁周期较长的信号表示十位，闪烁周期较短的信号表示个位。如图 11-3a 所示，当显示完十位码，灯将关闭一会，再接着显示个位码。一个故障码显示完毕，灯熄灭较长一段时间，再进行下一个故障码显示。如此循环，直到人为结束故障码的读取过程。

2）相同的闪烁周期，中间用灯熄灭时间的长短来区分十位与个位。如图 11-3b 所示，码与码之间和位与位之间灯熄灭的时间不同。

3）闪烁周期相同，位与位之间灭灯时间较长，码与码之间用长时间的亮灯分割，如图 11-3c 所示。

2. 用指针式万用表显示故障码

这种方法是将指针式万用表接到自诊断系统的信号输出端，通过指针的摆动来确认故障码，其编码方式与前面基本一致。有些系统利用指针的摆幅表示数码的个位与十位，如以电压表指针为 5V 表示十位，用 2.5V 表示个位，码与码之间用较长的 2.5V 进行区分，如图 11-3d 所示。

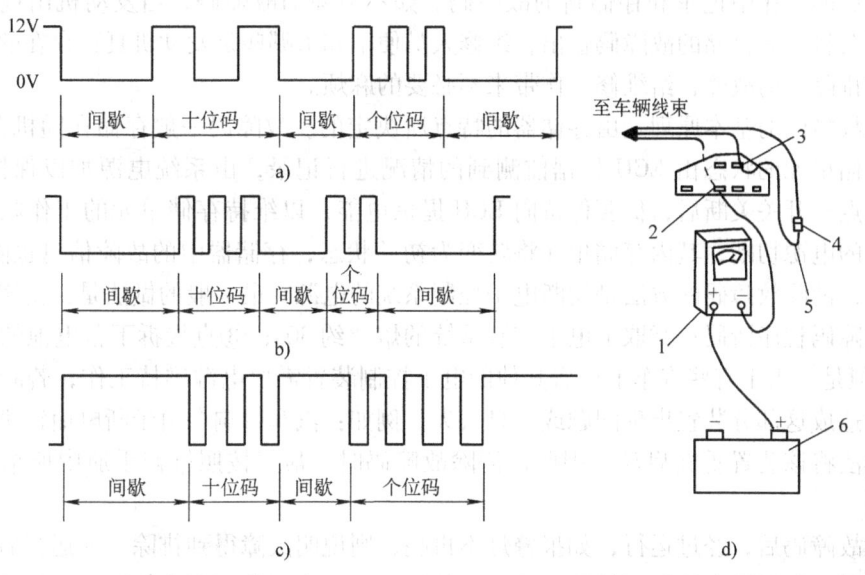

图 11-3 不同车型故障码显示的方法

1—电压表 2—测试输出端 3—信号返回端 4—测试输入接口 5—跨接线 6—蓄电池

3. 发光二极管显示故障码

有些自诊断系统的故障码是通过一只或一组发光二极管进行显示。由于使用的发光二极管的数量不同，其显示的方法和意义也不相同。

（1）用一只发光二极管显示故障码 这种显示方法与报警灯显示法相同，有的发光二极管装在电子控制装置上，有的则需要采用发光二极管跨接自诊断系统的故障码输出接口，其接线方法有所不同，注意不能接错线。

（2）用两只发光二极管显示故障码 发光二极管装在电子控制装置上或装在仪表板上，两只二极管采用不同的颜色，以区分数码位。红色二极管表示十位数，绿色二极管表示个位数。

（3）用四只发光二极管显示故障码 利用四只发光二极管组成一种二进制编码，从左到右分别代表 8、4、2、1，不亮的灯表示该位数值为"0"。将每位亮灯所表示的值相加，即得到一个故障码。

4. 用数码管显示故障码

在一些高级轿车上，故障码用较先进的数字式显示方法。当进行调取故障码操作时，故障码将通过仪表显示器直接显示。这种显示方法直观、简单明了。

5. 用百分比表或闭合角表显示故障码

百分比（λ）表是用来检查空燃比的仪器，闭合角表是用来检查点火闭合角的仪器。一些生产较早的欧洲车型利用这两种仪器进行故障诊断。进行故障诊断时，将表的测量表笔按说明书接到故障诊断座规定的插孔上，打开点火开关，通过读取表针指示的数值，对照故障码表，可以进行故障分析。

（四）汽车故障修理完毕故障码的清除

对发动机进行修理和排除各种故障后，存储在控制系统内存中的故障码必须加以清除，以便在以后的工作中记录和存储新的故障码。如不清除旧故障码，当发动机出现其他故障后，系统会将所有存储的故障码输出，维修人员便不知道哪些是发动机真正存在的故障，哪些是以前排除过的故障，给维修工作带来不必要的麻烦。

清除故障码的基本原理是由存储器的特点所决定的。故障码一般存储在随机存储器中，存储器存储单元的状态由 ECU 根据监测到的情况进行记录，由系统电源加以保持。因此，当发动机点火开关关断后，仍要保持向 ECU 提供电能，以维持存储单元的工作状态，如果将存储器的电源切断，其内存储单元将转变为初始状态，存储器中的故障信息也随之消失。由此可见，消除故障码的方法是切断电子控制系统的电源。最一般的做法是：①用解码器中的清除故障码程序清码；②取下电子控制系统的熔丝约 30s；③直接拆下蓄电池的负极搭铁线 30s。但是，由于有些汽车上还有其他的电子控制装置需要电源维持工作，若断开蓄电池负极，会造成这部分装置出现问题或信息丢失。例如：汽车音响会由于断电而锁机，不掌握密码则无法将该装置重新启动。因此，清除故障码时，最好按照维修手册中所指示的方法进行。

清除故障码后，经过运行，如报警灯不再亮，则说明故障得到排除。如运行后报警灯仍然点亮，说明故障没有被彻底排除或还存在其他故障，需要重新调取故障码和排除故障。

第四节 汽车电控系统故障诊断与检修实例

通过自诊断系统可以调出故障码，使维修人员对系统故障的范围有初步的了解，帮助分析判断，以便有的放矢地排除故障。但是，要找到发生故障的具体部位或引发故障的原因，还需要作进一步的诊断。因此，要求维修人员对汽车电控系统的工作原理比较熟悉，了解各种传感器、执行器的功能、结构和工作原理，掌握测试仪器的使用和测试方法，并且根据系统线路图进行综合分析和解决问题。例如：一台发动机突然出现功率不足，调出故障码可以缩小故障检查的范围，但并不能满足解决问题的需要，还要细致地检查与该故障有关的所有装置和接线。如果盲目地去检查或更换某些元件，有时不仅不能排除故障，还会增加新的故障，既费时又不经济。

所谓故障分析，是指故障出现后或故障范围确定后，通过推理、检测、试验等方法将故障的范围进一步缩小以至确定，找到发生故障的原因和出现故障的装置。它是进行正确修理的前提条件。如果只找到出现故障的装置，而没有找到产生故障的原因，则即使更换了装置，还会出现同一故障，而且造成经济上的损失。例如：一台桑塔纳轿车点火系统不发生高压火花，经诊断确认是点火模块损坏，在未找到引发损坏原因的情况下更换了新的点火模块。这样连续更换了几个点火模块，很快又都损坏了，故障依然存在。通过对点火模块损坏原因的分析可知：一是由于出现电压过高，二是由于工作电流过大。由于该车充电系统工作正常，第一种原因可以排除；而工作电流过大，很可能是由于短路引发的。测量点火线圈低压侧电阻值，没有发现异常；根据故障出现在发动机起动后 10min 左右这一现象，怀疑是点火线圈内部出现间歇性短路。在受到振动或线圈温度升高后，由于匝间短路，一次电流过大而造成模块内功率管的烧毁。在经过分析后，排除其他可能性，更换了点火线圈，故障消失。

电控汽车的故障诊断像传统汽车一样，也要按一定的程序进行，切忌杂乱无序，顾此而失彼，使本来很小的故障，由于操作不当而引发更大的故障。

一、电控汽车进行故障分析的一般程序

电控汽车故障分析遵循询问、观察、查阅、调取故障码、检测、试验的程序，采用逐一排除的方法，将确定故障的范围一步步缩小，最终找到故障位置。

1. 询问

为了准确判断故障发生的位置，首先询问客户，了解车型、生产年份、故障发生的时间、状况，发生故障时的环境条件，进行了哪些操作，是否已进行检修，动过哪些部位等。同时，还要了解汽车以前是否进行过维修及维修部位。通过信息收集，可以帮助初步估计故障发生的原因和部位，排除不必要的干扰，明确查找的目标。

2. 观察

这是故障分析最基本的检查，可以确定前面的估计是否正确。其内容包括：

（1）看　看是否有部件丢失，电线是否脱线，接线器是否接合，有无接错线，各种软管的连接状况等。

（2）听　起动发动机，检查是否有漏气、杂音，可能产生故障的部件能否正常工作等。

（3）摸　通过触摸检查某些部件是否在正常工作，接线是否牢固；软管是否断裂等。

通过以上检查可以帮助确认前面的判断，排除非电控系统故障，并以此作为电控系统故障的辅助检查。此项程序不容忽视，否则会造成故障的根本原因没有找到而进行错误的检查，造成大量时间的浪费。

3. 查阅

在对汽车进行检测前，一定要掌握该车的有关数据、所要检查部件的准确位置、接线图、接线和检测方法，包括检测仪器的使用。进口汽车的车型很多，发展很快，即使同一厂家、同一牌号的汽车，其控制系统也因生产年份不同而大不一样。在不具备第一手材料的情况下，盲目地检查可能带来意料不到的后果。

4. 调取故障码

按照该车所要求的操作程序进入自诊断状态，调取故障码，以作为故障判断的依据。故障码可帮助简捷地找到故障发生的部位。得到故障码后，还要判断所显示的故障是否存在，与当前的故障现象是否有关，是否因没有清除故障码所致。还要注意：并非电控汽车上的所有故障都用故障码显示，还可以采用其他方法进行故障分析。例如：利用尾气分析仪，通过检测废气中二氧化碳（CO_2）和碳氢化合物（HC）的浓度，可以帮助判断点火和喷油器等故障。

5. 检测

只有在进行检测后才能最终判定故障的位置和找到产生故障的原因。检测包括的内容很多，如：信号检测、数据检测、压力检测、执行器动作检测等；涉及到的检测仪器也较复杂，要求能够正确选择和使用检测仪器，并谨慎、准确地与电控系统连接。

6. 试验

正确地判断出故障，进行修理后还要进行试验，以确认所出现故障确已被排除，并检查修理后的效果等。在汽车彻底修好后，要进行故障码的清除工作。

二、利用汽车故障征兆表进行故障分析

尽管汽车电子控制系统具有自诊断功能，可以对系统出现的故障进行诊断和故障码存储，但一般只限于电路、信号等方面的检测，而对于其他原因造成的故障则不能提供诊断帮

助。因为电控系统是用来提高汽车和发动机各项工作性能,使之满足动力性、经济性、舒适性、安全性和环境保护的要求而增添的附加装置,而引发故障还有其他许多方面的原因,不一定都与电子控制系统有关。目前汽车电控系统还不可能对汽车进行全面的故障检测。因此,通过人工检测进行综合性故障分析、查找故障,对任何先进的汽车来说,都是不可替代的。

由于先进汽车的各种装置和系统过于庞大、复杂,给维修带来不便。为方便维修,有些汽车厂家在修理手册中提供故障征兆表,帮助进行故障分析,使分析有序不乱。故障征兆表(表11-1)以汽车表现出的故障现象为纵线,以可能引起该故障的系统、电路为横线制成表格,表中标出可能产生故障的元件、部位、检测内容等,以利于有针对性地进行故障判断。在搞清电控系统各元件的配置(图11-4)后,经逐项检查,排除疑点,最终即可确定故障部位。

进行上述检查时应注意以下事项:

1)进行每一步检查时要认真仔细,注意怀疑部位的部件、接线和连接器连接是否正常,只有在确定该部位无问题后才做下一步检查。

2)有些故障是在特定的条件下才发生,这时要特别注意使用故障模拟法再现故障,以确定是否存在故障。

3)未完成细致检查前,不要轻易断定问题出在ECU上。由于汽车的工作特点和工作环境,决定了对ECU的可靠性要求极高,因此,在设计和制造时对ECU给予了充分的考虑,所以ECU一般不易发生故障。在没有测试设备的条件下,无目的的拆换将带来不必要的经济损失。

三、汽车电控系统检修实例

目前国内的电控汽车类型很多,各种车都有自己的检修方法和检测仪器。要掌握所有电控汽车的修理方法、维修数据是不现实的,只有通过不断的维修实践,加深对工作原理的认识,积累经验,正确掌握各种检测仪器的使用,借助维修手册提供的有关技术资料、标准数据,才可能准确、迅速地判断和查找故障。

汽车电控系统的大部分元器件采用密封式设计,损坏后不易修复;即使可以修复的元器件在可靠性方面也得不到保证,所以在故障找到后,一般采用更换损坏的元器件来排除故障。因此,进行电控系统维修时,故障分析与检测的任务更为重要。

下面举几个汽车电控系统检修的实例,帮助了解检修的一些程序。

例11-1 一辆日产六缸发动机汽车,行驶里程已超过10^5km。

(1)故障现象 汽车运行时排气管冒烟浓重。

(2)故障原因 混合气偏浓和燃烧室内窜机油。

(3)诊断与排除 空气系统和汽油供给系统清洗后,情况并没有好转;检测空气流量计,信号正常。欲检查冷却液温度传感器,没有发现该传感器,只有一线端悬于冷却液温度传感器安装处。在该线端与发动机搭铁之间接一个300Ω电阻,起动发动机运转一段时间后浓烟转清,故可判定其故障是由冷却液温度传感器引起。加装冷却液温度传感器后故障即消除。

(4)故障分析 发动机运转正常而排气出现浓烟多由于混合气过浓所至,当氧传感器、冷却液温度传感器、空气系统出现故障时,可能引发该现象。冷却液温度传感器电阻值随发

第十一章　汽车电控系统的维护与检修

表 11-1　故障征兆表

系统及装置 / 故障现象		空气系统	燃料系统	点火系统	电子控制装置					发动机机械部分	要点
					喷射控制	点火控制	怠速控制	EGR控制	空气蒸发装置		
不能起动	冷机时	空气阀	喷油器 汽油泵	蓄电池电压 二次线圈 ECU 电源与搭铁	喷油器	功率输出信号 ECU 曲轴位置传感器					曲轴转动状况	区分判断燃油供给系统、点火系统、电子控制系统不同故障点
	暖机时			火花塞								
起动性能不良	冷机时	空气流量 吸入空气状况	燃油压力 再起动时喷油状况及喷油量是否均为燃油成分	火花塞 点火线圈	起动输入信号 水温传感器	点火时间		EGR控制阀	空气排出控制阀及气管		气缸压力 气门相位	检查混合气是否过浓或过稀
	暖机时											
怠速不稳定	冷机时	空气流量计 节气门体	燃油压力 喷油器	各缸火花塞状态 火花塞热值	水温传感器 空燃比反馈机构 氧传感器	节气门开关	怠速反馈控制机构 怠速控制阀	EGR控制阀			气门间隙 压缩压力 发动机摩擦力 润滑	暖机后行进中，还要综合判断
	暖机中											
	暖机后							EGR控制阀	PCV阀 空气排出控制阀及气管			
	转速过高						怠速控制总成					
容易熄火	暖机中	空气阀 空气管 HC、CO 浓度 空气流量计 节气门体及传动机构	燃油压力 汽油泵	ECU 电源、搭铁 点火线圈、二次电路	燃油切断 水温传感器	晶体管驱动电路 ECU 输出信号 曲轴位置传感器		EGR控制阀			气门间隙	检测混合气稀浓及检查电气系统是否存在问题
	暖机后											
加速不良		节气门体及传动机构	燃油压力	时间点火 点火顺序	节气门开关	节气门开关					压缩压力 气门间隙 气门相位	检查是否发动机故障 检查燃油供给系统
放炮			喷油器	点火时间 点火顺序 火花塞	燃油切断 喷射量							混合气是否过稀 点火系统是否正常
回火		空气流量计	燃油压力 喷油器		喷射量	节气门开关		EGR控制阀	空气排出控制阀		进排气门开启时间	混合气是否过稀 点火系统是否正常

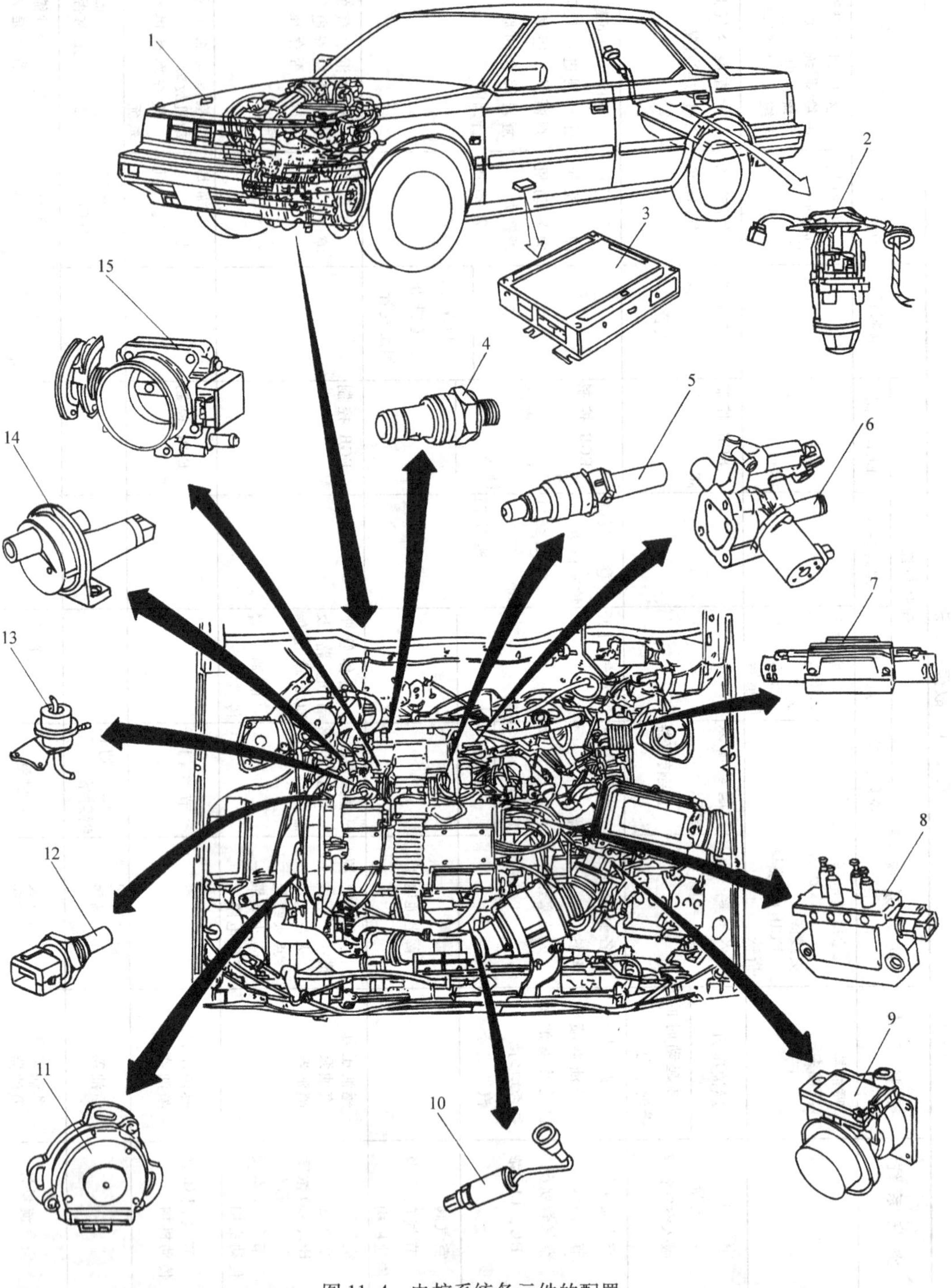

图 11-4　电控系统各元件的配置

1—继电器　2—汽油泵　3—控制装置　4—爆燃传感器　5—喷油器　6—怠速控制组件　7—晶体管点火器　8—点火线圈　9—空气流量计　10—氧传感器　11—曲轴位置传感器　12—冷却液温度传感器　13—压力调节器　14—旁通空气阀　15—节气门体

动机冷却液温度上升而下降，例11-1中，由于冷却液温度传感器线端悬空，控制装置接到高阻信号，判断发动机工作在低温状态，则加大汽油喷射量，致使发动机正常温度下运行时混合气偏浓，产生浓烟。加装300Ω电阻后，控制装置得到发动机正常水温信号而减少汽油喷射量，故排放转为正常。

例11-2 一辆丰田Lexus LS400汽车的发动机。

（1）故障现象 怠速转速居高不下。

（2）诊断与排除 调故障码没有数据显示，测量冷却液温度传感器工作正常。用卡钳卡紧空气旁通道橡胶软管，怠速转速下降，可断定空气阀有问题。拆下空气阀检查，发现故障是由于步进电动机进水，轴承生锈，电动机轴不能转动，空气阀位于开启位置所致。除锈加油后，步进电动机恢复工作，发动机怠速也正常了。

（3）故障分析 机械故障是引发此故障的原因之一。许多发动机故障与其机械故障有关。怠速系统检修可先进行模拟试验，以确定怠速系统是否存在故障。用手或钳子掐住怠速空气阀进气软管，通过改变进气截流面积检查发动机怠速快慢的变化，可以确定怠速机构是否有问题。

怠速控制阀的种类较多，首先应区别类型，分别检查工作电压或工作信号。如步进电动机式怠速电磁阀，在改变怠速状态下的发动机功率输出时，测量接线插头处，应有脉冲信号输出。

怠速电磁阀的单体检查可通过测量线圈的电阻值，来进行怠速电磁阀或步进电动机是否正常的判断；也可采用通电的方法，进行怠速电磁阀性能测试。对步进电动机式怠速阀进行测试时，应按照电动机线圈的供电顺序，按顺序接蓄电池电源，观察阀心是否移动，否则应更换电动机。

检查怠速电磁阀和节气门位置传感器时，还应注意：这两个装置装在进气通道且距进气门较近，容易形成积炭而引起怠速故障，因而故障诊断前应清洗积炭。有的汽车电控系统具有自适应机能，如怠速空气通道出现淤堵使空气流量减小，发动机转速下降，则系统会调节怠速空气阀开度，以维持怠速稳定，并将数据存储直至下次修改数据。在怠速系统检修、更换后，一定要将数据恢复到初始值，否则会出现怠速不正常。

进行故障判断中不可忽视对汽油供给系统的检修，汽油供给系统的功用是提供燃烧所需要的具有一定压力的汽油。如果供油不足、供油压力下降、喷油不畅等，都将使汽油供给系统出现故障，影响发动机的正常工作。

（1）汽油压力的检查 把压力表接到汽油供给系统油路上，摘掉汽油压力调节器上的真空管，起动发动机，观察压力表指示的汽油压力是否在规定范围内。如压力过高，检查压力调节器；如压力过低，则应检查汽油滤清器是否堵塞、是否有汽油泄漏出现，进而检查汽油泵及压力调节器工作是否正常。

（2）电动汽油泵的检测 给电动汽油泵接通电源，观察其是否转动。丰田汽车是利用跨接线跨接检查插座的FP与$+B_1$两孔后，打开点火开关，油泵进入工作状态。有些车只要把点火开关拨至"ON"位置，汽油泵就会工作1s后停止工作。可通过听汽油泵转动的声音判断工作状况，也可把汽油泵拆下来，通电检查。进行通电检查时动作要迅速，不要超过10s，因为在没有汽油冷却情况下，通电时间过长，线圈易被烧毁。

（3）喷油器的检测 喷油器是电子控制汽油喷射系统中非常重要的执行器，它的工作直接影响汽油喷射系统的质量。喷油器的检查可分为车上和车下两类：

1）车上检查指进行喷油器是否工作或元件是否正常的检查。起动发动机，用手摸或用听诊器检查喷油器是否在工作，喷油器工作时有振动和响声，据此可迅速判断喷油器是否工作；也可通过利用万用表测量喷油器电阻值进行判断，但要区分该喷油器是高阻值还是低阻值喷油器。

2）喷油器工作状况是决定发动机工作稳定与否的重要因素。车下检查是指摘下喷油器，分别通电检查喷油器的喷油状况（喷射角度和雾化状况）和喷油量是否符合标准（各喷油器喷油量偏差不超过10%），且通过清洗喷油器来改善喷油状况，偏差严重的应更换喷油器。

检查喷油器时特别要注意喷油器的电阻值，只有高阻值喷油器可直接接在12V电源上进行试验；而低阻值则应使用专用连接器与蓄电池连接，或使用普通导线，但要串接 $8 \sim 12\Omega$ 电阻。

例11-3 一台日产L20发动机，已行驶 $8 \times 10^4 km$。

（1）故障现象　发动机暖机后怠速运转不好，有时熄火；加速过程中出现断气现象。进行试车时运行状况基本正常。

（2）诊断与排除　首先检查点火系统，对不符合要求的火花塞进行了更换；然后清洁空气滤芯，并检测汽油供给系统压力、喷油器工作均正常。在发动机怠速时检查空气流量计，触碰进气管时发动机熄火，仔细观察后发现进气管上有裂口。由于裂口在波纹管内侧，不仔细很难观测到。更换新管后试车，故障消失。该故障产生的原因是进气管上有裂口，起动暖机后，塑胶管变软，发动机振动使空气从扩大的裂口进入，混合气过稀而造成发动机熄火。

（3）故障分析　发动机电控系统是根据进入气缸的空气量来决定喷油量的，因此进气系统出现问题对发动机的工作影响较大。进行进气系统检修前，先要进行目视检查。查看空气管、真空管接口有无松动，软管上有无破损，确认没有问题后再进行其他的检查。

1）叶片式空气流量计的检查。这种流量计是通过机构动作把空气流量转变为电信号，由滑动触点、开关触点、转动机构及调整装置等组成，容易出现触点烧蚀、接触不良、动作不灵活和位置变动等故障。

检查时摘下空气流量计线束插头，用万用表检测空气流量计的各端子间电阻的变化状况（阻值见第十章），判断电位计是否正常。接好万用表后，慢慢推动流量板，电阻值应呈连续变化，且在两端呈现最大与最小值，否则应予更换。

2）涡流式空气流量计的检修。涡流式空气流量计的种类较多，输出信号不同，检测的方法使用的仪器也不一样。有的以电压变化的形式输出信号，有的以频率变化的形式输出信号。若发动机可运转，分别使用电压表或频率计可进行检测；而在静态时，通过测量电接头端的电阻值可进行判断（阻值见第十章）。

3）进气支管压力传感器的检修。发动机熄火时，摘下线束插头，打开点火开关，用电压表检查电源端与接地的电压，其值应在 $4.7 \sim 5V$ 之间。关闭点火开关，接上线束插头，将电压表接在信号输出端子上，在真空管处接手动真空泵，当施加的真空压力下降时，电压也随之变化，否则应予更换。

例11-4 一辆奥迪V6发动机汽车。

（1）故障现象　发动机运行无力，勉强开至修理厂。

（2）诊断与排除　测试点火系统、汽油供给系统，均正常；再起动发动机不再着车。用缸压表检查气缸压力过低，起动机旋转时进气管处无吸气声，多次摘下火花塞再装上后，起动发动机，出现着火征兆，但转瞬即灭。摘下排气管后，发动机顺利起动。究其原因，是由于排气不畅造成排气背压升高，无法进行发动机工作循环所致。该发动机装有三元催化转换装置，长时间使用或使用不合格汽油，造成三元催化转换装置堵塞而无法排气。更换三元催化转换装置后，发动机正常运转。

（3）故障分析　排气净化系统出现故障引起发动机停止转动时，有可能是电子控制系统的问题，但也有许多其他情况可能引起发动机故障。

三元催化转换装置由于长时间使用或使用不合格汽油、铅粒和积炭沉积使催化装置堵塞，造成排气不畅，温度和背压过高，致使发动机不能正常工作。检测三元催化转换装置进、出口温差的变化，可快捷判断故障是否发生。检查方法是：发动机预热后，把两温度计分别装在三元催化转换装置的进口和出口处，测出两处的温差，一般进口温度在200℃，出口温度在300℃左右。如没有温差，则说明三元催化转换装置没有工作。若进口温度高于出口温度，则可证明三元催化转换装置堵塞。这时再拆下三元催化转换装置，起动发动机，发动机若能起动，则故障出在三元催化转换装置。三元催化转换装置的正常工作温度在900℃左右，有些发动机的三元催化转换装置上装有温度传感器，当三元催化转换装置排气不畅致使排气温度上升至1000℃时，电控装置会停止发动机工作。

氧传感器装在排气管内，传感器的内外表面氧浓度发生变化时，在它的两电极间会产生电压。起动发动机，当进入正常工作温度后，在传感器接线端接上数字式电压表，检测从传感器输出的电压是否在0~1V间变化。正常情况下，10s内电压变化不应少于10次，否则表明有故障；还可以通过改变混合气浓度的方法（改变节气门开度），观察电压有无变化来进行故障判定。

对于有加热电阻的传感器，要用万用表检测热丝电阻，其值一般为4~40Ω左右，不符合规定值的应予更换。排气中除燃烧后的废气外，还有大量游离炭，易在各出口处形成积炭，影响气门动作，造成发动机的故障。

例11-5　一台日产公爵VG20发动机。

（1）故障现象　发动机怠速不稳定，振动较大。

（2）诊断与排除　日产汽车的怠速控制系统如图11-5所示，通过检测，点火系统、汽油供给系统工作正常，进而检查排气系统。该发动机的废气再循环率由ECU控制。ECU根据传感器的信号确定真空度并控制电磁阀的占空比信号，调节作用于真空电磁阀VSV（EGR）内的真空度，从而改变EGR阀的开度，使进入进气管的废气量得到控制。若拔下真空电磁阀上的真空管，发动机怠速恢复正常，则可能是真空电磁阀出现问题。若测试线圈和占空比信号没有发现问题，则将电磁阀拆开，清除定压阀上的少量积炭，装复后着车，发动机怠速即能正常运转。

（3）故障分析　检查废气再循环系统故障，针对不同形式的控制阀，可用欧姆表检查电磁阀的电阻值，用手动真空泵检查阀的膜片、真空软管、接头是否正常，并检查电磁阀工作电压或信号。

例11-6　一辆GM公司Oldsmobile 88型轿车。

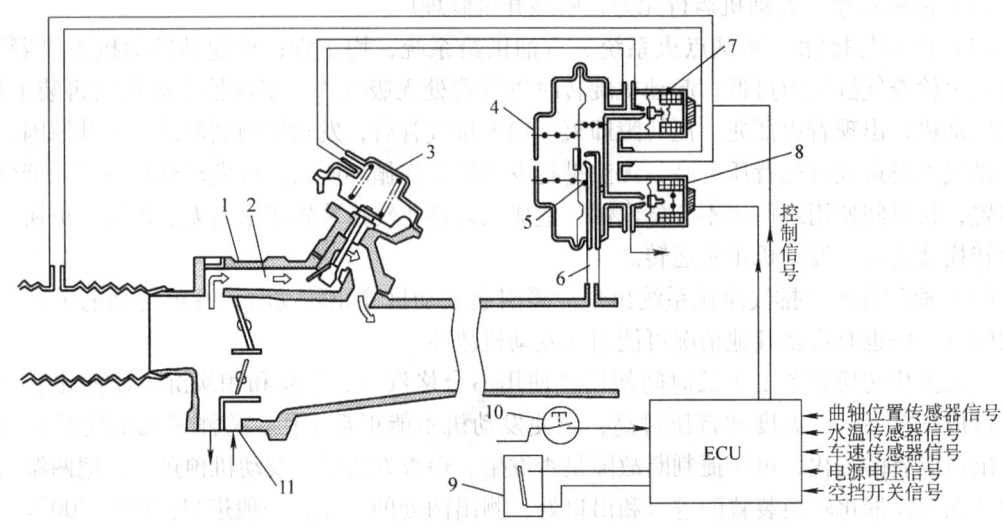

图 11-5 日产汽车的怠速控制系统
1—节气门体 2—辅助空气通道 3—怠速控制阀 4—真空控制阀
5—定压调节装置 6—真空管 7—怠速控制电磁阀 8—EGR 电磁阀
9—节气门位置开关 10—空调开关 11—空气阀

(1) 故障现象 有时突然抛锚，过几分钟后发动机又可起动。

(2) 诊断与排除 使用仪器对点火系统进行检查，没有发现故障。检查并清洗汽油供给系统，也没有发现问题。只好要求顾客再出现故障时，不要起动发动机，及时与修理厂电话联系。几天后，该车又抛锚，修理工及时赶到，经检查点火高压线没有火，将车拖回修理厂仔细检查，转动曲轴发现曲轴位置传感器没有输出信号，而电源线与搭铁线都正常。更换新传感器并调整好位置，发动机运转。该车偶发性抛锚故障没有再出现。

(3) 故障分析 检查传感器时，要针对不同的传感器信号正确选择仪器。对于以频率显示的信号应使用频率计或示波器，其他的仪表无法确定信号的变化。有些故障只出现在特定的条件下，设法重现特定条件不失为诊断的好方法。此例故障系曲轴位置传感器工作性能变化而引起偶发故障。

例 11-7 一辆 GM 轿车的八缸发动机。

(1) 故障现象 动力不足。

(2) 诊断与排除 欲用拔高压线断火的方法检测是否有缸缺火。由于该控制系统有怠速转速自动调节功能，无法从发动机转速的变化来判断是否有缸缺火，但可利用尾气分析仪帮助进行分析。当断开某缸高压线，如果 CO、HC 指标升高，则该缸点火正常；若指标不发生变化，则认为该缸点火不正常。若正常工作的气缸突然断火是由于燃烧中断，则必然造成排气中有害物质含量的增加，所以通过比较即可判明不能正常点火的缸。

四、电控自动变速器的检修

检修电控自动变速器要注意，不可一开始就全部分解、盲目检查，那样做往往徒劳无益，甚至越弄越糟。由于采用电、液综合控制，故障产生的原因很复杂，既可能是电控系统的原因，也可能是液压系统的问题，另外机械部分故障率也非常高，因而检修电控自动变速器时，要综合全面地分析，逐一排除疑点，最终找到故障原因，才可正确地排除。要充分利用电控自动变速器的自诊断系统检查电控系统的故障，获得准确信息。

在检修电控自动变速器电控系统时，一定要考虑到部分信号来自于发动机电子控制系统的控制，发动机的某些传感器的状况会影响自动变速器电控系统的正常工作。特别是在发动机电子控制系统与自动变速器控制系统各成体系的情况下，如节气门位置传感器、冷却液温度传感器、空调器开关等信号，检修时不可忽略。

下面仅介绍电控系统的某些通用元件的检测方法，特殊元件和执行器则要根据详细的修理说明书进行检修。

1. 车速传感器的检修

车速传感器输出信号是重要的控制信号，自动变速器能否在恰当的时刻自行换挡，取决于这一信号有无和质量的好坏（除液压、机械方面的因素外）。车速传感器一般用磁电式，拆下车速传感器，可通过测量线圈的阻值进行好坏判断，也可用磁铁接近传感器末端并迅速离开，测量传感器输出端是否产生瞬间电压（该电压很低）来检查传感器的功能。

有的车速传感器可就车进行检查，先用千斤顶支起驱动轮，将电压表接在相应的插孔上，打开点火开关，转动车轮，检查有无脉冲电压产生（如凌志 LS400 的 1 号车速传感器）。

2. 电磁阀的检修

电磁阀用来控制作用于液压阀上的油压，从而控制换挡时机和锁止时刻，可用测量线圈电阻值和通电法进行判断。要特别注意的是：有的电磁阀是利用占空比电流控制，用通电法检测这种电磁阀时，在线路中应串接一只 8~10W 的灯泡。

3. ECU 的处理办法

汽车的 ECU 一般不易出现故障，只有当其他元器件都检查完毕并确认无故障后，方可对其进行检查。进行此项工作前，一定要掌握该车自动变速器的修理手册，了解 ECU 插接器的各插接头或孔的代号、输入与输出信号的形式、终端是什么元件、应使用什么仪表、测量哪些数据等。切不可随意估测，以免损坏 ECU。如在确认外部元器件和电路没有问题的情况下，可以采用更换的方法进行比较判断，以最终确定是否是 ECU 的故障。

五、安全气囊的检修

安全气囊控制系统是一种自动引发装置，其故障比较难以确认，而且在修理时需要格外谨慎小心，防止突然引爆气囊。

安全气囊种类繁多，检修的方法不尽相同，但汽车的安全气囊系统出现问题一般都由仪表盘上的故障提示灯进行指示。由于安全气囊系统几乎没有机械部分，不可能通过声音、动作来进行故障判定，因而主要采用参数测量法、提示灯法和故障诊断仪显示故障码法进行故障诊断。下面通过实例进行故障诊断介绍。

1. 丰田汽车安全气囊系统的故障诊断

诊断码是通过诊断插座上跨接线采用指示灯闪烁的方法指示的，具体方法如下：

（1）将点火开关转至 ACC 或 ON 位置，安全气囊提示灯点亮 6s 后熄灭，表示系统正常；如常亮不灭，表示系统内有故障码储存。

（2）用跨接线连接诊断插座上的 TC 端子与 E1 端子，如图 11-6a 所示。此时安全气囊指示灯将闪烁故障码，故障码波形如图 11-6b 所示。故障码说明如图 11-3 所示。

（3）若跨接 TC 与 E1 后指示灯未闪烁故障码，可用电压表测量 TC 端与搭铁之间的电压，应为 12V；然后将"TCYP"端搭铁。若指示灯闪烁，表示 4E1 接地不良；若仍不闪烁，

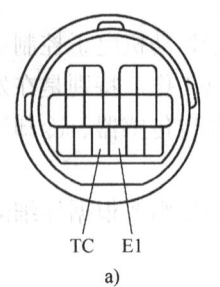 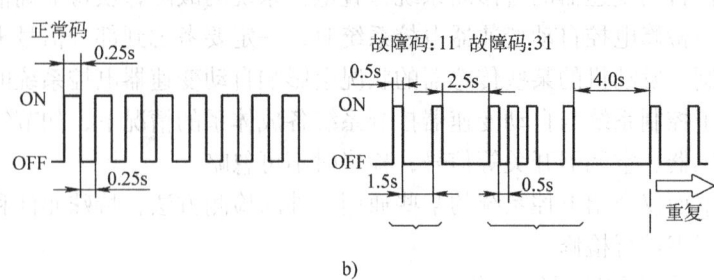

图 11-6 故障码波形
a) TC 和 E1 端子 b) 波形

表示 ECU 有问题。

（4）故障码的清除方法是断开点火开关，拆下蓄电池负极电缆线，等 10s 以上。对于故障码 41，则要采取下面的步骤清除：

1）接通点火开关，等 6s 以上。

2）将 TC 端与 E1 端交替接地 0.5s，间隔不超过 1s，重复两次，最后一次时将 E1 端接地，等 7s 以上，待指示灯快速闪烁，表示 41 号代码已被清除。

2. 本田阿科德轿车安全气囊故障诊断

本田汽车安全气囊的故障检侧属于参数测量法。其安全气囊系统在仪表盘上有系统指示灯，系统在正常情况下打开点火开关，指示灯会亮 6s 后熄灭。如系统有故障，则指示灯在开关打开后不灭或不亮，此时应对系统进行检查。该系统内没有故障码存储功能，故障诊断通过检测 ECU 左侧配置的 16 孔测试座上有关端子的电压来进行，如图 11-7 所示。

本田汽车安全气囊系统元器件的检测方法较为复杂，一定要在修理手册指导下，确实掌握各端子的具体参数后，方可进行细致的检测。

进行安全气囊的维修时应注意下述事项：

1）对安全气囊系统进行任何作业时，均应先摘下蓄电池电缆，等 30s 以上，待控制系统中的电容完全放电后再进行，以避免造成气囊误爆。

2）安全气囊系统的电气测试要待系统安装好后方可进行，切不可用万用表测量气囊引爆器的电阻，以避免造成气囊误爆。

3）进行拆装检修时，要避免系统组件和 ECU 受到严重碰撞和振动。

4）当叶片或车前部受到较剧烈的碰撞后，如安装传感器的支架变形，则不管安全气囊膨胀与否，都要更换传感器。

5）人为引爆安全气囊时，要注意：

① 将车移至安全场所，打开所有门窗。

② 摘下蓄电池的正、负电缆，将电池移出车外。

③ 待 30s 后，拆下 ECU 总成，摘下控制连接器。

④ 在气囊引发器端各连接 6m 电线，待人员退出后，将线接在蓄电池正负端，应能听到气囊爆开的声音。

六、电控防抱死制动系统的检修

进行 ABS 检修时，要先了解该系统的工作原理、组成、结构和位置。进行诊断之前，

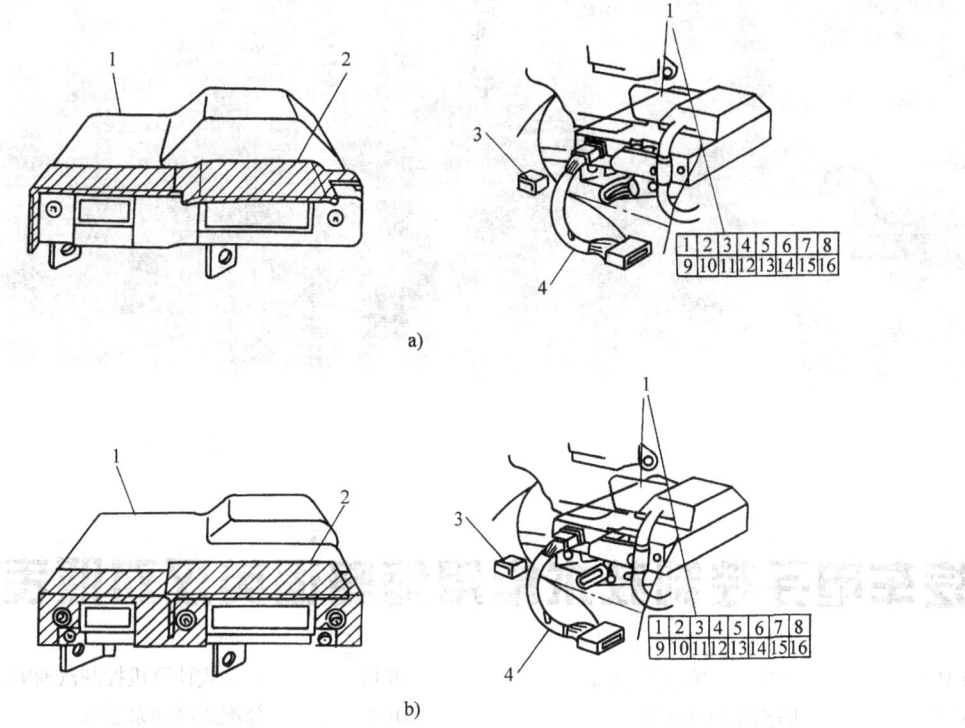

图 11-7 安全气囊 ECU 测试座
1—安全气囊 ECU 2—盖板 3—白色盖子 4—测试延长线

先进行初步检查,内容包括:

1)检查制动总泵储液罐制动液。

2)目视检查 ABS 是否有液体泄漏。

3)检查车轮传感器是否有损伤、松动。

4)如可能调节,按厂商要求进行检查调整。

5)检查所有熔断器及熔丝。

其次可通过 ABS 诊断接口调出故障码,各种车型的故障码调出方法大不相同,应根据修理手册的提示进行调取。

在松开蓄能器或调压器油管之前,应进行蓄能器减压,以防止油液喷出引起伤害。

进行压力制动器放空气作业前,应保证系统的常规制动状态;可起动发动机,放松制动踏板运转 10s,确保报警灯不亮,以确定无故障;随后按一般制动器的放空气顺序进行。由于各汽车厂的 ABS 系统不同,放空气的顺序也不尽相同,应以修理手册为准。

附录

汽车电子控制技术常用缩略语英汉对照表

AACV	二次空气喷射控制阀	DEFI	数字式计算机控制汽油喷射系统
ABS	防抱死制动系统	DPA	分配式喷油泵总成
A/C	空调	DSP	数字式信号处理器
ACIS	进气惯性增压控制系统	DTM	诊断测试模式
A/F	空燃比	EAS	电子控制空气悬架
AFS	空气流量传感器	EAT	电子控制自动变速器
AGVS	车辆自动导向系统	ECA	电子控制装置总成
AIR	二次空气喷射	ECCS	电子计算机控制系统
ALC	车辆高度控制	ECECS	发动机集中控制系统
ALIS	自动导航信息系统	ECM	发动机控制模块
APS	大气压力传感器	ECT	电子控制变速器/发动机冷却液温度
ASR	汽车防滑控制	ECU	电子控制单元/发动机控制装置
ATS/IATS/MATS	进气温度传感器	EEC-Ⅲ	发动机第三代电子控制系统
BCM	车身控制模块	EECS(EVAP)	汽油蒸气污染控制装置
BFC	制动力系数	EFI	电子汽油喷射
C-4	计算机控制废气净化催化转换	EGR	废气再循环
C&M	维修和保养	EPS	横向稳定控制系统
CCS	巡航控制系统	ESA	电子点火提前角
CFI	中央汽油喷射/连续汽油喷射	ESC	电子控制点火提前/电动悬架系统
CIS/CMP	凸轮轴位置传感器	ESS	发动机转速传感器
CKP/CPS	曲轴位置传感器	EST	电子点火正时控制
CPI	单点汽油喷射	FPC	汽油泵控制装置
CPU	中央处理器	GPS	全球定位系统
CTS	冷却液温度传感器	H/D	加热器/除霜器
CVT/IVT	无级变速器	HEI	高能点火

缩略语	中文	缩略语	中文
IAC	怠速空气控制	PTC	正温度系数
IAT/MAT	进气温度	SFI	顺序汽油喷射
IC	集成电路/点火控制	SRS	安全气囊系统
ICM	点火控制模块	TAP	节气门开度位置
ISC	怠速控制	TBI	节气门体汽油喷射
KCS	爆燃控制系统	TCCS	丰田公司计算机控制系统
KS	爆燃传感器	TCM	变速器控制模块
LSI	大规模集成电路	TCS	变速器控制点火装置/防滑控制系统
MAP	进气支管绝对压力传感器	TDCL	诊断接头
MFI	多点汽油喷射	TPS	节气门位置传感器/油箱压力传感装置
MISAR	迈塞系统	TRC	牵引控制/防滑控制
MRE	磁阻元件	TRS	变速器挡位
NTC	负温度系数	TWC	三元催化净化装置
OBD-Ⅱ	第二代随机自诊断	VCV	真空控制阀
OD	超速档	VSV	真空电磁阀
PCM	功率控制模块	VCM	真空控制电磁阀
PCV	曲轴箱强制通风	4WS	四轮转向
PS	动力转向		

思 考 题

1-1 轿车为什么要采用42V系统？

1-2 开环控制与闭环控制各有什么优缺点？

1-3 混合气浓度与CO、HC、NO_x排放有何关系？

1-4 如图所示为垂直载荷与侧偏刚度的关系，试分析转弯时车辆侧倾对前轴转向特性的影响。

2-1 何谓霍尔效应？霍尔传感器可以用于哪些参数测定？

2-2 何谓压电效应？试说明压电式加速度传感器的工作原理。

2-3 电阻式传感器可用于哪些参数测试？

2-4 何谓热电效应？可用于哪些参数的测试？

3-1 多点喷射与单点喷射比较有哪些优点？

3-2 K、KE、D型系统为何逐渐被淘汰？

3-3 何谓喷油脉宽？为何喷油脉宽决定喷油量的大小？

3-4 冷起动喷油器有何作用？近几年的轿车发动机为何往往见不到冷起动喷油器？

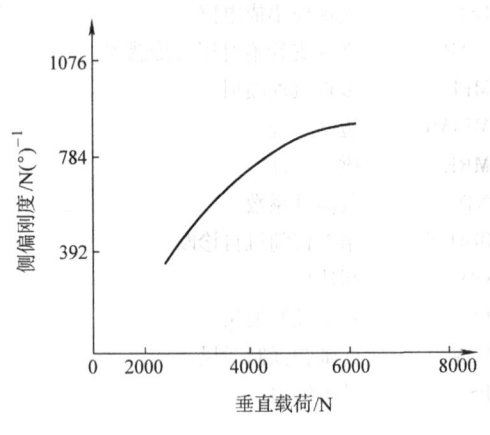

题1-4 图

4-1 爆燃控制的原理是什么？

4-2 两缸同时点火的能量消耗是否为单缸点火的两倍？

4-3 为什么曲轴位置传感器的信号一般在该缸的压缩上止点前70°左右产生？

4-4 已知图中霍尔式曲轴位置和转速传感器的外信号轮有18个叶片与窗口，弧长均为10°；内信号轮有三个弧长分别为100°、90°、110°的叶片，还有三个弧长分别为20°、30°、10°的窗口。内信号轮的叶片分别对应一、四缸、三、六缸和二、五缸的上止点前75°，试说明工作原理。

5-1 怠速控制的原理是什么？

5-2 为什么要将空燃比控制在14.7∶1附近？

5-3 如何将空燃比控制在14.7∶1附近？是否发动机所有工况都控制？

5-4 何谓EGR？为何要控制EGR率？

6-1 如图所示，试分析发动机电控系统工作原理。

6-2 电控共轨式柴油供给系统与汽油相比有哪些特点？

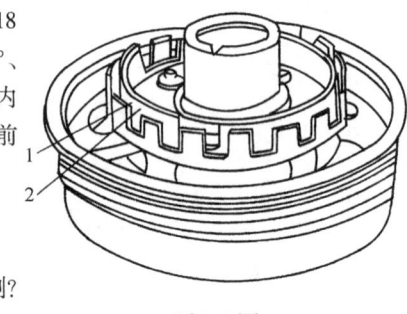

题4-4 图

1—外信号轮 2—内信号轮

7-1 液力耦合器机构上增加导轮、又增添单向离合器、再附加锁止离合器的原因何在？

7-2 分析图示变速齿轮机构各挡位传动比。

7-3 根据工作状态表，分析变速器传动路线。

7-4 识读换挡车速图。

8-1 为何将制动和驱动的滑动率控制在8%~25%？

8-2 牵引系统是如何工作的？

8-3 如何应用高选择和低选择原则？

8-4 分析仅选用ABS装置的四轮独立系统的危险状况。

思 考 题

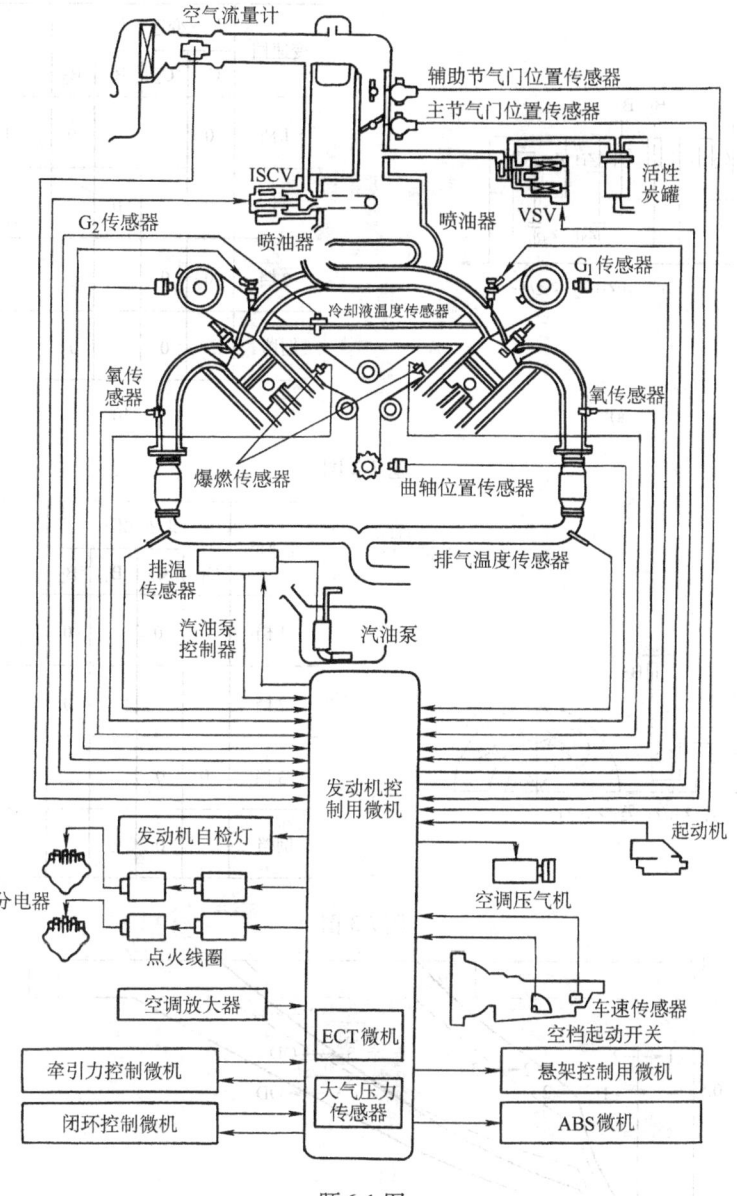

题 6-1 图

9-1 如何控制悬架刚度？

9-2 4WS 控制相位为何要随车速变化？

9-3 转向行驶稳定控制有哪几种控制原理？

9-4 为何将安全气囊引爆的加速度设置在 $2g \sim 3g$ 或以上？

10-1 发动机冷却液温度传感器损坏，有人提出用 $2k\Omega$ 电阻临时代用，会使哪些工况发生较大变化。

10-2 磁脉冲式轮速传感器磁头上粘上铁屑等杂物，对工作有何影响？

10-3 为什么要用数字式万用表检测电控系统？

10-4 如何测试步进电动机式执行器？

11-1 拆除蓄电池电缆线应注意哪些问题？

11-2 读码与清码有哪些方法？

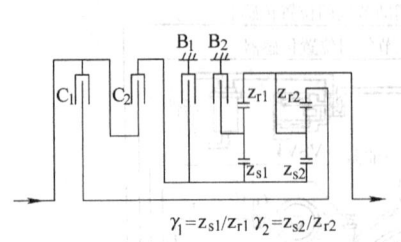

变速档	变速元件				速比
	C_1	C_2	B_1	B_2	
1档	0			0	$1+\gamma_2+\dfrac{\gamma_2}{\gamma_1}$
2档	0		0		$1+\gamma_2$
3档	0	0			1
倒档		0		0	$-\dfrac{1}{\gamma_1}$

a)　　　　　　　　　　　　　　　b)

题 7-2 图

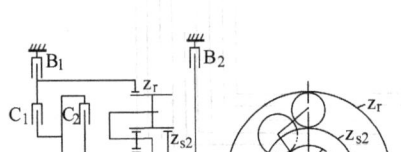

变速档	变速元件				速 比
	C_1	C_2	B_1	B_2	
1档	0			0	$1+\dfrac{\gamma_1}{\gamma_2}$
2档	0		0		$1+\gamma_1$
3档	0	0			1
倒档		0	0		$1-\dfrac{1}{\gamma_2}$

题 7-3 图

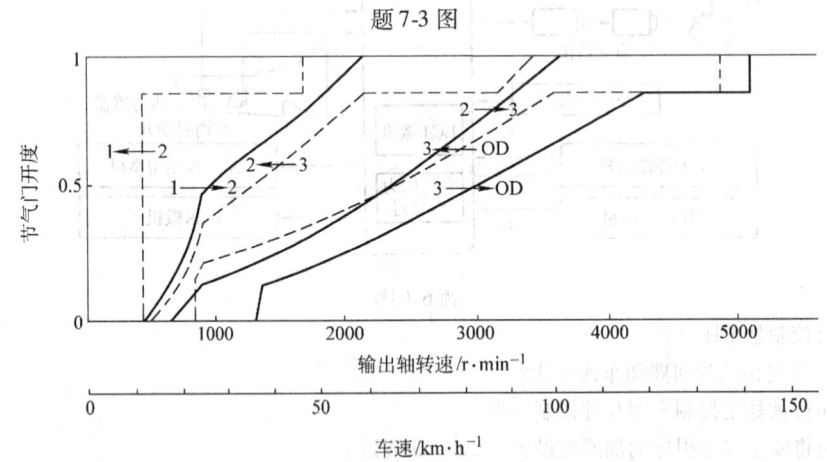

题 7-4 图

参 考 文 献

1. 周大森等编. 汽车电控原理与维修. 北京：国防工业出版社，1994
2. 邹长庚等编. 现代汽车电子控制系统构造原理与故障诊断. 北京：北京理工大学出版社，1995
3. 李令举等编. 汽车工程电子技术. 北京：人民交通出版社，1995
4. 王遂双等编. 汽车电子控制系统的原理与检修（电喷发动机部分）. 北京：北京理工大学出版社，1995
5. 钱耀义编. 汽车发动机汽油喷射系统. 北京：人民交通出版社，1992
6. 司利增编. 汽车防滑控制系统. 北京：人民交通出版社，1997
7. 孟嗣宗等编. 现代汽车防抱死制动系统和驱动力控制系统. 北京：北京理工大学出版社，1997
8. 郗沭平等编. 汽车电控技术简明教程. 北京：北京理工大学出版社，1997
9. 冯渊等编. 电控发动机维修. 北京：机械工业出版社，2002
10. 庄继德等著. 汽车系统集成与模块化技术. 北京：机械工业出版社，2003
11. 余志生编. 汽车理论. 北京：机械工业出版社，2000
12. 朱迅等编. 汽车自动变速器维修. 北京：机械工业出版社，2002
13. 徐寅生等编. 现代汽车自动变速器原理与检修. 北京：电子工业出版社，2000
14. 赵良红等编. 汽车底盘电控技术. 北京：机械工业出版社，2002
15. 周玉明等编. 内燃机废气排放与控制技术. 北京：人民交通出版社，2001
16. （日）安部正人著. 汽车的运动与操纵. 陈辛波译. 北京：机械工业出版社，1998

信息反馈表

尊敬的老师：

您好！感谢您多年来对机械工业出版社的支持和厚爱！为了进一步提高我社教材的出版质量，更好地为我国高等教育发展服务，欢迎您对我社的教材多提宝贵意见和建议。另外，如果您在教学中选用了《汽车电子控制技术　第 3 版》冯渊　编，欢迎您提出修改建议和意见。

一、基本信息

姓名：_____　　性别：____　　职称：_____　　职务：_____
邮编：_____　　地址：_____
任教课程：_____　电话：____—_____（H）_____（O）
电子邮件：_____　手机：_____

二、您对本书的意见和建议
　　　　（欢迎您指出本书的疏误之处）

三、您对我们的其他意见和建议

请与我们联系：

100037·北京百万庄大街 22 号

机械工业出版社·高教分社·赵编辑　尹编辑　收

Tel：010—8837 9712，8837 9217（O），6899 4030（Fax）

E-mail：ainingzhao@sohu.com，xfyyfx @163.com

http://www.cmpedu.com